国家社科基金后期资助项目

描述现象学认识论之奠基

李朝东　著

图书在版编目（CIP）数据

描述现象学认识论之奠基 / 李朝东著. --北京：商务印书馆，2024. --ISBN 978-7-100-24272-1

Ⅰ. B516.52；B81-06

中国国家版本馆CIP数据核字第20243HQ710号

描述现象学认识论之奠基

李朝东　著

商　务　印　书　馆　出　版
（北京王府井大街36号　邮政编码100710）
商　务　印　书　馆　发　行
北京盛通印刷股份有限公司印刷
ISBN 978－7－100－24272－1

2024年8月第1版　　　　开本 710×1000　1/16
2024年8月北京第1次印刷　　印张 27¾

定价：126.00元

国家社科基金后期资助项目
出版说明

后期资助项目是国家社科基金设立的一类重要项目，旨在鼓励广大社科研究者潜心治学，支持基础研究多出优秀成果。它是经过严格评审，从接近完成的科研成果中遴选立项的。为扩大后期资助项目的影响，更好地推动学术发展，促进成果转化，全国哲学社会科学工作办公室按照“统一设计、统一标识、统一版式、形成系列”的总体要求，组织出版国家社科基金后期资助项目成果。

全国哲学社会科学工作办公室

目　录

前　言

胡塞尔开创的现象学哲学的重要性是毋庸赘言的，正如他所说的，“现象学展示了一个中立性研究的领域，在这个领域中有各门科学的根”。我们对现象学的重要性的认识程度取决于我们对欧洲哲学思想历史的理解程度，取决于我们对现象学的认识和理解程度，取决于我们能不能与这位哲学家一同思维（mitdenken），更取决于我们对今天的欧洲科学以及全人类面临的问题的认知态度和水平。关于对现今的欧洲科学以及全人类面临问题的思考，有人取海德格尔或萨特的立场，有人取舍勒的立场，有人取伽达默尔或哈贝马斯的立场……但我们不要忘记，许多当代杰出哲学家思想的根仍在胡塞尔的现象学，即使具有相对独立传统的分析哲学，也与现象学有着某种亲缘性。[①]

我们在这里想特别强调阅读和研究胡塞尔现象学的困难。在欧洲哲学发展史上，伫立着巴门尼德、苏格拉底、柏拉图、亚里士多德、笛卡尔、康德、胡塞尔等思想大师，他们的思想使他们成为各自时代的里程碑，他们都是蛮荒之地上的开拓者、播种者，是一些被自我增殖的永不安息的创作欲望所苦的殉自我者和伟大的天才——以个性为手段而完成着的独创使命。现象学哲学的晦涩难懂是举世公认的，黑尔德（K. Held）在《现象学的方法》中指出：“讲坛哲学家胡塞尔的晦涩文体从一开始就无法像存在哲学那样以易于把握的表达方式适合于公众讨论。”[②] 胡塞尔自己也说：“如果

① 英国分析哲学的著名代表迈克尔·达米特（M. Dummett）指出：“弗雷格是分析哲学之父，胡塞尔是现象学学派的创立者，这是两种截然不同的哲学运动。……当然不是作为两个非常对立的思想家，而是作为两个方向异常接近的思想家，尽管有一些兴趣差异。可以把他们与莱茵河和多瑙河进行比较，这两条河的发源相当近，并一度沿着大致并列的河道流动，只是最终分出完全不同的方向，流入不同的海洋”（达米特：《分析哲学的起源》，王路译，上海译文出版社 2016 年版，第 26 页）。

② 黑尔德编：《现象学的方法》，倪梁康译，上海译文出版社 2005 年修订版，“导言”，第 2 页。

说我的思想给人们的理解造成了巨大的困难，那么这种情况也适用于我本人。我只能在精神新鲜、思路清晰的时间里才能理解我的思想；而在过度工作之后，连我自己也无法把握它们。”①

张志扬先生对天才的精彩描述也同样适合于胡塞尔等哲学大师：天才和常人的不同在于，常人总是苦于内容的平凡，并试图绞尽脑汁去发掘一个新“内容”。至于表现内容的形式或手段，基于传统往往就够用了。他们不知道，传统的表现形式和手段正是传统的内容转化而来的结晶物。天才恰恰相反，他们是以突破传统为前提的。在他们那里，传统的表达形式或符号已没有共同的价值了，它不能用来表达新的生命内容。天才是走在时间前面的人，他必须在冷落和拒绝中孤独地走完历时的黑夜，直到共时的太阳照亮了人们的眼睛，世界才在辉煌的惊叹中告慰倒毙的天才的亡灵。

共时的太阳何时才能照亮我们的眼睛，何时世界才能在辉煌的惊叹中告慰倒毙的天才的亡灵？现象学的困难性似乎在把这个时期无限期地推迟着。西方哲学界的现象学研究已经成为重要的学术领域，已经成为一个现象学运动。汉语哲学界最早提到胡塞尔是在20世纪20年代，“汉语哲学界最早提到胡塞尔的是张东荪，他在《东方杂志》上于1922年和1928年发表《新实在论的论理主义》和《宇宙观与人生观》，都提到了虎适尔（胡塞尔）；杨人权在1929年的《民铎》上发表《现象学概论》；倪青原1947年发表在《学原》上的论文也论及了胡塞尔。但随之而来的是几十年的空白”。② 所以即便瓦尔登菲尔茨（B. Waldenfels）1992年出版的《现象学引论》，对当今世界各个地区的现象学研究和现象学运动做了简要的评述，列出了8个现象学运动的中心地区和国家中，唯独没有汉语地区。从上海译文出版社1986年出版倪梁康先生翻译的《现象学的观念》开始，汉语哲学界才又接续或者说真正开始了译介胡塞尔现象学哲学传统，此后，陆续有张庆熊、吕祥、李幼蒸、邓晓芒、霍桂桓、王炳文、张廷国诸先生翻译的胡塞尔著作问世，此外有熊伟、陈嘉映、王庆节、孙周兴、张汝伦、陈春文、彭富春、丁耘等学者的海德格尔现象学哲学的翻译和研究，刘小枫、张伟等人的舍勒现象学哲学的翻译和研究，同时，熊伟、叶秀山、邓晓芒、张志扬、杜小真、张志伟、靳希平、陈家琪、张祥龙、庞学铨诸先生以及汪堂家、张廷国、李鹏程、谢劲松、涂成林、高秉江、魏敦友等大陆学者

---

① 转引自倪梁康：《现象学及其效应：胡塞尔与当代德国哲学》，生活·读书·新知三联书店1994年版，第9页。

② 参阅谢劲松：《胡塞尔传》，长江文艺出版社2002年版，第6页。

和邬昆如、蔡铮云、张灿辉、刘国英、黄文宏等港台学者的许多现象学研究成果逐渐出版和发表。1994 年 10 月中国现象学研究界在南京召开了“第一届中国现象学研讨会”，成立了“中国现象学专业委员会”，“现在胡塞尔在中国哲学界已越来越受到重视，由他所引起的哲学话题已成为最尖端、最热门、最困惑人的哲学话题之一”。[①] 20 世纪末以来，以方向红、张伟、王俊、吴增定、柯小刚、肖德生、张柯、朱刚、张浩军、高松、郑辟瑞、李云飞、朱清华、陈志远、马迎辉、李忠伟、罗志达、朱海斌等为代表的中青年学者开始现象学的翻译和研究工作，并成立了“青年现象学学会”“现象学科技哲学”等学术团体，中国的现象学研究正在呈现出欣欣向荣的新气象。

就汉语哲学界的现象学研究而言，倪梁康教授的翻译和研究工作具有奠基性作用。倪梁康教授是我国较早系统翻译和研究胡塞尔现象学的专家学者，由于他的辛勤努力和推动工作，如翻译了《现象学的观念》、《哲学作为严格的科学》、《逻辑研究》、《胡塞尔选集》(上、下卷)、《面对实事本身——现象学经典文选》、《现象学的方法》、《生活世界的现象学》，以及出版和发表了《现象学及其效应》《胡塞尔现象学概念通释》《自识与反思》《现象学的始基》等一大批研究论著，不仅确定了现象学哲学基本概念的汉语翻译体例，而且为汉语哲学界的现象学研究奠定了基础。此外，在“中国现象学专业委员会”成员的共同努力下，使得中国的现象学研究在世界现象学运动中具有了一席之地。

胡塞尔认为，意识现象的最一般本质在于它的意向性，即指向对象的能力：所有意识都是关于某物的意识，朝向对象是意识的最普遍的本质。但这个意义上的意向性还只是意味着区别于物理现象被动性的意识主动性，在《纯粹现象学通论：纯粹现象学和现象学哲学的观念》(即《观念Ⅰ》)、《笛卡尔式的沉思》、《经验与判断》等著作中，胡塞尔用“纯粹现象学”或“先验现象学”[②] 的概念来和他以前的“描述现象学”区分，它所研究的对象不是人类的心理现象，而是纯粹意识，超越论的或纯粹现象学被定义为关于意识一般或纯粹意识本身的科学（人类意识只是纯粹意识科学即

① 参阅谢劲松:《胡塞尔传》，第 5 页。

② 关于 transzendental，常见的中文译名有“先验的”、“超验的”、“超越的”和“超越论的”。李幼蒸、邓晓芒等先生的译著中采用“先验的”译名；王炳文先生的译著中采用“超越论的”译名；张庆熊、靳希平先生在一些语境下译作“超验的”；倪梁康先生最初用“先验的”，后用“超越的”译名。本书中因引文出自不同的译著和译者，出现了不同的译名。根据我的理解，在胡塞尔现象学中，我比较认同王炳文先生把 transzendental 译为“超越论的”。在本书中，译名根据引文出处确定；如果不是出自引文，本书都尽量用“超越论的”。

现象学的一个实在事例），这个意识一般不仅包括意识中的意识活动，而且包括作为意识活动之结果的意识对象：意识活动具有超越论的构造功能（transzendentale Konstruktiosleistung），意识对象是意识对其内容进行构造的结果。"构造"概念的提出不再使"意向性"仅仅意味着"朝向性"，而且具有了"创造性"。不论是《逻辑研究》代表的描述现象学，还是《观念Ⅰ》代表的超越论的现象学，都以意识或纯粹意识为研究对象。但《逻辑研究》和《观念Ⅰ》所探讨的意识或纯粹意识还是单个的意识及其相关物，是"单纯意识单子"和它构造的世界，这个意义上的现象学还是一门"自我论"或"先验自我论"。随着胡塞尔思想的发展，现象学也从超越论的唯我论发展到"交互主体性"或"共主观性"。①

在胡塞尔看来，哲学应该是由认识者对他的认识成就进行普遍的和最后的自身考察、自身理解，在这种批判的考察中，使胡塞尔感兴趣的是历史上对作为认识之统一来源的超越论的主观性的认识，因此，现象学作为认识论的任务是完成对超越论的主观性之谜的探究。

学术界一般把胡塞尔的思想发展分为三个阶段：即描述现象学时期、超越论的现象学时期、生活世界现象学时期。描述现象学时期以《逻辑研究》为代表，主要探讨数学、逻辑与心理学之间的关系；超越论的现象学时期以《观念Ⅰ》《笛卡尔式的沉思》和《经验与判断》等著作为代表，通过"现象学还原"和"超越论的自我"对世界的构造，把现象学发展为超越论的现象学；生活世界的现象学的问题在《欧洲科学的危机与超越论的现象学》等著作中得到了深刻的阐述。

本书主要以胡塞尔的《逻辑研究》为文本依据对胡塞尔描述现象学进行研究。《逻辑研究》共两卷，第一卷"纯粹逻辑学导引"（Prolegomena zur reinen Logik）发表于 1900 年，后由海牙马尔蒂米斯·内伊霍夫出版社作为《胡塞尔全集》德文考证版第 18 卷于 1975 年出版；②第二卷"现象学与认识论研究"（Untersuchungen zur Phänomenologie und Theorie der Erkenntnis）发表于 1901 年，由六项研究组成，前五项研究构成第二卷的第一部分，第六项研究单独构成第二卷第二部分，后由海牙马尔蒂米斯·内伊霍夫出版社作为《胡塞尔全集》德文考证版第 19 卷第一、二部分

---

① 德文 Intersubjektivität 王炳文先生译为"共主观性"（《共主观性现象学》），倪梁康先生译为"交互主体性"（《胡塞尔现象学概念通释》）。倪梁康也基本同意王炳文的译名。

② Edmund Husserl, *Logische Untersuchungen: Prolegomena zur reinen Logik*. Hrsg. von Elmar Holenstein. Den Haag: Martinus Nijhoff, 1975. 胡塞尔：《逻辑研究》第一卷"纯粹逻辑学导引"，E. 霍伦斯坦编，倪梁康译，上海译文出版社 1994 年版。（以下除非特别注明，此书均引自上海译文出版社译本。）

于 1984 年出版。[①]

倪梁康先生翻译了《逻辑研究》第一、二卷。第一卷由上海译文出版社于 1994 年出版，第二卷第一部分和第二部分由上海译文出版社分别于 1998、1999 年出版；上海译文出版社于 2006 年出版了“修订本”，增补了“编者引论”，最新的版本为商务印书馆 2018 年版。此外，李幼蒸先生翻译了《第五、第六逻辑研究》，由中国人民大学出版社于 2018 年出版。本书引文主要出自倪梁康先生翻译、上海译文出版社出版的第一版，“编者引论”及“作者本人告示”的引文出自商务印书馆 2018 年版。

《逻辑研究》是现象学和现象学运动的奠基性著作。《逻辑研究》第一卷的编者 E. 霍伦斯坦认为：

> 《逻辑研究》在很大程度上被看作是胡塞尔的最重要著作。它之所以有如此的声誉，要归功于两个等值的贡献：一方面，它按其原初目标设定所追求的那样，论证了逻辑学是一门纯粹的、形式的和自主的科学；另一方面，这些原初提出的任务最终导致了一门新的“认识论”、即现象学的突破。
>
> 第一卷的意图有三个：其一，将一门纯粹逻辑学的观念分离于对逻辑学的这样一些理解：理解为工艺论，即一种技艺学或一种关于科学思维的指南，以及理解为一门规范科学，它将纯粹逻辑学的形式规律转变为规范规律（第一章和第二章）；其二，拒绝对那些从意识本性中被构造出来的逻辑规律做心理学的论证，主张从逻辑基本概念的意义出发进行一种认识论的论证（第三章至第十章）；其三，对纯粹逻辑学及其基本概念和任务领域做一个临时的勾画（第十一章）。逻辑学被定义为“观念规律和理论的科学系统，这些规律和理论纯粹建基于观念含义范畴的意义之中”。而后，第二卷在一系列所谓个别研究中提供了对这门纯粹逻辑学的认识论的，或者说：现象学的澄清和奠基的“前工作”（Vorarbeiten）。[②]

---

① Edmund Husserl, *Logische Untersuchungen: Untersuchungen zur Phänomenologie und Theorie der Erkenntnis*, II/I. Hrsg. von Ursula Panzer. Den Haag: Martinus Nijhoff, 1984. 胡塞尔:《逻辑研究》第二卷第一、二部分，U. 潘采尔编，倪梁康译，上海译文出版社 1998/1999 年版，商务印书馆 2018 年版。

② 胡塞尔:《逻辑研究》第一卷，倪梁康译，商务印书馆 2018 年版，“第一卷编者引论”，xiv-xv（倪梁康译的《逻辑研究》第一卷，在商务印书馆 2018 年版中有“第一卷编者引论”，在上海译文出版社的译本中则无，本书引文涉及“第一卷编者引论”时，皆引自商务印书馆译本）。

胡塞尔指出：他的《逻辑研究》理论作为基础来为认识论进行更系统的奠基，或者说，为对逻辑学的认识论澄清进行更系统的奠基。在1900年关于《逻辑研究》第一卷的“作者本人告示”中，胡塞尔对逻辑学和认识论的关系进行了初步说明：

> 《纯粹逻辑学导引》构成《逻辑研究》的引论部分，它想为一种新的逻辑学观点和逻辑学探讨开辟道路。它试图指明，我们这个时代所极为崇尚的对逻辑学的心理学奠基，乃是建立在对各个本质不同的问题层次的混淆之上。……在详尽的分析中，心理主义逻辑学所具有的认识论方面的欠缺，尤其是其怀疑论方面的欠缺将会得到揭示，……其原因就在于它对最本质的基础和问题的误识。因此，在反对流行的心理主义的同时，《导引》试图重新复活，但也重新构建一门纯粹逻辑学的观念。
>
> ……
>
> 这门纯粹逻辑学无非是一种对传统形式逻辑学的改造而已。……纯粹逻辑学是观念规律和理论的科学系统，这些规律和理论纯粹建基于观念含义范畴的意义之中，也就是说，建基于基本概念之中。……在这个意义上，纯粹逻辑学是关于观念的“可能性条件”的科学，是关于科学一般的科学，是关于理论观念的观念构成物的科学。
>
> ……
>
> 这项在认识论上对逻辑学进行澄清的任务与批判地澄清思维和认识一般，即批判地澄清认识论本身的任务基本上是一致的，在本书第二部分中将会进行现象学的和认识论的单项研究，这些研究试图解决对逻辑学和逻辑思维之澄清的主要问题。[①]

《逻辑研究》第二卷从第一至第六研究是对表达与含义、含义的观念性、观念整体与观念部分、独立含义与不独立含义、意向体验及其含义、客体化的意向与充实、感性和知性、本真思维与非本真思维等纯粹逻辑行为中形成的思维与认识统一问题进行逐渐深入的研究。在《逻辑研究》第二卷的“作者本人告示”中，胡塞尔对六个逻辑研究的基本内容和逻辑关

---

① 胡塞尔：《逻辑研究》第一卷，“作者本人告示”，倪梁康译，商务印书馆2018年版，第288—290页（《逻辑研究》上海译文出版社和商务印书馆两个版本中的“作者本人告示”略有不同，本书引文涉及“作者本人告示”时，皆引自商务印书馆译本）。

系做了简要介绍：

> 这一卷包含六个相互关联的论述，它们是对在逻辑行为中形成的思维与认识统一的现象学澄清。[①]

第一研究是“表达与含义”。理论思维和认识是在陈述中进行的，亦即在某种表达以及在它们密切交织的行为中进行的，澄清认识的努力当然首先从分析从属于“表达”的本质区分开始，与之相关的现象学课题在其后的诸项研究中得以展开。

第二研究是“种类的观念统一与现代抽象理论”。表达的本质是含义，含义具有观念性，观念被区分为个体观念和种类观念，即个体对象和一般对象的观念性。胡塞尔在对洛克和休谟的“抽象的注意力”“代现学说”“理性的区分”等理论批判的基础上，论述了种类对象的观念性问题。

第三研究是“关于整体与部分的学说”。“抽象”概念中涉及“部分内容”或“不独立内容”，这一研究就是对独立内容与不独立内容的一般区别之阐释，这项研究成为一种关于实在的整体与部分之学说的设想，这种构想是按这些整体与部分的纯粹范畴特征的类型来进行的。

第四研究是“独立与不独立含义的区别以及纯粹语法学的观念”。第三研究的成果在第四研究中得到了应用，独立内容与不独立内容、整体与部分的理论被用来澄清“自义的”与“合义的”表达之间的区别，即独立含义与不独立含义之间的语法区别。具有独立含义的逻辑规律只是排斥了“悖谬”[②]，而与不独立含义相关的逻辑规律则排斥形式的“无意义”。关于独立含义与不独立含义的研究形成了“纯粹语法规律”。

第五研究是“关于意向体验及其‘内容’”。这一研究回溯到意识这个多义的概念，并对三个意识概念——“作为自我体验的意识”“作为内感知的意识”和“作为心理行为的意识”进行了认识论的澄清；对多义的“内容”的分析导致了对“质性”和“质料”的区分，并引发了对“每一个心理行为或者是一个表象，或者以一个表象为基础”的定理的思考。这些都是在能够充分达到一门科学上充分的“判断理论”之前必须要完成的准备

① 胡塞尔：《逻辑研究》第二卷第二部分，“作者本人告示”，倪梁康译，商务印书馆 2018 年版，第 1270 页。

② 倪梁康译《逻辑研究》将 Absurdität 译作“背谬”，本书作者在基于《逻辑研究》的引文的讨论时，也用“背谬”，其他时候用“悖谬”一词，为尊重译者语言表达习惯，不作统一。——编者

工作。

第六研究是“现象学的认识启蒙之要素”。这个研究是整部著作所提供的范围最广、最成熟、成果最丰富的一项研究。第一篇标题是“客体化的意向与充实”，以非客体化行为的“表达”为出发点，阐释了客体化行为“意向”和“充实”的本质，澄清了“认识就是客体化充实综合”的认识论理论；第二篇标题是“感性和知性”，创造性地将感知与直观概念扩展到范畴行为领域，从而揭示出了任何一门未来现象学和认识论的基石；并进而运用先前的分析成果将“本真思维”与“非本真思维”的先天规律对置起来，前者与范畴直观有关，后者与范畴的符号行为有关。第三篇标题是“对引论问题的澄清”，这一篇是一个附录，主要是对前面提到的引导问题进行了澄清。[①] 总之，《逻辑研究》所建构的纯粹逻辑学肩负着“阐明科学”之使命。

本书是对胡塞尔《逻辑研究》的释义性研究。全书共十三章，第一章简述了胡塞尔思想的发展历程；第二章论述了胡塞尔把现象学建构成严格科学的理想；第三章结合《逻辑研究》第一卷讨论了胡塞尔纯粹逻辑学的设想，由于胡塞尔关于逻辑的思想在后期如《形式逻辑和先验逻辑》《经验与判断》等著作中发生了较大的变化（从纯粹逻辑到超越论逻辑再到发生逻辑学），该章对纯粹逻辑学思想的讨论比较简略；第四至第八章，分别对第一至第五逻辑研究进行释义性研究；第九至第十三章主要是对第六逻辑研究的释义性研究。

---

① 胡塞尔：《逻辑研究》第二卷第二部分，“作者告示”，倪梁康译，商务印书馆 2018 年版，第 1273—1274 页。

第一章 胡塞尔的思想历程

只有当人们能够成功地与一位哲学家一同思维时，他才能理解这位哲学家。

——燕尼·海尔施：《哲学的惊异》

现象学（Phänomenologie）的创始人埃德蒙德·胡塞尔是20世纪影响巨大的哲学家，他从青年时代起就梦想着消除哲学的"混乱"，他建构的现象学哲学内容晦涩而体系宏大，对各门社会科学并且也对自然科学的研究产生了巨大的影响。"距今一百年前，胡塞尔通过研习逻辑学和心理学走上了哲学基础探索之路，嗣后他所创立的现象学成为20世纪西方影响最大的哲学流派之一。……当这位20世纪西方最坚定的理想主义哲学家在第二次世界大战爆发前夕离世时，他自信已在乱世之中为一个关系到人类永恒福祉的崇高目标指明了方向，并坚信理性最终应当战胜非理性。"[①] 德国哲学家康德的理性批判精神是胡塞尔一生尊奉的信念，在康德的纯粹理性批判和狄尔泰的历史理性批判之后，胡塞尔开创了意识理性批判理论，海德格尔认为20世纪30年代德国哲学以及各个不同的领域中深深打上现象学的烙印，并决定着那个时代的精神面貌。[②] 时至今日，现象学研究在西方人文科

---

① 胡塞尔：《纯粹现象学通论》，卡尔·舒曼编，李幼蒸译，中国人民大学出版社2013版，"《通论》初版中译者序"，第11页（另，李幼蒸汉译的《纯粹现象学通论》，在商务印书馆1992年版中正文前附有"编者导言"，在中国人民大学出版社2013年版中未附"编者导言"。在本书引文涉及"编者导言"时引自商务印书馆1992年版，在不涉及"编者导言"时引自中国人民大学出版社2013年版）；Edmund Husserl, *Ideen zu einer reinen Phänomenologie und phänomenologischen Philosophie. Erstes Buch: Allgemeine Einführung in die reine Phänomenologie*. Hrsg. von Karl Schuhmann. Den Haag: Martinus Nijhoff, 1976。

② 海德格尔：《面向思的事情》，陈小文、孙周兴译，商务印书馆1999年版，第98页。不过，康德和胡塞尔在哲学方法和风格上的差异是明显的，康德把自己的哲学称为"纯粹理性的建造术（Architektonik）"，而胡塞尔则将自己的哲学称为"考古学"（Archäologie），"这两个称号可以看作是对思辨哲学与现象学哲学之间根本风格差异的标识"（参阅倪梁康：《面对实事本身——现象学经典文选》，东方出版社2000年版，"编者引论"，第16页）。

学界已经成为涉及逻辑学、认识论、价值论的广泛研究领域，并对社会学、美学、政治学、法学等诸多社会科学产生重要影响，日益成为一个国际性的学术领域。在西方的大学中，“与逻辑学或心理学一样，现象学如今已作为一门独立的学科纳入到哲学训练的基本教程之中”[①]。在中国，汉语学术界对西方哲学的研究开始甚早，但对胡塞尔在20世纪初就已创立的现象学却未曾给予足够的注意，[②]到20世纪80年代，我国学术界还基本处于现象学的翻译介绍阶段，这种状况与现象学哲学的重要性相比很不相称，亟待进行广泛专深的研究，这对于我们这个认识论研究尚且不足的民族而言，具有十分重要的意义。

胡塞尔一生在哈勒、哥廷根、弗莱堡三个大学任教。关于胡塞尔学术思想的分期，根据慕尼黑现象学哲学家阿维-拉勒蒙（E. Ave-Lallemant）将最广义的现象学运动划分为两个圆周：第一个圆周，1900—1938年，即《逻辑研究》发表到胡塞尔逝世；第二个圆周是胡塞尔去世后至今为止的现象学运动发展。倪梁康把第一个圆周时期又划分为三个阶段：

从胡塞尔1901年来哥廷根大学任教起到1916年到弗莱堡大学任教前，为现象学运动第一圆周的第一个阶段，这一阶段胡塞尔思想经历了从“描述现象学”或“现象学的心理学”向“纯粹现象学”的转变。

从1916年来弗莱堡大学任教到1929/1930年胡塞尔教学活动结束为第二个阶段，这一阶段胡塞尔坚持现象学首先必须解决理论理性的问题，而没有如他的追随者希望的那样对实践现象学领域给予特别的关注。

从1928年退休到1938年胡塞尔逝世是现象学运动第一个圆周第三个阶段，此时，一方面，胡塞尔在德国其他大学的影响日益增大，而在弗莱堡大学的影响却逐渐被缩小；另一方面，他在国外的声誉相对于德国而言日益扩大。[③]

赫伯特·施皮格伯格（H. Spiegelberg）在《现象学运动》中指出，胡塞尔的最有权威的解释者弗莱堡大学的欧根·芬克（E. Fink）“按照胡塞尔学术生涯的三个主要所在地把胡塞尔哲学发展分为三个时期。胡塞尔的学术生涯开始于哈勒大学，从1887年到1901年他在那里任无薪教授，后在哥廷根大学任教15年（1901—1916），最后在弗莱堡大学（布赖斯高）大学任教，在那里胡塞尔担任正教授直到1928年退休”。但施皮格伯格认为，

---

① 倪梁康：《面对实事本身：现象学经典文选》，编者引论，第3页。

② 胡塞尔：《纯粹现象学通论》，“《通论》初版中译者序”，第12—13页。

③ 倪梁康：《现象学及其效应——胡塞尔与当代德国哲学》，第16—23页。

将这三个时期看作胡塞尔现象学哲学发展的三个阶段似乎更合适：从哈勒到1896年为前现象学时期；1896年至1906年为（认识论）现象学时期；1906年以后为纯粹现象学时期。[①]

以上分期只是我们考察胡塞尔思想发展的一个大致时间线索，它们在时间上的划分不是绝对的，而是相互参合的，既表明胡塞尔思想发展的连续统一性，也表明胡塞尔作为一个具有强烈独创性的哲学家，在不同时期他的思想总会有创造性发展。对胡塞尔学术思想的分期是一个有待继续讨论的课题，下面以芬克的分期，按照哈勒时期（1887—1901）、哥廷根时期（1901—1916）、弗莱堡时期（1916—1928）（大致对应于“描述现象学”、“超越论的现象学”、“生活世界现象学”三个阶段）的顺序，对胡塞尔在不同时期现象学研究的主要内容做一概述。

一、哈勒时期的前现象学研究

胡塞尔的全名叫埃德蒙德·古斯塔夫·阿尔布雷希特·胡塞尔（Edmund Gustav Albrecht Husserl，1859—1938），是德籍犹太人，1859年4月8日生于奥匈帝国的摩拉维亚（Moravia，当时属于奥匈帝国，今属捷克）地区普罗斯涅滋（Prossnitz）的一个不太富有的犹太商人家庭。

胡塞尔的早期教育来自母亲常带他去教堂接受宗教教育，“这种教堂教育虽然不像学校教育那样，学到的知识比较全面，但却有学校教育所达不到的效果，特别是对一个人人性的培养起到很关键的作用。这种教育没有任何强制，在聆听拉比的教育时，许多做人的道理也给予了，接受了”。[②]1869年在胡塞尔10岁时，他从普罗斯涅滋一所小学毕业后到维也纳开始中学学习，在完成初级中学学习后他来到一所著名的德国公学奥尔米茨德意志帝国皇家高级文科中学就读，但他主要对数学和物理感兴趣，对其他学科不仅没有给予足够的重视，在学业方面也没有表现出特殊的才华，没有迹象表明他将来会成为一个天才般的伟大哲人。他生性羞怯很少主动与同学接近，上课时总是若有所思、心不在焉而常被同学戏称为“梦想家”。1876年8月他以优异的成绩通过毕业考试，从奥尔米茨德意志帝

① 赫伯特·施皮格伯格：《现象学运动》，王炳文、张金言译，商务印书馆2011年版，第118页。

② 谢劲松：《胡塞尔传》，第13页。

国皇家高级文科中学毕业。

1876年胡塞尔进入了德国的莱比锡大学学习，他学习的课程有物理学、天文学、数学和哲学。胡塞尔在莱比锡大学时期认识了托马斯·G. 马塞里克（Thomas G. Masaryk，亦译马萨利克，后来成为捷克斯洛伐克共和国总统）。马塞里克是布伦塔诺[①]的学生，当时已经获得了博士学位，经常带领胡塞尔到莱比锡哲学协会去参加各种学术活动。马塞里克不仅帮助胡塞尔摆脱了错误的、非伦理的民族主义情绪，指点他学会如何进行独立思考，使胡塞尔注意到笛卡尔、莱布尼茨和英国经验主义哲学，而且对胡塞尔一生的哲学道路具有决定性影响的是马塞里克鼓励并引导胡塞尔学习布伦塔诺的理论。

胡塞尔具有非常广泛的阅读兴趣，在莱比锡大学上学的三个学期中，他阅读过威廉·施艾尔（W. Schell）的《运动和力的理论》、沃尔弗尔斯（J. Wolfers）主编的《自然科学的数学原理》、弗里德里希·宇伯威格（F. Ueberweg）的《近代哲学史纲》、海尔曼·格拉斯曼（H. Grassmann）的《膨胀学》等著作；胡塞尔在莱比锡大学第一次选修的哲学课程是关于英国唯心论哲学家贝克莱哲学的讨论课，他也听过实验心理学之父冯特（W. Wundt）的课程。

1878年胡塞尔注销了他在莱比锡大学的学籍，在柏林大学哲学系注册。胡塞尔从19岁至21岁（1878—1881）在柏林大学学习了六个学期。柏林大学当时在数学研究方面具有很高的声誉，有克罗内克（L. Kroneeker）、库玛（Kummer）、维尔斯特拉斯（K. Weierstrass）等顶尖数学家，在他们的影响下，胡塞尔放弃了天文学而完全投身于数学。

他跟随克罗内克攻读数论，跟随维尔斯特拉斯攻读分析数学。克罗内克有一句名言："上帝创造了自然数，其余的数都是人创造的。"上帝的权威性和原创性在这句话里也带给了自然数绝对的权威和初始性。自然数是原初的、直接给予的，并非人依据设想和需要而找到的。自然数这一上帝的创造物是清楚明白的，是不需要任何前提和条件就能存在的，它是其他如

---

① 布伦塔诺（F. Brentano）是奥地利哲学家，曾经在乌尔茨堡大学和维也纳大学任教授，后因教义和婚姻的关系，辞退了大学正教授的工作，也退出了教士的神职，以一个不拿薪水的讲师身份在维也纳大学讲学。布伦塔诺知识渊博而又逻辑明澈，但他从未完整地叙述过自己的哲学思想。他的大部分著作都是死后发表的遗著。胡塞尔未发表的速写手稿约有45000张，就连纳粹禁止进入大学的"禁令"背面，他也写下了自己的思考，他留下的浩瀚文字都是原创性的、开创性的，而不是"故事"性的。但他生前也极少发表著作，在慎重地对待学术的严肃态度这点上，他和老师是一致的。

负数、分数、无理数、虚数等一切数存在的前提，后者是可以通过类似语法规则的构成规则被定义的，是人为的产物。

克罗内克教授的数学哲学和维尔斯特拉斯教授的分析数学，对胡塞尔以后专注于纯粹学术研究、在哲学研究中所贯穿的严密精神以及使哲学成为一门严密科学的理想产生了重要的影响。维尔斯特拉斯是黑格尔的女婿，当时黑格尔的唯心主义哲学开始没落，柏林弥漫着对黑格尔哲学的批判。维尔斯特拉斯在他办公室的门上挂出了“不许在这里辱骂黑格尔”的牌子。胡塞尔一生不苟言笑，从不议论他人长短是非的为人风格，就是受维尔斯特拉斯和胡塞尔母亲的影响。维尔斯特拉斯试图把直觉和理性结合在一起构造一个关于纯粹理性的理论，以此奠定数学的根源及其基本概念、基本定理的基础，为整个数学体系建构一个严格而简明的、易于理解的方法。

从1881—1883年，胡塞尔在维也纳大学读书。胡塞尔的父亲是一个正统的奥地利人，尽管胡塞尔可以在柏林大学获得博士学位，但他希望儿子能够在维也纳大学获得博士学位。1881年春季胡塞尔在柏林大学注销了学籍来到维也纳大学攻读博士学位。他对数学的变量微积分进行了深入研究，并于1882年7月向维也纳大学哲学系提出了准许进行博士论文答辩的申请，胡塞尔1883年1月23日进行了博士论文答辩，以《微积分的变分研究》（Variationsstudien der Infinitesimalrechnung）获得博士学位。

早在柏林求学时期，科学哲学教授阿尔布莱希特（G. Albrecht）在科学哲学与日常生活上给予胡塞尔很多的教益和帮助，他不断劝服胡塞尔能从犹太教改信福音派路德新教。胡塞尔在维也纳时开始阅读和研究新约《圣经》，由此而产生的宗教方面的经验使胡塞尔开始从数学研究转向哲学研究，以便“借助于一门严格科学的哲学来找到通向上帝和通向真正生活的道路”。[①]不过，胡塞尔直到1886年才在路德教会受洗，成为一名基督徒，阿尔布莱希特担当了他的神父。

胡塞尔拿到博士学位后，本想在维也纳跟随布伦塔诺研究心理学和哲学，但维尔斯特拉斯教授邀请胡塞尔回柏林做他的助手，胡塞尔难却导师的盛情，回柏林一边做维尔斯特拉斯的助教一边听他的数学课，一个学期后，维尔斯特拉斯教授病倒而无法上课，因而不再需要助教。胡塞尔于1883年秋至1884年秋服一年兵役，他在服兵役期间也广泛阅读，读过《亚里士多德》《对或然性进行哲学研究的尝试》《认识活动的基本问题》《人种地理学》《统计学与社会科学》以及黑格尔的《精神现象学》和斯宾塞的《哲

① 转引自倪梁康：《现象学及其效应：胡塞尔与当代德国哲学》，第11页。

学基础》等。服完兵役后，25 岁的胡塞尔重返维也纳，随布伦塔诺学习哲学，这是胡塞尔成为 20 世纪哲学大师、现象学创始人迈出的关键一步。布伦塔诺倡导“不使用任何哲学前提，进行刨根究底的批判和实证”的学术原则，在他看来，一切哲学问题（包括本体论和认识论问题）都可以转换为直接的心理经验问题，并因此在他周围形成了一个专门研究描述心理学的学术圈子。在这里，胡塞尔得到了布伦塔诺的哲学熏陶，并视布伦塔诺为自己唯一的哲学导师。在布伦塔诺的影响下，胡塞尔被彻底引向哲学研究的道路，并最终决定以哲学作为自己终生的职业，胡塞尔在《回忆弗兰茨·布伦塔诺》一文中写道：

> 当时我刚刚完成我的大学学业，并且在哲学中还是个初学者（在数学博士的学位中我的副专业是哲学）。
>
> 在这个时期，我的哲学兴趣在增长，而且我在犹豫，究竟是留在数学这里，以其为终生职业，还是应当将自己完全奉献给哲学。此时布伦塔诺的讲座起了决定性的作用。
>
> ……
>
> 从布伦塔诺的讲座中，我获得了一种信念，它给我勇气去选择哲学作为终生的职业，这种信念就是：哲学也是一个严肃工作的领域，哲学也可以并且也必须在严格科学的精神中受到探讨。①

胡塞尔在布伦塔诺的指导下深入研究了洛克、贝克莱、休谟和密尔等人的哲学思想。早在维也纳大学求学期间，胡塞尔就听了布伦塔诺的“实践哲学”课程（1884/1885 年冬季学期）和“基础逻辑以及对其必要的改良”课程（1885 年夏季学期）。在“基础逻辑以及对其必要的改良”中，布伦塔诺讨论了与理智描述心理学有系统联系的各个基础部分。此外，胡塞尔还听了布伦塔诺对休谟的《人类理智研究》的辅导课，参加了由布伦塔诺主持的对休谟的“道德原则”的讨论课。特别是胡塞尔于 1886 年读了对他后来进行的意识研究有重要的意义的马赫（E. Mach）的《感觉的分析》。总之，从 1886 年到 1895 年，胡塞尔的研究兴趣虽然十分广泛，但主要兴趣是研究“形式数学”和“形式逻辑”问题，特别着力于研究几何理

---

① 胡塞尔：《文章与讲演（1911—1921 年）》，T. 奈农、H. R. 塞普编，倪梁康译，人民出版社 2009 年，第 338—339 页；Edmund Husserl, *Aufsätze und Vorträge (1911—1921)*. Hrsg. von Thomas Nenon und Hans Rainer Sepp. Dordrecht: Kluwer Academic Publischer, 1987。

论、形式数学理论和多样性学说。

1886年布伦塔诺推荐胡塞尔到哈勒大学的施通普夫（K. Stumpf，布伦塔诺的学生）那里准备任教资格考试，1887年10月24日，28岁的胡塞尔以《论数的概念》的高校教职论文[①]通过了任教资格考试，成为哈勒大学的一位编外讲师，开始了长达44年的教学与研究生涯。1887年8月6日，胡塞尔与犹太后裔马尔维娜·史坦因施纳德尔结婚。[②]

对胡塞尔哲学研究的方向产生重要影响的另一个重要哲学家是施通普夫，布伦塔诺的描述心理学与施通普夫的声音感觉分析与研究一起为胡塞尔的现象学研究奠定了基础。他们的影响使胡塞尔"不信任哲学中的大话和空话，要求把哲学史上的'大纸票'兑换成有效的'小零钱'；他相信哲学所具有的伟大任务，但认为只有在完全澄清了这些任务的意义内涵的起源之后，才有可能解决这些任务；他拒绝形而上学的思辨，主张在'看'、在'直观'中把握到实事本身"。[③]

胡塞尔从1887—1901年在哈勒大学工作了14年，这是他教学和学术生涯的开始，这个时期被称为前现象学时期或心理学时期。他在哈勒大学教授的课程有"认识论和形而上学导论"、"心理学的基本问题"、"大哲学"（即哲学百科）、"伦理学"、"数学哲学问题选讲"、"逻辑学"、"近代哲学史"、"逻辑学的基本问题"、"心理学"、"哲学导论"、"论意志自由"、"对上帝存在的证明"、"无神论与现代科学"、"伦理学与法哲学"、"近代演绎逻辑研究"、"哲学史"、"从斯宾诺莎以来的宗教哲学史""康德和康德以后的哲学"、"康德哲学"和"认识论引论"等。

---

① 德国教育制度规定，大学生获得博士学位后没有资格直接进入高等学校任教，要想成为高等学府的教师，必须再写一部学术著作作为依据去申请高等学校的授课资格。高校有专门的学术机构来审定，认为申请者的著作达到了该领域的高水平，有学术价值，才算合格，才由相应一级政府的教育部门授予授课资格，这个程序在德语中称为Gabili-tieren，该著作称为Gabilitationsschrift（高校教职论文）。在未取得高校任教资格之前，博士毕业只能做教授的研究助理，也可在大学中讲授初步性课程，但学历上仍不够从事独立研究的资格。完成高校教职论文并答辩合格后，才有资格进行独立的研究，也可以授课，相当于副教授，但不算正式公务员，不能领取国家薪水，副教授的薪金来自学生选课时交的选课费。

② 马尔维娜·史坦因施纳德尔是胡塞尔的同乡，小学教师，她陪伴胡塞尔一生并对他充满敬意。作为妻子她忠实干练，从未享受丈夫带来的殊荣，而且忍受了婚前婚后数十年清贫困苦的生活，晚年又忍受了排犹的精神和肉体折磨。她不仅是胡塞尔生活的伴侣，也是他孤独时的精神慰藉者，她深深理解胡塞尔研究的价值，并始终支持他从事的艰难而崇高的学术事业。在胡塞尔刚刚去世、希特勒对犹太人发动疯狂暴行的前夕，她机智果断决定把胡塞尔的所有遗著和手稿转移出境。参阅谢劲松：《胡塞尔传》，第26页。

③ 倪梁康：《现象学及其效应：胡塞尔与当代德国哲学》，第12页。

胡塞尔在哈勒大学时期逐渐形成了自己独特的哲学思想。哲学的目标应该是宏大的，但要实现它的伟大任务，就必须首先对这些任务是如何提出来的，以及这些任务从其学术根源上是如何被确定的等这些问题进行仔细的研究。按照胡塞尔的看法，要使这样的研究具有创新的意义，就必须拒绝已有的形而上学的思辨，在对问题和对象的“直观”中，对问题和对象进行根本的把握。可以说，胡塞尔正是在哈勒大学时期，形成了自己对这些问题进行思考的独特方法，也可以说，哈勒大学是胡塞尔形成自己的现象学思路的起源地。

在19世纪下半叶，自然科学的方法成为包括人文社会科学在内的一切学科的基本方法。这种倾向导致人文社会科学领域的明显的机械主义特征。为了克服这种倾向，新康德主义提出了“精神科学”的概念，提倡历史主义方法和解释学。在此同时，心理学同哲学在近代西方经验哲学传统形成以来，就有着十分亲密的联系，例如内在反思的心理学。但19世纪后半叶，在德国形成了一个科学主义的心理学流派，那就是德国的实验主义的心理学。这样一来，西方的心理学就出现了两派共存的局面：内在反思心理学注重研究人的内在意识经验，强调知识、情感和意志等内在经验之间的关联和统一性；而实验心理学则强调以自然科学的方法研究心理的行为表现。

英国经验主义者穆勒、斯宾塞等人把内在心理学看作逻辑经验研究的基础，认为逻辑学是心理学的一个分支。这种思想，对后来西方（尤其是英美的）哲学家的影响很大，布伦塔诺等人也接受了这种思路。布伦塔诺批判康德哲学，把它进一步主体意识化，认为应该在心理学之中来寻找哲学本体论和认识论的基础，强调对认知主体的内在的意识理性进行研究。布伦塔诺同时也反对纯粹的主体建构学说，而把“具有明证性的直接经验”作为追求真理的唯一道路。布伦塔诺认为，科学公理和人的内在知觉判断的普遍正确性的基础不是别的什么东西，就是人的内在经验的自明性。布伦塔诺认真地研究了人的内在经验世界，他最有意义的学说就是“意向性”理论。这种理论认为，一切外界事物之所以能够为人们把握，就是因为它们在人的心理中有其“对应项”。也就是说，人的意识和被人所意识到的外界的客体之物，二者是密不可分的。而在意识与物之间的关系中，布伦塔诺认为，意识这一方面更为重要。也就是说，外界物体的客体性（“客观真理”）是否真正地被我们所把握，取决于我们内在意识的自明性能力。

胡塞尔最初是位数学理论家，他早期哲学的主题是同数学紧密联系在一起的。他认为纯粹算术是一门以数的概念为基础的科学，数的概念是算术的唯一而且充分的前提。那么，到底什么是“数”呢？人们应该如何来说明数的概念的理论意义呢？1884年，36岁的耶拿大学弗雷格教授出版了一本专门研究数的概念的理论基础的著作《算术的基本原理》。胡塞尔通过任教资格论文后，为了从哲学上更深入地理解算术，认为必须一方面要分析算术的基本概念，另一方面要对它的符号的方法做出逻辑的说明。他用了四年时间对任教资格论文中的观点加以扩充和发展，发表了自己的第一部学术著作《算术哲学——心理学与逻辑学研究》，副标题标明这部著作试图揭示数（主要是指"基数"）概念的心理学起源，并在数的既定的符号系统中考察数的建构的逻辑层面。

在《算术哲学》中，胡塞尔进一步论证了《论数的概念》中的基本问题，即通过逻辑学对数学基本概念的澄清来奠定数学的基础。胡塞尔批评了数学家和逻辑学家弗雷格的算术哲学，试图用数学思维的描述心理学来解释数学，即在主体心理行为的描述心理学分析中澄清数学的基本概念。此书发表后，遭到了弗雷格的反批评，他发表书评逐条分析了胡塞尔的论证，认为胡塞尔把客观的数学内涵加以心理学化，无法克服以心理学作为数的基础所隐含的矛盾和混乱。

胡塞尔曾师从布伦塔诺，对布伦塔诺的描述心理学有很自觉的赞同和深刻的理解，因而也就很自然地接受了布伦塔诺的理论和方法。由于深受布伦塔诺的描述心理学的影响，胡塞尔以描述心理学为其学术起点，力图从数的心理起源来解释数的本质和数的概念的理智根源；而弗雷格从逻辑主义的路线出发重视的是对数的逻辑预设进行解释，因此也就更重视"定义"问题。在研究一开始所选择的方法的差异，是导致胡塞尔与弗雷格在研究数的本质问题时的理论分歧的根源。

在《算术哲学》一书中，胡塞尔认为弗雷格的逻辑主义的分析，对于把握问题虽然有一定意义，但对彻底解析问题的核心并不充分。在他看来，逻辑学的"部分""单""多"等概念不能用一般的概念来定义，逻辑定义并不能解释数的概念，因而，如果用这些从科学的意义上来看人们都并不十分清楚的概念来作为对数进行定义的基础，那么，数概念的基础仍然还是不稳固的。胡塞尔认为，人们只能以描述心理学为方法，看看人是如何通过认知意识来获得这些单纯概念的。

比较而言，胡塞尔与弗雷格在数学观念上的最大差别和分歧主要表现在对"基数"的理解。弗雷格在解释数的本质的时候，其思路是考察数的外延概念，而胡塞尔却力图用描述心理学的方法，来寻求数的起源；弗雷格偏重于用"外延""数量相等"等术语对数进行逻辑定义；而胡塞尔对"定义"采取怀疑态度，在他看来，任何"定义"无疑都只是一种人为的意识设定，因而就必须探究这种设定的意识根源，也就是要探讨数的概念在人的意识中的起源。胡塞尔的术语主要是“集合”“多数”“心理活动”“集合联结”等等，胡塞尔所用的这些术语或概念，在当时虽然只是具有描述心理学的意义，但如果把它们的一些成分加以“纯化”，就可以获得他后来“超越论的现象学”学说中的许多思想。而这种纯化的任务，正是胡塞尔在许多年之后所做的一项重要工作。

胡塞尔与弗雷格在数的研究的思想取向上虽然有差异，但在许多重要的问题上也存在着一致性。他们两人都反对从时间的直观上来对数进行解释，弗雷格认为时间同数之间没有任何必然联系，时间只不过是计算的时候的一种心理需要而已。胡塞尔对这种观点持赞同的态度，认为时间的连续的表象，并不能把事物促成为一个集合，而实际上将事物促成为集合的，是一个“综合的心理活动”。一个集合作为整体的统一性，完全是以这种综合的心理活动为其基础的；时间经验并不能作为它的基础。他们二人都要求严格区分“数”与“符号”这两个概念，因而都批评数的研究中的“形式主义”。认为数并不是许多个“一”的集合，如果不把“一”这个标志同“一”的概念联系在一起，则所有的计算都是无意义的。符号总是“标志着”某种概念，没有概念作为其内容的符号是无意义的。他们还批评穆勒认为的“数的定义中的事实都是物理事实，因而数是由事实直接抽象出来的”观点。

但在“关系”这个最基本的概念上，胡塞尔同弗雷格之间的差异是不可调和的。胡塞尔对关系概念的解释，遵循的是布伦塔诺的思路。按照布伦塔诺的理论，最基本的关系有两种：一种是“初级关系”，这种关系是物理现象的关系，但胡塞尔认为，这种关系并不限于一般所说的“物理对象”，他认为，初级关系的特征，主要是它可以被直接地看作以唯名论的态度对相关语词的认识的构成部分，因而它的出现必然包含着它的相关语词。胡塞尔说，所谓的初级关系，包括着“相似性”“相等性”“层级性”等关系。第二种关系是具有心理现象特征的心理关系。胡塞尔指出，这种关系是以各种心理活动为其基础的。这些心理活动指的是“想象”“判断”“意愿”“情绪”等等。由于对象被纳入了这些心理活动之中，对象才具有了各类关系。因而，要理解对象之间的关系，要说明这些关系，就必须分析、反思这些活动，只有在对这些活动的反思中，人们才能感到这些关系的存在。这两种关系的差异在于：初级关系是表象的对象，它同它的语词都属于同一个层面，而心理关系则不是这样。在初级关系中，关系以及由关系所结合起来的语词，都是相同的表象的内容的组成部分；然而在心理关系中，只有反思活动才能使这一关系得以成立，才能使这个关系成为表象的对象。由于反思的直接对象就是活动本身，因而，只有在我们把这个活动变成反思的对象之后，我们才能在更高的层面上探讨与这个关系相关联的语词。从这一点来说，关系以及同它们相关的语词，是分别属于不同层面上的东西。胡塞尔重视的是第二种关系，他后来解释和发展的"意向性"关系就与他所说的心理现象有关，"意向性"理论也成为他后来所构建现象学大厦的重要内容。

在《算术哲学》中，胡塞尔认为只有"心理关系"能够解释数的本质。前述可知，"集合"是胡塞尔算术哲学思想的基本概念，在他看来，"集合"是在人们关注某些特定事物，并把它们结合在一起的结果。一个"集合"可以包含数个或者许多未必在时间和空间上有直接或者间接联系的不同元素。这些元素之间唯一的关联，就是"集合联结"。集合联结是一种心理性的关系，它以一种"综合"的心理活动为其基础。这种心理活动所产生的关系，完全不同于人们在其他认识形式（例如知觉）的情况下所获得的关系。而知觉关系只是一种初级关系，即使一个知觉的复合（例如人对一个花园的知觉），也只能表示一种初级关系，它可以被以部分性的形式进行分割，也具有某种原初的统一性。这种关系同集合联结是完全不同的。胡塞尔认为，集合联结所形成的统一性，是综合的心理活动的结果。通过对这个活动的反思，把注意力集中在意识中的"集合联结"层面上，这个时候，人们就不再把这些事物看作具有它们的各自内容的个体，而是把每一个事物看作"部分"，这样就产生了许多个"部分"，即"部分"的复数，例如"一"的复数。在这个由复数所组成的产物中，每一个"部分"、每一个"一"，就都成为一个"节段"，这就是数。

胡塞尔这种看法的核心内容是：人们通过集合联结把事物结合成为许多个可以计算的单元。这种集合联结是一种心理式的关系，因为它是以集合联结的心理活动为其基础的。胡塞尔认为，在研究数的本质的时候，引入"心理活动"和"心理关系"是十分必要的，因为所有的初级关系都不能解释人们何以能够把许多事物（包括甚至是许多非常不相同的事物）聚集到一起，并且在它们之中进行计算。在使得集合联结得以成立的心理联想活动之后，有一个随之而来的"抽象"过程，胡塞尔认为，正是由于有这样一个抽象过程，人们才能够形成独特的数的概念。

弗雷格对胡塞尔的理论进行了批评，认为胡塞尔的思路是心理主义的，有严重的主观主义偏颇。弗雷格在《算术哲学》的书评中指出，胡塞尔把数学和逻辑的基本概念和规律心理学化了，相反，我们必须要把心理学的东西和逻辑的东西、主观的东西和客观的东西明确地区别开来。在他看来，胡塞尔用“集合联结”的心理活动理论并不能解释“零”和“一”的意义。因为这两个数并不是集合，因而人们在思想这两个数的时候，并不进行集合联结的心理活动。在这种情况下，要对“零”和“一”做出理论的解释，弗雷格认为唯一可以依靠的是，通过概念的外延对概念进行理解。也就是说，人们只有通过只包含着“一个对象”的概念的外延的相等，才能解释“一”，也只有通过根本不包含任何对象的概念的外延的相等，才能解释“零”。弗雷格指出，胡塞尔重视“集合”以及“集合联结”这些概念，把它们看作对数的本质进行分析的基础，但他忽视了“外延的相等”和“一一对应”等关系的重要性，而实际上，这些关系恰好才是解释数的本质的基础，但这些关系却被胡塞尔判定为“初级关系”而加以忽视和排斥了。

弗雷格认为，“概念”决定数，并且只有通过概念，数才能是可以计算的。人们可以从不同的方向（侧面、角度等）来看待一个事物或者一组（一堆、一些、一类等）事物，从不同的概念系统中来看它们，人们就可以从不同的单位（统一性）中获得不同的集合。如弗雷格所说，荷马所写的古代史诗《伊利亚特》既可以被看作一本书，也可以被看作24本书的集合，如此类推，也可以把它看作许多诗篇的集合。因而可以说，计算的结果往往是由概念的性质所决定的。弗雷格指出，一个概念可以只有一个对象，例如地球上的人们所说的月亮；一个概念也可能没有对象，例如“双头人”的概念。这就可以解释一和零的意义。弗雷格说，概念是“数的容器”。当人们用一个数来回答“有多少？”的问题的时候，实际上就已经承认（确认、确指、指涉着）一个概念的存在。

弗雷格对胡塞尔的影响最明显的是“意向对象”（Noema）的提出。弗雷格曾向胡塞尔解释了关于“意义”和“意谓”的区别（弗雷格1891年5月4日致胡塞尔的信），他认为，符号有时表示自身，有时则表示内容。当“=”（如“同一个”）符号把A和B两个符号联系起来时，就产生意谓问题。如A=B是表示A和B这两个符号同一，还是它们所代表的内容同一？弗雷格在《论意义与意谓》[①]一文中，论证了这一问题，在他看来，符号、符号的意义和符号的意谓三者是有区别的，这对胡塞尔把意向对象与行为对象区分开来有重要的影响。

---

① 关于弗雷格的 *Über Sinn und Bedeutung*，如果引文出自王路先生译的《弗雷格哲学论著选辑》，则“Sinn”译作“意谓”，其他情况译作“意义”。

由于弗雷格的批评以及在进一步的深入研究中所遇到的理论难题，胡塞尔发现，从描述心理学来研究数的概念基础并不是一条理想的思路，逻辑原则比数学原理更为根本，他放弃了先前所依赖的心理学基础，并在《逻辑研究》中的“纯粹逻辑学导引”对心理主义进行了系统而深刻的批判。

胡塞尔终生的目标和理想是探究认识论和逻辑学的基本问题。在他看来，哲学理论必须从对人的知觉和表象的研究开始，他十分努力地研究洛克、贝克莱、休谟以及莱布尼茨的学说，其中他对休谟的哲学思想最为关注。1893 年胡塞尔从政府得到了为期一年的编外讲师的资助金额，从此时开始，胡塞尔开始研究空间表象的形而上学意义、几何学中的逻辑问题与形而上学问题的关系，并准备写一本关于空间问题的著作，并对这本书的写作计划做出了初步的安排。这本书计划的内容包括：(1)“空间表象”的心理学起源。其中包括描述性的研究和发生学的研究两部分；(2) 逻辑研究：空间与几何学；(3) 形而上学研究：几何空间、科学意识空间和现实性。但这项研究并没有完成，从 1893 年秋季开始，胡塞尔写完了两篇小论文，即后来以《基础逻辑的心理学问题》为题发表的《论抽象与具体的差异》和《直观与表现》。在这一段时间中，“直观”问题、“抽象与具体”的问题、“表现”和“表象”等问题成为胡塞尔研究的中心论题。1894 年 3 月，教育部拒绝了哈勒大学哲学系提出的关于提名胡塞尔晋升教授的申请，理由是没有名额。但大约在一个月之后，胡塞尔的编外讲师的资助金额被延长为两年。

1894 年 8 月，胡塞尔被授予“候补教授”资格。当年夏天，胡塞尔开始研究表象与对象、意向性对象的问题，从 1895 开始，胡塞尔转向了对假设判断和推论以及亚里士多德的种类概念、个体抽象、基础概念和组合概念的研究，到 1896 年胡塞尔已经倾向于对意义进行现象学的解释。在 1896 年的逻辑学课程中，胡塞尔提出了反心理学主义的论证，这个思想涉及后来《逻辑研究》第一卷中的主要内容。在 1896—1897 年冬季学期讲授“认识论引论”课程时，胡塞尔把认识论的基本问题同纯粹逻辑的净化澄明问题联系在一起进行考察。1897 年初，胡塞尔对友人说，他正在写一本大部头的著作，它的主要内容是反对当时的主观主义的、心理学化了的逻辑学的问题，这构成 1900 年出版的《逻辑研究》第一卷“纯粹逻辑学导引”的主要研究内容。

1901 年胡塞尔出版了《逻辑研究》第二卷“现象学与认识论研究”，它由六项研究组成，试图通过对逻辑和意识行为方面的基本概念的透彻分析，从而完成“从认识论澄清逻辑观念、概念和规律的重大任务”。[①]

《逻辑研究》的发表为胡塞尔赢得了巨大的学术声誉，1901年9月14日胡塞尔被任命为哥廷根大学正教授，但是，却遭到了哥廷根大学教授们的抵制，教育部最后为胡塞尔设立了一个特别教席（额外教授），这使胡塞尔敏感的心遭受了打击。但胡塞尔并不因此对抵制他的同行们抱怨，而是对自己成为一个哲学家的可能性开始了怀疑。[②]

在哈勒时期，胡塞尔的思想发展经历了两个阶段：一个是以《算术哲学》为代表的心理学主义阶段；另一个则是以两卷《逻辑研究》为代表的在批判心理学主义的过程中建构现象学的阶段。《逻辑研究》是胡塞尔为20世纪西方哲学做出的巨大学术贡献。

二、哥廷根时期的现象学研究

从1901年到1916年，胡塞尔作为编外教授在哥廷根大学生活了15年。[③]大致从1902—1903年开始，胡塞尔开始从逻辑研究转向“一般认识论”研究，他在1903年3月4日的日记中写道：“有时一种自信的意识使我昂奋，我在知识批判中比我的前人走得更远。”[④]在1901/1902年冬季学期所做的“逻辑和认识论”讲演和1902/1903年做的关于“一般认识论”的讲演，都可以被看作是为现象学认识论研究所做的准备的一部分，在1903—1904年的日记中，胡塞尔认为“认识论的理念：上帝的认识”，应当在一项“重要的认识论研究中”加以探讨，“上帝也只能通过反思获得对其意识和意识内容的认识”。[⑤]在关于“现象学和知识理论大纲”（1904/1905年冬季学期）

---

① 胡塞尔：《逻辑研究》第二卷第一部分，倪梁康译，第4页。

② 谢劲松：《胡塞尔传》，第42—43页。

③ 另一说法是，1901年9月14日胡塞尔被普鲁士国家教育大臣任命为哥廷根大学哲学系的副教授，由于大学方面的反对，教育部只得采取了一个妥协的方案，即说明这个“副教授”并不列入国家正式编制之内。1902年12月15日，教育部长授予胡塞尔编内副教授的资格。1905年4月15日，教育部提议任命胡塞尔为正教授，但哥廷根大学哲学系拒绝接受教育部对胡塞尔的任命，理由是胡塞尔“缺乏科学水平”。胡塞尔只好仰天长叹，请求上帝给他力量，使他能够永不疲倦地在科学事业上继续奋斗。

④ 转引自胡塞尔：《纯粹现象学通论》，李幼蒸译，商务印书馆1992年版，“编者导言”，第3页注⑦；Edmund Husserl, *Ideen zu einer reinen Phänomenologie und phänomenologischen Philosophie*. Den Haag: Martinus Nijhoff, 1976, Einleitung des Herausgebers, XVII注①。

⑤ 谢劲松：《胡塞尔传》，第51—52页。

的讲演中，胡塞尔论述了知觉、注意、想象和时间意识等问题，这些问题已经在《逻辑研究》中得到讨论，但此时他已经进一步明确认识到，没有对“简单的、最底层的理智行为的详细研究”，就不可能获得对判断理论的决定性阐明。

学术界把《逻辑研究》时期的现象学称为“现象学的心理学”向“纯粹现象学”的一个过渡，到 1913 年《纯粹现象学通论：纯粹现象学和现象学哲学的观念》发表，胡塞尔关于现象学研究对象的看法发生了重大的变化，纯粹意识而不再是心理现象成为现象学的研究对象，或者说，《逻辑研究》时期现象学的研究对象还主要是人类的心理现象，而《观念 I 》时期现象学的研究对象则主要是纯粹意识。

胡塞尔在哥廷根时期对当时学界的影响是缓慢的，大约从1904年开始，来自慕尼黑和哥廷根的大批追随者在胡塞尔具有独创性的思想的感召下聚集在一起，逐渐形成了一个现象学的哲学运动。

《逻辑研究》给胡塞尔带来的颇有影响的学术名声，使得他在哥廷根大学成为了许多对现象学感兴趣的年轻人的思想导师，在他周围聚集了一批年轻学者。1902 年夏季学期，慕尼黑的大学生约翰纳斯·道伯特（J. Daubert）骑自行车来到哥廷根拜访胡塞尔。通过道伯特的介绍，胡塞尔了解到了慕尼黑大学生中出现的现象学热潮，《逻辑研究》出版后，慕尼黑的大学生自发地聚集在一起研究胡塞尔的现象学，已经形成了一个学术圈子，即后来被人们称为“早期慕尼黑现象学派”的大学生小组，胡塞尔从此同慕尼黑的大学生小组建立了思想联系，一些大学生甚至从南方的慕尼黑赶来听胡塞尔的讲课。1904 年，胡塞尔研究的主要问题涉及“知觉和想象”“内时间意识”“想象与图像意识”等理论。1904 年 5 月胡塞尔在慕尼黑与著名哲学家李普斯（T. Lipps）会见，就“想象意识与符号意识”进行了深入的学术讨论。胡塞尔在 1904 年 11 月 17 日给道伯特的信中说，他正在努力越出《逻辑研究》的观念领域。因狄尔泰（W. Dilthey）曾经在柏林就胡塞尔的《逻辑研究》第二卷举行过一次课堂讨论，胡塞尔想和狄尔泰进行一次直接的思想交流，1905 年 3 月中旬，胡塞尔到柏林去拜访狄尔泰，这位年长 26 岁的著名思想大师对胡塞尔评价很高，认为《逻辑研究》是从穆勒和孔德以来第一个阐明哲学的新开端的基础的著作，这本书的第五和第六研究是最重要的，它们对主体及其体验所进行的研究特别富有成果。狄尔泰同胡塞尔的这次谈话具有极大的启发意义，它激发了胡塞尔的思想从《逻辑研究》向《观念 I 》的发展。

1905 年夏季学期，慕尼黑大学教授李普斯的学生阿道夫·莱纳赫

（A. Reinach）、弗里茨 · 瓦因曼（F. Weinmann）、阿尔弗雷德 · 施文宁格尔（A. Schwenninger）和约翰纳斯 · 道伯特等人到哥廷根来就学于胡塞尔。他们聚集在胡塞尔身旁，经过几年的研究努力，在哥廷根逐渐形成了以胡塞尔为首的“哥廷根现象学派”。虽然学派成员们的思想并非完全一致，但他们有一个共同的愿望，就是建立一门能够以严格的方法来把握现象的严格的哲学。

胡塞尔在 1905 年 11 月被选为德国巴伐利亚科学院的通讯院士，1906 年 6 月 28 日被普鲁士国王威廉任命为哥廷根大学的正教授（由编外转为编内）。从 1906 年开始，他狂热地投入到关于“非心理学的认识批判和判断批判的思想”的研究工作中。1907 年 3 月初到 4 月初，胡塞尔和他的夫人及朋友到佛罗伦萨旅游，拜访了他的老师布伦塔诺。1907 年 4 月 25 日到 5 月 2 日，他在哥廷根大学做了五次重要讲座，这标志着他的思想已从描述现象学和对心理主义的批评转向纯粹现象学和现象学哲学。[①] 在 1907 年，胡塞尔开始关于超越论的现象学的研究，并对“意谓”问题和分析判断问题进行深入研究。在 1907—1908 年，他主持了高年级“逻辑学基本问题和理性批判”和“意义学说与判断学说的基本问题”的课堂讨论课，1909 年夏季学期，胡塞尔讲授“哲学通史”和“认知现象学引论”课程，并主持关于康德的《道德形而上学基础》和《实践理性批判》的哲学讨论课。这个时期，胡塞尔也深入思考了科学、艺术、社会、伦理道德和宗教等课程设置问题，在 1910 的冬季学期，胡塞尔主持关于休谟的《人性论》的讨论课，同时讲授“现象学基本问题”“作为认识论的逻辑”等课程，并开始写作《作为严格科学的哲学》（1911 年 3 月在《逻各斯》上发表），系统阐述了他的纯粹现象学的哲学理想。

1913 年，30 岁的雅斯贝尔斯（K. Jaspers）到哥廷根拜访了 54 岁的胡塞尔，胡塞尔十分友好地接待了这位年轻而忧郁的思想家，胡塞尔像对待自己的学生那样同他进行了亲切的交谈。雅斯贝尔斯问胡塞尔，到底什么是现象学？胡塞尔回答说，如果你正确地去做的话，你不必知道什么是现象学，你只要继续努力去做就行。当雅斯贝尔斯说到有人把胡塞尔同谢林相比的时候，胡塞尔回答说，谢林根本不是一个严肃的哲学家。

胡塞尔是个非常严肃的哲学家，他从不想未经充分检验其正确性就立即将自己一般性和准备性的讲演付梓发表。比如，原计划于 1907 年 9 月完成的关于认识论和科学理论问题的研究最终没有出版，因为他感到在命题

① 这些讲座于 1950 年以《现象学的观念》为题作为《胡塞尔全集》第二卷出版。

逻辑观念上进一步弄清意义问题的必要性，于是便陷入了关于“意义和分析判断”问题的艰难的分析工作中。在1908年夏季学期，胡塞尔开设了“关于判断和意义的讲座”，对意义和判断问题进行了深入的研究。实际上，这个时期虽然胡塞尔发表的著作比较少，但他对逻辑和认识论中最具一般性的一系列问题成功地进行了深入研究，作为一个具有使命感和开创性的哲学家，他以对思想史和哲学的未来负责的态度写道：“我深为不安的是，我还远远未曾对一切问题获得完全明晰的内在统一性，将它们明确地分开、排列并加以系统整理。”①

在胡塞尔的意识现象学研究中，较高的意识行为奠基于较低的意识行为基础之上。信念和判断等属于较高层次的意识行为，它们必须奠基于较低层次的意识行为基础之上。胡塞尔在“知识现象学导论”（1909年夏季学期）的讲座中，开始重新考虑他的全盘构想的基础并进行关于最严格意义上的第一哲学的“现象学及其方法的观念”系统研究，胡塞尔在1910年1月25日给李凯尔特（Rickert）的信中说他正处于“一个多年来研究的总结和完成的时期中”。在1910/1911年冬季学期胡塞尔做了“现象学的基本问题”的讲座，讨论了现象学态度的特性问题；在1911/1912年冬季学期他做了“一般意识理论大纲”的讲座，讨论了与阐明意义有关的判断观念的问题。

1913年，胡塞尔与普凡德尔（Pfänder）、盖格（Geiger）、舍勒、莱纳赫等人创办了《哲学与现象学研究年鉴》，并在当年出版的第一期刊登了将发表胡塞尔一部重要著作的预告。1912年上半年，胡塞尔开始撰写一般现象学研究著作并对底稿进行修改，1913年2月底才最终结束了全部定稿工作。1913年，胡塞尔的《纯粹现象学通论：纯粹现象学和现象学哲学的观念》第一卷在《哲学与现象学研究年鉴》出版，这部著作作为《哲学与现象学研究年鉴》的特刊，以书籍的形式发行，这是自《逻辑研究》发表以来胡塞尔经过13年的潜心研究完成的又一巨著，在这部著作中，他开始用“纯粹现象学”来区别以前的“描述现象学”。

胡塞尔从1912年开始写作《纯粹现象学和现象学哲学的观念》第二、三卷，历时16年，至1928年才完成。

1914年夏季学期，胡塞尔为低年级学生讲授“伦理学与价值论的基本

① 胡塞尔：《纯粹现象学通论》，李幼蒸译，商务印书馆1992年版，“编者导言”，第7页。Edmund Husserl, *Ideen zu einer reinen Phänomenologie und phänomenologischen Philosophie*. Den Haag: Martinus Nijhoff, 1976, Einleitung des Herausgebers, XXI。

问题”“哲学通史”等课程，以及为高年级学生开设“康德的实践理性批判和道德形而上学的基本问题”讨论课。1915年开始写作和修改《纯粹现象学和现象学哲学的观念》第二卷，即《观念Ⅱ》。1916年，弗莱堡大学哲学教授李凯尔特到海德堡大学去接替了文德尔班（Winderband）留下的教授位置，1916年1月5日，德国教育部委任胡塞尔接替由于李凯尔特去职而空缺的弗莱堡大学的哲学教授职位。

从1901年到1916年胡塞尔在哥廷根大学任教15年，期间，胡塞尔完成了两项有影响的思想成果：一个是1907年他关于现象学的五次讲演而形成的《现象学的观念》，另一个是《观念Ⅰ》的思考、写作和出版。这两部著作表明了胡塞尔思想的第二次转变，即从现象学的心理学转变到现象学哲学，也就是从描述心理学的现象学转变为超越论的（即纯粹的）现象学。

三、弗莱堡时期的纯粹现象学研究

胡塞尔于1916年离开他居住了15年的哥廷根，到德国西南部施瓦本地区的弗莱堡大学任哲学教授。胡塞尔做了“纯粹现象学及其研究领域和方法”的教授就职讲演，系统表达与阐述他这一时期现象学研究纲领。随着胡塞尔的迁居，现象学运动的中心也从哥廷根逐渐转移到了弗莱堡，有一批卓有才华的学生和助手追随胡塞尔，如英加尔登（Ingarden）、莱纳赫、海德格尔、约纳斯（Jonas）、施泰因（Stein）、伽达默尔、卡尔纳普、列维纳斯、霍克海默以及从美国、日本来的学者，他们在弗莱堡听过胡塞尔的讲座或参加过胡塞尔主持的讨论课，此外，考夫曼①、舒茨（A. Schutz）都与胡塞尔有过直接的学术交往，舒茨后来移居美国，边做学问边当银行顾问，发展了胡塞尔的主体间性理论，把意识现象学发展到社会学，创立了现象学的社会学。总之，由于胡塞尔出任弗莱堡大学教授以及一大批最杰出学生聚集在这里，“当时的弗莱堡大学，已成为公认的欧洲哲学的中心，世界哲学最关注的焦点，献身哲学研究的学子最富诱惑力的圣殿”。②

① 考夫曼（F. Kaufman），德国著名哲学家，逻辑实证主义者，他在胡塞尔和海德格尔之间构成一个真正具有中介性的独立的中间层，并与退休后的胡塞尔教授一直保持着良好的私人关系。

② 谢劲松：《胡塞尔传》，第117页。

从1916年来弗莱堡大学任教到1929/1930年胡塞尔教学活动结束为第一个圆周的第二个阶段。在1928年发表的《内时间意识现象学》中，胡塞尔的现象学思维方式和操作方法以及现象学的“工作哲学”特征得到了充分的体现。在这个阶段，胡塞尔与舍勒、海德格尔三位哲学家的理论虽然都以现象学为名，但哲学意图和系统设想却各有差异，后人用“超越论的现象学”“本体的现象学”和“生存的现象学”区分他们。

在弗莱堡大学时期，胡塞尔教授的课程主要有“哲学导论”“现象学通论”“康德的先验哲学”“逻辑学与科学学通论”“从古代到19世纪初期的哲学史”“从笛卡尔到康德的哲学史”“自然与精神”“伦理学导论”“抽象现象学”“时间意识的现象学”“先验逻辑”“第一哲学”“现象学的心理学导论”“逻辑学的基本问题”等；他所主持的哲学讨论课有“笛卡尔沉思”“现象学问题”“贝克莱的《人类知识原理》”“判断论问题”“康德的先验美学”“康德的先验哲学”“伦理学的基本问题”“现象与意义”“对纯粹精神行为和状态的分析与描述”“逻辑问题选讲”“休谟的《人性论》”等。

哥廷根时期跟随胡塞尔学习的大部分学生都因第一次世界大战服役或阵亡，追随胡塞尔到弗莱堡的只有她的犹太女学生埃迪·施泰因，[①] 她是胡塞尔的哲学博士，从1916年10月起成为胡塞尔的助手在他身边工作了两年。1916年起，胡塞尔开始重新写作他的《观念Ⅱ》。在弗莱堡的现象学研究群体中，胡塞尔的合作者主要有施泰因、兰德格雷贝（Landgrebe）和芬克等人。施泰因除了抄写和整理胡塞尔的《观念Ⅱ》的手稿外，还编辑了1905年有关内时间意识的讲稿。“胡塞尔的思想由于总是超出昔日的讲稿，施泰因的整理成果也很难利用。施泰因也毫不掩饰自己的不同意见，特别是对胡塞尔的正在加强的唯心主义倾向不能接受。”她于1918年离开了胡塞尔。

从1918—1923年，胡塞尔是自己一个人独立进行研究的。1923年他获得了一笔可以支付研究助手薪水的特殊津贴，这个职务开始由兰德格雷贝担任，1928年开始由芬克担任助手职务直到胡塞尔去世（谢劲松《胡塞尔传》第119页说，芬克是1930年开始担任助手）。胡塞尔退休后，研究助手的特殊津贴延续到1932年，此后，芬克虽然不再领取研究助手的薪金，

---

① 施泰因是胡塞尔在哥廷根的最后一位重要的学生，是胡塞尔在弗莱堡时期的第一位哲学博士，她对现象学研究具有极好的天赋，后来皈依了天主教，胡塞尔1921年11月25日给他的波兰学生英加尔登写信说，他对施泰因的行动表示非常失望和遗憾。她在天主教托马斯主义哲学中找到了自己的精神归宿，最后却惨死在纳粹集中营的煤气室中。

但他的整理工作也一直坚持到胡塞尔去世。[①]

1918 年冬季学期，在胡塞尔的推动下，弗莱堡大学成立了“现象学协会”。1919 年 4 月 8 日，胡塞尔的学生们为老师举办了 60 岁生日庆祝会，许多学生发表了称赞胡塞尔的热情洋溢的讲话。从 1919 年 4 月到 1920 年 4 月，胡塞尔担任了一年的哲学系主任的职务。

总的来说，弗莱堡时期有一群现象学研究的学生和年轻的哲学家，但胡塞尔与他们接触很少，到最后除了研究助手之外，胡塞尔几乎与他们隔离开来，造成他与追随者分歧的一个主要原因是，“虽然他的追随者们希望他同时也关注实践现象学的领域，但胡塞尔本人却一如既往地坚持，现象学首先必须解决理论理性的问题”。[②]

值得一提的是，海德格尔从 1911 年起就非常着迷胡塞尔的现象学哲学，胡塞尔来到弗莱堡大学后，于 1919 年 1 月向哲学系申请让海德格尔做哲学研究班讨论课的助手。海德格尔是胡塞尔学生和助手中最出类拔萃的一个，他很快在教学方面比胡塞尔更吸引学生，他们关于现象学方面的学术分歧也日益凸显，许多学生都按海德格尔的批评意见吸收胡塞尔的思想。

在当代德国哲学界，胡塞尔与海德格尔之间的关系问题，曾经是 20 世纪下半叶以来哲学史家们讨论的热门话题。关于海德格尔对待胡塞尔的态度已有很多记载和论述，而有关胡塞尔对海德格尔态度的资料则较少。1917 年 10 月，马堡大学需要一名副教授，提名海德格尔，马堡大学新康德主义哲学家那托普（P. Natorp）给胡塞尔写信征求他的意见。此时的海德格尔还是弗莱堡大学哲学系讲授天主教哲学的教师，尚无代表性著作发表，刚来弗莱堡大学一年的胡塞尔对海德格尔还无学术上的特别信任，具有路德新教信仰的胡塞尔虽然对作为天主教徒的海德格尔没有否定性评价，但他就事论事地在回信中说：海德格尔“太年轻”“太不成熟”，他是很有前途的，但还缺少经验。在信中，他还特别提到海德格尔是属于天主教教团的人。胡塞尔这些说法，无疑对取舍海德格尔起了否定作

---

① 兰德格雷贝的助手工作是打字和抄写编辑胡塞尔这一时期关于“第一哲学”的讲演和编订旧稿，编辑出版了《形式逻辑和先验逻辑》，这一成果后来成了《经验与判断》的素材。他于 1930 年离开胡塞尔到布拉格做教授资格论文，后一直与胡塞尔保持着密切的通信联系；芬克于 1928 年成为胡塞尔的私人助教，1929 年在胡塞尔那里通过了博士考试，他的助手工作主要是为胡塞尔了解外界对他观点的反应。芬克是个反应灵敏的人，胡塞尔时常要芬克扮演与自己的观点唱反调的人，以便刺激自己的思路，也检阅自己思想是否严谨。他们经常在晚饭后的散步中进行这样的交流和讨论（参阅谢劲松：《胡塞尔传》，第 119—120 页）。

② 倪梁康：《现象学及其效应——胡塞尔与当代德国哲学》，第 21 页。

用。[①] 后来，海德格尔发布了脱离天主教教团的声明后，与胡塞尔的关系逐渐亲密起来。1920 年海德格尔又一次申请马堡大学的教授职位没有成功，1922 年在胡塞尔大力推荐下再次申请，作为教授候选人列为第一位，1923 年 6 月 18 日，34 岁的海德格尔成为马堡大学的正教授。1924 年弗莱堡大学有空缺的教授职位，胡塞尔极力想让去马堡的海德格尔回到他身边当教授，为此，这位一向谦让有礼、态度和蔼、超脱世俗的哲学家失态地与弗莱堡大学哲学系主任及其他同事发生了激烈的争执。胡塞尔为海德格尔争取弗莱堡大学教授职位的尽心和诚心，是大师之间的一种发自内心的内在的相互吸引和肯定。即使 1927 年在撰写“现象学”词条时二人已明显表现出观点分歧，胡塞尔于 1928 年退休时还是力荐海德格尔接任了他的正教授职务。

1927 年，为给《不列颠百科全书》撰写“现象学”词条，胡塞尔与海德格尔学术观点的分歧转向公开化。胡塞尔邀请海德格尔与他合作撰写，胡塞尔首先起了一个草稿，并与从马堡来弗莱堡度暑假的海德格尔进行了讨论，海德格尔将讨论稿带回马堡，据此起草了第二稿的导言和第一章。海德格尔在研读胡塞尔手稿时，加了许多批评性的脚注，于 1927 年 10 月 22 日写信给胡塞尔阐述了自己的看法，并将信和稿件一起寄给了胡塞尔。胡塞尔很重视海德格尔的意见，将信中的批评性附件用速写重新抄了一遍保存起来。但胡塞尔并不能接受海德格尔对现象学的理解和批评性意见，他试图通过“现象学”词条将他的原则性路线再一次仔细审查一遍，认为海德格尔根本没有把握这个路线，并因此没有把握现象学还原方法的整个意义。他弃用海德格尔写的第二稿，自己重新起草了另一稿，并四易其稿，海德格尔在每一稿上都加了评注。后来，胡塞尔的稿件也未被《不列颠

① 这里需要特别说明胡塞尔的宗教信仰及其态度。胡塞尔生长于犹太教家庭，曾经从内心深处信奉犹太教。受授阿尔布莱希特影响从犹太教改信新教（27 岁），体现了一种信仰上的纯粹个体性原则和自由主义原则。胡塞尔在生活和科学研究中贯彻这一原则，完全是为了科学研究的纯粹独立性。而当时天主教有学术检查制度，受天主教教团官方支持的教授们要按主教的授意来研究和讲授哲学，这与哲学的严格科学性相悖。海德格尔作为天主教教团成员，当时是军方驻弗莱堡邮局的书信检查员，估计他阅读过胡塞尔给那托普的回信，在胡塞尔回信的当周，海德格尔请求与胡塞尔交谈一次，以争取胡塞尔对自己的支持。面谈并没有使二人的关系得到好的改进，但不久海德格尔发布了脱离天主教教团的声明，这个声明并不是海德格尔为了与胡塞尔建立友好亲密的关系发布的，而是他对经院哲学反感及个人生活经历而导致的一种自觉行为，但胡塞尔对海德格尔的叛教表示了极大的友好和热情，亲自为海德格尔的声明做了文字修改，它从根本上消除了胡塞尔对海德格尔宗教倾向影响哲学研究的顾虑，在胡塞尔看来，要保持纯粹的科学性就必须在宗教上保持中立，为此，他于 1919 年向哲学系申请让海德格尔做他的哲学研究班讨论课的助手（参阅谢劲松：《胡塞尔传》，第 130—132 页）。

百科全书》采用，这项工作以失败而告终，二人的合作和亲密关系也到此结束。

胡塞尔是一个不太关心同时代的哲学家在说什么的人，所以，《存在与时间》在1927年发表后，胡塞尔可能并没有立即阅读，1928年胡塞尔在阅读后才发现，海德格尔在这部著作中常常不指名道姓地向他发起论战。胡塞尔在1929年12月2日写给英加尔登的信中明确表达了对《存在与时间》的态度："你问我，深入的'海德格尔研究'结果如何？我已得出结论，我无法将这部著作纳入到我的现象学的范围中来，而且很遗憾，我不仅必须在方法上完全地拒绝这部著作，而且在本质上以及在实事上也必须拒绝它。为此，我更加要重视《笛卡尔式的沉思》这本书的德文版，将它作为我的一部系统的'主要著作'来完成。"①

据弗莱堡大学马克斯·米勒（M. Müller，胡塞尔和海德格尔的共同学生）在《回忆胡塞尔》中说："胡塞尔从未谈论过海德格尔的政治态度，但有几次在谈到海德格尔的哲学思想时他说过：'在曾属于我这个圈子的人中，海德格尔也许是伟大的一个。'他很长时间都在考虑是否让普凡德尔来弗莱堡接替他的教椅，但海德格尔在深刻性和原本性方面无疑要超过普凡德尔。'因此我必须给海德格尔以优先。'……当我问胡塞尔，他现在向'生活世界'问题——这个问题在其历史–事实的'时或性'中已超出了先验现象学方法的界限——是否可以说是受到海德格尔的'反作用'影响，胡塞尔回答说：'他给我留下深刻印象，但从未影响过我。'我从未听胡塞尔说过对海德格尔人格的一句微词。"②

哈贝马斯认为，胡塞尔与海德格尔的关系颇类似于柏拉图与亚里士多德之间的关系。与柏拉图和亚里士多德在古代哲学中所起的作用一样，胡塞尔与海德格尔在当代西方哲学中具有举足轻重的影响力。但必须承认，海德格尔对待胡塞尔的态度与亚里士多德对待柏拉图的态度有很大差异，哈贝马斯在《海德格尔与国家社会主义》一文中对海德格尔的政治–历史观评价道："粗鲁的反美主义、对亚洲的厌恶、对希腊–德国本质所受的过多的拉丁影响的反抗、陌生恐惧症和多情的家乡抒情诗——所有这些阴暗的因素都给人以同一个印象，无论它们是赤裸裸地亮相，还是伪装成荷尔德林

① 胡塞尔：《致罗曼·英加尔登的信件集》，海牙1968年版，转引自倪梁康：《现象学及其效应：胡塞尔与当代德国哲学》，第168页，注释③。

② 马克斯·米勒：《回忆胡塞尔》，转引自倪梁康：《现象学及其效应：胡塞尔与当代德国哲学》，第162页，注释①。

粉墨登场。”[①]海德格尔的政治-历史观在他对胡塞尔的态度以及在他的学术研究中起着相当大的作用。

国内外著名的现象学研究专家从哲学思想内部的理论渊源、哲学思想的共性、差异和发展等方面，对胡塞尔和海德格尔之间的思想关系进行了深入细致的分析研究。由于本书不打算专门讨论胡塞尔与海德格尔的关系，所以，在此将部分观点做一概述。

我国现象学研究专家靳希平先生认为，围绕“现象学”词条，胡塞尔与海德格尔之间主要有四点分歧。

第一，海德格尔不满足于胡塞尔现象学，特别是他的意识论的基本思想，如直观、还原、内在经验、超验自我等这样的具有纯数学和形式科学特色的理论。他认为超验还原和加括号法将“自我”的本质特点忽略掉了，这样便没有回到事情本身。为此，海德格尔提出了与超验还原相对立的另一个方法：超越。即自我不是超验的纯粹自我，而是“在世界中”。

第二，胡塞尔的超验还原完全排除了通过对具体的实际存在的研究去发现最一般存在本身的意义的可能性。但海德格尔认为，可以从一种特殊的实际存在中，即从人的具体的实际存在中找到一般存在的意义的答案，因为人的具体的实际存在是特殊形式的实际存在，不是事物性的存在。

第三，胡塞尔在“现象学”条目草稿中认为，超验还原法的原则性特点在于，它防止了超验现象学中占统治地位的超验幼稚性，它的特点还在于将全部现实习惯生活都还原掉了。胡塞尔认为超验还原是在一种内在经验中实现的，实行还原的是主体的普遍性理论意志，这种意志不提供对超越的有效性证明，只是对存而不论的东西加括号，这即是纯粹自我。纯我的活动就是超验主体的统觉、认识和内在经验。海德格尔则怀疑，超验自我的那个意志如何被规定？还能不能被还原？因此海德格尔认为能进行还原的、能构造的纯粹的、超验的主体绝对不是“一无所是”，它总“是”些什么，因而必须有“存在”，只不过不会是石头、木头那样的事物性存在。这个特殊存在的特殊结构被胡塞尔忽略了。

第四，胡塞尔在词条中写道：“当我为自己这样做的时候，我便不是人类的我了。”胡塞尔所谓的“做”或“行为”，一般是指意识的活动，但这里的所谓“这样做”，即是指超验还原。但他没有说清楚。海德格尔对此批评道：“难道这样做不是人类（活动）的一种可能性吗？”如果说胡塞尔的现象学是将西方传统认识论的基本立场有意识地加以发展，而海德格尔则

① 倪梁康：《现象学及其效应：胡塞尔与当代德国哲学》，第 161 页，注释①。

放弃了西方传统认识论的基本立场。

从1920年起，胡塞尔从美学开始进行原初发生现象学研究，在这一年的冬季学期，胡塞尔给学生讲授“抽象现象学”，并为最高年级的学生讲授“时间意识的现象学”和“先验逻辑”。1922年6月，胡塞尔应邀到英国，在剑桥大学做了4次关于“现象学的方法与现象学哲学”的报告，这是关于超越论的现象学体系的最初描述，也是现象学思想第一次在德国以外的地方得到传播。在伦敦期间，胡塞尔同乔治·爱德华·摩尔（G. E. Moore）进行了学术讨论，摩尔赞扬胡塞尔的《逻辑研究》，但表示不能同意《观念Ⅰ》的观点。同年12月，胡塞尔被选为“英国的亚里士多德协会”通讯院士。1923年7月，胡塞尔接到柏林的教育大臣的信件，邀请他担任柏林大学教授职位，巴登方面和弗莱堡大学都不希望胡塞尔离开，胡塞尔在7月31日正式答复柏林方面，拒绝了这个邀请（原因如上所述，是因为胡塞尔在这一年获得了一笔用来支付领薪的研究助手的特殊津贴）。在1922/1923年冬季学期他做了“哲学导论”的讲座，实际上是一个在现象学意义上的哲学体系的计划。

从《纯粹现象学通论：纯粹现象学和现象学哲学的观念》（1913）到《形式逻辑和先验逻辑》（1929）及思考和写作《笛卡尔式的沉思》，[①]这十多年间胡塞尔集中精力进行教学和研究，没有发表任何已完成的著作，但他在讲课和讲稿中所呈现的对现象学“诸发展形态”的认识，对了解胡塞尔思想发展具有决定性的作用。这个时期的讲稿和小篇幅的论文，于1955年由鲁道夫·博姆（R. Boehm）编辑的两卷本《第一哲学1923/1924》（上卷是“批判的理念史”，下卷是“现象学还原的理论”）出版。

在《第一哲学》中，胡塞尔认为哲学的最高目的和理念就是坚持哲学是作为严格科学的哲学，这种严格科学的哲学是以确定的绝对自明的基础为根据，并按照最严格的方法建立起来的，因而是彻底有根据的哲学。在第一卷“批判的理念史”中，胡塞尔通过对哲学理念及其历史起源的考察，要求赋予现象学以第一哲学发展形态的历史任务，并提供了一个相对完整

① 胡塞尔的《形式逻辑和先验逻辑》于1929年发表于《哲学与现象学研究年鉴》第十期，并由马克斯·尼迈耶出版单行本；《笛卡尔式的沉思——超越论的现象学引论》最初于1931年用法文在巴黎出版，法文书名为“Meditations Cartesiennes”，译者是E. 列维纳斯和G. 普费弗尔。胡塞尔一直试图把它改写为德文版，使之成为他哲学的一个概论和他的现象学方法论的一部主要著作。但胡塞尔对自己手稿不断加强的自我批判和1933年在德国各大学开始的对犹太知识分子的迫害，阻碍了胡塞尔亲自用德文出版本书的计划。1950年德文版的《笛卡尔式的沉思》才作为《胡塞尔全集》第一卷出版。

的第一哲学的历史导论。在第二卷“现象学还原的理论”中胡塞尔通过对现象学还原方法的讨论来建立一种超越论的现象学形态的“第一哲学”。

1926年胡塞尔被选为出席“哈佛国际哲学大会”的德国委员会成员，考夫曼在他这里通过了教授资格考试；1927年被选为“德国斯宾诺莎协会”荣誉委员会成员；1928年被波士顿的美国“艺术与科学院”选为国外名誉院士。

从1916—1928年，胡塞尔在弗莱堡大学任教12年，这一时期他的代表性著作是由施泰因整理海德格尔主编发表在1928年的《哲学与现象学研究年鉴》第九期上的《内时间意识现象学》。“内时间意识”的学说是胡塞尔现象学的重要内容之一，从1905年开始，胡塞尔在哥廷根大学就已经开设“关于内时间意识”讲座，系统阐述自己的现象学的时间学说，他认为在一切本身被认为是存在的、被意识到的、由客体的东西和主体的东西所构成的ABC之中，内时间意识处于A的位置。

弗莱堡时期的研究和探索表明胡塞尔正在从描述现象学到超越论的现象学的转向，即从具有主动性纯粹自我或先验主体中寻求知识形成的根源。胡塞尔是沿着康德思路进行探究的，康德通过人具有先天综合判断来回答“知识何以可能”的问题；胡塞尔不再追问知识何以可能的问题，而是追问世界作为一种客观性在逻辑上所具有的主观性（主体性）的前提是什么？经验论者坚持“一切知识皆自经验始”的原则，试图从“经验”前提出发来获得知识的明证性，但事实上没有任何经验能证明非经验的（先验的）主体性的存在；唯理论者则试图先设定主体存在，然后通过反思来证明存在，但是，反思只提供观念，却不能证明存在。胡塞尔认为，追问世界作为一种客观性在逻辑上所具有的主观性（主体性）的前提是什么，不能从自然界出发，也不能从设定的主体出发，而只能从使自然界成为被经验着的自然界的“自我”（主体）开始，即笛卡尔的“我思”。但笛卡尔很快从“我思”跳到了“我在”，我在作为一个思维着的心灵存在，是一种经验主体性。胡塞尔指出，笛卡尔从怀疑开始终止判断时，他已经开了认识批判史的先河，但他以一种自然主义的或不言而喻的轻率态度把“我”及“我所拥有的知识”带进思中，因为他的思不是纯粹的思，他把到手的伟大发现滑落掉了。

笛卡尔哲学中先验自我作为我思，在康德先验哲学中发展为超越人的主观心理表象的纯粹主体性，在此基础上，胡塞尔坚持理性主义的先验传统，把存在问题悬置起来，坚持“我”的纯粹性，即“我”是纯思、纯范畴。按照胡塞尔的构想，超越论的现象学是通过先验主体性的建立来实现的，而超越论的还原方法又是先验主体性得以实现的条件。在他看来，超越论的现象学就是要"追溯一切知识的根源"，它要求把一切感知活动还原为我思的活动，我思及我思活动所构造起来的有关对象之意义的知识是超越于人的所有主观感知的。只有我思这个先验主体性或主观性才是一切客观性的根源。

四、"我对未来抱有绝对的把握"

胡塞尔从 1928 年退休到 1938 年逝世，是现象学运动第一个圆周的第三个阶段，列维纳斯（法国存在哲学的代表人物）和马尔库塞（西方马克思主义代表人物）是胡塞尔最后一批学生。

1928 年对于现象学界而言是个值得记住的年份：一位现象学家辞世，一位现象学大师离开了大学的讲坛，海德格尔在弗莱堡大学开始发展自己的哲学。舍勒于 1928 年因心脏病突发而去世，也是在这一年，弗莱堡大学哲学系根据胡塞尔的推荐，接受海德格尔接替了胡塞尔在弗莱堡大学的教授职位。[①]

1928 年胡塞尔退休。4 月 16 日，巴登教育大臣发出通知，要胡塞尔在当年夏季学期继续上课，因为他的继任者海德格尔在 10 月 1 日才能接替他的工作，所以胡塞尔仍然讲课到 1929 年。从 5 月 4 日起，胡塞尔破例得到了教育部继续发给他两年的"助手酬金"，他在退休以后的两年中仍然可以聘请私人助手，芬克成为胡塞尔的私人助教。1928 年夏季学期，胡塞尔讲授"现象学心理学"和"意向心理学"，在 1928 年冬季学期，胡塞尔讲授现象学引论课，并主持现象学的讨论课。后来成为法兰克福学派主要人物的马尔库塞和他的妻子这时候一起在弗莱堡听胡塞尔的课，并参加讨论课。他在这个冬季同时写作完成了《形式逻辑和先验逻辑》一书，发表在 1929 年出版的《哲学与现象学研究年鉴》第十期上，这是他晚年的一部重要著作，标志着他在《观念Ⅰ》中提出的超越论的现象学纲领的完成，为此，胡塞尔花费了 15 年的时间；同年，他被选为"美国艺术与科学学院"的国外荣誉院士。1929 年 2 月，胡塞尔开始了巴黎之行，在巴黎（索邦）大学

---

① 胡塞尔退休时推荐的、继承他的教席候选人有新康德主义代表人物恩斯特·卡西尔、慕尼黑现象学派的元老普凡德尔以及马堡大学的海德格尔。由于学术传统的关系，推荐卡西尔只是用来"做做样子的"，在普凡德尔与海德格尔之间，胡塞尔最终选择了后者。

做了两个学术报告，法国著名哲学家列维纳斯、马塞尔（G. Marcel）等人出席了胡塞尔的两次报告会。在访问法国期间，胡塞尔同法国哲学家进行了频繁的接触。1929 年 4 月 8 日，举行了胡塞尔 70 寿辰庆祝会，海德格尔做了一个祝贺讲演，胡塞尔致热情而简短的答词："我必须进行哲学思考，否则我就活不下去。"胡塞尔原计划在 1929 年冬季学期讲授"现象学问题选讲"，但他在 10 月 29 日从系里撤回了这个计划，从此结束了他在弗莱堡大学的讲课和教学活动。

辞去大学的讲课任务的胡塞尔每天仍然在进行研究和写作。1930 年 6 月，他在法兰克福的康德协会和哈勒的康德协会以及柏林做了"现象学与人类学"的报告，1931 年，在《巴黎讲演稿》的基础上，胡塞尔写成《笛卡尔式的沉思》，以法文出版。普鲁士教育大臣、胡塞尔的学生阿道夫·格林热心支持自己老师的工作，于 1930 年和 1931 年连续把芬克的助手薪金延长了两年，胡塞尔在不断地写作新的手稿同时，芬克也在不断地整理手稿。1932 年 7 月 9 日，胡塞尔被"法兰西伦理学政治科学院"授予通讯院士称号，胡塞尔是第一次世界大战以后第一个被这个科学院授予通讯院士的德国人，1933 年 4 月 8 日，胡塞尔收到了巴黎科学院为庆祝建院 100 周年而为胡塞尔颁发的荣誉勋章。

1933 年希特勒上台，大肆迫害犹太人，作为犹太裔哲学家的胡塞尔处境特别困难，他被禁止在德国参加学术活动和发表任何作品。由于在德国进行哲学研究和发表研究成果的条件日益恶化，胡塞尔通过他的学生凯尔恩斯向美国的洛杉矶南加州大学发出去该大学工作的请求，但洛杉矶南加州大学复信表示不能接受他，理由是他的年龄太大，并对他的工作业绩有看法。胡塞尔离开德国的愿望没有能够实现。尽管政治形势对胡塞尔来说日益严峻，但他仍然尽可能全力地投入自己的研究工作中。

胡塞尔晚年公开的学术活动都是在国外进行的，1934 年 8 月 1 日，他收到了将要在布拉格举办的哲学大会的邀请，请他阐述哲学在当今的任务。1935 年 5 月 7 日，他在维也纳文化联合会做了"欧洲人类危机中的哲学"的讲演，11 月 15 日，胡塞尔在布拉格大学技术哲学系做了"欧洲科学的危机与心理学"等讲演，在一系列报告基础上，胡塞尔最后完成了《欧洲科学的危机与超越论的现象学》的写作，该书稿的第一、二两个部分发表在南斯拉夫贝尔格莱德的《哲学》杂志上，第三部分因胡塞尔逝世未完成修改工作而没有及时出版。在这部著作中，胡塞尔超出纯粹意识的范围第一次讨论人的存在、人的危机以及与人类历史和政治有关的"实践现象学"的问题，进入存在主义所关心的核心问题中了。但这不是对存在主义的接近，而是对存在主义的清算，他在为《危机》第三部分写的前言中指出，人们习惯于按照舍勒和海德格尔的解释和评论来理解他的现象学，这容易造成一种可怕的先入之见，写作《危机》的日的就是要清算这种误解。

相对于在德国的沉寂，胡塞尔在国外的声誉日益增大，先后被布拉格哲学院授予荣誉院士称号（1935）和被英国科学院聘为通讯院士（1936）。与此同时，他仍然在思考“生活世界”“历史性”“目的论的人类学”和“文化目的”等问题。然而，政治最终还是赶上了试图远离政治的胡塞尔，虽然他在晚年得到了许多学术荣誉，但在他的实际生活中，陪伴他的只有宁静和寂寞，这同他在1928年之前处于现象学潮流中心时的情况形成强烈的反差，只有同他关系十分亲密的几个学生重视同他的师生情谊，在法西斯当局对他实行种族歧视的情况下，冒着可能被迫害的危险，找机会来拜访他。1937年4月8日胡塞尔78岁生日那天，只有一个叫耶格施密特（A. Jaegerschmid）的修女去胡塞尔家中祝贺，两人举杯对饮，显得冷清和寂寥。① 6月，德国纳粹政府拒绝批准胡塞尔到法国去参加将于8月在巴黎举行的第9届国际哲学大会的申请。

1938年2月胡塞尔因病住院，他对一位值夜班的护士说：“我还要写完一本书，我应该能够做到这一点。”4月4日胡塞尔还写了他一生中的最后一张手稿。② 4月13日，胡塞尔对照料他的护士伊密施（K. Immisch）说：“生与死是我的哲学的最后追求。我作为哲学家活了一辈子，我想作为哲学家死去。”1938年4月27日凌晨5时45分，胡塞尔在弗莱堡家中去世，享年79岁。1938年，《经验与判断——逻辑谱系学》于他死后在布拉格出版。

胡塞尔被葬在弗莱堡，他在这里永远地安息了。胡塞尔的妻子马尔维娜（1950年去世）和他的儿子盖哈特（1973年去世）后来也葬在胡塞尔的墓地，永远陪伴着这位伟大的思想家。他的墓地成为对他的思想和著作怀有景仰之情的后人们的拜谒地之一。

胡塞尔终生都在追求“作为严格科学的哲学”的理想。他在《纯粹现象学和现象学哲学的观念》中写道：“按照我的想法，哲学应恢复原

① 耶格施密特修女回忆说：“当时的胡塞尔是非常孤独的。因为纳粹使得他的朋友圈子越来越小，科学界也开始疏远他。当我去祝贺他的78岁生日时，只有他一个人在”（转引自倪梁康：《现象学及其效应：胡塞尔与当代德国哲学》，第24页，注释①）。

② 除了生前发表的著作，胡塞尔死后留下了约45000张速写手稿和助手的约10万张抄稿，连纳粹禁止他进入大学的禁令背后都写满了他的学术研究思考；在他死后，比利时青年范·布雷达（H. L. Van Breda）抢在纳粹之前，利用比利时驻德国大使馆的免检外交公文箱将这些手稿和2700多卷注有铅笔眉批的收藏图书送到比利时，免遭了纳粹的焚毁。

来之意义，自柏拉图首先赋予它以适切的意义后，它就是我们欧洲学术（Wissenschaft）的不朽任务。按照这个观点，哲学对我而言意味着普遍科学，并且说穿了，哲学是严格的科学。”哲学一直有成为科学的愿望，这是哲学的一个传统理想，但这个理想一直没有实现，其中一些在具体自然科学中实现了，而哲学却失去了科学性。“哲学问题的确切含义还没有从科学上搞清楚”，科学在任何地方的意思都是一样的：不是心灵对材料的被动接受，而是基于内在的、由创造性精神获得的理性洞察力的再创造。

产生这一哲学理想的原因：一是自然主义、历史主义和世界观哲学各执己见，要么限于物理事实而无视观念与价值，要么片面地以为自己穷尽了对实在界的认识，要么陷入了相对主义。因此自笛卡尔以降的近代哲学家认为必须克服这些理论的弊端，重建理论的尊严。二是柏拉图当年那种哲学所具有的以辩证法指导和统一各门科学的可能性丧失了，因为今天各门科学独立存在和发展，硕果累累。但这些科学又不能说明自身如何取得这样的成就。因此，必须建立一门科学的哲学，也就是各门科学的共同逻辑，来统一各种科学。三是欧洲已经没有那种追求无限的理性精神了，欧洲精神已经没有那种统一的目的性了，欧洲人生活在理性的腐化中，欧洲的学术和欧洲精神出现了危机。为拯救这种危机，唯一的办法就是要为一切学术建立绝对统一性的基础，要将各门科学纳入一个统一的规律中，要使哲学成为科学的科学，严格的科学。

胡塞尔意义上的科学的严格性，主要是数学演绎科学的严密性，而不是归纳的自然科学的严密性。但由于对数学基础的怀疑，使胡塞尔返回到逻辑和哲学中去寻找可能的支持。必须有一种新的更为根本的科学才能满足这种要求，这就是胡塞尔的现象学。现象学要求找到一个先于一切科学基础的前提和出发点，这就是“主观性”。主观性是主体结构中最原始的一点，即主体和客体相汇合的原始起点。胡塞尔坚信：只有一个纯粹先验的主体及其所具有的规律才能构成严格的科学的哲学，才能克服欧洲科学、欧洲人性的危机。因此，胡塞尔肯定地说：我对未来抱有绝对的把握！

第二章 哲学作为严格科学的理想

> 超越论哲学……回溯到作为一切客观的意义构成和存在有效性的原初所在地进行认识的主观性，并试图将存在着的世界理解为意义的和有效性的构成物。
>
> ——胡塞尔：《欧洲科学的危机与超越论的现象学》

西方民族是个哲学的民族，理论哲学是其精神灵魂。人类求知的无限本性要求超越性的思考，在古希腊罗马时代，传统理论哲学作为关于世界、上帝和人的存在的“第一科学”，对于其他科学知识具有一种无可争辩的绝对优先性。其中，关于存在的意义及其根本性质和法则问题，关于作为行为主体的人应该遵守的有效规范的伦理问题，关于人类认识的范围、程度和方法等逻辑、认识论问题，早在两千五百年前就已经支配着那些创造了理性精神的希腊思想家了，并构成西方哲学关注的中心和思想传统。数千年来，哲学家们尝试建立各种哲学体系以期解决这些基本问题的努力，一方面表明他们顽强不屈和不知疲倦的精神追求；另一方面也可能导致一个悲观的结论，即哲学虽然是一种永无止境的诚实劳作和努力，但却又是一种不断遭到失败的努力，这种逻辑上的二难境地与某种哲学理论运思上的心理气质相结合，很可能由此滋生出乐观主义信念与悲观主义情愫的悲剧冲突。

胡塞尔不仅是个天才的哲学家和思想家，同时也具有强烈的现实关怀。他坚信现象学哲学对欧洲人性及其命运负有责任，唯有这门哲学才能向欧洲人指明复兴的道路，希望能够通过复兴认识和理性来最终战胜相对主义及其恶果，这既表明现象学的开放性和自我完成性，也表明本质科学和事实科学之间奠基与被奠基性的内在统一性。

一、关于欧洲科学的危机问题

对于建立一门严格科学的哲学，胡塞尔具有无比执着的信念和献身精神，他终生追求的理想就是把哲学建成"作为严格科学的哲学"(Philosophie als strenge Wissenschaft)。在他看来，欧洲人性的本质特征是由其理性的理论兴趣刻画的，"这不外就是'依据于哲学的'存在方式：自由地赋予自己本身，自己的全部生活以它的来自纯粹理性，来自哲学的准则。理论哲学是首位的东西"。①

胡塞尔因此认为，哲学只有通过成为高尚而严格的科学，才能完成"人性对纯粹绝对的知识的不懈追求"这个目的和使命。但是，从古代的柏拉图到以逻辑实证主义和心理主义为代表的现代哲学，它们都没能对普遍必然性和科学的最终基础以及知识的客观有效性做出令人满意的回答，都没能完成把哲学建成严格科学的要求，有些甚至从根本上取消了哲学本身。现象学的理论目的是澄清认识的客观性问题，即在绝对确定性的基础上阐明认识的可能性以及外在事物成为认识对象的过程的问题，并由此建立一门科学的哲学。

经验与思维的对立关系是西方哲学认识论的基本问题域。古希腊的哲学在存在论的立场上给予这个问题以最早的关注和探究，因其存在论立场，"无论是经验到的个别还是语言的一般，都是存在本身的对立。……赫拉克利特所理解的存在与非存在是语言一般与经验个别的对立"。②

柏拉图的"理念论"是一个重大的理论方向的改变，他不再从自然去追问本原，而是从"自我"这个非感性的、具有思维能力之理性存在去追问本原。在西方哲学家看来，作为理性存在的人是通过概念、判断、推理来理解世界，或者说是以一种普遍抽象的概念系统来认识世界。与此同时，那种以理念为目标，建立在公理性的基本概念的原则之上系统一体化的演绎理念的观念也发展起来了，它在逻辑推演中展开为一个由纯粹理性所组成的真理的整体。因此，柏拉图的理念论不仅形成和塑造了欧洲的科学不同于东方科学之实用规则的纯粹理性的范型，而且也奠定了西方文化的理

① 胡塞尔：《欧洲科学的危机与超越论的现象学》，W. 比梅尔编，王炳文译，商务印书馆 2001 年版，第 17—18 页；Edmund Husserl, *Die Krisis der europäischen Wissenschaften und die transzendentale Phänomenologie. Eine Einleitung in die phänomenologische Philosophie.* Hrsg. von Walter Biemel. Den Haag: Martinus Nijhoff, 1976。

② 张志扬、陈家琪：《形而上学的巴别塔》，同济大学出版社 2004 年版，第 51 页。

性主义基础。

但是，柏拉图的理念论虽给理性的人找到了安身立命的基地，却也突显了感性经验的物质世界与理性的理念世界之间的矛盾。亚里士多德批判地发展了苏格拉底-柏拉图的基本思想，他试图以认识论的范畴论来缓解两个世界之间的紧张关系，但他的范畴论却有把柏拉图的“理念”二分化为最高的理念（纯粹理性的理念）和具体理念（经验性的理念）的倾向。这一划分成为后来大陆唯理论与英国经验论分歧的根源，并在康德哲学那里表现为“理性的概念”和“经验的概念”的分野。

从柏拉图、亚里士多德的纯粹理念和具体理念之分到康德的感性、知性和理性的区分，对于了解近现代哲学和科学的内在特征具有重要的意义。作为近代西方哲学的开启者、现代西方哲学的奠基者，笛卡尔在怀疑一切中找到一个不可再怀疑的绝对真理，作为演绎的起点。这种方法激励着18世纪的哲学，康德和费希特的哲学探讨都表明了这一点。面对科学，哲学开始为自己的合法性寻找证明，直到黑格尔去世的两个世纪中，哲学都是在对科学的自卫中建立的。

在康德那里，理性被区分为实践理性和理论理性，理论理性在追求完整统一性的认识论的同时也超出自身去追究意义论的问题：理论理性的目的是获得真理性知识，实践理性的目的则是论证自由。实践理性的全部原理表明，自由不仅是理性追求的最终的目的，而且也是本体性的根据和原因。自由作为最高价值尺度，既是人类活动的最高原因，也是人类全部活动的最终依据，人本身就是目的，“要把你自己人身中的人性，和其他人身中的人性，在任何时候都同样看作是目的，永远不能只看作是手段”。[①]

康德把纯粹理性区分为感性、知性和理性，同时又把理性本身区分为理论理性与实践理性，既使以前的哲学得以综合，但又造成了以后哲学分歧的根源。黑格尔的哲学努力就在于使理性承担知性的职能从而把理性自身知性化，但却最终导致了理性的失落，知性以工具理性的面目取代了理性。当理性采取单一的数学自然科学的模式时，世界的形式及其感性内容就被量化了，当伏尔泰和牛顿的力学原则发展为哲学的一般原则时，无论是作为类还是作为个体的人，都顺理成章地成了宇宙这架大机器上的一个或众多的小齿轮，“正是把世界和哲学加以数学化，哲学家将自己本身并同时将上帝以某种方式按照数学理念化了”。[②]这使得“欧洲人性”陷入了危

① 康德：《道德形而上学原理》，苗力田译，上海人民出版社1986年版，第81页。

② 胡塞尔：《欧洲科学的危机与超越论的现象学》，第84页。译文有修改。

机，而这个危机的本质是哲学或理性的危机。

那么，如何克服欧洲人性的危机呢？胡塞尔认为，实践理性和理论理性的分离、意义论和知识论的分离导致的非理性主义、实证主义和存在主义是欧洲文明危机的根源，只有对一切科学的科学性（die Wissenschaftlichkeit aller Wissenschaften）进行严肃的批判，通过超越论的现象学在理性的目标下综合统一意义论和知识论，才能真正克服欧洲人性或文明的危机。

不能把实证主义科学观混同于具体科学本身，前者是一种唯科学主义的哲学态度；而纯数学和精确的自然科学等科学本身，则始终是严格的和最有成果的科学性的楷模。在科学自身内，“尽管人们有理由认为，一个总的理论构造的绝对最终形态是永远期待不到，但这并不妨碍它是精确科学”。[①] 当然，科学认识不关心认识批判，它不能超出自身的界限去回答认识如何可能的问题，在科学那里“自明的认识客体在认识中的被给予性变成了一个谜”，[②] 需要一种基础牢固的哲学即超越论的现象学来为其奠定根基。

但是，胡塞尔认为，从古代的柏拉图到近代的黑格尔以及现代的心理主义和逻辑实证主义，哲学都没有能力完成它成为严格科学的要求。现代以来，西方哲学越来越缺失了柏拉图、康德意义上的纯粹观念或纯粹科学的理想，欧洲再也没有能力建立科学的统一性了，“哲学在我们时代有屈从于怀疑论、非理性主义和神秘主义的危险”，[③] 科学性理想的失落导致了对是否存在真理持一种相对主义和怀疑论的态度。

胡塞尔指出：“自从‘认识论’和超越论哲学的认真尝试出现以来，整个哲学史是客观主义哲学与超越论哲学之间的严重对立的历史。”[④] 但是，自古至今西方哲学都没能完成把哲学建成严格科学的要求，有些甚至从根本上取消了哲学本身。哲学本身至今还缺乏严格科学的品格，作为科学它还没有开始。为此，胡塞尔要在柏拉图、笛卡尔、康德的“科学革命”之后进行第四次革命——现象学的哲学革命，它如此彻底地改造了认识活动，以致客观性只有在主观性中才有其最终的源泉。[⑤]

---

① 胡塞尔：《欧洲科学危机和超验现象学》，第 14 页。译文有修改。

② 胡塞尔：《现象学的观念》，W. 比梅尔编，倪梁康译，商务印书馆 2018 年版，第 30 页；Edmund Husserl, *Die Idee der Phänomenologie. Fünf Vorlesungen*. Hrsg. von Walter Biemel. Den Haag: Martinus Nijhoff, 1973。

③ 胡塞尔：《现象学与哲学的危机》，吕祥译，国际文化出版公司 1988 年版，第 65 页。

④ 胡塞尔：《欧洲科学危机和超越论的现象学》，第 88 页。

⑤ 胡塞尔：《现象学与哲学的危机》，第 29 页。胡塞尔认为，一直困扰西方思想界的心理学、现代科学及与此相关的世界的“客观性”之谜的出现，都可以追溯到“主观性”之谜（Ratsel der Subjektivität），胡塞尔现象学的理论旨趣就是探究这个主观性之谜。

如何克服欧洲科学和人性的危机呢？在胡塞尔看来，既然实证主义科学观造成了知性或科技理性的片面统治，导致了理性的失落，并因此造成人对自己及其真正存在的信仰的崩溃，即欧洲人性的危机，那么，只有恢复理性权威和重建存在信仰，才能克服欧洲科学和人性的危机。

本质而言，近代哲学在认识论上使“存在”这一出自语言中的问题成了一个思维自身何以证明其存在的问题。“经验是知识（科学）的来源”是近代科学和哲学的共识。但是，康德追问：经验何以成为知识？（知识何以可能？）胡塞尔继续康德的思路但改变了提问方式：认识的客观性在逻辑上具有什么样的主观性（主体性）前提？胡塞尔认为，这个主观性前提就是笛卡尔发现的“我思”，即对“我”的意识。但笛卡尔很快从“我思”跳到了“我思故我在”，而胡塞尔则要求把对“我”的意识现象还原到“纯粹意识”，他“把存在问题悬置起来，于是世界就是一个被‘纯思’、‘纯范畴’构造起来的现象世界”。[①] 我们总是“以自然的态度”去想象、判断、感觉和意愿，这些我周围的自然世界和观念世界就是“自然态度的总设定”，现象学要使包括与自然世界相关的科学在内的自然态度的总设定“失去作用”，“将其置入括号”，即所谓现象学悬置（Epoché）。现象学悬置既不怀疑它的事实性存在，也不否定这个“世界”，而是“完全隔绝于任何关于时空事实性存在的判断”。[②] 在排除和悬置一切被我思的整个世界后，剩余的“纯粹意识”或“先验意识”就是现象学研究的课题领域。现象学专注于意识体验，并“研究我们在其中内在的方面所发现的东西……‘现象学的剩余物’，是一种存在区域，一个在本质上独特的存在区域，这个区域可肯定成为一门新型科学——现象学科学”。[③]

二、现象学是第一哲学

何谓现象学？如何理解现象学哲学呢？胡塞尔在《现象学的观念》中给出了现象学的定义：“现象学：它标志着一门科学，一种诸科学学科之间的联系；但现象学同时并且首先标志着一种方法和思维态度；典型哲学的思维态度和典型哲学的方法。”[④] 根据这一定义，现象学可以划分为“作为方

---

① 张志扬、陈家琪：《形而上学的巴别塔》，第 54 页。

② 胡塞尔：《纯粹现象学通论》，第 46 页。

③ 胡塞尔：《纯粹现象学通论》，第 59 页。

④ 胡塞尔：《现象学的观念》，第 33 页。

法的现象学”和“作为哲学的现象学”这样两个部分。这表明，现象学首先是一种方法，在现象学方法的运用过程中，既发现了本质，又论证了现象学方法自身的合理性，即：当方法的运用达到了目的，现象学方法又成就了一种终极的理论——严密科学的哲学。纯粹现象学是方法和理论合为一体的哲学体系。

胡塞尔的纯粹现象学并不具有黑格尔“思辨”意义上的“体系性”，它是一种在最彻底的科学精神中进行的冷静的工作。胡塞尔在亚里士多德“第一哲学”意义上把现象学理解为基础科学、观念科学或本质科学，它对其他具体科学具有“奠基”作用，即用一个“系统完善的理论统一”为经验的、事实的科学提供最终的依据。作为第一哲学的纯粹现象学不是关于现实的知识，因而与人类的现实生活没有直接的关系；它不同于人类学和心理学，而是专门致力于研究先验意识的本质结构，是关于纯粹可能性的绝对知识，因而是所有关于事实的具体科学的最终依据。

作为一种哲学的思维方法和态度的现象学，它与科学的思维态度有着根本的不同。认识事物是科学的任务，但科学不太关心认识如何可能的问题；对认识活动进行反思和批判是哲学的任务，它要回答认识的可能性问题，以此为各门科学奠定基础，因而只能采取现象学直观的方法。“周围世界”的存在是一个事实，它在每个人那里实际呈现的知觉和记忆不相同，甚至主体间共同知道的东西也是以不同方式被知道的，但是，“尽管如此，我们与我们的邻人相互理解并共同假定存在着一个客观的时空现实，一个我们本身也属于其中的、事实上存在着的全体周围世界”。[①] 全面而准确地解决以这一事实世界为基础的科学认识问题是从属于自然态度的各门具体科学的目标。在胡塞尔看来，现象学并不否认这个世界的存在，也不怀疑它的存在，现象学所否认和怀疑的只是有关这一世界的所有命题“如此这般被肯定的方式”。现象学的怀疑是使所有有关这一世界的命题失效并使之成为加了括号的命题，使我们的判断成为加了括号的判断，剩余的才是纯粹的或先验的“我思”，它是最初绝对被给予的，具有绝对的明晰性。

在科学的思维态度中，事实科学以主体和客体的二元对立为前提，主体与事实客体构成一种认识论上的符合关系，主观和客观的符合就是真理。但是，胡塞尔认为，科学认识中自然的思维态度是“超越”的认识，它超越意识之外去认识外在对象，所以，科学认识不关心认识可能性问题，即它回避了对认识如何超越自身能够切中外在对象问题的回答。而现象学哲

---

① 胡塞尔：《纯粹现象学通论》，第52页。

学的思维态度是"内在"的认识，在这种认识态度中，外在的实事被还原为内在的意识，即纯粹思维这个自身被给予的纯粹意识现象。因此，现象学的认识论是"内在"的而非"超越"的认识。

由此，在现象学哲学中，通过对"纯粹意识"的本质结构的分析和把握所获得的认识，为其他科学提供了最终的基础。在此意义上，现象学作为一门与人类学和心理学相区别的、先验意识作为关于对象的本质分析和本质结构的理论，能够为所有关于事实的具体科学提供最终依据。现象学不是关于事实的具体科学知识，它作为纯粹理论的科学，具有纯粹的和先天的论证性特征，并为任何一门科学认识奠定基础，即现象学是标志着"一种诸科学学科之间的联系"的科学。

实际上，哲学和具体科学之间是有明确的分工的和各自的工作任务的，胡塞尔指出："哲学不想插手特殊研究者的工作，而只想明察他在方法和实事方面的成就的意义和本质。……如果说科学家为了系统地解决他面对的问题而建造起各种理论，那么哲学家则要询问，理论的本质是什么，是什么使理论得以可能。"[①] 在现象学哲学看来，科学是思维心境连同某些有关外在活动的统一，即科学意味着一种人类学的统一。现象学哲学感兴趣的是"那种使科学成为科学"的客观的或观念的联系，"客观联系观念地贯穿在科学思维之中并且赋予科学思维以及赋予科学本身以'统一'"。[②] 贯穿于科学思维中的这个客观联系，一方面作为事实联系意向地关系到主体的思维体验，另一方面作为真理的联系在其中使实事统一获得其客观有效性。事实的联系和真理的联系构成对象性的统一和真理的统一；这个对象之物被认识行为以认识的方式所意指、所设定，如果这个认识行为所下的判断带有明证性，那么，这个对象之物便是原本地（originär）被给予的；作为这样一种对象，它不是单纯地被意指、被表象和被判断，而是"被把握的对象便不是那个对象之物，而是真理本身"。[③] 科学是被统一了的真理，同一门科学的真理的统一与统一的对象是相符的，统一的对象也就是科学领域的统一。

至此，胡塞尔提出了一个至关重要的问题：什么规定了科学的统一以及领域的统一？科学包含着某种论证关系的统一，然而，论证（Begründung）本质上属于科学的观念，但哪一种论证的统一构成了科学及其统一性呢？

---

① 胡塞尔：《逻辑研究》第一卷，第221—222页。

② 胡塞尔：《逻辑研究》第一卷，第198页。

③ 胡塞尔：《逻辑研究》第一卷，第200页。

科学认识来源于根据，认识某个事态的根据就是认识到这个事态的真理。真理可以区分为个体真理和总体真理，个体真理是关于一个事实的真理，是关于个体个别性的现实存在的论断，如果一个事实与其他事实的联系是一种规律性的联系，这个事实的存在就被规定为必然的存在；总体真理不是对个别实在事物的认识，而是提供个别事实的现实存在及其论断（真理）的最终根据或根据规律，它构成一门科学的观念统一的概念、定律、真理之间的确定关系，提供“诸规律的最终根据”的“系统完善了的理论的统一”的是观念科学，“这些观念上封闭的规律之总体的系统统一就是系统完善了的理论的统一”。[①] 就是说具体的科学的对象是经验事实，因而它只提供在事实领域内具有或然性的个别规律。现象学哲学则在于建构总体规律，二者的关系是：个别规律是建立在总体规律的基础之上，总体规律的对象是观念的类，它是关于具有普遍性的类概念的观念规律，现象学所追求的科学统一性，恰好就是由哲学的理论统一性规定的；它是个别规律的根据，所以，总体规律也可以叫作根据规律；由于理论科学或观念科学为各门具体科学奠定理论基础，所以，它是所有科学中地位最高的科学理论，“这种理论基础是指那些对于规范科学的建立来说具有根本意义的理论科学”。[②] 这样一门观念科学或提供理论统一的理论科学是由“纯粹逻辑学”来担当的。

纯粹逻辑学对认识论的研究必须在纯粹现象学的基础上进行，“纯粹逻辑学的（以及所有理性批判的）阐明的基础不在于心理学，而在于现象学”。[③] 胡塞尔认为，作为先天的科学，现象学是关于观念可能性及其纯粹规律的科学，或者说，它是以“理论的东西”为研究对象的科学，即使所有的经验科学被称为“学”（-logie/-logy）的东西。在某种意义上，“所有理性理论问题首先要在现象学纯粹意识的基地上科学地、严格地被表达，才能在它们系统的联系中真正地被解决”，[④] 只有从理论上阐明意识之间的本质联系，才能在此基础上彻底搞清楚价值论问题和实践理性的问题。

纯粹现象学之所以是第一哲学，其真正意义上的奠基作用就在于，它是关于本质规律或观念规律的现象学考察，对于人类和动物的意识生活和事实性研究具有最丰富的历史意义。到了20世纪二三十年代，随着《危机》

① 胡塞尔：《逻辑研究》第一卷，第202页。

② 胡塞尔：《逻辑研究》第一卷，第42页。

③ 胡塞尔：《逻辑研究》第二卷第一部分，第16页。

④ 胡塞尔：《纯粹现象学及其研究领域和方法：弗赖堡就职讲座（1917）》，倪梁康译，载《哲学译丛》，1994年第5期，第57页。

和《笛卡尔式的沉思》等著作的发表，表明胡塞尔在理论理性方面的思考已经延续到对现实的强烈关注，这位天生不熟悉政治活动的思想家阐述了关于人类普遍危机的意识，他虽然依然深入地研究纯粹意识和先验自我，但他也开始以极大的兴趣关注欧洲人性及其命运，他坚信现象学哲学对欧洲人负有责任，唯有这门哲学才能向欧洲人指明复兴的道路。与此相关，“生活世界”和“交互主观性”问题进入了胡塞尔现象学思考的视域，并且胡塞尔试图以之克服科学和欧洲人性的危机。某种意义上说，作为一个伟大的理论家和思想家，胡塞尔对于欧洲人性中由于心理主义占主导地位而导致的文化怀疑主义和价值相对主义的危机具有一种超前意识，以《逻辑研究》和《纯粹现象学和现象学哲学的观念》为代表的前期纯粹现象学研究，主要是对这种文化相对主义的理性论据的批判，以期结束心理主义的统治地位，并为一切事实科学奠定坚实的基础；而以《笛卡尔式的沉思》《欧洲科学的危机与超越论的现象学》为代表的后期现象学思考，则直接面对欧洲的文化相对主义所造成的残酷现实进行批判，胡塞尔认为要想战胜相对主义、虚无主义和存在主义，只有通过复兴具有悠久历史传统的纯粹理性才有可能，并且只有复兴欧洲的纯粹理性才能建构起事实科学与观念科学之内在同一性的现象学，保罗·利科说，胡塞尔发现了一个令人惊异的任务：像苏格拉底和笛卡尔那样，建立一个新的时代——现象学的时代。

三、现象学的哲学观

通常认为，胡塞尔是个严谨而富有独创性的哲学家。但是，这个判断很容易造成如下印象：与黑格尔的《逻辑学》与《哲学史讲演录》所形成的哲学与哲学史的内在统一不同，胡塞尔似乎是个专注于现象学哲学沉思而缺乏哲学史意识的哲学家。事实上，任何哲学家的哲思都不是凭空发生的，都是本民族哲学智慧历史积淀的产物。这些积淀下来的哲学智慧既作为哲学史而形成为哲学传统，又成为以后哲学家开始自己哲学沉思并推动哲学发展的思想资源。

传统是一个封闭的空间和循环的时间的互渗体，任何想在时间中求得发展的思想，都要经受传统的确认和认同。反过来说，发展就是突破传统。一般地说，思想的创造总是传统的离心因素；而传统一面抑制发展，另一面非发展不足以显示传统的恒常性。换言之，真正的传统是要在突破传统的变革运动中显示出来的。胡塞尔的现象学哲学不仅是欧洲思想的当代形态，更是对自古希腊以来欧洲哲学传统的继承和突破，表现出对欧洲传统哲学的革命性变革。

从1887年起在哈勒开始取得大学任教资格以来，尤其是哥廷根和弗莱堡时期，胡塞尔一直是按照德国大学中"教学与研究统一"的理想而生活。在哈勒和哥廷根时期，他主要讲授"哲学通史"课程，在哥廷根和弗莱堡时期，他主要讲授近代哲学如"文艺复兴时期的哲学""康德哲学""近代哲学史（从康德到当今）""康德的超越论哲学""康德和康德以后的哲学"等，有关哲学史的讨论课涉及笛卡尔的《沉思集》、贝克莱的《人类知识原理》、洛克的《人类理解论》、休谟的《人性论》、斯宾诺莎的《伦理学》、莱布尼茨的《人类理智新论》、康德的《纯粹理性批判》《未来形而上学导论》《实践理性批判》《道德形而上学探本》，以及马赫的《经验分析》、洛采的《逻辑学》、穆勒的《逻辑学》、叔本华的《作为意志和表象的世界》等。所有这些讲课和讨论课所形成的关于哲学的历史理念，在弗莱堡大学1923/1924冬季学期的讲课中最终以《第一哲学1923/1924》的文本形式形成。这表明胡塞尔的现象学运思既有丰富而深厚的哲学史的传统基础，又表现出一个独创性哲学家对既有思想传统的超越与突破。下文试图通过胡塞尔与海德格尔关于现象学的不同理解，阐述胡塞尔现象学的哲学观念。

现象学是作为宾语的哲学。胡塞尔的哲学观既与他所受的数学-自然科学方面的训练有关，也与他受到布伦塔诺的影响有关，即哲学作为关于本质和观念科学，是一个非常严肃的理论工作领域，应该在严谨而规范的科学精神中进行研究，它应该排除一切间接的理论，直接回溯到主体的意义给予成就，形成自我负责的最终论证的科学；它作为严格科学的真理还必须在付诸实践中担负起主体性的义务和责任，成为价值伦理学的最终基础，"就哲学的观念而言，哲学对我来说是最普全的并且在彻底意义上的'严格'科学。作为这样一种严格的科学，哲学是源自最终论证的科学，或者也可以说，源自最终自身负责的科学，因此，在哲学中，任何判断的和前判断的自明性都不能作为未经探问的认识基地而发生效用"。[①] 在胡塞尔看来，以前的哲学都不能满足哲学的科学性的要求，还不是真理意义上的科学的哲学，所以，他把建立一门严格意义上的科学哲学作为自己的毕生追求，在胡塞尔的理想中，现象学将是科学的哲学的开端。

胡塞尔认为，西方传统的形而上学都是大话和空话，他相信哲学所具

---

① 倪梁康：《胡塞尔现象学概念通释》（修订版），生活·读书·新知三联书店2007年版，第363页。

有的伟大任务，但只有把哲学史的“大纸票”兑换成有效的“小零钱”，才能突破传统形而上学的局限。他试图在现象学直观中直接把握实事本身而拒绝黑格尔式的哲学思辨，所以，在胡塞尔的概念术语中，他更多主张用“第一哲学”而不用“形而上学”。就是说，胡塞尔把哲学理解为科学或基础科学，理解为亚里士多德意义上的“第一哲学”。现象学作为一门理论统一的观念科学（本质科学）对其他所有的经验科学或事实科学具有最终意义上的奠基作用，就是说，胡塞尔心目中的纯粹现象学是一个以“根据规律”（Grundgesetz）为最终根据（Gesetzgrund，规律根据）的各种规律系统的系统性统一，因而能够为各门科学提供最终基础。[①]

胡塞尔与雅斯贝尔斯和海德格尔虽然都属于现象学哲学家，但是他们的哲学观存在着较大的分歧，倪梁康把他们的哲学观的差异区分为“宾语哲学”（Philosophie）和“谓语哲学”（Philosophieren）。我们知道，在西方哲学史上，Philosophie 一词的最初含义是“爱智慧”，Philosoph（哲学家）就是“爱智慧的人”。从苏格拉底开始，在对哲学（Philosophie）的理解中就一直存在着“热爱哲学”（活动）还是“拥有知识”（科学）的分歧。比较而言，雅斯贝尔斯和海德格尔的现象学更愿意把“爱智慧”（哲学）理解为动词“爱”的意义上的“热爱智慧”的活动，是“寻找真理”的“在途中”（auf-dem-Weg-sein），这个意义上的哲学可以称为“谓词哲学”，“哲学就意味着：在途中。它的问题要比它的回答更根本些，而每一个回答都会成为新的问题”[②]；而胡塞尔的现象学则更倾向于把“爱智慧”理解为宾词意义上的“智慧”，它认为哲学的目的是“拥有真理”，他坚持哲学的本性是探究事物的本质，是对永恒之物或存在之物的认识（柏拉图），是对事物的原则和原因的研究（亚里士多德），是对确定无疑、明白清楚的真理的把握（笛卡尔），它提供的不是意见和信仰，而是知识（康德），如此等等，哲学的古老历史表明，哲学的历史和本质的使命都是为了达到一个绝对真理体系的认识，胡塞尔作为西方哲学逻辑理性认识论的当代传人和最高代表，坚持和秉持这种作为宾语的哲学执着信念。

第一次世界大战以来，现代人更愿意接受海德格尔和雅斯贝尔斯的哲学观而逐渐疏远胡塞尔的哲学观，人们认为像康德、黑格尔那样构造“体系的时代已经结束了”，胡塞尔试图用对先验意识结构的本质分析来为人类

---

① 倪梁康：《现象学及其效应：胡塞尔与当代德国哲学》，第 169 页。

② 雅斯贝尔斯：《哲学引论》，1962 年，第 14 页，转引自倪梁康：《现象学及其效应：胡塞尔与当代德国哲学》，第 170 页，注释①。

意识能力和各门科学提供本质根据的"宾语哲学"已经不合时宜，人们更愿意在诗意的"思"中把握"此在"（Dasein）的命运。卡尔·勒维特（K. Löwit，胡塞尔和海德格尔的共同学生）在《从黑格尔到尼采》一书中在回忆第一次世界大战后的哲学气氛时写道：

在这部书的写作期间，我收到了胡塞尔在弗莱堡逝世的消息。弗莱堡是一座可爱的城市，它有着赭红色的明斯特教堂，地处黑森林的茵绿山脉之中，又紧靠着莱茵河。我的大学生涯就是在这座城市里开始的，当时我刚从战场上归来，便与一批还在寻找着自己生活道路的坦诚青年们一起，开始在胡塞尔和海德格尔身边进行学习。在二十年之后的今天，如果我问自己，我从胡塞尔那里学到了什么，那么回答几乎不会使他本人感到满意。人们很快便对他关于向纯粹意识进行"还原"的学说失去了兴趣，而年轻的哲学家所提出的那些激动人心的问题却越来越吸引住我们。但尽管如此，人们还是要感谢这位年迈的哲学家。是他用他那出色的方法分析、陈述中的冷静清晰、人的科学修养的严格性教会了我们在一个内在与外在的组成部分都土崩瓦解的时代中牢牢地站住脚跟，他迫使我们不去说大话，迫使我们在对现象的直观中检验每一个概念，迫使我们在对他的问题做出回答时不是付出大纸票，而是付出有效的"小零钱"。他是一位像尼采在《查拉图斯特拉》中所表达的"精神的良心"。我永远无法忘记，在人们因害怕法国部队的占领而纷纷躲避，学校教室空空如也的那些日子里，这位研究最细微事物的伟大学者仍然继续阐述着他的思想，那么冷静和自信，就好像科学研究的严肃性不能为世界上任何事物所干扰。最后一次见到胡塞尔是在政变后不久，他在他的住所中深居简出，我在那里所感受到的仍然是那种为智慧服务的精神所具有的自由，它不受那些无所不及的时间摧毁力的束缚，这个印象一直被我保留到今天。——弗莱堡大学对胡塞尔的逝世置之不理，而胡塞尔教椅的后继人（海德格尔）对他的"敬意与友谊"（《存在与时间》中海德格尔致胡塞尔的献词）的证明就是：他一言不发，或者，他一言也不敢发。①

倪梁康认为，把哲学理解为作为谓词的哲学还是理解为作为宾词的哲

① 勒维特：《从黑格尔到尼采》，1941年，第5页，转引自倪梁康：《现象学及其效应：胡塞尔与当代德国哲学》，第172页，注释①。

学，的确是海德格尔与胡塞尔哲学分歧之所在，但却根源于现代哲学与传统哲学的兴趣差异。具体来说，胡塞尔追求哲学作为绝对科学的理想，要求哲学把握那个第一性的先验层次，而海德格尔则摒弃哲学作为严格科学的理想和对第一性的先验层次的把握；胡塞尔认为哲学不应该把人的问题作为第一性的问题来关注，而海德格尔则要求哲学把活的此在作为哲学的第一性问题；胡塞尔对建立哲学体系并为其他具体科学和具体生活奠定基础具有强烈的信念，而海德格尔则怀疑"抽象的秩序"是否能为具体的生活提供最终的根据。

胡塞尔认为，认识批判不能把任何东西作为预定的前提，必须对任何被给予性，包括自身的给予性进行质疑，对认识对象的有效性和切合性都要质疑。那么，认识如何能够进行呢？胡塞尔在现象学发展的三个时期，是分别通过意向心理学道路、笛卡尔道路和康德道路，追问和回答认识何以可能的问题。

通过《逻辑研究》的本质还原，胡塞尔确立了本质心理学。但是，本质心理学仍然是一门与纯粹几何学完全类似的科学，它仍然设定了世界的存在，设定心灵只是世界的一部分实体，因而依然是自然主义的和客观主义的，而任何自然观点的科学都是不独立的，无法说明自己是如何可能的。本质心理学获得的本质一般（Eidos）还与现实世界的事实相联系，比如，我们听到一个声音，就会认为这是世界上的声音，是这个世界上的人听到的声音，这样便设定了一个经验的自我和一个经验的世界；随着本质直观的意向，世界也一同被设定。只有摆脱了周围世界相关的经验有效性，才能创造出完全的纯粹性，才可以说处于一个纯粹的想象世界中，处于一个绝对纯粹的可能世界中。

《逻辑研究》之后，胡塞尔开始发展自己的超越论的现象学理论，开始从本质心理学发展到本质现象学，这是通过笛卡尔的道路实现的。笛卡尔认为，认识论是没有前提和基础的，必须依靠自己创造出一种第一性的认识。在胡塞尔看来，笛卡尔的我思仍然是一个经验自我，是处于客观时间中的人，只有排除这个经验自我和作为实体的人，思维才不再是实体的思维和心理现象的思维，才是纯粹的思维，如此才能达到先验领域。

胡塞尔现象学的康德道路是指从先验主观性出发去说明客观性。康德和胡塞尔都不怀疑科学知识的客观真理性，他们共同关心的问题是：我们拥有的客观真理并不能证明我们如何拥有客观真理，即认识如何可能的问题。康德认为，认识何以可能的问题与主体有关，与主观性有关，只能由先验哲学的认识回答"认识如何可能的"。各门具体科学的认识要求纯粹的客观性，但却排除了主体性；先验哲学要求讨论客观性是如何在先验主体性中构造起自身的，即所谓“人为自然立法”或“使对象得以可能”的问题。胡塞尔坚持康德的主张，要求从先验哲学的维度去说明科学知识的客观性问题。由于人们习惯于在自然的观点中生活，总是反过来从客观性去解释主观性，被说明的对象成为说明的根据，这就是“超越”。传统认识论的基本错误都与上面所说的超越有关。要避免这种超越，就必须使所有的科学知识无效，“无效”的意思不是怀疑一切科学知识的客观性和有效性，而是说这些科学知识达不到认识批判的目的，不能回答认识如何可能的问题。

所谓现象学的方法，就是指现象学的还原，即把意识中一切物质的和精神的东西都放在括号里，存而不论，只研究纯粹意识本身。现象学所谓的“还原”，是指从事实、个别性到本质、普遍的性质的一种注意的彻底转移，从自然态度的相信接受到超越论的主观性领域的转移。从事实到本质的转移称为“本质还原”，从相信接受到超越论的主观性的转移称为“超越论的还原”。

在胡塞尔看来，现象学研究当然是以无立场、无前提为出发点的，现象学只关注直接的被给予之物或自身被给予之物；但是，运用现象学方法所直观到的对象和对象区域在进一步的研究中显现出来，这就是意识生活和意识体验，这是作为哲学的现象学所具有的自明的和唯一的对象，因此，“现象学此后也成为一个在方法上和内容上确定了的立场，成为一门在课题上有了确定方向的哲学，首先是成为关于纯粹意识体验的现象学，尔后成为关于先验意识生活、先验主体性的现象学”。①

在胡塞尔的现象学哲学那里，现象学还原后的剩余就是哲学要研究的现象、实事或对象。现象学所研究的对象可以这样来规定：

（1）从意识活动的角度来说，现象学研究的对象是通过意识活动构造出来的意识现象；

（2）从意识对象的角度来说，现象学的研究对象是现象（被给予性）及其在意识中的显现（被给予方式）。

胡塞尔指出：“我们应当在新的直观行为和思维行为中去考察它们，分析、描述它们的本质，使它们成为一种经验思维或观念直观思维的对象。”②从19世纪后期开始，在心理学中出现了一种要求，即要求心理学作为真正的意识科学而为认识论和逻辑学提供前提。胡塞尔的《算术哲学》就是从

① 倪梁康：《现象学及其效应：胡塞尔与当代德国哲学》，第190页。

② 胡塞尔：《逻辑研究》第二卷第一部分，第8页。

这样一种科学形势中生长出来的，它把对逻辑对象的研究在方法论上标识为描述心理学，概念和命题必须从对象自身中获取，例如，命题作为被书写或者被言说、被阅读或者被倾听的陈述句而出现。陈述句是受具有含义体验的思想体验和认识体验所引导的。在陈述句中可以找到它所陈述的对象和内容，后者并不与主体和客体相合。可见，一切都取决于对此类体验的把握，取决于对关于某物的意识的把握。就此来说，布伦塔诺的工作就发挥作用了，而且不仅在方法上，不仅是就胡塞尔接受的描述心理学方法来说，也包括对体验区域的实质性的基本规定，因为他对以"意向性"概念所显明的现象做了这样一种澄清，借此获得了探究体验和体验联系的一个可靠准则。

最后，我们再简单讨论一下现象学的本体论。从语义上说，胡塞尔所谓的本体论，是关于存在一般的科学，他在广义和狭义两种意义上使用本体论：在比较狭窄的意义上，现象学的本体论就是指作为本质科学的"先验现象学"；而在比较广义的意义上，本体论是与先天科学、观念科学、本质科学是同义的，如纯粹物理学、纯粹几何学、纯粹数学等关于纯粹可能性的科学。

胡塞尔对本体论的理解随着他的思想发展有个变化过程，在 1900 年出版的《逻辑研究》第一卷中，胡塞尔曾经借助于克里斯（J. Kries）的术语，把观念科学或理论科学称为"名称论的"科学，把具体科学（如生物学、化学等）称为"本体论的"科学。[①] 就此而言，这一时期胡塞尔基本上将自己的"纯粹逻辑学"或"描述现象学"看作是与本体论相对立的学说。但是，随着《纯粹现象学通论》等著作的发表，胡塞尔更多地用本体论来陈述自己的现象学性质，在《逻辑研究》中，"那时我未贸然用那个在哲学史上颇有争议的'本体论'一词，而是将此研究 ['整体与部分']（该书第一版第 222 页上前引部分）作为'对象本身的先天理论'的一个部分，这个词组被梅农（Meinong，一译迈农）缩约为'对象理论'。然而时代改变了，我认为现在相应地恢复旧的'本体论'一词更为正确"。[②]

在《观念 I》中，现象学的研究领域被区分为"质料的"和"形式的"区域或范畴。胡塞尔认为，"一个区域就是属于具体项的全体最高属的统一体，因此即那些属于具体项中最低种差的最高属的本质上统一的联结体。区域的本质外延包括属于诸属的诸种差具体统一复合体的观念整体；

---

① 胡塞尔：《逻辑研究》第一卷，第 203—204 页。

② 胡塞尔：《纯粹现象学通论》，第 23 页注释。

区域的个别外延包括具有这些具体本质的诸可能个别项的观念整体”。[①] 这个作为具体项的全体最高属的统一体的“区域”，也叫作“范畴”，对区域或范畴的研究即本体论或本质论，胡塞尔在《观念Ⅰ》中把本体论划分为“形式的本体论”和“质料的（区域的）本体论”，前者是关于意识活动（Noesis）的本质理论，后者是关于意识对象（Noema）的本质理论。胡塞尔指出，所有那些对形式本体论和与它相联接的范畴论，——关于各个存在区域和存在范畴之划分，以及与之相应的各个实事本体论的构造的学说——是现象学研究的主要标题。与它们相符合的是意识活动-意识对象的本质联系，它们必须得到系统的描述，它们必须在可能性和必然性方面得到规定。

在希腊哲学的意义上，本体论是关于“存在”的学说。在胡塞尔的现象学哲学中，经过现象学还原排除了对“物自体”的存在的兴趣后，“存在”就是“纯粹意识”，或者说，胡塞尔现象学所理解的“存在”是指在意识活动中构造出来的意识对象。[②] 其中，被构造的对象是本体论中的质料部分，构造的活动（即意识的意指、统摄活动）是本体论中的形式部分。不过，不论是质料本体论还是形式本体论，它们研究和探讨的是意识活动和意识对象的先验本质性存在，而不是研究和探讨它们的实事性存在。

在胡塞尔那里，意识活动和意识对象的先验本质存在便构成了现象学这门哲学本体论的研究内容。胡塞尔在《观念Ⅰ》结束时写道：

> 一种对以同样方式考察诺耶思的和诺耶玛的意识层次构成性问题的全面解决，或许显然相当于一门完整的理性现象学，包括其形式的和质料的形态，以及其非正常的（否定性理性的）和其正常的（肯定性理性的）形态。但此外应该承认，这样一门完全的理性现象学会与

① 胡塞尔：《纯粹现象学通论》，第 30 页。

② “作为在一种确定意义上之‘绝对’存在的先验意识领域，通过现象学的还原对我们产生出来了。它是一般存在的原范畴（Urkategorie）（或按我们的用语，原区域）。一切其他存在区域均植根于此范畴，按自己的本质均相关于此范畴，因而在本质上完全依赖于此范畴。范畴理论必须完全从一切存在区别中最基本的区别——作为意识的存在和作为在意识中‘显示的’、超验的存在——开始”（胡塞尔：《纯粹现象学通论》，第 136 页）。胡塞尔特别注意区别“作为意识的存在”（内在的存在）与作为“实在物的存在”（超越之物的存在）：“在任何可能的一般意识中，物都不可能绝对无条件普遍地或必然地作为真实内在的东西被给与，因此，在作为体验的存在和作为物的存在之间出现了基本本质上的区别”（同上书，第 74 页）。胡塞尔认为，只有“作为意识的存在”才是现象学哲学本体论的对象，而“实在物的存在”即超越之物的存在是实证科学意义上的本体论对象，是应该受到现象学还原的排斥的。

一般现象学相一致，因此对由对象构成这个整体名称所要求的关于一般意识描述的系统论述，必定在自身内包括着一般的意识描述。①

至此可以明了：胡塞尔的现象学哲学的本体论，就是关于纯粹意识的本质论，或者说，纯粹现象学作为本体论就是“第一哲学”，它是关于纯粹可能性的绝对知识，而不是关于经验的具体知识，在《逻辑研究》和《观念Ⅰ》中，胡塞尔主要探讨的是形式本体论，在《观念Ⅱ》中则通过“物质自然的构造”“动物自然的构造”和“精神世界的构造”等问题探讨了“区域本体论”问题。

四、经验和认识发生的三种态度

我们生活在这个世界上，就需要认识和理解这个世界，科学、数学和哲学是我们认识和理解世界的三种基本方式，在胡塞尔的许多著作中都直接或间接地给予了阐明。对经验和认识在其中发生的自然的、超越论的和现象学的三种态度的探讨，以及对科学和哲学的关系的探讨都是哲学家必须予以回答的重要问题。

胡塞尔在《共主观性的现象学》第一卷“文稿 6”开篇写道：“在这个学期，我们打算研究关于意识的普遍现象学之诸基本问题，我们要按照主要特征研究意识一般之基本状况”，现象学需要一种与获得自然科学知识与心理学知识的自然态度完全不同的态度。②“文稿 6”第一章“自然的态度和自然的世界概念”第一节标题为“处于自然态度中的自我”。我们每一个人都是“我”，并且都知道自己就是自我，每个人都作为“自我”而存在，并且是作为一个环境之中心而出现的。自我有自己的情感和意志、知觉和表象、记忆和判断，也有自己先天的资质和素质、后天的能力和才干以及处事能力和个人品格。③胡塞尔强调，每个人又“作为与这种被具有东西不同的东西而存在。这个自我本身并不是体验而是进行体验者，不是行为，而是行为的执行者，不是性格特征，而是将这种性格特征当作品质的拥有者，

---

① 胡塞尔：《纯粹现象学通论》，第 301 页。

② 胡塞尔：《共主观性的现象学》第一卷，耿宁编，王炳文译，商务印书馆 2018 年版，第 159—160 页；Edmund Husserl. *Zur Phänomenologie der Intersubjektivität. Texte aus dem Nachlass. Erster Teil: 1905—1920*. Hrsg. von Iso Kern. Den Haag: Martinus Nijhoff, 1973。

③ 胡塞尔：《共主观性的现象学》第一卷，第 160 页。

如此等等”。[1]就是说，自我的这些构成要素使每一个“我”都成为一个具有个体性格、道德素养和理智素质的个人。

实际上，作为具有性格、理智和道德素质的自我还存在于时间中，我的主观体验和各种素质也存在于时间中，我和我所拥有的东西都是在时间中持存的。时间可以区分为“自我的时间”和“我的拥有行为的时间”（自我时间-行为时间），“我”以前是个不诚实的人，“我”现在是个比较诚实的人，“我”以后可能会是个很诚实的人；“我”以前是个内向拘谨的人，“我”现在是个外向活泼的人，“我”以后可能会是个稳重而自信的人……，它们分别对应于“我”和“我的体验”的“过去”“现在”和“将来”。通过当下直观、记忆（或回忆）和期待，我知道我“以前”“现在”和“将来”拥有的这些体验都属于“同一”的个人，属于同一个“我”，自我在时间中是同一的自我。

就现实存在状况而言，每个自我都具有自己被时间空间性所包围的身体，但是，身体与自我还存在着区别，身体是一个时空性的“事物”，是处身于“时间-空间环境”（事物性环境）的存在，自我的感知、记忆等都受这些事物性环境的制约，胡塞尔指出：“自我作为它的身体所看到的事物，正是作为自己的身体而从所有其他事物中间突出出来的”，“所有不是身体的东西，都是在与身体的联系中显现出来的，都在与身体的联系中有某种经常被自我意识到的空间方位：作为在右的和在左的，作为在前的和在后的，等等。同样，在时间上，作为现在的，刚才的，以后的”。[2]就是说，不论是普通人还是科学家，每个人作为自我的体验和认识都依赖于这种“事物性环境”的身体的具体状况和实际过程。

事物性环境（时间-空间环境）可以区分为“直接的环境”和“间接的环境”，前者是一个现实的、确定的环境，后者是一个可能的、不确定的环境。例如，我现在处身于一个峡谷中，我直接直观到峡谷的两面有狭长的峭壁，峭壁上长着茂密的树和草，谷底有潺潺溪水流过……这就是我在直观中被给予的直接的环境；虽然我还没有走出峡谷，还没有直观到峡谷外的事物，但我可以借助象征的、类比的直观“推论”连带设定出峡谷外的事物环境：阳光照耀在山峦起伏的草地上，鲜花盛开，溪流成河蜿蜒地流向远方……（我也可以通过“回忆”回忆起我曾经经历的一个过去的环境）。这里，我直接直观的环境就是“直接的事物性环境”，我借助想象或回忆到

---

① 胡塞尔：《共主观性的现象学》第一卷，第161页。

② 胡塞尔：《共主观性的现象学》第一卷，第163页。

的环境就是“间接的事物性环境”，从前者到后者，一方面使事物环境具有了某种连续性，另一方面使人的认识有了从有限延伸到无限的可能性。

我们生存在这个世界上，我们每个人都拥有处在我们周围的同样一个世界，然而，事物对个人的显现则是因人而异的，个人总是在事物对我们的现象中获得诸多事物相互关联的体验，我们可以根据这些体验或经验做出自己的判断，我们可以表达并互相交流这些判断，我们努力去理解这些表达的含义，这就是不同“自我”之间的互相理解和思想共处。

首先讨论自然的态度与科学。这是认识发生的第一种态度，我们总是通过判断来表达我们的认识。胡塞尔认为：“我们的一切思考都开始于我们经验的事实和其中被经验的世界”，[①]一般说来，我们的个体经验是多种多样的，有对自我身体的经验，有对事物性环境中的诸多事物的经验，也有对其他不同于我的“自我”进行经验，对这些被经验的东西以科学的方式进行认识所形成的人类的各门科学，我们可以将其称为“经验科学”，它可以区分为“心理学的自然科学”和“物理学的自然科学”两个主要部分，但作为经验科学胡塞尔把它们统称为自然态度的科学。

在自然的态度看来，不论是心理之物还是物理之物，它们都处于客观时空中，处于时空中的物理之物都具有位置、广延、次序的变化。无论是心理的自然事物还是物理的自然事物，它们的运动变化呈现为一个无限的彼此作用的因果序列，物理学的自然科学和心理学的自然科学就是要试图寻找它们运动变化的根本原因和原初动力。用“因果法则”去研究对象是经验科学的基本方法。

亚里士多德在讨论运动时提出了因果解释的理论，在他看来，运动就是从一种状态到另一种状态的变化。运动变化有三个组成部分：1. 变化者或基础，即在变化中必有一个东西是变化的基础；2. 缺失，即变化前与基础相结合而变化后不再存在的东西；3. 形式，它与缺失相对立，即变化前不存在而变化后与基础相结合的东西。所谓“变化”，就是基础失去原来的形式而获得一个新形式。严格地说，在亚里士多德那里，运动和变化是有区别的：所有的运动都是变化，但并非所有的变化都是运动。运动有三类：数量方面的增减；性质方面的改变；空间方面的移动。此外，还有一种不运动的变化——本体的变化，即产生和消灭。为此，亚里士多德把运动规

① 胡塞尔：《现象学心理学》，W. 比梅尔编，李幼蒸译，中国人民大学出版社 2015 年版，第 53 页；Edmund Husserl, *Phänomenologische Psychologie. Vorlesungen Sommersemester 1925*. Hrsg. von Walter Biemel. Den Haag: Martinus Nijhoff, 1968。

定为“运动是潜能的现实化”。亚里士多德认为，运动变化是有原因的。在古希腊文中，“原因”一词出自“有罪责”，表示事物的欠缺应被归咎的理由，所以，亚里士多德所谓的“原因”就是“为什么”的理由。为此，他提出了“为什么”运动的四种理由，即“四因说”。[①] 亚里士多德从对运动的原因的考察中得出了运动系列及其“不动的第一推动者”的结论：“如果运动着的一切事物都必定为某物所推动，而这个推动者必定又被另一东西推动着，……终究必有一个不再被别的东西推动的第一推动者。”[②]“第一推动者是不动的：因为运动系列或者要追溯到一个不动的第一推动者，或者要追溯到一个能自己运动又能使自己静止的东西，才能结束，在这两种假定下，我们都得到如下结论：在事物运动的一切情况下，第一推动者都是不动的。”[③]

胡塞尔认为，经验科学都是按照“因果法则”来研究和认识在经验中被给予之物的，“一切显现，不论是物理的显现，还是心灵东西之显现自身，或显现异己者，都一起属于心理学的范围”。[④] 区别在于，心理的自然科学运用因果法则研究变化着的人的状态和行为（心理现象的显现），而物理的自然科学用因果法则研究变化着的外在物理的被给予之物（物理现象的显现），但是，它们都只具有个别的确定性，而不具有普遍和绝对的确定性，它们只具有经验描述的自明性，尚未进入理性反思的判断推理行为阶段。

其次讨论先验的态度与数学。这是认识发生的第二种态度，胡塞尔也称其为本真的态度或先验的态度。自然的态度和先验的态度作为两种不同的认识态度，虽然都是指向对象的认识行为，但二者的区别是明显的，自然的态度属于经验科学，它的认识对象是自然事物，先验的态度属于先验科学，它的认识对象则是数学理念，所以，由算术和几何构成的数学在本质上是一门先验科学，“纯粹的几何学就是这样谈论几何学图形的，纯粹的算术就是这样谈论数等等的。但是纯粹几何学的图形作为纯粹空间之可能的形态，算术的数作为数列之纯粹的数，并不是事物，在任何意义上都不是自然之事实”。[⑤]

---

① Aristotle, *Physica*, W. D. Ross (trans.), Oxford University press, 1963, 194a28-30. 希腊文的“目的”和“终点”是一个词，相当于德文 das Ziet（目的、终点）。

② Aristotle, *Physica*, 256a13-20.

③ Aristotle, *Physica*, 258b5-9.

④ 胡塞尔：《共主观性的现象学》第一卷，第 174 页。

⑤ 胡塞尔：《共主观性的现象学》第一卷，第 177—178 页。

关于“数”是何种性质的存在，或者是数是先验的“理念”，还是自然的“事实”，这一直是个在数学史和哲学史上充满争议的问题。从毕达哥拉斯到亚里士多德、从洛克到布伦塔诺，数学家和哲学家们都倾向于认为数是物理事物的一种属性；布伦塔诺最先区分了物理现象和心理现象，通过“内感知”给予我们的是心理现象，通过“外感知”给予我们的物理现象，在他看来，“数”也是一种物理现象，因为它作为物理事物的属性是在感性直观的基础上通过“抽象直观”而被给予我们的。

胡塞尔在《算术哲学》中认为，数不是物理现象，而是心理现象，应该在心理现象的内感知中寻找数的起源。胡塞尔接受了古代数学家欧几里得的“数是基数的多样组合”的观点，其中，“基数”是算术的基础，其他如多、总和、分数、集合、无理数等数学概念都只能在基数的基础上得到阐明，它们都是通过 kollectiv Verbindung（集合联结）而形成的，个别的数通过 kollectiv Verbindung 统一成可以被计算的“总和”。而这个 kollectiv Verbindung 的行为结果就是“心理联系”，从初阶联系到高阶联系，构成抽象的数学概念和统一的数学理论体系，关于这些概念，某物和一，多与基数，以及一切最普遍和无内容的概念，人们完全有权利把它们称为形式概念和范畴。就是说，数的概念具有形式的和范畴的特征，它不再是在时空的经验世界中的实事存在，而是一个超越时空世界而实在存在的理念世界。因此，如果说经验科学主要是以自然的态度认识经验世界中的客观事物，数学则主要是以先验的态度认识观念世界中数的理念，“在一种态度中，此在的对象性东西被给予，在另一种态度中，本质的对象性东西被给予，在一种态度中，自然被给予，在另一种态度中，理念被给予”。[①] 这清楚地表明，经验科学（如物理学、化学、生物学等）与数学是有本质区别的，科学的对象是自然物，科学的认识态度是自然的态度；数学的对象是数的理念，数学的认识态度是先验态度。举例来说，经验的物理科学的自然态度和数学的先验态度都可以“看”两棵树，但经验科学的自然态度的意向性是指向两棵“树”，而数学的先验态度的意向性则是指向“2”这个理念；经验科学能够陈述对个别事物的认识，因而它的认识也就是个别的、相对的；数学是对形式概念和范畴及其关系的认识，它的认识就具有普遍性和绝对性特征；经验科学的认识和结论可以发生变化，数学陈述的纯粹定律因具有普遍必然性而不会因时空变化而发生变化，例如，此时此刻物理测量“这棵树 2 米高”的陈述可以随时间地点的变化而变化，但数学陈

① 胡塞尔:《共主观性的现象学》第一卷，第 178 页。

述“2×4=8”则不会随时间而变化。

现在我们可以概括地指出：在自然的态度中被给予的是诸此在的对象性的东西，是事实的自然，物理学的自然科学是以自然事物为对象的，心理学的自然科学是以心理事实为对象的；在先验的态度中被给予的诸本质的对象性东西（理念），是理念的自然，数学是以理念为对象的；自然科学是经验的科学，数学是先验的（先天的）科学。数学的理念对象是根据具有某种经验根源的概念经过抽象而得以确立的，它纯粹是以数学理念为根据的科学，纯粹算术、纯粹几何学不包含任何关于实在的此在的陈述，“先验性就是独立于它的此在”，[①] 因而，数学不是一门经验科学，而是一门先验或先天科学。

现象学的态度与哲学。这是认识发生的第三种态度，是哲学的认识态度。现象学认识态度与经验科学的自然态度、数学的先验态度是有区别的：自然的思维态度是对自然事物对象的认识，从个别认识概括出一般原理，自然的认识就这样前进着；数学的先验思维态度虽然不以自然事实为对象，而是以数的理念为对象，数的理念还不是纯粹观念，因为它在来源上还受到经验的限制，所以，数学陈述虽然是高度形式化的先天综合判断（形式化的数学也是一种逻辑学），但它还是一种非纯粹的先验性科学。更为重要的是，经验科学和数学都只是关于对象的认识，但却从不关心“认识如何可能”这个认识论的问题；而现象学的思维态度在本质上则是要最终回答“认识如何可能”这个认识论的总问题。或者说，前两种思维态度只关心认识对象，而现象学思维态度则关心我们是如何获得认识的，这是一种纯粹的、严格的先验性态度。

纯粹现象学是关于意识一般的科学。意识就是各种各样的感觉行为、表象行为、知觉行为、记忆行为、期待行为，各种各样的判断行为、推理行为，各种各样的感受行为、渴望行为和意愿行为等等，也就是笛卡尔意义上的“思想活动”（cogitation）、“有广延的事物（res extensa），由于思想活动（cogitationes）以某种方式在经验上与它联结在一起，事实上是进行思想的事物（res cogitasns）。但是这个思想活动（cogitare）与任何有广延的事物（res extensia）都没有关系。……如果情况是如此，那么我们就能够割断思维行为（cogitatio）与事物（res）之间的经验联系”。[②] 这里，“割断思维行为与事物之间的经验联系”实际上是要求我们要意识到现象学

① 胡塞尔：《共主观性的现象学》第一卷，第179页。

② 胡塞尔：《共主观性的现象学》第一卷，第198—199页。

的知觉与经验性知觉、现象学的存在与经验的存在之间的差异。诚然，诸事物是在经验中直接被给予的，是在思想经验的行为中被思想和规定的。自然科学坚持认为，如果地球上所有的生物和人都灭绝了，也就没有任何思想和规定地球上事物及其变化的人存在了，但是地球和它诸存在还依然存在。

在现象学的态度中必须贯彻"悬搁"的现象学方法，那些与我们的身体相结合的个人经验、那些关于外部事物的存在设定以及一切关于物理事物和心理事物的认识与判断都要失去作用，"我们不承认任何一种在经验态度中被设定为现实性的客体，我们不可以提供任何一个能以经验态度提供的作为现实性的客体"。[①]"在认识批判的开端，整个世界、物理的和心理的自然、最后还有人自身的自我以及所有与上述这些对象有关的科学都必须被打上可疑的标记。它们的存在，它们的有效性始终是被搁置的。"[②]就是说，我们不应该假定任何哲学的或科学的理论作为现象学哲学研究的出发点，避免任何经验科学或心理学的和哲学的思辨理论（免除来自哲学和科学的偏见），我们在直观中直观到的"显现者本身"就是现象，我们必须专注于那些在直观中以其显现方式被意指和被思想者。这是因为只有这样现象学哲学才能获得具有"明见性"（Evidenz）的认识，著名现象学者索科拉夫斯基（R. Sokolowski）指出：现象学用"明见性一词，来命名那些成就真理的主体性活动。现象学用'明见性'一词来命名这种主体性的成就，命名这种对于真理的主体性拥有，无论是符合意义上的真理，还是在显露意义上的真理。作为意向活动的明见性与作为意向对象的真理相关联。"[③]明见性是对可理解对象的成功显现，是对于其真理在明见过程本身之中变得明显的某事物的呈现，这种呈现不是简单的接受，它是一个理性生活的重要事件，是某事物被纳入理性生活的范围内，或者说，是进入可以理解的事物所构成的世界之中的重要方式。

至此我们可以说，胡塞尔之所以要区分自然的思维态度（科学）、先验的思维态度（数学）和现象学的思维态度（哲学），并不是要用哲学取代科学和数学，而是通过思维态度的区别来确定科学、数学和哲学在各自领域内的合理性，莫兰（D. Moran）曾经这样描述胡塞尔："在某种意义上，胡

① 胡塞尔:《共主观性的现象学》第一卷，第205页。

② 胡塞尔:《现象学的观念》，第39页。

③ 索科拉夫斯基:《现象学导论》，张建华、高秉江译，武汉大学出版社2009年版，第157页。

塞尔联结着两个不同的世界。作为大学教授，他是一位认真的、具有威严的人物，充分把握着世纪初德国严格的学术世界。他代表着19世纪资产阶级的知识世界，其特点是表现出高度的严肃性，并对科学、理性和通过知识推动人类进步具有坚定信仰。但是，他也尖锐地意识到文化分裂和相对主义的威胁，后者是由于20世纪对理性的性质和计划之深刻不确定性而产生的。胡塞尔把自己看作一名富于梦想的先驱者，以近乎宗教的狂热研究其问题，甚至自比于领导民族奔向乐土的摩西。……他自视为是在探索纯粹意识和先验主观性这一先天科学领域道路上的一名开拓者。”[①] 胡塞尔终生追求并坚持把哲学建成严格科学的理想，现象学不是事实性科学，而是一门关于纯粹本质的科学，如果说经验科学以个别直观为特征，那么纯粹现象学就是以范畴直观或本质直观（Wesenserschauung）为特征，“本质（eidos，艾多斯）是一种新型对象。正如个别的或经验的直观的所与物是一种个别的对象，于是本质直观的所与物是一种纯粹本质”。[②] 胡塞尔认为，研究本质正是科学家的工作，现存的唯一的本质科学是数学，几何学家研究本质的形态，算术学家研究数的本质性质；本质科学无关乎实际存在者，比如几何学家只关注本质的可能性而不需要任何事实的存在。然而，在纯粹几何学中，数学家并不关心艾多斯（本质），而只是关心一般的数学概念；而现象学的本质直观则要求从个别直观转向艾多斯本身，去追求具有绝对普遍性的真理。

数学虽然是关于本质的先天科学，但其明证的洞见并非产生于内省行为，也没有对意识的意向性结构具有清晰的分析和自觉。胡塞尔认为，意识这个词在广义上包含着一切体验，即在个别直观或知觉中显现给我们的东西，它构成一个意识领域，通过现象学还原的“现象学剩余物”构成一个纯粹意识或先验意识领域，它不同于自然态度只能见到的自然世界，而是绝对意识体验的无限领域，胡塞尔指出：“一切理性理论的（vernunfttheoretischen）和形而上学的谜团都归因于此特性：一个知觉是对某物的——比如说对一个物体的——知觉。一个判断是对某事态的判断；一个评价是对某价值事态的评价；一个愿望是对某愿望事态的愿望，如此等等。行为动作（Handeln）与行为（Handlung）有关，做事（Tun）与举动（Tat）有关，爱与被爱者有关，高兴与令人高兴之物有关，如此等等。

① 莫兰：《现象学：一部历史的和批评的导论》，李幼蒸译，中国人民大学出版社2017年版，第75页。

② 胡塞尔：《纯粹现象学通论》，第12页。

在每一活动的我思中，一种从纯粹自我放射出的目光指向该意识相关物的'对象'，指向物体，指向事态，等等。"[①]这里涉及意向性活动的基本结构，即 Noesis-Noema（诺耶思-诺耶玛），Noesis 是指意向活动、意向行为和意向过程，Noema 是指意向对象、意向客体或意向相关项，在《观念 I》中，胡塞尔详细讨论了意向活动（诺耶思）和意向对象（诺耶玛）及其结构的一系列问题，"我们极其细心地以一般方式详述了在诺耶思（即通过强调诺耶思成分来表示的具体完全的意向性体验）和诺耶玛之间的区别，因为把握和掌握这一区别对于现象学是最重要的事，这对于建立现象学的合法基础确实具有决定性意义"。[②]诺耶思承担着对所认识和所把握者（诺耶玛）的含义赋予与意义构成的任务。就是说，与经验科学通过自然的思维态度把握客体对象不同，在现象学的思维态度和认识中，我思活动是通过一种特殊的"先验性"反思行为把握意向客体和意向对象的。

三种认识态度实际上涉及现象学与实证科学的关系。哲学是追求绝对认识的意向和努力，只有在现象学的态度中才能建立起绝对的一般认识，并为科学认识和数学认识提供绝对科学的根据。胡塞尔指出，我们可以将自然的经验都转变为现象学的经验，然而却没有将它们当作任何关于自然的判断之基础，"下面的两种描述和研究显然是某种完全不同的东西：一方面是研究自然，描述和研究事物、事物的因果变化、事物性东西的时间秩序等等，另一方面，允许整个自然存在，但不是描述和研究自然，而是按照其内在性描述和研究关于事物的经验、存在于经验中的东西、这些经验如何相互关联、它们如何被引起等等，特别还有它们如何与判断行为、感受行为、渴望行为等等相互关联，它们如何引起这些行为，而所有这些研究与描述都是在前后一贯地排除一切关于自然之存在的判断情况下进行的"。[③]在现象学研究中，我们首先学会熟悉和详细研究纯粹意识和纯粹意识之关联，然后学会研究关于存在者作为真实东西，作为一个主观性而显现的东西之构成的无限关联时，我们就能够再度返回到实证的态度。在对现象学的认识之本质必然性毫无所知时，我们已有的科学研究是一种朴素的实证性生活，在这种科学研究中，实证的存在和理论上的实证的真理，作为被观察到的东西，作为被合理证明的东西出现；当我们熟悉现象学的认识之本质理论和方法后，一切科学的实证性对象都具有了在纯粹主观性

① 胡塞尔：《纯粹现象学通论》，第 159 页。

② 胡塞尔：《纯粹现象学通论》，第 186 页。

③ 胡塞尔：《共主观性的现象学》第一卷，第 247—248 页。

中被构成的印记，借助于现象学理论方法，先前那种独断的实证性成为了以现象学方法获得阐明、澄清和证明的实证性。就是说，我们从科学的朴素的实证态度过渡到现象学态度，然后又返回到科学的实证态度，这些实证的对象作为认识构成物恰好属于构成实证真理的纯粹意识和纯粹意识的统一。一切被给予的事物本身都是关于作为纯粹意识的意识之某种规则的标志，由此表明，我们在一切自然生活中谈论的世界，正是现象学态度中作为在意识中被设定的意识世界。在这种情况下，一切实证的判断行为、洞察行为、认识行为（一般来说，实证的意识），连同这些个别的行为之真理，都一起包括到现象学的意识中，包括到现象学的意识之课题范围的具体内容中。实证的真理作为真理，不仅不独立于现象学的真理，而且甚至包含于现象学的真理之中，因此，实证科学所进行研究的和进行理论探讨的，所有这些行为所具有的意义内容、设定和样式变化，都处于具有“意向活动–意向内容”诸成分的意识生活之具体化中。“如果我从现象学的态度或课题范围返回到自然实证的态度或课题范围，那么我的实证的意识行为及其课题就会获得一种新的有效性层次；我的经验行为，思想行为，评价行为等等，以及在其中被经验的东西，被思想的东西，被评价的东西，我的看的行为，以及在其中被看见的东西，被证明的东西，以及在这里产生出来的一切持久的被相信的东西，连同它的（比如科学的）真理，……所有这些都获得并带有一种新的有效性层次：由现象学的认识行为而来的有效性层次。”①

在西方思想中，技术进步根源于科学，科学发展根源于哲学，这就是自柏拉图、亚里士多德以来西方理性主义哲学或形而上学②为科学奠基并促进科学发展的秘密。汉语知识界的科学家一般较少有良好的哲学训练和素养，其科学研究大多停留于朴素的自然主义实证性态度，数学研究也缺乏先验的态度，因而很少能够在科学和数学上做出创造性的研究成果，因而科学推动技术进步的作用比较有限，我们在科学技术领域大多是跟进西方科学技术革命的进程，分享其科学技术革命的成果。自觉接受必要的哲学训练，提高哲学理论和方法素养，对于提高我国科学研究水平和促进技术进步具有重要的意义。

---

① 胡塞尔：《共主观性的现象学》第一卷，第281页。

② 被汉语知识界翻译为形而上学的Metaphysik，由meta（在……之后）和Physik（物理学）组合而成，古希腊语中的Physik含义相当于英文的science，所以，与汉语语境中的形而上学不同，西语的Metaphysik本身就蕴含并揭示着哲学和科学的关系。

第三章　逻辑学的性质及意识行为奠基顺序

纯粹现象学展示了一个中立性研究的领域，在这个领域中有着各门科学的根。

——胡塞尔：《逻辑研究》

胡塞尔《逻辑研究》第一卷通过讨论理论科学对经验科学和规范科学的奠基作用，以便对作为理论科学的哲学是如何为欧洲民族的科技创新能力提供持续不断的支持动力获得新理解。胡塞尔在《逻辑研究》中通过对意识的现象学分析使他的理论学说被标识为描述现象学。

胡塞尔于1900—1901年出版的两卷本《逻辑研究》被公认为现象学最重要的著作，并且被普遍看作是哲学自近代以来最重要的创作之一，它的目标是对我们赖以意识对象的全部"意识样式"进行透彻的分析。《逻辑研究》第一卷的副题为"纯粹逻辑学导引"，偏重于逻辑研究；第二卷的副题为"现象学研究与认识论"，分为两册，由六项研究构成，偏重于认识论研究。这部著作不仅是胡塞尔哲学思想的奠基性著作，而且学术界认为"这部著作提供了理解20世纪西方哲学或西方思维的基础"。①

一、心理主义批判与规范逻辑学

《逻辑研究》第一卷共十一章，前十章胡塞尔主要是对当时在哲学领域内占主导地位的心理主义的各种表现形式进行批判，反对任何从心理学认识论出发对逻辑学进行论证的做法，从而结束了心理主义的统治；第十一章"纯粹逻辑学的观念"是联结《逻辑研究》第一卷和第二卷的关键，它是从逻辑哲学向现象学哲学过渡的中介。

① 胡塞尔：《逻辑研究》第一卷，译后记，第280—281页。

胡塞尔在《逻辑研究》第一卷“引论”开篇引用约翰·穆勒的话指出:“在对逻辑学的定义上与在对这门科学的探讨上一样，都存在着巨大的意见分歧。”当时，逻辑学存在三大流派，即心理学的逻辑学、形式的逻辑学和形而上学的逻辑学。胡塞尔认为,“我们至今仍然远远未能达到在逻辑学的定义上和在各种逻辑学本质学说的内涵方面的全面统一性”。[①]这表明在穆勒和胡塞尔时代，关于逻辑学的性质还是一个充满争议的问题领域。随着心理学研究的兴起，逻辑学中的心理主义流派逐渐占了上风，所以，胡塞尔对逻辑学性质的探讨有一个重要的附带任务，即对心理主义的批判。

对一门科学目标的理解表现在对这门科学的定义之中，而对一门科学的定义反映了这门科学的发展阶段，随着这门科学一同进步的是对其对象的概念特征以及对其领域的划界和定位的认识。“范围与界限的问题对于哲学科学的发展具有无比重大的意义……逻辑认识发展所受到的阻碍正是来自对理论基础的误解以及由此而导致的对领域的混淆。”[②]为此，胡塞尔提出了与逻辑学划界相关的四个有争议的问题:

1. 逻辑学是一门理论性学科还是一门实践性学科（一门“工艺论”）。

2. 它是否独立于其他科学，尤其是独立于心理学或形而上学。

3. 它是否是一门形式学科，或者像人们习惯于说的，它是否“仅仅与认识的形式”有关，它是否也须注意认识的“质料”。

4. 它是具有先天的和证实性学科的特征，还是具有经验的和归纳性学科的特征。[③]

胡塞尔认为，所有这些争论可以分为两派：一派认为逻辑学是一门理论的、独立于心理学并且同时是形式的和论证的学科（即规范的或实践学科的逻辑学）；另一派认为逻辑学是一门依赖于心理学的工艺论，它本身不具有那种形式的和论证的特征（即心理主义逻辑学）。胡塞尔从对这两派争论的批判性考察中，试图划分出一门新的纯粹逻辑学，它作为纯粹理论的科学，构成任何一门关于科学认识的最重要基础，并具有先天和纯粹论证性学科的特征。

---

① 胡塞尔:《逻辑研究》第一卷，第1页。

② 胡塞尔:《逻辑研究》第一卷，第4页。

③ 胡塞尔:《逻辑研究》第一卷，第4—5页。

心理主义逻辑学认为，逻辑概念和逻辑规律是心理的构成物，“逻辑规定的本质理论基础是在心理学之中”。[①] 用心理主义的话来说，“逻辑规律是用来论证的规律。论证只不过是人的特殊思维过程而已，在这个过程中，作为终端部分的判断带有必然结果的特征。这种特征本身是一种心理特征，是一种心理状态”。[②]

胡塞尔认为，逻辑学这门学科的发展不依赖于甚至独立于心理学的研究结果。心理学是一门来源于经验的事实科学，它研究的是人类的心理，而人类本身是一个依赖事实性的种族，对心理的研究始终与人类存在的事实相关并依赖于人类存在的事实。因而，从心理学立场出发，只能获得经验主义的结论，而不能提出真正的、精确的规律，“它称之为规律的那些定律尽管很有价值，但却只是一种对经验的模糊一般化……以观念联想的规律为例，联想心理学想赋予这些规律以心理学基本规律的地位和意义。每当人们极力想把这些规律在经验上得到证实的意义恰当地表达出来时，它们马上便失去作为规律所应有的规律特征”。[③] 因此，心理主义逻辑学的经验论“在模糊的理论基础上只能建立起模糊的规则”。[④] 而那些作为论证规律构成逻辑学真正核心的逻辑规律则要求绝对的精确性。

心理主义的逻辑学忽视了在观念规律与实在规律之间、在规范性规定与因果性规定之间、在逻辑必然性和实在必然性之间、在逻辑基础与实在基础之间所具有的那种根本的差异。事实上，无论人们把心理学定义为“关于心理现象的科学”，还是定义为“关于意识事实的科学”“关于内在经验的科学”“关于依赖于体验个体的那些体验的科学”，心理学都是一门事实科学，一门来自经验的科学，“每一个事实规律都从经验中产生，因此，它只有通过对个别经验的归纳才能得到论证”。[⑤] 而纯粹逻辑学是关于纯粹概念（观念）的科学，即关于纯粹概念为基础的普遍有效关系的规律或真理的科学。所以，不能把逻辑规律看作是心理活动或心理产物的规律，“没有一条真理是一个事实，是一种受时间规定的东西……真理本身是超越于所有时间性之上的”。[⑥]

观念科学与实在科学之间的本质差别在于：前者是先天科学，其最终

---

① 胡塞尔：《逻辑研究》第一卷，第 52 页。
② 胡塞尔：《逻辑研究》第一卷，第 55 页。
③ 胡塞尔：《逻辑研究》第一卷，第 52 页。
④ 胡塞尔：《逻辑研究》第一卷，第 53 页。
⑤ 胡塞尔：《逻辑研究》第一卷，第 65 页。
⑥ 胡塞尔：《逻辑研究》第一卷，第 66 页。

对象是观念的类，它阐述的是建立在总的概念之中的观念规律性的普遍性；后者是经验科学，其最终对象是经验的事实，它阐述的是普遍性带有与事实领域有关的或然性。胡塞尔指出，应该区别所有科学认识中的三种基本关系：

> a）认识体验关系。在这种关系中，科学主观地得以实现，因而这是表象、判断、见解、猜测、提问等等的心理学关系……b）在科学中被探讨并且在理论上被认识的实事的关系，这些实事本身构成这科学的领域……c）逻辑的关系，即理论观念的特殊关系，它构造了一门科学学科，特别是一门科学理论，一个证明或推理等等的真理统一，或者说，在真正定律中的概念统一，在真理关系中简单真理的统一等等……逻辑关系是观念的形式……这种形式连同所有同类的形式所服从的规律，是纯粹逻辑学的规律……构成一门确定科学的观念统一的概念、定律、真理之间的确定关系……它们属于理论的结合并同时属于逻辑科学的领域。①

心理学作为经验科学只能得到事实可靠的真理，而逻辑学作为先天科学或观念科学探讨的是本质可靠的真理。人们无法从事实科学中推导出本质科学，反过来，本质科学却对事实科学具有奠基作用，正如倪梁康所指出，“只有带有理论科学奠基特征的科学才是真正的科学，譬如物理学。而一门没有经过本质科学奠基的科学则是一门尚不成熟的科学——这也就是当时心理学研究的现状”。②

心理主义逻辑学最终归宿会导致怀疑论的相对主义。胡塞尔指出：“所有形式的心理主义都是相对主义。”③他把与心理主义有关的相对主义区分为“个体的相对主义”和“种类的相对主义”，前者主张真实的东西是相对于一定主体而言，后者主张真实的东西乃是根据某种生物如人类的思维规律才被认之为真。心理主义把逻辑规律理解为经验-心理学的规律，其最终结局必定是逻辑学中的怀疑主义和相对主义。

对逻辑规律的不同理解，构成心理主义与反心理主义争论的焦点。当

---

① 胡塞尔：《逻辑研究》第一卷，第155—156页。

② 倪梁康：《现象学的始基：对胡塞尔〈逻辑研究〉的理解与思考》，广东人民出版社2004年版，第8页。

③ 胡塞尔：《逻辑研究》第一卷，第108页。

说某个逻辑命题为真的时候，逻辑规律与真理之间是否存在内在的联系？如果有联系，这个真理是自在的（an sich）真理还是为我们的（für uns）真理？这不仅是个逻辑问题，而且是已经涉及认识论的问题。规范逻辑学接受传统逻辑学定义，把逻辑学看作是规范科学和“关于正确判断的工艺论”。[①]因而，逻辑规律被视为对思维进行规范的认识规则或思维规则。以康德、赫巴特（Herbart）等为代表的规范逻辑学家认为，“心理学对思维的考察在于研究：思维是怎样的；而逻辑学对思维的考察则在于研究：思维应当怎样。所以，心理学所研究的是思维的自然规律，逻辑学所研究的是思维的规范规律”。[②]他们在论证逻辑学与心理学区别过程中，认为逻辑学与伦理学一样，它们具有相同的规范特征。

科学的目的在于知识，在知识中我们获得真理，“科学这个名称意味着，它与知识有关”（德文“科学”[Wissenschaft]一词与“知识”同义），[③]知识是被设定的事态之存在或真理的标志，即对做判断之正确性的标志，正确性的最完善的标志是明证性，“任何真正的认识，尤其是任何科学的认识最终都建立在明证性的基础上，明证性伸展得有多远，知识的概念伸展得也有多远”。[④]但是，拥有知识并不意味着拥有科学，知识之间虽然有实际的亲缘关系，但它还没有构成科学所特有的、在知识的多样性中的统一性。一组个别的数学知识无法论证一门数学的科学，科学“要求在理论意义上的系统联系，其中包括对知识的论证以及在论证的顺序上的合理的衔接和调整”，“科学的目的……使我们的知识能在最大可能的范围内占领真理的王国；但真理的王国并不是未经整理的一派混沌，在这里统治着的是统一性和规律性”。[⑤]逻辑学科的可能性和必要性在于：使定律经过论证而转变为知识或真理。

心理主义和反心理主义混淆了根据逻辑规则进行推理与对逻辑规则进行推理的界线，认为它们是一回事。实际上，逻辑学作为论证的思维操作，具有三个重要特性：(1)“论证就其内涵而言具有固定构成的特征。”逻辑论证对出发点、推理过程等都具有严格的要求，排除任意性；(2)“在论证联系中统治着的不是随意和偶然，而是理性与秩序，即：支配性规律。”每个论证都有共同的推理形式：任何一个A都是B，X是A，因此X是B。推

① 胡塞尔：《逻辑研究》第一卷，第23页。

② 胡塞尔：《逻辑研究》第一卷，第45页。

③ 胡塞尔：《逻辑研究》第一卷，第8页。

④ 胡塞尔：《逻辑研究》第一卷，第10页。

⑤ 胡塞尔：《逻辑研究》第一卷，第11页。

理形式体现了一个类概念并存在一条先天的规律：任何一个与推理形式相符合的论证只要以正确的前提为出发点，它就是一个正确的论证。(3)“所有其他的推理方式都可以得到一般化对待，得到纯粹的把握”。[①]

每一种特定的科学思维都在做着一般的科学思维的训练，论证是通过推理形式来实现的，推理的正确性要靠它们的形式来保证，而所有考察、发明、发现都是建立在形式的规律性上的。此外，语言是表达思想的符号系统，因而是论证的一个辅助手段。

有规则的形式使诸科学的存在得以可能，但形式相对于知识领域具有更大范围的独立性则使一门科学论的存在得以可能，这就是科学论意义上的逻辑学。科学论不能只研究个别论证的形式或规律，因为个别论证或由此构成的一组论证还不能构成科学。科学论的任务在于探讨作为系统统一的科学。

但是，反心理主义或规范逻辑学把逻辑学看作是研究思维的正确判断、特殊规律的学科，这样的逻辑学实际上仍然是心理学的一个特殊组成部分。胡塞尔指出，关键在于不能把逻辑的基本规律看作是思维规律。如果思维规律仅仅是对人类思维本身起规范作用的规律，而不是自身客观有效的规律，那么心理主义和反心理主义之间就没有原则界限。心理主义和反心理主义都会强调各自与对方之间的区别：心理学和规范逻辑学都是探讨表象、判断、推理等活动的规律，但“规律”对两者意味着完全不同的东西。心理学的任务在于规律性地探索意识过程之间的实在联系以及意识过程与有关的心理心境和身体组织中对应的过程之间的联系。规律在这里意味着一种因果性的关系。而规范逻辑学则不询问智力活动的因果性起源和结果，而是询问它们的真理内涵，即这样一些活动应当具有什么样的性质并且应当如何进行，这样才能使因果性的判断为真。

作为实践学科的传统规范逻辑学与作为理论科学的纯粹逻辑学是有区别的。胡塞尔指出：“规范科学的规律一般来说意味着：应当在(Seinsollen)，尽管它现在也许还不在或者在现有的状况下还不能在；而理论科学的规律则始终意味着：什么在(Sein)”。[②]“应当在”使好坏的价值判断有效并使“好”“坏”这两个谓语被包含在同一个概念的范围内，即承认一个肯定性判断的价值。如“一个战士应当勇敢”就意味着只有勇敢的战士才是“好”战士，并使“好”这个谓语包含在战士这个概念之中。其

① 胡塞尔：《逻辑研究》第一卷，第13—15页。

② 胡塞尔：《逻辑研究》第一卷，第33页。

逻辑公式为："一个A应当是B"；"一个不是B的A是一个坏A"。"应当"的种类有多么丰富，价值认定的种类便有多么丰富，而且，"'应当'与'不应当'（Nichtsollen）相互排斥，这是解释性陈述在形式逻辑上的一致性"。[①] 由此可知，"每一个规范定理都以某种价值认定（认可、估量）为前提，通过这种价值认定，在一定意义上的、相对于某种客体而言的'好'（价值）或'坏'（无价值）的概念便得以形成"。[②] 为了做出"一个战士应当勇敢"这个判断，我必须要拥有"好战士"的概念，这个概念不能建立在随意的规范定义的基础上，而只能建立在一般的价值认定的基础上。胡塞尔指出，传统逻辑学的"规范定律建立在一个一般价值认定的基础上，这个价值认定规定了它本身包含着的一对价值谓语的内容，在这种情况下，任何一个定律，只要它陈述为拥有此谓语而须具备的必然或充足的条件……它就是一个规范定律"。[③] 科学地研究所有相属的规范定律，一门规范科学的观念就形成了。

基本规范规定着学科的统一性，但这些规范定律各自还具有其特有的、区别于其他定律的理论内涵。每个定律都表达出在规范和被规范之物之间的衡量关系的思想，如"一个A应当是B"这种形式的规范定律都包含着一个理论定律："只有一个是B的A才具有C的状态"，而我们又通过C暗示了关键性的谓语"好"所具有的基本内容。后一个定律是纯理论的定律，它不带任何规范化的思想。很明显，"规范科学定律中所包含的理论关系的逻辑立足点必定是在某些理论科学之中。……换言之，每一门规范学科都需要有对一定的非规范性真理的认识"。[④] 即理论科学可以在各种程度上参与规范学科的科学建设和科学发展。

因此，从胡塞尔现象学的观点看，逻辑学的基础既不在心理学，也不在于作为工艺论的规范逻辑学，它们都"没有为逻辑学提供在我们所规定的意义上的根本基础。有可能倒是另一门科学以无比重要的方式为逻辑学的奠基做出了贡献"，"这些真理既不能被归入心理学，也不能被归入其他具体科学，因此这些真理使人们想到一个特有的真理领域。而如果它们恰恰就是那些与所有逻辑规则最终相联系的真理，并且因而就是那种在谈到逻辑真理时所首先必须考虑的真理，那么人们就会把它们看作是整个逻辑

---

① 胡塞尔：《逻辑研究》第一卷，第35页。

② 胡塞尔：《逻辑研究》第一卷，第36页。

③ 胡塞尔：《逻辑研究》第一卷，第36—37页。

④ 胡塞尔：《逻辑研究》第一卷，第41页。

学的本质并把它们的理论统一称之为'纯粹逻辑学'"。[①] 这里所谓"特有的真理领域"就是"观念规律"的领域。

二、现象学哲学的奠基作用

将哲学建立成一门为所有科学提供基础的科学，通过哲学而达到对绝对真理体系的认识，是从柏拉图到康德等先哲们追求的理想，胡塞尔的现象学的哲学观念正是这个西方哲学史中占主导地位的理想在现当代的体现和更高层次上的实现。他坚持把哲学理解为基础科学，理解成为亚里士多德意义上的"第一哲学"，他终生致力于把先验现象学建立成一门本质科学或观念科学——即理论科学，这门科学的使命和作用在于对其他具体科学具有"奠基"作用：用一个"系统完善的理论统一"为经验的、事实的科学和规范的科学提供最终的依据。

这个"系统完善的理论统一"在胡塞尔看来是一些在观念上封闭的、本身以一个基本规律为最终根据的各种规律的系统统一。由于胡塞尔思想发展的阶段性，这个理论体系在《逻辑研究》时期表现为以发现意识活动和意识对象的本质结构为目的的纯粹逻辑学或描述现象学，其现象学分析的根本方法是"本质直观"；到1913年《观念Ⅰ》出版以后，这个理论体系表现为以"先验还原"为主要内容的既先验又本质的纯粹现象学，"哲学"观念获得了通过对"纯粹意识"的本质结构的分析和把握而为其他所有科学提供最终基础的含义。在此意义上，纯粹现象作为第一哲学应当是一门与人类生活的此在无关的、探讨先验意识本质结构的学说，并区别于心理学和人类学；正由于先验现象学提供了最根本的、奠基性的本质分析和本质结构分析，因而是所有关于事实的具体科学的最终依据。需要明了的是，作为亚里士多德和笛卡尔意义上的第一哲学，先验现象学所提供的不是相对于人类而言的现实知识，而是关于纯粹可能性的绝对知识，质言之，先验现象学只是试图通过对纯粹意识结构的本质分析来为人类意识能力提供本质根据，而非为人类的此在存在提供实用的现实知识。

在《逻辑研究》(第一卷)中，胡塞尔认为存在一些既不是建立在心理学之中、也不是康德意义上物自体的"判断规律"，这些规律与认识的主观条件有关，它是主体认识的规律因而是"主观的"，但因此不受制于心理规

---

① 胡塞尔：《逻辑研究》第一卷，第50—51页。

律而又是“客观的”。这个认识主体不是个别的人或种类的人，而是主体一般，即先验主体性，在此意义上的主观性才是真正的客观性。可能性的主观条件“应被理解为一种根植于一般主体性的形式之中以及根植于这种主体性与认识的关系之中的观念条件。为了有所区别，我们将这种主观条件也称为意识行为的（noetische）条件”，“条件在这里都是一些纯粹建立在理论的概念之中的规律——更确切地说，条件在这里都是一些纯粹建立在真理、定律、对象、性质、关系等概念之中的规律，简言之，它们是建立在本质地构成理论统一这个概念的各概念之中的规律”。[①] 胡塞尔用“观念的”范畴取代了主体-客体的对立范畴，从主客体的对立关系回溯到意向活动条件上去，再从意向活动的条件和规律推进到意向相关项的条件和规律上去，“在有关认识可能性的观念条件的问题上，我们最终还要回溯到某些规律上去，这些规律纯粹地建立在认识的内容中，或者说，纯粹地建立在认识内容所隶属的范畴概念中。……恰恰是建立在这些规律上的范畴概念才构成了那些在客观-观念意义上可理解为理论可能性的东西”。[②] 在胡塞尔看来，逻辑学尤其是纯粹逻辑学既不是经验的科学（如心理学），也不是规范的科学（如伦理学、形式逻辑），而是理论科学或观念科学，它构成经验科学和规范科学的基础。

胡塞尔认为，我们既不能从事实的偶然性中推导出规律的必然性，也不能从实在之物推导出观念之物，反过来，可以从观念可能性中推导出实在的现实性。从规律的分类来看，经验科学研究的是自然规律（实在的、经验规律），规范科学研究的是规范的规律，而纯粹逻辑学或理论科学研究的是观念的规律，“自然规律是一个受到经验论证的事实性存在或事实性事件的规则，它的对立面不是作为规定的规范规律，而是在一种纯粹建立在概念（观念、纯粹概念本质）之中并因此而是非经验的规律意义上的观念规律”。[③] 如此，在对理论科学（观念科学）与规范科学（实践科学）、心理学（经验科学）关系的探讨中，胡塞尔明确指出：“任何一门规范学科，尤其是任何一门实践学科的前提都是由一门或几门作为基础的理论学科来构成的。”[④] 他并不否认一般逻辑学的规范特征，他只是认为，构成逻辑学之中的理论基础的是纯粹逻辑学的部分，它作为抽象的、理论的学科论证着普通的、实践的意义上的逻辑学，也就是说，胡塞尔要求划分作为科学论的

---

① 胡塞尔:《逻辑研究》第一卷，第 97 页。

② 胡塞尔:《逻辑研究》第一卷，第 208 页。

③ 胡塞尔:《逻辑研究》第一卷，第 143 页。

④ 胡塞尔:《逻辑研究》第一卷，第 40 页。

纯粹（理论）逻辑学和作为方法论的实践逻辑学，逻辑学应当包括这二者。这个看法与黑格尔对逻辑学的理解也是一致的，"逻辑有两个主要部分，基本原理和方法论"。[①] 纯粹或理论逻辑学代表了科学的本质，即"论证联系的统一，在这种联系中，不仅个别的认识，而且论证本身以及被我们称之为理论的论证之更高组合都已获得系统的统一"。[②] 胡塞尔用医学和治疗术、纯粹数学和算术之间的关系来比喻纯粹逻辑学与方法逻辑学之间的关系，强调规范科学对理论科学的依赖性："规范科学从理论科学中获得所有那些使它们成为科学的东西，这就是理论性的东西。"[③]

纯粹逻辑学或纯粹哲学的研究对象是"理论性的东西"。所谓"理论性的东西"，就是使所有科学（一切经验科学、规范科学和各门具体科学）成为"学"（-logy）的东西。[④] 从事科学的人并不关心他赖以进行思想的那些原则，作为纯粹逻辑学的理论哲学就是要"澄清科学中所使用的观念"。[⑤] 科学的统一正是由理论的统一来规定的，这种规定性赋予理论科学（观念科学）以所有科学中最高的地位，即使理论科学不是最有用的、也是最有价值的科学——为各门具体科学奠定理论基础。

三、心理体验与意识行为

作为理论科学的纯粹哲学为各门具体科学奠定基础，其本质在于为具体科学的创新和发展提供理论思维的支持，此乃西方哲学对具体科学的作用和意义。比较而言，中国哲学偏向于对社会和人生之理的考究与追问，而不以"-logy"为具体科学提供理论性的支持，致使轻视理论思维和理论科学而偏好实用性技术成为中国人的一个基本学问态度。

胡塞尔是个擅长反思和分析的天才，他的创造性贡献在于揭示了最令人惊奇的意识的神秘性，他以无比细致的分析描绘了意识的无穷丰富性，"他还发现了这种神秘物的本体论的绝对性质，即它支撑着整个世界"。[⑥] 作

---

① 黑格尔:《逻辑学》上卷，杨一之译，商务印书馆 1977 年，第 37 页。

② 胡塞尔:《逻辑研究》第一卷，第 11 页。

③ 胡塞尔:《逻辑研究》第一卷，第 205 页。

④ 肇始于古希腊的大多数科学部门的西语词汇，如 Mythology（神话学）、Psychology（心理学）、Philology（语文学、语言学）、Mineralogy（矿物学）等都是由"-logy"作为后缀构成的。"-logy"是使该学科成为科学的理论性的东西，即该学科之"理"。

⑤ 德布尔:《胡塞尔思想的发展》，李河译，生活·读书·新知三联书店 1995 年版，第 215 页。

⑥ 德布尔:《胡塞尔思想的发展》，第 123 页。

为哲学家的胡塞尔，其哲学工作的目标之一就是对我们赖以意识对象的全部“意识样式”（Bewußtseinsmodi）进行透彻的分析。

在德语中，Bewußtsein（意识）与Akt（行为、活动）可以形成复合词Bewußtseinsakt（意识行为、意识活动）。在胡塞尔的现象学的意识分析中，Akt是最基本的概念之一，其通常的字面含义是“行为、行动、活动”，胡塞尔在《逻辑研究》第五研究第二章“意识作为意向体验”第13节“对我们的术语的确定”中指出：“我们对术语的选择要做到，尽可能将那些有争议的前设和有干扰的歧义始终排除在外。因此，我们将完全避免心理现象这个表达，并且，凡在需要正确性的地方，我们都使用‘意向体验’这个说法。……作为简称，我们将迎合外来的和本己的语言习惯而使用‘行为’（Akt）这个词。……至于有关行为的说法，人们在这里不应联想到原初的词义actus（行动），关于活动（Betätigung）的想法必须始终被排斥。”[①] 根据胡塞尔的论述，意识的意向性的含义之一就是“意向体验”（intentionales Erlebnis），“意向体验”包括“现时性朝向样式中的意识作为关于一个对象的明确意识”和“非现时性和潜能性样式中的意识”，在此意义上，意向体验始终隐含地是关于那些以一种在视域中一同被给予的方式而从属于它的东西的意识，所有意向性都是视域意向性；为了迎合外来的和本己的语言习惯而使用Akt这个词；Akt与intentionales Erlebnis基本同义，汉语学术界统一将Akt翻译作“行为”，而不再指通常意义上的“行动”（actus）和“活动”（Betätigung），就是说，Akt（行为）是特指人们的意识活动或意识行为，而不是一般意义上的“做事”和“活动”；在《观念Ⅰ》中，胡塞尔引入严格意义上的“我思”（Cogito）概念，“我思”不是狭义上的“思维”或“思考”，在宽泛的意义上，我思意味着全部意识活动或意识行为，在比较狭窄和专门的意义上，我思仅指“现时性朝向样式中的意识作为关于一个对象的明确意识”；就此而言，Akt一词作为现象学术语其含义可以确定为“（意识）行为”，即Bewußtseinsakt（意识行为），它与广义的意识体验（Bewußtseinserlebnis）、我思（Cogito）和意识活动（Bewußtseinstätigkeit）属于同义性概念；在区别于物质性或事物性的行动和活动的意义上，我们会根据需要使用“意识活动”或“意识行为”概念。

在胡塞尔的现象学中，“意识”是中心的课题和最核心的概念，胡塞尔的现象学也因此被称为“意识现象学”：意识生活（Bewußtseinsleben）应当作为哲学的出发点，它是所有现实意义构造之基础。

---

① 胡塞尔：《逻辑研究》第二卷第一部分，第418—419页。

意识结构（Bewußtseinsstruktur）是一个封闭而神秘的王国。要对意识行为进行描述首先需要一种非自然的“现象学态度”，在自然的态度中，我们通过意识行为指向的是意识行为的对象，在这种态度中，我们看到的是对象，但却看不到使这些对象呈现给我们的意识行为；而在现象学态度中，我们必须转向意识行为本身并对它们进行分析。在《逻辑研究》第二卷的“导言”部分，胡塞尔指出，理论研究不仅仅是在陈述行为中进行的，并且所有的理论研究最终都要落实在陈述上，只有用陈述的形式，真理特别是理论才能成为科学的永久财富，没有语言陈述就无法做出科学判断。胡塞尔首先区分了《逻辑研究》的现象学与纯粹逻辑学，现象学是对具体心理体验（意识行为）的分析，纯粹逻辑学则不关心这些具体的东西，而是关注与此有关的观念以及在抽象中把握的一般之物，即概念和规律等逻辑之物。然而，“逻辑之物起先是以一种不完善的形态被给予我们：概念是作为或多或少动摇不定的语词含义被给予我们，规律则因由概念构成而作为同样动摇不定的论断被给予我们”。[①] 逻辑概念和规律的明晰性受到语词含义的制约，语词含义的变化会使逻辑概念和规律的含义发生变化，因而，现象学的意识行为分析对于促进纯粹逻辑学的研究是必不可少的，它承担着从认识论上澄清逻辑观念、概念和规律的重大任务。对意识行为的现象学分析的目的在于：“对心理体验和寓居于其中的意义做出足够广泛的描述性（而非某种经验心理学的）理解，以便能赋予逻辑的基本概念以固定的含义。”[②] 然而，逻辑的和意识行为方面的基本概念迄今为止尚未得到完善的澄清，还缺乏足够的语言手段去描述意识，就意识行为而言，我们只能使用诸如“感觉”“知觉”“表象”等为数不多且意义含糊的语言去表达。

到布伦塔诺为止，人们对意识行为或心理现象的认识只涉及三种意识样式，“亚里士多德区分了两种基本类型：思维与欲求。而多数现代的作者赞同表象、情感与意欲（不管他们如何称呼之）的三分。……我们也坚持心理现象必须被三分，这种划分是依据它们指向其内容的不同方式而进行的。不过我所说的三分与通常被提议的三分不同。在缺乏更为恰切的表达的情况下，我们把第一类称为‘表象’，第二类称为‘判断’，而第三类称为‘情感’、‘兴趣’或‘爱’”。[③] 胡塞尔则描述了多种意识行为或意识活动，诸如表象、判断、指示、直观等行为，在直观行为中又区分了知觉和想象以及范畴直观等意识行为。

---

① 胡塞尔：《逻辑研究》第二卷第一部分，第 4 页。

② 胡塞尔：《逻辑研究》第二卷第一部分，第 5 页。

③ 布伦塔诺：《从经验立场出发的心理学》，郝亿春译，商务印书馆 2017 年版，第 235 页。

在《逻辑研究》时期，意识行为也就是心理现象，对意识行为的分析也就是对心理现象的分析。但是，胡塞尔在“导论”第3节“纯粹现象学的困难”中指出：“无论这种对体验的内在分析是根据纯粹的本质（并排除所有经验事实和个体个别）来进行，还是在经验心理学的观点中进行，这些困难总的来说都存在。……所有困难的根源都在于现象学分析所要求的那种反自然的直观方向和思维方向。”[①] 胡塞尔在此提出了“描述心理学”与“实验心理学”或称“经验心理学”的重要区别：实验心理学或经验心理学以自然的态度只关注的是那些杂多的、相互交叠的意识行为（心理体验），并且朴素地将那些在其意义中被意指的对象设定并规定为存在着的，或者以这些对象作为假设的开端，由此而推导出一定的结论；纯粹现象学则以反思的态度使这些意识行为本身和其内在的意义内涵成为对象，并且在直观行为中分析和描述它们的本质。简单地说，实验心理学以自然的态度将杂多的心理体验所意指的对象设定为存在着的，并作为研究的开端；纯粹现象学以反思的态度将心理体验及其意义内涵作为对象分析和描述其本质。就此而言，与实验心理学有别的纯粹现象学也叫描述心理学，“一旦人们把握了我们这种意义上的现象学，……如果按通行的做法把现象学解释为描述心理学（在自然的经验科学的意义上），……即：所有以对认识的系统现象学澄清为任务的认识论都建立在心理学的基础上。因而纯粹逻辑学，即在认识论上得到澄清并被我们称为哲学学科的纯粹逻辑学，最终也建立在心理学的基础上，……即对意向体验的描述研究的基础上”。[②] 但是，如果“心理学”这个词保留了原先的意义，那么现象学恰恰就不是描述的心理学。胡塞尔在此进一步区分了现象学和心理学：现象学所特有的是纯粹描述，即在对体验的范例性个别直观的基础上进行的本质直观以及对在纯粹概念中被直观到的本质的确定，它并不是经验的（自然科学的）描述，毋宁说它排斥所有自然地进行的经验（自然主义）统觉和设定；而描述心理学（这里的描述心理学是指“保留原先词义”的心理学，即实验心理学或经验心理学）对感知、判断、感情、意愿等的确定性是针对自然现实的动物生物之实体状态而言的；但现象学不在动物生物的状态上谈论感知、判断和情感等，而是谈论感知、判断和情感本身，谈论它们先天地、在无条件的（unbedingt）一般性中作为纯粹种类的纯粹个别性所拥有的东西。更准确地说，以现象学反思的态度分析和描述的心理体验应该被称为意识行为。

---

① 胡塞尔：《逻辑研究》第二卷第一部分，第7—8页。

② 胡塞尔：《逻辑研究》第二卷第一部分，第15页。

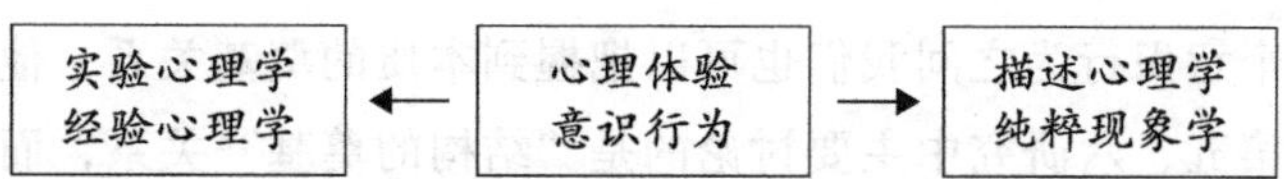

在布伦塔诺之前，实验心理学把杂多的心理体验及其意指的实在对象设定为存在者，布伦塔诺试图把心理体验本身及其意义内涵作为对象并创建了描述心理学，胡塞尔继承布伦塔诺的思想路线但大大拓宽了描述心理学的研究范围并进一步完善了意向性理论从而创建了纯粹现象学。

四、意识行为的奠基顺序

直观行为。在胡塞尔现象学中，直观行为是由感知和想象构成的意识行为总体，其中，想象奠基于感知之上。

所有意识行为之间都具有奠基和被奠基关系，所有高层次的和复杂的行为都奠基于原初的和简单的基本行为之中，其奠基顺序为：感知←直观行为（感知＋想象）←表象行为（直观行为＋非直观行为：符号意识和图像意识）←客体化行为（表象行为＋判断行为）←非客体化行为。在这个序列中，后者奠基于前者。就是说，所有的意识行为可以分为客体化行为和非客体化行为，非客体化行为奠基于客体化行为之上，客体化行为奠基于表象行为之上，表象行为奠基于直观行为之上，直观行为奠基于感知行为之上，感知行为是最终奠基性的意识行为，即，所有的意识行为最终都可以回溯到“感知”之上。

胡塞尔强调指出，所有真实的统一体都是奠基关系。图根特哈特给“奠基”的解释是：“奠基并不意味着论证。它仅仅意味着，被奠基的构成物如果不回溯到奠基性的构成物上去就无法自身被给予。”[①] 在胡塞尔那里，不仅在意识行为中的意向活动与意向相关项的各种联系之间存在着奠基关系，

---

① E. Tugendhat, *Der Wahrheitsbegriff bei Husserl und Heidegger*. Walter de Gruyter: Berlin, 1970, S. 182. 倪梁康在讨论胡塞尔与舍勒关于“精神人格的结构分析与发生分析及其奠基关系问题”时，提出了“结构的奠基”和“发生的奠基”，“‘结构的奠基’涉及横意向性与横向的意向指向（intendieren），而这里在人格发生现象学标题下所要阐释的奠基关系则涉及纵意向性与纵向的动机引发（motivieren）。……它们分别与意识的构造秩序有关，要么是各个静态结构方面的构造，要么是各个发生阶段的构造。我们在这里可以说，人格的结构就是在横意向性中表象、感受、情感、意愿等各种意识行为的本质组元及其内在联系的结构，而人格的发生就是在纵意向性中的这些意识行为的历史”（参阅倪梁康：《胡塞尔与舍勒：人格现象学的两种可能性》，商务印书馆 2018 年版，第 36—37 页）。

而且在各个意识行为之间我们也可以把握到本质的奠基关系，他在《逻辑研究》的第五、六研究中主要讨论的是“结构的奠基”关系，而在《观念Ⅰ》中开始探究“发生的奠基”关系。

<table>
<tr><td rowspan="5">意识行为</td><td>非客体化行为</td><td>情感、评价和意愿等</td></tr>
<tr><td>客体化行为</td><td>表象行为＋判断行为</td></tr>
<tr><td>表象行为</td><td>直观行为＋非直观行为</td></tr>
<tr><td>直观行为</td><td>感知＋想象</td></tr>
<tr><td>感知</td><td>最基础的奠基行为</td></tr>
</table>

布伦塔诺把心理现象划分为表象、判断和情感三种类型，并且在意识的认识领域中只涉及表象和判断两种意识样式，“当我们说，表象与判断是心理现象的两种不同的基本类型时，根据我们前面的论述，我们所意指的是，它们是意识到一个对象的两种完全不同的方式”。[①]胡塞尔进一步发展了布伦塔诺的理论，表象和判断在胡塞尔现象学的意识行为奠基顺序中属于客体化行为，它们本身还必须回溯到直观行为以及感知行为才能得到理解。

感知（Wahrnehmung/perception，也译作知觉）是第一性的意识行为。感知行为（Wahrnehmungsakt）的特征主要表现在两个方面：（1）感知是原本意识（Originalbewußtsein）。感知的这个特征与它的感知性的立义形式有关，在胡塞尔看来，所有意识行为要么是原本的行为，要么是非原本的行为，在感知行为中，“原本性”就是指构成感知行为之基础的体现性内容，是感性材料或感觉（Empfindung），在这个意义上，“感知”就是对感觉的体验。比如“我听一个声音”，“听”不能与“对声音的听”相分离，否则就好像“听”在“没有声音”的情况下还可以是某种东西一样，但是，我们可以对“听一个声音”做出如下区分：被听的声音（感知客体）——对声音的听（感知行为）。前者是感知客体，后者是对感知客体的感觉或“被意识到”的行为。“我听”，在心理学中可以意味着“我感觉到”；在通常的说法中则意味着，“我感知到：我听到鸟儿的鸣叫”等等。不同的行为可以感知同一个东西，也可以感知完全不同的东西，对同一个感觉内容，我们这一次可以做这样的“立义”（auffassen），下一次可以做那样的“立义”，但是，“无论在意识中体现性的（被体验的）内容如何产生，人们都可以想象，在意识中存在着相同的感觉内容，但它们受到不同的立义，换

① 布伦塔诺：《从经验立场出发的心理学》，第240页。

言之，在同一内容的基础上可以有不同的对象被感知到。……我们将在这种意识方式中对感觉的体验称作对有关对象的感知”。[①] 在此意义上，感知就是对其对象的直接把握。（2）感知是存在意识（Seinsbewußtsein）。在这个意义上，感知就是关于“现在存在着”或“这里存在着”的对象的意识。胡塞尔相信，每一个“设定性行为”都有一个“不设定行为”相对应，即感知是带有设定性质性的行为类型，它也会有一个“不设定”的对应行为，在他的早期著作中称为“感觉表象”（Wahrnehmungsvorstellung），后期则将其称为感知前的“感知趋向”（Wahrnehmungstendenz）。

“我现在在河边看见了张三。”（感知）

感知是“现在”或“此地”（河边）对对象（张三）的意识，是设定性的意识行为（我正在看着张三）；感知趋向是指感知还没有朝向对象，不带有对对象的兴趣，因而具有不设定性，但它“激活”了真正的设定性的感知，胡塞尔也把“感知”和“感知趋向”称为“设定性感知”（setzende Wahrnehmung）和“不设定性感知”（nichtsetzende Wahrnehmung）。

在包括布伦塔诺在内的传统哲学那里，感知被划分为“内感知”（innere Wahrnehmung）和“外感知”（äußere Wahrnehmung），分别是对心理现象和物理现象的感知，对心理现象的内感知具有明见性，对物理现象的外感知不具有明见性；胡塞尔认为这种区分不具有认识论意义，他用“相应的（明见的）感知”和“非相应性（非明见的）感知”取代了这一对概念。此外，胡塞尔在《经验与判断》等著作中还细致分析了“被动性感知”（自我在原本显现中的单纯意识到）和“主动性感知”（对对象之主动把握）、“个体感知”（individuelle Wahrnehmung，对个体感性之物的感知，即个别直观）和“普遍感知”（allgemeine Wahrnehmung，对普遍之物的感知，即本质直观）等。

想象（Phantasie）在现象学中不再是与“现实”对应的概念，而是与“感知”或“知觉”相对应的概念，它和感知一同构成现象学意义上的“直观行为”。“想象”和“回忆”“期待”都是“感知”的当下化或变异，后面将专门讨论。在此只是特别强调，与感知是当下性的意识行为不同，想象是当下化的意识行为；想象的第一个特征是“非现时性”（Inaktualität），即想象意味着对意识对象存在与否的问题不设定、不执态，就是说在单纯的想象行为中被单纯想象出来的某个对象是“非现时的”；想象的第二个特征是“当下化”或“再现”。每个“当下性”（Gegenwärtigkeit）的感知行

---

① 胡塞尔：《逻辑研究》第二卷第一部分，第421页。

为都有一个“当下化”（Vergegenwärtigung）的想象与之相对应。在胡塞尔现象学中，“当下性-当下化”与“感知-想象”“体现-再现”两对概念的含义基本相同，即当下性与感知、体现基本同义，当下化与想象、再现基本同义，“由于想象的特征就在于类比的映像，在于一种在较为狭窄意义上的‘再现’，而感知的特征却也可以被标识为体现”。[①]感知的特征是“体现”，即直接原本地给出对象的能力，在感知中被体现的是“本原经验”，它是不再被奠基的、而是奠基性的经验，胡塞尔把这种获得本原经验的“体现”也称作“当下具有”或“当下性”；想象的特征是“当下化”，即对感知行为中被体现的对象的再造或再现。总之，在由感知和想象组成的直观行为中，想象行为奠基于感知行为之上，而作为最基础的意识行为的感知又区分为原本意识和非原本意识。通过直观行为，这个世界以感知的方式被给予我们，但是，我们也生活在被回忆、被想象和被预期的世界里。

表象行为。表象行为是由直观行为和非直观行为构成的行为总体，其中，非直观行为奠基于直观行为之上。

“表象”（Vorstellung）是一个含义杂多的概念。在布伦塔诺那里，表象是指对对象的意指或某种东西呈现给我们。“我们通过感觉与想象获得的每个表象都是心理现象的一个例示。这里的表象不是指被表象的，而是指表象行为。……这种表象行为不仅构成判断行为的基础，而且构成欲求以及每种其他心理行为的基础。只有一个东西被表象之后，这个东西才能被判断、被欲求、被希望或被害怕。”[②]“当我们看某种东西时，一种颜色便被表象了；当听某种东西时，一种声音便被表象了；当想象某种东西时，一种意象便被表象了。……意识行为不可能以任何方式指向没被表象的东西。”[③]胡塞尔基本坚持了布伦塔诺的这些观点：表象以感知和想象为基础，或者说表象奠基于感知和想象构成的直观行为之上；表象不是被表象的（对象），而是表象行为；表象是包括判断等其他意识行为的基础。

胡塞尔指出：“我们就必须区分关于‘表象’的双重概念。在第一个意义上的‘表象’是一个行为（或者说，一个特有的行为质性），就像判断、愿望、问题等等是行为一样。……在另一个意义上的‘表象’则不是行为，而是行为质料，它在每一个完整的行为中都构成意向本质的一个方面。……

① 胡塞尔：《逻辑研究》第二卷第二部分，第 77 页；Edmund Husserl, *Logische Untersuchungen. Zweiter Band, Zweiter Teil: Untersuchungen zur Phänomenologie und Theorie der Erkenntnis.* Hrsg. von Ursula Panzer. Den Haag: Martinus Nijhoff, 1984。

② 布伦塔诺：《从经验立场出发的心理学》，第 94—95 页。

③ 布伦塔诺：《从经验立场出发的心理学》，第 94—95 页。

正如这种‘表象’是任何一个行为的基础一样，它也是（根据第一个意义的）表象行为的基础。”[①] 就是说，表象既指表象行为，又是表象行为的质料，作为行为的表象以作为质料的表象为基础。

以“当我们看某种东西时，一种颜色便被表象了”为例，“看”是感知，在“看”这种感知行为中，某种“东西”的“颜色”被呈现给我们，这个“颜色”就是某个东西在我的感知（看）中呈现给我的“表象”。胡塞尔进一步从行为的质性和质料的区别研究了表象行为。简单地说，“质性”（Qualität）是将不同类型的意识行为区分开来的内部规定性，它把意识行为区分为表象、判断、疑问、希望等行为类型；“质料”（Materie，也叫内容）是将相同类型的意识行为区分开来的内部因素。

月亮（表象）

月亮是圆的。（判断）

月亮是圆的吗？（疑问）

月亮是圆的！（希望）

以上是四个不同的意识行为类型，因为质性不同而相互区别。

李白是中国古代伟大的诗人。

鲁迅是现代伟大的文学家。

以上两个是相同的意识类型，都是判断，因为质料不同而相互区别开来。

表象在质性上是一种区别于判断、疑问和希望等意识行为的类型，每一个意向体验或者是一个表象，或者以一个表象为基础，并且，对象都是一个在一个表象行为中被表象的对象；一个表象也始终会与一个或多个行为特征交织在一起，“以至于被表象的对象会因此而同时作为被判断的、被期望的、被希望的等等而存在于此”。[②] 比如“月亮”（表象）可以成为判断、怀疑、希望等意识行为的对象。

胡塞尔把“表象”的本质定义为“质料”，就是说，表象是一种能够给予质料（赋予意义）的行为。

我在注视着悬挂着排球大小发光体的夜空。（感知）

我把那个排球大小的发光体称作“月亮”。（表象）

我在感知（注视着）行为基础上表象到了“月亮”，它不仅是其他意识行为的质料，比如，月亮既是“月亮是明亮的”这个判断行为类型的质料，也是“月亮是明亮的吗”这个疑问行为类型的质料；同时，当我把夜空中

① 胡塞尔：《逻辑研究》第二卷第一部分，第 512—513 页。

② 胡塞尔：《逻辑研究》第二卷第一部分，第 477 页。

那个排球大小的发光体表象为“月亮”时，就是赋予这个发光体以“月亮”的意义，在这个意义上，胡塞尔把意指、意义给予、质料给予等同于“立义”（Auffassung）。立义作为意识活动的功能，是指意识活动具有赋予杂多的感觉材料（立义内容）以一个意义，从而把它们统摄成为一个意识对象的功能。就是说，立义是通过意义的给予而使一个以前不曾有的东西立起来、显现给我。在这个意义上，胡塞尔也把“表象”叫作“称谓行为”。

前述可知，表象行为由直观行为和非直观行为构成。在直观行为中我们形成了“直观表象”，即在感知和想象（直观）基础上形成的直观表象，它包括感知表象、回忆表象和想象表象等等，“在一个直观的表象中，一个对象以想象或感知的方式被意指”；[①] 非直观行为是与直观行为相对立的意识行为，在《逻辑研究》中，胡塞尔的非直观行为主要是指“符号行为”，而到了《观念 I 》中提出了一种新的规定方法，把表象行为划分为“本真的表象”和“非本真的表象”，“本真的表象”包括“体现”（感知）和“再现”（想象），“非本真表象”则包括“图像意识”“符号意识”和“象征行为”。就此而言，直观行为是本真表象，包括感知和表象；非直观行为是非本真表象，包括符号意识、图像意识和象征行为。本文只在《逻辑研究》文本基础上并通过“符号意识”来讨论非直观表象。

符号行为（Signifikation/signitiver Akt）是指以“符号意向”为行为特征的意识行为。我们看到一棵松树（感知），我们还可以以感知变异的方式去回忆、想象或期望这棵松树。至此，这棵松树都是在直观表象或本真的表象中被给予我们的；然后，我们改变对待正在呈现的方式，我们用“松树”这个语词来标记我们感知或回忆、想象、期望过的这棵树。“语词”的出现引入了一种新的、更高级的意向性和意识行为，即“符号行为”；符号行为是非独立的，因为它依赖于把语词的标记呈现出来的知觉基础。

与直观行为相比，符号行为本身不具有自己的感性材料，其感性内容必须借助于奠基于其中的直观行为，例如，符号 A 必须是一个发出的声音或一个写下的可看见的文字，否则关于 A 的符号行为便不成立；由于符号行为不具有自己的感性内容，因而具体的符号行为不可能是独立的，必须依赖于“直观行为”并奠基于“直观行为”之中；在符号行为中，直观的代现性内容与质料（意义）之间不存在必然联系，如黑板上的字母 A，可以是指一个具体的感性事物，也可以是指一个抽象的逻辑符号。[②]

---

① 胡塞尔：《逻辑研究》第二卷第二部分，第 78 页。

② 参阅倪梁康：《胡塞尔现象学概念通释》（修订版），“符号行为”词条，第 436 页。

从感知和想象（直观行为）到符号行为（非直观行为）是从一种意向行为到另一种意向行为的变化，这一变化具有极其重要的哲学意义，“符号性意向是进入理性的入口，……一旦我们渐渐理解到有些声音或标记是名称，意识到万物都可以被命名，我们就已经进入到一个与动物的知觉、呼叫和发出信号完全不同的世界；我们已经进入语言的推理”。[①]符号意识使我们可以以属人的方式来感知事物，既可以在直观中使对象得到充实，也可以意向性地指向缺席的事物，还可以用语言来命名和联结事物，我们可以用语词来指称对象，并赋予对象以意义。

客体化行为与非客体化行为。客体化行为是表象行为和判断行为构成的行为总体，其中，判断行为奠基于表象行为之上。客体化行为和非客体化行为构成全部意识行为的总体，其中，非客体化行为奠基于客体化行为之上，必须以客体化行为为基础；通过客体化行为对象得以给予或显现给我们，非客体化行为是与对象“间接”发生关系的行为，是通过客体化行为才能实现自身的行为。

我们已经知道，由感知和想象构成了直观行为，直观行为（感知+想象）和非直观行为（符号意识+图像意识+象征行为）构成表象行为，现在，又由表象行为（感知表象、想象表象、回忆表象+符号意识、图像意识、象征行为）和判断行为构成了客体化行为。

在胡塞尔现象学理论中，客体化（Objektivierung）是与对象化（Vergegenständlichung）基本同义的概念，意味着意识活动对其客体或对象的原初构造。客体化行为（objektivierender Akt）是指使客体显现的意识行为，它是指向对象并构造对象的行为。客体化行为由称谓行为（表象）和论题行为（判断）构成，所以，“表象”和“判断”在这里又分别称作“称谓性的（nominal）的客体化行为”和“论题性的（propositional）客体化行为”。称谓行为（表象）是对一个事实（Sache）的指称或感知，如对“苹果”“蓝天”的看（表象）；论题行为（判断）则是对一个事态[②]的表象或陈述，如对“苹果是红的”、“天是蓝的”的察觉（判断）。在胡塞尔看来，表象仅仅意味着“素朴性把握”，而判断则意味着“综合性的把握”；从语言学的角度看，用来表达称谓行为或表象的是“语词”，而用来表达论题行为或判断的是“语句”。称谓行为和论题行为，或表象与判断共同构成客体化行为，

① 索科拉夫斯基：《现象学导论》，第78页。

② 在现象学的理论系统中，事物（Sache）即被给予之物、直观之物、在自身显现中被感性直接把握的对象，也包含在哲学探究中那些自身被给予方式展示出来的实际问题；事态（Sachverhalt）则是指对象的状态或对象之间的联系，即“实事的状态”。

它们的意向性特征不仅是指向对象，而且具有能够构造对象的能力，其中，表象行为构造的是事实对象，判断行为构造的是事态对象。

“构造”（Konstution）也称“现象学的构造”（phänomenologische Konstution）是一个贯穿胡塞尔哲学始终的中心课题，最基本的含义为通过意识行为的多样性而“构建起”对象性的同一性。

在前述各种意识行为中，我们所有的意识行为都指向对象，我看到一棵树（感知），我想象一只鸟儿从头顶飞过（想象），我回忆起我家门前的一条小河（回忆）……在这些“当下性的体现”或“当下化的再现”行为中，对象在直观行为中被我们表象，也可以在非直观行为中用“语词”“图像”“象征”来标记我们感知或回忆、想象、期望过的事物。在我们以各种不同的意识行为的“意向性”把握对象时，对象总是以不同的“侧面”、“视角面”和“外形”被给予我们，而且对象物本身又是由“实体性部分”（独立存在的部分）和“要素”（属性部分，离开实体性部分就不能独立存在）构成的，如一棵树是由树根、树枝、树叶、果实（实体性部分）和绿色（或任何其他颜色）要素构成的整体，我们表象对象的某个部分或要素（在场），而其他部分或要素则在我们的视域之外（缺席），随着我们表象对象的视域变化，在场和缺席的对象是可以转化的，原来被我们注意的某个在场对象的侧面、实体性部分或要素随着视域的变化会成为不在场，反之亦然。在直观行为和表象行为中，对象都以“多样性”的方式被给予我们。现象学的认识论任务就是要在多样性中构造对象的“同一性”。

同一性（Identität/ Identifizierung，认同）是个非常复杂的现象学术语，胡塞尔写道：

> 直观对象与在其中得到充实的思想对象是同一个，而在完全相应的情况下甚至可以说，对象完全是作为同一个对象而被思考（或者同样可以说，被意指）并且被直观。显而易见，同一性并不是通过比较的和思想中介的反思才被提取出来的，相反，它从一开始便已在此，它是体验，……换言之，在现象学上，从行为方面来看被描述为充实的东西，从**两方面**的客体，即被直观到的客体这一方面和被意指的客体另一方面来看则可以被表达为同一性体验、同一性意识、认同行为；或多或少完善的**同一性是与充实行为相符合**并在它之中“显现出来”的客体之物。[①]

① 胡塞尔：《逻辑研究》第二卷第二部分，第33页。

从这段论述可知：(1) 直观对象与思想对象是同一个，更确切地说，思想对象是得到充实的直观行为对象。(2) 同一个对象可以被直观行为所直观，也可以被思想所意指。(3) 同一性不是通过比较或思想反思提取出来的，而是一直在此，它在各种意识行为中作为意识体验而存在。(4) 从意识行为方面被描述为“充实”的东西，从“被直观到的客体”和“被意指的客体”两个方面可以被表达为同一性体验、同一性认识、认同行为。(5) 同一性是与充实行为相符合并在充实行为中显现出来的客体之物。

同一性是在充实行为中显现出来的客体之物。胡塞尔认为，“充实意识：纯粹意指的行为以一种瞄向（abzielend）意向的方式在直观化的行为中得到充实”。[①] 狭义的“充实”（Erfällung）就是被展示的内容（质料）与展示性的内容（充盈）相一致或符合，即直观与含义意指相一致，比如，我直观到“A 是红的”（被展示性内容或质料），含义意向也确定“A 是红的”（展示性内容或充盈），一个意向在充实过程中与直观达到了一致或相合，在此意义上，“充实”就意味着“认同”；与之相反的情况是“失实”，即被展示的内容（质料）与展示性的内容（充盈）、直观与含义意指不一致或不相符，如我在含义意向中确定“A 是红的”（展示性内容或充盈），但直观却显示“A 是绿的”（被展示性内容或质料），被意指的是 A 的红，被直观的却是 A 的绿，意指和直观、充盈和质料不相一致。此外，“充实”还指在越来越丰富的“充盈”（感觉材料）中通过直观而对意向的证实：一个意向是通过直观得到证实的，它可以被证实为现实的、合理的（证实），也可以被证实为不现实、不合理的（失实）。意向充实的过程也就是认识发生的过程：“对象的认识和含义意向的充实，这两种说法所表达的是同一个事态，区别仅仅在于立足点的不同而已。前者的立足点在于被意指的对象，而后者则只是要把握两方面行为的关系点。”[②]

举例来说，一个重要的历史事件，比如解放战争时期的渡江战役，这个事件可以被双方参战者所亲身经历，也可以被参战者以回忆的方式所经历，还可以通过其他人以写作和阅读此次战役的报刊书籍、观看反映此次战役的电影或电视剧等多种方式所经历。同一事件以多种方式被意向或显现（多样性），每一种经历方式都是一种含义意向的充实，同一性就是要使展示的内容与被展示的内容相一致，并在丰富的感觉材料中通过直观（感知、想象、回忆等）使含义意向得到充实（同一性）。

---

① 胡塞尔：《逻辑研究》第二卷第二部分，第 31 页。

② 胡塞尔：《逻辑研究》第二卷第二部分，第 32 页。

这样，不论是通过亲身经历还是事后回忆的方式，是通过描写渡江战役的书籍还是参观渡江战役纪念馆或者观看影视剧的方式，我们的意向对象是渡江战役，但我们在不同的意识行为中通过含义充实建构起了一个具有对象同一性的"渡江战役"。渡江战役在各种意向行为中通过含义充实和意义赋予被建构成"渡江战役"（同一性对象）了。

同一性不是多样性中的一个成员，而是对象的意义或本质。前述可知，客体化行为是由表象行为和判断行为构成的、使客体得以显现的意识行为，是指向对象并构造对象的行为；就是说，从感知到直观行为、表象行为再到符号行为和判断行为，都是客体化行为，都有指向和构造对象的功能。但在胡塞尔那里，又特别强调客体化行为由表象行为和判断行为构成，就是为了特别突出表象行为中的符号行为与奠基于表象行为基础之上的判断行为对赋予意义、构造对象具有特殊的重要性，即客体化行为由称谓行为（表象）和论题行为（判断）构成，称谓行为（表象）是对一个事实的指称或感知；论题行为（判断）则是对一个事态的表象或陈述，或者说，称谓行为（表象）构造的是事物对象，论题行为（判断）构造的是事态对象。在称谓行为（表象）中，作为事实的对象被表象，在论题行为（判断）中，作为事态的对象被肯定或否定。如：

火星（表象）

火星是一颗行星。（判断）

火星不是一颗行星。（判断）

非客体化行为（nicht-objektivierender Akt）是指不使客体显现的意识行为，它只能意向对象而无构造功能，在现象学中主要是指情感、评价和意愿等感受行为。表象和判断等客体化行为，意向性明显，它不仅朝向对象并且能够构造对象。但对于奠基于客体化行为之上的非客体化行为领域的感受行为的意向性分析就复杂得多，后面将专门讨论。

现代哲学有两个明显的主题倾向，即政治哲学和认识论，而胡塞尔的现象学则非常明确地仅仅致力于认识论。所有的理论思维和认识论都是在意识行为中进行的，所有的理论科学有效性的源泉就在于这些行为的联系中。以上从奠基顺序的角度对意识行为进行了简单、初步的分析，在讨论意识行为时尚没有顾及意识对象或意向相关项，没有对明证性、范畴直观、本质还原、本质直观等一系列重要理论展开论述，这将是后面研究的课题。

第四章　表达与含义的现象学分析

> 一个表达只有通过它的意指才能获得与对象之物的关系，因此可以合理地说，表达是借助于它的含义来称呼（指称）它的对象。
>
> ——胡塞尔：《逻辑研究》

胡塞尔在《逻辑研究》第二卷"引论"中指出，纯粹逻辑学是哲学学科的核心，纯粹逻辑学就是以语言阐释为开端，明察逻辑定律在"可能运用中起作用的认识方式本质以及随同它们一起构成的意义给予（Sinngebung）和客观有效性的本质。语言阐释肯定属于为建造纯粹逻辑学而必须做的哲学准备工作之一"。[①]

对表达与含义的研究属于现象学的语言分析。语言符号和语言的表达活动属于奠基顺序中的第三层次，即符号意识和相关的符号行为，是客体化行为，它以感知和想象构成的直观行为为基础，又构成爱、恨、绝望和狂喜等非客体化行为的基础。胡塞尔《逻辑研究》第二卷第一研究从语言研究（表达与含义）开始，至第六研究的认识行为分析为止，走的是一条意识分析的阐述顺序（从语言到感知），是与意识的奠基顺序（从感知到语言）正好相反的阐述路线。

一、符号、表达与含义

我们生活在世界上，总会对外在事物有所感知和体验，并试图把自己的感知和体验表达出来。从语言学和形式逻辑的角度来看，"表达"（Ausdruck）就是指通过被写下的语词、说出的语言等构成的一个基本的符

① 胡塞尔:《逻辑研究》第二卷第一部分，第1—2页。

号序列，它是一种语言陈述活动。

表达作为一种语言陈述活动，胡塞尔把它区分为两种，一种是自言自语式的“孤独心灵生活中的语言表达”，一种是交谈、告知式的“交往行为中的语言陈述”。二者都需要借助一定的符号才能进行，区别在于：交往行为中的表达借助可以感知的符号（感知符号），如文字、声音等真实的语词都是可以感知到的符号；而孤独心灵生活的表达则需要的是想象的符号（想象符号），它不需要说出的话语、写出的文字等真实的语词，而只需要拥有对这些话语声音和印刷文字的“想象表象”就足够了。① 在现象学分析中，直观行为是由感知和想象构成的，所以，无论是可想象的符号，还是可感知的符号，都是通过直观行为来提供的。

胡塞尔认为，每个对象可以有自己的符号，但并不是每个符号都是表达，把符号和表达区别开来的是看符号是否具有“含义”（Bedeutung）。就是说，当符号具有某种含义时，这个符号序列就是表达，如“树是绿的”；当某个符号不具有含义时，它就只是个“信号”（“记号”、“标号”）。我们可以简单地归纳为：表达是有含义的符号，或者说，只有当符号具有含义时，它才可以被称作表达。没有含义的符号就只是一个信号、记号或标号。

一般说来，作为表达的符号具有“意指”（Bedeuten）功能，作为信号的符号具有“指示”（Anzeigen）功能。“指示”就是“指示着”或“意味着”什么，它只是使某种“特征”或“特性”从属于它所属的物体；“意指”则是赋予含义和给予意义。例如：

1. 某男给某女*送一束玫瑰花*。“送玫瑰”是一个作为信号的符号行为，它作为“指示”可能意味着某男对某女示爱的信号，也可能意味着欢迎某女归来的信号，或意味着庆贺她痊愈的信号……在这里，送玫瑰仅仅意谓着玫瑰花具有示爱、欢迎、庆贺等信号特征。此外，信号还可以是回忆符号，如“书本中夹着一片树叶”，这里的“树叶”就不是指示物体特征的信号，而是一个具有回忆特性的符号。“一个东西只有在当它确实作为某物的指示而服务于一个思维着的生物时，它才能被称为信号。”② 信号的指示功能产生于心理联想之中，或者说，信号（玫瑰花）指示着示爱、欢迎、庆贺等信号特征总是和人的心理联想有关的。

2. 某男对某女说“*我爱你*”。“我爱你”是一个作为表达的符号行为，它是一个在意指功能中赋予含义的行为。真正的符号是指具有赋予含义

---

① 胡塞尔：《逻辑研究》第二卷第一部分，第38页。

② 胡塞尔：《逻辑研究》第二卷第一部分，第27—28页。

（意指）功能的符号，就此而言，手势、表情等也不能算作是表达，因为它们也只是没有含义的信号，“在信号（Anzeichen，或记号［Kennzeichen］、标号［Merkzeichen］等等）意义上的符号不表达任何东西，如果它表达了什么，那么它便在完成指示作用的同时还完成了意指［Bedeuten］的作用。……意指并不是一种在指示意义上的符号存在”。[①]我们后面将主要讨论这种作为有意指作用（含义）的表达。

在现象学看来，“符号”具有两个构成要素：物理因素和意指。一个符号只有在行使意指功能，具有含义时，它才进行表达。

符号的“物理因素”，是指我们语词陈述时写下的书写符号、说出来的语音符号等，它是符号的感性材料，比如，一个符号“M”，它的物理因素可以是我们读出的语音，或在纸上写下的笔划，如果这个符号没有具体的意指，那它就还只是一个空泛的声音或无意义的笔划。表达和含义与符号的区别就在于，符号有感性材料，表达和含义则没有感性材料，因此，表达要借助具有感性材料的符号才能被称作表达。

符号的“意指”因素，简单地说，就是符号意指一个含义，一个符号“M”总是意指着一个含义。按照胡塞尔的分析，记号和符号都可以称为符号，前者是“指示性”符号，它只是一个“感性-物理”显现，只有指示功能，即“意味着……”；后者是“有含义”的符号，它构成现象学意义上的“表达”，即与“感性-物理”显现相结合而指向一个含义。

有含义的符号才是表达，每一个表达包含“传诉”“含义”“对象”三个要素，“在每一个表达中都本质地包含着‘传诉’‘含义’和‘对象’这些相关的说法”。[②]

表达具有“传诉”功能。人们之间需要精神交流，而进行精神交流就需要彼此运用语言互相叙说，因此，表达的基本责任就是为了在传诉的感性-物理的话语或文字中完成精神交往功能。首先，说者对某物某事有某种体验或感受，他希望将自己的体验和感受告知给其他人，因此他会写出一些文字或发出一组声音，这些声音或文字作为“语句”使说者和听者之间的传诉得以可能。

表达的“含义”功能。语句（一组声音或按一定顺序排列的文字）构成的表达之所以能够实现传诉的功能，是因为这些语句所联结的说者和听者都能理解这些语句的含义，如果互相之间不能理解语句的含义，表达的

---

① 胡塞尔:《逻辑研究》第二卷第一部分，第26页。

② 胡塞尔:《逻辑研究》第二卷第一部分，第51页。

传诉功能就不可能实现。我们知道，语词作为符号具有意指即赋予含义的功能，所谓赋予含义，就是语词符号所承载的说者和听者的心理体验和物理体验，或者说，表达的"含义"就是语词所承载的人们之间的心理体验和物理体验。在表达中，说者赋予传诉的语词以自己的心理-物理体验（含义），听者也同时赋予他听到的这些语词的心理-物理体验（含义），当说者和听者赋予传诉的语词具有相同的心理体验或含义时，这些话语才是可以理解的，表达的交往功能即"传诉-接受"（Kundgabe-Kundnahme）使精神交流成为可能，"我们将语言表达的这个功能称之为传诉的功能。传诉的内容是由被传诉的心理体验所构成"。[①]

表达的"含义"因素是指每个符号都有一定的含义。在某种意义上说，信号和作为表达的符号都有含义，一个手势或一个表情也是有含义的（信号意义上的含义），一个作为表达的符号也是有含义的（符号意义上的含义）。但是，这里的"含义"是不同的：从"信号意义上的含义"来看，一个手势、一个表情所具有的含义是其中包含的情感，它需要别人做出解释，接受者才能理解其中包含的含义，并且即使能理解信号的含义，这个含义也不具有表达意义上的含义；从"符号意义上的含义"来看，符号"M"作为语词符号，它是具有思想意向的符号，具有思想意义上的含义。总之，信号不具有表达的形式，它只具有"情感"意义上的含义，送玫瑰就是一个具有物理特征的信号行为，它在被解释或可理解的意义上只是一个信号行为；符号可以联结为语言表达的形式，它具有"思想"意义上的意向和含义，"我爱你"是一个语言表达意义上的文字符号（也可以是说出来的一句具有声音物理材料的语言符号），它所具有的是思想意义上的含义。在这个意义上说，符号或交往话语中的表达是建立在表达者心理体验基础上的"思想"的符号，接受者在具有相同的心理体验基础上才能理解这些语词表达。不过，这个心理体验在说者那里是内感知，而在听者那里他对这个体验的感知则是外感知，[②] 例如，M 告诉 N 说："我肚子痛。"在这个表达中，首先 M 和 N 都曾经各自有过"肚子痛"的心理体验，其次，对于说者（M）

---

① 胡塞尔：《逻辑研究》第二卷第一部分，第 35 页。

② 感知（Wahrnehmung）是胡塞尔现象学中最具奠基性的意识行为，即所有行为最终都可以回溯到感知之上。感知作为原本意识（Originalbewuβtsein）就是对感觉的体验，感知就是"对其对象进行自身的或直接的把握"（Husserl, *Logische Untersuchungen* II/2, A617/$B_2$145；中译文参见胡塞尔：《逻辑研究》第二卷第二部分，第 146 页）。内感知和外感知是对感知的一种基本划分，在布伦塔诺和胡塞尔那里，二者的区别首先在于明见性，前者是明见的，后者则不是明见的。胡塞尔也将内感知和外感知分别定义为对心理现象和物理现象的感知。

来说，“肚子痛”是当下的心理体验，是“内感知”；但对听者N来说，他也有过“肚子痛”的心理体验，所以他能接受和理解“我肚子痛”这个表达的含义（心理体验），这使得思想交流成为可能，但由于不是N自己的“肚子痛”，他只是从M的传诉中接受和理解了“我肚子痛”的含义，当下他理解的“肚子痛”的含义更多地是从对“我肚子痛”这组“感性-物理”声音符号的“外感知”中体验到的。

表达的“对象”是指在意义给予行为中被意指的实事，即借助含义意向被指称的对象。我们以文字符号“桌子”举例来说：

首先，我在纸上书写出“桌子”这个文字符号，它是一个具有“感性-物理”特征的符号，它以某种颜色的墨迹显现给我，我能直观感知或看见“桌子”这个符号（外感知），它暂时还不是一个语词，而只是一个有许多笔划的感性-物理显现。

其次，我认出这个有许多笔划的符号是“桌子”这个语词，此时，它就不再只是个被外感知到的有墨迹和笔划的符号，而是一个我认识的语词“桌子”。前面的“物理显现”现在转变为一个有含义的“符号显现”或“语词显现”；因此，表象的性质也发生了变化，以前我表象的是一个物理显现的笔划，现在则表象的是“桌子”这个语词符号。在此过程中，实现了从外感知向符号行为过渡的可能性。

再次，只有从“物理显现”的笔划转向“符号显现”的语词，“桌子”这个语词符号才会意向地朝向被意指的（意义给予或赋予含义）实事或实物，“桌子”意向地意指着这个桌子或那个具体的桌子；不仅“桌子”这个语词符号意指着某个桌子，同时，那个被意指的桌子也显现给我。这个被意指的桌子在意识中的显现物（现象），就是表达的对象。就此而言，语词符号“桌子”之所以能代表被意指的桌子，就是在于被相应的意识行为赋予了含义，换言之，某个特定的“树”之所以能成为对象，就在于它是在语词等符号意识中被构造出来的，在这个意义上说，含义不再是原先的“心理体验”，而是对象，或者说，这个被构造的对象就是语词符号的含义。

在现象学哲学看来，相对于表达与传诉和对象的关系而言，表达与含义的关系更具有本质性，即表达只能是有含义的符号，含义是语词符号成为表达得以成立的决定性条件，“在表达这个概念中含有这样的意思，即：它具有一个含义……正是这一点才将它与其他的符号区分开来”。[①]不过，虽然表达与含义之间具有本质关系，但并不意味着感性-物理和对象就不重

① 胡塞尔：《逻辑研究》第二卷第一部分，第55页。

要，事实上，表达是由“传诉”“含义”“对象”三个要素构成的一个复合行为，通过这个复合行为，表达既在直观表象中构造出了物理现象，又在含义赋予行为中构造出了被意指的含义即对象。对此，我们将在后面的部分给予进一步的深入研究。

二、表达是含义意向与含义充实行为的统一

根据胡塞尔的现象学观点，作为语言陈述活动的表达都是由“表达的含义”和“表达本身”两部分构成的，其中，表达与含义具有本质性关系，即含义是表达的本质性行为；表达本身是指表达的感性-物理现象，它与表达不具有本质性关系，或者说它是表达的非本质行为。胡塞尔指出，正是由于表达是具有含义的行为，它才不单纯是一个语言和书写符号。表达总是意指着某物并因此与此物发生关系。①

胡塞尔进一步把表达的含义划分为两种行为，一种是含义意向，另一种是含义充实，前者也可以称为意义给予行为，后者也可以称为意义充实行为。在现象学理论中，客体化行为可以区分为表象行为和判断行为，表象行为也叫称谓行为，它提供给我们关于一个被表象对象（实事）的名称；判断行为也叫论题行为，它在表象的基础上将名称通过逻辑联结而成关于事态的判断。如下例所示：

蓝天　　　　（称谓行为，名称）

天是蓝的　　（论题行为，判断）

为方便起见，我们暂时以表象行为为例进行讨论。名称是一个表象，每一个名称都有其语言、文字等方面的物理显现，或者说名称是根据感性-物理的方面构造起比如“蓝天”这个名称自身的，同时，名称又总是指称它的对象的；名称指称对象，同时也要求能够充实表达的含义意向，胡塞尔把意指称为“含义意向”（Bedeutungsintention）或“赋予含义的行为”，而把强化着、证实着表达含义意向、并与表达具有逻辑基础关系的行为称为“含义充实”（Bedeutungserfüllung）的行为。②

在现象学看来，含义意向如果仅仅只是指向对象，而没有得到含义充实，含义意指和含义充实没有在直观中建立起逻辑联系，那么，语言陈述

① 胡塞尔：《逻辑研究》第二卷第一部分，第39页。

② 胡塞尔：《逻辑研究》第二卷第一部分，第40页。

或表达还就只是个空泛的文字符号或杂乱的音响；只有当空泛的含义意向在直观中得到含义充实，意指与充实之间的对象性关系才能够建立起来，只有在这个时候，指称才能成为名称与被指称的对象之间的“现时”的关系而被最终意识到。例如，我坐在房间里，我说了一句“大海是蓝色的”，这是一个表达，但它还是一个空的含义意指，只有当我走出房间，确实看见了大海并且也看见大海是蓝色的时，对蓝色大海的观视（直观）才充实了原先“大海是蓝色的”这个表达的意向，此时含义意指与对象性关系才得到真正的实现，或者说，在指称中，名称与对象性关系才被意识到。表达的物理显现、含义意向、含义充实三者之间的关系是：“语音首先与含义意向达到一致，含义意向又（与意向和其充实达到一致的方式相同）与有关的含义充实达到一致。”[①]

第一逻辑研究表明，意义给予行为（含义意向）会使语言陈述（表达）意指某个确定的含义和对象，而意义充实的行为（含义充实）则使具体的含义意向在充实过程中构造出对象，或者说，每个语言陈述（表达）都会在本质上意指一个含义，因此，每个语言陈述（表达）也会与某个确定的对象物发生关系；当含义意向没有得到充实时，表达及其意指都是空泛的，当含义意向得到充实时，此时，在表达中被意指的对象也就作为“被给予的对象”而自身建构起了自身。

一般说来，作为精神交往意义的表达总是要通过词语表达出来，而当我们借助词语表达的时候，总是会形成词语表象，当我们进行“绿色的树”“桌子是棕色的”等表达时，总会形成“树”“桌子”等词语表象，我们可以体验词语表象，并在语词中意指对象和在含义充实中充实这个意指。只有当我们完全投身于含义意向和含义充实的意识行为中，语言陈述或表达的兴趣才会真正指向赋予含义行为中被意指的对象。表达是一种符号性的含义意向行为，在这种含义赋予行为或意指行为中，并通过表象使对象以及表象与对象的现象学关系被给予我们。[②]

至此为止，我们一直将表达作为可理解的体验来考察，即考察表达行为与含义意指和含义充实之间的实在关系；现在我们转向考察那些以某种方式在这些体验中被给予的东西，这些东西包括表达、含义以及从属于它们的对象性，[③]就是考察表达与行为对象或行为内容的观念关系，考察表达

① 胡塞尔：《逻辑研究》第二卷第一部分，第40页。

② 胡塞尔：《逻辑研究》第二卷第一部分，第43页。

③ 胡塞尔：《逻辑研究》第二卷第一部分，第44页。

与含义的观念关系或“种类的表达”。概括地说，在事实关系中，表达是一个传诉，所传诉的是作为心理体验的主观之物；在观念关系中，表达是一个陈述或判断，所陈述的是种类的观念统一。

具体来说，在表达行为的实在关系中，表达只是说者与听者之间的一个传诉，传诉包含在心理体验之中，因而含义是指赋予意义的心理体验以及对心理体验的事实所做的陈述，传诉的内容是可以产生又消失的东西，因而在传诉中陈述的东西始终是主观之物；而在表达的观念关系中，含义则不再是赋予意义的心理体验，不再是说者与听者之间的传诉，它是一个种类陈述，陈述所陈述的内容不是一个短暂的体验，不是一个产生又消失的东西，无论人们对它做过多少次表达，但判断所判断的东西、陈述所陈述的对象都始终是同一个，它们的含义具有同一性。举例来说，在表达的实在关系即传诉中，我可以说“这朵美丽的玫瑰花”，我可以在表达中意指这朵玫瑰花，然后在花园里看到并且体验到这朵玫瑰花，它开得很鲜艳、很美丽，通过我的直观体验，“这朵美丽的玫瑰花”这个有意指的表达在现实关系中得到了充实；但每个人的体验不同，我体验为美丽的玫瑰花，别人并不一定有相同的体验。对同一个表达的含义不同的人可能会有不同的体验或赋予不同的意义，就此而言，在实在关系上，我们可以说含义就是赋予意义的体验。但在观念关系的种类表达中，比如“2 × 2=4”，“无论谁提出这个陈述，无论他在什么情况下和在什么时间里提出这个陈述，这个陈述所陈述的都是同一个东西……我们随时都可以在对陈述的重复中将这个陈述的含义作为同一的东西唤入到我们的意识之中，在这个同一的含义中，我们始终无法发现任何判断和判断者的痕迹。我们相信，一个事态的客观有效性已经得到保证，并且，我们以陈述句的形式将这个有效性本身表达出来”。[①] 因为，这个种类表达虽然是个判断，但它不是一个从属于心理事实的陈述，也不能回溯到作为心理判断的体验上去；或者说，“2 × 2=4”“二次幂的余数”等含义是表达观念关系的种类判断，而不是表达心理体验事实的心理判断。胡塞尔把表达观念关系的种类判断也称为“意向之同一”的含义陈述，把表达是实事关系的心理判断则称为“多中之一”的含义陈述。虽然在缺乏直观充实的情况下，陈述意向只能象征性地进行，但可以肯定的是，每个表达或语言陈述都有它的意指，而且语言陈述或表达的含义就是在这个意指中被构造出来的。只要不把陈述所传诉的东西与陈述所陈述的东西、不把被明晰地把握到的观念统一与实在的判断

① 胡塞尔：《逻辑研究》第二卷第一部分，第 45 页。

行为混为一谈，那么，“当人们把‘这个’判断称之为‘这个’陈述句的含义时，人们所指的也是这种观念的统一”。[①] 总之，在表达中，当一个主观行为被告知或被传诉时，那么，一个观念之物或一个客观之物也就被表达出来了，这不仅对整体陈述有效，也对部分陈述有效。

三、含义、内容与对象的关系

以上分析表明，“表达”除了具有传诉、含义意指和含义充实之外，还有对象性，表达“与在含义中被意指的并且通过这种意指而被表达的对象性有关”。[②] 也就是说，表达具有三个意义：传诉一般、作为内容的含义、通过含义意指而被表达的对象。前面考察了传诉、含义意指和含义充实，下面我们主要考察含义、内容与对象的关系。

在现象学考察中，含义（Bedeutung）首先是指“意向的统一”，其次是指“意指的行为”（Bedeuten），这种意指行为本身又可以分为“含义充实的行为”和“符号意指的行为”。并且，意指行为和充实行为的现象学统一也就是“意向的统一”。作为意向的统一的“含义”，它是意指行为所意指的“种类之物”或“种类的概念和命题”，在此意义上，表达就是“观念含义”或“逻辑含义”。

对象（Gegenstand）是指“相对于意识而立的东西（Gegen-Stand）”，无论这个对象是不可能的还是可能的，是臆想的还是现实的，是有意义的还是悖谬的或无意义的，是观念的还是实在的，对象就是指被意识到的东西。“对象”的对应概念始终是“意识”（意识对象-意识行为），就此而言，对象始终是指“意向对象”或“意识对象”，它不同于在意识中实项地被给予的感觉材料。[③] 例如，我观视面前的一张桌子，这张桌子是木质的、棕色的、长方形的等，这里，木头、棕色、长方形等就是桌子的感觉材料，但它们不是对象，对象是桌子。

含义与对象之间有区别。指称就是名称，“名称”最清楚地表明了含义与对象的区别关系。

首先，虽然表达都有含义且与某些对象发生关系，但是，含义与对象

---

① 胡塞尔:《逻辑研究》第二卷第一部分，第 46 页。

② 胡塞尔:《逻辑研究》第二卷第一部分，第 48 页。

③ 倪梁康:《胡塞尔现象学概念通释》(修订版)，第 179—181 页。

不可能总是完全一致，即表达所意指的（所陈述的）与表达所言说的不完全一致。前述可知，表达所意指的是观念关系，表达所言说的是实在关系。胡塞尔认为，“每个表达都不仅仅表达某物（etwas），而且它也在言说某物（Etwas）；它不仅具有其含义，而且也与某些对象发生关系”。[①] 含义是对象，但并不是每个对象都是含义，含义与对象的关系是不会完全一致的，这里以小写字母开始的 etwas（代词某物）和以大写字母开始的 Etwas（名词某物）来强调含义与对象的区别，在一个表达中所言说的被言说之物（Etwas）是对象而非含义，而表达所意指的被表达之物（etwas）是含义（对象），二者是有差别的，只有表达所意指的对象才和含义是同一的。“含义无非就是我们用表达所意指的东西或我们对表达所做的理解。”[②] 并且，语言不同但指称和含义相同的表达，如“伦敦”“London”“Londres”分别是汉语、英语和德语、法语关于“London”的表达或语言陈述。

其次，“两个名称可以意指不同的东西，但又同时可以指称同一个东西”。[③] 就是说，许多个语言陈述或表达可以具有不同的含义，但它们却可以具有同一个对象，如“《理想国》的作者”和“亚里士多德的老师”是两个名称，尽管指称的是同一个对象（柏拉图），但却具有不同的含义，由于“范围”的不确定性，这一对“名称”既意指相同的东西，同时又意指不同的东西。

再次，许多个表达可以具有相同的含义，但它们却具有不同的对象，就是说，“两个表达具有同一个含义，但却具有不同的对象关系”。[④] 举例来说：

这匹赛马是一匹马。

布塞法露斯[⑤] 是一匹马。

无论在何种语言关系中，“一匹马”始终都具有同一个含义。但是，在以上两个语言陈述中，表达中意义给予的内容都是“一匹马”，语言陈述或表达的含义当然没有变化，但表达与对象的关系却发生了改变，借助于同一个“一匹马”的含义，却表象出来的是不同的对象（赛马与布塞法露斯），胡塞尔指出：“‘一’是一个具有普遍同一含义的名称，但人们并不能因此而将各个不同的‘一’同一地纳入到计算之中；这些‘一’都意指同

① 胡塞尔：《逻辑研究》第二卷第一部分，第 48 页。

② 胡塞尔：《逻辑研究》第二卷第一部分，第 153 页。

③ 胡塞尔：《逻辑研究》第二卷第一部分，第 48 页。

④ 胡塞尔：《逻辑研究》第二卷第一部分，第 48—49 页。

⑤ Bucephalus（布塞法露斯）是一匹著名的皇家军马。

一个东西，但它们在对象关系上却各不相同。”[①]

最后，无论个体的还是总体的专有名称也有含义。只要词语只有一个含义，它就只指称一个对象，比如这个“一”；只有一词多义，它才能指称不同的事物。比如“苹果”，既指称一种水果，具有水果的含义，也可以指称一种牌子的手机，具有手机的含义；“门槛”既指称门框下面接近地面的横木，也指称某种标准或条件，如“进入某大学的门槛很高”中的含义。另外，要把多义的名称与多值的名称区别开来，“多义名称”是对名词涵义的语言学分析，如一词多义；“多值名称”是对名词和命题涵义的逻辑学分析，如传统逻辑中一个命题具有或“真”或“假”的二值性，在现代逻辑中认为一个名称或命题可以有多值，如每一个自然数 n，有 n 值，以至于无穷多值。

含义与对象之间也有联系。“一个表达只有通过它的意指才能获得与对象之物的关系，因此可以合理地说，表达是借助于它的含义来称呼（指称）它的对象，或者说，意指的行为就是意指各个对象的特定方式。”[②]在胡塞尔看来，我们不必过于认真地将每个表达区分为含义与对象“两个方面”，真正来说，“表达的本质在于它的含义”。我们不仅要研究表达的含义意指，更要研究表达的认识功能。当表达具有认识功能时，表达与它的含义意向在思维和认识联系中不仅使自己符合直观，也要符合理智形式，“通过这些形式，单纯被直观到的客观才成为合乎理智地被规定的、相互联系的客体”。[③]在某种意义上说，如果表达只是作为象征而意向地指向范畴形式的统一，那表达就还不具有认识功能，它仅仅是在表明同一个对象可以具有不同的含义；而当许多对象的整体范围与一个表达的含义相符合时，就表明这个表达的含义还是一个不确定的含义，它不会被某个确定的对象所充实，而只是为表达可能的充实提供一个整体的领域。

内容与对象的关系。比较而言，表达与含义具有本质性关系，而表达与对象性则不是本质性关系，就本质性关系而言，所有的表达都是具有含义的；就非本质性关系而言，所有的表达都是通过含义来意指对象的。在现象学术语中，“对象”被称为“被表达的”。也就是说，对象作为“被表达的”有两个特征，一是“被意指的对象本身”，二是“充实着的意义”和“作为被给予的对象构造起自身”。既是“对象本身，即作为这样或那样被

---

① 胡塞尔：《逻辑研究》第二卷第一部分，第 49 页。

② 胡塞尔：《逻辑研究》第二卷第一部分，第 50 页。

③ 胡塞尔：《逻辑研究》第二卷第一部分，第 51 页。

意指的对象”，又是“在构造着对象的含义意向行为中对象的观念相关物，即充实着的意义”或“作为在某些行为中‘被给予的对象’构造起自身”。①

关于“被表达的内容”或“表达所表达之物”，胡塞尔做了如下区分：

> 我们区分在主观意义上的内容和在客观意义上的内容。在客观意义上的内容方面，我们必须划分：
> 作为意指意义或者作为意义、含义整体的内容，
> 作为充实意义的内容，
> 作为对象的内容。②

主观意义上的内容也叫“主观内容”，胡塞尔在《逻辑研究》A版中也称为“在现象学、描述心理学、经验实在的意义上”的内容；客观意义上的内容也叫“客观内容”，在A版中也称为“在逻辑学、意向性、观念意义上”的内容。它们对应于第五逻辑研究中的“作为体验的内容”和“作为对象的内容”。主观内容是指“现象学自我的实项构成物”，即“感性材料”；客观内容是指与“行为特征”相对的“行为内容”，即意识行为的“质料”或“立义意义”；在进一步的分析中，“客观内容”又可以区分为“意指意义或含义一般”的内容、作为“充实意义”的内容、作为“对象”的内容。倪梁康指出，根据以上分析，可以归纳出三个最基本的“内容”概念，倪梁康指出：“（1）在意识或自我进行立义或统摄之前，感觉材料是意识所具有的须被立义的‘内容’；（2）在立义的过程中，意义或质料是意识赋予感觉材料的‘内容’；（3）在立义完成之后，作为意识活动之结果而对立于意识的对象是第三种意义上的‘内容’。”③以“一棵树”的表达为例：

第一步，我说出一个表达：“一棵树”，这是一个感知陈述，这个感知陈述是一个意指行为，但这个意指还没有被立义或没有被充实，此时这个感知陈述所陈述的只是一个感觉材料，或者说，此时的内容只是一个感觉材料。

第二步，我不仅说“一棵树”，而且我也在室外看见了一棵树，关于“一棵树”的意指通过观视一棵树的直观而得到充实，或者说一棵树在直观充实中获得立义，此时，内容就是被意识赋予感觉材料以意义的质料或含

① 胡塞尔：《逻辑研究》第二卷第一部分，第52页。
② 胡塞尔：《逻辑研究》第二卷第一部分，第53页。
③ 倪梁康：《胡塞尔现象学概念通释》（修订版），第246页。

义一般，即“内容被理解为同一的含义”。[①]

第三步，在“一棵树”的表达中，如果含义充实和含义意指相统一，即胡塞尔所说的“这个充实的内容与那个意指的‘内容’相合，以至于在对相合性统一的体验中，同时被意指和‘被给予’的对象不是双重地，而是作为‘一个’对象与我们相对立”。[②]此时，内容才被理解为与意识相对而立的对象。

总之，首先，作为观念的意指着的含义，内容是含义赋予行为的意向性本质；其次，作为观念的充实着的含义，内容是含义充实行为的意向本质；最后，作为意指的含义与充实的含义之统一，内容就是对象的观念相关物。

胡塞尔在此对“意义”和“含义”这两个术语进行了区分。通常情况下，“意义”（Sinn）与“含义”（Bedeutung）基本是同义词，“‘含义’对我们来说是与‘意义’同义的”。[③]胡塞尔指出，如果不加区分地使用“意义”和“含义”概念，会造成一些根本性的混乱和严重的后果，将含义或意义这些术语用于“含义意向”（意指）和“含义充实”（充实）的内容上，就会出现歧义性，胡塞尔指出：“意指的和充实的意义在其中构造起自身的双向行为绝不是同一个行为。”[④]所以，胡塞尔在具体使用上，“意义”和“含义”还是有所区别的，在进行意识行为分析时更适合用“意义”这个概念，而在进行语言逻辑分析更多地使用“含义”这个概念；此外，“表达”是与含义相关的，“行为”是与意义相关的。具体来说，在《逻辑研究》中首先解决的是逻辑和语言表达问题，因而胡塞尔偏重使用“含义”概念；而在《观念Ⅰ》中，从意识分析的角度出发，胡塞尔比较偏重使用“意义”概念。即使在《逻辑研究》中，胡塞尔已经开始有意识地区分使用“含义”和“意义”概念：在讨论的语言的第一研究中较多地使用“含义”，而在讨论“行为”的第五研究中较多地使用“意义”概念。[⑤]

区分“意义”与“含义”，对于澄清“无意义”和“无含义”的表达是十分重要的。胡塞尔指出，如果我们将这些相互混淆的概念区分开来，就可以得到以下几个序列：

1. 任何一个表达都具有一个含义，一个无含义的表达根本就不是表达。

---

① 胡塞尔：《逻辑研究》第二卷第一部分，第52页。

② 胡塞尔：《逻辑研究》第二卷第一部分，第52页。

③ 胡塞尔：《逻辑研究》第二卷第一部分，第53页。

④ 胡塞尔：《逻辑研究》第二卷第一部分，第53页。

⑤ 倪梁康：《胡塞尔现象学概念通释》（修订版），第438—439页。

正是这一点将表达与符号区分了开来。

2. 表达是因为具有含义才与对象发生关系的，如此，只要有一个与它相应的对象存在，表达便具有含义；只要这样一个对象不存在，表达便不具有含义。由于没有区分意义与含义，所以，有人在谈含义，实际上被意指的却是对象。

3. 如果一个表达的意向与一个可能的充实相符合，换言之，如果一个表达的意向与一个统一直观的可能性相符合，那么这个表达就是具有含义的。含义与意指和充实有关，不能充实的表达就是无含义的；意义则不关涉意指和充实，而是关涉逻辑上的清晰性。如果含义是表象与对象性相同一，那么，像“金山”这样一类名称就是无含义的（无法直观地充实），在此，“无含义性”与“无对象性”是有区别的；但“圆的四方形”这样的表达则是无意义的，因为它在逻辑上是悖谬的。

4. 表达的含义意向得到直观充实时，表达就在行使着认识功能。含义不仅在感性直观中得到充实，而且也可以在范畴形式或范畴直观中得到充实。一般说来，当含义意指得到充实时，表达或语言陈述活动才真正具有了一个含义，或者说，当人们对一个表达的理解通过一个含义的图像表象（说明性的图像）激活时，这个表达才会具有一个含义。

5. 专有名称和共称名称也有含义。穆勒认为，名称虽然具有意指性，但是，名称的意指功能属于共称（connotation），专名（not-connotative，不共称的名称）就是没有含义。胡塞尔在这里特别批评了穆勒认为专有名称无含义的观点，认为他混淆了信号与表达的差异，他把专有名称仅仅看作是信号，而没有同时看成是表达或语言陈述。在表达中，作为信号专名也在发挥着它的传诉功能的作用，它把我们的兴趣引向被意指的和被指称的对象，即被表象的对象，因此，胡塞尔认为“专有名称和其他名称一样，成为复合的和统一的表达的组成部分”。①

自亚里士多德写作《工具论》以来哲学界一直有一个争论，即“逻辑学究竟是哲学的工具还是哲学本身”？胡塞尔认为，这是一个没有多大的重要性和趣味的问题，对这个问题的解决更多的是一种约定，而不是从理论上彻底给予解决。在他看来，传统逻辑学最主要的问题有二：一是用心理学的术语进行逻辑学概念的分析操作；二是把逻辑学与心理学相混淆。实际上，逻辑学既不是技艺术——关于“我们应当如何思维”的技巧，也不是心理学——关于“我们实际上如何思维”的科学。通过对表达与含义

---

① 胡塞尔：《逻辑研究》第二卷第一部分，第55—60页。

关系的分析表明，纯粹逻辑学是关于含义本身及其含义规律的科学，“如果所有被给予的理论统一按其本质都是含义统一，并且，如果逻辑学是关于理论统一一般的科学，那么同时也就很明显，逻辑学就必定是关于含义本身的科学，是关于含义的本质种类和本质区别以及关于纯粹建立在含义之中的（即观念的）规律的科学”。[①]不过，在表达与含义的复杂关系中，要想描述这些互属的观念统一构造于其中的各种行为，并最终澄清它们在认识中现时“相即性”的本质，仍然需要进行艰难而广泛的研究。

四、赋予含义行为的特征

第一逻辑研究第一章在确定了表达与含义的本质性区分后，第二章是通过与当时存在的关于表达与含义的学术观点的批判来对赋予含义的行为（即意指行为）的特征进行描述。

表达的本质性特征在于它的含义意向或含义意指功能，即使含义意向没有通过感性直观得到充实而使自己处于认识功能中，含义意向依然是表达的本质特征。

胡塞尔在此批评了当时流行的一种观点：“有含义的表达所具有的全部功效都在于，唤起某种始终被归属于表达的想象图像”，“根据这种观点，理解一个表达就意味着找到隶属于这个表达的想象图像。如果这些想象图像不出现，那么表达就无意义”。质言之，这种观点“把这种想象图像本身称之为语词含义”。在这种观点看来，“要想理解语言表达，就必须理解想象表象的伴随”。[②]

胡塞尔认为，这种观点是把说明性的想象图像误认作含义。在表达或语言陈述活动中含义确实伴随着一些想象表象（想象图像），例如“一棵树”“一张白纸”“一辆汽车”等语言表达都会有一些与它的含义相符的想象图像相伴随，当我说“一棵树”时，这个语词表达的含义意向即使没有得到直观的充实，也会伴随出现关于一棵树的想象图像。但是，这种观点却把这种心理学的兴趣和内涵认作是“意指性的本质就在于想象伴随”。胡塞尔认为这是一个在心理学观察中寻找虚假证实的企图，因为一些抽象的概念、代数符号、公式或定律，如科学、数学、文化、艺术、宗教等语词在

---

① 胡塞尔：《逻辑研究》第二卷第一部分，第96页。

② 胡塞尔：《逻辑研究》第二卷第一部分，第65—66页。

表达的直观化过程中，就没有属于这些对象的伴随现象，人们不可能在语词表达“科学”等抽象名词时表象出一个伴随着这些抽象概念、公式、定律的想象图像，例如，像“一个奇数次的代数方程式都至少具有一个实根”这样的数学定律的表达，就找不到对象性的伴随想象痕迹。[①]

人们会辩解说：即使是在抽象概念、公式和定律中，“想象图像也是出现的，只是出现的时间极为短促”，或者“图像变得无法被注意到”。实际上，想象图像（内图像）一出现就消失，即使是可能的，但图像消失之后，对表达及其意义的完整生动的理解活动还在持续着，那就说明这种理解活动恰好不处在图像之中；关于“图像就在那里，只是没有被注意到”的说法，即使想象图像时常不被注意到，但这不过是一个发生心理学的假设，对我们关于表达及其含义意向的研究没有实质意义。

另外一种辩解会说：在一个想象图像中，构成意义的因素（抽象的体验因素）被注意到了，而完整的想象图像（整个体验）却无法被注意到。实际上，说部分因素被注意到而整体没有被注意到，这对含义单一性和整体性来说是荒谬的。这种观点会进一步辩解：大多情况下，可以通过某种方式将荒谬性加以感性化，例如，“一个具有≥ 2R 角的三角形”“一条自身封闭的直线”等，它们是荒谬的，但只是一个元几何学的构想，而不会有人认为会有关于它的真实直观，也不会有人认为它是一个有含义的语词表达，所以，这种荒谬性表达必须被排除掉，因为“只有在作为被意指的实事之图像的想象图像确实适合于这个被意指的实事时，才有可能在这个图像中寻找表达的意义”。[②]例如：

①语词表达“一棵树”→②一棵真实的树（实事图像）→③“一棵树”的想象图像（表象图像）→④表达所意指的实事对象。当③作为被意指的②并适合①所意指的④时，我们才有可能从③去寻找①的意义。

胡塞尔进一步指出，“在一致性的含义中也存在着在直观化上的不合适性”，例如，“没有一个几何学的概念是可以相合地被感性化的”。[③]我们画一条直线，并将它视为几何学“直线”概念的图像。但是，画出的直线只是提供了以感性方式进行感性构形的事例，但却并不是几何学“直线”概念中被意指的构想物；几何学的构想物的观念（如“直线”）不是在我们描绘的或想象的直线中构造起自身的，几何学概念表达的含义不会因我们

① 胡塞尔：《逻辑研究》第二卷第一部分，第 66—67 页。

② 胡塞尔：《逻辑研究》第二卷第一部分，第 68 页。

③ 胡塞尔：《逻辑研究》第二卷第一部分，第 68 页。

描绘的线条的长短或粗细而变化，它有自己固定的含义，是我们在理智思维过程中几何学地构造起自身的，它描绘的直线可以看作感性图像，在现象学上可以作为单纯的理解辅助工具来发挥作用，但是，它不能作为含义本身或含义载体发挥作用。就是说，描绘的一条直线可以作为理解几何学“直线”概念的辅助工具发挥作用，但它不是几何学“直线”概念的含义本身和含义载体；或者说，描绘的一条直线与几何学的“直线”概念具有一致性，但二者却不能相合地被感性化，因为这条描绘的直线只具有“象征”的作用，或者说，这条直线只是作为象征而存在，它只是一个象征的客体。

上述观点很容易被指责为将“词语与思想加以等同”的极端唯名论，似乎现象学将一个象征、一个语词、一个公式和定律理解为除了无精神的感性躯体（如写在纸上的一个笔划）之外却无物存在。实际上，这并不是将语词与思想加以等同，可以说，“在此存在的是理解，是这个特殊的、与表达有关、对表达进行释义（deuten）、赋予表达以含义并且因此而赋予表达以对象关系的行为体验”。[①]我们在纸上画一个笔划，它作为感性-物理地显现给我们，这个笔划被我们视为可以理解的符号，但是，当我们在理解这个符号时，我们并不是要进行一个与这个作为感性客体的符号有关的表象和判断，而是进行与这个被标志的实事有关的表象和判断。例如，我们在桌子上划下⊆这个笔划，用⊆这个符号来标志某个人在游泳，它作为感性-物理的显现，被我们视为是可以理解的符号；但我们在理解过程中，并不是对⊆这个符号进行表象和做出判断，实际上，我们是对⊆这个符号所标志的实事（某人在游泳）进行表象和做出判断，胡塞尔说：“含义存在于这个意义给予的行为特征（Aktcharakter）中，它随兴趣的不同而完全不同，这兴趣或是朝向这个感性符号，或是朝向通过这个符号而被表象的（甚至无须借助于任何想象图像而被图像化的）客体。”[②]

在考察赋予含义的行为特征时，我们在前面澄清了一个表达如何没有“说明性直观”（想象图像）但却能有意义地发挥作用，现在还需要澄清“无直观的言说”有没有意义的问题。在这个问题上，存在两种对立的观点：一种观点认为，“无直观的言说也是无意义的”，人们对一些熟记的诗句所做的有口无心的背诵就属于这样一种言说；另一种观点则“假定有无意识的和未

① 胡塞尔：《逻辑研究》第二卷第一部分，第69页。根据倪梁康在这本书的注释，“‘象征’（Symbol）与‘符号’（Zeichen）在胡塞尔那里基本上是同义词。因此，对后面出现的象征性表象、象征思维、符号意识、符号功能等等概念也可做与此相应的理解”（第80页）。

② 胡塞尔：《逻辑研究》第二卷第一部分，第70页。

被注意到的直观存在"。实际上，"无直观的言说""无判断的言说""无意义的言说"和"未被注意到的直观"等观点都需要冷静地加以考察。

胡塞尔认为，直观化的图像性在严格的科学思维中所起的作用也是微不足道的，即使在日常思维中所起的作用是比较微小的，或者根本就不起作用；但是，我们能够根据"单纯象征性的"表象在现时的意义上进行思考、反驳、判断和推理。所谓直观化的图像性就是我们所直观的实在事物的图像，当我们说"一辆汽车"时，不论是日常思维还是科学思维，我们并不必须借助一辆实在的汽车或汽车的图像来思维，而更多的是借助"象征性的表象"来思考、反驳、判断和推理。"象征性表象"与"符号意识"是同义词，所谓借助象征性表象来思维，也就是借助于符号意识来思维，就是说，我们并不一定要借助于实物或事物的图像来思维，而是借助于语词、文字等符号来进行判断、推理、思考和反驳等思维活动的，胡塞尔称其为"符号的代表作用"。我们可以把借助于直观化的图像进行的思维叫"直观思维"，把借助于象征性表象进行的思维叫"符号思维"。直观与符号是现象学考察表达与含义的一对对应概念。

当然，"象征"与"符号"在一定程度上也存在着差异或区别。象征之所以能成为一个思维，就在于它具有把"有含义的符号"与"单纯的符号"相区分的行为特征。"单纯的符号"就是"在单纯感性表象中作为物理客体构造起来的那个语音。这个行为特征是一个在对无直观的、但被理解的符号的体验中的描述性特征"，① 而"有含义的符号"是指不仅有语音、而且有含义意向并且能够被直观充实的表达性符号。"象征性表象"与"有含义的符号"基本同义而与"单纯的符号"有所区别。不过，在算术思维中，单纯的符号情况比较复杂一些，在算术思维中，单纯的符号似乎可以替代概念，我们把必须用概念来做的事情时常用这些符号的变化、组合等加以代替，例如，代数方程是由多项式组成的方程，或由未知数的代数式所组成的方程，如"$5x+2=7$（$x=1$）""$ax^2+bx+c=0$（$a\neq0$）"等。② 代数的本质

① 胡塞尔：《逻辑研究》第二卷第一部分，第72页。

② Algebra（代数）一词源自古阿拉伯语 al jebr，al 是定冠词，jebr 是"接骨"的意思，作为医学术语，al jebr 意为"断肢再接"、"正骨"。公元820年波斯数学家花剌子模（Khwarizm）发表了代数学的著作，阐述了解一次和二次方程的基本方法，明确提出了代数学的一些基本概念。书名中使用了 al jebr 一词，意为移项和合并同类项之计算，即把负项移到方程另一端变成正项。al jebr 进入拉丁语后变成了 algebra，文艺复兴时期开始，英文和德文都使用该拉丁词。"代数"是研究数、数量、关系、结构与代数方程的通用解法及其性质的数学分支，包括初等代数（研究数字和文字的代数运算理论和方法）、高等代数（是代数学发展到高级阶段的总称，包括线性代数、多项式等）等；代数方程是由多项式组成的方程。

就是“代”字，即通过研究各种抽象结构“代替”直接研究科学现象中的各种关系。不过，算术中的符号并非简单意义上的物理客体，只有当我们进行算术运算时，那些符号的真正意指才会显示出来。胡塞尔举了一个非常直观的例子：下棋时，可以随意变化和无关紧要的是棋子的形态、颜色、制作材料等物理特性，使它们成为象棋的棋子的是下棋的“游戏规则”，“这些规则赋予它们以固定的游戏含义。同样也可以说，算术符号除了它们原本的含义之外还具有它们的游戏含义，这些含义是根据算术运算的游戏及其众所周知的运用规则而制定的”。①

同理，算术符号也就是算术游戏的筹码。我们通常用数学公式或算术符号来解决算术的任务，如果我们能对哲学算术符号或公式的含义给予解释，也就意味着完成了相应的算术任务。胡塞尔认为算术思维的符号不是无含义的、“单纯的”符号，它是被赋予了一定的游戏含义、并替代着有算术含义的符号。数学运算是一项非常复杂繁重的思维工作，运用算术符号进行“象征性”地运算可以替代或省略那些原本复杂和繁重的数学运算，胡塞尔说：“这种‘象征性’运算是在相应的游戏概念序列中进行的。”②当然，指明算术符号是概念序列的“替代物”意义上的“单纯符号”，这种代替作用其实并没有真正解决我们所探讨象征思维的问题：“一个不带有伴随性——图像说明的、例证说明的、明见说明的——直观的明确思维是不是可能。”③为什么这么说呢？本质而言，在“替代性运算概念来进行的思维意义上”的象征思维与“无直观思维意义上”的象征思维是有区别的。

现象学之所以强调必须澄清表达及其含义，就是为了认识那个建立在含义中的真理。这里存在两个问题：

1. 为了限定含义意向的偏差，或为了确定含义区别，为什么必须要回溯到直观上去。

2. 为了明察那些仅仅通过含义分析而产生的认识，即所有概念的内容（一个表达的意义）或判断的明见性必须以直观为前提，必须进行相应的直观。

第一个问题，为什么必须要回溯到直观上去。这是因为，只有在直观中，人们才能真正把握到这个表达所“真正意指的”东西。胡塞尔认为，“意指并不是借助于直观才得以进行。……我们用声音符号和文字符号来意指

① 胡塞尔：《逻辑研究》第二卷第一部分，第 72—73 页。

② 胡塞尔：《逻辑研究》第二卷第一部分，第 73 页。

③ 胡塞尔：《逻辑研究》第二卷第一部分，第 73 页。

这些和那些东西，而这种意指是一种尽管是纯粹象征的、但仍然是理解性的说与听的描述性特征”。[①]例如我在读或听《唐吉诃德》这本小说，小说中的每一句话、每个情节都是一个简单的或复合的表达，每一个表达都有意指，但并不是每个意指都必须通过直观才能进行，如“唐吉诃德挑战大风车”，我们可以通过“理解性”说或听这个描述特征使这个意指行为得以进行。

如果我们要认识“蚊子”和“大象”这样的含义之间的区别，我们直接借助于直观就可以进行，或者说，我们可以通过直观大象和蚊子来充实这两个表达的含义意指。但是，理解性的含义意指会造成含义区分不确定、含义多义性以及含义意向偏差等问题，这使我们无法轻易地和可靠地对它们进行认同和区分，所以，理解性含义意指虽然在实践上是判断行为所必需的前提，但还是必须回溯到直观上去，“由于表达的含义意向在各种不同的和概念上不互属的直观中得到充实，因此，随着充实方向的明确划分，含义意向的差异性同时也就明确地显示出来”。[②]这里，“各种不同的和概念上不互属的直观”是指胡塞尔在第六逻辑研究中所区分的感性直观和范畴直观，也就是说，第一个问题所说的回溯到直观上去，就是回溯到感性直观或范畴直观上去。

第二个问题，所有判断的明见性都以在直观上充实的含义为前提，胡塞尔认为，我们对单纯词语的分析可以产生和获得认识，但是，这些认识不是词语本身包含着这些认识，而是通过对这些词语的“概念本质”进行充实才能获得这些认识，“在这些‘概念本质’中，一般语词含义完整地得到充实，而关于那些与概念相符合的对象，或者说，那些从属于概念本质的对象的存在与否的问题则被排除在外”。[③]正如概念与语词有区别一样，概念的本质与语词的含义也是有区别的，语词含义本身还不是概念本质，概念本质是充实性的意义，语词的含义具体存在于直观性的表象和对表象进行思维加工而形成的陈述中。

关于理解的特征，里尔（A. Riehl）在《哲学的批判主义》一书中认为“理解”具有“相识性特征”，赫夫玎（H. Höffding）在《论再认识、联想和心理主动性》一文中认为“理解”具有“相识性质性”。胡塞尔则认为，对符号有意义的使用中起作用的象征表象，与对符号的理解中起作用的象征表象，二者在描述上并非是完全一样的，这既与行为特征有关，也与语

① 胡塞尔：《逻辑研究》第二卷第一部分，第 74 页。

② 胡塞尔：《逻辑研究》第二卷第一部分，第 75 页。

③ 胡塞尔：《逻辑研究》第二卷第一部分，第 75 页。

词变化有关。就行为特征而言，在想象行为中对符号的理解或有意义的使用，与在感知行为中对符号的理解或有意义的使用，虽然都可以借助“象征表象”来进行，但它们所具有的描述性特征是不一样的；就语词变化而言，在不同的方言中，或在不同的语言中，汉语的“桌子”与德语的“der Tisch”在感性上是不同的符号，但它们的含义是相同的。“含义始终是同一的，而语词则在变化着。……在再造的想象为我们提供有关对含义直观化的图像之前，这些符号已经使我们直接地感知到它们是‘同一个’。”[①]我们既可以观视这个桌子，也可以想象这个桌子，我们可以直接感到它，也可以通过伴随性表象图像去理解它。理解具有“似曾相识”的相识性特征，但并不是所有语词的理解都具有相识性特征，有些作为“老相识”一样出现在我们面前的语词可能并没有被理解，某些并没有被理解的古代诗文的意义却被我们所熟记，长久地保留在我们的记忆中，例如我时常咏诵着“我本将心向明月，奈何明月照沟渠”，它对我具有“相识性”特征，但我们并不一定理解它的含义；也可能在某一时刻，我对它有了一个新的理解：“它在感性上并不改变内容，但却赋予了一个新的心理特征。”[②]

我们还需要区分“表达中的统觉”与“直观表象中的统觉”。在现象学的分析中，有两种立义方式：一种是“客体化的立义”，另一种是“理解的立义”。客体化立义是指对借助于一个被体验到的感觉复合这个对象的直观表象被给予我们；理解的立义是指立义就是一个理解或意指，即在理解中对一个符号的意指。表面上来看，理解的立义和客体化的立义二者很相似，但是，它们的现象学结构却根本不同。

以上对表达和含义关系的分析还是初步的，还有许多细微的层次需要进一步深入探究，比如正确把握直观化表象的功能、对含义意向的说明、理解特征和含义特征的关系等，对含义与对象、模糊的意见与确凿的明见、判断与真理之间的关系的逻辑学阐明具有非常重要的意义。

五、含义偏差与含义体验的内容

胡塞尔在第一逻辑研究第一章中重要的理论贡献就是区分了Bedeuten als Akt（作为行为的意指）与Bedeutung selbst（含义本身）两个概念，并且

① 胡塞尔：《逻辑研究》第二卷第一部分，第76页。

② 胡塞尔：《逻辑研究》第二卷第一部分，第77页。

提出了“含义本身是相对于各种可能行为之杂多性而言的观念统一性”[1]的著名观点，在第二章探讨了赋予含义的行为（意指行为）的特征，在第三、四章进一步探究了“含义统一”与“含义偏差”之间的区分，以及含义体验的现象学内容和观念内容的关系，含义统一就是观念统一的含义，含义偏差就是有偏差的意指行为，对它们之间关系的研究，对于区分客观意义上与主观意义的被表达内容，并且对于理解客观意义上的作为含义的内容和作为名称的内容等具有重要的意义。

含义偏差与机遇性表达。所谓含义偏差，就是指表达的语词在含义上具有机遇性和模糊性。

我们知道，表达不仅涉及表达者当下的心理体验，也涉及被表达的对象，“据此，表达可以分为两种：一种表达是那些同时也传诉着它们所指称的（或者就是它们所标志的）对象之物的表达，而在另一种表达那里，被指称的内容和被传诉的内容是分离开来的”。[2]就是说，一类表达中被指称的内容与被传诉的内容是结合的，另一类表达中二者是分开的。

第一类表达的例子：疑问句、愿望句、命令句以及关于说者的表象、判断、猜测的陈述句，它们都具有“我表象、我认为、我判断、我猜想……”等的特征。例如：

说者：“我想要一杯水。”

听者：听到说者表达愿望的一个信号。

说者说“我想要一杯水”，既传诉了一个愿望，这个愿望同时也是陈述的对象；或者说，在这个表达中，陈述的对象不是“一杯水”，而是“我想要一杯水”这个愿望。

第二类表达的例子：与外部事物、过去的本己心理体验、数学关系等有关的表达。这类表达中被指称的内容与被传诉的内容是分离开了的。例如：

桌子是棕色的。

2×2=4。

表达的原本职责是为了完成交往功能。在交流和交往中，说者和听者既有相关的心理体验，也有相关的物理体验，二者之间的体验交流是通过话语表达的物理方面得以沟通的。在互相交流过程中，说者总是把自己的心理体验“传诉”给听者，而听者也总是“接受”说者的心理体验，正是

---

① 胡塞尔：《逻辑研究》第二卷第一部分，第 82 页。

② 胡塞尔：《逻辑研究》第二卷第一部分，第 83 页。

由于Kundgabe-kundnahme（传诉–接受）的结构关系从而使得精神交往成为可能。

在“桌子是棕色的”这个与外部事物有关的表达中，被指称的内容（桌子、棕色）与被传诉的内容（对桌子、棕色的等“心理体验”）是分离开的，被指称的“桌子”等对象不属于被传诉的体验的领域；我说“桌子是棕色的”，这是在陈述我的心理体验，而我陈述出来的则是“桌子是棕色的”这个判断。就是说，我陈述的是心理体验，而当这个心理体验被陈述出来时则是一个判断，即这些“心理体验”的存在是通过这个判断传达出来的；前者是传诉的内容，后者是指称的内容。或者说，传诉的内容是表达含义的被指称的体验，指称的内容则是表达含义的被指称的对象。同样，在“2×2=4”这样一些算术陈述中，被指称的内容与被传诉的内容也是分离开的。

第一类表达：“我判断，2×2=4。”

第二类表达：“2×2=4。”

这两个命题完全不同，在第一类命题中，被传诉之物与被指称之物是平行相合的，传诉的心理体验与指称的表达内容不是分离的；在第二类命题中，被传诉的内容（心理体验）与被指称的内容是分离开的。胡塞尔认为，“2×2=4”与“我判断，2×2=4”，这两个命题是完全不同的，一个可以为真，另一个可以为假，因为前者是客观表达，后者是主观机遇性表达。

其次，我们来考察客观表达与主观机遇性表达的关系。

在一个表达中，人们传诉的总是某个瞬间的心理体验内容，因此，传诉与心理体验内容总是具有指称关系，即表达和传诉总是指称说者的瞬间心理体验内容。这个表达的含义会随着情况的不同而发生变化，但这与一词多义的多义性完全不同。试比较：

例 1. A 对 B 说：我希望您幸福！

例 2. M 对 N 说：我希望您幸福！

例 3. Hund：“狗”，“小矿车、煤车”。

“我希望您幸福！”在语法学上是个愿望句，这个语句在现实生活中可以被很多的人用来表达相同的愿望，即具有“同一个内容”的愿望。在1和2的例子中，虽然表达的都是“我希望您幸福”的愿望，但是，A对B所表达的愿望与M对N所表达的愿望，由于各自处身的情况不同，愿望本身以及愿望所陈述的含义也会随着情景的不同而不同，因为说者和听者各自的处境情况不同，并且具有各自不同的心理体验，所以语词的含义也会发生变化。例如，一个富商对一个饥饿的流浪汉说“我希望您幸福”与一个大夫对一个病人说同样的话，其愿望和愿望所陈述的含义是不一样的。

例 3 是词的多义性，在德语中，Hund 的基本含义是“狗”“小矿车”，在“狗”这个词义下，还可以引申出如下含义：

1. 俗人、家伙：Er ist ein dummer Hund（他是个愚蠢的家伙）。

2. 畜生（骂人的话）：Kein Hund war zu Hause（一个混蛋也不在家）。

3. 短语中的固定含义：auf dem Hund sein（处于困境）、vor die Hund gehen（精神沉沦、道德堕落、经济崩溃或破产）等。

例 3 所表现出的一词多义与例 1 和例 2 所表示的含义偏差有着本质的不同。在一词多义中，一个语词具有多个含义是很常见的，在汉语言中，“易”就是一字多义，“易”是会意字，在甲骨文中为“双手持有手柄之器向另一无手柄之器倾注液体之形”，本义为“倾注”，引申为“赐予”，《列子·汤问》“寒暑易节”（寒暑交替变换）引申为“交换、变换”之义，现代汉语中有“容易”（易如反掌、得来不易）、“平和”（平易近人）、“变换”（移风易俗）、“交换”“贸易协定”等义。

但是，一字多义不会改变我们对含义的客观性和观念性之信念，因为我们在具体的语言陈述时，并不总是同时使用该字的所有含义，而是将表达限制在某一个具体的含义上：

例 4. Der Hund ist sehr schön（这只狗很漂亮）。

例 5. Der Hund ist gerade vorbeigefahren（小矿车刚刚从前面经过）。

在例 4 中，Hund 的含义被限制在“狗”这个含义上，在例 5 中，Hund 的含义则被限制在“小矿车”这个含义上，“表达所具有的各个含义虽然被附以同样的称呼，但这个偶然的状况并不会影响到这些含义中的任何一个含义的观念统一”。[①] Hund 具有的“狗”的含义的观念统一是同一的，Hund 具有的“小矿车”的含义的观念统一也是同一的，一词多义是无法通过人为的措施和协定而从语言中删除去的；但在例 1 和例 2 的表达中，语词的含义是随着人的体验的变化而改变的，它们就不具有同一的含义统一。

胡塞尔把上述表达中语词的含义明确区分为“客观的表达”和“主观的和机遇性的表达”。他给出了两种表达的定义：

客观的表达，“它仅仅通过或能够仅仅通过它的声音显现内涵而与它的含义相联系并因此而被理解，同时无须必然地观看作陈述的人以及陈述的状况。一个客观的表达有可能以不同的方式是多义的。……但词语究竟能否在这个含义中被理解，这并不是以那种必不可少的条件（conditio sine

① 胡塞尔：《逻辑研究》第二卷第一部分，第 85 页。

qua non）的方式取决于这种观看”。

机遇性和主观的表达，“这种表达含有一组具有概念统一的可能的表达，以至于这个表达的本质就在于，根据机遇、根据说者和他的境况来决定它的各个现时含义。只有在观看到实际的陈述状况时，在诸多互属的含义中才能有一个确定的含义形成给听者”。[①]

简言之，只要表达的含义不带任何偏差，它就是客观的和固定的表达；反之，只要话语的偶然状况对表达的含义产生影响，它就是主观的和机遇性的表达。

客观的表达也可以称为“理论表达”，所有通过证明和论证而建立的抽象科学的原理和定理都属于客观的理论科学表达；主观的机遇性表达也称为“现时话语”的表达，它是“满足日常生活之实际需要”的表达。因此，客观表达与主观机遇性表达也可以简称为“理论科学表达”与“日常生活表达”。日常生活表达总是伴随着说者的心理活动，而理论表达的科学原理则不需要考虑说者的心理活动；需要注意的是，为科学结论做准备的研究过程的表达更接近日常生活表达，因为它表达的是科学研究者传诉他的科学思考、他在课题研究时采取的方法上的具体措施等思维活动，这些表达更像是日常生活中的主观机遇性表达，而不是作为客观原理的理论科学的表达。

此外还需注意的是，如果每个表达中包含有人称代词，那么这个表达也不具有客观的意义。胡塞尔指出：“‘我’这个词在不同的情况下指称一个不同的人，并且它是借助于不断更新的含义来进行指称的。它的含义每一次是什么，这只有从生动的话语中以及从它所包含的直观状况中才能得知。”[②] 例如：

“我爱月夜，但我也爱星天。”

首先，在这个表达中，我们听到了“我”这个语词，但是，我们却不知道是谁写了“我”这个词。听者只是听到了这个表达，但听者并不知道说这句话的人是巴金，听者不会把句子中的“我”与巴金这个说者联系起来，在此情况下，表达中的“我”是一个无含义的词。

其次，“我”这个词是当时说“我爱月夜，但我也爱星天”的那个“说者”用来标识自己所用的语词，这个语词可以引起某个概念表象，但这个概念表象却并不是“我”这个词的含义；“我”这个词的功能就在于标识出

① 胡塞尔：《逻辑研究》第二卷第一部分，第 85—86 页。

② 胡塞尔：《逻辑研究》第二卷第一部分，第 86 页。

当时的说者。句子中的“我”是当时说者（巴金）用来标识自己的语词。

再次，在每一个说者那里都有他的“我”的表象或概念，因此，在每一个说者那里，“我”的含义是不一样的。巴金说“我爱月夜，但我也爱星天”，鲁迅说“我以为别人尊重我是因为我很优秀”，在巴金和鲁迅这两个不同的说者那里，“我”的含义是不一样的，在“我爱月夜，但我也爱星天”这个情况下，“我”这个语词指称的是巴金，在“我以为别人尊重我是因为我很优秀”这种情况下，“我”这个语词指称的是鲁迅；由此可见，“我”这个语词是借助于不断更新的含义来进行指称的。

最后，“我”这个词具有一般意义上的信号特征，信号具有指示功能，听者借助于这个信号的指示可以形成对“我”这个语词含义的理解。借助于“我爱月夜，但我也爱星天”表达中“我”这个信号的指示，听者便形成了对“巴金”这个“我”的含义的理解，胡塞尔由此认为，“在‘我’这个词那里有一个指示性的功能在发挥作用，它好像在对听者呼唤：你的对立者指的是他自己”。[①]

但是，不能认为对说者的直接表象就可以具有“我”的完整含义，这里还需要区分“指示性含义”与“被指示性含义”。在巴金“我爱月夜，但我也爱星天”的表达中，“我”的含义既包含着对“我”这个词自身意指的表象，也包含着指向（Hindeuten）对说者（巴金）的直接个体表象的表象。前者就是“指示性含义”，它是“我”这个词的一般指示性功能，后者则是“被指示性含义”，“我”这个表象的对象被指明是一个“现时地”被意指之物。

以上对人称代词的分析也同样对指示代词如“这个”“这些”“那个”“那些”等有效。如果有人说“这个”，他在听者那里所引起的还不是所指之物的表象，而是一个信念，即他要指示某个东西给听者看。被孤立读到的“这个”还缺乏它的真实含义，它只是一个具有指示性功能的概念（指示性含义）；在语言陈述中，我们经常会使用的“这个”词，它指向它的对象性，并对它的对象性相关物进行表象，只有在此情况下，才能真正理解和阐明“这个”词的完整的含义和真正的含义。

例 6. dieser/jener/solcher（这个、这些 / 那个、那些 / 这样的）。

例 7. Dies ist meine Freundin（这是我女友）；Dies sind die Buecher, die du brauchst（这些是你需要的书）。

例 8. Er hat zwei Soehne, Fritz und Hans. Dieser arbeitet als Lehrer,

---

① 胡塞尔：《逻辑研究》第二卷第一部分，第 87 页。

jener studiert Medizin（他有两个儿子，弗兰兹和汉斯，汉斯是老师，弗兰兹学医）。

在德语中，指示代词可以在名词前做定语，如例6中，diese Tuer（这个门），jenem Haus（那间房子）。

例7中，dies是dieser、diese、dieses的第一、四格省略形式，可单独使用，无词性变化，既可以指单数的“这个”，也可以指复数的“这些”。

例8中，dieser/jener也可以单独使用，指代一个名词，在例8中，dieser指后者即Hans，jener指前者即Fritz。

如果说者只是仅仅说出dieser（“这个”），它还没有在听者那里引起所指之物的表象，它只具有指示性功能的含义，但没有被指示之物，因而没有真实的含义；但在例8句中，dieser/jener（这个/那个）不仅具有指示性含义，而且具有被指示性含义，即它指向弗兰兹和汉斯，能够在听者那里引起被指示者的表象，或者说，通过dieser（这个）听者可以形成关于Hans的表象，通过jener（那个）听者可以形成关于Fritz的表象。只有在这种情况下，dieser/jener作为指示代词的完整的和真正的含义才得到了理解。

含义统一与纯粹逻辑学的观念含义。以上分析表明，指示代词或人称代词在本质上是主观的和机遇性的表达及其含义偏差。不过，指示代词也可以以与客观表达相等值的方式来发挥作用或加以运用，我们知道，客观表达是指通过证明和论证而建立的抽象科学的原理和定理的理论表达，以勾股定理为例，我们在平面上画一个直角三角形，它有两个直角边，设长度分别为a和b，另一条是斜边，设长度为c，由此得出勾股定理$a^2+b^2=c^2$，读作“两直角边边长的平方相加等于斜边长的平方”。在人类明确提出勾股定理之后，在与此相关的数学论证中，数学阐述是这样进行的：“由此得出这个，即……”，在此表达中，“这个”以一种概念上固定的方式指称已经被确定了的东西，而无须顾及现时的表达就可以将它理解为被意指的东西，即勾股定理本身。在此例中，指示代词“这个”就是在与客观表达相等值的方式中发挥作用的。

此外，“在这些本质上机遇性的表达领域中还包含着与主体有关的那些规定：‘这里’‘那里’‘下面’，或者‘现在’‘昨天’‘明天’‘后来’等等。”其中，如“下面”“那里”“这里”等是言说者根据自己对地点的设定和直观表象来意指他此刻所处的地理位置，这些词语标志的是一个范围模糊的空间环境。当言说者在言说“这里”时，其实并不是意指一个明确的地点，而是一个模糊的地点性，它可以随着言说者的不同（处于不同空间位置的人都可以说“这里”“那里”等）或情况的变化而有所不同。可以确定的是，每个处于不同时空条件下的人都可以说“这里”，并以此来指称自己所在的空间环境，这就是“这里”这个词的最一般的功能，“这个词的本真含义是根据在当时对这个地点的表象才构造起来的。当然，只要‘这里’始终是指称一个地点本身，那么这个含义的一个部分就是普遍概念性的含义”。[①] 很显然，总会有一个直接的“地点表象”与“这里”这个普遍性概念相衔接，或者说，在言说者的语言陈述中，这个直接地点表象通过对这个“这里”的指示性的概念表象而得到理解。例如：

某个人说：这里。这个“这里”只是标志着一个范围模糊的空间环境。

一个身在南京的人说：“南京是个古老而美丽的城市，这里饱含着丰富而厚重的历史记忆。”“这里”不仅指称着一个说者所在的空间环境，而且明确地指称“南京”这个具体的地点，从而部分地具有普遍概念性的含义或客观表达的含义，“这里”的指示性含义通过“南京”的概念表象而得到理解。

具有主观机遇性表达的特征的还有诸如希望、思考、感知、愿望、信念、担忧、命令等表达，前面对指示代词或人称代词以及时间副词（现在、昨天、明天、后来等）、地点副词（这里、那里、上面、下面等）的分析也同样适合它们。需要特别说明的是，那些所有与定冠词相联系的表达也具有主观机遇性表达的特征：“定冠词只是通过种类概念或属性概念而与个体之物发生联系。”[②] 如，das Buch（“这本”书）、die Lampe（“这个”灯），这里，“书”和“灯”都是种类概念，加上定冠词后，便特别用来指称“这本”书、“这个”灯等个体之物。

此外，还有其他类型的偶然机遇性的表达，如“精确的表达与模糊的表达”“正常起作用的表达与非正常起作用的表达”“不完整的表达与完整的表达”等。我们以“不完整表达”为例进行分析，所谓不完整表达也叫省略性的表达，就是如果没有偶然性的机遇就不能表达一个完整的思想的表达，如“在下着雨”“有蛋糕”“走开”“怎么搞的”等等，这是一些具有省略性的简称，它们实际上是主观的、机遇性的表达，但看上去似乎像是客观的表达，胡塞尔说：“这些一部分是残缺不全的、一部分是主观不定的含义通过说者和听者身处的直观事态而得到相互补充或相互区分。”[③] 以“在下着雨”为例，这是一个不完整（不正常的）表达，我们可以把它补充为完

① 胡塞尔：《逻辑研究》第二卷第一部分，第 89 页。

② 胡塞尔：《逻辑研究》第二卷第一部分，第 89 页。

③ 胡塞尔：《逻辑研究》第二卷第一部分，第 91 页。

整的表达："现在外面在下着雨。""现在""外面"等是在表达中所欠缺的东西，是根本没有被明确地考虑到，而不只是被隐瞒不说，但这些时间和地点副词肯定属于"在下着雨"这个省略的表达中被意指的东西；这个表达中残缺不全和主观不定的含义通过说者和听者身处的直观事态而得到相互补充，加上"现在""外面"等补充后，就成为一个完整的表达了，它仍然是一个主观机遇性的表达，但是已经是一个正常的、可理解的表达了。

就模糊的表达与精确的表达区分而言，在纯粹理论和规律中作为其组成部分出现的表达都是精确的；而在日常生活中，大多数表达都是模糊的，如包含"树""动物""植物"等词语的表达。

例 9. 参加化学反应的各物质的质量总和等于反应后生成的各物质的质量的总和。（质量守恒定律或物质不灭定律）

例 10. 花园里各种植物生长得很茂盛。（日常生活中的表达）

例 9 表达的是一个化学的基本规律，它本身是个理论表达和精确表达，作为其组成部分出现的"化学反应""物质""质量""总和"等语词的含义也是精确的。在例 10 这个日常生活中的表达中，"花园""植物"等语词的含义是模糊的，模糊表达在不同情况下不具有同一的含义内涵，它们需要通过被立义的事例来决定它们的含义，在 M 的表达中各种"植物"可能主要指树木和草木，而在 N 的表达中可能主要指花卉等。与这类模糊表达的含混性有关的还有另一些表达的含混性，主要表现为与时空形态、颜色形态、声音形态等有关的相对简单的种类表达，如"鲜红"与"乌黑"等，它们在时空、颜色、声音等方面的边界是模糊而不清晰的，因而在这些边界模糊的领域内，对以上这些表达的运用也是有含义偏差的和不可靠的。

按照现象学的观点，含义是观念的统一，胡塞尔的分析也表明，含义偏差在本质上是意指的偏差。但是，前面的分析可能会带来如下疑问："含义是否分为客观含义和主观含义、固定的含义和随机变化的含义？……一些含义以固定种类的方式体现了观念的统一，它们始终不为主观表象和思维的变化所动；而另一些含义则处在主观心理体验的变动之中并且作为暂时的事件时而在此，时而又不在此？"[①] 胡塞尔认为，这个观点是不确切的。与一个固定表达所具有的内容一样，主观机遇性表达在特定的情况中所意指的内容都是一个观念统一的含义，就理想状态言，可以通过客观表达来代替每一个主观机遇表达，虽然这种可替代性也许很难实现，"所有存在着的东西都具有自在地确定不变的属性与关系，并且，如果它是在事物性自

---

① 胡塞尔：《逻辑研究》第二卷第一部分，第 93 页。

然意义上的实在存在，它便都具有它在空间和时间中确定不变的广延和位置，具有它的确定不变的保持方式和变化方式”。[①]上述类型的偶然机遇性的表达在理论上虽然都可以在确定的语词含义中被表达出来，但是，这不仅需要各不相同的、并且是足够多的语词符号，同时还需要有足够多的精确而有完整含义的表达，虽然这个理想离我们还无限地遥远，但人类认识的进步就表现在我们在不断地构造着与理论创新相关的、有确定含义的客观表达。

因此，语词的含义偏差与含义统一是同一的。就含义本身来看，客观固定的表达与主观机遇性的表达之间不存在本质上的区别，实际的语词含义是有偏差的、是随主观机遇而逐渐确定的，胡塞尔说“确切地看，含义（Bedeutung）的偏差实际上是意指（Bedeuten）的偏差”，[②]这句话实际上意味着，在语言陈述中是那些赋予表达以含义的主观行为发生含义偏差，含义本身并没有变化。

胡塞尔试图从心理学的和语法的结合中发掘出含义的观念本质，并弄清含义意指与被意指的对象性之间的关系，由此，表达与含义之关系探究也就处在纯粹逻辑学的范围之中了，“只要纯粹逻辑学涉及概念、判断、推理，它所从事的便仅仅是这些在这里被我们称之为含义的观念统一”。[③]需要注意的是，一方面，纯粹逻辑学是一门以科学本身的观念本质为目的、关于科学思维一般的名称论科学；另一方面，每门科学都有自己的理论内涵，这个理论内涵作为理论陈述的含义内涵是独立于所有进行科学研究者（判断者）及其判断的主观机遇之偶然性的，科学的理论表达在形式上具有严格的一致性，只有这样，科学理论才具有客观性和有效性。在纯粹逻辑学那里，真正的科学理论的统一性在本质上是作为含义的统一与被意指的对象性在观念规律上的相符合性。在此，纯粹逻辑学被胡塞尔定义为：

> 如果所有被给予的理论统一按其本质都是含义统一，并且，如果逻辑学是关于理论统一一般的科学，那么同时也就很明显，逻辑学就必定是关于含义本身的科学，是关于含义的本质种类和本质区别以及关于纯粹建立在含义之中的（即观念的）规律的科学。[④]

---

① 胡塞尔：《逻辑研究》第二卷第一部分，第 94 页。

② 胡塞尔：《逻辑研究》第二卷第一部分，第 95 页。

③ 胡塞尔：《逻辑研究》第二卷第一部分，第 95 页。

④ 胡塞尔：《逻辑研究》第二卷第一部分，第 96 页。

传统逻辑学与现象学的纯粹逻辑学是有本质差异的。传统逻辑学是一门阐述心理学规律的科学，它是用前提与结论、肯定与否定以及表象、判断等心理学解释的术语来进行思维操作的，它传达的是主观研究和论证的单纯进程；纯粹逻辑学是一门关于含义统一的科学，它对“理解”不感兴趣，它揭示的是作为客观统一的真理，是观念的含义统一的概念以及由此构成的真理。

与传统逻辑学一样，在纯粹逻辑学那里，纯粹理论科学研究者也会定义表达，但他用定义表达仅仅是为了指明表达的客观含义；他会进行判断和提出定理，但他做出的不是个人的主观判断，而是客观精确地陈述事态；纯粹逻辑学家的主要任务是进行批判性思考并得出相关的定理和规律，这些定理或规律是通过判断表达出来的，但其核心则是观念的陈述含义；定理是由概念或定理本身构成的，而不是由心理行为构成的；因此，在纯粹逻辑学看来，判断并没有“真”或“假”之分，只有定理（观念的陈述含义）才有“真”与“假”的区别。

对于纯粹逻辑来说，“定理本身是推论的基石”。在现象学那里，推论区分为“推论行为”和推论行为的“统一内容”。这个推论行为的“统一内容”与复合陈述有关，本质而言它就是复合陈述的同一含义，胡塞尔说：“那个由推论形式所构成的必然结论的关系不是判断体验的经验心理学联系，而是可能的陈述含义的观念关系，定理的观念关系。”[①] 从纯粹逻辑学的观点看，推论的有效性与定理的观念关系有本质联系，而与经验判断者无关，“无论是否有人在思维中将这种含义统一现时化，它们都仍然是它们所是”。[②] 这里的意思是说，就推论而言，研究者在从定理出发进行研究的过程中，不可避免地会有自身体验的主观行为参与其中，但他进行统一思考并得出的最终结论，是与主观思想相符合的客观的含义统一；这个客观的含义统一在人们发现并表达出来前可以潜能地或非现时地存在，也可以

① 胡塞尔：《逻辑研究》第二卷第一部分，第97页。

② 胡塞尔：《逻辑研究》第二卷第一部分，第98页。“现时性”（Aktualität）是一个起源于亚里士多德、在托马斯·阿奎那哲学中占中心地位的概念，是与“潜能性”相对的、与“现实性”基本同义的概念。在胡塞尔现象学的意向分析中，现时性是一个与感知行为具有本质联系的表达，具有“感知”所具有的“原本意识”和“存在意识”的双重特征，在此意义上，“现时性”与“印象”同义，是“当下的”而非“当下化的”；它也是与“设定”同义的概念。此外，现时性与潜能性仍然是一对对立概念，意向分析就是对现时性和潜能性的揭示，对象正是在这些现时性和潜能性中作为意义统一而构造起自身，现时性意味着“明确性”和“彰显性”，使潜能性变成现时性，就是“现时化”（aktualisieren），例如，使“共现者”随时可以被“现时化”，即从潜能成为现实（详参倪梁康：《胡塞尔现象学概念通释》（修订版），第28—29页）。

被研究者发现并现时化地表达出来；无论是否表达出来，客观的含义统一都是它们之所是。就含义与意指相比较而言，含义在科学理论中是根本决定性的东西，或者说，在科学理论中，具有本质性的不是表象和判断，而是概念和定理。在“含义和对象”这个互属的范畴中包含所有的逻辑事物，逻辑学所陈述的规律便建立在这对互属的范畴中，其中，通过范畴而被规定的东西就是一般规律，关于存在和真理的有效陈述都包含在这些规律之中。

含义体验的内容。胡塞尔在第一逻辑研究第一章区分含义本身和作为行为的意指之后，在第二章和第三章分别探讨了意指行为与含义偏差和含义统一的同一等问题，在第四章中又对“含义体验的观念内容”和“含义体验的现象学内容”等问题进行了深入的研究。

前面的分析表明，含义意指的本质不在于赋予意义的体验而在于体验的内容。这里存在着两种完全不同的体验内容：一种是体验的现象学内容和观念内容，可以称作“现象学内容”；另一种是在日常表达中说者和听者所具有的体验内容，可以称作“心理学内容”。前者是一种观念意义上的、具有同一性和意向统一性的有关含义体验的内容，后者是一种散乱而杂多的、心理学所理解的内容。举例来看：

日常表达：外面在下着雨。（含义体验的心理学内容）

理论表达：二乘二等于四。（含义体验的现象学内容）

在理论表达中，我们理解一个名称或一个陈述所表明的东西，绝不是那种在实在的意义上被看作是心理学意义上被理解的东西，而是表象、概念、判断或定理等的含义，它们在纯粹逻辑联系中被标志为构成逻辑内容的东西。或者是，如“二乘二等于四”等这样的理论表达，不论是作为名称的“二”“四”，还是作为陈述的“二乘二等于四”，它们都具有纯粹逻辑的表象或概念（名称）、判断或定理（陈述）的含义，而不是心理学意义所理解的实在内容。

理论表达的体验中当然也具有它的心理学成分。这些体验的心理学成分包括：首先，理论表达当然要借助于语词陈述出来，而这些陈述语词在听觉、视觉和动觉内容方面的显现就是体验的感性组成部分；其次，理论表达也是一个对象的释义行为，在理论表达的对象释义中有一个显著的特征，就是将被释义的语词置于时间和空间之中。就是说，在一个理论表达中，需要由我书写的文字符号以及由我声音说出的语词等，这些声音和文字符号都具有“我”个人的特征，它们都是“我”的表象体验中的心理学内容。这种行为特征构成主观方面的意指或理解。

在含义意向与含义充实构成的表达结构中，表达总是一个意指不断被充实的过程。在含义充实过程中，“图像化”（Verbildlichung）也逐渐加入含义意向之中。但在现象学看来，表达的本质存在于含义意向之中，而不是存在于“图像化”之中，如果在充实过程中加入含义意向中的这个“图像化”真的存在，含义意向与图像化交融在一起，这个图像化就在表达的体验中发挥作用，但这个图像化的作用也是表达中的心理学成分。这也同时表明，虽然表达的统一体验在含义方面表现出重大的心理学差异，但这个表达的含义却始终不变，“在含义不同地发挥着作用的表达中还包含着内容不同地被描述的含义意向，而所有被同义地理解的表达都带有同一个含义意向，即一个具有同样规定的心理特征。由于这一特征，那些在表达的心理学内涵方面有极大差异的表达体验首先成为对同一个含义的体验”。[①]就是说，每个表达的心理学内涵都有差异，但共同之处是都是对含义的体验；既包含随机变化的东西，也包含任何情况下都相同的东西。

现在需要进一步澄清表达或表达行为中“心理学内涵”与“逻辑内容”之间的差异性。我们试举例分析如下：

正数大于负数。（数学定理陈述句）

在这个陈述句中存在两种情况：一种情况是说这个句子时所意指的东西；另一种情况是人们在读这个句子时所理解的东西。我们在这里不讨论意指的东西与理解的东西之间的差异，但我们可以肯定的是，不同的人读到“正数大于负数”这个表达时会赋予它不同的涵义，我们称此为“心理学内涵”；尽管这个表达在不同个体那里的心理学内涵是有差异的，但这个陈述句的意义是“同一的”，这个表达的同一的意义就是它的“逻辑内容”。从科学理论和科学定理的角度来说，人们总是带着同一个意向来重复同一个定理，虽然在实际的言说中，每个人都有他自己的语句和理解因素，因而每个人的体验都具有无限杂多性，但是，与这些无限杂多的体验相对的则是在体验中被表达出来的同一性含义，这个含义在严格词义上始终是同一个，“定理含义并不随人和行为的数量而增多，在观念的逻辑的意义上的判断是同一个判断”。[②]这里的定理含义就是现象学含义（或逻辑含义），这是一个与意指的心理特征相区别的、具有严格同一性的逻辑含义。

胡塞尔认为，“明见性”（Evidenz）是认识问题中的最后权威。因为“直观是不能论证的”，明见性是对真实事态的“明察”（Einsicht），是现象

① 胡塞尔：《逻辑研究》第二卷第一部分，第103—104页。

② 胡塞尔：《逻辑研究》第二卷第一部分，第104页。

学上的明晰、直接的感知本身，而不是心理主义感觉论意义上的感觉的清楚明白，也不包含证明、论证的意思。在胡塞尔那里，明见性概念的使用不是很严格，（1）在本真意义上，明见性是指确定无疑地拥有真理，“明见性就是对真理的体验”，即直观的、直接和相应地自身把握的意识，意味着“自身被给予性”“绝对被给予性”“鲜明的确定性”“最完善的一致性综合”等；（2）在较为宽泛的意义上，明见性指一个意向得到充实的状况，或者说，意向与充实的统一；与之相对立的概念是 Absurdität（背理性），“背理性”是指一个意向得不到充实的状况。[①]

体验的心理学内容与现象学内容（逻辑内容）的本质差别在于是否具有“明见性”，体验的心理学内容并不是对实事状态的明察，而是对事实状态杂多的心理学感知；体验的现象学内容是对事实状态的明察，因而具有明见性。我明察到，无论我是否存在或思考、无论所有思维者和思维行为是否存在，我在这个定理中作为其含义而把握到的东西始终是同一的。以上这些情况适用于包括主语含义、谓语含义、关系含义、联结含义等在内的一切含义，并且首先适用于包含着单个的与总体的、不确定的与确定的、真的与假的、可能的与不可能的等谓语的观念规定性。[②]

在现象学的明察中获得的具有明见性的“这种真正的同一性无非就是种类的同一性。……当然，这些与观念-同一的含义相关的杂多个别性就是各个相应的意指行为因素，就是各个含义意向”。[③] 在胡塞尔看来，现象学的含义与各个意指行为的关系，就如同“红”的种类与个别的红的事物的关系一样，具体的红的事物除了具有形式、广延等感性-物理的构造因素外，还具有它作为红的事物的个体的“红”，即作为个别情况的某个颜色种类，它实在地以感性-物理的方式存在于某个个体事物中；相反，“红”本身则不是红的事物，它既不实存于某个个体事物中，也不实存在我们的思维之中，它是一个“种类的同一性”，是逻辑观念意义上的“红”本身。

红的纸条、红的苹果、红的玫瑰……（个体的“红”）

“红”本身。（种类同一性的“红”观念）

就此而言，含义构成了在“一般对象”意义上的概念，即具有明见性的“观念-同一的含义”概念，这样一个观念含义作为一般对象，既不会存在于天国，也不会存在于上帝的精神中；既不是一个形而上学的假设，

---

① 参阅倪梁康：《胡塞尔现象学概念通释》（修订版），Evidenz 词条，第 153—157 页。

② 胡塞尔：《逻辑研究》第二卷第一部分，第 105 页。

③ 胡塞尔：《逻辑研究》第二卷第一部分，第 105 页。

也不能理解为“实在的”存在或实在的对象。但是，这些观念含义的对象却对数学定理、逻辑判断等具有有效性。胡塞尔特别强调“含义的观念性（Idealität）不是在规范意义上的理想性（Idealität）”。[①] Idealität在德语中既有“观念性”的意思，也有“理想性”的意思，胡塞尔认为，在传统规范逻辑意义上的逻辑概念就其意指而言是一个理想，它的基本规律是同一律、不矛盾律和排中律，它要求排除所有的含义偏差，在绝对同一的含义中使用语句；理想性不排斥实在性，它甚至可以作为现实事物存在。在纯粹逻辑学那里，无论意指怎样发生偏差，含义自身都是种类的统一，种类的观念性在于它作为个体性与实在性的对立面而成为“在杂多中的统一”的观念性，纯粹逻辑学的观念性“有可能成为一个实践理想的不是种类本身，而只是它所包含的一个个别之物”。[②]

在此，还需要进一步区分“个体含义”与“种类含义”。前述可知，诸含义构成一组“一般对象”或种类，“每个种类都以一个含义为前提，它在这个含义中被表象出来，而这个含义本身又是一个种类。但一个种类在其中被思考的那个含义，以及这个含义的对象，即这个种类本身，这两者不是同一个东西”。[③] 这里的关键是作为含义统一的种类观念与这个观念所指称的对象之间的关系，例如：

在个体领域内，我们可以对“鲁迅”和关于鲁迅的各种表象进行区分：

鲁迅

鲁迅是著名的文学家。

鲁迅是著名的翻译家。

鲁迅是中国现代文学的奠基人。

……

同样，在种类领域内，我们也可以做出类似的区分：

四

四是序数第四。

四是数列中第二个偶数。

四是二的倍数。

四是三加一所得。

……

---

① 胡塞尔：《逻辑研究》第二卷第一部分，第106页。

② 胡塞尔：《逻辑研究》第二卷第一部分，第107页。

③ 胡塞尔：《逻辑研究》第二卷第一部分，第107页。

在种类领域内，“四”是个种类观念，它在“四”的各个含义中（序数第四、数列中第二个偶数、二的倍数、三加一所得等）被表象出来，而这个含义本身（如“二的倍数”）又是一个种类。但是，“四”这个种类观念本身与在诸如“二的倍数”等种类中被思考的含义，二者是有区别的，“四”是种类观念的一般性，“二的倍数”是含义的一般性，我们可以思考“四”这个一般观念，也可以思考“二的倍数”这个个体观念，它们都可以作为对象被思考，在种类领域内，“个体含义”与“种类含义”是在对象方面做出的区分，“作为含义统一的个体表象是总体性的，而它们的对象则是个体性的”。[①] 就是说，各个含义的对象是个体性的，但各个个体表象含义统一则形成“四”这个总体性的种类。

在现象学看来，“含义在意指行为中并不对象性地被意识到”，在含义意指的行为中，“我们所指的当然是它的对象而不是它的含义”。[②] 我们试举例说明：

“《农鞋》这幅画是梵高画的。”

我们首先对什么是“实事”（Sache）做一个简单规定。王路从语言哲学的角度指出，“事实，是自然语言中的一个基本表达，……而且是人们陈述认识、进行论证时作为确信或作为根据和依据常常要做出的断定和表达”。[③] 倪梁康从现象学哲学的角度指出，现象学运动的口号是“面对实事本身!”（Zur Sache selbst!），在这个意义上，“实事”或“实事本身”有两方面的内涵。[④] 胡塞尔区分“实事”与“含义”的关键在于陈述句是在做实事判断还是逻辑判断，“在逻辑意义上的判断要在一个反思的行为中才成为对象，在这个反思行为中，我们不仅仅回顾这个被做出的陈述，而且也进行必要的抽象（或者毋宁说，进行观念直观）。这种逻辑反思……它的特征在于理论联系和对此联系的理论思考，这种思考是在对刚刚进行的思维行为之内容的反思中逐步进行的”。[⑤] 就是说，事实判断是以“实事”为对象的判断；逻辑判断则是在对实事判断的反思中所进行的判断，或者说，是

---

① 胡塞尔：《逻辑研究》第二卷第一部分，第108页。

② 胡塞尔：《逻辑研究》第二卷第一部分，第108页。

③ 王路：《语言与世界》，北京大学出版社2016年版，第125页。

④ 参阅倪梁康：《胡塞尔现象学概念通释》（修订版），Sache词条，第421—422页。此外，胡塞尔也在专门的意义上使用“实事”概念，即“实事”具有“基质”（Substrat）含义，他在《观念Ⅰ》中认为，在奠基性行为（客体化行为）中，“实事”与“意向客体”没有区别；但在被奠基的行为中，“完整的意向客体”与“实事”则相互区分开来。

⑤ 胡塞尔：《逻辑研究》第二卷第一部分，第108页。

以实事判断为对象的判断。所以，实事判断以实事为对象，逻辑判断则要从理论上揭示实事判断这个陈述表达的含义。

例 1. "《农鞋》这幅画是梵高画的"。（实事判断）

例 2. S 是 P。　　　　　　　　　（逻辑判断）

例 1 这个陈述句是语言层面上的实事判断，在其中，我们所判断的是与《农鞋》这幅画有关的实事，这里所陈述或判断的实事是：荷兰的画家梵高画了一幅油画《农鞋》等，这些被陈述的实事就是这个陈述所意指的对象。例 2 则是在对"《农鞋》这幅画是梵高画的"这个事实判断进行反思中的判断，它既反思实事判断之思维的内容，又通过必要的抽象对内容的理论联系进行抽象理论的思考，在其基础上才能获得表达的真正含义。胡塞尔后来在《观念Ⅰ》中明确指出："在精神之目光中，属于我思本质特别属于行为本身本质的能力，本身不再是一种特殊的行为，而且不应与一种知觉（仍然按最广义来理解的）或与类似知觉的那种行为混同。应当注意，一种意识的意向性客体（按其是意识的充分相关物来理解），绝不意味着等同于被把握的客体。我们习惯于把被把握的存在物直接理解作客体的（对象一般的）概念。"[①] 按此理解，实事判断是一种知觉活动的特殊行为，而逻辑判断则是我思的本质能力（反思能力），不能把知觉把握的存在物直接理解为客体或一般对象的概念；在实事判断中我们只能把握事实对象；在逻辑判断中我们才能获得关于一般对象的含义。"S 是 P"这个句子作为课题贯穿在这个思考之中，"我们的思想便首先出现于这个行为之中（事实陈述——引者）；而且，在进一步的发展中，逻辑反思得以进行，那个被我们在统一思维联系中观念直观地和认同化地立义为同一个东西的语句含义还在继续被意指。只要一个统一的理论论证在进行之中，情况便总是如此"。[②] 胡塞尔这段话清楚地表明，我们的生活多样而生动、复杂而深刻，既有对事实的陈述或判断，同时也对陈述或判断的内容进行现象学反思；我们能够做出逻辑判断的结论，但这些结论是以我们能够直观到这些实事内容为前提和理由的，或者说，是在最终意义上对逻辑推论做出明晰规定的直观的实事。

最后，我们有必要对"明确的含义"与"含义自身"做出区分。前述可知，"含义是表达的含义"，但是，作为观念统一的含义与人类心灵生活的语言表达之间并不具有必然联系。作为观念统一的含义可以称为"逻辑

---

① 胡塞尔：《纯粹现象学通论》，第 65 页。

② 胡塞尔：《逻辑研究》第二卷第一部分，第 109 页。

含义”或“含义自身”；这些逻辑含义或含义自身总是通过我们的语言表达被表达出来，这些被表达出来的含义一开始可能是模糊的，但我们理论生活的目标则是追求“明确的含义”。胡塞尔认为，由概念、定理、真理等纯粹逻辑的观念统一构成的逻辑含义“构成一个观念完整的总体对象的总和，对于这些对象来说，它们的被思考和被陈述是偶然的”。[①] 事实上，在我们的语言陈述中有许多表达的含义在词义上都是可能的含义，甚至有些含义由于人类认识能力的局限性而永远无法被表达出来。

① 胡塞尔：《逻辑研究》第二卷第一部分，第110页。

第五章　一般对象与种类的观念统一

含义的观念统一是被我们在对意指行为特征的观看中把握到的。

——胡塞尔:《逻辑研究》

在《逻辑研究》第一卷中，胡塞尔反对心理主义时阐发的最重要的主题就是作为一门先天科学，逻辑学不是一门实在性的科学，而是一门观念性的（Ideal）科学。在《逻辑研究》第二卷的"第一研究：表达与含义"中通过对语言符号和语言符号意识的分析，胡塞尔认为逻辑学是关于含义本身以及含义规律的科学。而含义的统一本质上是理论的统一、客观的和观念的统一，因此，在"第二研究：种类的观念统一与现代抽象理论"中，胡塞尔重点对抽象与具体、观念的统一及其相应的本质直观（范畴直观）方式进行研究。在他看来，抽象理论对确定观念科学具有重要的作用，但经验主义的抽象理论根本无法把握种类之物，只有摒弃经验主义的抽象理论，才有可能获得关于实在性学科与观念性学科之区别的正确观念。这项研究的目的仅在于：使人们学会在一个类型，如由"红"的观念所代表的类型中，看到观念并学会说明这种"看"的本质。在第二逻辑研究中，胡塞尔通过对近代英国经验主义的抽象理论的否定性批判和对现象学的观念对象和观念直观的描述分析，第一次详细论述了范畴直观或本质直观的方法。作为种类统一意义上的含义一般是通过抽象而形成的，所以：

在对纯粹逻辑学进行哲学奠基时，要对抽象问题做双重考虑。这一方面是因为，纯粹逻辑学必须从本质上顾及到对含义进行范畴划分，与个体对象和一般对象之对立相符合的划分便属于这种划分。另一方面则尤其是因为，含义一般——即在种类统一意义上的含义——构成了纯粹逻辑学的领域，因而对种类本质的任何误认都会涉及到它自己的本己本质。所以，在这里有必要在一系列的引论性研究中就立即来

> 解决抽象问题，并且通过维护与个体对象并存的种类（或观念）对象的固有权利来确定纯粹逻辑学和认识论的主要基础。①

胡塞尔认为，对抽象理论以及种类的观念统一的研究，是相对主义的和经验主义的心理主义与唯心主义的分界点，并且，只有唯心主义才是一门自身一致的认识论的唯一可能性。胡塞尔所谓的“唯心主义”②不是指一种形而上学的教条，而是指这样一种认识形式，它不是从心理主义的立场出发去排斥观念之物，而是承认观念之物是所有客观认识的可能性条件。

一、一般与个体及其历史考察

第二逻辑研究第一章的标题是“一般对象与一般意识”，这里需要对“一般”和“个体”以及“对象”和“意识”做出界定和说明。

一般或普遍（Allgemeines；Allgemeinheit 译作普遍性或一般性）也译为“共相”或“种类”，与 Allgemeines 的相对的概念是 Individuelles，译作“个体”或“殊相”（个体性或特殊性）。Allgemeines 和 Individuelles（一般和个别、普遍性和特殊性）是一对贯穿欧洲哲学史始终的范畴，但在不同时期的哲学家那里具有不同的理论表现形式，在柏拉图那里表现为理念世界与感性世界的对立，在亚里士多德那里表现为形式与质料的对立，在中世纪以唯名论与唯实论（实在论）的形式进行争论，在近代以唯理论与经验论、观念论与实在论的对立出现。在欧洲哲学的历史探究和考察中，到康德、胡塞尔时，Allgemeines（共相、种类、一般性）所代表的是“观

① 胡塞尔：《逻辑研究》第二卷第一部分，第 112 页。

② 德文 Idealismus，国内学术界一般翻译为唯心主义或观念主义（唯心论、观念论），在胡塞尔的现象学论述中，Idealismus 分别指称两个范畴：一是通常所指的唯心主义，它意味着一种形而上学教条理论；二是指一种“认识论形式”，它承认观念之物是所有客观认识的可能性条件。在中国的教育和思维经验中，“唯心主义”（包括“唯物主义”）已经被意识形态教条化，我们过于强调哲学的意识形态属性，强调哲学服务于政治和现实的方法论功能，因而一涉及“唯物主义”与“唯心主义”、“辩证法”与“形而上学”等概念或词语，就有一种本能的“好”与“坏”或“对”与“错”的条件反射，在这样一种情感态度支配下，我们几乎无法进入 Idealismus 等哲学词语的思想语境和学理领域，以至于我国现代哲学在认识论的研究中，除了实验心理学在微观层次上对认知问题（被胡塞尔批判过的心理主义的认识论）有所推进外，真正的在哲学层面上的认识论除了重复教科书的教条外，几乎毫无建树。也许我们用“观念主义”或“观念论”这个意识形态色彩不太浓的词语来标识胡塞尔现象学 Idealismus 的认识论，才能使汉语哲学界的认识论研究进入纯粹的或学理的现象学哲学的思维领域。

念的统一”，Individuelles（殊相、特殊、个别性）所代表的是“个体的杂多”，胡塞尔关于种类的观念统一的现象学分析就是对Allgemeines与Individuelles关系的现代考察。

对象（Gegenstand）是胡塞尔的现象学分析中使用最多、在不同时期被赋予不同含义的概念，从意识现象学的角度来看，“对象”最基本的含义是“相对于意识而立的东西”（Gegen-Stand），即“意向对象”或“意识对象”，它意味着一个东西被意识到并且面对意识而立。在《逻辑研究》中，胡塞尔指出：“对象是意向的对象，这意味着，一个行为在此存在，它带有确定地被描述的意向，在这个确定性中的意向恰恰构成了被我们称作对这个对象之意向的东西。”[①] 在这里，“对象”作为以各种可能的方式被意指的东西，原则上不同于在意识中实项地被给予的东西（感觉材料），在《观念Ⅰ》中，对象被规定为“意向相关项”。

与“对象”相对应的“意识”概念是一个起源于德语哲学的哲学范畴，它最初出现在沃尔夫（Wolff）的哲学中并被定义为关于对象的表象，莱布尼茨把“意识”作为体验的总和划分为“知觉”和“统觉”，康德则把意识区分为“经验意识”和“超越论的意识”。在胡塞尔现象学哲学中，意识成为中心课题和中心概念——意识生活应当作为哲学的必然出发点，它是所有现实的意义构造之基础。胡塞尔认为，“意识”的最根本的本质是意向性，即意识与对象之物之间的意向关系，或者说，意识总是关于某物的意识。就此而言，“所有现实的时空存在都与一个对它们进行经验、感知、回忆等的意识有关。世界被看作是意识成就的相关项之总体，所有客观的意义构造和存在有效性都以作为先验主体性的意识为原本的源泉。对世界的理解因而必须以对这个主体性的反思、回溯，对意识构造成就的分析、把握为前提，而先验现象学作为认识批判便以此为其使命。在这个意义上，先验现象学所探讨的不仅是‘意识一般’，而且还有作为它的意向相关项的‘世界’”。[②] 整个胡塞尔的现象学因此主要是以“意识”作为主要课题进行

① 胡塞尔：《逻辑研究》第二卷第一部分，第448页。在胡塞尔的分析中，“对象”（Gegenstand）与“对象性”（Gegenständlichkeit）有原则上的区别：其一，对象性不仅涉及狭义的对象，而且也涉及事态、特征等非独立的实在的形式或范畴形式，就此而言，对象性意味着最宽泛意义上的对象，即在意识中被构造的东西；其二，对象性受到一个完整的行为的朝向，对象则受到各种不同的、构成这个行为的部分行为的朝向，这些对象一般不等同于整个行为的对象，就此而言，对象性是指一个整体意识行为所构成的整体对象（参阅胡塞尔：《逻辑研究》第二卷第一部分，第438页）。

② 倪梁康：《胡塞尔现象学概念通释》（修订版），第88页。

分析的。

在对“一般”和“个体”、“对象”和“意识”等概念做出初步界定和说明之后，可以明确，胡塞尔的“一般对象”是指“观念”，“一般意识”是指“对观念的‘看’”，即对作为一般对象的“观念”以及对关于一般对象（观念）的意识（现象学的看）。

一般对象也就是种类对象或观念对象，它有两个特点，一是非实在性，二是观念性。要说明非实在的、观念的一般对象（即“观念对象”）不仅是语言名称，同时也是对象，必须揭示一般对象的观念同一或统一的存在。即使观念对象是在意识中被构造的，但却仍然有它自己的存在。传统哲学中的唯名论与胡塞尔都认为观念对象是存在，区别在于：传统哲学中的唯名论是通过形而上学的臆想构造出观念对象的存在，而胡塞尔则要求通过现象学的观视即“观念直观”来把握观念对象的真实存在。

观念对象是否是真实的存在，这是一个非常重要的哲学问题。自从巴门尼德提出存在论后，苏格拉底以其生命实践探究了一般与个别的真实关系问题，柏拉图第一个以系统的理论形式探讨了个别事物与理念之间的关系。柏拉图哲学的核心范畴是eidos或idea，[①]它与德谟克利特的“影像”一样，都来自动词“看”（即idein）。[②]“影像”是流射出的“可见的东西”，由此引申到“灵魂可见的形象”，具有了抽象的性质，即事物的内在结构和本质。柏拉图的“相”既具有本质的含义，又具有“种”“类”的含义。在《巴门尼德篇》第二部分（137c）以下，柏拉图把相认作“最普遍的种”，即纯粹范畴。他通过八组假言推论来探讨对立范畴的存在与不存在的问题；在《智者篇》中，柏拉图选择了六个最普遍的相来考察范畴体系之间的对

---

① eidos或idea一词的中文译名达20多种，陈康主张译作“相”，贺麟、陈修斋、汪子嵩、王太庆等早年主张译作“相”，美学家朱光潜力倡译作“理式”，朱德生、赵敦华在《西方哲学通史》中译作“型相”。到了现在，在汪子嵩、范明生、陈村富、姚介厚等合著的多卷本《希腊哲学史》第一卷还采用“理念”的译名，从第二卷起改用“相”的译名，《柏拉图全集》的译者王晓朝也主张译作“相”。在汪子嵩最近撰写的回忆文章中指出，王太庆“认为柏拉图的‘相论’（Theory of Ideas）就是‘是论’（Theory of Being）……这样才解决了长期困扰他翻译《柏拉图全集》中的这个关键问题”，“柏拉图懂得苏格拉底所问的‘是什么’的‘是’，就是巴门尼德所说的那个‘是’。他用‘相’（idea）回答苏格拉底的问题。这个‘相’是确定的、永恒不变的，是普遍共同的，……它们是理性的对象，而具体的个别事物乃是感性的对象”（汪子嵩：《介绍外来文化要原汁原味》，载《读书》，2000年第9期）。

② 法国当代著名哲学家保罗·利科据此认为：希腊文化的根本特征在于其“视觉中心论”，即它的全部哲学的立场和追求都是以视觉的隐喻为基础的，由此得出的一切往往都是一种共时性的结构关系。相比之下，希腊人的历史意识就显得非常淡薄；希腊人只是“看”，而不怎么“听”过去的声音。这使得“直观”成为希腊以及整个西方“本质主义”哲学的一个特征。

立统一关系："存在""非存在""运动""静止""相同""相异"。这六个相也叫"种"，关于它们在什么意义上或者分离或者相通（分离或结合）的研究叫作"通种论"，这对后世西方哲学产生了巨大的影响。[①]

亚里士多德在前人哲学和数学（尤其是几何学）研究的基础上，第一次详细完整地研究了概念、定义、判断、推理形式等思维的一般规则，创立了哲学和科学研究与表达工具的形式逻辑。在逻辑学著作《工具论》中，亚里士多德研究了词的意义和词的分类。他认为，语言（词）是思想的符号，并通过思想指示存在。语言、思想、实在三者之间的关系就是"意义"。词是代表观念的符号（语音词是思想内容的符号，书写词是语音词的符号），每个词的意义在于指示思想之中或思想之外的对象，是词与观念和事物的对应；有些词的意义表示事物的运动变化（动词），有些表示不变的存在和本质（名词）；所有动词都被用作谓词，有些名词被用作谓词，有些被用作主词。每个单词都是对应于一个观念的约定符号，因而本身无所谓真假。但当单词组合成判断时，便出现了判断的真假问题。判断是谓词对主词的表达，它既表达几个观念，又表达对这些观念能否如此联结做出肯定或否定的判断。如果表达的思想内容与事实相符，那么肯定的判断为真，否定的判断为假；如果表达的思想内容与事实不相符，则肯定的判断为假，否定的判断为真。

亚里士多德在其逻辑学著作《范畴篇》中提出了十个范畴，表示"存在"的十种含义：本体（ousia）[②]、数量、性质（如"聪明的"）、关系（如"四倍"）、地点、时间、姿态（如"站着"）、状况（如"穿鞋的"）、主动（如"施手术"）、被动（如"接受手术"）。每一个范畴都以客观事实为对象，都指一种存在，所以，"存在"可以分为十类。在存在的十类范畴中，

---

① 柏拉图的相论对中国哲学界思维的启示在于：如果把人类思维能力或形式分为感性经验的、逻辑理智的、诗性的三个层次，中国具有丰富的感性经验思维体验以及发达的诗性思维，这使得中国学界很容易认同叔本华、尼采和海德格尔的思考方式，而以"相论"或"是论"为特征的逻辑理性在中国哲学中的缺乏，使中国人的思想经验在逻辑理智层面上的思维能力很不发达，而锻炼和发展逻辑理性思维在现时代显得十分重要和迫切。

② 亚里士多德的 ousia 在柏拉图著作中已经频繁出现，它是系动词"是"的名词形式，从字面上直接对应于英文 being。但其含义不易表达，一般说来，ousia 意指"某物存在"（it is），相当于英文 substance；但早期拉丁文作家西塞罗等将它译作 essentia（本质）则更正确，陈康先生也主张译作"本质"比"本体"或"实体"好些。所以，下面所谓的第一本体和第二本体也可称作第一本质和第二本质。罗素称为"一阶的 ousia"和"二阶的 ousia"。实际上，根据亚里士多德在《形而上学》卷五章八 1017b10–22 提出的关于"本体"的四个标准中，当 ousia 符合前三个标准时，可以称为"本体"；而按照第四个标准："ousia（本质），其公式即定义，这也被称为各事物的本体。"

“本体”是中心。在一个陈述中，主词是主体或本体，其他的范畴是表达它的谓项；本体是其他九范畴的基础，九范畴表示的存在是依附于本体的，而不能有与本体相分离的九范畴存在。如“人是白的”，“白的”不能有离开“人”的独立存在。“本体”和“九范畴”的区分，实际上是对困扰哲学家的“是”的意义所做的区分。

亚里士多德认为，个别事物是第一本体，“种”和“属”只是第二本体。作为陈述主词的本体又可以区分为“个别事物”和它的“属”和“种”。“属”和“种”也是本体是因为其他九范畴都可用来表达它们并依附于它们而存在。

本体（ousia），就这个词的最真实、最原初、最确定的意义来说，是指既不能表达一个主体，又不依存于一个主体中的东西，如个别的人或马。但在派生的意义上，像属（genos/species）那样包括着原初本体的东西，也被称为本体；同样，包括着属的种（eidos/genera），也被称作本体。例如个别的人包括在“人”这个属里，“人”又包括在“动物”这个种里。“人”和“动物”就是第二本体。[①]

这里，亚里士多德给出了确定“本体”的两个标准：

逻辑的或语法的标准——所谓能不能“表达一个主体”，就是在陈述中能不能作主词的谓项。其中：

（1）九范畴可以表达本体，而本体不能表达它们；

（2）属和种可以表达个别事物，而个别事物不能表达属和种；

（3）九范畴可以表达属和种，但属和种不能表达九范畴；

（4）个别事物不能相互表达，因为没有一个比另一个更真实。

形而上学的或存在论的标准——“不依存于一个主体”，即个别事物不依赖于其属和种而独立存在，但属和种却不能与个别事物相分离。

亚里士多德还进而讨论了属、种和定义的问题。比较而言，属比种要更接近个别事物一些，所以，属比种也更本体一些。在定义中，只有作为谓项的属和种才能说明原初本体是什么，并且说出属比说出种能使定义更确切。关于这些个别事物的定义是没有的；它们通过感觉被直观地辨认，人们没有实际经验，不能明白它们是否存在。但它们总是通过普遍公式被表达并得以认识。[②]

中世纪学者波尔费留（Porphyry）在《亚里士多德〈范畴篇〉引论》

---

① Aristotle, *Categoriae*, 2a11.

② Aristotle, *Metaphysica*, 1036a5–8.

中把古代哲学家关于一般和个别关系的讨论归纳为三点:(1)种和属是独立存在的，还是纯粹理智的产物;(2)如果种和属存在，是有形体的还是无形体的;(3)它们是与感性事物分离，还是寓于感性事物之中?

中世纪学者波爱修(Boethius)在《波尔费留〈引论〉注释》中重提这三个问题，中世纪的经院哲学所讨论的主要问题是“一般与个别”(共相与殊相)哪一个更实在，并由此把经院哲学分为唯名论和唯实论。唯名论主张“个别”是唯一的实在，一般或共相只是名称；唯实论认为“一般”先于个别而存在，一般或共相是唯一的实在，个别是一般的影子。

安瑟伦[①]按照上帝存在的本体论证明，主张“极端唯实论”，认为“共相”“一般”不仅存在于人心中，而且存在于现实中，是先于个别并在个别之外独立存在的实体。

阿伯拉尔[②]在一般和个别关系上，坚持个别事物的真实存在，认为“共相”是名词。他反对共相是事物的相同本质(即“本质是实体”)的观点，抓住“一表达多”(如“苏格拉底是人”“柏拉图是人”)这个共相的逻辑特征讨论共相的性质。根据亚里士多德个别事物不能相互表达的看法，表达多的不是“一”事物，只有“名词”才有表达事物的功能。名词分为特殊名词和一般名词。殊相是表达一个事物的特殊名词，共相是表达众多事物的一般名词。共相的性质就是一般名词的表达功能。为此，他区分了词的语音和意义:(1)语音是可感的、外在于人的对象；意义是可知而不可感的，是内在于人的观念。(2)语音属于语言的语法学构造；意义属于语言的逻辑学构造，语法上正确的构造不等于正确的逻辑表达。比如，“苏格拉底是人”和“苏格拉底是木头”在语法上都正确，但只有“苏格拉底是人”是正确表达。

使一个词成为共相的原因在于被表达的该事物自身。共相的基础是众多个别事物的相似性，每个事物都具有一定形式，人的理智根据知觉和想象进行抽象使这些形式脱离实物而形成概念。共相就是逻辑概念与心灵中的观念。

---

① Anselmus，也译为安瑟尔谟，生于意大利的贵族家庭，曾任英国坎特伯雷大主教，以上帝存在的本体论证明而被称为“经院哲学之父”。在一般和个别关系上属于极端唯实论。他的格言是“我决不是理解了才信仰，而是信仰了才理解”，即“信仰，然后理解”。著作有《宣讲》《独白》《论真理》《论选择自由》《论三位一体的信仰》《斥愚人书》等。

② Abailardus，辩证神学家，生于法国骑士家庭，曾因与海洛伊丝的爱情而遭阉割的私刑，在一般和个别关系上主张“概念论”，被称为“温和的唯名论”。著作有《是与否》《基督教神学》《认识你自己》等。

据此，阿伯拉尔回答了波尔费留的问题：第一，只有个别事物才是独立存在的实体，共相不是实体，也不表达个别实体以外的实体；第二，共相作为名词是有形的，作为名词的意义是无形的，但心灵中有关于它的印象；第三，共相表达的事物的共同形式在感性事物中，但共相把握这一形式的方式却在理智之中，表现为心灵的一般印象；第四，个别事物是产生共相的原因，但共相一旦产生，便有了不依赖个别事物的心灵印象；即使个别事物消失，印象仍存在。

托马斯·阿奎那[①]在一般和个别的关系上，属于“温和唯实论”。他认为“一般”或“共相”有三种存在形式：

一般作为上帝创造万物的原型理念或原始形式，存在于被造物之前；

一般作为上帝创造个别事物的形式或本质，存在于个别事物之中；

一般作为人对个别事物的认识而形成的概念或思想的“共相”，存在于人的理智中。

但阿奎那强调，一般无论是作为理念，还是作为形式或概念，都是最实在的存在；个别事物是一般共相的创造物。这个潜入事物中并决定个别事物的属性的“形式”（一般或共相）就是托马斯所谓的“隐蔽的质”。

约翰·邓·司各脱[②]在一般和个别的关系问题上主张“温和唯名论”。他承认客观上只有“个别”是真实的存在，种和类等一般、共相都不能独立存在；但是，一切个别事物都是形式和质料的结合，质料为同类个体所共有，个体差异性来自形式，因此，一般不仅是人心中的概念，也是同类个别事物共有性质的形式。这样，他把一般“个别化”，使其存在于个别之中。形式赋予质料的不是存在，而是具有现实性的“个性”。

奥康的威廉[③]通过词项逻辑研究了概念或共相的意义。他认为，词项是命题的组成部分，命题既是书写的或口说的句子，也是思想的内容。因此，词项也相应分为书写符号、口语符号、观念符号。不能简单地说“共相是

---

① Thomas Aquinas，出生于意大利贵族家庭，曾在那不勒斯大学学习亚里士多德哲学，后随精通古典、具有“全能博士”之称的阿尔伯特学习，1252年在阿尔伯特推荐下进入巴黎大学神学院学习，4年后毕业获得博士学位并开始教学和研究生涯，著作颇丰，总字数1500万字之多，著作有《神学大全》《反异教大全》《论存在与本质》等。

② Johannes Duns Scotus，生于苏格兰，曾在牛津和巴黎大学学习并任神学教授，擅长论辩，有“精明博士”之称，著作有《牛津论著》《巴黎记录》《形而上学精细论题集》等。

③ William of Ockham，生于英国萨里郡的奥康村，曾在牛津大学神学院学习，学完全部神学课程却因候选人太多及受“异端”指控未能获得“博士”学位，但因辩论机敏而有“不可战胜的博士”称号。为躲避迫害而接受与罗马教皇不睦的罗马皇帝巴伐利亚的路德维希庇护，并说“你用剑保护我，我用笔保护你”。著作有《箴言集》《逻辑大全》等。

词”，准确地说，共相是观念的词项。观念是人类心灵在自然条件下所具有的概念、印象和共同的思想内容。但是，与温和唯实论承认的“观念或共相是外部自然在心灵中造成的概念”不同，奥康的威廉认为概念是心灵自身自然地构成的，即概念是心灵的自然符号。外部自然只造成关于事物的印象，心灵构造印象形成的符号才是概念或共相。

观念符号具有“指称”和“指代”两种逻辑功能。指称是符号自身具有的代表功能；指代是符号在命题中才具有的代表功能。具有指称和指代功能的符号是关于个别事物的名称。具有指称功能的符号必有指代功能，但有指代功能的符号不一定有指称功能。普遍概念都有指代功能，分为“人称指代”“简单指代”和“物质指代”。人称指代的对象既可以是外物，也可以是心灵中的概念，此符号既可以是殊相，也可以是共相，如“柏拉图在写作”，“人们在跑”；简单指代没有指称功能，只是用一个符号代替另一个符号的思想内容，如“人是一个属”，用“人”这个符号代替“属”这个符号的思想内容；物质指代使用一个符号指代另一个符号的物质形式，如“‘人’是一个名词”，“人”指代书写符号“名词”的物质形式。由此，奥康的威廉解释了科学研究对象的普遍性问题。他认为，世界由事物组成，是个别的存在；科学由命题组成，其研究对象是共相及其普遍命题，它是通过普遍概念和一般判断来把握个别事物的，但共相有指代殊相的逻辑功能，它归根到底是关于自然的符号。质言之，共相与殊相在心灵中的关系就是词项在语言中一般和个别的逻辑功能关系，由此，共相可以分为绝对概念、内涵概念和关系概念三类。

在一般和个别的关系问题上，奥康的威廉主张个别事物是真实的存在，一般或共相没有实在性，而是来源于感觉经验的一种逻辑“标志”。亚里士多德把属和种看作是“第二实体”，实际上是把个别事物的“类”即心灵中的概念移到心灵之外当成了实体。他认为，一般、共相既不能存在于上帝的精神之中，也不能存在于个体之中。共相是一个设想出来的东西，是存在于理智中的一般概念，是事物之间的联系或符号。现实中没有独立存在的“联系”和“符号”，如果在事物之外设定独存的“联系”，只能使问题复杂化。为此，奥康的威廉提出了著名的思维经济原则“如无必要，勿增实体”。认为“实体形式”或“隐蔽的质”等多余的东西，应像快刀剃头一样统统剃掉，史称“奥康的剃刀”。

进入近代哲学时期，中世纪的唯名论与实在论之争被经验论与唯理论所取代。胡塞尔关于一般对象与一般意识的分析，主要是在对洛克、贝克莱、休谟等人观点的批判中进行阐发的。胡塞尔指出：

在关于一般对象学说的发展中，有两种错误解释占据了统治地位。第一种错误解释在于以形而上学的方式对一般之物做实在设定，在于设想处于思维之外的一个实在的种类存在。

第二种错误解释在于以心理学的方式对一般之物做实在设定，在于设想处在思维之中的一个实在的种类存在。

第一种错误解释的基础是（在传统观点意义上的）柏拉图实在论，而与这种错误解释正相反对的是老的唯名论，不论是极端的唯名论，还是概念论的唯名论。与此相反，对第二种错误解释的反抗，尤其是洛克式的反抗，规定了自贝克莱以来的近代抽象理论的发展并且使得这种发展决定性地朝向了极端唯名论一边（如今人们将这种唯名论统称之为唯名论并且将它与概念论对置起来）。①

由于人们误解了一般直观与一般含义之间的区别，因而拒绝一般含义的“概念表象”及其特殊的表象意向，并且将个体的、仅在心理学上特殊的个别表象视为概念表象之基础，这样：

又有第三个唯名论的错误解释与前两种错误解释相衔接，这种唯名论相信，它可以以各种形式在对象和行为方面将一般之物解释成个别之物。②

前面胡塞尔指出的两种错误实际都是“实在论”的错误，即柏拉图化的实在论（“老实在论”）与心理学化的实在论（“概念论”或“概念实在论”），它们都对一般之物做实在的设定。就是说，以往的理论中，人们要么把一般之物看作是与具体的感性现实相并列而存在的另一种实在，甚至看作是比感官世界更为真实的实在，如柏拉图的理念世界；要么就是把一般之物看作是仅仅存在于思想之中的实在，如洛克的抽象观念学说，它把一般之物等同于心理学的体验，在这种理论看来，一般与个别的区别只在于：一般是在意识之中的或内在于意识的实在，个别是意识之外的或超越于意识的实在。

① 胡塞尔：《逻辑研究》第二卷第一部分，第128页。

② 胡塞尔：《逻辑研究》第二卷第一部分，第129页。

二、个体与一般作为观念对象的含义统一

胡塞尔认为，我们可以将那种柏拉图化的实在论看作是早已完结了的东西置而不论，但洛克等所理解的心理学化的实在论的思想动机至今还有效用。我们将在后面结合胡塞尔对一般对象的分析进一步讨论胡塞尔对洛克抽象观念理论的批判。

胡塞尔认为，存在着这样一些活动，在这些活动中某种一般物以一种非本真的方式表现出来。正是在这些活动中，我们借助于语言符号的帮助意向到某种非本真方式存在的一般物。这个非直观性的表象是一个观念，这个观念与一个词的意义相同。以往的唯名论只看到一般对象仅仅是一个语言名称，而语言名称不是真正意义上的对象，意向的真正对象是个体的，无视作为语言符号之意义的观念。所以，尽管一般对象既是观念的，也是非实在的，但它仍然是对象，而不仅仅是名称。胡塞尔与布伦塔诺一样都坚信经院哲学的信条：语词借助观念而意指某物。一个语言符号只有通过观念才能获得其意义（观念主义），而任何观念都在直观中有其根源（直观主义）。胡塞尔的现象学就是要通过意向分析和表达的含义分析，弄清一个种类（观念）如何在认识中真实地成为对象的。

> 对种类对象和个体对象之划分的有效性和不同的表象方式，即这些和那些对象被我们清楚地意识到的不同方式——，都是用明见性来向我们担保的。而这种明见性是随着有关表象的澄清而自身被给予的。我们只须回到个体表象或种类表象在其中得到直观充实的情况上去，就可以在这些问题上获得最清楚的明晰性。①

在胡塞尔看来，个体的东西与种类的东西（一般之物），实际上都是意味着一个统一的含义，它们都是观念对象。所谓一个“观念对象”，就是一个“含义统一”，不论是个体东西，还是种类东西，它们的“存在”都是一个含义统一，因而都是一个观念对象。举例来说：

1.“喜马拉雅山”是一个个体对象，它代表了一个含义的统一，因而代表了一个个体观念对象；

2.“山”是一个种类对象，它代表了一个含义的统一，因而代表了一个

---

① 胡塞尔:《逻辑研究》第二卷第一部分，第113页。

种类观念对象。

不论是“喜马拉雅山”还是“山”（以及所有的个体对象和种类对象），它们实际上都是在不同的话语中意指同一个含义，因而都是一个“观念对象”。具体来说，不论是何人用何种语言在任何时间、任何地点说出“喜马拉雅山”这个语词，都意指着同一个含义，其“含义的统一”标识着“喜马拉雅山”是一个个体的“观念对象”；同样，不论是何人用何种语言在任何时间、任何地点说出“山”这个语词，也都意指着同一个含义，其“含义的统一”标识着“山”是一个种类的“观念对象”。

胡塞尔在第一逻辑研究“对赋予含义的行为的特征描述”中，在探讨意指行为时已经将含义本身与作为行为的意指区分开来，认为“含义本身是相对于各种可能行为之杂多性而言的观念统一性”。[①] 在第三章“词语含义的偏差与含义统一的同一”中，在对存有偏差的意指行为与观念统一的含义进行了细致分析之后，胡塞尔指出：

> 这一点是明白无疑的：就含义本身来看，在它们之间不存在本质区别。实际的语词含义是有偏差的，它们在同一个思想进行中常常会有变化；并且就其本性来看，它们大部分是随机而定的。但确切地看，含义的偏差实际上是意指的偏差。这就是说，发生偏差的是那些赋予表达以含义的主观行为，并且，这些行为在这里不仅发生个体性的变化，而且它们尤其还根据那些包含着它们含义的种类特征而变化。但是，含义本身并没有变化。[②]

人们在对个体的对象（如“喜马拉雅山”）或种类的对象（如“山”）做出各自不同的陈述和意指时，这个陈述或意指本身可能不会完全相同，就是说，在对喜马拉雅山做出陈述或意指时，所涉及的含义“喜马拉雅山”是客观的，但主观的意指活动仍然会发生偏差。但不论主观的陈述或意指如何变化，它们所关涉的含义本身却始终是同一的和稳定的。

从以上论述中，胡塞尔回答了困扰西方哲学史的如下两个重要问题：

1. 一般对象在何种意义上说是存在的和真实的；

2. 一般对象相对于个别对象具有何种特殊地位和权利。

关于“一般对象在何种意义上说是存在的和真实的”的问题，以往的

---

① 胡塞尔：《逻辑研究》第二卷第一部分，第 82 页。

② 胡塞尔：《逻辑研究》第二卷第一部分，第 95 页。

理论要么如柏拉图的理念论或相论所认为的，把一般对象或一般之物看作是与具体的感性现实相并列而存在的另一种实在，甚至看作是比感官世界更为真实的实在；要么把一般对象或一般之物看作是仅仅存在于思想之中的实在，只有个体之物是现实存在的，一般之物仅仅存在于我们的意识之中，是我们思维的构成物。胡塞尔的分析则表明，从含义统一或观念统一的角度来看，决定一个对象是否是真实的存在，不在于这个对象是个体的还是一般的，而在于：在被陈述或意指的过程中，对这个对象的意指性表达是否与这个对象本身的含义统一相符合。

就是说，个体之物与一般之物之所以都是实在的和真实的，既不是因为一般之物具有与感性现实相同的客观实在，也不是因为一般之物仅仅是意识中的存在，而是由于它们都是被陈述或被意指的对象（意向相关项），由于个体之物或一般之物都在被陈述或被意指的过程中，对它们的意指性表达与个体对象或一般对象的含义统一相符合。或者说，在哲学认识论中，个体之物与一般之物都是因为对它们的意指性表达与它们的含义统一相符合，才是存在的和真实的。除此之外，即使是个别事物，如果没有进入现象学分析，不是作为意识分析的对象或意向对象，它也因为是外在的自然存在，也必须在现象学分析中被悬置而对其中止做出存在与不存在的判断。如此，前面的举例就变成了：

1. 关于“喜马拉雅山”这个个体对象（个体之物）的意指性表达与“喜马拉雅山”的含义统一相符合，因而“喜马拉雅山”作为一个个体的观念对象而存在，并且是真实的；

2. 关于“山”这个种类对象（一般之物）的意指性表达与“山”的含义统一相符合，因而“山”作为一个种类的观念对象而存在，并且是真实的。

个体之物与一般之物都因对它们的意指性表达与其含义统一相符合而存在，那么，一般对象相对于个别对象具有何种特殊地位和权利？这个问题实际上涉及的是人们通常所谓的“个别与一般的关系问题”，胡塞尔通过“红的种类”与“直观的红的对象”之间的关系之比较对此进行了极有价值的分析：

> 含义与意指性表达之间的关系，或者说，含义与表达的含义意向之间的关系就是一种与例如在红的种类与直观的红的对象之间的关系，或者说，就是一种在红的种类与在一个红的对象上显现出来的红的因素之间的关系。当我们在意指红的种类时，一个红的对象对我们显现出来，我们在这个意义上观看这个对象（我们尚未意指这个对象）。同

时，在它身上显现出红的因素，因此我们在这里又可以说，我们在向它观看。[①]

按照胡塞尔的意思，我们以对一个红的事物如红布的直观为例，我们看到的是同一块红布，具有相同的感觉材料。我们可以意指“这一块”具体的、个体的红布，也可以意指在这块红布上显现出来的红的种类本身，这样：

> 这一个相同的现象却承载着两种不同的行为。这一次，这现象是一个个体意指行为的表象基础，这个个体的意指行为是指我们在素朴的朝向中意指显现者本身，意指这个事物或这个特征，意指事物中的这个部分。另一次，这现象是一个种类化的立义和意指行为的表象基础；这就是说，当这个事物，或毋宁说，当事物的这个特征显现时，我们所意指的并不是这个对象性的特征，不是这个此时此地，而是它的内容，它的“观念”；我们所意指的不是在这所房屋上的这个红的因素，而是这个红。这个意指就其立义基础来看显然是一个被奠基的意指（参阅《逻辑研究》第二卷，第六研究，第46节），只要一个新的、对红这个观念的直观被给予性而言构造性的立义方式是建立在对这个个体房屋或对它的红的“直观”基础之上。……在所有这些情况中，个体因素都是一个不同的因素，但在“每一个”情况中实现的都是同一个种类；从种类上看，这个红与那个红是同一个红，即它们是同一个颜色，而从个体上看，这个红与那个红又不是同一个红，即它们是不同的对象性特征。[②]

在我们对这块红布的意指行为中，一方面是一个个体意指行为的表现基础，另一方面是一个种类化、一般化的意指行为的表现基础，或者说，我们在这块红布上既可以直观到个体的红布，也可以直观到种类的红本身。在个体的红布上，我们直观到的是这个对象性的特征；而在种类的红本身中，我们直观到的不是对象性特征，而是红的“内容”，即红的“观念”。

红的对象和在它身上被突出的红的因素是显现出来的，而我们所

---

① 胡塞尔：《逻辑研究》第二卷第一部分，第111页。

② 胡塞尔：《逻辑研究》第二卷第一部分，第114页。

> 意指的却毋宁说是这同一个红，并且我们是以一种新的意识方式在意指这个红，这种新的意识方式使种类取代于个体而成为我们的对象。[①]

个体对象和一般对象都是真实存在的（并存的），但胡塞尔现象学意义上的一般对象或一般之物既不是柏拉图等实在论所主张的与具体感性现实相并列而存在的另一种实在，也不是唯名论及概念实在论[②]所主张的仅仅是内在于意识或思想中的实在。胡塞尔所谓的一般之物作为一般对象的存在，是指对它们的意指性表达与其含义统一相符合而言的存在。

三、对概念实在论的批判

胡塞尔专门批判了洛克哲学以心理学方式对一般之物所做的实在设定。洛克等人认为，只有个体之物是现实存在的，一般之物仅仅存在于我们的意识之中，是我们思维的构成物。这实际上是一种概念论的实在论观点，胡塞尔将它称作“心理学化的实在论”。

在洛克看来，凡属于人所称道的事物，亦即对人显现着的事物，都是为人的意识所显现而其本身也就是意识。人不能脱离意识而有思维的对象，在此前提下，思维规定对象“是什么”和“怎样”的一切确定性，这也都是意识；意识是存在着的事实，它对人来说是无所不包的；如果这无所不包的意识是有规律的，那么，全部哲学的问题，都可以归结为人的意识原理问题。

一切知识都是以观念为构成要素的，知识或观念来源于经验。“经验”就是对外界事物的观察或对我们心灵内部活动的观察。经验分为两类：外部经验（外感）——对外部对象的感觉，是由外物直接作用于人的感官产生的，如红、白、冷、热等；内部经验（内感）——对内部心灵的反省，即由对自己的心理活动进行体察而产生的，如知觉、思想、怀疑、信仰等。外感和内感的作用就是把外物的可见的肖像或观念传达进来，它们都是知识的来源：

---

① 胡塞尔：《逻辑研究》第二卷第一部分，第112页。

② 按照倪梁康先生的解释，胡塞尔所说的概念实在论，通常被纳入宽泛意义上的“唯名论”中。严格意义上的“唯名论”，是指那种把一般对象或一般概念视为单纯语言名称、或者视为单纯主观意识构成物的一种主张，而“概念论”则是一种把一般之物看作思维构成物、看作是心理实在的主张。

> 感觉的对象是观念的一个来源……心理活动是观念的另一个来源。……外界的物质东西，是感觉的对象，自己的心理作用是反省的对象，而且在我看来，我们的一切观念所以能产生，两者就是它们唯一的来源。[①]

洛克认为，一切由感官得来的观念都是简单观念，所谓“简单观念”，是心灵借助感觉或反省从外部事物或心灵活动直接得到的单纯观念。它首先是外物的性质刺激和作用于感官的产物，刺激感官的各种性质在事物本身中是不可分割地联系着的，但它们刺激感官在心灵中造成的观念却是单纯的、彼此独立的，即简单观念。

> 这些简单的观念，就是一切知识的材料，它们所以得提示得供给于心中，只凭上述的两条途径：就是凭着感觉和反省。[②]

按照观念进入我们心灵的途径，洛克区分了四种简单观念：

> 第一点，有些观念进入人心时，只通过一个感官。（如颜色通过视觉）
>
> 第二点，有些观念进入人心时，要通过两个以上的感官。（如静止、运动通过视觉和触觉）
>
> 第三点，有些观念是只由反省来的。（如意愿、知觉）
>
> 第四点，有些观念所以进入于人心，提示于人心，是通过反省和感觉两种途径的。（如痛苦、存在、统一）[③]

洛克在从简单观念引出并讨论了物体的两种性质之后，又进一步对观念进行了区分：复杂观念和一般观念。

心灵在从感觉和反省两条途径获得简单观念时是完全被动的，但心灵的主动性在于它能以简单观念为材料来构建各种复杂观念，“复杂观念是被人心由简单观念造成的”。[④]首先，心灵把若干简单观念结合成一个“复合观念”，因而造成一切复杂观念；其次，它可以把两个观念（不论是简单的

---

① 洛克：《人类理解论》（上册），关文运译，商务印书馆2011年版，第74—75页。

② 洛克：《人类理解论》（上册），第90页。

③ 洛克：《人类理解论》（上册），第92页。

④ 洛克：《人类理解论》（上册），第139页。

或复杂的）并列起来，放在一起考察，形成“关系观念”；最后，心灵将一些观念从其他一切同时存在的观念抽象出来，形成“概括的观念”。

其中，复合观念和关系观念可以统称为“复杂观念”，概括的观念也可以称为“一般观念”。复杂观念按其构成方式可以分为三类：情状（modes，亦译为样式），实体（substances），关系（relations）。

情状或样式的观念是表现事物的性质、数量、状态等的概念，它不是独立存在的，而是实体的附属性质，如“三角形”“感激心”等。它分为简单的和混杂的两种情状观念。

实体的观念是简单观念的组合体，这种组合被用以代表独立存在的个别事物，就是说，任何一个关于具体的、特殊的物体的观念，就是实体的观念。如“马”“山”就是关于实体的观念。洛克认为，实体观念只有三种，即上帝、有限的灵魂（精神实体）和物体（物质实体）。所有实体观念只能揭示事物的“名义本质”（即一个名称所表示的复杂观念），而不能反映事物的“实在本质”（物体内部的不可察觉的细微部分的组织和运动）。在洛克看来，实在本质是名义本质的基础，但人们只能把握名义本质，至于实在本质，人们只能假定其存在，却不知其为何物，就是说，知识起源于经验却不能超出经验：

> 除了简单的观念而外，我们概无所知……至于事物的内在组织和真正本质，则我们更是不知道的，因为我们根本没有达到这种知识的官能。[①]

关系观念是人心把一个观念和其他观念并列在一起加以考察和比较而形成的观念。其中最主要的是“因果关系”的观念。洛克从实在本质不可知的观点出发，认为人们不能把握因果之间的必然联系。

> 因为我们只要知道有任何简单的观念或实体，由于别的观念（或实体）的作用，而开始存在，我们就可以得到因果的观念；并不必知道那个作用的方式如何。[②]

“一般观念”即抽象概括的观念，它是人们通过心灵的分离或抽象作用，

---

① 洛克：《人类理解论》（上册），第308页。

② 洛克：《人类理解论》（上册），第322页。

对具体和特殊的观念进行概括而形成的。所谓抽象概括作用，就是把表示个体事物的复杂观念中的特殊成分去掉，只留下那些共同的成分，形成抽象的或一般的观念，如抽象掉人的高矮、肤色、年龄、民族等特殊性，只保留下“理性”这一共同成分，便形成了“人”这个一般的观念。一般观念也叫作“共相”，在这个问题上洛克持唯名论的立场，认为现实存在的只是个别事物，一般只是纯粹思维的产物，只存在于人的抽象观念中，并不反映事物的本质。“总相和共相只是理解的产品，……只把它们作为一些标记用，——不论是字眼或观念。”[①]但是，“它们虽是理解的产品，可是亦以事物的相似关系做基础”。[②]总之，洛克认为，复杂观念来自简单观念，概念来自感觉。

胡塞尔对洛克的抽象观念学说的形成思路进行了概括：

> 在实在现实中不存在像普遍之物这样一类东西，实在存在的东西只有个体事物，它们根据其种、属方面的相同性和相似性而依次排列。如果我们维持在直接被给予之物、被体验之物的领域内，用洛克的话说，维持在“观念”的领域内，那么事物现象就是在如下意义上的“简单观念”的复合：同一种简单观念、同一类现象特征通常会以个别的或群体的方式一再地回归到这些复合中。现在我们指称这些事物，并且不仅用特有名称来指称它们，而且主要是用共有名称来指称它们。但事实在于，我们可以用同一个一般名称来同义地指称许多事物，而这个事实表明，必然有一个一般意义、一个“一般观念”与这个一般名称相符合。
>
> ……这个一般名称的同义性只能在这样一个范围内有效，即：对象只是借助于这个特征，而不是借助于另一个特征（或者说，只是借助于这个特征观念，而不是借助于另一个特征观念）而得到指称。
>
> 因此，一般含义中进行的一般思维具有一个前提：我们具有抽象的能力，即具有那种从作为特征复合被给予我们的现象事物中划分出局部观念、个别特征观念，并且将它们与作为其一般含义的语词相联结的能力。[③]

胡塞尔批评说，洛克抽象理论的整个思路交织着许多基本错误，这表

① 洛克：《人类理解论》（下册），第426页。

② 洛克：《人类理解论》（下册），第428页。

③ 胡塞尔：《逻辑研究》第二卷第一部分，第132—133页。

现出洛克以及英国的认识论在“观念”这个观念上模糊性的基本缺陷：

1. 洛克把“观念”定义为内感知的任何一个客体。洛克说“我将精神在自身中所直接观察到的任何东西，或感知、思想、理解等等的直接对象称之为观念”。[①]“紧接着，内感知的任何可能客体、并且最后在内在心理学意义上的任何内容、任何心理体验都被归入到观念的标题之下”。[②]

2. 洛克的“观念”也“具有较为狭窄的含义，即：表象，这个含义明显是指一个非常有限的体验种类，进一步说是指意向性的体验种类。观念是指关于某物的观念，它表象某物”。[③]

3. 洛克“将表象与被表象之物本身、显现与显现物、行为（作为意识流实项-内在组成部分的行为现象）与被意指的对象混为一谈。这样，显现的对象便成为观念，它的特征便成为局部观念”。[④]

4. 洛克“将那些属于这个对象的特征与那些构成表象行为之感性内核的内在内容相混淆，即与那些感觉相混淆，立义行为对这些感觉进行对象性的解释，并且误以为可以用它们来感知到或直观到对象性的特征”。[⑤]

5. 洛克在“一般观念”的标题下“还混杂着作为特殊定语的特征和作为对象性因素的特征”。[⑥]

6. 尤其是洛克没有在直观表象（显现、浮现的“图像”）意义上的表象和在含义表象意义上的表象之间做出区别，他也没有把含义表象进一步区别为含义意向与含义充实。[⑦]

（原文是：6. 最后，尤为重要的是，在洛克那里，在直观表象（显现、浮现的“图像”）意义上的表象和在含义表象意义上的表象之间根本不存在区别。同时，我们既可以把含义表象理解为含义意向，也可以把它理解为含义充实；因为洛克同样也从未区分过这两者。）

正是由于这些混淆的缘故，认识论到今天还为它们所累。胡塞尔认为，洛克关于抽象一般观念的学说给人造成一种假象，好像它是明白无疑的一样。事实上，直观表象的对象，即那些显现给我们的那样而被把握的动物、树木等（洛克所谓的“第一性的质”），绝不能被看作是“观念”的复合，

---

① 转引自胡塞尔：《逻辑研究》第二卷第一部分，第 134 页。

② 胡塞尔：《逻辑研究》第二卷第一部分，第 134 页。

③ 胡塞尔：《逻辑研究》第二卷第一部分，第 134 页。

④ 胡塞尔：《逻辑研究》第二卷第一部分，第 134 页。

⑤ 胡塞尔：《逻辑研究》第二卷第一部分，第 134—135 页。

⑥ 胡塞尔：《逻辑研究》第二卷第一部分，第 135 页。

⑦ 胡塞尔：《逻辑研究》第二卷第一部分，第 135 页。

也不能被看作是“观念”本身。洛克在含糊的话语中用同样的语词来标识感性地显现着的事物规定性和展示着的感知因素，因此时而在客观特性的意义上，时而又在感觉的意义上谈论“颜色”“光滑”“形态”。实际上，这二者之间存在着原则的对立：

> 感觉在有关事物感知中借助于激活它们的立义来展示客观规定性，但它们永远不会是这些客观规定性本身。显现的对象，正如它所显现的那样，对于作为现象的显现来说是超越的。……外直观的显现客体是被意指的统一，但它们不是在洛克意义上的“观念”或观念复合。所以，通过一般名称来进行的指称就在于，从这些观念复合中提取出个别的、共同的观念并将它们与作为其“含义”的词语联结起来。①

在胡塞尔看来，含义意向是借助于感性-直观的图像而充实自身的，但这个感性-直观的图像被洛克看作是含义本身了，无论我们将含义理解为意指着的含义，还是理解为充实着的含义，洛克将感性-直观的图像等同于含义本身的做法都是错误的。这是因为，意指性含义就在于表达本身，表达的含义意向构成一般意指意义上的一般表象，而这种一般意指并不需要任何现时的直观也有可能进行，所以，在一个充实有可能完成的情况下，感性-直观的图像并不是含义充实本身，而仅仅是这个充实行为的基础。而在洛克看来，词语含义是根据特征的显现来充实自身的，他将词语含义与特征显现混为一谈，认为每一个一般名称都具有它自己的一般含义，每一个一般名称中都包含着一个一般观念，这个一般观念只是对这个一般名称的一个特征的直观特殊表象或一个特征的特殊显现。由于把特征的显现与显现的特征相混淆，他提出的“一般观念”实际上是以心理学方式对一般之物进行实在设定，一般之物变成了实项的意识材料了。

在胡塞尔的现象学中，意识体验是由“实项的”和“意向的”两个组成部分构成的，“实项内容”和“意向内容”是意识体验结构因素的一个基本划分。②

---

① 胡塞尔：《逻辑研究》第二卷第一部分，第135—136页。

② 胡塞尔在《逻辑研究》的第一版（1900/1901）中经常用“现象学的”或“主观的”“现象的”来标识意向活动的主观方面，因为此时胡塞尔还认为，现象学的主要任务是对意识的意向活动进行分析。但在经他本人修改后的第二版（1913）中，“现象学的”等形容词则被“实项的”一词所取代。其原因在于，胡塞尔在此期间认识到，现象学也需要关注意识的意向相关项方面。在这个意义上，“现象学的”已经不再等同于“实项的”，即“材料方面的”，而且它还包含着“意向的”，即“意向相关项的”含义（参阅倪梁康：《胡塞尔现象学概念通释》（修订版），第406页）。

“实项的”（reell）一词在日常用语和哲学文献中的意义与“实在的”（real）相同，但胡塞尔赋予“实项的”以不同于“实在的”和“观念的”的含义，“实在的”被用来标识时空地在感性感知中被给予之物的存在方式，“观念的”被用来标识那种可以从本质上把握到东西的存在方式，实在之物与观念之物对立于实项之物，实项之物属于意向活动的方面，而实在之物和观念之物则属于意识相关物的领域。所谓“实项内容”，它包括第一性的、非意向的体验部分（感觉材料）和第二性的意向的体验部分（意向活动）。在现象学上被称作“实项”的东西。在心理学中常常被称作“实在”的东西。

“意向的”（intentional）一词在现象学中是与“实项的”相对应的概念，在胡塞尔所做的分析中，“意向的”是指“被意指的”或“意指着的”。所谓“意向内容”属于“意向相关项”方面，它包含意识行为的意向对象、意识行为的意向质料和意识行为的意向本质。

胡塞尔对“实项内容”和“意向内容”的区分，实际是他对“内容”区分为“主观意义上的内容”和“客观意义上的内容”的另一种区分方式。所谓“主观意义上的内容”也叫“主观内容”，是指现象学自我的实项构成物，即“感性材料”，它是意识行为中最内在的“内容”；所谓“客观意义上的内容”也叫“客观内容”，是指“行为的内容”，和它对应的是“行为特征”，在具有相同“行为特征”的意识行为中，使一个感知（如对一棵树的感知）区别于另一个感知（如对一个人的感知）的东西便是“行为内容”（在感知行为中是指感知内容）。胡塞尔也将“行为内容”称作一个意识行为的“质料”或“立义意义”。在此意义上，“内容”可以是作为“意指的意义”或“含义一般”，也是作为“充实的意义”，还可以是作为“对象”。为此，在胡塞尔的分析中，“内容”有三层概念含义：1. 在意识或自我进行立义或统摄之前，感觉材料是意识所具有的须被立义的“内容”；2. 在立义的过程中，意义或质料是意识赋予感觉材料的“内容”；3. 在立义完成之后，作为意识活动之结果而对立于意识的对象是第三种意义上的“内容”。[①]

总之，“实项内容”可以是在一个对红的事物中的红的感觉，“意向内容”则可以是这个红本身，“实项内容”和“意向内容”的关系可以说是红这个特征的显现与显现出来的红这个特征的关系，它们的关系与在语言层面上一个特征的显现与语词含义本身的关系相似。

根据以上对“实项内容”和“意向内容”的区分，胡塞尔认为，洛克

① 倪梁康：《胡塞尔现象学概念通释》（修订版），第246页。

以及近代具有心理学化倾向的概念实在论的认识论观点的主要错误在于，它把一般对象仅仅归结为意识的实项内容，即归结为其中的第一性的非意向的体验部分——感性材料（如休谟把一切观念都还原为印象），所以，胡塞尔批评洛克说，“由于语词含义是根据这个特征的显现才充实自身，因此他将词语含义和这种显现本身混为一谈”，并且由于把特征的显现与显现的特征相混淆，“他提出的‘一般观念’实际上是以心理学方式对一般之物进行实在设定，一般之物变成了实项的意识材料”。[1]

四、对现代唯名论的批判

胡塞尔认为，洛克的概念实在论是导致现代唯名论产生的重要原因，“概念实在论的偏激所导致的结果在于，人们不仅否认了种类的实在性，而且也否认了种类的对象性”。[2] 现代唯名论的错误在于，它同样把一般对象仅仅归结为意识的实项内容，但与概念实在论不同，它归结为意识实项内容中的第二性的意向行为的部分，即仅仅把一般对象看作是纯粹意识活动能力的结果，看作是注意力所具有的一种功能。极端唯名论由于把一般对象等同于心理学的一般功能，它的结论就必然是：如果一个对象是单纯的意识构造的结果，那么这个对象就是一个臆造的或虚构的事物了。

我们有没有能力将种类理解为一般对象，只能回溯到那些指称种类的名称的含义（意义、所指）上去，即回溯到那些要求对种类有效陈述的含义上去。唯名论认为，在我们给予对象以含义的陈述中，意向的真正对象只能是个体的，而不是种类对象；一般对象只是一个单纯的语言名称，是单纯主观意识的构成物，因为在思维之外没有什么现实的东西与一般对象相符合，因此，一般对象是“非现实的”，它只能在思维之内作为对象被我们所思考。胡塞尔认为，撇开存在方式上的差异不论，个体对象与种类对象、具体对象与抽象对象、实在对象与非实在对象都是存在的，它们都作为对象而存在着，都以对象性的方式存在着。在我们的意指活动中，被给予的既有如“苏格拉底”“喜马拉雅山”“雅典”“北京”等指称个体之物的名称，也有如“5”（作为数列的一个成分的5这个数）、“C”（作为音序的一个成分的C调）、“红”（作为一个颜色的名称）等指称种类之物的名称。

---

① 胡塞尔：《逻辑研究》第二卷第一部分，第138页。

② 胡塞尔：《逻辑研究》第二卷第一部分，第115页。

与这些名称相符合的是某些含义，借助于这些含义，我们可以与对象发生关系。“苏格拉底”“喜马拉雅山”“雅典”等分别指称一个人、一座山和一个城市等个体对象；“5”“C”“红”则指称的是数、音调、颜色等观念对象。胡塞尔指出，对于这些被指称的对象是什么的问题，是根本不会引起争议的。

> 事实上，在个体个别性和种类个别性之间进行区分完全是不可避免的，例如，经验事物是个体的个别性，数学中的数和流型、纯粹逻辑学中的表象和判断（概念和定律）是种类的个别性。①

我们可以直观到如这一匹马、这一棵树、这一座山……这些经验事物都是个体的个别性，唯名论认为由于在思维之外有现实的东西与之相符合，因而这匹马、这棵树、这座山……都可以作为个体对象而真实存在着；但是，如“马”“树”“山”“数”等种类在思维之外没有现实的东西与之相符合，因而只能是非现实的，不能成为意向的真正对象。胡塞尔认为，实际上，与个体个别性并存的还有种类个别性，这在数学和逻辑学中尤为明显，如“数”就是一个自身包含着1、2、3……这些个别性的种类概念，即使“2”这个数，也是一个具有个别性的种类概念，而不是两个个体个别性的随意组合。

与个体的个别性和种类的个别性之间的区别相符合的，还有个体的一般性与种类的一般性（普遍性）之间的区别，这些区别适用于判断领域并贯穿在整个逻辑学的始终，如单个的判断可以区分为个体单个的判断和种类单个的判断，举例如下：

个体单个的判断，如“苏格拉底是一个人”。

种类单个的判断，如“2是一个偶数”。

同样，普遍判断也可以分化为个体–普遍的判断与种类–普遍的判断，举例如下：

个体–普遍的判断，如“凡人都会死”。

种类–普遍的判断，如“所有逻辑学的定律都是先天的”。

这些简略性的表达都说明个体的个别性和种类的个别性之间的区别、个体–普遍的判断与种类–普遍的判断的区别以及类似的区别都是无法消除的，因而无法否认种类对象的存在。胡塞尔指出：

① 胡塞尔：《逻辑研究》第二卷第一部分，第115页。

此外，我们可以通过对那个例子的亲眼观察来使自己相信，一个种类在认识中真实地成为对象，并且，与种类有关的同类逻辑形式的判断是可能的，就像与个体对象有关的判断也是可能的一样。我们还可能从我们特别感兴趣的群组中找一个例子。我们曾说过，逻辑表象、统一含义都是一些观念对象，无论它们本身所表象的是一般之物还是个体之物。例如，"柏林市"作为在一再重复的话语和意指中的同一个意义；或者，在不必对毕达哥拉斯定律做精确陈述的情况下，对这个定律的直接表象；或者，还有对"毕达哥拉斯定律"的表象本身。[①]

种类对象的存在是一种含义统一，因为这个含义是一个同一之物，它才被当作同一之物来对待，胡塞尔认为这是一个适用于所有种类统一的"不容反驳的论据"。[②]但是，极端唯名论却将种类的统一理解为一种非本真的统一，将观念统一还原为分散的杂多。唯名论者认为，我们根据一些产品按照同一个模式被生产出来，看上去完全相同，这时人们就会说，"同一个柜子""同一个短裙""同一个问题""同一个愿望"等等，但是，这里的"同一性"是非本真的，就是说，这个柜子与那个柜子、这个短裙与那个短裙并不是"同一个"。唯名论认为这种非本真性也包含在"同一个种类"这样的话语中，尤其包含在"同一个含义"的话语中。胡塞尔反驳道：

我们的确发现，在相同性存在的地方，也存在着严格的和真正意义上的同一性。我们不能在不表明两个事物的相同关系（Hinsicht）的情况下就将它们标志为相同的。我所说的"关系"就是同一性之所在。每一个相同性都与一个种类有关，被比较之物隶属于这个种类；这个种类对于这两个事物来说都不只是一个相同之物。……由于我们标志出比较性的关系，因而我们也就借助于一个一般的种属术语而指出了种类差异的范围，那个在被比较的成份中同一地显露出来的种类差异就处在这个范围之中。[③]

唯名论的错误在于，它混淆了同一性和相同性两个概念的界限，在现象学看来，同一性是事物之间的一种相同关系，它是无法定义的，而相同

---

① 胡塞尔：《逻辑研究》第二卷第一部分，第116页。

② 胡塞尔：《逻辑研究》第二卷第一部分，第117页。

③ 胡塞尔：《逻辑研究》第二卷第一部分，第117—118页。

性则是隶属于同一个种类的诸对象的关系。比如，胡塞尔指出，如果两个事物在形式方面是相同的，那么这个有关的形式种类便是同一之物，如果它们在颜色方面是相同的，那么这个有关的颜色种类便是同一之物。如果没有同一性，相同性也就失去自己的基础。

唯名论将观念统一还原为分散的杂多的做法也是错误的，它认为，我们的意向是一种不断地被把握到对相同性群组的个别性的表象，每次被表象的个别性只能包含在这些群组中，永远无法穷尽这些群组的整个范围。实际上，现代唯名论不了解，我们在直观的相同性中对某一组客体做出统一的立义或我们在比较性的个别行为中认识到这组所有客体的相同性时所具有的意向，与我们根据同一个直观基础将那个构成相同性关系的属性理解为一个观念统一时所具有的意向，二者是不同的，它们在逻辑学上是不同的意向事态，它们作为我们陈述主体被指称的对象之物是完全不同的东西。在后一种意向中，被意指的是“一般之物”，是观念的统一，而不是这些个体之物和杂多之物。

> 在第二种情况中根本不需要进行相同性直观，甚至不需要进行比较。我将这张纸认之为纸，认之为白，我在这里无须进行某种相同性直观和比较就可以明确地理解“纸”和“一般的白”这两个表达的一般意义。①

使某物成为对象，成为谓语陈述或定语陈述的主语，这只是对表象的另一个表达而已。在一个陈述中，作为主语的既可以是个体之物，也可以是一般之物或观念之物，因而，既存在着一般表象（关于种类之物的表象），也存在着关于个体之物的表象。但当我们在对“4”“纸”等种类之物进行判断时，并不是对它们的构造性因素进行判断，即不是对它的某个部分或某个方面进行判断，虽然它们是我们的表象行为和判断行为的基础。

> 因此明见无疑的是，当我在总体的意义上，例如在“4是7的相对质数”的定律中说“4”时，我指的恰恰是4这个种类，我在我的逻辑目光中对象性地拥有它，也就是说，我对作为对象（主语［Subjectum］）的它作出判断，但却不是对某个个体对象。②

---

① 胡塞尔:《逻辑研究》第二卷第一部分，第119页。

② 胡塞尔:《逻辑研究》第二卷第一部分，第150页。

尽管某个个别的4的群组在图像中（im Bilde）浮现在我们面前，但我们并不对它进行判断，不在主语表象中意指它们，当我们说“4是7的相对质数”时，我们意指的不是4的图像群组，而是这个种类的统一，而这个种类统一，也不是在显现的群组之中或之旁的东西，如果如此，它又会是一个个体之物，一个此时此地。但是，尽管我们的意指本身是一个现在–存在之物，但它意指的却不是一个现在，它意指的是4，是一个观念的、无时间的含义统一。就是说，个体之物是时间性的（此时此地），种类之物作为含义统一是无时间性的。

需要特别注意的是，胡塞尔对以穆勒为代表的抽象理论进行了专门批判。现代唯名论作为对洛克关于“一般观念”学说的过分反应，使得贝克莱、休谟以及穆勒等人在抽象理论上，不仅反对洛克荒谬的总体观念，而且也反对真正词义上的“一般观念”——通过对思维的客观含义内涵的分析和作为思维统一的构造性概念而得到指明的概念。穆勒认为，抽象仅仅是注意力的一个功能，既不存在一般表象，也不存在一般对象，我们在直观地表象个体之物时，将注意力或兴趣朝向对象的不同部分，一般名称只是我们在直观个体对象时心理功能的因果联想的产物。

> 他们认为，关于与个体表象相对的一般表象的各种不同话语实际上都是无意义的。并不存在一种在特有的、为一般名称和含义提供明见性的一般意识之意义上的抽象；实际上只存在着个体直观和一种有意和无意的过程游戏，这些过程并不将我们引导出个体之物的领域之外，并不构造出本质上新的对象性，即不会使本质上新的对象性被意识到并在可能的情况下成为自身被给予性。①

胡塞尔认为，穆勒等经验主义的抽象理论混淆了两种本质上不同的科学兴趣：对体验的心理学解释兴趣与对体验的思想内容或意义的逻辑学澄清以及对它们可能的认识成就批判的兴趣，即心理学兴趣与现象学兴趣。前者关心事实的经验联系，它或者把事实看作是引起体验的原因，或者看作是体验的结果；后者关心属于语句的“概念的起源”，其目的在于通过对充实意义上的概念意向的明见证实来澄清概念的“真正意指”或“含义”。胡塞尔批评说，任何一门想对认识进行解释的认识论的抽象理论，如果不去描述那种在其中种类之物为我们所意识到的直接性的、描述性的事态，

① 胡塞尔：《逻辑研究》第二卷第一部分，第154页。

借助于这种事态去解释属性名称的意义，而是迷失于对抽象过程的因果性的、经验心理学的分析之中，对抽象意识的描述性内涵一掠而过，将其兴趣主要朝向无意识的心境、朝向假定的联想混合体，那么这门抽象理论从一开始就偏离了自己的目标，至关重要的“意识及其内在本质的领域”就被遗弃了。

与现代唯名论的抽象理论只是从经验上考察心理体验的描述性内涵不同，现象学的认识论要求对体验或观念思维的统一进行现象学的澄清，属于考察的领域只有本质和意义：即我们在陈述时所意指的是什么，根据其意义而构造出这个意指本身的是什么，就是说，现象学认识论所感兴趣的是仅仅在含义体验和充实体验本身的内涵中，并且作为本质之物被指明的东西。而以穆勒为代表的现代唯名论，只是把对直观对象的一个个别的属性规定性（不独立的特征）的唯一注意力看作是外在现时意识中的行为，这个行为在被给予的发生事态中赋予名称以“一般”含义。

这样，胡塞尔对现代唯名论的批判就集中在对“一般性”的考察上。心理学意义上的“一般性”只是符号的联想功能的事情，它存在于“同一个符号”与“同一个”对象之物之间、通过注意力而得以突出的因素的心理联结之中；而现象学的“一般性”则是指逻辑体验本身的意向内容的一般性，是含义与含义充实的一般性。唯名论完全丧失了后一种一般性。为了清楚说明唯名论的错误之所在，胡塞尔在第二研究第 16 节专门以三个并列的形式考察了一般名称的含义的不同逻辑作用，它们都无法还原到某种心理学的发生。

1.“一个 A”——如“一个三角形”。

2.“所有 A”——如“所有三角形”。

3.“A 一般”（A Überhaupt）——如“三角形”。

首先，在“一个 A”的陈述中涉及的“一般性”属于“谓语的逻辑形式”，“一个 A”的表达中可以在无限多的陈述中被用作谓语，这些陈述之总和规定着所有可能的主语，即规定着“A”这个“概念”的真实或可能的范围。“一个 A”的陈述是一个个别行为，我们体验不到任何一般性，用胡塞尔的话说，“在含义‘A’的各种进行中，或者在相符的形容词谓语的进行中，这种一般性是无（nichts）”。[①] 但是，在“一个 A”的陈述中仍然存在着一个明见地隶属于含义意向或含义充实的形式，即“一个”，它是一个属于作为行为种类统一的含义。观念地说，这个“一个”表达了一个原始

① 胡塞尔：《逻辑研究》第二卷第一部分，第 156 页。

的逻辑形式，它不能通过任何心理学–发生的考察而被抹消。在“一个 A”的陈述中：

> 我们所说的一般性属于谓语的逻辑形式，它是作为某种类型的定律的逻辑可能性而存在的。对这种可能性的逻辑特征的强调意味着，这里所关涉的是一个先天可明察的、属于行为种类统一的含义，但不属于在心理学上偶然的行为的可能性。[①]

其次，在“所有 A”的陈述中所涉及的“一般性”属于“行为本身的形式”，我们的表象和谓语陈述在普遍判断中与任何一个“A”有关，虽然我们并不直接地表象“所有”，但是，“所有”这个词也指明一种特殊的含义形式。

再次，在“A 一般”（种类）的陈述中，“一般性”属于含义内涵本身。如果说“所有 A”的陈述中所指明的是范围一般性，那么，与上述一般性不同，“A 一般”的陈述中所指明的“是一个完全不同类型的一般性，即种类之物的一般性”。[②]它与范围一般性处在切近的逻辑关系中，但却与范围一般性有着明显的区别，“A”和“所有 A”不是单纯语法的差异，而是在逻辑上有别的形式，表达出本性的含义区别：

> 种类一般性的意识必须被看作是“表象”的一种本质上的新的方式，并且被看作是这样一种方式，它不仅意味着一种对个体个别性的新的表象方式，而且还使一种新的个别性被意识到，即种类个别性。[③]

胡塞尔总结道，现代唯名论在抽象理论上的错误就在于，它完全不了解意识形式（意向形式和与它们相关的充实形式）的不可还原性。由于缺乏现象学的描述分析，唯名论没有明察到，逻辑形式无非就是这种被提高到统一意识的形式，即本身又被客观化为观念种类的含义意向形式，而一般性恰恰就属于这种形式。现象学所关注的，既不是直观的具体客体，也不是这个客体的一个“抽象的部分内容”，而是在种类统一意义上的观念，它是在逻辑意义上的抽象。因此，在超越论的逻辑学和现象学认识论上被

---

① 胡塞尔:《逻辑研究》第二卷第一部分，第 157 页。

② 胡塞尔:《逻辑研究》第二卷第一部分，第 157 页。

③ 胡塞尔:《逻辑研究》第二卷第一部分，第 158 页。

标识为抽象的，不是对一个部分内容的单纯突出，而是那种在直观基础上直接把握种类统一的特殊意识。

关键在于，自洛克以来的欧洲近代抽象理论，将在对“抽象内容”进行强调性突出意义上的抽象问题（即通过注意力所进行的“抽象”）与在概念构成意义上所进行的抽象问题相混淆。前者属于经验–心理学的抽象理论，后者属于现象学的抽象理论；经验–心理学探讨抽象理论的目的在于研究在人类意识联系中的相应的心理学事实，它只涉及人类一般表象在素朴生活的自然过程，只涉及一般表象在任意的或逻辑的概念构造的认识过程中的发生学起源；现象学的抽象理论则是对行为的本质分析，在这种行为中，一个种类被我们明见地意识到，或者说，通过向充实性直观的回溯来澄清一个一般名称的含义。胡塞尔指出，在经验–心理学的抽象理论那里：

> 在对象中的抽象因素或不独立因素常常被混同于种类，相应的、主观上被体验到的抽象内容被混同于抽象概念（某种名称的含义），还有，对这些抽象内容的强调，或者说关注的行为又被混同于一般表象的行为。例如在洛克那里，抽象观念就是一般含义；但它们被描述为特征并被心理学化（psychologisiert）为抽象的、与具体直观相分离的感觉内容。①

把抽象等同于注意力的理论只承认对抽象内容进行关注的可能，并因此认为澄清了一般观念（作为含义）的起源，否认抽象内容的直观性。之所以如此，在于在以往的理论中只承认感性直观，而否认了本质直观。康德的超越论的理论与以往的理论相比，具有无比的深刻性，但他也只承认感性直观而否认范畴直观，因而康德也没有真正阐明抽象理论。

当然，胡塞尔在第二逻辑研究中没有细致论述观念对象在意识中的特殊被给予方式，没有详细地描述本质直观方法本身。在后来发表的《现象学的观念》中，他把“本质直观”定义为现象学的标志性方法：“不仅个别性，而且一般性、一般对象和一般事态都能够达到绝对的自身被给予性。这个认识对于现象学的可能性来说具有决定性的意义。因为现象学的特征恰恰在于，它是一种在纯粹直观的考察范围内，在绝对被给予性的范围内的本质分析和本质研究。……现象学的研究是普遍本质研究。”

第二逻辑研究通过对各种抽象理论的研究，以及在对唯名论与概念论

① 胡塞尔：《逻辑研究》第二卷第一部分，第232页。

的批判中，胡塞尔在第六章“对各种抽象和抽象物的概念的划分”中提出了两种抽象和抽象物概念的划分：一种是与不独立的部分内容有关的抽象和抽象物概念，另一种是与种类有关的抽象和抽象物概念。[①]

在第六章第41节中，胡塞尔对围绕不独立内容概念的各种概念进行了划分：

1.“抽象的”内容是不独立的内容，“具体的”内容是独立的内容。现象的外部对象（der Phänomenale äuβere Gegenstand）显现出来，但它不是一个实项的意识材料，现象的外部对象作为整体是具体；而那些寓居于其中的规定性（如颜色、形式等），即那些被理解为它的统一性的构造性因素的东西，则是抽象的。事实上，内容不仅包括在实项意义上的意识内容领域，而且也包括了所有个体对象和对象部分。胡塞尔特别指出，“这个划分也具有本体论的价值：有可能存在着这样的对象，它们事实上处在对所有人类意识来说可及的显现（Erscheinung）的彼岸。简言之，这个区分一般涉及到在无限一般性中的个体对象并且本身包含在先天形式本体论的范围之中”。[②]

2. 以上面对“抽象内容”的本体论概念为基础，胡塞尔规定了“抽象”的概念的定义：“抽象所指的便是这样一种行为，通过这种行为，一个抽象的内容‘被区分’，也就是说，通过这个行为，一个抽象的内容虽然没有被分离，但却成为一个朝向它的直观表象的本己客体。”[③]这个抽象内容在有关的具体之物中被抽象出来，并随着这个具体之物的出现，它从这个具体之物中被抽象出来而受到特殊的意指，它作为被意指的东西同样直观地被给予。

3. 一个显现出来的东西（如一个立方体的“一个平面”）是被我们直观表象的“抽象内容”，它只是一个“立义”的基础，只有在现象学的“反思”中才能成为客体。如果它本身成为一个特别朝向的表象意向的对象，它会受到突出和强调。对这个内容的突出（Hebung）本身不是一个行为，但却是行为的显现方面的描述性特征，在这些行为中，这个内容成为一个本己的意向载体。这是一个全新的抽象概念。

4. 从被给予方式来看，抽象与具体之间的区别表现在：只要一个内容在进行抽象，它就是抽象的；只要一个不进行抽象，它就是具体的。

---

① 胡塞尔：《逻辑研究》第二卷第一部分，第231页。

② 胡塞尔：《逻辑研究》第二卷第一部分，第234页。

③ 胡塞尔：《逻辑研究》第二卷第一部分，第234页。

5. 如果人们把抽象理解为对一个内容的偏好关注，这就是积极意义上的抽象；相反，如果是对一起被给予内容的忽略，就是消极意义上的抽象。人们只能在消极意义上谈论具体内容的抽象问题。

在第六章第42节中，胡塞尔还对围绕种类概念的各种概念进行了划分：

1. 人们区分抽象概念和具体概念，并且将概念理解为名称的含义。与此相适应，对名称也进行划分。第一，从语法方面的区分看，有指称个体的名称，如“苏格拉底”“人”“山”；有指称属性的名称，如“德行”“白色”“相似性”。前者也叫具体名称，后者也叫抽象名称。但是，人们把与后者相符的谓语表达，如“有德行的”“白的”“相似的”归入具体名称中。胡塞尔指出：“我们必须更准确地说，如果它们与之有关的可能主体是具体的主体，它们就是具体的。情况并非总是如此：像‘属性’、‘颜色’、‘数’等等名称在谓词上与属性（作为种类的个别性）有关，而与个体无关，或者至少是在谓词意义发生变化的情况下才与个体具有间接的关系。”[①] 例如：在“张三是白的”这个表达中，与“白的”相关的主体是具体的，“白的”就是具体名称；在“人是白的”这个表达中，与“白的”相关的主体是抽象的，“白的”就是抽象名称。第二，从逻辑方面的区分看，含义区分为“指向属性的称谓含义”与“指向分有这些属性的对象的含义”。一方面是属性，另一方面是“具有”含义，这个区分形成了个体对象与种类对象之间的区别。无论是一般对象，还是一般表象（一般含义，即对一般对象的直接表象），都意味着“概念”。例如，“红”这个概念，或者是指红本身，或者是指红这个名称的含义。由于人们混淆了“表象对象”与“表象的内容”之间的区分，因而混淆了属性（红）与具有属性的对象（红的房子）之间的关系，混淆了逻辑表象（“红”这个词）与被表象的对象（属性红）之间的关系。

2. 抽象与具体的另一区分方式是，“如果一个表象直接地、不借助于概念（属性）表象来表象一个个体对象，那么这个表象就被称之为具体的；而在相反的情况中，它被称之为抽象的。这样，在含义领域中，一方面是专有名称的含义，另一方面是所有其他的称谓含义”。[②]

3. 人们把抽象“概念”得以产生的行为，也称为抽象，在这些行为中，一般名称与种类统一相联系；另外，人们也把从属于这些在其定语或谓语作用的名称的行为，如“一个A”“所有A”等称为抽象；最后，被把握的

① 胡塞尔：《逻辑研究》第二卷第一部分，第236页。

② 胡塞尔：《逻辑研究》第二卷第一部分，第237页。

对象是明见地作为如此被把握的而“被给予的”，即在这些行为中，概念意向得到充实，获得其明见性和清晰性，例如，我们根据对一个红的事物的单个直观，而直接把握“红”这个种类统一“本身”，或者说，我们观看这个红的因素，但却在一种特殊的行为中意向地朝向“一般之物”这个“观念”。在这个行为意义上的抽象完全不同于对红的因素的单纯关注或突出，前者属于“观念直观的抽象”，后者属于“总体化的抽象”。我们在“观念直观的抽象”中获得的不是个体特征，而是一般概念。

五、抽象内容与具体内容

为了与经验主义的抽象理论划清界限，胡塞尔现象学对“抽象”与“具体”进行了严格的区分。尤其是对“抽象”内容与“具体”内容、“抽象”概念与“具体”概念、“抽象”表象与“具体”表象及“抽象”对象与“具体”对象等概念对子进行详尽的阐释与区分，这对区分传统抽象理论与现象学抽象理论具有十分重要的作用。然而，对这些概念对子的阐释与区别，与施通普夫式区别“独立内容”与“不独立内容”紧密相联。

独立内容与不独立内容。对于独立内容与不独立内容的讨论，始于胡塞尔关于“理性的区分”之学说的进一步讨论[①]。对此，胡塞尔曾讲道:“在这门关于‘理性区分’的学说看来，只存在一种部分、一些块片(Stücke)、一些可分离的或可被想象为是分离的部分。而对立的一方则将这种‘独立的’部分（施通普夫的术语）区别于不独立的‘部分内容’，并且将一个内容的内部规定性也算作不独立的‘部分内容’，……与这个区别有关，人们也谈论具体的和抽象的内容或内容部分。”[②]可见，关于独立内容与不独立内容的区别，还相关于另外两个重要概念——部分和块片(Stücke也可译为“片段”)。

① “理性区分”(distinctio rationis，亦可翻译为“理性的区别”)，是经院哲学中讨论的话题，如“形象和赋有形的物体”“运动与被运动的物体”这类区分，就是所谓的“理性的区分”；简言之，这类问题旨在讨论“一般与个别”的关系问题。为了说明理性的区分的困难，休谟曾依据“一切差异的观念都是可以分离的”理论原则，认为只要形象与物体不同或是有差异，那么它们在观念上不仅是可以区分的，而且是可以分离的；反之，如果形象与物体没有差异，则它们在观念上就既不能区分，也不能分离。当然，休谟讨论“理性的区分”其实质是为了证明自己关于抽象观念的假设，即坚持“一般观念的不可能性”。

② 胡塞尔:《逻辑研究》第二卷第一部分，第231页。

关于什么是“部分”，胡塞尔给出的定义是：“我们在最宽泛的意义上理解‘部分’的概念，这个最宽泛的意义允许我们将所有在一个对象‘之中’可区分的部分，或者客观地说，所有在它之中‘现存的’东西都称之为部分。对象——而且是自在和自为的对象，即从它交织于其中的所有联系中抽象出来的对象——在‘实在的’意义上，或更确切地说，在实项的意义上所‘具有’的一切，在一个现实地建造它的东西的意义上所‘具有’的一切，都是部分。据此，每一个不相关的‘实在’谓词都指向这个主体对象的一个部分，例如，‘红的’和‘圆的’，但不会是‘存在着的’或‘某物’。同样，每一个在同样意义上‘实在的’联结样式，例如空间构形的因素，都应当被看作是整体的一个本己部分。”[①] 可见，这里“最宽泛意义上的部分”即可理解为是“存在着的”或“某物”，也即是现象学中的“整体”概念。与之相对，在“整体”之中可区分的部分或在“整体”之中现存的东西，则称为“部分”。例如在“圆的形状”中，“圆的”就是“部分”，“形状”则是“整体”。而关于“块片”，胡塞尔指出：“只存在着一种现实的部分，即那种也可以自为地有分别地显现出来的部分，一言以蔽之：块片。”[②] 即在部分中，凡是具体的、真实的可自为地显现出来的部分就是“块片”。与“块片”相对立的内容，即是在心理学中被称作“因素”（Moment，也即是“特征”或“内在属性”）的东西，它们不能自为地存在却是可以自为地被直观到（或“关注到”）的各种不同的、相互不可分割的方面或因素，如色彩和形式等，就是“抽象部分内容”。

综上可知，所谓那些可分离的或被想象为是分离的部分或那些可自为地有分别地显现出来的部分即块片（或曰“片段”）被称作是“独立内容”。而那些虽不能自为地存在但却可以自为地受到关注的部分内容，也即抽象部分内容，如颜色和形式等；或者一个内容的内部规定性则被称作是“不独立内容”。

此外，胡塞尔还从明见性、内容的可分与否、奠基特征以及独立性与非独立性等四个方面进一步讨论了独立内容与不独立内容。

首先，从明见性的角度就不独立内容和独立内容而言，胡塞尔指出：“如果我们关于一个内容明见到，在一同被给予的（只要不是被它所包含的）内容中至少有一个发生改变或消失必然使得这一内容本身发生改变或消失，我们就称这一内容是不独立的内容；如果一个内容的情况并非如此，

① 胡塞尔：《逻辑研究》第二卷第一部分，第243—244页。

② 胡塞尔：《逻辑研究》第二卷第一部分，第206页。

我们称之为独立的内容。”[①]可见，相对于不独立内容而言，其明见性就是它们之为其自身之所是，必须是作为更丰富的整体之部分才是可能的。例如，音调的强度之为其自身之所是，它就必须依附于音乐的音质、伴随音质才是可设想的，因为如果人们设想音调的音质消失了，那么音调的强度也就随之消失了。这不仅是一个事实，同时也具有明见的必然性。相反亦然，音调的强度的消失也会导致其音质的消失，因为音调的音质和其强度是彼此交融、相互内在的东西，这也不仅是事实性的，也是具有明见的必然性。可见，音调的强度与其音质互为不独立内容，因为它们两者中一项可以在另一项保持其同一性不变的情况下发生改变，也即其中一项的改变都会引发另一项的某种改变（就算音质的种类保持不变）。然而，独立内容在明见性这一方面的情况并非如此。

其次，从内容的可分与否角度对独立内容与不独立内容的划分，胡塞尔举例讲道："一条直线与其他若干条直线组成一个图形，这条直线是独立内容；但图形本身相对于直线则是不独立的；因为（例如）设想直线的性质被取消了，那么图形也会随之改变，虽然直线的性质对图形并无正面的贡献。”[②]也就是说，直线相对于图形是不可分的，而图形相对于直线却是可分的。简言之，如果一个内容相对于后者是不可分的，那么它就是独立的；而后者相对于前者是可分的，那么后者就是不独立的。

再次，依据奠基特征对独立内容和不独立内容的划分。对此，胡塞尔讲道："一个可被察觉的内容，如果不需要预设对其他任何内容的在先察觉，就是独立的；反之则是不独立的。”[③]比如，对一个客体的察觉就不需要首先察觉其外形或颜色，因此这一客体就是独立的；反之，若没有首先察觉到具有外形或颜色的客体，就不可能自为地察觉或关注一种颜色或形状，所以形状或颜色就是不独立的。也就是说，色彩它作为一张纸的不独立因素它不能自为地存在，它必须奠基于整体之中，即色彩作为因素只能存在于一个有色之物中。由此可知，不独立内容是一个被奠基性的因素，因为它们不能独立地自为地存在；而独立内容则不存在奠基的问题，因为它们不需要其他内容也可以存在。

最后，胡塞尔还从“独立性与不独立性”的维度，对独立内容与不

---

① 胡塞尔:《文章与书评（1890—1910）》，B. 让克编，高松译，商务印书馆，2018年，第143页；Edmund Husserl, *Aufsätze und Rezensionen (1890—1910)*. Hrsg. von Bernhard Rang. Den Haag: Martinus Nijhoff, 1979。

② 胡塞尔:《文章与书评（1890—1910）》，第145页。

③ 胡塞尔:《文章与书评（1890—1910）》，第143页。

独立内容进行考察。其中，对于不独立性概念的考察，源于胡塞尔对于一种不独立的假象这类与其他内容密切联结的联想内容的考察。在现象学中，这类假象就称为非严格意义上的不独立性或广义的不独立性。对此，胡塞尔举例讲道："（特定的）触觉上的粗糙感通常与视觉上某种典型的不平坦交织在一起，由于后者乃我们的真实所见，且是不独立的，就会生出一种假象，仿佛我们也看到了'粗糙感'——这个联想的复合体（diese assoziative Komplexion）——这一属性，而且它也是不独立。"[①] 可见，诸如此类联想的复合体"粗糙感"，如果将它们纳入"不独立内容"的范围中，那么它们就是非严格意义上的（或广义上的）不独立性概念；而严格意义上的（或狭义上的）不独立性则表示一物与另一物的先天逻辑关系，例如物A若无物B就不能存在，物A依存于物B，如颜色依存于具体物等[②]。这里，胡塞尔提出不独立性这个非绝对概念，主要是针对那些因联想而创造的不独立的假象而言的。

与之相对，则是具有绝对性的独立性，对此胡塞尔讲道："我们将独立性看作一种绝对性，其特征是不依附于一切与之关联的内容。"[③] 可见，严格的独立性是不依附于一切与之相联的内容。与此相对应，也存在着一种相对的独立性，如一块黑板的物理部分是绝对独立的，而其表面的一部分相对于其他表面部分其独立性就是相对的。

抽象内容与具体内容。围绕独立内容与不独立内容，胡塞尔对抽象内容与具体内容的划分是："'抽象的'内容是不独立的内容，'具体的'内容是独立的内容。我们将这个区别想象为客观规定了的区别；即：具体内容按其自然本性来说能够是自在自为的，而抽象内容只有在具体内容之中和之旁是可能的。"[④] 可见，围绕施通普夫式（关于独立内容与不独立内容）的区分，胡塞尔从现象学维度对抽象内容与具体内容的区别是：抽象内容是不独立内容，具体内容是独立内容。关于二者的奠基关系，抽象内容只有奠基于具体内容之中和之旁才是可能的。因为，具体内容是自在自为的，抽象内容是不自为的（但作为因素却可以受到自为的关注）。由此，也可以确立独立内容与不独立内容间的奠基关系，即不独立内容奠基于独立内容之中，因为独立内容不存在奠基问题，它可以自为地存在。

---

① 胡塞尔：《文章与书评（1890—1910）》，第144页。

② 参阅莫兰、科恩：《胡塞尔词典》，李幼蒸译，"依存性"词条，中国人民大学出版社2015年版，第50页。

③ 胡塞尔：《文章与书评（1890—1910）》，第144页。

④ 胡塞尔：《逻辑研究》第二卷第一部分，第233页。

基于传统抽象理论中关于内容（Inhalt）的随意说法，胡塞尔也围绕该说法对抽象内容与具体内容进行了讨论。

对此，胡塞尔阐释道："关于内容的说法在这里可以并且必须得到比在现象学意义上的实项意识因素更为广泛的理解。现象的外部对象显现出来，但它不是一个实项的意识材料（至少在这种情况下不是，即：如果人们不是错误地将'意向的'对象，即仅仅被意指的对象解释为这个意向在其中得以进行的那个体验的实项组成部分）。"[①]也就是说，更为广泛地理解"内容"，那么它除了包括现象学意义上的实项内容（即感觉材料和感觉活动）之外，还应包括现象的外部对象。并且，在现象学中"这个现象的外部对象作为整体是具体的；那些寓居于它之中的规定性，如颜色、形式等等，即那些被理解为它的统一性的构造因素的东西，它们是抽象的"。[②]可见，广义上的"内容"不仅包括意识的实项内容，还包括具体内容和抽象内容。然而，相对于对象性，即在意识中被构造的对象而言，这里的具体与抽象（即寓居于具体对象中的规定性）的区分也是最为一般的区分。因为意识的实项内容（也即内在内容）是对象的种类等级，原因是实项内容（也即感觉材料）是意识所具有的须被立义的"内容"，也即意识赋予这些感觉材料意义，从而构造出意识对象即这个内在种类对象。借此，在现象学中，现象的外部对象与寓居于这个外部对象中的规定性区别，就相应被标示为具体的和抽象的对象（或对象部分）间的区别[③]。

当然，无论是抽象内容还是具体内容，在现象学中关于它们的区分都是在本体论范围中展开的。

于是，胡塞尔以"抽象内容"的客观（本体论）概念为基础，也即以质料本体论概念为基础，认为抽象内容"它在有关的具体之物中并随着这个具体之物显现出来，它从这个具体之物中被抽象出来，但它受到特殊的意指，而且在这里还不仅仅被意指（如在一个'间接的'、单纯象征性的表

① 胡塞尔：《逻辑研究》第二卷第一部分，第 233 页。

② 胡塞尔：《逻辑研究》第二卷第一部分，第 233 页。

③ 因此，于胡塞尔而言广义的内容就不仅包含有意识的实项内容，而且还包括所有的个体对象（即现象的外部对象）和对象部分。即使是人们从心理学角度的直观化的对象领域（即在直观化中自然而然地抓住感性的事例，对象被过多地解释为事物，将颜色或形式标示为对象）的做法也不会局限这里关于内容的区分。因为关于内容的这个区分完全具有本体论的价值，即这些广义的内容划分于人类意识而言都是可及的显现的彼岸，也即人类意识体验可触及的对象。并且在这里，"事物"之所以不能用于"内容"，是因为这里讨论的内容无非是抽象的或具体的内容，而抽象与具体只能用于表象；由于事物不是表象的实际内容，它是客观性的统一，因而它仅仅是意向的内容。

象中），而是作为它被意指的东西同样直观地被给予”。[①]也就是说，抽象内容不仅仅是对特性的表象，而且是直观地受到特殊意指的对象（也即朝向它的直观表象的本己客体）。可见，胡塞尔关于“抽象内容”的这一阐释，也抛出了另一种区分抽象内容与具体内容的新方法，即“如果人们认为，抽象是一个特殊的行为，甚至是一个在描述方面的特殊行为，它使抽象的内容从其具体基础中突出出来，或者，如果人们认为这种突出的方式就是抽象内容本身的本质，那么这里就会产生出另一个抽象之物的新概念。人们不是在内容的本己本性中，而是在被给予方式中寻找（抽象之物）相对于具体之物的区别；只要一个内容在进行抽象，它就叫作抽象的，只要它不进行抽象，它就叫作具体的”。[②]简言之，就是在一个特殊的行为体验中（或是在被给予方式中），只要一个内容进行抽象也即是从其具体基础中突出出来的（或受到特殊意指的），那么这个内容就是抽象的；反之，则是具体的。

最后，现象学还规定了一种全新的抽象内容。对此，胡塞尔指出：“如果我们注意一个立方体的‘显现出来的’一个平面，那么这就是我们直观表象的‘抽象内容’。但那个与此显现的平面相符的、真实被体验到的内容是与这个平面本身不同的；它只是一个‘立义’的基础，借助于这个基础，在它被感觉的同时，那个与它不同的立方体平面得以显现出来。”[③]可见，这个被规定的全新“抽象内容”就是直观表象的对象。但是，这个直观表象的对象与直接直观到的对象是不同的。以此“注意一个立方体的‘显现出来的’一个平面”为例，这个显现出来的平面就是直观表象的抽象内容，它与真实被体验到的内容也即直接直观到的立方体的平面是不同的，后者（即直接直观到的立方体平面连同对它的立义）只是这一直观体验中的“实项的内在”（reelle Immanenz），而前者（即直观体验中所“显现出来的”平面）则是“绝对的内在”，它是通过现象学的反思而获得的“绝对意义上的自身被给予性”（或简称为“绝对被给予性”），也就是说它是意识中的绝对显现者或存在者。换言之，它就是真正在意识中被构造起来的对象。

可见，这个全新的抽象内容它并不包含在意向体验之中，它必须借助于“超越的统摄”才能成为意识的对象，也即意识对实项材料的把握、整理而构造出的对象。可见，这个得以全新规定的抽象内容就是意识构造的

① 胡塞尔：《逻辑研究》第二卷第一部分，第234页。

② 胡塞尔：《逻辑研究》第二卷第一部分，第235页。

③ 胡塞尔：《逻辑研究》第二卷第一部分，第234页。

结果。

为了与传统抽象理论划清界限，胡塞尔还对传统抽象理论将“抽象内容意义上的抽象问题”混同于“概念构成意义上的抽象问题”进行澄清[①]。在此基础上，胡塞尔也进一步对“抽象与抽象物概念”进行现象学区分。

关于“概念构成意义上的抽象问题”，胡塞尔指出：“在后一个问题上所涉及的是一种对这样一种行为的本质分析，在这种行为中，一个种类被我们明见地意识到；或者说，在后一个问题上所涉及的是通过向充实性直观的回溯来澄清一个一般名称的含义。”[②]也即在概念构成意义上的抽象问题，它所探讨的是与种类有关的抽象和抽象物概念，其抽象表象的意向朝向种类，并在直观上得到充实；但被意指的种类并不是抽象内容本身。而关于“抽象内容意义上抽象问题”，也即“在经验-心理学方面，探讨这个问题的目的则在于研究在人类意识联系中的相应的心理学事实，它涉及到人类一般表象在素朴直向生活（Dahinleben）的自然过程中或在任意的和逻辑的概念构造的人为过程中的发生起源”。[③]也就是说，在经验心理学方面的抽象和抽象物概念是与对象中的抽象因素或不独立因素相关。可见，“抽象内容意义的抽象问题”是在自然的直向意识体验中完成的，而并不存在“回溯”这个可发现“本质”（eidos）的关键步骤。

然而，自洛克以来的抽象理论则将“抽象内容”意义上的抽象因素或不独立因素的突出强调与种类相混淆，将主观上被体验到的抽象内容（也即不独立内容如颜色、形象等）与抽象概念（即某些名称的含义）相混淆，同时也将对抽象内容的关注行为与一般表象的行为相混淆。例如，在洛克哲学中，抽象观念就意味着一般含义。但是，这些一般观念又被描述为标记，并且被心理学化为抽象的、与具体直观相分离的感觉内容，也即是将抽象因素混同于种类、将抽象内容混同于抽象概念（如某些名称的含义）。可见，受一般概念的感性的非直观性的影响，人们尽管也将抽象内容作为具体直观的因素一同被直观到，但却否认抽象内容的直观性。事实上，这些抽象内容都是以感性直观为依据的感性抽象，并且概念表象在任何时候都是因为感性直观而实现的。因为，想通过感性表象一个本质上非感性之物的做法是荒谬的，这就如同画声音或通过气味反映颜色一样荒诞。

---

① 关于此“构成”概念，德布尔认为在这里的意思应该是：“对某种感觉内容的把握，对象因此而呈现出来”（德布尔：《胡塞尔思想的发展》，第 162 页）。

② 胡塞尔：《逻辑研究》第二卷第一部分，第 231—232 页。

③ 胡塞尔：《逻辑研究》第二卷第一部分，第 232 页。

综上可知，抽象内容意义上的抽象问题是关于不独立的部分内容的抽象和抽象物；而概念构成意义上的抽象问题则关涉种类的抽象和抽象物概念。而自洛克以来的抽象理论，则将这两种抽象和抽象物概念相混淆。

抽象概念与具体概念。围绕种类概念，现象学主要予以区分的是：抽象概念与具体概念、抽象表象与具体表象。其中，胡塞尔从名称的含义即概念出发对抽象名称与具体名称进行了分析和区分，发现这种语法区分有其局限性。于是，从其背后的逻辑区分出发，便发现恰可以实现对抽象表象与具体表象的划分，即：抽象表象指属性，具体表象则是对属性的分有（但其本身并不是属性）。从对象领域来看，这种区分恰相关于个体对象（或个别对象）与一般对象（也即种类对象）的区分。

将概念理解为名称的含义，以此与对抽象概念和具体概念区分相符合的便是对名称的划分。如果以此语法划分为出发点，那么"名称可以指称个体，如'人'、'苏格拉底'；名称也可以指称属性，如'德行'、'白色'、'相似性'。前者被人们称作具体名称，后者被称作抽象名称"。[①] 依照这种划分，具体名称就是指个体，抽象名称则是属性。然而，在与属性或抽象名称相符的谓语陈述中，如"有德行的""白的""相似的"却往往被人们纳入具体名称中。由此，是否可以认为：它们与之有关的可能主体如果是具体的主体，那么它们就是具体的。对此，胡塞尔认为："情况并非总是如此：像'属性'、'颜色'、'数'等等名称在谓词上与属性（作为种类的个别性）有关，而与个体无关，或者至少是在谓词意义发生变化的情况下才与个体具有间接的关系。"[②] 可见，类似于"属性""颜色"或"数"等名称（所谓人们常以为的抽象名称）在谓词上（或作谓词而起作用时）与作为种类的个别性即属性有关，而它们要与个体有关系也至少是在谓词意义发生变化的情况下才具有间接的关系。

所以，在这种语法区分的后面显然还存在着一种逻辑的区分，即对指向属性的称谓含义与指向分有这些属性的对象的含义之区分，也即是抽象概念与具体概念间的区分。这一区分，如果就人们所偏好的关于概念的另一意义即概念就是属性而言，那么这一区分就是表象着概念的那些含义与表象着概念对象本身的含义间的区别。简言之，抽象概念就是指属性，具体概念则是指具有属性（或分有属性）、但本身又不是属性的对象。

若从对象领域中的区别而言，抽象概念与具体概念就是相对于种类对

---

① 胡塞尔：《逻辑研究》第二卷第一部分，第236页。

② 胡塞尔：《逻辑研究》第二卷第一部分，第236页。

象（或“一般对象”）与个体对象（或“个别对象”）间的区别。但是，对一般对象的直接表象（也即“一般表象”或“一般含义”），都双关性地意味着“概念”。如红这个概念它或者指红本身（也即“一般对象”），又或者指红这个名称的含义（即“一般表象”或“一般含义”）。其中，一般对象“红”可看作是意向对象，而一般表象“红”则可看作是表象的客观内涵（或“内容”）；前者（即“概念”）相关于意向对象方面的种类，后者（即“含义”）则相关于意向活动方面的种类。于是，也就有两种观念类型：一种是关于活动（意义）观念；一种是关于对象（例如红色性质、音符C、数和几何图形等）的观念[①]。所以，人们有可能因为对一般对象（指向活动对象的抽象）和一般表象（指向活动的抽象）的混淆，对于“含义”的定义也是模棱两可的，即人们有可能将表象对象称为含义，也可能将表象的内容（也即“名称的意义”）称为含义。事实上，表象对象是一个观念统一，而表象的内容才是指表象的含义内涵。如表象“既圆又有角”，这里的“圆”和“角”就是这一表象的内容（或“内涵”）。同样，人们如果坚守含义就是概念这一说法，那么关于概念与概念对象的说法也便是模糊的，如它可能是属性“红”与具有属性“红”的对象，如“红的房子”之间的关系，也可能是逻辑表象（如“红”这词的含义）与被表象的对象（属性“红”）间的关系。

基于以上分析，胡塞尔便对抽象概念得以产生的行为进行了分析阐释。对于抽象，胡塞尔说：“它关系到这样一些行为，在这些行为中，一般名称获得与种类统一的直接联系；而且，它又关系到从属于这些在其定语或谓语作用的名称的行为，就是在这些名称中，像‘一个A’、‘所有A’、‘几个A’、‘一个是A的S’等等，这样一类形式被构造出来；最后，它还关系到这样一些行为，在这些行为中，对于我们来说，在杂多思维形式中被把握的对象是明见地作为如此被把握的而‘被给予’的，换言之，它关系到这样一些行为，在这些行为中，概念意向得到充实，获得其明见性和清晰性。”[②]可见，抽象概念的产生关涉到三类行为：一是在一般名称与种类统一的直接联系中，也就是在相关一般名称的一般性意识中产生；二是在谓语的逻辑形式中，如在“一个A”的陈述中也即在一个先天可明察的，属于作为种类统一的含义中产生（也即在属于谓语的逻辑形式中产生），又如在“所有A”即在属于行为本身的形式中产生，又或者是在“一个是A的

① 德布尔：《胡塞尔思想的发展》，第245页。

② 胡塞尔：《逻辑研究》第二卷第一部分，第237—238页。

S”即是在相关种类 A 中的某个东西（或不定个别之物）的行为中产生；三是在杂多的思维形式中明见地被把握的对象。在这三类行为中所产生的抽象概念，简言之，就是在直观的基础上直接把握到的种类统一的意识，如对一个红的事物的直观而直接把握到“红”这个种类统一本身。可见，这个抽象之物“红”的获得已不是简单地对一个感性客体的某个不独立因素的强调和突出，而是这个一般之物（或抽象之物）现时地被给予的过程。所以，对这个抽象概念的获得便是一个明见地被把握的过程。

因此，现象学中对抽象概念的获得是在一种特别的意识行为中进行的，这个行为始终朝向“观念”，也即朝向这个一般之物（或抽象之物）。这个特别的行为，正是胡塞尔现象学中的重要课题——观念化抽象（ideierende Abstraktion），也即本质直观。当然，胡塞尔所讲的“抽象”也“不是那种意义上的抽象，即对某个在一个感性客体上的不独立因素的突出，而是指观念化的抽象，在这种抽象中，被意识到、成为现时被给予的不是那个不独立的因素，而是这个客体的‘观念’、它的普遍之物”。[①] 可见，在现象学中的“抽象”即“观念化抽象”，一般之物也正是在“观念化抽象”中被把握到的。

关于抽象表象与具体表象的划分，胡塞尔也进行了指明：“如果一个表象直接地、不借助于概念（属性）表象来表象一个个体对象，那么这个表象就被称之为具体的；而在相反的情况中，它被称之为抽象的。”[②] 也即如果一个表象直接表象一个个体对象，或者说不借助于概念（或属性）来表象一个个体对象，那么这个表象就是具体表象；反之，则是抽象表象。

于是，在含义领域中，也因此而划分出了两种含义，即：一种是专名的含义，如“喜马拉雅山”作为专名它就意指“喜马拉雅山”这个个体对象；而另一种所有其他的称谓含义，如“山”作为称谓含义它就意指一个种类对象。然而，在现象学中无论是个体对象如“喜马拉雅山”，还是种类对象如“山”，它们在各自的意指中都具有同一个意义，即它们各自都是一个含义的统一，因此它们都是观念对象。所以，在胡塞尔看来无论是个体对象还是种类对象，它们都意味着一个统一的含义，因此都是观念对象。

在现象学维度内明晰“抽象”和“具体”概念，不仅有助于人们正确区分现象学抽象理论与经验主义抽象理论，而且对于进一步正确理解现象学中的又一重要课题“整体与部分”具有重要作用。因为，“整体”不仅包

① 胡塞尔：《逻辑研究》第二卷第一部分，第 162 页。

② 胡塞尔：《逻辑研究》第二卷第一部分，第 237 页。

括有独立的部分即“块片”，而且也包括不独立的部分即“因素”；而对内容的独立与不独立的讨论，就直接相关于内容的抽象与具体。然而，在现象学中，胡塞尔重点讨论并注意区分抽象与具体、独立与不独立、整体与部分等重要概念对子，其实质仍是在讨论“观念问题”，例如于“整体与部分”而言，具体地讲就是在讨论“观念的整体”与“观念的部分”。《逻辑研究》第三项研究的讨论主题就是“整体与部分”，而第二项研究主要讨论的是“观念对象”与“观念直观”。由此可知，胡塞尔对于第三研究“整体与部分”的讨论，其实可看作是对第二项研究即对观念对象的深入与补充。当然，对于“整体与部分”的讨论，胡塞尔也引出了现象学中的又一重要概念——奠基（Fundierung），因为尽管独立的内容部分不需要奠基，但是对于不独立的内容部分则需要奠基于整体之中。

综上可知，正确理解现象学的抽象与具体概念，不仅仅是有助于人们正确区分现象学抽象理论与经验主义抽象理论，更有助于人们正确深入地理解现象学中的“观念问题”和“奠基问题”。

第六章 观念整体与观念部分

它超出意识内容的领域，在对象一般的领域中成为一个理论上极为重要的区别。因此，对这个区别之阐释在纯粹的（先天的）对象本身之理论中占有体系性的地位。

——胡塞尔：《逻辑研究》

胡塞尔《逻辑研究》第一研究“表达与含义”通过对语言符号和语言符号意识的分析，认为逻辑学是关于含义统一和含义规律的科学，而含义统一就是观念统一；在第二研究“种类的观念统一与现代抽象理论”中主要研究观念统一及观念直观方式；第三研究“关于整体与部分的学说”则主要研究作为观念整体与观念部分的关系。研究观念部分与观念整体的学说对澄清现象学的认识论具有至关重要的意义，但却较少受到关注，整体与部分的理论属于“纯粹的（先天的）对象本身之理论”的研究课题，纯粹的对象理论主要研究“对象范畴”，对象范畴的观念包括“整体与部分、主体与属性、个体与种类、属与种、关系与集合、统一、数字、序列、序数、数值等等，以及与这些观念有关的先天真理”。[①] 对“对象范畴”的研究对从认识论上澄清逻辑学和逻辑真理具有重要的意义。

一、观念对象与独立和不独立对象

在纯粹现象学看来，从感知到判断构成的客体化行为都具有在意指中构造对象的功能。在由表象和判断构成的客体化行为中，其中，表象作为称谓行为指称和构造事实（Sache）对象，判断作为论题行为指称和构造的

① 胡塞尔：《逻辑研究》第二卷第一部分，第240页。

是事态对象。从表象到判断就是从经验到判断、从“前述谓的”意向性到“述谓的”意向性的转变。例如，我们看到一张桌子，我们感知到它的各个侧面、颜色、形状、硬度，在这个连续的感知过程中，同一张桌子的多样性的感觉材料被持续地给予我们（感知）；我们也可以事后回忆等想象的方式“再现”我们对这张桌子的感知，形成关于这张桌子的表象；由于“质料”（通过直观行为给予的表象内容）相同，我们可以通过不同的“质性”方式意指这张桌子：

表象：桌子。

判断：桌子是棕色的。

疑问：桌子棕色的吗？

希望：桌子是棕色的！

我们继续观察这张桌子，桌子有一条桌腿是断的，这个先前在我们散漫的知觉中没有特别关注的部分凸显了出来，它在桌子的整体背景下被衬托出来成为我们注意力集中的中心；现在我们中断持续的知觉之流，回到桌子“整体”，但这个“整体”已经是包含“部分”的整体，并把凸显的部分（断腿）作为整体的一部分。此时，整体及其部分被明确地区别开来了，但同时整体与部分之间的“联结”也得到了记示。

这个“联结”非常重要，它使我们意识的意向活动从“经验活动”转到了一种初始的“理智活动”，从表象行为转向判断行为，从直接经验转到理性判断，从表象对象转向构造对象。在直观行为和表象行为阶段，整体和部分被我们体验或经验过，但它们（桌子和断腿）还没有得到联结因而还没有成为课题；把整体和部分联结起来是判断行为的功能，从而使我们从知觉意向转向了范畴意向。此时，由整体和部分构成的桌子就不再是被经验到的事实存在或对象，而是范畴意向构造的范畴对象或范畴客体（“桌子”）。

我们知道，“直观行为”（感知＋想象）和“非直观行为”（符号行为）构成了“表象行为”，即表象行为＝感知＋想象＋符号；“表象行为”（感知＋想象＋符号）和“判断行为”构成了客体化行为，即客体化行为＝感知＋想象＋符号＋判断。正是“符号行为”才使我们从直接的感知意向行为转向理智的“判断行为”，并通过判断行为把直观和表象行为中的事实存在的桌子抽象成符号性存在的“桌子”。胡塞尔认为，在符号行为中，我们使用“语词”或“语言”这样的符号来表达在范畴意向中所发生的整体与部分的联结关系，不是因为我们有了语言才能思维，而是因为我们能够思维，我们才有能力达到范畴意向，或者说不是因为我们有了“语言”才能进行构造范畴对象的意向活动，而是因为我们能够进行构造范畴的意向活动，才能够拥有并使用语言。

现在需要对范畴、范畴直观、构造、观念对象等现象学术语做出必要的解释。

范畴（Kategoie/category）一词在古希腊词语中是指指责或控告某人，或公开陈述属于某人的特征，例如说“张三是个瘸子”，就是公开陈述张三具有“腿瘸”这个特征。后来逐渐成为哲学术语，意即关于某事物有所言说的行为。“范畴的”就是把某个对象加以联结、把句法引入我们所经验到的东西之中的意向活动；“范畴”就是通过范畴的意向活动而形成的抽象观念。在胡塞尔的《逻辑研究》中，“范畴”首先是指范畴形式或逻辑范畴，如一、多、全、数、关系、原因、结果等；其次是指质料范畴，如颜色、空间、树、桌子等，也叫“形式本体范畴”，在此意义上，“范畴”概念与“本质”“观念”等概念是基本同义的，“范畴的”就是“观念的”和“本质的”，“范畴对象”也就是“观念对象”或“本质对象”；范畴对象通过范畴直观而被原本地把握到。

范畴直观是本质直观的一种类型，本质直观（Wesensschau/seeing）和观念化（Ideation）基本同义，是指在通过感性个别直观的奠基，在“观念化的抽象”中构造起一个普遍性意识，此“普遍性意识”作为“种类”本身被看到，这个“种类”就是“本质”或“观念”，把握这个“种类”的意向性方式就是“本质直观”或“观念直观”。在西方哲学以及现象学那里，范畴也是一种观念，但观念要比范畴的含义宽泛一些，把握观念的意向方式是本质直观或观念直观，把握范畴的意向方式是范畴直观。但在形式本体论的质料范畴意义上，范畴与本质、观念同义，范畴直观也与本质直观、观念直观同义。

构造（Konstitution/constitution）在现象学中的含义就是通过意识行为而“建构起”对象性的统一性，它使杂多的意识生活之综合得以可能。现象学的“构造”不是一种“创造”，也不是把意识行为强加给实在，而是使杂多的感知材料联结并显现为一个范畴对象或观念对象。构造一个对象（事态），就是运用我们的理解让对象向我们展现它自己。运用语言符号在范畴意向中建构并把握范畴或观念对象属于人类高级的理智活动，它建立在感性活动基础之上，就是说范畴意向是奠基于感知、想象、回忆、图像、期待等较低级的意向活动的基础上，前者可以称作“述谓的意向性”，后者可以称作“前述谓的意向性”。我们在前述谓的体验基础上构造起了述谓性的范畴对象或观念对象，它使我们知觉到的事物被提升到逻辑论证和理性思维的领域，范畴就是从知觉到理智的过渡点，是语言和句法开始起作用的地方。

在现象学中，“对象”也叫意识的“意向对象”或“内容”，“对象是意向的对象，这意味着，一个行为在此存在，它带有确定地被描述的意向，在这个确定性中的意向恰恰构成了被我们称作对这个对象之意向的东西。”[①]“对象”对应的概念是“意识”，它们在确切的意义上体现出“意识对象”与“意识行为”的对立，但这个对立不是固定不变的，“意识”也可以使自身成为“对象”，只要意识通过反思把目光转回到自身并将自身对象化。就此而言，胡塞尔现象学中“对象”这个概念本质上区别于“事物”概念。观念对象或范畴对象就是我们在范畴意向的反思目光中通过语言和句法作用构造的事态，这个事态不是事物存在，而是一个范畴性的意识存在，“虽然观念对象是在意识中被构造的，但却仍然有它自己的存在、自为的存在”。[②]无论个体之物还是一般之物（种类）都是存在的，都意味着一个统一的含义，即它们都是观念对象。

我看见了张三。（感知）

我想象着张三。（想象）

我想起了张三。（回忆）

……

张三是人。（判断）

这里的张三是一个个体事物，它是被我感知、想象、回忆的个别对象。但是，我也可以从众多的个人中抽象出“人”的共同性，这里的“人”就是作为种类存在的一般之物。现在我通过语言符号来表达：“张三”“人”，并用语言的句法词“是”“和”“连”等句法范畴把它们联结在一起：“张三是人”。“张三”是个别的观念对象，“人”是一般的（种类的）观念对象，它们都是在语词和语言中被意指的对象，都代表了一个含义统一和观念对象。胡塞尔指出：“通过维护与个体对象并存的种类（或观念）对象的固有权利来确定纯粹逻辑学和认识论的主要基础。这里就是相对主义和经验主义的心理主义与唯心主义的分界点。”[③]

通过前面的分析可以确定，胡塞尔《逻辑研究》关于整体和部分的研究，实际上是对观念对象的整体和部分的研究，“对象可以相互处在整体与

---

① 胡塞尔：《逻辑研究》第二卷第一部分，第 448 页。

② 倪梁康选编：《胡塞尔选集》（上卷），上海三联书店出版社 1997 年版，第 306 页。

③ 胡塞尔：《逻辑研究》第二卷第一部分，第 112 页。

部分的关系中，或者也可以处在一个整体的并列部分的关系中。这是先天建基于对象的观念之中的关系种类。……由此而产生出对对象的观念划分，即划分为简单对象和复合对象"。[①]

胡塞尔对整体和部分的阐明是通过"复合对象"和"简单对象"这对概念的研究来进行的。"'复合的'和'简单的'这两个术语通过下列规定而得以定义：具有部分-不具有部分。……复合性……指明这个整体的许多分离部分，以至于那些不能被'分解'为许多部分的东西，即那些不能被划分为至少是两个分离部分的东西，就必须被标识为是简单的。"[②]就是说，"复合"就是指一个整体可以分离为许多部分，"简单"就是指整体不可分离为两个和两个以上的部分；或者说，复合的就是"具有部分的"，简单的就是"不具有部分的"。

简单和复合与整体和部分两对概念并不完全相合。我们可以说"所有简单的内容都是整体"，因为它不能再分离为部分；但不能说"所有复合的内容都是整体"，因为有些内容的复合并不一定构成整体，也不能说"所有复合的内容都是部分"，因为各个复合的内容既可以作为部分而与其他内容一同构成整体，又可以在独立的情况下自己就是一个整体。胡塞尔说，这些"部分关系"特征各异的形式取决于"独立对象与不独立对象"的区别。在最宽泛的意义上，一个对象中现存的东西都可以称为"部分"，而"部分"又可以区分为"独立的部分"和"不独立的部分"，前者也叫"决然的部分"（Teile schlechthin）或"块片"，后者则可以叫作"抽象的部分"或"因素"：

> 我们首先确定对"部分"这个概念的基本划分，即划分为最狭窄意义上的"块片"或部分，以及划分为整体的"因素"或"抽象部分"。我们将任何一个相对于整体G独立的部分称作"块片"，将任何一个相对于它不独立的部分称作这同一个整体G的"因素"（一个抽象的部分）……抽象部分可以再具有块片，而块片也可以再具有抽象部分……
>
> 我们将那些不共同具有同一块片的各个块片称作相互排斥的（"分离的"）块片。我们将那种把一个整体划分为多个相互排斥之块片的做法称作对此整体的"分片"（Zerstückung）。[③]

① 胡塞尔：《逻辑研究》第二卷第一部分，第242页。

② 胡塞尔：《逻辑研究》第二卷第一部分，第242页。

③ 胡塞尔：《逻辑研究》第二卷第一部分，第291页。

胡塞尔把“对象”也叫作“内容”，“每一个部分都可以成为一个本己的对象（或者，如我们通常所说的那样：‘内容’）……内容这个术语所受的限制较少”。[①] 整体的各个部分都是互相联结的，但有些部分与整体的联结是可分的，有些则是不可分的。胡塞尔不同意贝克莱关于区分“独立部分”与“不独立部分”的关键在于“是否能够分开被表象”的观点。在贝克莱看来，在一个表象复合体（内容复合体）的因素按其本性来说可以分开被表象的地方，那里就有独立内容现存；如果情况不是如此，那么现存的就是不独立的内容。可以分开被表象的是独立内容，不能分开被表象的则是不独立内容。胡塞尔批评道：事实上我们只能分开表象任何一个“块片”，而不能分开表象它的“因素”。块片是可以分开被表象的，例如，“桌腿”（块片）就可以与“一张桌子”（整体）分开只表象它的一条“桌腿”；“广延”“颜色”（因素）则不能与“桌子”分开表象的，不论是一张桌子（整体）还是这张桌子的一条桌腿，都是有广延和颜色的，但离开桌子或桌腿，“广延”和“颜色”就无法被表象，它们作为“因素”不可能是独立的内容，就其本质而言它不可能分离地和独立地在表象中存在。一方面，桌面、桌腿等这些“块片”既可以与广延等“因素”结合在一起构成“桌子”这个整体的存在；另一方面，桌面或桌腿等块片又可以从桌子这个整体中分离出来独立存在，并且自己可以独立地成为一个整体存在，比如分离出来的“桌面”（部分）可以独立作为一块“木板”（整体）而存在。

根据以上的分析，我们可以说，不独立内容即不可分内容，它必须与其他内容结合在一起而同时存在；而独立内容即可分内容，它可以不依赖或不取决于其他内容而存在。据此，胡塞尔给出了可分性（从另一方面理解也是不可分性）的两个定义：

（1）无论内容如何变化，我们可以在表象中同一地坚持这个内容。“可分性无非意味着，在共同联结的并且共同被给予的内容的无限的（……）变更中，我们可以在表象中同一地坚持这个内容。”[②] 相反，不可分性或不独立内容就是在共同联结并共同被给予的内容的无限变更中，我们在表象中不能同一地坚持的内容。

（2）可分性内容就其本质而言不取决于其他内容的存在。“这个内容的存在就其自身、就其本质而言根本不取决于其他内容的存在，它就像它本身所是的那样，能够先天地、即按其本质而言存在……与此完全等值的是：

① 胡塞尔：《逻辑研究》第二卷第一部分，第 244 页。

② 胡塞尔：《逻辑研究》第二卷第一部分，第 250 页。

在内容本身的‘本性’中，在它的观念本质中并不建立着对其他内容的依赖性……其他内容事实上正是连同这个内容的此在并根据经验规则而被给予的；但在其可从观念上把握的本质中，这个内容是独立的。”[①] 相反，不可分或不独立的内容就是具有依赖性的内容，这个内容必须与其他内容结合在一起，如果没有其他内容与它同时存在，它就不能存在。

胡塞尔认为，不论我们说内容和内容部分，还是说对象和对象部分，我们可以用“具体之物”来类比地谈论“抽象之物”的“整体与部分”的关系，但绝不能混淆具体之物与抽象之物的区别。从抽象之物或观念对象的立场来讨论整体与部分的关系，就必须要从纯粹逻辑规律的概念来考察整体与部分的关系。

二、整体与部分及其奠基关系

胡塞尔进一步从纯粹逻辑学的属、种、差的概念对整体与部分进行了考察。这里，我们首先对逻辑学的属、种、差等逻辑概念做一个大概的介绍。

古希腊哲学家亚里士多德最早思考并建立了形式逻辑学，他认为，在判断中起联系主词和谓词的作用的是系动词“是”，即在判断中用谓词表达主词，表示主词指称的实体具有谓词所表达的那些属性，其意思是“属于”，如“S是P”的意思就是“P属于S”。在“S是P”这样的句子的基础上可以得到不同形式的命题：加上否定，就可以得到“S不是P”，加上不同的量词，就可以得到“所有S是P”“有些S是P”“所有S不是P”“有些S不是P”等等，然后用这些句子可以构成推理，如“所有M是P，所有S是M，所有S是P”，这就是亚里士多德制定的三段论式推理和逻辑演绎体系。

但是，亚里士多德的逻辑句法形式与古希腊日常语言形式是一样的。“S是P”，从语法形式看，“是”是系词，它将主语“S”与谓语“P”联结起来了，谓语P是对主语S的一种情况的表达；从逻辑形式看，“S”和“P”表示两个“类”，通过判断词“是”联系起来了，表示两个类之间的关系。但是，“S”和“P”涉及非常复杂的关系：

哲学家是智者。

① 胡塞尔：《逻辑研究》第二卷第一部分，第250—251页。

苏格拉底是哲学家。

柏拉图是苏格拉底的学生。

这三个陈述都符合“S 是 P”的语法形式和逻辑形式，语法学只限于指明它的主语和谓语结构关系，而逻辑学则要研究 S 和 P 所指称的语词性质。在“哲学家是智者”中，“哲学家”和“智者”都是类概念；在“苏格拉底是哲学家”中，“苏格拉底”指称的是个体概念，“哲学家”则是类概念，而且“哲学家”说明的是“苏格拉底”的“性质”；在“柏拉图是苏格拉底的学生”中，“是……学生”表达的不是性质，而是“关系”。为了明确“S 是 P”在逻辑形式中的词类性质，亚里士多德进一步区分了“类”“种”“差”等概念，其中，个别事物是第一本体，“人”和“动物”就是第二本体（《范畴篇》，2a11）。由此，亚里士多德提出了个别事物、属种、九范畴之间的表达关系（在亚里士多德那里，种概念大于属概念，在现代形式逻辑中，属概念大于种概念）。

胡塞尔在整体与部分的研究中并没有专门讨论逻辑学问题，但必须运用逻辑学的基本概念才能理解胡塞尔关于观念整体与观念部分的论述。所谓独立的和不独立的观念（对象），就是“在纯粹的种（Art）的直至最高的属（Gattung）的阶段系列方面，一个最高的纯粹的属的最低的差别（Differenz）可以叫作相对独立的，而且在这里，每一个较低的种相对于较高的种都是相对独立的。就某些属而言，与它们相应的个体个别性无法先天存在，除非这些个体个别性同时属于其他属的个体的……这样一些属在关系到后一类属时是不独立的”。[①] 这段论述包含如下含义：

（1）把“最高的属”理解为“整体”，它是独立的，因为它包括一切，不再依赖任何其他对象。这里的“独立”的含义是“不依赖”。

（2）“属的最低差别”可以理解为“最小的部分”，它也是独立的，因为它无法再划分。这里“独立”的含义是“不可再分”。

（3）最高的“属”和最低的“差”之间的“种”都是不独立的，它们或者依赖其他对象，或者可以再分，或者说，它们不能自为存在。

在“苏格拉底-人-动物”这个序列范围内，“动物”是最高的类观念，它是独立存在的，因为它具有不依赖性；“苏格拉底”是最低的差，是个体个别性存在，具有不可再分性，也是独立存在的，就此而言，个别也是整体；“人”是“动物”这个属概念中的种概念，它既依赖于属概念，又可以再分为“男人”“女人”“老人”“青年”“小孩”等。但是，如果范围扩

① 胡塞尔：《逻辑研究》第二卷第一部分，第 256 页。

大，在“苏格拉底–人–动物–生物”这个序列中，最高的类观念是“生物”，“人”和“动物”成为“种”观念，此时，“人”和“动物”都具有依赖性和可分性（例如“动物”可以分为人、狗、老虎等观念），“那些对不独立性的某些等级做出定义的必然性或规律是建立在内容的本质特殊性的基础上，建立在它们的特性基础上；或者更确切地说，它们建立在纯粹的属、种、差的基础上”。[①]而观念对象的属、种、差关系只有通过“奠基”关系才能得到澄清。

柏拉图把“观念对象”完全归结为客观的体验内容，贝克莱则把观念对象归结为心理学的主观体验，认为凡是“能分开观念表象的”就是独立内容，凡是“不能分开表象的”就是不独立内容。胡塞尔关于“整体与部分”讨论的主要目的是为了维护观念对象的“固有权利”：即观念对象既不能完全被还原成客观的体验内容，也不能完全被还原成主观的心理体验。

胡塞尔从意向活动和意向相关项的双重意义上进一步讨论了整体与部分的问题，认为整体和部分作为“观念对象”（也可以称作“整体的观念”和“部分的观念”）也是现象学的构造成就。前文指出，现象学的“构造”概念就是通过意识行为而“建构起”对象性的统一性。所谓“建构起”就是建立起诸内容要素之间的“统一性”，胡塞尔认为：“一切真正的统一者（Einigende）都是奠基关系”，[②]何谓“奠基”呢？胡塞尔给出的定义是：

> 如果一个α本身本质规律性地只能在一个与μ相联结的广泛统一之中存在，那么我们就要说：“一个α本身需要由一个μ来奠基”，或者也可以说，“一个α本身需要由一个μ来补充”。[③]

最简单地说，假如一个α需要在与μ的联系中才能存在，那么α就需要μ来奠基，前者奠基于后者基础之上，或者说α通过μ来补充。比如说，想象奠基于感知基础之上，我们想象一只“大象”（α），那么，这个想象的大象必须依靠我们看见的“大象”（μ）来奠基或补充，因为，想象的大象只能在与感知的大象的联结统一中才能存在。

就此而言，“独立的部分”不存在奠基问题，因为“独立”自身就意味着不需要其他内容就可以存在；而“不独立的部分”因其依赖性就必须奠

① 胡塞尔：《逻辑研究》第二卷第一部分，第265页。

② 胡塞尔：《逻辑研究》第二卷第一部分，第303页。

③ 胡塞尔：《逻辑研究》第二卷第一部分，第285页。

基于独立的部分基础之上，“不独立性的意义是在依赖性的肯定思想中。这个内容按其本质来说与其他内容结合在一起，如果没有其他内容与它同时存在，它就不能存在”。[①] 所谓一个部分是不独立的，也就是说它不能自为地存在，它是作为部分而奠基在整体之中的。胡塞尔就此提出了不独立对象的本质奠基规律：“一个不独立部分的不能自为存在便意味着，存在着一个本质规律，根据这个规律，一个关于这个部分的纯粹的种（例如颜色、形式等等的种）的内容之存在预设了某些从属的纯粹的种的内容之存在。……独立的对象是这样一些纯粹的类的对象，在这些对象方面存在着这样一个本质规律：如果它们存在，那么它们只有作为某些从属的类的全面整体的一个部分存在。”[②] 比如，在“一张有一只断腿的棕色的桌子”这个陈述中，“棕色”是这张桌子的不独立的因素，这是先天的，因为一个色彩只能作为因素存在于一个有色之物中。而独立的对象或内容则不存在这样的本质规律，即使存在这样的规律，它也不是必然性规律，而只能是可能性规律。这张桌子的一只“断腿”是独立的部分，它可以纳入“桌子”这个整体中存在，如果把这只“断腿”从这张桌子上分离出来，它也可以不纳入整体中而独立存在。就是说，“棕色”（或颜色一般）作为“不独立的部分”或“因素”必须奠基于“桌子”（整体）才能存在，而“断腿”作为“独立的部分”或“块片”可以奠基于“桌子”（整体）之上而存在（此时，它是桌子这个整体的一个断了的腿，是桌腿），也可以不奠基于桌子这个整体之上而独立存在（一根长方形或圆柱形的木头，是独立的个别事物）。如此，“如果没有整体，一个是此整体之部分的部分本身根本不能存在”与“如果没有整体，一个是此整体之部分的部分能够存在”二者之间并不矛盾，关键在于部分与整体之间是否具有“联结”和“相关性”，如果有联结，则部分就是整体的部分；如果相关性丧失了，它的部分也就丧失了。

现象学的分析表明，不独立部分和独立部分、整体和部分之间存在着两个现象学定律，即“综合–先天的规律和必然性”（综合定律）和“分析–先天的规律和必然性”（分析定律）。[③] 分析性定律是“它们具有完全独立于它们（确定地被思考或在不确定的一般性中被思考的）对象性以及独立于可能的情况事实性，独立于可能的此在设定之有效性的真理”。[④] 胡塞尔

---

① 胡塞尔：《逻辑研究》第二卷第一部分，第 251 页。

② 胡塞尔：《逻辑研究》第二卷第一部分，第 254—255 页。

③ 胡塞尔：《逻辑研究》第二卷第一部分，第 266 页。

④ 胡塞尔：《逻辑研究》第二卷第一部分，第 268 页。

举例说，“这所房屋的存在包含着它的屋顶的存在、它的墙的存在以及它的其他部分存在”是一个分析定律，因为分析的公式是：一个整体G(a、b、c……)的存在完全包含着它的部分a、b、c……的存在。它纯粹是由“形式-逻辑的”范畴和范畴形式所构成的定律。综合性规律则是指，“每一个以一种方式（这种方式不允许对这些概念进行保真的表达）包含着含有实事概念的纯粹规律（即每一个不是分析必然性的规律）都是一个先天的综合规律”。[①] 在他看来，任何单个的个别性在其存在方面都是偶然的，只有它们处于规律性的联系之中时才是必然性的，而必然性只有建基于实事性本质中的观念或先天的含义上，这个规律性才能具有本质规律性的含义，即一个绝对普遍有效的规律性的含义。就是说，个别性存在都是偶然的，只有它们处于规律性的联系中才能成为必然的，而必然性是以观念或先天性为基础的，建立在观念规律基础上的必然性才能成为本质规律性或普遍有效的规律性。

把至少对一个内容的依赖性看作是“不独立性”，把某种对一同被联结的内容的不依赖性看作是“独立性”，这仅仅是为了对二者做出区分；但是，独立性和不独立性都是相对的而不是绝对的，即相对的独立性和相对的不独立性。实际上，一个整体是通过它的所有部分的总和（也包括这个整体本身）而构造出一个观念对象活动的领域，胡塞尔指出，整体G的任何一部分内容如果只能作为整体中的一部分存在，那么这个部分内容就意味着“在整体G之中和相对于整体G而言不独立的”部分内容；任何不处在此种状态中的部分内容则意味着是“在整体G之中和相对于整体G而言独立的”部分内容。胡塞尔把它简短地表达为：“一个α的存在就属β而言是相对独立或不独立的。”[②] 举例来说，“人”这个属（α）作为整体包含“男人”“女人”等部分内容，它是独立的；但在“动物”这个属（β）的整体中，“人”（α）却是作为部分存在的，是不独立的。因此，如果存在纯粹的α属和β属，而且α只能先天地与β相联结地存在，那么，一个内容α相对于一个内容β来说，就是不独立的；如果这个规律不存在（即α不依赖或不包含在β中），则α就是独立的。

以上内容对胡塞尔的整体与部分的关系理论进行了初步的分析，胡塞尔在后面通过“奠基”理论对整体与部分的关系进行了更为细致深入的分析。

---

① 胡塞尔：《逻辑研究》第二卷第一部分，第269页。

② 胡塞尔：《逻辑研究》第二卷第一部分，第272页。

三、整体与部分关系的先天定律

胡塞尔认为，在整体和部分、独立部分和不独立部分之间不仅存在着“分析-先天的”和“综合-先天的”两个定律，而且在现象学内部还可以划分出“形式本体论”和“质料本体论”，对意向相关项的先验本质存在的研究属于质料本体论的任务，对意指、统摄等意识构造活动的研究则属于形式本体论的任务。从形式本体论角度通过“奠基”概念对整体与部分的关系进行研究构成了整体与部分的纯粹形式理论。

在纯粹现象学中，现象学的研究领域被区分为“形式的”和“质料的”区域或范畴，因此，本体论也被区分为“形式本体论”和“质料本体论”。我们首先以亚里士多德哲学和康德哲学为例来考察“形式”“质料”等概念的基本含义。

传统哲学中的形式和质料概念。形式和质料作为哲学概念最早由古希腊哲学家亚里士多德在《物理学》中以“四因说”的理论提出并加以讨论。自然哲学在古希腊时代也叫“物理学”（Physica），亚里士多德将自然哲学的对象规定为“既独立存在又变动的存在”，即“自然”（physis，弗西斯，他把以 physis 为研究对象而形成的理论体系称为 Physica），指感性世界中的全部现象或个别事物。“自然”既包括“本质”又包括“变易”，但亚里士多德的《物理学》并不是研究个别事物的变易性，而是研究个别事物所含有的普遍本质，因而在方法上既要求感觉经验对事物的直接感知，又要借助逻辑的理性方法。

为了研究事物运动变化的理由，亚里士多德在《物理学》中提出了著名的“四因说”：

质料因是产生并构成一个物体而自身继续存在着的东西。形式因是构成一个事物之所以成为该事物的内在结构、本质或根据；“形式”（eidos）与柏拉图的“理念”是同一个词；动力因是事物形成的动力，即“变化或静止的最初源泉”。目的因是事物为什么而形成的，是事物运动所指向的目标。

亚里士多德认为，“四因”可以归结为“二因”，他说：形式因、动力因、目的因这“三者常常是相符合的；因为形式和目的是同一的，而运动的原始源泉与这二者是同种类的。一般说来，凡是自身运动而引起的别的事物运动的都如此”。[①] 这表明，研究四因之间的关系可以概括为研究“形

① Aristotle, *Physica*, 198a25–29.

式”与“质料”的关系。

此后，“形式”和“质料”成为西方哲学家研究哲学问题的一对重要范畴，康德就在先验哲学中用“形式”和“质料”来考察认识的先天构成问题，区别在于：在亚里士多德那里使“事物”得以形成和存在的“质料”与“形式”概念在康德这里变成了使“知识”得以可能的“质料”与“形式”概念。

康德哲学所面临的一般问题是，古代巴门尼德、柏拉图、亚里士多德等理智论哲学家朴素地假定，人的心灵（思维）能够认识到真实，近代唯理论哲学家对此给予了哲学上的论证；近代经验论哲学家培根和洛克制定了“一切知识来自经验”的原则，根据对洛克制定的经验论原则的发挥，休谟认为，我们对于事物的知识所依据的基本概念（因果性、同一性、实体）等都是虚假的，我们知识的唯一源泉是经验。经验来自感觉，但“感觉的来源”却无法追寻；并且经验只给我们以事实，却永远无法提供给我们两个事实之间的逻辑必然性。休谟宣称：由于经验是知识的唯一源泉，而因果性的基本因素“必然性”和“普遍性”又不能在经验中发现，所以，因果联系是一种心理习惯或幻想。

那么，究竟什么是“真知识”？它如何可能？洛克肯定我们通过经验可以获得普遍性和必然性的真知识；休谟说在知觉中找不到必然性和普遍性；康德完全同意在知觉中、即外界事物中没有普遍必然性的说法，但他又肯定地承认普遍必然性的存在，问题是：从何处寻找普遍必然性？

康德试图通过对知识能力的批判，发现普遍必然性，以解决知识是否可能以及如何可能的问题。康德在《纯粹理性批判》的“导言”中首先提出了“知识从何开始”的问题：

> 我们的一切知识都从经验开始，这是没有任何怀疑的；因为，如果不是通过对象激动我们的感官，一则由它们自己引起表象，一则使我们的知性活动运作起来，对这些表象加以比较，把它们连结或分开，这样把感性印象的原始素材加工成称之为经验的对象知识，那么知识能力又该由什么来唤起活动呢？所以按照时间，我们没有任何知识是先行于经验的，一切知识都是从经验开始的。[1]

但是，与洛克等经验论者不同，康德不同意经验是知识的唯一来源：

---

① 康德：《纯粹理性批判》，邓晓芒译，杨祖陶校，人民出版社 2017 年版，第 1 页。

> 但尽管我们的一切知识都是以经验开始的，它们却并不因此就都是从经验中发源的。因为很可能，甚至我们的经验知识，也是由我们通过印象所接受的东西和我们固有的知识能力（感官印象只是诱因）从自己本身中拿来的东西的一个复合物。[①]

就是说，真正的知识是由感觉经验和普遍必然性两个因素构成的，知识中的“普遍必然性”来源于我们先天的认识能力而和感觉经验无关。如此，知识的来源就有两个，一个是感觉经验，它构成知识的内容；另一个是先天的认识能力，它是知识构成的形式因素。康德要解决的关键问题是，偶然、个别的感觉经验，为什么会变成普遍必然性的知识？他认为这取决于先验认识能力，因此要研究知识的形式问题。

康德把人的认识能力划分为感性能力、知性能力和理性能力。感性能力的成就是获得“现象”，它由质料和形式两个因素构成；质料是经验的，形式是先天的。同样，一切具有普遍必然性的感性直观知识也由两个因素构成：后天的质料和先天的直观形式。外物作用于感官而产生的感觉经验是杂乱的，只有经过先天的感性直观形式的整理才能形成感性对象，构成感性直观知识。“在现象中，我把那与感觉相应的东西称之为现象的质料，而把那种使得现象的杂多能在某种关系中得到整理的东西称之为现象的形式。”[②]先天形式也叫感性的纯粹直观形式，是指先天存在于心中的、受感性知觉并把它们安排在一定秩序之中的纯粹形式，它“即使没有某种现实的感官对象或感觉对象，也先天地作为一个单纯的感性形式存在于内心中的”。[③]这种感性的直观形式有二：时间和空间。其中，空间是人的外感的纯形式，时间是人的内感的纯形式。在知性理论中，康德认为知性的先天形式是“范畴”，知性的质料是“现象”，感性认识中所得到的认识还是尚未规定为对象的现象，“认识对象”是把各种感觉表象综合统一在一个概念下的结果，这种综合统一和思维概念的能力，属于知性。所以，认识对象的可能性须由知性来解决。在他看来，经验或知识的总体对象是自然。知识是感性直观和知性概念的结合：感性接受外物刺激而在时空整理下为知性能力提供感觉经验材料；知性用自己的先天形式去规定直观的经验材料而形成知识。知性的先天形式就是“范畴”。真正的知识是判断，知性使用

---

① 康德:《纯粹理性批判》，第1页。

② 康德:《纯粹理性批判》，第21页。

③ 康德:《纯粹理性批判》，第22页。

概念就是把概念做成判断（S是P），从而形成知识。康德认为，理性能力以“物自体”为对象，但理性没有自己的先天形式，只能用有限的知性范畴去认识无限的对象，必然陷入二律背反。

四、现象学的质料本体论与形式本体论及其奠基类型

亚里士多德和康德等传统哲学关于质料和形式概念的基本含义在胡塞尔的现象学中得以保留，但也被赋予了更为深刻而复杂的含义。

“质料”（Materie）在胡塞尔的现象学中有多种名称，如行为的“内容”“材料”“立义意义”（Auffassungssinn）等。“材料”（Material）与“素材”（Hyle）是基本同义词，我们需要辨析这几个概念来理解“质料”的含义。

“材料”与亚里士多德意义上的“质料”概念是同义的，“一个感性的材料只能在一定的形式中得到理解，并且只能根据一定的形式而得到联结”。[①] 材料的被“构形”（Formung），即意味着对可能的“材料”进行意向统摄或被立义的过程。

“内容”（Inhalt）是与“功能”相对应的概念，胡塞尔在《逻辑研究》中把“内容”划分为“主观意义上的内容和客观意义上的内容。在客观意义上的内容方面，我们必须划分：作为意指意义或者作为意义、含义整体的内容，作为充实意义的内容，作为对象的内容”。[②] 在第五研究中也叫作“作为体验的内容和作为对象的内容”。主观意义上的内容（主观内容）或作为体验的内容是指“现象学的自我的实项构成物”，即感觉材料；客观意义上的内容（客观内容）或作为对象的内容也叫“行为内容”，它与“行为特征”相对应，行为内容把两个或多个相同行为特征的意识行为区别开来了，如“张三看见一棵树”和“李四看见一匹马”这两个意识行为中，行为特征都是感知，但使这两个相同的行为特征区别开来的是它们具有不同的行为内容（树、马），这个意义上的“行为内容”就是意识行为的“质料”或“立义意义”，“由于质料可以说是给明了意义，代现性的内容便根据此意义而被立义，这样我们也就谈到了‘立义意义’；如果我们想坚持对旧术语的回忆并且同时暗示那个与形式的对立，那么我们也可以说‘立义

① 胡塞尔:《逻辑研究》第二卷第二部分，第199页。

② 胡塞尔:《逻辑研究》第二卷第一部分，第53页。

质料'"。[①]

"内容"还可以进一步划分为"意指的意义或含义一般""充实的意义""对象"等。由此可以归纳出胡塞尔意向分析中所使用的三个最基本的"内容"概念:(1)在自我或意识进行立义和统摄之前,自我的实项构成物即感觉材料是必须被立义的"内容";(2)在立义之中,意义或质料是意识赋予感觉材料的"内容";(3)在立义完成之后,"内容"是作为意识活动之结果而对立于意识的对象。[②]此外,胡塞尔还区分了"实项内容"和"意向内容"、"第一性内容"和"反思性内容"等等。

"形式"(Form)在胡塞尔现象学中也是个具有多重含义的概念。最一般而言,胡塞尔坚持"形式"与"质料"的区分和对应关系,但在现象学的意向性活动所具有的"意向活动–意向相关项"的结构中,"形式"概念的多种含义使它处于多重的对立关系中。

"形式"概念首先是意向相关项的"形式"(亚里士多德),比如"长方体"是"砖块"的形式;它同时也是构造这些意向相关项的意识活动之"形式"(康德)。这两个意义上的"形式"概念与传统哲学中亚里士多德和康德所赋予的"形式"概念的含义是基本一致的。

从"意向活动"方面来看,一方面,感觉材料(意识或自我的实项构成物)通过意向活动而被立义或"构形","形式"在这里处于与"材料"的对立之中,因为感性的材料只能在一定的形式中被把握,并且只能根据一定的形式而得到联结;另一方面,对材料的立义或赋予意义的活动本身还具有"立义形式"(Auffassungsform)和"立义质料"(Auffassungsmaterie)、"被立义的内容"(Auffassungsgehalt)之分。在一个行为与它的对象具有的各种各样的联系方式中,"立义形式"决定着对象究竟是单纯符号性地、还是直观性地、还是以混合的方式被表象,表象还区分为感知表象和想象表象;"立义质料"是指对象究竟是在这个、还是在那个"意义"中被表象;"被立义的内容"是指对象究竟是借助于这个,还是借助于那个符号被表象,或者它究竟是借助于这些,还是借助于那些展示性内容而被表象。[③]就是说,赋予感性材料以意义的"立义形式"又可以区分为符号性立义、直观性立义和混合性立义三种形式;由于直观行为由"感知"和"想象"构成,因而直观性立义又可以区分为感知表象和想象表

① 胡塞尔:《逻辑研究》第二卷第二部分,第89页。

② 参阅倪梁康:《胡塞尔现象学概念通释》(修订版),第246页。

③ 胡塞尔:《逻辑研究》第二卷第二部分,第92页。

象，因此，立义形式可以划分为符号、感知、想象和混合四种立义形式。

从客体化行为来看，“形式”概念又有了新的含义，“人们还在多种意义上谈及材料（或者也谈及质料）和形式（Form）。我们在这里要明确指明，通常所说的与范畴形式相对立的质料根本不是与行为质性相对立的质料……为了便于区分，我们在范畴对立中不说质料（Materie），而说材料（Stoff）；另一方面，在谈及至此为止的意义上的质料时，我们则着重强调意向质料，或者也可以说，立义意义”。[①] 就是说，在客体化行为中与“材料”相对的是“范畴形式”，在意向活动的行为质性中与“质料”相对的是“立义形式”；同样，对“范畴形式”是通过“范畴直观”把握的，对“立义形式”是通过“感性直观”把握的。

在基本明了胡塞尔的质料和形式概念之后，我们进而探讨质料本体论和形式本体论的含义。

本体论（Ontologie）在西方哲学语境中是关于存在（Sein/being）的学说，胡塞尔在最广义上也认为本体论是“关于一般存在的科学”。但胡塞尔在比较宽泛的意义上把本体论当作是本质科学、观念科学或先天科学的同义词，是关于纯粹可能性的科学，如纯粹数学、纯粹几何学、纯粹物理学等；在比较狭窄的意义上，胡塞尔的本体论特指作为本质科学的“超越论的现象学”。

在《观念Ⅰ》中胡塞尔把本体论区分为“形式的本体论”和“质料的本体论”，大致相当于“意向活动”和“意向相关项”的本体论，“一切基本的区分，正如在以后的论述诸阶段中将详细理解的，这些区分构成了形式本体论和与它相关联的范畴理论，都是现象学研究的主要课题。与它们相符合的是诺耶思（Noesis，意向活动）-诺耶玛（Noema，意向相关项）的本质联系，有关它们的可能性和必然性方面的问题必定能够得到系统描述”。[②] 我们在此暂时不涉及《观念Ⅰ》的讨论，只是为了研究整体与部分问题的需要对形式本体论和质料本体论进行初步介绍。

前述可知，本体论是关于存在的学说。但是，胡塞尔现象学所谓的“存在”不再是 Sein（being），而是 Bewußtsein（Bewusst-Sein，意识中的在），更确切地说，“存在”被理解为先验意识以及在其中的意识活动和通过这种意识活动被构造出来的意识对象。如果说被构造出来的对象是本体论研究课题中的质料部分，那么，意识的意指、统摄等构造活动就是本体

① 胡塞尔：《逻辑研究》第二卷第二部分，第 137 页。

② 胡塞尔：《纯粹现象学通论》，第 262—263 页，译文略有改动。

论的形式部分，当然，形式本体论和质料本体论探讨的不是意识活动和意向相关项的事实存在，而是它们的先验本质存在，“对作为现象学研究内容的‘存在’或‘先验意识’做形式和质料上的进一步划分，便产生出了现象学的内部分工：‘形式本体论’和‘质料本体论’”。[①]比较而言，胡塞尔在《逻辑研究》和《观念Ⅰ》中主要研究了“形式本体论”，在《观念Ⅱ》中则主要以“质料本体论”为课题。

形式本体论研究最高的形式范畴“某物一般”的特殊化，“某物一般”即抽象观念，抽象观念及其特殊化在第三研究中是通过整体与部分的奠基关系来展开的，“对独立的和不独立的内容之间区别的更深入论证会如此直接地导向一门关于整体与部分的纯粹（属于形式本体论的）学说，以致我们不得不对这些问题进行较为详尽的探讨”。[②]

胡塞尔关于“奠基”概念的定义，可参见本章前面的讨论（“二、整体与部分及其奠基关系”）。胡塞尔认为“奠基”关系属于纯粹形式规律（即“分析–先天的规律”），就是说，它们可以从相应的概念或定义中推导出来。从前面胡塞尔对“奠基”概念的定义中，胡塞尔推导出六个定律或命题：

“定律 1”。——如果一个 α 本身需要由一个 μ 来奠基，那么每一个含有一个 α，但不含有一个 μ 的整体就同样也需要这样一种奠基。

……

“定律 2”。——如果一个整体将不独立因素作为部分包含在自身之中，但又不含有这个不独立因素所需求的补充，那么这个整体同样是不独立的，并且，相对于任何一个自身含有那些不独立因素的更高序列独立整体而言，它是不独立的。

“定律 3”。——如果 G 是 F 的（也就是说，相对于 F 的）一个独立部分，那么 G 的每一个独立的部分 g 也就是 F 的一个独立部分。

……

这个定律在对字母进行合适的修改之后也可以得到这样的陈述：

如果 α 是 β 的一个独立部分，β 是 γ 的一个独立部分，那么 α 也就是 γ 的一个独立部分。

① 倪梁康：《胡塞尔现象学概念通释》（修订版），第 324 页。

② 胡塞尔：《逻辑研究》第二卷第一部分，第 240—241 页，译文有修改，《逻辑研究》中译本此处译为“主体与部分”。

或者还可以更简略些：

一个独立部分的一个独立部分就是这个整体的一个独立部分。

"定律4"。——如果γ是整体G的一个不独立部分，那么它也就是任何一个G的其它整体的一个不独立部分。

……

我们的这个定律可以用与前一个定律相似的方式陈述出来，即：

如果α是β的一个不独立部分，β是γ的一个不独立部分，那么α也就是γ的一个不独立部分。或（"或"为本书作者所加）：

一个不独立部分的一个不独立部分就是这个整体的一个不独立部分。

"定律5"。——一个相对不独立的对象也是绝对不独立的，而一个相对独立的对象则可以在绝对的意义上是不独立的。

……

"定律6"。——如果α和β是某一个整体G的独立部分，那么它们自身也是相互独立的。[①]

我们尝试通过各种奠基关系来对这些定律进行讨论。胡塞尔在此列举了相互间奠基、单方面奠基、间接奠基和直接奠基关系：

如果我们来观看一个整体的任意一对部分，那么会有如下可能性存在：

1. 在这两个部分之间存在着一种奠基关系；

2. 不存在这种关系。在前一种情况中，奠基可以是

a）一种相互间的奠基，

b）一种单方面的奠基，它根据有关的规律性而是可逆的或不可逆的。

……

此外，一个部分在另一个部分之中的奠基还可以是：

α）一个直接的奠基，或者

β）一个间接的奠基，这要取决于这两个部分是处在直接的联结之中，还是处在间接的联结之中。[②]

① 胡塞尔：《逻辑研究》第二卷第一部分，第286—288页。

② 胡塞尔：《逻辑研究》第二卷第一部分，第289—290页。

这里，在“一个整体的任意一对部分”中存在着“相互间奠基”和“单方面奠基”关系；“一个部分在另一个部分之中”存在着“直接奠基”和“间接奠基”关系。

我们把前述关于“奠基”概念的定义简单理解为：如果一个α只能在一个与μ相联结的统一之中存在，那么“一个α就需要由一个μ来奠基”，或“一个α本身需要由一个μ来补充”。就是说，“α需要μ来奠基”就是“α需要μ来补充”。就此而言，“奠基”就是α与μ之间的“相关性”和“联结”方式；如果没有μ为α奠基或补充，α就无法存在。以直观行为为例：

我**看见**一只鸟从天空飞过。（感知行为）

我**想象**着一只鸟从天空飞过。（想象行为）

直观行为是由感知行为和想象行为构成的行为总属。“我想象着一只鸟从天空飞过”这个“想象行为”（α）必然依赖或奠基于“我看见一只鸟从天空飞过”这个“感知行为”基础之上（μ），我首先有过“看见”鸟从天空飞过这个感知行为，才能有“想象”鸟从天空飞过这个想象行为。

根据对“奠基”概念的理解：

“相互间奠基”就是两个部分之间相互奠基，胡塞尔举例说：“颜色和广延在一个统一直观中相互奠基，因为不带某种广延的颜色，不带某种颜色的广延是无法想象的。”[①] 就是说，颜色奠基于广延之上，离开广延颜色就无法存在；同样，广延也奠基于颜色之上，离开颜色广延也无法存在。

“单方面的奠基”是最主要、最复杂的奠基关系，是指两个部分之间只有一方奠基于另一方基础之上。如想象行为奠基于感知行为基础之上（没有感知行为我们就无法想象），但感知行为无需奠基于想象行为基础之上（没有想象我们依然可以感知）。这种单方面的奠基在胡塞尔后期得到了广泛的运用，它一方面涉及构造阶段的秩序，另一方面涉及不同意向行为与它们的意向相关项之间的相互关系，总体上可以概括为：所有高层次的意识行为和对象性都奠基于原初的基本行为和对象之中；所有的复杂的意识行为都奠基于简单的行为和对象之中。胡塞尔在《逻辑研究》第六研究中指出，一个行为的被奠基状态并不意味着建立在其他行为之上，而是意味着“被奠基的行为根据其本性，即根据其种属而只可能作为这样一种行为存在，这种行为建立在奠基性行为属的行为上。……所以，没有奠基性的个体直观，直观的普遍性意识就不能存在”。[②] 就是说，被奠基的构成物如

① 胡塞尔：《逻辑研究》第二卷第一部分，第289页。

② 胡塞尔：《逻辑研究》第二卷第二部分，第180页。

果不回溯到奠基性的构成物上去就无法自身被给予。倪梁康教授经过研究归纳了 11 种单方面奠基关系：非客体化行为在客体化行为中的奠基（例如喜悦奠基于表象之中）；一种客体化行为在另一种客体化行为中的奠基（例如述谓陈述的行为奠基于称谓行为之中）；符号行为在直观行为中的奠基；想象在感知中的奠基；非信仰行为在信仰行为中的奠基；范畴直观行为在感知直观行为中的奠基；被奠基的行为的质料在奠基性行为的质料中的奠基；行为质性在行为质料中的奠基；行为特征在外感知内容中的奠基；述谓判断的明见性在前述谓经验的明见性中的奠基；意识的主动综合及其构成物在被动综合及其构成物中的奠基，以及其他等等。[①]

"直接奠基"就是两个部分不通过中间环节而发生的奠基关系，上述单方面的奠基关系可以说都是直接奠基，即一个 α 单方面地直接奠基于一个 μ 之中。

"间接奠基"也比较复杂，胡塞尔给出的解释是：

> 一个 α 直接地奠基于 β 之中，间接地奠基于 γ 之中。其原因在于：只要一个 α 与一个 β 联结在一起，它们就是直接地联结在一起，并且还有，只要一个 α 与一个 γ 联结在一起，它们就是间接地联结在一起。[②]

胡塞尔特别指出，间接性和直接性的次序是在纯粹的属中得到规律性论证的，间接奠基联系的规律是分析规律，并且是从属于直接奠基联系的规律中推断出来的。例如："颜色"（包括亮度）与"广延"是相互间奠基关系。"颜色"是种属概念，在这个种属概念中包含着"红""黄""蓝"等"差"概念，在"颜色"（种属）与"红"（差）之间，"颜色"奠基于"红"基础之上；如果"红"又分为"粉红""大红""暗红"，则颜色（属）-红（种）-粉红（差）之间的奠基关系是："红"奠基于"粉红"基础之上，是直接奠基关系；"颜色"奠基于"红"基础之上，也是直接奠基关系；也可以说"颜色"奠基于"粉红"基础之上，但这种奠基是通过"红"实现的，"颜色"奠基于"粉红"之上就是间接奠基关系。另外，"颜色"也并不直接与"广延"发生关系，与"广延"直接发生关系的是"红"或最低的"差"概念"粉红"等，如此，"颜色"通过"红"以至"粉红"与"广延"

---

① 倪梁康：《现象学的始基：对胡塞尔〈逻辑研究〉的理解与思考》，第 131 页。

② 胡塞尔：《逻辑研究》第二卷第一部分，第 290 页。

发生关系，“广延”也通过“红”以至“粉红”与“颜色”发生关系，所以，“颜色”与“广延”之间的相互奠基关系就是一种“间接奠基”关系。即：*颜色——红——广延*。

颜色直接奠基于红之中，广延也直接奠基于红之中，通过红这个概念，颜色和广延两个属概念间接地相互奠基。这里纯粹分析规律的一般性在于：“如果没有一个具有颜色的东西，一个颜色就不能存在”，或者“如果没有某个被颜色覆盖的广延，一个颜色就不能存在”。[①]

五、整体的感性及范畴统一形式

就整体与部分而言，一个整体不仅有“块片”与“因素”的区别，还存在着“间接部分”与“直接部分”、“贴近部分”与“疏远部分”之间的区别：“如果Ø（G）是整体G的一个部分，那么这个部分的一个部分，如Ø（Ø[G]），就重又是整体的一个部分。”[②]这样，Ø（G）就是整体G的直接部分，而Ø（Ø[G]）则是整体G的间接部分。

如果一个扩展性的整体被分片，那么块片就可以继续被分片，块片的块片可以再次被分片，等等。每一个“部分”（块片）以完全相同的方式在这里和原初的部分一样，也是整体的部分，“块片的块片又是整体的块片”。[③]由于分片是在继续进行的每一次划分，因而这些部分中的最疏远的部分自身并不比最贴近部分距离整体更远。通常情况下，贴近的部分与疏远的部分与整体的关系不是完全绝对的，部分的层次次序取决于划分的层次次序，而划分的层次次序缺乏客观基础，“随人们所偏好的划分方式的不同，每一个间接部分都可以被看作是直接部分，每一个直接部分也可以被看作是间接部分”。[④]但有些部分的划分不能归诸我们主观的划分次序，比如一个旋律，它有一个直观统一的音序，是一个整体，在其中我们可以划分作为部分的个别声音（C），这个声音又具有音色（a）、音质（b）、强度（c）等“质因素”，它们（a、b、c）作为部分（C）的部分也是这个旋律（整体G）的部分，个别声音的“质因素”以间接的方式寓居于整体之中，这种间接性就不取决于我们的主观划分次序。这里的一般形式规律是：只

---

① 胡塞尔：《逻辑研究》第二卷第一部分，第266页。

② 胡塞尔：《逻辑研究》第二卷第一部分，第293页。

③ 胡塞尔：《逻辑研究》第二卷第一部分，第294页。

④ 胡塞尔：《逻辑研究》第二卷第一部分，第295页。

有当质因素是个别声音的部分时，它自身才是这个旋律的部分；它直接地属于这个个别声音，但却是间接地属于这整个的声音构成物。这个“间接”与我们主观地对某个划分进程偏好无关，其客观进程在于，我们总是首先遇见个别声音C，然后才能遇到它的音色、音质、强度等质因素。胡塞尔指出，可以用更确切的术语，如整体的“第一性的”和“第二性的”部分来取代整体的“较为贴近的”和“较为疏远的”术语，“例如在c中设定一个部分，这个部分展示出它与所有其他的音所共有的东西，即它们的属因素，那么这个部分第一性地寓居于质之中，第二性地寓居于声音之中，第三性地才寓居于这整个声音构成物之中；如此等等”。[①] 通过第一性的、第二性的划分等可以更清楚地标识出部分与整体之间的直接和间接关系。

通过对整体的“间接部分”与“直接部分”、“贴近部分”与“疏远部分”之间的区别，胡塞尔借助奠基概念更精确地定义了整体与部分的概念：“我们将一个‘整体’理解为那些由一个统一的奠基所涵盖的、并且不依靠其他内容的内容之总和。这样一个总和的内容被我们称作部分。关于‘奠基统一’的说法应当表明，每一个内容与每一个内容都通过奠基而相互联系，无论这是直接的，还是间接的联系。”[②]

胡塞尔进一步研究了“感性的统一形式与整体”（整体的感性统一形式）与“范畴的统一形式与整体”（整体的范畴统一形式）及其纯粹形式类型问题。

“整体的感性统一形式”就是考察那种“‘不带有’抽象感性形式的感性统一之可能性”。“感性”（Sinnlichkeit）是一个多义性概念，在现象学中，感性是指现象学还原后在外感知中通过感官而提供的东西，在《逻辑研究》中“感性”等同于“实项”或“实在”概念。

整体的感性统一形式就是从“实项”或“实在”内容方面论证整体的“统一形式”问题。前述可知，“整体”被理解为由一个统一的奠基所涵盖的内容之总和，或者更简单地说，整体就是通过奠基构成的内容之总和。但是，在每一个整体中并不必须包含着一个把各部分联结起来的“统一因素”意义上的特有形式，比如，a和b两个部分或内容之联结构成部分总和之整体G，但在a和b两个部分之间我们或许看不到把它们联结起来的“统一因素”（c），以至于我们会认为，“所有整体——只有可分片的整体除外——都缺乏联合的统一形式，例如，广延与色彩的统一、声音的质与

① 胡塞尔：《逻辑研究》第二卷第一部分，第296页。

② 胡塞尔：《逻辑研究》第二卷第一部分，第300页。

声音强度的统一”，[①] 等等。我们的确在感觉显现中寻找不到将独立部分（块片）或不独立部分（因素）互相联系起来的统一的形式。胡塞尔指出，“找不到”（Nicht-vorfinden）不等于“不存在”（Nicht-sein），我们找不到把各个声音构成一段旋律的“统一形式”，也找不到把各个色彩构成“颜色”的“统一形式”，但是，这并不意味着这样一个“统一形式”并不存在。如果没有任何形式对内容进行统一，各个内容之间就会相互无关，这个统一形式就是“奠基”，“奠基就意味着联合的统一”。[②] 一切这种的统一者都是奠基关系，独立对象的统一只有通过奠基才能创立，并且，统一也具有相互奠基的内容。就是说，我们可以用感性的实项内容来列举并说明部分之间的联合统一或“统一形式”，但不能因为找不到像部分那样感性实项存在的“统一形式”就认为它不存在，本质而言，“统一”不是一个“实在的谓词”，“统一恰恰就是一个范畴的谓词”。[③] 就是说，“统一”总是范畴的统一，而不是实在的统一。实在地或在感性中感知地存在着的只是整体的部分之总和以及建基于部分组合之中的感性统一形式，为这些部分提供统一形式的就是奠基，即通过奠基赋予被感知的“部分”以统一形式并构成“整体”。

如果说“整体的感性统一形式”主要是讨论部分之间由奠基构成的作为部分总和的整体的“统一形式”，它不像部分那样存在，但并不意味着不存在；“整体的范畴统一形式”则着重论证整体作为部分之总和是个“范畴”，或者说，整体是个范畴的形式统一。

在胡塞尔看来，一个单纯的总和不能称作整体。所谓“单纯的总和”即一种“单纯的一同存在”，不论它们是作为同一种存在，还是不同种的存在；单纯的总和之所以不能称为“整体”，是因为这些部分只是“一同”存在，而不是“同一的存在”。部分的总和能不能称作整体，取决于这些部分是“一同”存在还是“同一的”存在。所谓“同一的存在”就是指部分之间具有“同一性”，有些“一同”存在的部分之间没有“同一性”，它们就不能简单地总和在一起构成整体。比如，在一段旋律G（整体）中，有a、b、c等作为个别声音的部分，这些部分之间具有同一性，因而它们的“同一”存在或总和就能称作旋律G这个整体；而一个声音（a）、一个红色（d）和一个桌腿（e），无论是同一“种”的还是不同“种”的，即使它们

① 胡塞尔：《逻辑研究》第二卷第一部分，第301页。

② 胡塞尔：《逻辑研究》第二卷第一部分，第302页。

③ 胡塞尔：《逻辑研究》第二卷第一部分，第304页。

“一同”存在，它们的总和也不可能被称为“整体”。所以，胡塞尔指出：“‘总和’是对一个‘范畴的’、仅仅与思维‘形式’相符合的统一的表达，它标志着某个与各自客体相关的意指统一（Einheit der Meinung）的相关物。”[①] 这里给出了“总和”的三个特征：（1）总和是对范畴的统一的表达；（2）总和是与思维形式相符合的统一的表达；（3）总和标志着某个与各自客体相关的意指统一的相关物。a、d、e 的单纯总和之所以不能称作整体，就是因为意指的相关物不是“统一”的，或者说，它们之间没有同一性。如果客体只是被我们简单地聚合在一起，而没有通过统一的意向获得事实上的联结方式，它们之间就没有奠基关系，也不可能形成“形式统一”的总和或整体。这里存在着一个纯粹先天的本质规律：“被奠基内容的属依赖于奠基性内容的特定被标识出来的属。一个在完整和真正意义上的整体完全就是一个受‘部分’的最低属规定的联系。”[②] 受此规律制约，同一个内容不能随意地忽而作为这种整体的部分，忽而作为那种整体的部分。

由最低属规定的、具有同一性的部分之总和就是整体，或者说，整体就是我们从“感性质料”中抽象得出的“总和”范畴。然而，“总和”不能简单地等同于“整体的形式”和“奠基统一的形式”。胡塞尔指出：“总和概念是一个纯粹范畴的概念，而整体的形式、奠基统一的形式正是在与它的对立中作为一个质料的形式显现给我们。”[③] 前面曾经说过，“统一是一个范畴的谓词”，这主要是为了说明“统一不是一个实项的谓词”；在这个前提下，说“总和”概念不同于“整体的形式”和“奠基统一的形式”，主要是说明：“总和”或“整体”这个观念是建立在奠基之上的，而奠基又是建立在纯粹规律之上的；规律不是含有实事之物、不是可感知之物，规律的一般形式是一个范畴形式，正是这个规律赋予整体以统一性。同时，整体与部分的关系也根据这个纯粹形式规律被给予了，“整体与部分的纯粹形式是按照规律的纯粹形式而被规定的”。[④]

总之，从整体的感性统一形式到整体的范畴统一形式，现象学完成了纯粹范畴思想对质料思想的取代。

① 胡塞尔：《逻辑研究》第二卷第一部分，第 306 页。

② 胡塞尔：《逻辑研究》第二卷第一部分，第 306 页。

③ 胡塞尔：《逻辑研究》第二卷第一部分，第 307 页。

④ 胡塞尔：《逻辑研究》第二卷第一部分，第 307 页。

第七章 纯粹含义学说与纯粹逻辑形式论

在至此为止的逻辑学中，还未对一门纯粹逻辑形式论的观念进行过构想。……之所以出现这种情况，在于混淆了那些在此必须彻底划分开来的问题层次。

——胡塞尔：《逻辑研究》

胡塞尔《逻辑研究》第三研究在研究了整体与部分、独立与不独立的内容或对象之后，必然过渡到第四研究对独立与不独立含义以及或隐或显地支配着它们的纯粹语法学问题的研究上，这既表明第三与第四研究之间的逻辑延续，但二者之间又存在明显的区别，即把第三研究确定的独立与不独立对象的划分运用于第四研究的独立和不独立含义领域。第四研究的标题是“独立与不独立含义的区别以及纯粹语法学的观念”，从“引论”可知，第四研究担负着非常重要而复杂的任务：其一，从独立的与不独立的对象过渡到独立的和不独立的含义。这表明第四研究仍然停留在第三研究的总体论域之中，仍然以整体与部分、独立与不独立、复合与简单等概念为论题，但侧重点又不同，第三研究重在从对象和内容的角度进行研究，第四研究则侧重从含义的角度进行分析。其二，从独立的与不独立的含义的区别过渡到纯粹语法学的观念，通过独立含义和不独立含义的纯粹含义学（含义规律）研究，进而澄清纯粹语法学（语法规律）与纯粹逻辑学（逻辑规律）的关系，实际上就是“纯粹含义学-纯粹语法学-纯粹逻辑学”三者之间的关系。

一、传统逻辑的命题分析与现代逻辑的语言分析

弗雷格创立的语言哲学认为哲学的根本任务是对语言（Sprache）进行逻辑分析，胡塞尔创立的现象学则认为哲学的根本任务之一是对意识以及

我们赖以意识对象的全部“意识样式”进行透彻的分析，语言的含义分析只是现象学哲学的一个必要的组成部分，只有奠基于表象行为基础之上的客体化行为中的判断行为才涉及语言表达与含义的问题。但是，传统和现代逻辑的语言分析为我们理解现象学的纯粹含义理论提供了一个比较好的参照，在此我们先对以亚里士多德和弗雷格为代表的传统和现代逻辑思想做一个大致的概述。

亚里士多德是传统逻辑的奠基人和主要代表，他的逻辑学著作是《工具论》，与本论题关系比较密切的著作是《解释篇》。《解释篇》首先要对什么是名词、动词，什么是否定、肯定以及什么是陈述和语句（logos，逻各斯）做出规定。“口语是灵魂内在感受的符号，文字则是口语的符号。正如对所有人来说文字都是不一样的，对所有人来说，口语也是不一样的。但有一点对所有人来说都是相同的，那就是这些文字和口语原本都是内在感受的标记。”①

名词。“名词是指由于约定而拥有某种意义的语音，它们不涉及时间，而且名词中的任一部分单独来看都没有任何意义。……但是，在简单名词和复合名词之间存在着差别，简单名词中的部分绝不会有任何意义，而复合名词中的部分尽管并不具有独立的意义，但其中的部分却对整体含义有所助益。”② 名词有四个特征：一个是“约定”，即没有任何一个名词会自然而然地成为名词，只有当它成为某种符号时才能成为名词，野兽的咆哮是声响，但不在约定的意义上显示什么，因而不是名词；二是它不涉及时间；三是不定名词（如“非人”）和名词的变形不是名词，“非人”既非短语也非否定，也不存在恰当的名词去言说这种东西，而“Philo's”（费罗的）和“to-Philo”（对费罗）只与“是、曾是、将是、不是”等连接起来时是没有真假的（费罗的是，费罗的不是），而名词 Philo 与它们连接时是有真假的（费罗是，费罗不是）；四是名词有简单名词和复合名词之分，简单名词中的部分没有意义（如“Whitfield”［苍野］中的“field”部分没有意义），而复合名词中的部分，如“苍白的田野”white field 中的 field 尽管并不具有独立的意义，但却对这个复合名词的整体含义有助益。

动词。“动词除了具有特定的意义外，还附带地表示时间，动词的各部分不具有任何独立的意义，而且还表示由某种别的事物所描述的事物。”③ 动

① 亚里士多德：《工具论》，张留华、冯艳等译，上海人民出版社 2015 年版，第 34 页。

② 亚里士多德：《工具论》，第 35 页。

③ 亚里士多德：《工具论》，第 35 页。

词有两个特征：一是动词附带地表示了时间，即表示一个主体保持着某物的状态，如“健康”是名词，它有意义但不表示时间，“康复”是动词，它具有名词所有的某种意义，但它同时附带地表示出某物现在正保持着的一种状态；二是不定动词不是动词，如“未康复”是动词的变形，它与动词的区别在于不附带地表示时间，to be（存在）和 not to be（不存在）不是现实事物的标记，它也不是动词。

语句。“语句指的是这样一种有意义的语音，其中的有些组成部分单独看就具有意义——但这些部分只是作为表达，而不是作为一种肯定。”[①]语句具有三个特征：一是语句由词构成的，都是有意义的，单独的名词有意义，但并不表明它是存在还是不存在的，名词加上别的词才能表示它的存在与否；二是一些语句可以做出陈述（命题），一些则不能做出陈述；三是作为陈述的语句都有真和假，但有些语句（如祈使句）没有真和假。

“能做出陈述的语句”即“命题”，单一命题包括肯定命题和否定命题。

单一命题和复合命题。“每个命题必须包含一个动词或动词的一个变形。如果没有添加‘是’、‘将是’或‘曾是’等这类动词，那么，即便是给‘人’所作的定义，也不会是命题。……一个单一命题，或者是揭示了单个事物的命题，或者是因为结合而成为简单命题。”[②]单一命题的特点有三：一是它必须包含一个动词，如是、将是或曾是，否则就不是命题，“张三”是个名词，“张三是”是个简单命题；二是如果一个语句揭示的不止一个事物，或者语句的各部分没有结合起来，那就不是单一命题；三是它肯定或否定某物具有某种内容。所以，简单命题是一组关于某物在某一时间内是否保持某种内容的、具有意义的语音。由简单命题可以组合成复合命题。

肯定命题和否定命题。“一个肯定命题就是肯定某物的某些内容的陈述；一个否定命题就是否认某物的某些内容的陈述。”[③]对一个肯定命题可以否定，对一个否定命题也可以肯定，但是，“对同一事物的同一内容分别作出肯定和否定时，这两个陈述就是对立的”，亚里士多德把“这样一对相对立的肯定命题和否定命题称作矛盾”。[④]此外，还有全称陈述和特称陈述，前者是对某一普遍事物是否具有某项内容给出的全称陈述（所有的人都是白的），后者是对某物是否具有某项内容的特称陈述，并且它们作为肯定

---

① 亚里士多德：《工具论》，第36页。

② 亚里士多德：《工具论》，第37页。

③ 亚里士多德：《工具论》，第37页。

④ 亚里士多德：《工具论》，第38页。

陈述都有自己的否定陈述。全称或特殊的肯定与否定命题有如下特征：一是对于涉及普遍或特殊事物的全称陈述，矛盾命题必然是一个为真另一个为假，如果“苏格拉底是白的”为真，则“苏格拉底不是白的”为假；二是“每一个”可以作为“全称”处理，但它并不表示“全称”，用一个全称词对一个主词进行全称性述谓是不能成立的，比如“每一个人是每一个动物”；三是如果一个名称用来标记两个事物，而这两个事物又不能结合为一个事物，则这样的命题就不是单一的，如“外表”可以表示人和马，因此，“外表是白的”就不是一个单一的肯定，它或者是说“马和人都是白的”，或者是说“马是白的”和“人是白的”。亚里士多德指出：

> 一个肯定命题就是要表示某物的某种内容，此某物要么是个名词，要么不是个名词或是一个“非-名词”（non-name）；而且，被肯定的东西必定是对一个事物的一个方面内容的肯定。（我们已经解释过何谓名词和非-名词。因为我并不把“非人”称为名词而是称作不定名词——因为“非-人”这个词所表示的内容虽然在某个方面指出了一种事物，但并不确定——就像我并不把“尚未康复”称作动词一样。）所以，每一个肯定都将是：要么包含着一个名词和一个动词，要么包含着一个不定名词和一个动词。如果没有动词，也就不会有任何肯定或否定了。“是”（is）、“将是”（will be）、“曾是”（was）、“变成是”（becomes）等这类词才是我们规定下来的所谓动词，因为它们额外地表示了时间。①

就是说，一个肯定或否定命题必须是一个名词或不定名词加一个动词构成的（名词＋动词/不定名词＋动词），在古希腊语及西方语言中，I am（我是，或我现在是）是可以构成主谓陈述的。②

在亚里士多德看来，“是”除了上述用法外，还被用于述谓第三种东西，这时，便会存在两种表达对立的方式。如“人是公正的”这个语句中，“是”是这个肯定命题中的第三种东西，“人”是主词，“是公正的”是谓词。如果“肯定命题中用‘是’去连接‘公正的’或‘不-公正的’，否定命题中则用‘不是’去连接”。③

---

① 亚里士多德：《工具论》，第44页。

② 在古代汉语中，由于“是”是指示代词，“我是”是不能独立成为语句的，引进语法后的现代汉语可以说“我是”，但在汉语的使用中总感觉不是一个完整的语句。

③ 亚里士多德：《工具论》，第45页。

对亚里士多德《解释篇》的概述基本可以满足我们论题讨论的需要了。如下问题需要我们特别的关注：亚里士多德的“意义”“部分”“真和假”“简单和复合”等需要进一步研究讨论；另外，亚里士多德讨论的主词和谓词之间的关系都是类和类的关系，没有解决好单称命题和关系命题的问题，我国著名逻辑学家王路评论道：“亚里士多德在探讨命题的问题时，区别出单称命题和普遍命题，然后在普遍命题中区别出全称命题和特称命题。他论述了全称命题和特称命题之间的几种关系，他也论述了单称命题的形式：肯定形式和否定形式，以及它们之间的关系。但是在他的早期的逻辑理论即四谓词理论中，却排除了单称命题，因此探讨的谓词与主词之间的关系都是类与类之间的关系；在他的晚期的逻辑理论即三段论中，也排除了单称命题，因此其各三段论式中命题的主词都是类概念。”①

弗雷格是现代逻辑的奠基人和主要代表，我们在此也同样无法完整表达他的逻辑思想，根据论题的需要，主要介绍他的“句子图式”理论。

现代逻辑学家都认为哲学的主要任务是对语言进行逻辑分析，句子是语言表达的基本单位，句子都有结构，探讨句子应该从句子的结构出发。句子由语词组合而成，如“人跳”这个句子是由“人”和“跳”这两个语词组成的，“马跑”这个句子是由“马”和“跑”这两个语词组成的，亚里士多德就已经指出，最简单的句子必须是“名词＋动词”组合而成，“人马”（名词＋名词）和“跑跳”（动词＋动词）就不能组成句子，这表明语词的组合不是随意的，而要符合人们使用语言的规则。由于语词组合成句子的方式是多样的，句子的结构也非常复杂，认识句子结构就是认识句子复杂的组合方式。弗雷格在给胡塞尔的一封信中曾经画了如下一幅图：

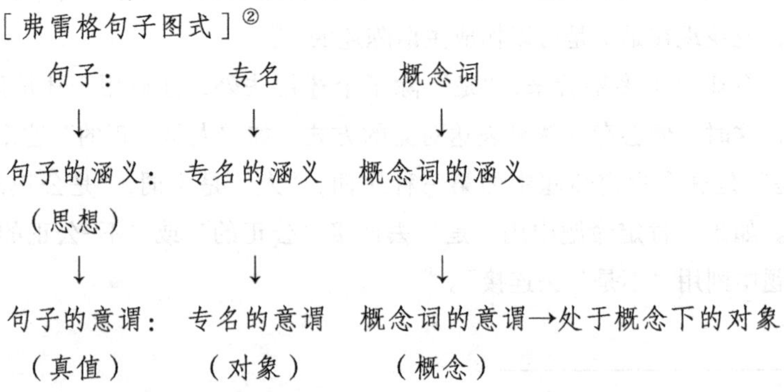

① 弗雷格：《弗雷格哲学论著选辑》，王路译，商务印书馆2006年版，第29—30页，译者序。

② Frege, *Nachgelassene Schrifen und Wissenschaftlicher Briefwechsel*. Hamburg: Felix Meiner Verlag, 1976, S. 96. 转引自王路：《语言与世界》，第17页。

在弗雷格看来，这个图式表明：一个句子是由专名和概念词构成的，每个句子都有“涵义”和“意谓”。句子的涵义表达的是由句子中的专名和概念词所表达出来的思想，句子的意谓表达句子的真值。王路把弗雷格图式改造为句子图式：

［句子图式 0］[①]
（语言）句子：句子部分 / 句子部分
（涵义）思想：思想部分 / 思想部分
（意谓）真值：与真值相关部分 / 与真值相关部分

句子由部分构成，句子所表达的东西也就有构成部分，分别是“与思想相关的东西”和“与真值相关的东西”，与思想相关的东西弗雷格称为“思想的一部分”（思想部分）。在“句子图式 0”中有一条“/”，它是一个句法符号，表示句子组合，用“专名”和“概念词”带入“句子部分”就构成一个句子或命题，随着专名和概念词的变化，思想部分和真值部分也会发生相应的变化。另外，通过“/”可以用来表达不同的句子组合，并且，基于“句子图式 0”可以构造出不同的句子图式[②]：

（语言）句子：句子部分　　　// 句子部分　　　/ 句子部分
（涵义）思想：思想部分　　　// 思想部分　　　/ 思想部分
（意谓）真值：与真值相关的部分 // 与真值相关的部分 / 子句的思想

这里，“句子部分”与“//”和“/”可以组合成一个句子；并且“//”与“/”也可以组成句子，“/”作为“//”的一个组成部分也可以是一个句子，从而表现出句子层次以及相应的含义和意谓层次区别；如果把“/”换成“，”，如：“（语言）句子：句子部分 // 句子部分，句子部分”，则表明两个句子部分之间的并列关系。以“刘备知道诸葛亮是栋梁之材”为例：

（语言）句子：知道　　// 刘备　　　　，诸葛亮是栋梁之材
（涵义）思想：思想部分 // 思想部分　　　，思想部分
（意谓）真值：认知　　// 与真值相关的部分　，子句的思想

弗雷格的“句子图式”涉及语言与语言所表达的东西的关系，句子

① 王路：《语言与世界》，北京大学出版社 2016 年版，第 18 页。
② 王路：《语言与世界》，第 19 页。

的涵义与意谓，句子不同部分的意谓以及句子的真假等问题，比较而言，弗雷格的现代逻辑较好地解决了亚里士多德逻辑中的存在的“意义”“部分”“真和假”“简单和复合”不清晰的问题。以下主要结合弗雷格的《论涵义与意谓》一文，以专名为例来弄清楚弗雷格逻辑思想中“涵义”和“意谓”的含义。以“康德是哲学家”为例：

句子结构：名词（专名）+概念词（谓词）

句子结构：康德+是哲学家

从弗雷格的句子图式可知，最简单的句子是由一个名词和一个概念词（也叫谓词）组成的，如“康德是哲学家”，“康德”是个专有名词（专词），“是哲学家”是一个谓词，是对句子中名词的表达和说明，“是”在语法学中是联系主语与表语的系词，但在逻辑句法（句子的结构叫句法）中把它和“哲学家”放在一起考察了，即“是哲学家”。

句子的涵义（思想）：专名的涵义+概念词（谓词）的涵义

句子的涵义（思想）：康德的涵义+是哲学家的涵义

每一个句子都是有涵义的，就是这个句子的思想；名词和谓词也各有自己的涵义，它们都是句子思想的“一部分”，因此，句子的涵义是由名词涵义和谓词涵义共同构成的；但是，名词（专名）有没有含义？按照亚里士多德“名词是指由于约定而拥有某种意义的语音”，名词是通过“约定”而有涵义的，这个解释更多的是语言学的而非逻辑学的，比如：“康德是哲学家”和“康德是《纯粹理性批判》的作者”，这两个句子中的名词都是康德，但涵义是有区别的。

句子的意谓（真值）：专名的意谓+概念词的意谓→处在概念下的对象

句子的意谓（真值）：康德意谓的对象+哲学家这个谓词概念指称的对象

实际上，名词和谓词的涵义就在于它们意谓或指称的对象或概念，“康德”和“是哲学家”与“是《纯粹理性批判》的作者”这两个不同的谓词联结而成的句子，其涵义是有差异的，或者说，从意谓的层面看，“是哲学家”和“是《纯粹理性批判》的作者”这两个谓词联结的对象虽然都是康德，但从涵义的层面看，作为名词的“康德”的涵义是有差别的。

由此可见，区别“涵义”和“意谓”对理解句子是至关重要的，弗雷格指出：“现在我们探讨一个完整的直陈句的涵义和意谓。这样一个句子包含着一个思想，应该把这个思想看作它的涵义还是看作它的意谓？”例如，“晨星是一个被太阳照亮的物体”，我们把句子中一个词（晨星）代之以另一个词（昏星），“昏星是一个被太阳照亮的物体”，这两个句子中意谓相同，但涵义则不同。弗雷格得出结论说：涵义是句子的思想，意谓指向的是句子的对象，“因此，思想不能是句子的意谓”。[①]在《论涵义与意谓》一文中，弗雷格专门讨论了句子的意谓中“对象”和“概念”的区别：“对象和概念是根本不同的，不能相互替代。”[②]

二、简单含义与复合含义

弗雷格与胡塞尔是19世纪末到20世纪初最重要的哲学家，分别创立了语言哲学和现象学。两位哲学家最初围绕着对数的概念的看法展开了争论，弗雷格持逻辑主义的立场，胡塞尔则坚持心理主义立场。弗雷格在1891年5月4日给胡塞尔的信中，仔细解释了关于“意义”和“意谓”的区别，导致胡塞尔将思想行为的对象与意向对象区分开来。弗雷格在1892年发表的《论意义与意谓》一文中，区别出符号、符号的意义和符号的意谓三种东西，探讨了专名和句子的意义和意谓。这些理论对胡塞尔思考和讨论词语与外物之间的关系以及词语在意识中的显现方式具有重要的影响，胡塞尔从心理主义的坚定拥护者变成为心理主义的坚决反对者，并在《逻辑研究》第一卷中对心理主义进行了系统的批判；1894年胡塞尔发表《基本逻辑的心理学研究》一文，为后来的《逻辑研究》第三和第四研究奠定了思想的基础。总的来看，弗雷格认为哲学的主要任务是对语言和语言的句子结构进行逻辑分析，胡塞尔则坚持认为任何理论都必须从对人的知觉和表象的研究开始。

为了讨论问题的方便，我们首先需要确定Sinn、Bedeutung两个重要术语的译名。在弗雷格著作的汉译中，王路把Sinn译作“意义”“涵义”，Bedeutung被译作“意谓”；[③]而在胡塞尔著作的汉译中，倪梁康把Sinn译作“意义”，把Bedeutung译作“含义”，把bedeuten（Bedeuten 动名词）

---

① 弗雷格：《弗雷格哲学论著选辑》，第101—102页。在此段引文中有一个弗雷格对“思想”的原注：“我用‘思想’不是指思维的主观活动，而是指思维的客观内容。它能够成为许多人共有的东西。”

② 弗雷格：《弗雷格哲学论著选辑》，第122页。

③ 王路在《弗雷格哲学论著选辑》译者序中说：Sinn英文一般有两种译法，即meaning和sense，国内有人译为“涵义”；Bedeutung英文也有两种译法，即reference和denoting，也有人译为meaning，国内则有人译为“指称”或“所指”。这几个德文词或英文词的意思差别是很细微的。“根据弗雷格的思想，我把‘Sinn’译为‘意义’。……我把‘Bedeutung’译为‘意谓’”（弗雷格：《弗雷格哲学论著选辑》，第37页）。在“再版译者序”中，为了和国内已有的译名统一，王路又“把‘意义’（Sinn）改为‘涵义’”（弗雷格：《弗雷格哲学论著选辑》，第18页）。

译为“意指”，把 Inhalt 译作“内容”，[①] 李幼蒸在胡塞尔著作的汉译中把 Bedeutung 译作“意义”“意指”“意味”，把 Sinn 译作“意义”。[②] 我们在此不讨论这些术语的翻译问题，只是需要明确，Sinn 在弗雷格哲学中被译作“意义”“涵义”，在胡塞尔哲学中被译作“意义”；Bedeutung 在弗雷格哲学中被译作“意谓”，在胡塞尔哲学中被译作“含义”，它的动词和动名词被译作“意指”。为便于讨论，下文中讨论胡塞尔现象学的含义学说所涉及的“含义”一词，都采用倪梁康的译名，对应的德语词是 Bedeutung 而不是 Sinn 或 Inhalt。

在胡塞尔现象学中，“含义”（Bedeutung）概念首先是指“意向的统一”；其次是指“意指的行为”（Bedeuten），意指行为又包含“符号意指行为”和“充实行为”；再次，含义的意指行为意指的是“种类的概念和命题”。在上述意义上，“含义无非就是我们用表达所意指的东西或我们对表达所做的理解”。[③] 在《逻辑研究》第一研究中，胡塞尔关于表达与含义的研究得出了如下结论：任何一个表达都具有一个含义；表达是因为具有含义才与对象发生关系的；如果一个表达的意向与一个统一直观的可能性相符合，这个表达就是具有含义的；表达的含义意向确实得到充实时，表达才具有一个含义；共称的名称有含义，专有名称也有含义。由于“含义”概念的变化，胡塞尔的简单含义与复合含义既不同于亚里士多德的单一命题和复合命题，也不完全等同于弗雷格的简单句子和复合句子及其涵义和意谓；当然与它们有联系这是毋庸置疑的，比如，在弗雷格那里，Bedeutung（意谓）就是专名和名词的对象；在胡塞尔这里，Bedeutung（含义）也是名词的对象，但并非所有的对象都是含义，只有“如此被规定的对象”（Gegenstand im Wie seiner Bestimmtheit，李幼蒸译为“在其规定性的方式 [Wie] 中的对象”）[④] 才是含义；同时，胡塞尔的 Bedeutung 也不能完全等同于“意向相关项”，意向相关项包含各种——表达性和非表达性、语言性和非语言性——被意指之物，而含义则特殊地指“表达性和语言性”被意指之物，Bedeutung 将表达提升到“‘逻各斯’领域、概念的领域，因此也是‘普遍的’领域”，即“逻辑意义是一个表达”。[⑤] 就是说，在现象学中，

---

① 参阅倪梁康：《胡塞尔现象学概念通释》（修订版），Sinn、Bedeutung、bedeuten（Bedeuten）、Inhalt 等词条，第 438、76—77、245 页。

② 参阅胡塞尔：《纯粹现象学通论》，第 537 和 548 页。

③ 胡塞尔：《逻辑研究》第二卷第一部分，第 153 页。

④ 胡塞尔：《纯粹现象学通论》，第 255 页。

⑤ 胡塞尔：《纯粹现象学通论》，第 239 页。

“胡塞尔区分了两种意向相关项，即：逻辑的意向相关项和广义的意向相关项，前者就是指含义（Bedeutung），而后者则意味着绝然的意向相关意义（noematischer Sinn schlechthin）”；[①] 弗雷格的Bedeutung虽然意谓着表达性、语言性和概念的、普遍的意义上的对象，但他那里没有区分表达与非表达的、语言与非语言的对象，也没有胡塞尔的“意向活动”与“意向相关项”的区分；另外，弗雷格的Bedeutung不仅意指对象，而且通过“专名原则”和“组合原则”[②] 来断定句子的真假，如“曹雪芹是文学家”为真，“曹雪芹是哲学家”为假，而现象学则在暂时不考虑真假的情况下来分析有含义的陈述。

按照胡塞尔的说法，要想描述表达与含义关系中这些互属的观念统一构造于其中的各种行为，澄清它们在认识中现时“相合性”的本质，还需要进行艰难而广泛的研究。[③]《逻辑研究》第四研究“独立与不独立含义区别以及纯粹语法学的观念”就是对此问题的进一步深入研究。第四研究以第1节“简单的与复合的含义”的划分开始研究的，由于表达或话语的语法可以划分为简单与复合的，因此含义也可以划分为简单含义与复合含义。例如在一个表达中：

一个铁一般的男人。

其中，“铁”和“男人”都是表达的部分，它们各自作为“部分”都有自己的含义，并且在一个部分中还可以又有它的部分含义，比如我们对一个部分“男人”进行划分，它又包含“少年男人”“中年男人”“老年男人”等部分及其含义，但作为部分出现的含义不能无限地继续下去，在划分中必然会遇到一个作为“因素”的“简单含义”。所以，简单含义是对一个部分划分的最低差的含义。“男人”这个种类概念具有它的部分的含义构成的复合含义，“铁”也有它的部分的简单含义构成的复合含义；如果我们对“铁”和“男人”不再进行划分，它们各自作为部分的简单含义又构成整个表达或句子（一个铁一般的男人）的复合含义。

胡塞尔针对当时关于“含义”的一些理论观点，主要研究了以下复合含义问题。

---

① 倪梁康：《胡塞尔现象学概念通释》（修订版），Sinn、Bedeutung、bedeuten（Bedeuten）、Inhalt等词条，第438、76—77、245页。

② “专名原则”：一个句子中含有的专名所指称的对象必须存在，该句子才是真的。“组合原则”：一个句子中的一部分代之以另一个具有相同意谓的部分时，这个句子的真假保持不变。如“柏拉图是古希腊哲学家”，代之以“《理想国》的作者是古希腊哲学家”，句子真假不变。

③ 胡塞尔：《逻辑研究》第二卷第一部分，第55—61页。

问题 1 :“含义的简单性和复合性是否只是那些在它们之中以意指的方式‘被表象的’对象的复合性或简单性的反映。”[①] 就是说，是否简单含义只意指简单对象、复合含义只意指复合对象？胡塞尔认为，事实上复合的含义也可以意指简单的对象，简单含义也可以意指复合对象，比如在上面的例句中，“男人”可以表达“男人”这个名称的简单含义，也可能表达了“某个东西”（Etwas）或“一个东西”（Eins）等这些名称的复合含义。胡塞尔指出，即使一个复合含义所涉及的是一个复合对象，在含义的每一个部分中也不包含着对象的一个部分，因为含义与被意指的对象的直接–直观表象并不同等，因为含义（Bedeutung）所意谓的只是语言的、普遍的、概念的对象，而不意谓非语言的、非概念的“直接–直观表象”。

问题 2 :“一个现有的含义是否必须被看作或是复合的含义，或是简单的含义。”[②] 我们知道，在我们已经规定的意义上，“含义就是对象以及对对象的理解”，专名的含义就是专名指称的对象，那么，“问题 2”就是“专名是指称复合对象还是简单对象”？或者说，一个专有名称的含义（专有含义）能否只理解为简单含义。比如，舒尔茨，这是个专名，它的含义只指称我们认识的一个确定的人（简单对象），还是同时也指称被归属于这个被意指的人的部分含义，即“我们在从对象方向上分析‘舒尔茨’表象的内容的过程中逐步以‘一个是 α、β、γ…的 A’的形式组合起来的那个复合含义”？[③] 胡塞尔指出，简单性和复合性具有双重意义，即在一个意义上的简单性并不排斥另一个意义上的复合性。专有含义无疑是简单的，因此不能将专名含义理解为一个被划分为各个含义并以此方式复合的含义，就是说，我们不能把“舒尔茨”划分为不同的部分，在此意义上它只被看作简单含义而不能看作复合含义；但是，如果我们把“舒尔茨”这个专名或含义对象加上他是作为什么、作为何种确定之物来考察时（即加上谓词），如“舒尔茨是数学家”，在这个表达中，“舒尔茨”是专名，“是数学家”是谓词。如果我们仅说“舒尔茨”，它的含义就是简单的，“专有名称 E 可以说是在一个射束中（in einem Strahl）指称对象，这个射束自身是单一的，因而在同一对象方面不需要被区分”；但如果说“舒尔茨是数学家”，对舒尔茨的理解就不简单是我们认识的一个人，而且要加上谓词理解，即舒尔茨是我们认识的一个作为数学家的人。含义（Bedeutung）不仅是对象，也是对对

① 胡塞尔:《逻辑研究》第二卷第一部分，第 325 页。

② 胡塞尔:《逻辑研究》第二卷第一部分，第 326 页

③ 胡塞尔:《逻辑研究》第二卷第一部分，第 327 页。

象的理解。当我们用“是数学家”这个谓词去理解舒尔茨时，“舒尔茨”就是一个解释性含义，“解释性含义，如‘E是a’‘Ea是b’‘Eb是a’以及如此等等，它们是多（射）束的，至少是在许多阶段上并且以各种形式构造起来的，以至于它们可以带着不同的内容朝向同一个对象。多层次性并不妨碍它们的统一性：这是统一的、复合的含义。相应的含义意识在纯粹的含义方面是一个意指，然而是一个复合的意指”。[①] 同样的，某些属性词如“人”“德行”“正义”等等的含义，也应当如此去理解。

问题3：含义总是作为被划分的“语词复合体的含义”而被给予我们的，那么，“是否复合体的每一个语词都应当具有一个专门的含义，并且是否应当将语言表达的所有划分和形式都看作是对含义的一个相应划分或含义的一个相应形式的特殊标记”。[②] 这个问题是针对19世纪与弗雷格同时代的著名逻辑学家波尔查诺和心理主义者马尔梯[③] 的观点展开讨论的，按照胡塞尔的引述，“在波尔查诺看来，‘语言中的每一个语词’都被用来‘标识一个专门的表象’，‘有些语词也’被用来‘标识完整的定律’”。就是说，波尔查诺赋予每个连词和介词以专门的含义。马尔梯则认为，“单纯共同意指性的”（bloβmitbedeutend）词语和表达（如“父亲的”“为了”“不更少”等）“自为地”不具有任何含义，他用“自义符号”（自义名称）来标识这些语词；这些自义名称只有与其他语词和表达联系时才获得含义，即“合义符号”（合义名称）或“共同意指的”。

父亲的、为了、不更少。　　　　自义名称。

伦理学的创立者；一个侮辱了父亲的儿子。　合义的或共同意指的名称。

这些合义名称（合义词语、合义表达）或者作为一个名称的部分唤起一个概念，或者有利于一个判断（陈述）的表达，或者有利于对一个情感或意志（祈求句、命令式等）的传诉。胡塞尔认为，波尔查诺和马尔梯对“合义表达”概念理解得过于宽泛，延伸到心理体验所具有的自为含义或完整的表达上了，这样便可以个别地划分：关于表象或名称的自义表达，关于判断或陈述的自义表达等等。但是，“那些所谓通过名称和定律而‘表达出来的’东西是否就是意指本身的体验，它们与含义意向或含义处在何种关系之中——这些问题还必须受到我们的认真探讨”。[④] 胡塞尔认为，由于

① 胡塞尔：《逻辑研究》第二卷第一部分，第329页。

② 胡塞尔：《逻辑研究》第二卷第一部分，第330页。

③ 关于波尔查诺和马尔梯的哲学和逻辑思想，国内学者研究介绍的比较少，可以参阅倪梁康：《语言哲学的现象学视角：胡塞尔与马尔梯的思想史关联》，载《安徽大学学报》，2014年第5期；黄剑煜：《论波尔查诺的逻辑思想》，浙江大学2018年硕士论文。

④ 胡塞尔：《逻辑研究》第二卷第一部分，第331—332页。

语言的偶然性，我们常使用许多词来表达一个表象，因此自义之物与合义之物的区别是一个语法区别，是一个感性可区分的标志。但是，“表达中的划分”与“含义中的划分”是什么关系呢？这需要通过对独立含义与不独立含义的现象学区分来澄清。

三、独立含义与不独立含义

第四研究第5节的标题是“独立的与不独立的含义。感性语词部分的不独立性与表达性语词的不独立性”，本节一开始胡塞尔就强调：“这个观点显然是唯一正确的观点。我们不仅必须区分自义的与合义的表达，而且也必须区分自义的与合义的含义；但我们谈论独立的与不独立的含义更具有标识性。”[①] 这里，胡塞尔用“独立的与不独立的含义”来取代“自义的和合义的含义”进行讨论，自义含义就是独立的含义，合义含义就是不独立的含义。独立含义比较容易理解，以下主要讨论合义含义或不独立含义的问题。

胡塞尔在第一研究“表达与含义”中就已经指出：只有有含义的符号才是表达，只有由表达复合成的符号才可以称作复合的表达。如此，一个由多个元音和辅音构成的“词”（如 der König，国王）不能看作是复合表达，但是，我们可以将多词的表达看作是复合表达（Der König herrscht über sein Land，国王统治着他的国家）。一个概念词的功能就在于表达某物，但一个词的含义并不一定就是独立的含义。一个不独立含义只能作为独立含义的因素而存在，同样，不独立含义的语言表达也只能作为独立含义的表达组成部分起作用，因而它们成为语言上“不独立的”表达或“不完整的”表达。

胡塞尔把不完备的、不独立的、需要补充的话语区分为三种情况：合义的表达，不完备的表达，异常简略的、欠缺的表达。其中“不完备的表达”和“异常简略的、欠缺的表达”都与独立含义和不独立含义的划分与简单含义和复合含义的划分是相互交错的。

“合义的表达”。胡塞尔把“合义的表达”区分为合义词语和语词“块片”：（1）合义词语，如“但是”（小品词）、“和”（关系词）、“与”（关系词）、“父亲的”（dem Vaters 名词第二格）等，它们是有含义的；（2）语词

① 胡塞尔：《逻辑研究》第二卷第一部分，第333页。

块片，如“bi”，我们就不能说它是有含义的。但是，即使“合义词语”有含义，它的含义也是不独立的，合义名称和词语快片二者都需要补充。不过，这两种“需补性”（ErgänzungsbedÜrftigkeit）是完全不同的：在合义词语那里，它所涉及的不仅是表达，而且涉及思想；在语词块片那里，它所涉及的只是表达，或者说，语词块片只有经过补充才能成为一个表达进而成为一个思想。我们以“dem Vaters”和“bi”为例来进行讨论。

（1）der Vater—dem Vaters—Der Wagen meines Vaters—Der Wagen ist mein Vaters

der Vater（父亲）在德文词中是阳性名词，它的第二格 dem Vaters（父亲的）是所属格，如 Der Wagen meines Vaters（我父亲的汽车），但这只是一个短语，而不是一个句子，它只有加上谓语动词“ist”才能成为一个完整的句子，如 Der Wagen ist mein Vaters（这是我父亲的汽车，或这个汽车是我父亲的）。这就是说，dem Vaters（父亲的）有含义但不独立，只有补充成 Der Wagen meines Vaters（短语）或 Der Wagen ist mein Vaters 才能成为完整的表达并且具有完整的含义，才是有思想的表达，就是说，协助构造一个表达的合义语词并不是完全没有含义的，但只有经过补充为一个完整表达才真实地带有一个含义。

（2）bi—billig（便宜的）、bissig（尖刻的）、Birne（梨）、Gebilde（构成物）……

语词块片 bi 本身没有含义，它需要补充 -llig、-ssig、-rne、Ge-lde 等才能成为一个词语，成为一个词语才有表达的可能，才能有含义。并且，补充的质料是不确定的，补充的质料不同，含义就会变化，如补充 -ssig，bissig 的含义就是“尖刻的”，如补充 -rne，Birne 的含义就是“梨”，从这些补充后语词的含义的杂多性中也不会发现归给 bi 的共同含义。所以，作为语词块片存在的符号是没有含义的。

“不完备的表达”。比如，“比一间房子更大”“生活的忧虑”等就是不完备的表达。（1）它们有不同的组成部分，并且每个部分都有含义，可以看作是复合含义；（2）但是，每个部分的含义又不是独立的，是不独立含义；（3）由许多不同部分的不独立含义又交织成一个相对完备的统一，因而具有一个统一的含义，这个统一作为整体却只有不独立含义的特征。像“比一间房子更大”之所以是一个表达，是因为它包含着一个含义；它是一个复合表达，是因为它以划分的方式表达一个复合含义；但是，它的含义虽然具有“统一性”，但这个含义只能在与一个更广泛的含义的联系中才能存在，它的语言表达指明了一个广泛的语言联系，因而它还需要得到“完整化”，即把“比一间房子更大”补充为一个独立、完备的话语，如“这间房子比另一间房子更大”等等。

“异常简略的、欠缺的表达”。如“先生”“尊敬”“如O之恒，如O之升”等，前二者属于异常简略的表达，后者是欠缺的表达。就简略表达如“先生”来看，这里的“先生”可以是一个自义的表达，也可能是一个不完整的表达，它可能在语言联系的连续性中缺乏一些句法环节，我们可以补充为“胡适先生”，或“胡适先生是著名的哲学家”；就欠缺表达如“如O之恒，如O之升”来看，假设《小雅·天保》中的这首诗刚发现时欠缺了中间“O”字（许多古籍和碑文常有欠缺的文字而成为残篇），使得这两句成为不完备的话语，因而这个残篇即使有部分独立或不独立含义，但也只是无联系的并列，它们可能属于某个统一的含义，但由于残缺而不具有统一的含义因此也不构成表达。如果补充上“月”和“日”，变成“如月之恒，如日之升”，它就具有完整的、统一的含义了，并构成一个完整统一的表达。这表明一个简略的表达可能是自义的，一个有含义的表达可以是欠缺的。

合义的表达，不完备的表达，异常简略的、欠缺的表达都以某种方式需要补充，“就此而言，人们也将它称作不独立的表达”。[①] 因此，不独立表达也就有合义表达的不独立，不完备表达的不独立，异常简略、欠缺表达的不独立等几类。

胡塞尔指出：

> 将表达区分为自义表达与合义表达，这一看似无关紧要的区分是与在含义领域中的一个根本区分相符合的。尽管我们将前一个区分作为我们的出发点，后一个区分仍然表明是一个原初的区分，也就是说，前一个语法区分是通过它才得到论证的。
>
> 表达这个概念……它只有通过向含义区别的回溯才能得到确定。如果含义区分为简单的和复合的含义，那么这种复合性必然也会回归到最后有含义的部分上，回归到句法部分上，因此也又回归到表达上。[②]

这段话需要我们认真分析。

---

① 胡塞尔：《逻辑研究》第二卷第一部分，第335页。

② 胡塞尔：《逻辑研究》第二卷第一部分，第337页。

（1）表达可以区分为自义表达与合义表达。这是一个“单纯语音的和完全感性的表达部分”与真正词义上的部分、或“句法部分”（词干、前缀、后缀、语词、协调的复合词）之间的语法区分，也就是前面说的“感性语词部分的不独立性与表达性语词的不独立性”的区分，这个区分是现象学的“表达”分析的出发点。

（2）表达的语法区分是与含义区分相符合的。虽然表达的区分是分析的出发点，但含义领域的区分是更原初的区分，表达的区分只有通过含义区分才能得到真正的论证。

（3）如果含义区分为简单含义与复合含义，那么，复合含义又必然回归到含义部分，回归到句法部分，也就又回归到表达上了。

这里，（1）（2）与（3）显然是有矛盾的：表达的语法区分要通过含义区分来得到论证，如果含义区分为简单含义和复合含义，那么最后又回归到表达上了。我们注意到，胡塞尔这里使用的是虚拟句式，“如果含义区分为简单的和复合的含义，那么就会回归到句法部分上，又会回归到表达上”；反过来说，要想避免又回归到表达上去，就不能再把含义区分为简单含义和复合含义了；这个新的区分才能使表达的区分得到论证。

我们知道，胡塞尔在《逻辑研究》第一和第二研究中，将含义定义为“观念的统一”，在第三研究中他讨论了观念整体与观念部分的问题，第四研究作为前三个研究的继续和深入。胡塞尔首先从意义更广的概念“内容”（Inhat）入手提出了“不独立性”规律：

> 不独立内容就是那些不能自为地、而只能作为一个更广泛整体的部分而存在的内容。这种“不-能”的先天规律根据是在有关内容的本质天性之中。每一个不独立性都包含着一个规律，根据这个规律，相关种类的内容，譬如说α这一类，只能在与整体G（αβ…μ）的联系中存在，β…μ在这里是**特定**内容类的符号。……在规律性中包含着联系本性的确定性；不独立的与独立的变项具有其通过固定的种、属特征所划定的领域。当然，而且从本质规律上说，连同种类一起被规定的还有这个联系的属**形式**。[①]

在《逻辑研究》时期的现象学中，“内容”的内涵几乎包含着“意识”概念的全部意义，在最宽泛的意义上，它与“功能”相对应，除去“功能”

---

① 胡塞尔：《逻辑研究》第二卷第一部分，第338页。

的因素，剩余的都属于各种意义上的意识“内容”范畴。从这个不独立内容的本质规律性出发，胡塞尔强调说：“我们在这里所感兴趣的只是含义。我们将含义理解为观念统一；但不言而喻，我们的区分从实在领域引伸到观念领域。”[①] 含义是观念统一，从含义规律出发，含义可以进一步区分为“含义整体与含义部分”，这是一个观念领域的区分，只有含义整体和含义部分的区分才能使表达的语法区分得到最终的澄清。

每一个具体的意识行为都可以包含许多部分行为，这些部分行为能够或是作为独立部分，或是作为不独立部分寓居于整体之中。这样，在整体中就包含着一个整体含义，而在每一个部分行为中就包含着一个部分含义；一个含义部分本身又是一个含义。据此，“如果一个含义能够构成一个具体意指行为的全部充分含义，我们就将它称作独立的，如果不是这种情况，我们就将它称作不独立的”。[②] 不独立含义只能在通过某些“补充”并与整体的联系中存在，由此也就规定了“合义”（Synkategorematika）的本质。

一个整体观念有整体含义，整体中包含的部分有部分含义；如果一个含义构成一个意指行为的全部充分含义那这个含义就是独立的，如果不能构成全部充分含义就是不独立的；不独立的合义名称只有通过补充并在与整体的联系中才能成为部分含义。由此，表达的语法区分（自义表达和合义表达）也得到了充分论证。

既然独立含义和不独立含义的区分与一个具体的“意指行为的全部充实含义”有关，胡塞尔澄清了当时存在的两种错误观点：（1）含义的不独立性是否只是在于被意指对象的不独立性；（2）如何理解被分离出的合义。

第一个问题涉及含义的独立性和不独立性与被意指对象的独立性和不独立性之间的关系。人们一般认为：赋予含义的行为作为“表象”或“意向体验”而关系到对象，如果某个对象的组成部分是不独立的，它就不能自为单独地“被表象”，因而相应的含义就要求补充，含义自己也就不是独立的——所以，自义的表达指向独立的对象，合义的表达指向不独立的对象。胡塞尔认为这个观点是错误的，事实上，一个自义的表达也可以表象一个不独立之物，每一个不独立之物也可以以直接的方式成为一个独立含义的对象，例如“红”“形态”“相同性”“尺度”“统一”“存在”等，它们是一个不独立之物（观念对象），既可以是一个自义的表达，也可以具有独立的含义。这是因为，“不仅质料的对象因素有独立的含义与其相符，而且形

① 胡塞尔：《逻辑研究》第二卷第一部分，第338页。

② 胡塞尔：《逻辑研究》第二卷第一部分，第339页。

式的范畴也有独立的含义与其相符合，这些独立的含义朝向这些形式，并且因此而使它们成为自为的对象；而这些对象并非在独立性的意义上是自为存在的”。就是说，含义在表象一个对象，其本质在于它能以意向的方式既朝向对立之物，也朝向不独立之物，“因此，任何东西都能够以意指的方式成为对象性的，即成为意向的客体”。①

关于如何理解从连接中被分离出来的合义，亚里士多德就在“无联结的表达”“非复合的语词”等题目下讨论过这个问题。以汉语为例，“刘备与孙权争夺荆州”在这个表达中，“刘备”“孙权”“荆州”等都是自义名称，“与……争夺……”是谓词（逻辑学上的谓词等于语法学上的系词＋宾语），如果把“与”从整个语句或自义名称中分离出来，这个“与”还有含义吗？

胡塞尔认为这是个假问题：“根据我们的观点，自义完备的话语（逻各斯［λόγος］）的不独立因素是不可分解的。因此，怎么可能将这些因素放到所有联结之外进行考察？”②他从“本真表象”和“非本真表象”或“单纯意指的含义”和“充实的含义”区别的角度对这个问题进行了考察。

首先，被分离的合义如“相同”“相连”“与”“或”等如果不是在一个广泛的整体联系中就不能获得直观的理解，也不能获得含义充实；如果我们想弄清“相同”这个词意味着什么，那么，“我们就可以观看一个直观的相同性，我们必须现时地（‘本真地’）进行一个比较，并且在此基础上对一个‘a=b’的定律形式作出充实的理解。如果我们想弄清‘与’这个词的含义，那么我们就必须现实地进行一个集合行为（Kollektionsakt），并且在这个如此被本真地表象出来的总和中使‘a 与 b’这种形式的含义得到充实”。③充实性含义的不独立性因而必然是在每一个完成了的充实中作为更广泛的内涵的一个充实性含义的组成部分起作用，这种不独立性现在决定着关于意向含义之不独立性的引申说法。

其次，任何一个合义的含义，即任何一个不独立的含义意向行为，如果不与一个自义的含义相联系，就不可能具有认识作用。这里存在一个问题：当我们思考一个充实状态中的相合统一（Deckungseinheit，即意指含义与充实含义之间的相合统一）时，我们是否可以认为，“充实的含义是不独立的，意指的含义是独立的”？换言之，是否可以认为，关于在直观未充实的含义意向和表达方面的不独立性的说法只是一个非本真的说法，即

① 胡塞尔：《逻辑研究》第二卷第一部分，第 340 页。

② 胡塞尔：《逻辑研究》第二卷第一部分，第 340 页。

③ 胡塞尔：《逻辑研究》第二卷第一部分，第 341 页。

只有通过在一个可能的充实中的不独立性而得到规定？胡塞尔认为，这个说法是无法被接受的，它把我们又带回到了这样一个观点上——即空泛的含义意向（非本真的、象征的表象）自身带有独立性和不独立性。如果如此，那如何解释这个无可辩驳的事实，即“单个的含义，例如单个的词‘与’可以被理解”？[①]事实上，它们在其意向含义方面是不独立的，这恰恰意味着，这些意向只能在自义的联系中才能存在；因此，这些被分离出来的、单个的小品词如“与”“或”等，如果不与自义名称相联系，它就只是一个空泛的声响。

被分离出来的含义，要么不具有与它在自义联系中所具有之含义相同一的含义，或者具有同一个含义，但必须经过不确定的含义补充，才能成为一个完整化了的含义的一个不完整的表达。胡塞尔认为，对这个孤立的“与”的理解有两种方式：或者是，“某个为我们所熟悉的小品词”的间接的、尽管在语词上未说出的思想，即作为异常含义的思想伴随着这个“与”；或者是，一个“A 与 B”的思想借助于模糊的实事表象，并且在不带有任何语词的补充的情况下产生出来。在后一种情况下，“只要‘与’这个词本真地属于这个内在进行的完满含义意向的一个因素，……那么它所起的作用便是正常的；如果它不处在与其他表达的联系中，即其他那些为现有含义的补充部分提供清晰显示的表达，那么它所起的作用便是不正常的”。这表明，“独立含义与不独立含义之间的区别既涉及到含义意向的领域，同样也涉及到充实的领域，因而，意向与充实之间的一致性（Adäquation）之可能所要求的那个作为必然的实事状态确实存在着”。[②]总之，只有含义意向和含义充实具有一致性，我们才能确定合义名称在整体联系中的含义。

以上我们通过对亚里士多德和弗雷格关于语词、命题、语言表达及其意义的逻辑学回顾，比较详细地讨论了胡塞尔的纯粹含义学理论。实际上，对纯粹含义学的研究必须结合纯粹语法学和纯粹逻辑学才能得到彻底的澄清。

四、纯粹逻辑形式论

胡塞尔在《逻辑研究》第四研究“引论”中指出，第三研究在研究了整体与部分、独立与不独立的内容或对象之后，必然过渡到第四研究对独

---

① 胡塞尔:《逻辑研究》第二卷第一部分，第 341 页。

② 胡塞尔:《逻辑研究》第二卷第一部分，第 342 页。

立与不独立含义以及或隐或现地支配着它们的纯粹语法学问题上，这表明第三与第四研究之间的逻辑延续，是把第三研究确定的独立与不独立对象的划分运用于第四研究的含义领域。以下通过独立含义和不独立含义的含义规律（纯粹含义学）研究，进而探究语法规律（纯粹语法学）与逻辑规律（纯粹逻辑学）的关系。在人类的思维和认识过程中，含义规律、语法规律和逻辑规律往往是交织在一起的，它们作用的领域及其相互关系一直没有在理论上得到明确的揭示，胡塞尔第四逻辑研究的主要任务就是澄清它们之间的关系。

纯粹含义学及其含义规律。在现象学的"纯粹逻辑学"中，逻辑规律有广义和狭义之分，广义的逻辑规律把含义规律和语法规律都包含在自身之中，例如在第一逻辑研究中胡塞尔就认为逻辑学是关于含义本身以及含义规律的科学；但在狭义上，必须将逻辑规律与含义规律、语法规律区分开来。在此，首先需要将"含义规律"与"逻辑规律"区分开来。

含义学说在胡塞尔现象学中是一门具有特殊意义的学科，他在后期也将这门学科称为"含义现象学"。在1908年夏季学期"关于含义学说的讲座"中，胡塞尔在某种意义上将现象学的含义学说平行于现象学的认识论。他的分析表明，对"意向相关项"的对象关系既可以做认识论-逻辑学方面的考察，也可以对它做含义学说方面的考察。这两种考察之间存在着一种奠基关系："现象学认识理论方面的考察是一种更高的阶段的现象学考察，它以现象学含义学说方面的考察为前提，并且通过研究'被言说之物'与现实事态的相符性来补充这门含义学说。"①当然，含义学说与真理逻辑或认识理论也有区别，它是在暂时不考虑真理问题的情况下来"分析有意义的陈说"，倪梁康认为，人们所陈说的对象属于被言说之物的领域，而且它的统一性和同一性便取决于所有那些正在被言说的东西以及被言说的东西之语境。因此，与这些对象的关系不仅是通过它们所包含的"述谓规定"而形成的，而且也是通过陈述者的共同体以及通过他们语言的文化传统而形成的。

在第四逻辑研究第10节"含义复合体中的先天规律性"一开始，胡塞尔就指出，如果独立的与不独立的含义的区别关系到独立的与不独立的对象的区别，那么这里实际上已经包含着在一个含义领域中的基本事实，即：含义服从于这样一些先天规律，这些规律将含义的联结调整为新的含义。同样，这个规律也对不独立含义进行调整，即这个含义必须是被纳入

① Bedeutungslehre, Hua XXVI（Dordrecht u. a. 1986），参阅倪梁康：《胡塞尔现象学概念通释》（修订版），第79页。

其中的那些联系的种类和形式，因为“没有联结形式就根本不能将含义聚合成新的含义，而这些联结形式本身又具有含义，亦即不独立的含义的特征，所以显而易见，在所有联结形式中都有本质规律性（先天的本质规律性）在起作用”。[①] 其实，不只是在含义领域，而是在所有发生联结的地方，含义规律都在起着作用，或者说，所有联结都服从于先天纯粹规律。

含义规律（Bedeutungsgesetz）是含义学说的规律，也叫含义复合体规律，“它们是一些在含义的复合体中起支配作用并且具有将含义复合体的意义与无意义区分开来的功能”的规律。[②] 它既不同于纯粹逻辑学的逻辑规律，也不同于奠基于经验心理学基础之上的语法规律，胡塞尔有时也把含义规律称为含义形式论，并且认为含义形式论（含义复合体规律）是一个处于经验心理学（纯粹语法学）与纯粹逻辑学之间的学科。含义规律具有客观性，即含义与含义的联结是不自由的、不以主体的意志和能力为转移的。在含义领域中存在一些先天的或纯粹的规律，这些先天规律将含义联结调整为新的含义，即含义规律将含义纳入新的联系种类和联系形式；没有联结形式就不能将含义聚合成新的含义，而这些联结形式本身又具有不独立含义的特征。

胡塞尔认为，“我们在含义与含义的联结中是不自由的……各个含义只能以某种事先确定的方式相互搭配并且重新构造出有意义的统一含义”。[③] 在有意义的联结统一中不能对各个因素进行随意的混合，这里也存在一个本质规律性，即“联结的不可能性（Unmöglichkeit）”，它不仅是一种主观的不可能性即我们的事实无能（Unfähigkeit），而且更多的是客观的、观念的、奠基于含义领域的“本性”和纯粹本质之中的不可能性，“更确切地说，这种不可能性并不附着在须统一的含义的单个特殊性上，但却附着在它们所属的本质的属上，即附着在含义范畴上”。[④] 就是说，含义联结的不自由或不可能性并不只在于主观上或事实上的无能，而更是由于“本性”的不可能性；这种本性的不可能性也不是附着于含义的单个特殊性上，而是附着于它们所属的本质属上，即含义范畴上。这里，含义的单个特殊性与含义范畴的区别在于，尽管个别含义本身已经是种类之物，但相对于含义范畴而言它还是一个单个的特殊性。例如，在德语中，Buch 的含义是书，“书”本身是个种类之物，但在德语中每个名词都是有冠词的，胡塞

---

① 胡塞尔:《逻辑研究》第二卷第一部分，第 343 页。

② 倪梁康:《现象学的始基：对胡塞尔〈逻辑研究〉的理解与思考》，第 135 页。

③ 胡塞尔:《逻辑研究》第二卷第一部分，第 343 页。

④ 胡塞尔:《逻辑研究》第二卷第一部分，第 344 页。

尔在第一逻辑研究中就已经指出："定冠词只是通过种类概念或属性概念而与个体之物发生联系。"① 如das Buch（"这本"书），这里，"书"是种类概念，加上定冠词后，便指称"这本"书等个体之物，从而使种类概念（如"Buch"）具有了含义的单个特殊性（das Buch）。胡塞尔所谓的"联结的不可能性"不是指含义的单个特殊性的不可能性，而是指含义范畴的不可能性。

为了弄清楚含义联结的不可能性，我们首先考察一下含义联结的可能性。举例来看：

"这棵树是绿的。"　　　　（质料命题，被给予的含义）

"这个S是P。"　　　　　（形式命题，纯粹含义内涵）

"这棵树是绿的"这个表达是一个统一的有含义的表达，它具有"树""绿"等被给予的含义；然后，我们从"被给予的含义"过渡到相应的"纯粹含义内涵"，即过渡到"命题形式"，于是我们就获得了"这个S是P"这样一个形式观念，它所包含的全都是独立含义。

在"这个S是P"这个形式观念中，S和P是命题的"形式"，我们可以将S、P这两个形式加以质料化，即将"S"这个形式用"这棵树"这个质料来替代，将"P"这个形式用"绿的"这个质料来取代，也就是将"这个S是P"这个形式命题特殊化为"这棵树是绿的"这样一个质料命题。

表面看来，形式命题特殊化为质料命题似乎能够以无限多的方式进行，比如我们可以在"这个S是P"这个形式框架内将"这棵树是绿的"这个例子任意改变为"这个金子是绿的""6是绿的""这个蓝色的乌鸦是绿的"等等，或者说，我们可以用随意一个名词的质料来替代S，用随意一个形容词质料来替代P，在这个过程中，我们可以一再地获得一个统一的有意义的含义，并且也可以获得一个具有以上形式的独立命题。但实际上，我们在这里并不是完全自由的，并非任何一个随意的含义都可以取代"S"和"P"，胡塞尔指出："一旦我们不遵守含义质料的范畴，这个意义统一便会丧失。凡一个名词质料所在之处，任何一个随意的名词质料都可以在此，但一个形容词的质料或一个关系质料或一个整体陈述的质料却不能在此；但这些范畴的一个质料在此，这样的一个范畴却可以一再地在此，即是说，在此的永远是一个范畴的一个质料，而非其他范畴的质料。这一点对所有含义都有效，无论它们的构形有多么复杂。"② 这表明：

① 胡塞尔：《逻辑研究》第二卷第一部分，第89页。

② 胡塞尔：《逻辑研究》第二卷第一部分，第345页。

1. 在“这棵树是绿的”这个表达中，“树”“绿”是质料范畴；在“这个S是P”这个表达中，“S”“P”是范畴形式。“这棵树是绿的”这个表达所具有的是“被给予的含义”；“这个S是P”这个表达所具有的是“纯粹含义内涵”。

2. 可以替代“S”这个范畴形式的是一个名称性质料；可以替代“P”这个范畴形式的是一个形容词质料、关系质料或整体陈述的质料。或者说，只有名词能替代S，形容词、关系词或从句能替代P；形容词质料不能处于S的位置上，名词质料不能处于P的位置上。

3. 但凡一个名词所在之处，任何一个名词质料都可以在此，但一个形容词质料、关系质料或整体陈述的质料却不能在此。就是说，凡是“这棵树”替代并在“S”的位置上，“绿的”替代并在“P”的位置上；那么，其他如“这个金子”“6”“这个蓝色的乌鸦”等都可以在“S”的位置上，但“绿的”却不能替代并在“P”的位置，即不能把名词性质料“金子”与形容词质料“绿的”联结为“金子是绿的”这样一个表达。

4. 如果我们不遵守含义质料的范畴，这个意义统一便会丧失。“这棵树是绿的”是遵守含义质料的范畴的表达，或者说“这棵树”与“绿的”之间的含义联结是可能的，因而是一个统一的有含义的表达；“这个金子是绿的”“6是绿的”是不遵守含义质料的范畴的表达，“这个金子”“6”等与“绿的”含义联结是不可能的，因而不是一个统一的有含义的表达。

胡塞尔指出，尽管我们在对质料范畴之内的质料进行自由交换过程中会出现一些错误的、愚蠢的和可笑的含义，但这里所产生的必然是统一的含义，或者说，这些语法表达及其意义可以得到统一的实施。例如，我们可以在“这个S是P”的形式范畴框架下说“这棵树是绿的”“这个金子是绿的”等，它们都是在“质料范畴之内的质料进行自由交换”，因而是具有统一含义的表达，只不过前一个表达是有意义的表达，后一个表达是错误的、愚蠢的或可笑的表达。

如果一旦超出这些质料范畴，当我们说“这个轻率的是绿的”（形容词“轻率的”替代了“S”）、“更干净是圆的”（“更”是副词，修饰形容词“干净”，形容词“更干净”替代了“S”）、“这所房子是相同的”（“相同的”涉及两个以上事物的比较）、“a是与b相似的”这个关系陈述中用“马”来替代“相似的”等等，这里只是“词语并置”，或者说，我们只是获得了一个语词系列，其中的每一个词都有意义，或者指明了一个完整的意义联系，但我们却没有获得一个统一完备的意义。进一步来看，如果我们对那些已经是形式统一的环节进行随意的交换，或者想用一个从其他含义中随意取出的环节来取代另一个环节，例如用名词环节来替换一个假言的前句、在一个选言判断中用一个假言后句来替换一个选言的环节等，那么我们就更无法获得一个统一的完备的意义。

例 1.“这个轻率是绿的” （对形式统一的环节随意进行交换）

例 2.“如果物体摩擦，物体就会生热”（假言判断）

例 3.“这棵树，物体就会生热” （用“这棵树”这个名词来代替假言前句）

例 4.“或者去北京，或者去上海” （选言判断）

例 5.“或者去北京，物体就会生热” （用假言后件代替选言后件）

例 1、3、5 都是超出质料范畴的，都属于语词并置或语词系列，在这些语词系列中我们无法获得一个统一的完备的意义。在此，我们可以发现一个先天的明察，即：“这些有关纯粹形态的各个环节之本质决定了如此被意指的联结是不可能的，或者说，这些形式的命题只有作为特定构造的含义形态之环节才是可能的。”[①] 胡塞尔认为，这里存在一个分析定律：

> 在一个整体中，形式根本不能作为质料起作用，质料根本不能作为形式起作用，显而易见，这也可以引申地运用到含义领域。[②]

这就是说，在“这棵树是绿的”这个质料范畴的表达和“这个 S 是 P”这个范畴形式的表达中，形式的纯粹因素在一个含义的具体统一中永远不能与经验的构形相交换，以至于这个含义形态的实事相关的质料不能被抽象取出的形式因素所替代；或者说，在一个含义整体中，范畴质料“这棵树”“绿的”等不能作为范畴形式“S”“P”起作用，范畴形式“S”“P”也不能作为“这棵树”“绿的”等范畴质料起作用。同理，含义质料与含义形式也不能相互代替地起作用。

以上分析表明，每一个具体的含义都是一个材料（Stoff）和形式（Form）的相互包容，每一个具体的含义都服从于一个可以通过形式化而得到的纯粹确定的形态观念，此外，每一个这样的观念都有一个先天的含义规律与之相符合。这是一个根据句法形式来用句法材料构造统一含义的规律，这些句法材料受先天属于含义领域的各个范畴的制约，而这些句法形式是先天被规定的并且自身聚合成一个固定的形式系统。如此，就产生了

① 胡塞尔：《逻辑研究》第二卷第一部分，第 346 页。

② 胡塞尔：《逻辑研究》第二卷第一部分，第 346 页。

对逻辑学和语法学同等重要的根本性任务：在一门“含义形式论”中研究形式结构的先天体系。

如何理解“每一个具体含义都是一个材料和形式的相互包容”呢？这需要了解胡塞尔对“材料因素和形式因素”与“句法材料和句法形式”的区分。就“材料因素和形式因素”的区分而言，在“树是绿的”“白色的纸”等表达中，“树”“绿”“纸”“白色”等都是表达的材料因素，“是”“的”等是表达的形式因素，“材料因素具有独立意义，形式因素则没有独立意义”。[①] 就“句法材料和句法形式”的区分而言，“树是绿的”是句法材料，它可以形式化而得到“S 是 P”这样的句法形式，它们相互包容构成一个表达的具体含义，“树是绿的”这个表达的具体含义要服从于一个通过形式化而得到的纯粹形态观念，如“树是绿的”的具体含义要服从于通过形式化而得到的“S 是 P”这样一个纯粹形态观念；并且，每一个这样的纯粹形态观念都有一个先天的含义规律与之相符合，这个含义规律是一个根据句法形式来用句法材料构造统一含义的规律，它“为确定本质性的含义范畴提供了必要的基础，而那些先天的、不考虑含义客观有效性（实在的或现实的真理或对象性）的含义规律便植根于这些含义范畴之中”。[②]

就含义规律与逻辑规律的关系而言，胡塞尔在第一研究中指出，逻辑学就是关于含义本身……以及关于纯粹建立在含义之中的（即观念的）规律的科学，[③] 这表明含义规律还不是确切意义上的逻辑规律，含义复合体的规律“赋予纯粹逻辑学以可能的含义形式，即复合的、具有统一意义的含义的先天形式，这些形式的‘形式’真理或‘对象性’才是由确切意义上的‘逻辑规律’来制约的。前一种规律所抵御的是无意义（Unsinn），而后一种规律所抵御的则是形式的或分析的悖谬（Widersinn）、形式的荒谬性”。就此可知，含义规律赋予纯粹逻辑学以具有统一意义的含义的先天形式，而这些形式的形式真理又受逻辑规律的制约；含义规律的功能是抵御“无意义”，逻辑规律的功能是抵御“悖谬”，“纯粹逻辑规律所陈述的是对象的可能统一根据纯粹的形式所先天要求的东西”，那么，含义复合体规律“所规定的则是意义的单纯统一所要求的东西，即：根据哪些先天形式而将不同含义范畴的含义联合为一个含义，而不是制作一个杂乱的无意义”。[④] 例如，当我们说“金山”这个词时，这个复合体是有意义的，但却

① 于涛：《论胡塞尔范畴代现理论的失败原因及其启示》，载《现代哲学》，2021 年第 3 期。

② 胡塞尔：《逻辑研究》第二卷第一部分，第 323 页。

③ 胡塞尔：《逻辑研究》第二卷第一部分，第 96 页。

④ 胡塞尔：《逻辑研究》第二卷第一部分，第 324 页。

是无对象的；当我们说“圆的方”“木的铁”时，它所产生的含义复合体则是无意义的，因为这个含义复合体中的两个基本含义明见地不相容或先天地不相容。就是说，确定一个含义复合体是否有意义，不是取决于现实经验，也不取决于确切意义上的逻辑规律，而是取决于含义规律（含义复合体规律）；至于“圆的方”则是违反逻辑规律的。

按照倪梁康的分析，纯粹含义学说包括如下内容：

1. 纯粹含义学是对含义的研究。它首先被确定的是客观有效的含义，探讨和把握的是含义的原始形态和本质结构，以及独立含义与不独立含义之间的本质区别。

2. 含义学还研究与含义密切相关的含义规律，即含义复合、含义联结和含义变化的先天规律，“含义能够以某种方式在保持一个本质核心不变的情况下发生改变”。[①] 这些规律表明哪些含义是无意义的、哪些是有意义的。就此而言，含义规律不同于一般意义上的逻辑规律。

3. 含义学与逻辑学的差异表现在：其一，含义学不考虑对象性的规律的领域，逻辑学则相反；其二，含义学的规律所抵御的是所谓的“无意义”，它们具有“划分‘意义’与‘没有意义’的功能”；而逻辑学的规律所抵御的则是所谓“悖谬”，换言之，逻辑学规律所具有的“划分‘意义’与‘违背意义’的功能”；其三，含义学所涉及的先天不相容性是一种对象的不相容性，逻辑学所涉及的先天不相容性则是表象的不相容性。[②]

正因为上述因素，胡塞尔在术语上表现出了犹豫，一方面说“这些含义规律在宽泛的词义上当然必须被看作是形式逻辑的规律”，另一方面又说“自然，在谈到逻辑规律时，人们所想到的绝不会是这些规律，而是仅只会想到完全不同的规律”。[③]

纯粹逻辑语法学及其语法规律。胡塞尔认为，存在一种纯粹逻辑语法学的规律，它不是确切意义上的逻辑规律，但却属于纯粹逻辑学的领域，就是说，语法学也与逻辑学有区别，语法规律也区别于逻辑规律，“在纯粹逻辑学之内存在着一个不考虑所有对象性的规律的领域，这些规律不同于在通常的和确切的意义上的逻辑规律”。[④] 这个不考虑对象性的规律的领域，即是纯粹逻辑语法规律的领域；同样，纯粹含义学也不能涵盖纯粹语法学

---

① 胡塞尔：《逻辑研究》第二卷第一部分，第 349 页。

② 参阅倪梁康：《现象学的始基：对胡塞尔〈逻辑研究〉的理解与思考》，第 140 页。

③ 参阅倪梁康：《现象学的始基：对胡塞尔〈逻辑研究〉的理解与思考》，第 140—141 页。

④ 胡塞尔：《逻辑研究》第二卷第一部分，第 324 页。

的全部领域，在胡塞尔看来，“我们绝不能主张，纯粹含义形式论包容了整个普遍-语法学的先天——例如，在那些在语法上极有影响的心理主体之间互相理解的关系中还包含着一个特有的先天”。也就是说，“纯粹语法学和纯粹含义学并不是对同一实事领域的两种不同过程角度或对同一问题群组的不同处理方式，而是两个不同层次的学科，对一门学科的研究可以自然地导向另一门学科”。[①] 胡塞尔甚至认为：“没有什么比对逻辑学和语法学这两个逻辑领域的混淆给关于逻辑学语法学之间的正确关系的问题讨论所带来的混乱更大；我们将逻辑学领域和语法学领域明确地区分为较低层的和较高层的领域，并且通过它们的否定性对立面——无意义领域和形式悖谬的领域——而描述了这两个领域。”[②] 如果说，含义规律和语法规律都是“具有划分意义与无意义的功能”的规律，那么，逻辑学规律则将“形式一致的意义与形式不一致的意义、形式的悖谬划分开来”。[③]

从第一研究可知，表达与含义之间存在着内在的联系：每一个表达都具有一个含义，正是这一点将表达与其他符号区分开来了；一个无含义的表达根本就不是表达。在第四研究中，独立和不独立含义是与完整和不完整表达相对应的，含义的复合与变更也与表达的复合与变更相对应，因此，在第四研究中也存在着一个从含义学问题向语法学过渡的问题，含义学所把握的独立含义与不独立含义之间的本质区别以及与此密切相关的含义联结和变化的先天规律，必然会在语法的形式论中或多或少地显示出来，就是说，从含义到表达的过渡，必然会导致从含义学和含义规律向语法学和语法规律的过渡。

语法规律（Grammatiksgesetz）是关于句法和词法之构造语言表达的语法学规律，语法学是研究语言的结构规律和语法规则的科学，“现代语法学必须建立在心理学和其他经验科学的基础之上”。[④] 因而，语法学规律是一种经验心理学规律。但是，胡塞尔认为，语法学的观念是陈旧的，它只有奠基于先天的、规定着可能含义形式之规律的基础上，才可能获得一个经验确定范围的有效性领域，即语法规律只有奠基于含义规律的基础之上才能获得其有效性领域。

在西语拼音文字中，语言陈述句可以分为“系词表语”陈述和“动词谓语”陈述，前者构成系词句，如 Der Baum ist grün（树是绿色的），后者

① 倪梁康：《现象学的始基：对胡塞尔〈逻辑研究〉的理解与思考》，第 143 页。

② 胡塞尔：《逻辑研究》第二卷第一部分，第 365 页。

③ 胡塞尔：《逻辑研究》第二卷第一部分，第 358 页。

④ 胡塞尔：《逻辑研究》第二卷第一部分，第 324 页。

构成谓词句，如 Geparden laufen schnell（猎豹跑得很快）。其中，系词句是最基础的语言陈述形式，其他如动词句陈述形式都可以在不改变逻辑意义的情况下被转化为系词联结，如 der Mensch geht（人走）⟶ der Mensch ist gehend（人是走着的）。由于动词句可以转化为系词句，我们在这里主要以系词句进行分析。

一般说来，在语言表达的语法结构中，如最基本的"主语-谓语-宾语"的结构中，处于主语位置的都是一个名词性范畴的含义，如"树是绿色的"，在这个陈述中，名词"树"是主语，系动词"是"是谓语，形容词"绿色的"是宾语。处于主语位置上的可以是一个自义的名词，如"铁是导电的"和"铜是导电的"中的"铁"和"铜"，它们都有独立的含义（自义）；处于主语位置的也可以是合义的形式并从而成为主语的合义，如"铁与铜都是导电的"的"铁与铜"，铁和铜通过"与"联结在一起以合义的形式处于主语的位置上。

但是，"与""如果""但""更大"等出现在主语的位置上，情况会如何呢？例如：

"'与'是一个连词。"

"'如果'是一个小品词。"

首先，当"与""如果"这些语词出现在主语的位置上，它们的含义肯定不是它们在正常联系中所获得的含义。

其次，这是通过"含义变更"发生的。通过含义变更，那些取代名词位置的东西实际上重又是一个名词性的东西，并没有其他自义形态的含义（如形容词的含义）被简单地移植过来。就是说，在"'与'是连词"的表达中，"与"虽然不具有正常联系中所获得的含义，它虽然不是一个名词，但它是一个含义变更了名词性的东西，而不是一个诸如形容词含义的东西。

再次，通过含义变更的途径，每一个语词或表达都可以被置于一个自义整体的任何一个位置上，但我们在这里看到的并不是语词的复合，而是含义的复合。如"铁与铜是导电的"和"'与'是一个连词"这个表达，它们各自都是自义的整体，"与"可以处于这个自义整体的任何一个位置上，但是，这里出现的并不是简单的是语词的复合，而是含义的复合，就是说，它们复合为不同的含义。

最后，从逻辑上看，"所有含义变换都可以被评判为是异常性"。[①] 统一含义的逻辑兴趣要求含义作用的恒定性，但事实上语言的语法正常组成却

① 胡塞尔：《逻辑研究》第二卷第一部分，第 347 页。

会导致某些含义变化，就是说，逻辑学要求含义的作用具有恒定性，如在主词的位置上的只能是名词概念，但语言学的语法组合却是灵活的，通过话语联系，变更了的含义仍然是可以被理解的，从而使逻辑上被视为异常类别的表达在语法上仍然被认可。虽然“与”“如果”“但”“更大”等不是名词，当它们出现在主语位置时，在逻辑上被视为“异常性”表达，但在语法上通过话语联系能够被理解，它们就可以被认可。不过，含义变更是根植于表达或含义本质之中的，即根植于含义领域的纯粹本质之中的。

胡塞尔认为，这里实际上存在着被经院哲学家称为“概念偷换”（suppositio materialis）的东西，即“每一个表达，无论它——在其正常含义中——是一个自义的还是合义的表达，都可以作为它自己的名称出现，也就是说，它将自己称作语法现象”。[①] 胡塞尔举例说：

“‘地球是圆的’是一个表达。”

这里存在着两个陈述句：“地球是圆的”和“‘地球是圆的’是一个表达”。我们在此考察的是“‘地球是圆的’是一个表达”这个陈述句，其中作为主语起作用的不是“地球是圆的”这个陈述的含义，而是对“地球是圆的”这个表达本身的一个表象；相应地，被判断的也不是地球是圆的这个实事状态，而是“地球是圆的”这个陈述语句，而这个语句本身是异常地作为它自己的名称在起作用。同样，“‘与’是一个连词”“‘如果’是一个小品词”等陈述句中的“与”“如果”等也是独立的、以自身的含义出现在主语的位置上，它不是一个合义的表达，而是一个自义的表达，它将自己称作语词，但却是个具有异常含义的语词。胡塞尔指出：“当表达所承载的不是它的正常含义，而是对此含义的一个表象（即一个将此含义作为其对象来朝向的含义）时，这里便出现了一个与质料的偷换完全相似的东西。”[②] 胡塞尔举例：

“‘与’、‘但’、‘更大’是不独立含义。”

“‘人’、‘桌’、‘马’是事物概念。”

虽然“与”“但”“更大”这些词的含义是不独立的，“人”“桌”“马”具有独立含义，但它们的共同之处在于表达中作为主语起作用的是对这些概念的表象，而不是概念本身，都属于质料偷换和含义变更。通常情况下，含义变更会在文字表达中通过引号或“异类语法的（heterogrammatisch）表达手段”而被指示出来。“所有带有‘变更’谓语而不带有‘限定’谓语

① 胡塞尔：《逻辑研究》第二卷第一部分，第 348 页。

② 胡塞尔：《逻辑研究》第二卷第一部分，第 348 页。

的表达都以刚才所标识的那种方式或以类似的方式异常地起作用：以或多或少复杂的方式，整个话语的正常意义可以被另一个意义所取代，无论这另一个意义通常是如何被构造的，它在一个就正常解释标准来看是虚假主语的位置上获得一个以这种或那种方式与此相关的表象，并且，整个表象或是在逻辑-观念意义上的表象，或是在经验-心理学意义的表象，或者也可以是在现象学意义上的表象。"[①] 胡塞尔指出，"是""不是""是真""是假"等这些谓语是变更性的，它们所表达的不是虚假主语的属性，而是相应主语含义的属性，如"2×2=5是错误的"，在这个陈述中，"2×2"是虚假主语，"2×2=5"是主语的含义，"2×2=5是错误的"意味着"2×2=5"这个命题是个错误的命题。

实际上，上述例子中的质料偷换关系到"含义变化"，或者说，"关系到那些植根于含义领域本身之观念本性中的意指的变化"，在含义领域中存在着先天规律性，即含义规律："含义能够以某些方式在保持一个本质核心不变的情况下发生改变。"[②] 这主要表现在一些语句都可以通过名词化而出现在主语的位置上，因此也可以出现在任何一个要求名词环节的位置上，比如形容词谓语名词化或定语名词化等情况。在语言学中，句子是用来描述一件事情、表达一个思想、提出一个问题的，它是由一定的语法结构排列组成的。语法分为句法和词法两个部分，句法形式是指句子的内部结构，根据句子的用途，句子可以分为陈述句、疑问句、祈使句、感叹句，根据句子的结构，句子可以分为简单句、并列句、复合句；句法材料就是语法中的词法，词法包括词的分类（如名词、形容词、代词、数词、冠词、动词、副词、介词、连词、感叹词等）和句子成分（如主语、谓语、宾语、定语、状语、表语、宾语补足语等），它们共同构成句法材料。就句法和词法的关系而言，句法处理的是句子的结构，词法处理的是词的结构，语言中指导单词组合方式的规则就是语法结构，它是句法形式和句法材料的统一。语言学的形态学就是研究单词在语言中是如何形成和理解的，单词的排列顺序对句子整体及其意义有重要的影响。在德语等西方语言中，存在着大量形容词名词化的语词，形容词转化为名词有如下几种形式：

1. 形容词+e转化为名词：

tief（深的、低的）→ die Tiefe（深度）

weit（宽的，远的）→ die Weite（宽度）

---

① 胡塞尔：《逻辑研究》第二卷第一部分，第348—349页。

② 胡塞尔：《逻辑研究》第二卷第一部分，第349页。

2. 形容词+heit 转化为名词：

gesund（健康的）→ die Gesundheit（健康）

wahr（真的，真实的）→ die Wahrheit（真理）

3. 名词化的形容词：（1）描述事物或抽象概念的形容词，其语法规则是，由形容词而来的名词在位于 alles 和 das 之后应该 +e，如：

alles Gute（一切顺利，万事如意）

das Gute（好处）

如：

Ich wünsche dir alles Gute（我祝你一切顺利）

Das Ereignis ist wahr（这个事件是真的）

Die Wahrheit ist ewig（真理是永恒的）

在 Das Ereignis ist wahr 语句中，形容词 wahr 作为形容词处于宾语的位置上；在 Die Wahrheit ist ewig 语句中，形容词转化而来的名词 Die Wahrheit 则处于主语的位置上。

此外，还有定语名词化也称为定语从句名词化的情况，这个定语从句主要跟在某个抽象名词之后，对该名词进行解释，告诉听者该名词的具体内容，主语从句一般是由连词 dass、ob、als ob 等引起的，如：

Die Tatsache，dass er bereits schwer verletzt ist，sollte nicht ignoriert warden.（他已经受了重伤，这一事实不应该被忽略）

Tatsache 是抽象名词“事实”，由 dass 引导的“dass er bereits schwer verletzt ist”具体说明“他已经受了重伤”这个“事实”（Tatsache）。

形容词也可以行使定语功能，如 Dieser grüne Baum（这棵绿树），grün 是形容词“绿的”，在名词 Baum（树）前做定语。

以上例子表明，形容词的名词化、定语名词化等都可以通过名词化而出现在虚假主语的位置上或任何一个要求名词环节的位置上，但它们所表达的不是虚假主语的属性，而是相应主语含义的属性，随着词性的变化，其含义意指也发生了变化，因此，含义本身在保持一个本质核心不变的情况下也发生了改变。

胡塞尔指出：“句法形式相对于句法材料始终具有一种变化方式，即使例如一个作为主语起作用的名词含义变得具有了宾语功能，或者，即使一个作为前句起作用的语句变得具有了后句的功能，这种变化方式最先需要得到确定，并且是对含义领域的贯穿结构之描述的主要课题。”举例来说，如果形容词不仅作为一个名称含义起作用，而且自身还名词化而成为一个名词，那么，形容词的谓语功能在变化为定语功能的过程中保持同一的句法材料，就要经历一个变更。

Grün ist eine Farbe（绿是一种颜色）

Grünsein [die Grüne] ist eine Differenz des Farbigseins [der Farbigkeit]（绿的存在［绿色］是颜色存在［颜色性］的一个差）

显然，这两个句子所陈述的并不是同一个东西。“绿是一种颜色”所指的是一个具体对象之内容组成的不独立因素，而“绿的存在（绿色）是颜色存在（颜色性）的一个差”所指的则是存在的名词化，这个存在是那个在范畴谓语陈述中在谓语环节方面做出的、并且被置于主语位置上的谓语语句的相关物。本来，grün（绿的）作为形容词只能做谓词（ist grün），但名词化 die Grüne 或 das Grünsein 后，不仅在语句中的位置发生了变化，而且在保持本质核心不变的情况下含义也发生了某些变化，这表明，同一个词在名词化的过程中改变了它的含义。

grün（绿的）→ das Grün（绿色）

ist grün（是绿的）→ Grünsein（绿的存在）

这里，“绿的”“绿色的”是德文 grün 原初的含义，“绿色”是名词化了的 das Grün 的含义，这种含义变化可以通过开头的大写字母、加定冠词等书写方式表现出来，[①]但是，grün（绿的）、das Grün（绿色）、ist grün（是绿的）、Grünsein（绿的存在）等显然共同具有一个本质因素，一个共同的“核心”，它是一个抽象的东西，它具有不同的“核心形式”，具有不同于句法形式的“形式”，并且，这个核心形式之变更会产生出一个新的名词类型的句法材料。

当然，我们必须将“无意义”与“悖谬”区别开来，即不能将“无意义之物”（Unsinnige）与“悖谬之物”（Widersinnige）混为一谈，虽然它们都具有先天的不相容性。

“悖谬”是指“木质的铁”“圆的四方形”这样一些名称和“所有三角形都有五个角”这样一些命题。“木质的铁”这样一种语词联结确实提供了一个统一的含义，这个含义在观念含义的“世界”中具有其存在（Existenz）

---

① 名词化是指把动词、形容词、情态动词、从句等通过一定的方式如加缀、加冠词等转化为名词的语法过程。德语语法规定，所有的名词前面必须有冠词，开头字母必须大写。德语中形容词、动词、从句等都可以名词化，在名词化时要加冠词，开头字母要大写，并且还要考虑词尾的变化。如形容词名词化 grün（绿的）→ das Grün（绿色），动词名词化 bilden（制造、构成）→ die Bildung（构成、组成、教育），从句名词化就是将一个句子变成一个具有相同含义的名词。胡塞尔就此指出：“书写方式绝不是在逻辑和语法上无价值的”（胡塞尔：《逻辑研究》第二卷第一部分，第 350 页）。这个语法特征是汉语言文字所没有的。

或在（Sein）的方式，但绝然明见的是没有一个对象能够与这个存在的含义相符合。

“无意义”是指无意义的语词联结，如“一个圆的或者”“一个人与是”等，这些聚合在一起的语词可能会引起我们对某个通过它而被表达的统一含义的间接表象，但同样绝然明见的是这样一个含义是不可能存在的，因为根本不存在作为其表达的意义而与这种联结相符合的含义，这种联结的部分含义在一个统一的含义中是不相容的。“表达在正常地起作用时可以唤起它的含义；但如果理解不能进行，那么表达……所招来的就是对‘某个’相属含义的非本真表象，而人们所失去的恰恰是含义本身。”①

“悖谬”和“无意义”虽然都是不相容性，但二者的区别是明显的。在“悖谬”的不相容性中，某些部分含义在统一含义中是不相容的，它关系到整个含义的对象性，因为根本不存在这样一个事物或事态的对象，因而它的统一含义借助于相互“不相容的”含义而表象为统一属于此对象的东西联合为一，但这个含义本身是存在的。在“无意义”的不相容中，含义本身的可能性不容某些部分含义在它之中共存，我们可以具有一个指向“一个圆的或者”等语词联结的部分表象并形成一个含义之综合表象，但却永远不会有一个对象与此表象相符合，即这个语词联结所意指的含义永远是不可能存在的。

与含义的先天不相容性相反，含义的先天相容性是指含义联结规律主宰着话语部分的语法联结，在我们的语言表达中，某些联结被拒绝，而某些联结被允许，一部分原因在于偶然的语言习惯，但更主要的原因则在于“在独立含义与不独立含义之间的本质区别以及与此密切相关的含义联结和含义变化的先天规律，在任何一门发展了的语言中，这些规律必然会在语法的形式论中和在语法不相容性的相应种类中或多或少地显示出来”。②

纯粹逻辑学及其逻辑规律。前述可知，纯粹逻辑学有广义和狭义之分，广义的逻辑规律把含义规律和语法规律包含在自身之内，狭义的逻辑规律则不包括含义规律和语法规律。在前面的讨论中，我们的主要任务是通过对“纯粹含义学”和“纯粹语法学”的分析从而与“纯粹逻辑学”区分开来；而在以下的分析中，我们的主要任务是在澄清狭义的纯粹逻辑学之涵义的基础上，在广义纯粹逻辑学的范围内进一步阐明纯粹含义学、纯粹逻辑语法学与纯粹逻辑学之间的关系。

---

① 胡塞尔：《逻辑研究》第二卷第一部分，第 351—352 页。

② 胡塞尔：《逻辑研究》第二卷第一部分，第 352—353 页。

逻辑规律（Logiksgesetz）是纯粹逻辑学的规律，胡塞尔指出，纯粹逻辑学“无非是对一种传统形式逻辑学的改造而已，或者也是对康德或赫巴特学派纯粹逻辑学的改造。……纯粹逻辑学是观念规律和理论的科学系统，这些规律和理论纯粹建基于观念含义范畴的意义之中，也就是说，建基于基本概念之中，这些概念是所有科学的共有财富，因为它们以最一般的方式规定着那些使科学在客观方面得以成为科学的东西，即理论的统一性。在这个意义上，纯粹逻辑学是关于观念的‘可能性条件’的科学，是关于科学一般的科学，或者，是关于理论观念的观念构成物的科学”。[①] 按照胡塞尔在《逻辑研究》第一卷中的设想，纯粹逻辑学包含着丰富的内涵，如果它的内容得到充分的展开，将会“成为一门关于一般理论的理论新科学的最终目的和最高目的的科学”，成为理论科学一般的代名词，在这个意义上，《逻辑研究》所说的“纯粹逻辑学”可以理解为“胡塞尔后期所说的‘形式的逻辑学’与‘先验的逻辑学’之总和”。[②] 它是“观念规律和理论的科学系统”，“是关于观念的‘可能性条件’的科学，是关于科学一般的科学，或者，是关于理论观念的观念构成物的科学”，它不关心“圆的方”等命题是否有意义的问题。

对含义学、语法学和逻辑学之间关系和领域的厘清涉及学科分界等重要而复杂的问题，胡塞尔用诸如纯粹逻辑学、纯粹含义学、纯粹逻辑语法学、纯粹含义逻辑学、纯粹逻辑学的含义形式论、纯粹语法学、纯粹含义有效性学说等很多学科术语来进行论述，可见这个问题之复杂性，对这些概念或术语的意义阐释对学科划界具有重要的作用。

倪梁康指出：“在广义的纯粹逻辑学中，不仅对意义和无意义的划分得到讨论，而且同样受到讨论的还有对意义和悖谬的讨论；这里既关注对象性的规律，也关注非对象的纯粹形式的规律。或者我们也可以说，广义上的纯粹逻辑学包含着两个几乎是对立的领域：在一个逻辑领域中，‘关于真理、对象性、客观可能性的问题还始终被排除在外’……另一个纯粹逻辑领域则专门关注‘关于真理、对象性、客观可能性的问题’”。[③] 就是说，纯粹含义学、纯粹语法学和狭义的纯粹逻辑学（当然还可能包括其他的学科）一同构成广义的纯粹逻辑学。其中，纯粹含义学（主要讨论意义和无意义的划分）和纯粹语法学（主要讨论意义和悖谬的划分）作为广义纯粹

① 胡塞尔：《逻辑研究》第二卷第二部分，“作者本人告示”，第 255 页。

② 倪梁康：《现象学的始基：对胡塞尔〈逻辑研究〉的理解与思考》，第 138 页。

③ 倪梁康：《现象学的始基：对胡塞尔〈逻辑研究〉的理解与思考》，第 144 页。

逻辑学的组成部分关注的是前一个逻辑领域，它们只关注非对象的纯粹形式的规律，而不关注“真理、对象性、客观可能性的问题”等对象性的规律；而狭义的纯粹逻辑学属于后一个纯粹逻辑领域，它专门关注“真理、对象性、客观可能性的问题”。

<table>
<tr><td rowspan="3">广义纯粹逻辑学</td><td>纯粹含义学</td><td rowspan="2">关注意义和无意义、意义和悖谬的划分问题等非对象性的形式规律</td><td rowspan="2">纯粹形式论或纯粹逻辑语法学</td></tr>
<tr><td>纯粹语法学</td></tr>
<tr><td>狭义纯粹逻辑学</td><td>关注关于真理、对象性、客观可能性等问题的对象性规律</td><td>纯粹有效性的学说或纯粹含义有效性的学说</td></tr>
</table>

胡塞尔也把纯粹含义学和纯粹逻辑学称为“纯粹逻辑语法学”，把纯粹逻辑学称为“纯粹有效性的学说”或“纯粹含义有效性的学说”。其中，纯粹逻辑语法学是纯粹有效性学说的奠基性领域，就是说，狭义的纯粹逻辑学奠基于纯粹含义学和纯粹语法学的基础之上。

按照胡塞尔的设想，狭义的“纯粹逻辑学”与纯粹含义学、纯粹语法学、形式数学是相统一的，最终也是与纯粹形式论相统一的。就是说，由纯粹含义学、纯粹逻辑学和狭义纯粹逻辑学构成的广义纯粹逻辑学在最终的意义上是一门“纯粹形式论”的科学，胡塞尔认为，“所有这些学科都必须在一种‘普遍数学’的本质统一之中得到探讨，并且至少纯粹地区分于所有经验科学，无论它们被称作物理学，还是被称作心理学”。[①] 把“普遍数学”看作是把“纯粹逻辑学”构造成“纯粹形式论”之逻辑观念的思想最早源自莱布尼茨，“莱布尼茨也是这里提出的逻辑观所依据的伟大哲学家之一”，[②] 但胡塞尔做出了进一步的发展，“这里所设想的普遍数学的领域因而比莱布尼茨所构想的逻辑运算学的范围还要广大得多，他曾经竭力想构造这样一门逻辑运算学，但最后未能完全成功。实际上在莱布尼茨的普遍数学中必定也包含着在通常的量的意义上的整个普遍数学模式（Mathesis universalis，即莱布尼茨的最狭窄的普遍数学模式概念），尤其是因为他自己也一再地将纯粹数学的论证标志为‘形式论证’”。[③] 普遍数学模式能否

① 胡塞尔：《逻辑研究》第二卷第一部分，第 364 页。胡塞尔在此紧接着写道：“数学家们确实就是在这样行事，尽管他们是在排除了专门的哲学问题的情况下，并且是以一种可以说是素朴的-独断论的方式在行事，他们没有去顾及哲学家们的指责——我认为这正有益于科学”。在 A 版中此处还写道：“此外，我们自己则偏好纯粹语法学这个名称，它作为康德‘纯粹自然科学’的类似物而指明所有语法的先天基础”（同上书，考证版注［111］，第 377 页）。

② 胡塞尔：《逻辑研究》第一卷，第 190 页。

③ 胡塞尔：《逻辑研究》第一卷，第 191 页。

成为把广义纯粹逻辑学构造成为"纯粹形式论"的楷模，我们在此不展开讨论，但这一思想毋庸置疑对胡塞尔、弗雷格等哲学家产生了重要影响，后来，弗雷格、罗素等创立的数理逻辑和符号逻辑无疑是这一思想路线的延伸；而胡塞尔则显然更关注于广义纯粹逻辑学内部各门学科的奠基关系和观念规律。

如何命名在"纯粹逻辑学"这个标题下的各门学科及其实事领域是个技术的、方法的问题，但在胡塞尔使用的纷繁复杂、相互交错的学科术语的后面，隐藏着一个基本的奠基层次或顺序："首先是原始的含义因素和含义结构，其次是它们的复合规律和变更规律，最后是它们的对象的有效性规律。"[①]

纯粹含义科学的任务在于"研究含义的本质规律构造以及建基于其中的含义联结和含义变更的规律"。对此，我们在前文中已经进行了阐述，胡塞尔在此通过数的综合形式进一步说明了"形式的联结规律的功效"，并得出结论说，"与含义的存在或不存在有关的规律存在于含义领域之中，而且，在这些规律中，含义并不是自由的变项，而是局限在这些或那些建基于含义领域本性的范畴范围之中"。[②]

在胡塞尔的现象学中，由于含义是逻辑学的基本要素，因此，纯粹含义学也就成了纯粹含义逻辑学，或者说，纯粹含义学是作为广义纯粹逻辑学的"含义形式论"而被包含于其中的。如果说纯粹含义逻辑学的原初目标在于研究含义的本质规律构造以及建基于其中的含义联结和含义变更的规律，那么，"纯粹含义逻辑学的更高目标在于含义的对象有效性，只要这种有效性是受纯粹含义形式的制约，在这门纯粹含义逻辑学中，关于含义的本质构造的学说为含义的形式构造规律奠定了必然的基础"。[③]就是说，作为与狭义的纯粹逻辑学有区别的纯粹含义学只关注意义和无意义的划分、含义联结和含义变更等非对象性的形式规律，而作为广义纯粹逻辑学之组成要素的"纯粹含义逻辑学"，其更高的目标在于关注"含义的对象有效性"，并且，关于含义的本质构造学说为含义的形式构造规律奠定了基础。传统逻辑学只是分散地提供了关于概念与判断的相关起点，但没有意识到隐藏在纯粹含义观念后面的目标，即没有关注到含义的对象有效性目标；作为纯粹逻辑学的构成部分，它关注"判断"或"命题"的要素结构和具

① 倪梁康：《现象学的始基：对胡塞尔〈逻辑研究〉的理解与思考》，第145页。

② 胡塞尔：《逻辑研究》第二卷第一部分，第353页。

③ 胡塞尔：《逻辑研究》第二卷第一部分，第353—354页。

体构成形式的学说中包含着整个含义形式论，但却对“认识质料”进行排斥，“所有那些能够给予使含义形式（类型、形态）与含有实事的存在领域发生特定联系的东西都始终是被排斥的。到处都假设了对那些一般实事含有性，但却是固定而确定的含义范畴（例如，名词含义、形容词含义、直陈含义）的不确定的一般表象，用它们来替代含有实事的概念（也替代最高的概念，如物理事物、空间之物、心理之物等等）”。[①]就是说，传统逻辑学的判断或命题理论只关心命题的要素结构和具体结构的形式，但却对与命题形式相联系的实事存在的“认识质料”加以排斥，用名词含义、形容词等含义范畴替代了含有实事的物理之物或心理之物等概念。

尽管纯粹含义学说只关注含义范畴的形式而不关注对象的有效性，胡塞尔认为，纯粹逻辑学的含义形式论需要解决四个方面的问题：

首先，在纯粹性范围中对原始形式进行确定；其次，进一步需要确定的是独立含义，完整命题的原始形式，连同其内在的划分和划分中的结构；再次，还要确定复合与变更的原始形式，这些形式根据其本质而准许可能的环节具有不同的范畴（完整的命题也可以在其他命题中称为环节）；最后，对那些由继续进行的复合与变更所派生出的无限杂多的形式做出系统的概览。

这些需要确定的形式是“有效的形式”，即它们是在任意的特殊化中提供了现实存在的含义——作为含义而存在的含义——的形式。[②]

由此，胡塞尔得出一个非常重要的结论，即在每一个原始形式中都包含着某个先天的存在规律：每一个遵循此形式的含义联结也现实地产生出一个统一的含义；从原始形式的存在规律中演绎出来的派生的形式也必定包含着存在规律。胡塞尔举例：

> 在每两个名词含义M和N中都有规律地包含着原始的联结形式“M与N”……如果我们不用名词含义，而用其他的范畴，例如陈述含义或形容词含义，那么整个规律依然存在。……这个规律在于：联结的结果又是这个范畴的一个含义。[③]

“M与N”作为最原始的联结形式，它所包含的先天的存在规律是：遵循此

① 胡塞尔：《逻辑研究》第二卷第一部分，第354页。

② 胡塞尔：《逻辑研究》第二卷第一部分，第354页。

③ 胡塞尔：《逻辑研究》第二卷第一部分，第355页；译文有修改，最后一句话倪梁康译为：“从规律上看，这个结果是名词含义范畴的一个新含义。”

形式的含义联结可以现实地产生出一个统一的含义。假设M和N可以是两个随意的名词、形容词或语句，那么，会有如下情况：

（1）两个名词联结后重又产生出一个名词（即产生一个新的含义，可以作为主语而存在）。在德语中，名词与名词的联结有如下几种情况（复合词的后置词决定复合词的词性）：

名词复数＋名词，如 die Wörter+das Buch=das Wörterbuch（词典）

名词＋名词，如 die Bahn+der Hof=der Bahnhof（火车站）

名词＋(e)s＋名词，如 die Geburt+s+der Tag=der Geburtstag（生日）

der Tod+es+die Strafe=die Todesstrafe（死刑）

动词词干＋名词，如 fahr（en）+das Rad=das Fahrrad（自行车）

（2）两个形容词重又产生出一个形容词（产生一个新含义，可以作为定语或谓语而存在），如：

hell+blau=hellblau（浅蓝色的）

（3）两个语句包含着原始的联结形式，如“如果M，那么N”“M或N”，这个联结起来的结果又是一个语句：

Du bist ein Baum（你是一棵树）+Ich bin bereit，ein Blatt zu machen（我愿意做一片树叶）=wenn du ein Baum bist，dann bin ich bereit，ein Blatt zu machen（如果你是一棵树，那么我愿意做一片树叶）

（4）形容词＋名词，如：

schnell+der Zug=der Schnellzug（快车）

在一个名词含义S中和一个形容词含义p中，各自包含着原始的形式Sp，如名词“房子”和形容词“红的”可以联结为“红房子”，按照含义的先天规律，“红房子”（Sp）作为S和p联结的结果，它是名词含义范畴的一个新含义。

胡塞尔指出：“在所有这些问题中，必须注意与此有关的规律陈述，即：我们在设想‘语句’、‘名词的’、‘形容词的’、‘表象’等等这些规定着规律的变项的范畴观念时从那些变换不定的句法形式中抽象出来，这种句法形式在可能的情况下从属于这些含义，并且在某种规定性中必然地从属于这些含义。”[①] 根据句法形式的规定，名词总是处于主语位置或起宾语的功能，形容词则作为谓语或定语起作用，一个语句，可以作为自由句起作用，也可以作为联言句、选言句或者假言前句、假言后句等等起作用，在这里，那些从未受到过科学澄清的传统逻辑学“术语”由此而得到了规定，对这些在逻辑

① 胡塞尔：《逻辑研究》第二卷第一部分，第355页。

规律中起作用的科学范畴的确定是纯粹逻辑学形式论的首要任务之一。

胡塞尔以联言的并列复合句为例说明形式联结中原始的存在规律：

（M与N）与P

（M与N）与（P与Q）

{（M与N）与P}与Q

“这些复合以一种在组合理论上可概述的方式无限地继续进行下去，每一个新的形式，作为对它们的术语而言的可变性领域，都始终束缚在这些含义范畴方面上，并且，只要这个领域被遵守，所有据此而构成的含义联结也就必然会存在，即必然会展示出一个统一的意义。人们也会看到，相关的存在句是从属于原始形式的语句的不言自明的演绎结果。”① 当然，人们也不是始终使用同一个联结形式，而是可以在规律允许的范围内进行任意变更并利用不同的联结形式来进行组合性的构造语句，也可以以有规律的方式来想象对复合形式之无限性的制作。在此过程中，事实状态以表达的方式被意识到，我们也获得了对意识领域在所有那些形式方面的先天构造之明察，这些形式的先天源泉来自于那些基本形式。这种明察以及最终对整个含义领域的形式构造的全面考察就是纯粹逻辑学的形式论研究的唯一目的。

但是，我们并不能通过对含义类型以及它们所包含的存在规律的陈述就能够实际地获得含义复合的重要规则，即不能在陈述中获得表达的语法复合的重要规则。含义复合的规律或语法复合的规律不是在思维和言说实践中实际地获得的，因为在思维和言说实践中一旦偏离正常的形式，无意义就会直接地显示出来，以至于我们在思维和言说实践中几乎不会失足于这些偏离。对含义复合或语法复合规律真正感兴趣的是理论兴趣，理论的兴趣在于对所有的含义形式和原始构造的系统研究上，即明察到“所有可能的含义都服从于范畴结构的一个固定的、在含义先天的总体观念中显示出来的类型论（Typik），并且在含义领域中有一个先天的规律性在起支配作用，根据这个规律性，具体形态的所有可能的形式都处在对少量原始的、通过存在规律而确定的形式的系统依赖性中，因此，可以通过纯粹的构造而将前一类形式从后一类形式中推导出来”。胡塞尔特别指出，“由于这个规律性是一个先天的和纯粹范畴的规律性，所以，随着这个规律性的被获得，我们便科学地意识到‘理论理性’构建的一个基本的和主要的部分”。②

① 胡塞尔：《逻辑研究》第二卷第一部分，第356页。

② 胡塞尔：《逻辑研究》第二卷第一部分，第357页。这里主要讨论的是含义复合的规律性，胡塞尔补充道：“实际上在这个须划界的领域中也包含着变更的规律性。”

需要说明的是，汉语哲学界经常会提及“理论理性”的说法，但对“理论理性”建构的基本的和主要的部分至今未能给予深入细致的研究。

第四研究的第14节标题是“须避免的无意义的规律与须避免的悖谬的规律。纯粹逻辑语法学的观念”，胡塞尔认为，前面所讨论的形式含义规律提供了对“意义之物”与“无意义之物”领域的划分，这些“含义规律”在宽泛的词义上可以被看作是形式逻辑的规律。但是，人们在谈到逻辑规律时，实际是指那些“与我们实际的认识兴趣无比切近的规律，这些规律局限在那些与对象可能性和真理有关的有意义的含义上”。就是说，含义规律与逻辑规律是有区别的：含义形式的先天规律并不关注在这些形式中构造的含义是“对象性的”还是“无对象性的”、它们是否产生可能的真理等问题，含义规律“仅只具有划分意义与无意义的功能”。“无意义”是指无意义的语词联结，如“国王但是或者类似并且”这样一堆语词及其含义无法受到统一的理解，含义形式的先天规律就是避免“无意义”的语词联结的规律；逻辑学则提出了完全不同类的规律，“这些规律将形式一致的意义与形式不一致的意义、形式的悖谬划分开来”。[①] 前述可知，“无意义”是指无意义的语词联结，“悖谬”是指“木质的铁”这样一些名称和“所有三角形都有五个角”这样一些命题，这样一种语词联结确实提供了一个统一的含义，这个含义在观念含义的“世界”中具有其存在（Existenz）或在（Sein）的方式，但绝然明见的是没有一个对象能够与这个存在的含义相符合，“含义的一致性或悖谬意味着相对于客观不可能性（不相容性）而言的客观的和同时先天的可能性（一致性、相容性），换言之，它意味着被意指对象之存在的可能性或不可能性（被意指的对象性规定的存在相容性和存在不相容性）。……通过我们的概念规定，这个在客观的、含义一致的意义与悖谬之间的对立明确地被区分于意义与无意义之间的对立”。[②] 就是说，含义学不考虑对象性的规律的领域，逻辑学则需要关注对象性的规律的领域；含义学划分意义和无意义领域，含义规律主要是抵御“无意义”，逻辑学具有划分意义和违背意义的功能，逻辑学的规律则主要是为了抵御“悖谬”。当然，“无意义”和“悖谬”这两个概念在通常的松散的说法中也互相渗透，悖谬也时常被称作无意义。

胡塞尔进一步区分了“质料的（综合的）悖谬”与“形式的（分析的）悖谬”。“质料的悖谬”是指含有实事（质料）的概念出现的悖谬，如“一

① 胡塞尔：《逻辑研究》第二卷第一部分，第358页。

② 胡塞尔：《逻辑研究》第二卷第一部分，第358—359页。

个四方形的圆”；“形式的悖谬”则是在单纯形式方面出现的悖谬，矛盾律、双重否定律和肯定前件假言推理（拉丁语 modus ponens，肯定前件）等规律都是避免形式悖谬的规律。

矛盾律是传统形式逻辑的基本规律之一，是指人们在同一思维过程中，对同一对象两个反对或矛盾的判断不能同时承认它们都是真的，其中至少有一个是假的，要求思想要前后一贯，不能自相矛盾，它的公式是：A 一定不是非 A，或，A 不能既是 B 又不是 B。举例来说，概念间的自相矛盾：“方而圆的桌子”；判断间的自相矛盾：“此时此地在下雨”与“此时此地没有下雨”两个相反的判断不能同真，也不能同假。肯定前件假言推理是指前件是后件的充分必要条件的假言推理，有前件必有后件，没有前件必然没有后件，它的推理规律是：肯定前件就要肯定后件，否定后件就要否定前件；反之，否定前件就要否定后件，肯定后件就要肯定前件。其公式为：

（1）肯定前件式：	（2）否定后件式：
如果 p，那么 q	如果 p，那么 q
p	非 q
所以，q	所以，非 p

胡塞尔指出，这些规律向我们表明，“哪些对象之物可以借助于纯粹的‘思维形式’而有效，即是说，根据那个含义在其中被思考的纯粹含义形式，对于含义的客观有效性来说，哪些东西可以先于这个被意指的对象性的所有质料而被陈述出来”。[①] 但是，胡塞尔认为，纯粹形式论或纯粹语法学关于“原始的划分类型和联结类型以及建基于其中的含义复合与含义变更的操作规律”在 17 和 18 世纪理性主义所提出的“普遍语法学”思想中就已经被思考过了，尽管他们还无法从概念上对它进行澄清。但有一点是共同的，“普遍语法学”划分了“纯粹语法之物”（作为先天之物的语言的“观念形态”）与经验之物的区别；“纯粹逻辑学法学”划分了真正逻辑学领域先天的“逻辑之物”与经验的和实践的逻辑之物的区别。不论是在语法学上，还是在逻辑学上，经验之物部分是通过作为人类普遍本性的、先天的普遍语法之物或逻辑之物而得到规定的，部分是通过民族历史和个体生活经验的偶然特殊性而得到规定。“先天之物”在其原始形态中是不言自明的，“对它的系统指明、理论关注和现象学澄清却具有最重要的科学和哲学意义，并且也具有相当大的困难。……对先天之物与经验之物进行明确划

① 胡塞尔：《逻辑研究》第二卷第一部分，第 359 页。

分，并且认识到，在这门在其最广泛的范围中被理解的学科内，对于语法学者来说十分重要的源自含义形式论的认识具有其本己的特征，它们恰恰从属于一门需要受到纯粹划分的先天学科”。[①] 对经验之物与先天之物的划分、经验科学与先天科学的划分具有十分重要的哲学和科学意义，康德就已经明察到：如果人们允许各门科学的界限相互交织，那将不会使科学增多，而只会使科学畸形。

虽然普遍语法学与纯粹逻辑学之间有一定的共同性，但胡塞尔认为，普遍语法学在本质上还是一门具体的科学，它是为了解释具体事件的目的而将某些认识聚合起来，其理论位置“时而在经验科学之中，时而在先天科学之中”。比较而言，在我们这个科学的时代，经验的研究虽然没有被忽视，但先天的研究几乎已经受到歪曲的威胁，“尽管所有的原则明察最终都必须回溯到它们之中”。[②] 就此而言，普遍语法学作为一门关于“总体的和理性的语法学”、关于“哲学语法学”，它的目的是关于“理性之物”、语言的“逻辑之物”和“含义形式的先天”的研究，依然具有重要的价值，“语言不仅具有诸多生理学的、心理学的和文化史的基础，而且还具有诸多先天基础，后者涉及到本质含义形式以及它们的复合或变更的先天规律，并且，一个不受到这个先天一同规定的语言是无法想象的”。[③]

就纯粹逻辑学与纯粹语法学的关系而言，在广义纯粹逻辑学内，含义形式论作为第一性的和基础性的领域为自己划定了范围；而从语法学的立场来看，纯粹逻辑学的含义形式论只是为语法学搭起了一个“观念的支架”，每一个事实性语言都以不同的方式用经验的质料来充塞和覆盖这个支架，“因此，对这个构架的理论研究必然构成对所有语言之最终澄清的基础之一。人们在这里只需始终牢牢地关注这样一个主要之点：所有在纯粹形式论中被把握到的、根据环节划分和结构而被系统研究的含义类型……所有这些都完全是先天的、植根于含义本身的本质之中的存在（Bestände）”。[④] 在胡塞尔看来，存在两种类型的语法学，一种是“纯粹-语法学”，另一种是“经验-语法学”，纯粹-语法学是自身在先的、纯粹形

① 胡塞尔：《逻辑研究》第二卷第一部分，第 360—361 页。

② 胡塞尔：《逻辑研究》第二卷第一部分，第 361 页。

③ 胡塞尔：《逻辑研究》第二卷第一部分，第 362 页。

④ 胡塞尔：《逻辑研究》第二卷第一部分，第 362 页。胡塞尔在此处所谓的“被系统研究的含义类型”是指：语句的基本形式，带有许多特殊形态和划分形式的命令句、陈述复合句的原始类型，如：联言的、选言的、假言的语句统一，或者，普遍性、局部性这一方面与单个性另一方面的区别，复数的句法、否定的句法、情态的句法，等等。

式系统的"观念构架"，经验-语法学则是在德语、英语、拉丁语、汉语等各种语言中如何表达"这个"存在句、命令句、假设句、可能的和或然的情态句等的规则，它也可以称为历史语法，是一种前科学的私人见解，所提供的是经验混合的表象。即使是"纯粹-语法学"，由于它只关心纯粹形式系统的"观念构架"，虽然它具有解释所有语言本身的观念本质的功能，但是，关于真理、对象性和客观可能性的问题还是始终被排除在外，因此，这个纯粹逻辑学的奠基性领域可以被标识为"纯粹逻辑语法学"。"没有什么比对逻辑学和语法学这两个逻辑领域的混淆给关于逻辑学语法学之间的正确关系的问题讨论所带来的混乱更大；我们将逻辑学领域和语法学领域明确地区分为较低层的和较高层的领域，并且通过它们的否定性对立面——无意义领域和形式悖谬的领域——而描述了这两个领域。"[①] 如果再考虑到前面论及的纯粹含义逻辑学的原初目标在于研究含义的本质规律构造以及建基于其中的含义联结和含义变更的规律，纯粹含义逻辑学的更高目标在于含义的对象有效性，并且这种有效性是受纯粹含义形式制约的，关于含义的本质构造的学说为含义的形式构造规律奠定了必然的基础，含义学、语法学和逻辑学的关系可如下图示：

逻辑学	较高层次	广义纯粹逻辑学
	较低层次	狭义纯粹逻辑学
语法学	较高层次	纯粹逻辑语法学
	较低层次	经验语法学或历史语法学
含义学	较高层次	纯粹含义逻辑学
	较低层次	纯粹含义形式论

就语法学而言，较高的、趋向于形式真理或对象性的领域的意义上的逻辑之物（纯粹逻辑语法学）对于较低的经验-语法学来说可能是无关紧要的，经验-语法学家可能会认为纯粹逻辑语法学在实践上是毫无用处的。但对于哲学家来说，受实践收益问题的左右是一件糟糕的事情，恰是在纯粹逻辑语法学那里隐藏着最困难的问题，它可能是一切深刻、复杂问题的源泉，就纯粹理论理性而言，只有从纯粹逻辑语法学才能过渡并上升到纯粹逻辑学，轻视和否认纯粹逻辑语法学也就阻塞了从纯粹逻辑语法学上升到纯粹逻辑学的可能性。

就逻辑学而言，胡塞尔认为，相较于他构想的作为纯粹形式论的纯粹

---

① 胡塞尔:《逻辑研究》第二卷第一部分，第 365 页。

逻辑学而言，传统逻辑学正是失足于在纯粹逻辑学范围内的纯粹含义学的奠基工作，“在至此为止的逻辑学中（包括波尔查诺的逻辑学）还未对这些问题进行过科学的阐述或对一门纯粹逻辑形式论的观念进行过构想。逻辑学以此方式而缺失一个第一性的基础，缺失了一种科学严格的和从现象学上得到澄清的对原始含义因素和含义结构的区分，并且缺失了对相关本质的认识。这样也就说明，特别是有许多在一个本质性的方面延伸到这个领域之中的‘概念理论’和‘判断理论’都还没有指出过可信的成果。实际上，之所以出现这种情况，很大一部分的原因在于缺乏正确的观点和目标，在于混淆了那些在此必须彻底划分开来的问题层次，在于那种时而公开、时而披着某些伪装起作用的心理主义”。[①]正如他在《逻辑研究》第一卷所批评的：抱有阐明现时科学之使命的当今逻辑学甚至尚未达到现实科学的水准。

倪梁康指出：“从纯粹含义学、纯粹语法学到（狭义的）纯粹逻辑学（纯粹有效性的学说）的过渡，实际上是在胡塞尔所设想的一门广义的、作为纯粹含义学、语法学与形式论之总和的纯粹逻辑学范围之内的一个发展进程。”[②]如果这样一门纯粹逻辑学（广义）能够成立，那么，伯特兰·罗素所主张的“逻辑是哲学的本质”就会在某种程度上得到实现。

---

① 胡塞尔：《逻辑研究》第二卷第一部分，第365—366页。

② 倪梁康：《现象学的始基：对胡塞尔〈逻辑研究〉的理解与思考》，第146页。

第八章　现象学的意向体验

含义这个最高的属就是在这些体验中获得其起源，同时还产生出与这些体验的最低的种有关的新问题，本质不同的含义种类就是在这些体验中得到展开。

——胡塞尔：《逻辑研究》

第五逻辑研究可以称为“意向体验的现象学”，其标题是“关于意向体验及其‘内容’”，由引论和6章（共45节）内容组成。关于第五研究的地位和影响，倪梁康指出：“在整个《逻辑研究》中，第五研究在现象学内部受到的关注最多。或许受胡塞尔影响的逻辑学家、语言学家、数理哲学家、分析哲学家会为《逻辑研究》第一卷和第二卷的前四个研究的重要性各执己见，但现象学家却只会为对第五研究或第六研究的偏好不同而同室操戈。”[①] 胡塞尔本人认为“现象学关系中最重要的研究”是第六研究而不是第五研究，但是，胡塞尔在1925年回顾《逻辑研究》时总结到，“从各种对象出发回问主体生活和一个主体对此对象之意识的行为构成，这是从一开始就由某些主导意向决定的”，[②] 对现象学的理解最终往往要回归到这项研究上来，它在很大程度上意味着胡塞尔意识现象学的起源和奥秘之所在。

第二研究澄清了一般种类的观念性的意义，并在第一、三、四研究中同时澄清了逻辑学所考察的含义之观念性意义，在胡塞尔看来，正如任何一个观念统一都有一个实在可能性与之相符合一样，与含义相符合的是实在可能性以及现实性，与种类相符合的是意指的行为，而前者（种类含义）无非就是从后者（意指的行为）中观念地把握到的因素，“但现在产生出与心理体验的属有关的新问题，含义这个最高的属就是在这些体验中获得其

---

① 倪梁康：《现象学的始基：对胡塞尔〈逻辑研究〉的理解与思考》，第148页。

② 倪梁康选编：《胡塞尔选集》上卷，第309页。

起源，同时还产生出与这些体验的最低的种有关的新问题，本质不同的含义种类就是在这些体验中得到展开。因此，这里所涉及的是对含义概念及其本质变异（Abartungen）之起源问题的回答”。[①]按照倪梁康的理解，“整个《逻辑研究》都是沿着从意向相关项到意向活动的这样一个‘回问’的思路来进行的”，这使得第五研究具有“一条系统联结各项研究的纽带”[②]的功能，就第四与第五研究之间的系统联结而言，它们表现出一种奠基关系，“从第四研究向第五研究的过渡实际上是从意向相关项的较高奠基层次向意向活动较深奠基层次的回溯。它仅仅意味着，被奠基的构成物如果不回溯到奠基性的构成物上去就无法自身被给予”。[③]这里的“被奠基的构成物”是指作为意向相关项的含义，“奠基性的构成物”则是指使意向相关项奠基于其上的意向活动，对含义本质（尤其是逻辑表象和逻辑判断的本质）的认识，与对奠基于其上的意向活动的分析研究是不可分的，只有描述这个奇特的现象学关系并规定它的作用，才能澄清建基于它之中的认识概念。

第五研究首先要对意向行为或意向体验进行研究，“‘行为’（Akte）应当是意指的体验，而在各个个别行为之中的合乎含义之物恰恰应当处在行为体验之中，而非处在对象之中，并且它应当处在那些使它成为一个‘意向的’、‘朝向’对象的体验的东西之中。……不言而喻，在对行为本身之现象学本质的研究中也包含着对行为特征与行为内容之间区别的澄清”。[④]

一、意识概念的现象学澄清

意识概念是一个被德语哲学发扬光大的哲学范畴，它是胡塞尔现象学中的中心课题和核心概念，现象学的使命就是要阐明：意识生活应当成为哲学的必然出发点，它是所有现实的意义构造之基础，以至于胡塞尔的现象学被称为“意识现象学”。在胡塞尔现象学中，“意识”概念有两个最基本的含义，即“作为自我之现象学组成的意识”和“作为内感知的意识”，前者作为意向体验具有构造对象的功能，后者作为“内意识”或“自身意识”不具有构造对象的功能，但却是构成意识体验之统一的前提。胡塞尔

① 胡塞尔：《逻辑研究》第二卷第一部分，第378页。

② 胡塞尔：《逻辑研究》第一卷，第7页。

③ Edmund Tugendhat, *Wahrheitsbegriff bei Husserl und Heidegger*, Berlin, 1970, S. 182，参阅倪梁康：《现象学的始基：对胡塞尔〈逻辑研究〉的理解与思考》，第149页。

④ 胡塞尔：《逻辑研究》第二卷第一部分，第379页。

关于意识是“作为自我之现象学组成的意识”的规定与“意向体验”或“体验”是同义的，即意识是体验的组合，它由“意向活动”（Noesis，意识行为的统摄能力或统摄过程）、“感觉材料”（Hyle，意识的实项组成部分）和“意向相关项”（Noema）三部分组成，就此而言，任何存在或者是进行着体验的意识（意向活动）本身，或者是被体验的意识内容（意向活动的结果）。在这个“意识”概念下还可以划分出许多意识种类，如时间意识、符号意识、图像意识、先验意识、纯粹意识等，但此处的讨论暂不涉及这些意识种类。

意识、意识内容和意识体验经常被人们作为心理现象所讨论，为了使“意识”概念得到现象学的澄清，胡塞尔首先在“意识这个术语的多义性”标题下，区分了三个相近而容易混淆的意识概念：

> 1. 意识作为经验自我所具有的整个实项的现象学组成，作为在体验流的统一之中的心理体验。
>
> 2. 意识作为对本己心理体验的内觉知。
>
> 3. 意识作为任何一种“心理行为”或“意向体验”的总称。①

我们首先以第五研究第一、二章为文本基础，对胡塞尔区分的上述三个意识概念进行分析讨论。

意识作为自我体验的实项。胡塞尔在“意识作为经验自我所具有的整个实项的现象学组成”这个题目下，主要研究了“体验”概念。②在胡塞尔看来，只要感知、想象表象和图像表象、概念思维的行为、猜测和怀疑、快乐和痛苦、希望和恐惧、期望和意愿等等在我们意识中发生，它们就是“体验”或“体验内容”，“随着这些体验在其整体上和在其具体的充盈中被体验到，构成这些体验的各个部分和抽象要素也一同被体验到，这些部分

① 胡塞尔：《逻辑研究》第二卷第一部分，第 381 页。

② 胡塞尔在现象学中使用的“体验”概念有两个德文词汇，一个是 Erleben（英文 to appear），这个“体验”等同于“显现”（Erscheinen）和“现象”，现象学作为关于“现象”学说也即关于“意识体验”的学说，但胡塞尔也特别强调“体验”与“显现”的区别：显现出来的、被看见或听到的是对象，而对象并不能被体验到，就是说二者的区别在于被给予方式的不同，对象的被给予方式是“显现”，行为的被给予方式是“体验”；另一个是 Erlebnis（英文 mental process），这个“体验”概念是“意向体验”或“意识体验”的简称，是指所有“经验 - 心理学”意义上的体验概念在经过先验现象学还原后把握的纯粹现象意义上的“体验”概念，“意识内容”“我思”“意识活动”“意识行为”都是与这个体验概念同义的概念。参阅倪梁康：《胡塞尔现象学概念通释》（修订版），第 142—143 页。

和要素是实项的意识内容”。[①]

但是，这些在心理学意义上（经验-实在此在关系中）使用的“体验”概念必须还原为纯粹现象学意义上的体验概念。

何谓“实项的”意识内容？“实项的”（reell）一词在日常生活中与“实在的”基本同义，但胡塞尔在现象学中赋予该词特殊的含义，是指一种对感性材料的内在拥有方式。全部“意识体验”是由“实项的”和“意向的”两部分组成，其中，体验的“实项组成部分”是由“材料的”（stofflich）与“意向活动的”（noetisch）组成的（实项内容＝意识材料+意向活动）；体验的“意向组成部分”则由“意向相关项”组成（意向内容＝意向相关项）。就此而言，“实项的”与“意向的”相对立，也与“超越的”相对立。在《逻辑研究》第一版中，胡塞尔用“现象学的”一词标识意识活动的主观方面，用于对意识的意向活动进行分析，在修订过的《逻辑研究》第二版（1913）中，胡塞尔用“实项的”代替了“现象学的”，这表明现象学不仅关注“实项的”即“材料方面的”，而且也包含“意向的”即“意识相关项”方面的内容。

“实项的”与“实在的”概念使现象学与心理学区别开来了，在现象学中被称作“实项的”东西，在心理学中被称作“实在的”东西。例如，在关于一张桌子的外感知中，我们感知到这张桌子的“颜色”“长度”“高度”“硬度”等，在日常生活和经验心理学中，这些只是我们感知到的桌子的“实在的”组成要素（材料方面的），是一个外在对象的感知显现，但它还不是被体验到的“实项的”要素（材料方面的+意识相关项），“桌子”作为对桌子的各组成要素的“实项的”体验，必须要经历客体化的“立义”。“立义”作为意识活动的功能，是指意识活动具有赋予一堆杂多的感觉材料（立义内容）以一个意义，从而把它们统摄成为一个意识对象的功能，其中，第一性的立义是“客体化立义”或“对象性立义”（gegenständliche Auffassung），是指对感觉材料的加工和统摄，并在此基础上使对象在直观中得以产生，“感知表象之所以得以形成，是因为被体验到的感觉复合是由某个行为特征、某个立义、意指所激活的（beseelt）；正因为感觉复合被激活，被感知的对象才显现出来”，“在这些客体化立义中，对一个对象（例如‘一个外部’事物）的直观表象（感知、虚构、反映）借助于一个被体验到的感觉复合而产生给我们”。[②]就是说，立义是通过意

① 胡塞尔：《逻辑研究》第二卷第一部分，第383页。

② 胡塞尔：《逻辑研究》第二卷第一部分，第78—77页。

义的给予而使一个以前不曾有的东西立起来、显现给我，即把桌子立义为“桌子”。心理学只关心桌子的“实在的”组成要素，现象学则把桌子立义为“桌子”，这个“桌子”作为意识内的存在就是被体验到的“实项的”要素的统一。胡塞尔由此认为，把“被感知到的外在对象”（桌子）和“在感知中被意识到的内容”（“桌子”）之间的区别仅仅看作是考察方式的不同是一种错误的主张，“事物的显现（体验）不是显现的事物（即被我们误认为在生动的自身性中的‘对立之物’）。显现被我们体验到，它们隶属于意识联系，事物对我们显现出来，它们隶属于现象世界。显现本身并不显现出来，它们是被体验到”。[①] 感觉复合在显现的行为中被体验到，但同时以某种方式“被立义”，被我们称为对象显现的东西正是存在于这种对感觉的赋予灵魂的立义之中。概括而言，在现象学的体验中，被立义的原始材料（感觉材料和想象材料）通过立义（立义质性＋立义形式＋立义质料）而被赋予一个意义，一个意向相关项（立义对象或“桌子”）就被构造出来了。

胡塞尔就此把现象学的体验概念和通俗的体验概念、现象学自我与经验自我区别开来了。现象学的体验的含义与心理学的含义是完全不同的，心理学的体验是个外在过程，是具有某些朝向这些过程的感知行为，而现象学的体验则意味着通过立义使体验的内容成为一个意识统一的组成部分而确定的，“在这个意义上，自我或意识所体验的东西也就是它的体验。在被体验或被意识的内容与体验本身之间不存在区别。……那些作为实项的部分构造出各种现象学意识流的东西”。[②] 更主要的，胡塞尔通过体验概念的分析，把现象学自我与经验自我区别开来了，在经验科学如心理学那里，自我是个经验的对象，自我就像一棵树、一块石头一样的物理事物，而现象学的自我则把经验自我还原为“意识统一”。

内意识作为内感知。“意识作为对本己心理体验的内感知”是意识的第二个概念，这个意义上的意识也称作“内意识”（inneres Bewuβtsein），胡塞尔给出的完整定义是：内意识是“伴随着现时的、体现的体验并且将这些体验它的对象而与体验发生联系的‘内感知’”。[③] 它是一种伴随着第一种意识而进行的意识活动，是意识在活动的同时对自身活动的感知到，或者说，内意识是对意识自身活动的自身意识到，意识本身成为“内意识”或“内感知”的对象。前述可知，作为“内感知”的意识即“内意识”，它

① 胡塞尔:《逻辑研究》第二卷第一部分，第 385 页。

② 胡塞尔:《逻辑研究》第二卷第一部分，第 387 页。

③ 胡塞尔:《逻辑研究》第二卷第一部分，第 389 页。

与“作为自我之现象学组成的意识”区别在于，后者作为意向体验具有构造对象的功能，而“内意识”不具有构造对象的功能，但却是构成意识体验之统一的前提。

但在此后对内时间意识的现象学研究中，胡塞尔改变了原来的看法并赋予“内意识”以新的含义，“内意识”本身并不再是对象性的意识，它并不以它所伴随的意识为对象，每一个行为都是关于某物的意识，但每一个行为也被意识到。每一个体验都是内在地“被感知到”（被内意识到），内感知并不是一个在同样的意义上的体验，它本身并不重又被内感知到。这个意义上的“内意识”也被胡塞尔称作“自身意识”（Selbstbewuβtsein）或“原意识”（Urbewuβtsein），即内意识或原意识作为每个意向体验的内部因素，通过它才能使意识的时间性、流动性得以把握。

内意识或内感知具有明见性或相应性特征。“人们通常认为这种内感知具有明见性，这种明见性表明，人们将这种内感知理解为相应性（adäquat）感知。”[①]“明见性”（Evidenz）来自拉丁文“evidentia”，意为“清晰性”和“可见性”，笛卡尔之后，“明见性”概念被理解为“明白清晰的感知”，在胡塞尔现象学中，明见性概念在多重含义上被使用，就本文而言，这里的明见性意味着“自身被给予性”或“直接地自身把握的意识”；“相应性”（Adäquation）的一个含义与“绝对被给予性”概念是同义的，意味着一个意向在直观中完全的、最终的充实；另一个含义与“明见性”概念同义，是被意指之物完全就是被给予之物。“当对象被实项地包含在感知本身之中时，这种感知就是相应性的感知。……相应性感知只能是‘内’感知，它只能朝向与它一同被给予的、与它一同属于一个意识的体验，并且确切地看，这些体验只能是指现象学意义上的体验。”[②]

关于这两个“意识”概念的关系，包括布伦塔诺在内都认为，第一个意义上关于内容的意识（关于内容的体验）同时也就是第二个意义上的意识，“在第二个意义上被意识到的或被体验到的东西就是内部地（这在布伦塔诺那里也就意味着：相应地）被感知到的东西；在第一个意义上被意识到的东西是指作为在意识统一中的体验而体现的东西”。[③]胡塞尔反对这种观点，认为第二个“意识”概念是更原初的概念，第一个概念起源于第二个意识概念，因为内意识或内感知是构成经验自我的被给予之物的前提，

---

① 胡塞尔:《逻辑研究》第二卷第一部分，第389页。

② 胡塞尔:《逻辑研究》第二卷第一部分，第389页。

③ 胡塞尔:《逻辑研究》第二卷第一部分，第390页。

只有“我在”这个内意识是明见的，“我感知这个或那个”这样一种形式的无数判断才会是明见的。从此出发，胡塞尔进一步将“体验”概念从被“内”感知之物和被意识之物扩展成一个意向地构造着经验自我的“现象学的自我”（phänomenologisches Ich）概念。

“自我”（Ich）是胡塞尔现象学中具有重要意义的概念，在《逻辑研究》第一版中，胡塞尔只承认有一种经验自我，即“躯体-心灵的自我”，但在第二版中，胡塞尔放弃了原来的观点，认为将经验自我视为一种与物理事物一样的观点是不妥当的，他在补加的注释中写道：“如果对这种超越的排斥以及向纯粹-现象学被给予之物的还原不保留作为剩余的纯粹自我，那么也就不可能存在真正的（相应性的）‘我在’的明见性。但如果这种明见性确实作为相应的明见性而存在着——谁又能否认这一点呢？——那么我们怎么能够避开对纯粹自我的设定呢？它恰恰是那个在‘我思’的明见性的进行（Vollzug）中被把握到的自我，而这种纯粹的进行明确地将这个自我从现象学上‘纯粹地’和‘必然地’理解为一个属于‘我思’类型的‘纯粹’体验的主体。”[①]并改变第一版中拒绝那托普将“纯粹自我”理解为“意识内容的联系中心”的态度，认为纯粹自我就是必然的关系中心。

总之，意识的第一个概念指意识是由“材料方面的”和“意识相关项”构成的自我体验的实项内容，第二个概念指意识是作为内感知的内意识或自我（我在、我思），体验总是自我的体验，没有自我或内意识，体验就无法进行。

意识作为意向体验。“意识作为意向体验”是关于意识的第三个概念，简单地说，“意向体验”就是自我的体验与对象之物的意向关系，体验都是关于某物的意识，是体验的“活的现在”被意识到。

在第二章第9—12节，胡塞尔首先对布伦塔诺的“心理行为意义上的意识概念”进行了批判性考察。布伦塔诺把一切现象划分为心理现象和物理现象，他“将自然科学定义为关于物理现象的科学，将心理学相应地定义为关于心理现象的科学”。[②]胡塞尔认为，布伦塔诺关于心理现象和物理现象的划分在近代哲学研究中具有积极的作用，对心理学的整个研究具有奠基性的意义，但他的划界和定义具有不精确性，“并非所有那些在对心理学可能定义意义上的心理现象都是在布伦塔诺对心理学定义意义上的心理现象，亦即并非所有心理现象都是心理行为，而且另一方面，在布伦塔诺

① 胡塞尔：《逻辑研究》第二卷第一部分，第398页，参见原书及译者注⑦。

② 胡塞尔：《逻辑研究》第二卷第一部分，第406页。

那里模糊地起作用的标题‘物理现象’也包含着很大一部分真正的心理现象”。[①] 当然，对于胡塞尔来说，问题不在于布伦塔诺对心理现象的分类是否妥当，布伦塔诺的贡献在于将“意向关系”或“意向性”看作是“心理现象”的本质规定性，即“心理现象”或“行为”在自身中意向地包含着一个对象的现象。胡塞尔认为，我们可以坚持布伦塔诺关于意向性的本质规定性，但必须拒绝他的术语，即最好不用“心理现象”或“现象”这一类术语，因为在布伦塔诺看来，“任何一个心理现象都是内意识的对象”，胡塞尔对这一定律抱有极大的怀疑，在“行为以及意识或自我与对象的关系”标题下，胡塞尔指出，布伦塔诺认为“意识”和“被意识到的实事”二者之间是在“实在的”意义上发生关系。“实在的”是传统哲学中用来标识在自然观点中在感性感知中时空地被给予之物的存在方式，它“带有事物性超越的思想，而这个思想恰恰是应当通过向实项体验内在的还原而被排除的”，[②] 胡塞尔坚持用“实项的”来取代“实在的”，“实项的”是指对感性材料的内在拥有方式，在《逻辑研究》第一版中（1900/1901），胡塞尔还经常用“主观的”“现象学的”等词语标识意向活动的主观方面，因为在他此时看来，现象学的主要任务是对意识的意向活动进行分析；但在他修订的第二版中（1913），“现象学的”等词语被“实项的”一词所取代，原因在于他意识到现象学也需要关注意识的意向相关项方面，就是说，意识体验是由“实项的”和“意向的”两部分组成，实项的是体验的“材料的”和“意向活动的”组成部分，意向的则由“意向相关性”所组成。上述分析表明，胡塞尔坚持用“意向体验”概念来取代布伦塔诺的“心理现象”概念，在“对我们的术语的确定”一节中，他指出：在术语的选择上要尽可能把有争议的前设和有干扰的歧义始终排除在外，“我们将完全避免心理现象这个表达，并且，凡在需要正确性的地方，我们都使用‘意向体验’这个说法。……作为简称，我们将迎合外来的和本己的语言习惯而使用‘行为’（Akt）这个词”。[③] 在排除了自然科学心理学的考察方式所能确

① 胡塞尔：《逻辑研究》第二卷第一部分，第 407 页。

② 胡塞尔：《逻辑研究》第二卷第一部分，第 464 页，详见原书及译者注（29）。

③ 胡塞尔：《逻辑研究》第二卷第一部分，第 464 页。胡塞尔在此特别指出，“意向”这个表达是在“瞄向”（Abzielen）的形象中表象出行为的特性，但必须区分“意向”的狭义和广义两种含义，狭义的“意向”是与“瞄向”的活动相符的作为相关物的射中（Erzielen）的活动（发射与击中）；广义的“意向”行为（如判断意向、欲求意向等）还包含作为“射中”或“充实”（Erfüllungen）的行为。另外，还必须排除“行为”这个词的“行动”（aktus）（原文是：actus）和“活动”（Betätigung）等原初的含义（原文是：原初的词义）。

定的所有“经验-实在之物”的情况下，在现象学的意识方式中对感觉的体验可以称作关于对象的感知，它为我们产生出纯粹的现象学组成，即我们可以观念地把握的纯粹体验所特有的纯粹种类——感觉、立义、感知与其被感知之物相关的感知，以及所属的本质关系，“然后我们也可以明察到这样一个总体性的本质事态：被感觉的内容的存在完全不同于被感知的对象的存在，后者通过前者而得到体现（präsentiert），但却不是实项地被意识到”。[①] 被体验的内容本身并不是被感知的对象，在意向体验中，“意向对象通过各个体验的内在特征而构造出自身”。[②] 作为意向体验的意识有两个特征：现时性朝向样式中的意识作为关于一个对象的明确意识；非现时性或潜能样式中的意识（即精神的目光尚未现时性地和明确地指向一个对象之物）。胡塞尔在《观念Ⅰ》中用“我思”（行为）这个术语来标识第一个因素中所体现的关于某物的意识，而意向体验则始终被运用于两个特征所共同构成的整体上。胡塞尔也在“我感知、我回忆、我想象、我判断、感受、欲望、意愿”等宽泛的意义上使用意向体验的概念。

纯粹的意识体验由行为的“实项内容”和“意向内容”两部分组成，“实项的”是体验的“材料的”和“意向活动的”组成部分（参见第一部分的分析）；而“意向的”则由“意向相关性”所组成。就是说，意识体验是由行为的实项内容（体验材料 + 意向活动）和意向内容所构成。胡塞尔在此进一步区分了“意向内容”的三个概念：“行为的意向对象，它的意向质料（与它的意向质性相对），最后是它的意向本质。”[③]

在意识现象学中，对象概念的确切含义是“相对于意识而立的东西”，这个意义上的“对象”就是“意向对象”或“意识对象”，它意味着“一个东西被意识到并且面对意识而立”，这个被意识到的东西作为对象，也就是胡塞尔所谓的“意向对象”或“内容”。胡塞尔指出：“在这个被理解为行为对象的意向内容方面可以做如下区分：一方面是那个如其被意指的对象（Gegenstand, so wie er intendiert ist），另一方面就是那个被意指的绝然对象（schlechthin der Gegenstand, welcher intendiert ist）。”[④] 这里，“如其被意指的对象”就是意向对象，它作为以各种可能的方式被意指的东西原则上不同于在意识中实项地被给予的东西（感觉材料）；“被意指的绝然对象”

① 胡塞尔：《逻辑研究》第二卷第一部分，第 421 页。

② 胡塞尔：《逻辑研究》第二卷第一部分，第 423 页。

③ 胡塞尔：《逻辑研究》第二卷第一部分，第 436 页。

④ 胡塞尔：《逻辑研究》第二卷第一部分，第 437 页。

则等同于“含义”——“诸含义构成一组‘一般对象’或种类”。[①]与此相关，还有另一个更为重要的区分，“即在对象性（Gegenständlichkeit）与对象（Gegenstände）之间的区分，前者受到一个完整行为的朝向，后者则受到各种不同的、构成这个行为的部分行为的朝向。每一个行为都意向地关系到一个从属于它的对象性。这一点既对简单行为有效，也对复合行为有效”。[②]这里，“对象性”既指最宽泛意义上的对象（在意识中被构造出来的东西），也指一个整体意识行为所构造的整体对象。胡塞尔举例说：如果一个行为是由部分行为复合而成的整体行为，与“桌子上的餐刀”这个名称相符合的行为就是一个复合行为，其中，意识行为的对象是“餐刀”，部分行为的对象是“一张桌子”，整个行为所意指的是“一把在桌子上存在着的餐刀”，但由于这把餐刀是在桌子的这种关系中被表象，“桌子”连同“餐刀”一起构成了整体意识行为的意向对象。在“餐刀躺在桌子上”这个语句中，尽管餐刀是被判断或被陈述的对象，但它却不是完整判断的对象，而只是判断主体的对象，与整个判断相符合的是作为完整对象被判断的事实状态，就是说，在这个语句中，完整判断的对象不是餐刀，而是“餐刀躺在桌子上”这个事实状态，被判断的不是“餐刀”，而是餐刀是不是“躺”在桌子上这种状态。需要注意的是，任何一个由诸多行为复合而成的统一体验并不会因此就已经是一个复合行为，而在于它的整体功能，“每一个部分行为都具有它的特殊意向关系，每一个行为都具有它的统一对象和它与此对象的关系方式。但这些杂多的部分行为组合成一个整体行为，它的整体功能就在于这个意向关系的统一性。”或者说，“被表象的对象性的统一以及与它相关的意向关系的整个方式并非与部分行为相并列地构造起来，而是在它们之中并且以联合它们的方式构造起来，通过这种联合而得以成立的不仅是一个体验的统一性，而且是一个统一的行为”。[③]

胡塞尔是通过“行为的质性与质料之间的区别”来分析“意向质料”的。意识行为的意向本质是由“质性”和“质料”构成的，其中，质性把不同的意识行为（如表象、判断、感受、欲求等）区别开来，质料把相同的意识行为（如关于“桌子”的表象和关于“椅子”的表象）区别开来，“我们需要在一个行为上做两方面的划分：质性——它将这个行为标识为例如表象或判断——以及质料——它赋予这个行为以对对象之物的确定朝

---

① 胡塞尔：《逻辑研究》第二卷第一部分，第107页。

② 胡塞尔：《逻辑研究》第二卷第一部分，第438页。

③ 胡塞尔：《逻辑研究》第二卷第一部分，第440页。

向”。[①]“质性”的含义有二：其一是指“行为特征”，即一种使行为能够成为这种行为的“内在规定性”，一个意识行为是表象还是判断，把它们区别开来的是“质性”，或者说，表象的质性使表象成为表象，判断的质性使判断成为判断，等等；其二是指质性决定着一个行为是否带有“存在设定”，一个行为或者具有“设定的质性”，或者具有“不设定的质性”。“质料”在现象学中有多种名称，如行为的“内容”“材料”“立义意义”。关于“桌子”和“椅子”的表象都是表象，是因为它们具有相同的质性，但把“桌子”和“椅子”两个表象区别开来的则是它们具有不同的质料；质性不会使行为与对象发生联系，行为只有通过质料才能具有与对象的联系。在下述例子中：

今天要下雨。（判断）

今天也许会下雨。（猜测）

今天会下雨吗？（提问）

但愿今天会下雨！（愿望）

质性只是确定那个以特定方式被表象出来的东西是被判断之物、被猜测之物，还是被提问之物、被愿望之物；质料则是“那个在行为中赋予行为以与对象之物的关系的东西，……通过这个质料，不仅行为所意指的对象之物一般得到了牢固的确定，而且行为意指这个对象之物的方式也得到了牢固的确定”。[②]就质性和质料的关系而言，质料为质性奠基，因为与对象的联系只有在质料中才能构造起来，质料作为行为的特性，不仅确定了行为对各个对象性进行立义，而且也确定了将这些对象性立义为何物，它在某种程度上就是那个为质性奠基的对象性立义的意义，“行为质性无疑是行为的一个抽象因素，这个抽象因素如果脱离开任何质料就绝对无法想象”。[③]

胡塞尔还通过“意向本质与含义本质”来分析作为意向内容的意向本质。最简单地说，胡塞尔在《逻辑研究》中将意识行为的“意向本质”理解为质料与质性的统一，“必须将质性和质料看作是一个行为的完全本质性的并因此而永远不可或缺的组成部分，那么合适的做法便是将这两者的统一（它只构成完整行为的一个部分）标识为行为的‘意向本质’”。[④]

① 胡塞尔：《逻辑研究》第二卷第一部分，第449—450页。

② 胡塞尔：《逻辑研究》第二卷第一部分，第450—451页。

③ 胡塞尔：《逻辑研究》第二卷第一部分，第451页。

④ 胡塞尔：《逻辑研究》第二卷第一部分，第452页。

总之，胡塞尔把“意识内容”区分为“实项内容”和“意向内容”，“实项内容”也叫“主观内容”，是指现象学自我的实项构成物，即“感性材料”，它是意识行为中最内在的“内容”；“意向内容”也叫“客观内容”，是指“行为的内容”，和它对应的是“行为特征”，在具有相同“行为特征”的意识行为中，使一个感知（如对一棵树的感知）区别于另一个感知（如对一个人的感知）的东西便是“行为内容”。这个“意向内容”或“行为内容”也称作一个意识行为的“质料”或“立义意义”。在此意义上，“内容”可以是作为“意指的意义”或“含义一般”，也是作为“充实的意义”，还可以是作为“对象”。为此，在胡塞尔的分析中，“内容”有三层概念含义：在意识或自我进行立义之前，感觉材料是意识所具有的须被立义的“内容”；在立义过程中，意义或质料是意识赋予感觉材料的“内容”；在立义完成之后，作为意识活动之结果而对立于意识的对象的“内容”。

二、感受、表象和判断

在“意识总是关于某物的意识”这个现象学的基本原理中，“意向的”至少有两个含义：指向对象和构造对象。以下我们通过对客体化行为为非客体化行为奠基分析为基础，探讨表象、感觉、感性感受与感受的概念含义，指出表象与感受虽然都具有指向对象的意向性，但不独立的、不具有构造对象能力的感受行为必须奠基于独立的、具有构造对象能力的表象基础上才是可能的，即感受行为只会出现在与表象行为或对象化行为的复合中。现象学是关于意识本质的科学。胡塞尔对意识行为的纯粹描述和分析成为现象学研究的真正对象，各种意识行为之间的奠基关系构成《逻辑研究》的主要讨论课题。

表象与感受。在《逻辑研究》的第五研究中，胡塞尔首先从界定意向性活动的意识概念入手，指出“意识”一词具有多义性，简单地讨论了意识的概念。其中，最重要的、被视为意识概念同义表达的是“意向体验”，它指自我的体验与对象之物的意向关系。在胡塞尔看来，“意向性”是意识的根本本质，它使所有的意识都有一个特征，即这些意识总是意向着某些对象。“意向性”标识着意识活动与对象的关系，意识指向一个对象，以不同方式对客体的含有，每一种对象都是一种意向对象。

在“意识总是关于某物的意识”这个现象学的基本原理中，“意向的”

至少有两个含义：意识总是指向对象并且构造对象[①]。但二者并非一一对应的关系，即指向对象的意识行为并非都能构造对象，反之则成立（即构造对象必先指向对象）。胡塞尔通过分析描述客体化行为和非客体化行为的奠基关系使构造对象和指向对象的两种意识行为得以区分。

在此，我们需要首先界定“质性”和“质料”两个概念。在胡塞尔现象学中，一个意识行为的意向本质是由“质料”和“质性”两个因素共同构成的。“质性”也叫意识行为的“行为特征”，是指将不同的行为类型区分开来的内在规定性，它把意识行为区分为表象、判断、疑问、希望等行为类型，就是说，质性是把不同意识行为类型区别开来的根本特征，也就是使表象与判断等行为类型相区别的东西。“质料”也叫“内容”，是指将同一类型的意识行为区别开来的东西，例如，“孔子是中国古代著名的教育家”和“李白是唐代著名的诗人”，二者的质性相同，都是判断，但把这两个判断区别开来的是它们具有不同的质料或内容，或者说，把质性上相同的判断行为区别开来的东西是判断质料（Urteilsmaterie）。另外，质性不同的意识行为可以具有相同的质料，在“火星上存在着智慧生物”（判断）、“火星上存在着智慧生物？”（疑问）、“愿火星上存在着智慧生物！”（愿望）的例子中，判断、疑问和愿望是质性不同的意识行为类型，但它们具有相同的内容或质料。“我们在所有行为那里都要进行这种在‘质性’和‘质料’之间的相似区分。”[②]

由质性和质料共同构成的意识行为又区分为客体化行为和非客体化行为。客体化行为，是指使客体显现的意识行为，它指向对象并构造对象，在现象学中等同于认知行为；非客体化行为，是指不使客体显现的意识行为，它只能意向对象而无构造功能，在现象学中主要是指情感、评价和意愿等感受行为。两者之间存在着奠基关系，即非客体化行为奠基于客体化行为之中，必须以客体化行为为基础。

客体化行为由称谓行为（如“表象”）和论题行为（如“判断”）构成。称谓行为是对事物的对象化，如对“桌子”“蓝天”的看（表象）；论题行为是对事态[③]的对象化，如对“桌子是四条腿的”“天是蓝的”的察觉

---

① “构造”（Konstition）是一个现象的核心概念，它是指在意识（意向活动）与对象（意向相关项）的意向性关系中，通过意识行为的多样性而“建构起”对象性的同一性。在本文中，“构造”一词的主要意谓是“使对象被给予意识”。

② 胡塞尔：《逻辑研究》第二卷第一部分，第447页。

③ 在现象学的理论系统中，事物（Sache）即被给予之物、直观之物、在自身显现中被感性直接把握的对象，也包含在哲学探究中那些自身被给予方式展示出来的实际问题；事态（Sachverhalt）则是指对象的状态或对象之间的联系，即“实事的状态”。

（判断）。从语言学的角度看，用来表达称谓行为或表象的是“语词”，而用来表达论题行为或判断的是“语句”。称谓行为和论题行为，或表象与判断共同构成客体化行为，它们的意向性特征是不仅指向对象，而且具有能够构造对象的能力，其中，表象行为构造的是客体（事物）对象，判断行为构造的是事态对象。

“蓝天。”（表象）

“天是蓝的。”（判断）

虽然表象和判断都属于客体化行为，但是，表象行为是判断行为的基础，判断行为奠基于表象行为之上。例如，没有对“蓝天”的表象，就不会有关于“天是蓝的”的判断。

情感、评价和意愿等感受行为作为非客体化行为，因为不能够意向地构造出事物和事态，所以只能以客体化行为为基础，用我们在上面使用的术语来说，感受行为必须奠基于表象或判断行为的基础上。

客体化行为：

“劳作的女人。”（表象）

“这个女人在劳作。”（判断）

非客体化行为：

“我喜欢这个劳作的女人。”（情感）

“这个劳作的女人很善良。”（评价）

“但愿这个劳作的女人生活幸福。”（意愿）

在上述例子中，对这个劳作的女人的情感、评价和意愿等感受行为总是建立在对这个“劳作的女人”的表象的基础上。以情感行为为例，喜欢一个女人并不能构造出这个女人，必须以看见（表象）的某个女人作为喜欢的对象；另一方面，感受行为虽然不能构造出对象（使对象被给予意识），但它在表象和判断的基础上可以意向地指向或拥有这个对象。据此，根据“意向性”的“指向对象”和“构造对象”两层含义，可以划分出广义和狭义的意向性：广义的意向性既包含“指向对象”也包含“构造对象”；狭义的意向性专指“构造对象”。在意识的“意向性”关系中，客体化行为通过意向性的本质属性具有意向对象，并且使对象被给予意识，即构造起对象；非客体化行为在宽泛意义上也属于意向行为，但它则仅仅指向对象，不能构造对象和事态，必须以能构造对象和事态的客体化行为为基础。

“表象”是一个含义杂多的概念，对表象概念的分析有助于我们进一步了解表象与感受的奠基关系。在《逻辑研究》第五研究第六章“表象与内容这两个术语所具有的最重要歧义汇总”中，胡塞尔区分了传统“表象”

概念的四个基本含义和九个进一步含义。

1. 表象作为行为质料，或作为为行为奠基的代现（Repräsentation），或行为所具有的除质性以外的全部内涵；2. 表象作为“单纯表象”；3. 表象作为称谓行为；4. 表象作为客体化行为；5. 人们常常将表象与单纯思维相对置；6. 表象与感知的对立（倪梁康的译文是：表象概念涉及想象与感知的对立）；7. 表象是具体的想象行为；8. 表象是实事的符号，无论符号是图像符号，还是指称符号，它都是对被标识之物的符号；9. 感知与想象的区别始终被混同于感觉材料与想象材料的区别。前一个区别是行为的区别，而后一个区别则是非-行为（Nicht-Akte）的区别，即被体验内容的区别，这些内容在感知或想象中被赋予立义；10. 由于混淆了显现（例如教堂的想象体验或想象图像）与显现者，被表象的对象也叫作表象，如“世界是我的表象”；11. 所有意识体验（在实项现象学的意义上）都是在内感知的或一个其他的内部朝向（被意识、原初统觉）的意义上被意识到，并且随着这种朝向一起而肯定有一个表象被给予（意识或自我将内容置于自己前面）；12. 在逻辑学内部将逻辑表象概念始终区别于其他的表象概念；13. 意见意义上的表象，这是一个通过容易理解的引申而产生的歧义。[①] 对这些具有多重歧义的“表象”概念的详细分析虽然是现象学研究的重要任务，但我们现在更关注胡塞尔现象学的表象行为与感受行为的奠基关系分析。

在现象学的理论系统中，“表象”是一种能够赋予质料（给予意义）的行为，它具有广义和狭义的区分：广义的表象指整个客体化行为，狭义的表象仅仅指客体化行为中的“称谓行为”。就具体的意识行为分析而言，表象可以划分为“直观表象”和“符号表象”。在直观表象（包括感知表象、回忆表象、想象表象、图像表象等）中，一个对象或者以感知、回忆的方式，或者以想象、图像的方式被意指。就是说，在表象中总会有一个对象显现出来。符号表象奠基于直观表象之中，因为它不具有自己的感性材料，必须借助于直观表象才能进行立义活动。胡塞尔就此提出了一个具有原理性质的命题：

> **每一个意向体验或者是一个表象，或者以一个表象为基础。**更确切地说……在每一个意向对象中，对象都是一个在一个**表象行为中被表象的**对象……一个表象就始终会与一个或多个行为的表象，或者毋宁说，与一个或多个行为特征（质性——引者）如此奇特和紧密的交

① 胡塞尔:《逻辑研究》第二卷第一部分，第 563—569 页。

> 织一起，以致于被表象的对象会因此而同时作为被判断的、被期望的、被希望的等等而存在于此。[①]

意思是说，对于所有意识活动而言，不管其种类如何（判断或者情感等），表象是全部意识活动的基础和特征。任何意识活动都具有明显的关于对象性的意向属性，它们是使某物对象化的活动，活动的表象是其意向性的属性。此命题源于布伦塔诺，经胡塞尔改造，使“表象”被包含于“客体化行为”，与“判断”共同构成“客体化行为”。也就是说，判断、感受、欲求、意愿等意识行为不是独立的行为，如果没有客体化的表象行为，或者说，如果不奠基于表象行为之中，它们甚至是无法想象的：

> 在质性变换的情况下，质料的同一性就建基于奠基性表象的“本质”同一性之上。换言之，只要行为具有同一个“内容”，并且，只要它们在意向本质上的区别仅仅在于，一个行为是对这个内容的判断，另一个行为是此内容的愿望，第三个行为是对此内容的怀疑等等，那么这些行为“本质上”就是以同一个表象为基础的。如果表象是一个判断的基础，那么这个表象（在现在的质料意义上）就是判断内容。如果它是一个欲求的基础，那么它就是欲求的内容；如此等等。[②]

同样，作为非客体化行为的感受行为也必须建基于表象行为的基础上。但是，感受行为与对象之物的关系事实上要复杂得多，或者说，感受这个类别的行为与对象的意向关系是一个需要深入探讨的课题。

如前所述，包括表象和判断的客体化行为，意向性明显，它不仅朝向对象并且能够构造对象。但对于奠基于客体化行为之上的非客体化行为领域的感受行为的意向性分析，就相对复杂，如下例：

对一段悠扬的乐曲的喜爱。

对一声刺耳的口哨的厌恶。

胡塞尔认为，承认感受的意向性的人，认为感受行为“确实具有一个与对象之物的意向性关系”，即认为感受也有对象，在这两个感受行为中，如对某物（乐曲）的喜爱、对某人的厌恶等，这个特定的“乐曲”“口哨”就是喜爱或厌恶这两种感受行为的意向对象；不承认感受的意向性的人，

---

① 胡塞尔：《逻辑研究》第二卷第一部分，第477页。

② 胡塞尔：《逻辑研究》第二卷第一部分，第479页。

认为感受没有对象，喜爱或厌恶只是人们的一种主观情绪，不是意向性的行为，其意向性关联不是通过它自身去描绘的，而是要借用某种对象性的复合行为。布伦塔诺持与此同样的观点，他一方面主张感受具有意向性，另一方面又主张感受须借助于表象，以对象性活动为基础，认为“我们在感受方面只能与那些通过交织在一起的表象而对我们表象出来的对象发生关系”。[①]就是说，在关于感受行为是否具有意向性问题上存在两种对立的观点，一种观点认为，感受自身不含有任何意向，它并不超出自身而指向一个被感受的对象，只有通过与一个表象的一体化才能获得与一个对象的确定关系；而另一种观点则认为，感受自身就具有意向性，它无需通过与一个表象的一体化就可以与一个对象具有确定的意向关系。对此，布伦塔诺也表达了类似的观点：“在布伦塔诺看来，这里有两个意向建造在一起，奠基性的意向提供被表象的对象，被奠基的意向则提供被感受的对象；前者可以脱离后者，但后者却不可脱离前者。而在对立的观点看来，这里只有一个意向，即表象意向。”[②]在《逻辑研究》中，胡塞尔基本赞同布伦塔诺关于感受行为意向性问题的认识，认为人们应当优先采纳布伦塔诺的观点。

我们以“对一段悠扬的乐曲的喜爱”为例予以讨论：

甲：乐曲——感受行为的对象；听见乐曲——表象的意向，悠扬——感受的意向。

由此，感受行为——一个对象，两个意向（意向同一个对象）。

乙：听见悠扬的乐曲——声音的表象；对悠扬乐曲的喜爱——对声音的感受。

由此，感受行为——两个对象（被表象的、被感受的）。

毫无疑问，从“所有的意识行为都具有意向性”这个现象学的基本原理来看，任何意识行为，包括客体化行为（表象和判断）和非客体化行为（感受行为），都有自己的对象，都意向性地指向对象，由此意味着感受具有意向性。而上述分歧的问题在于：这究竟是对什么的感受？是“乐曲”还是“悠扬”？上述讨论表明：“乐曲”（表象意向）和“悠扬”（感受意向），抑或“听见乐曲”（表象对象）和“对乐曲的喜爱”（感受对象），都与“悠扬的乐曲”有关。接下来我们面临的问题是：“听见乐曲”和“感到悠扬”，是一个复合行为，还是两个独立的意向行为？此意向活动意向的对

---

① 胡塞尔：《逻辑研究》第二卷第一部分，第427页。

② 胡塞尔：《逻辑研究》第二卷第一部分，第427—428页。

象究竟是一个，还是两个？[①] 要弄清这个问题，就需要对感觉、感性感受和感受这三个概念予以区分。

感觉：听觉、视觉、嗅觉、味觉、触觉。

感性感受：喜欢、舒适、快乐、疼痛。

感受，感受行为：爱、恨、怜悯、厌恶。

在现象学看来，感受可以区分为"感受"和"感性感受"，而"感性感受"接近于"感觉"但与"感受"有别。在上述例子中，第一组是感觉，第二组可以称为"感性感受"，第三组可以称为"感受"或"感受行为"。粗看起来它们没有什么区别，但在现象学的分析描述中，第二和第三组是两种完全不同的意识种类；第一组和第二组却十分接近。第二组中"喜欢""舒适""快乐"可以概括在"快感"（感性的快乐）范畴中，"疼痛"可以概括在"痛感"（感性的疼痛）范畴中。痛感和快感"在其种类本质方面与那些触觉、味觉、嗅觉同属一类"。[②] 例如，"对一段悠扬的乐曲的喜爱"，这里的"感觉"近似于"感性感受"，当听到悠扬的乐曲时，既有听觉又有快感。"如果我们再现这种疼痛或某些感性快乐（如一朵玫瑰的香味、一道菜的鲜味等等），那么我们也会发现，这些感性感受与从属于这些或那些感官领域的感觉融合在一起，完全就像感觉自身相互融合一样。"[③]

"感觉"在胡塞尔现象学中被定义为"外感知的展示性内容"，与"感性材料""感觉内容"是同义词。在胡塞尔看来，"感觉"与感知不同，感知是一种意向性行为，而感觉本身不是一个完整的意识行为，它是"感性材料"，要通过意向活动的激活才能构成一个意向对象，它为对象提供"材料"，从而使感觉与对象区别开来。因此，"它们自己不是行为，但行为是用它们构造起来的"。[④] 值得注意的是，"感性感受"和"感觉"都与信念、猜测、意愿等无关，而与对象之物和自我的身体部位有关，二者都涉及身体部位和接触的对象，即都涉及身体部位和被立义的材料或内容。

胡塞尔认为，"感受"（Gefühle）或"感受行为"（Gefühlsakt）不同于感觉和感性感受，它们不属于同一个行为属。胡塞尔认为布伦塔诺就已经注意到了感性感受与感受的区别。布伦塔诺指出，痛感与快感属于感性感受，而感受行为上的疼痛和愉快则与之不同。布伦塔诺称感性感受为"物

① 倪梁康：《现象学的始基：对胡塞尔〈逻辑研究〉的理解与思考》，第155—156页。

② 胡塞尔：《逻辑研究》第二卷第一部分，第431页。

③ 胡塞尔：《逻辑研究》第二卷第一部分，第430页。

④ 胡塞尔：《逻辑研究》第二卷第一部分，第431页。

理现象”，视感受为“心理现象”，并且认为二者属于更高的本质不同的属。对此胡塞尔予以认同。[①] 与布伦塔诺不同，胡塞尔认为感受行为虽为意识行为，但不独立；它虽然也具有意向性，但不是直接的对象性活动，它只是指向对象，而不能构造对象，它必须依存于表象活动形成的客体化行为。

“劳作的女人。”（表象）

“我喜欢这个劳作的女人。”（情感–感受）

“喜欢”或“厌恶”总是对某人、某事的喜欢或厌恶，如果没有关于“劳作的女人”的表象行为，“我喜欢”这个感受行为就没有意向的对象，“喜欢（Gefallen）或厌恶（Mißfallen）指向这个被表象的对象，没有这种指向，它们就根本不能存在”。[②] 至此可以明了，感受行为作为非客体化行为，必须奠基于客体化行为（表象行为）的基础上才是可能的，正如胡塞尔所指出的："对一个幸运的事件的喜悦（Freude）肯定是一个行为。但这个行为不是一个单纯的意向特征，而且是一个具体的和确然复合的体验，它在其统一中不仅包含着对可喜之事的表象和与此相关的喜欢的行为特征。”[③]

三、行为质料与奠基性表象

所有的意识行为的意向本质都是一个质性与质料的组合体。胡塞尔针对布伦塔诺的“每一个意向体验或者是一个表象，或者以一个表象为基础”的观点，对质性和质料的关系进行了深入的研究，通过对感知和判断与奠基性表象关系的考察，胡塞尔并不否认一个意向行为要与一个对象之物发生关系，他试图证明一个关于事实的表象本身就是一个完整的行为，但它同时又可以作为一个成分而寓居于判断、疑问、期待等行为之中；作为奠基性表象的行为质料与作为判断、期待、信念、怀疑、猜测的行为质料是相同的，但它们在行为质性上不属于同一个属。

按照现象学的基本观点，所有的意识行为的意向本质都是一个质性与质料的组合体，质性也叫意识行为的“行为特征”，是把表象、疑问、判断、希望等不同类型的意识行为区别开来的内在规定性；质料也叫“内容”，是把相同类型的意识行为区别开来的内容，所有的思维都是在意识行

① 胡塞尔:《逻辑研究》第二卷第一部分，第432页。

② 胡塞尔:《逻辑研究》第二卷第一部分，第428页。

③ 胡塞尔:《逻辑研究》第二卷第一部分，第432页。

为中进行的，质料就是在意识行为中赋予行为以特定对象关系的东西。质性不同的意识行为可以有相同的质料，也可以有不同的质料。质性不同但相互并列的意识行为中具有共同的因素，即同一质料。这个同一质料是什么？胡塞尔认为，认识论如果不能澄清这个问题，就无法真正弄清质性与质料的关系，就谈不上对意向体验的本质建构的确切理解，也谈不上对含义的确切理解。行为质料与表象的关系是如此重要，我们试结合胡塞尔的文本给予深入细致的讨论。

布伦塔诺的理论及其批评。在《逻辑研究》第五研究第三章，胡塞尔是从讨论布伦塔诺用来规定“心理现象”的著名命题开始讨论的，即：

> **每一个意向体验或者是一个表象，或者以一个表象为基础。**更确切地说，这个奇特命题的意义在于，在每一个意向对象中，对象都是一个在一个**表象行为中被表象的**对象，并且，如果这里所涉及的并非从一开始就是“单纯表象”，那么，一个表象就始终会与一个或多个行为的表象，或者毋宁说，与一个或多个行为特征（质性——引者）如此奇特和紧密的交织一起，以致于被表象的对象会因此而同时作为被判断的、被期望的、被希望的等等而存在于此。[①]

我们可以把布伦塔诺的观点归纳如下：

（1）一个意向体验或者是一个表象，或者以一个表象为基础；

（2）对象都是在一个表象行为中被表象的对象；

（3）除了单纯表象，一个表象始终会与一个或多个行为特征（质性）交织在一起；

（4）因此，被表象的对象会同时作为被判断的、被期望的或被希望的等等存在于此；

我们试举例分析：

客体化行为：

“我看见了一个女人。”（感知）

“女人。”（表象）

“这个女人是中国人。”（判断）

非客体化行为：

“我喜欢这个中国女人。”（情感）

---

① 胡塞尔：《逻辑研究》第二卷第一部分，第477页。

“我想拥抱这个中国女人。”（欲求）

“我害怕这个中国女人。”（害怕）

“这个中国女人很善良。”（评价）

“这个中国女人生活幸福吗？”（疑问）

“但愿这个中国女人生活幸福！”（意愿）

按照布伦塔诺的观点，在上述例子中，“女人”这个表象就是一个意向体验，其他的意向体验都是以诸如此类的表象为基础的；“女人”在一个表象行为里被表象为对象；除了单纯的表象，“女人”这个表象可以与一个或多个行为特征如判断、情感、评价、意愿等交织在一起；因而，“女人”这个被表象的对象可以作为被判断的、被期望的或被希望的对象而存在。胡塞尔进一步清晰地表达为：“我们必须区分关于‘表象’的双重概念。在第一个意义上的‘表象’是一个行为（或者说，一个特有的行为质性），就像判断、愿望、问题等等是行为一样。……在另一个意义上的‘表象’则不是行为，而是行为质料，它在每一个完整的行为中都构成意向本质的一个方面。……正如这种‘表象’是任何一个行为的基础一样，它也是（根据第一个意义的）表象行为的基础。”①就是说，表象既指表象行为，又是表象行为的质料，作为行为的表象以作为质料的表象为基础。按照现象学的奠基理论，非客体化行为不能被理解为完整的和独立的意识行为，如果不奠基于客体化的行为基础之上，非客体化行为是不可想象的。显然，在情感、评价、意愿等非客体化行为中的“女人”，如果不在感知、表象和判断等客体化行为中作为事实状态或对象被表象，“女人”不仅不会出现，而且也不可想象。

按照布伦塔诺的观点，一个表象始终会与一个或多个行为特征（质性）交织在一起。为什么要“除了单纯表象……”呢？这里，“单纯表象”有广义和狭义之分，狭义的单纯表象就是“单纯臆想表象”，广义的单纯表象就是表象行为本身。我们知道，胡塞尔将客体化行为既划分为“称谓行为”（表象）和“论题行为”（判断），又划分为“信仰的行为”和“变异的行为”，这两个行为是可以互相交叠的，如称谓行为和论题行为都可以是信仰的或变异的行为。“信仰的行为”是带有存在设定或不设定的行为；“变异的行为”是指在行为质性方面发生的变异，这种变异可以使任何一个设定的称谓行为过渡为对同一个质料的单纯表象，就此而言，“单纯表象只能是：一个感知，但一个绝对未被纳入的感知，它缺乏与‘这里’的联系，缺乏

① 胡塞尔：《逻辑研究》第二卷第一部分，第512—513页。

信仰。另一方面，单纯感知还可以是纯粹想象：它不具有与‘这里’和‘现在’的联系。它缺乏信仰”。[①] 在胡塞尔看来，狭义的单纯表象（即单纯臆想表象 Einbildungsvstellung）之所以不像表象那样可以与一个或多个行为特征交织在一起，就在于它缺乏一个不独立的意向要素的附加，这个不独立的意向要素就是“信仰”（belief），正是它的附加才使一个判断得以完善；在广义的单纯表象即表象行为的意义上，布伦塔诺认为，表象行为是质性与质料的组合，而其他行为则必须以表象为基础。

在质料和质性的关系上，布伦塔诺坚持“在质性变换的情况下，质料的同一性就建基于奠基性表象的‘本质’同一性之上”。[②] 就是说，只要行为具有同一个“内容”，则这些行为本质上就是以同一个表象为基础的，或者说，如果一个表象是判断的基础，那么这个表象在质料的意义上就是判断的内容，即质料就是质性。胡塞尔则认为“质料”和“奠基性表象”并不是同一个东西。他首先通过“质性属”的区分来探讨这个问题，例如：

这张纸是有颜色的。

这张纸是红色的。

这张纸是蓝色的。

就质性而言，上述三个陈述在质性属上都是判断，“颜色”是“属”概念，颜色属分为“红色”这个“种”，“种”又可以分化为“红色”“蓝色”“黑色”等“微差”（Rotnuance），它是最终的种差，在“颜色”这个属内不能再对它进行“分差”（differenzierend）。就“这张纸是有颜色的”这个质性属（判断）而言，可以做如下分差：

这张纸是红色的。

这张纸是蓝色的。

这张纸是黑色的。

这里，“同一个”红可以接受这个或那个形态的延展，颜色在变化，红色、蓝色或黑色都是“颜色”在形态上的延展或变化，但是，质性并没有变，“颜色”在形态上的变化是根据颜色的标志来进行变化的，因为颜色的一般本质就包含着“颜色没有延展就不可能存在”，“一个意向体验，只有当一个为它表象出对象的表象的意向体验在它之中体现（present）时，它

---

① Ph. B. Er. Hua XXIII（Den Haag1980），S217. 转引自倪梁康：《胡塞尔现象学概念通释》（修订版），“单纯表象”词条，第 499 页。

② 胡塞尔：《逻辑研究》第二卷第一部分，第 479 页。

才能获得它与一个对象之物的关系。对于意识来说，如果它不进行那个使对象成为对象，并且使对象有可能成为一个感受、一个欲求等等对象的表象，那么对象就是无"。[①]这个观点包含两层意思：(1)一个意向体验只有当为它表象出对象的表象在它之中"体现"时，意向体验才能与对象之物发生关系；(2)一个意识行为如果不进行那个使对象成为对象的表象，并且使对象有可能成为一个感受、一个欲求等等对象的表象，对象就是无。我们知道，"体现"是与"再现"相对而与"当下性""现时性"同义的概念，我们看见的这张纸不仅是"有颜色的"，而且是红色的、蓝色的或黑色的纸，只有当这些具有"微差"颜色的纸作为表象的对象现时地和当下性地"体现"在意向体验中时，意向体验才与对象之物发生关系；如果一个意识行为没有进行使对象成为对象的表象，对象就是无，也就是颜色如果没有延展到微差如红色、蓝色或黑色等，"颜色"就不能存在，对象也就是无。

胡塞尔由此得出结论：质性和质料是两个不同的属，"这张纸是有颜色的"是个质性属（判断），红色、蓝色或黑色作为判断的内容构成质料属，"这样一来，每一个表象含义都是'表象意向'和'内容'——作为两个相互交织的不同属的观念统一——的组合。如果回到我们的旧名称上去……那么我们就必须再下决心去确定一个在质性与质料之间的本质区别。我们就无法再维护这样一种看法，即：在我们先前所规定的意义上的质料与一个奠基性的表象的意向本质是同一的，而这个意向本质本身又与一个单纯的表象质性是同一的"。[②]

两种可能的解答及讨论。我们的表象总是关于某个"东西"(Was)的表象，如果这个"东西"被理解为不同于被意指对象的而是寓居于表象本身之中的"内容"，"皇帝"的表象所表象的是皇帝，"教皇"的表象所表象的是教皇，使"皇帝"和"教皇"这两个表象得以区别的不是行为质性，而是"内容"。那么，使"皇帝"的表象与"教皇"的表象的"内容"(表象含义)得以分差的东西是什么？胡塞尔认为在这个问题上存在如下两种观点：

一种情况是，那些在意向本质和表象实项内容的变化中构成对象性关系的"东西"就是表象质性本身，它会发生这样或那样的分差。这两者的关系如同"颜色"与"微差"的关系，比如我们表象一张有颜色的纸，这张纸的颜色(属)是有微差的("红"或"蓝"色)，"红"和"蓝"颜色

① 胡塞尔：《逻辑研究》第二卷第一部分，第478页。

② 胡塞尔：《逻辑研究》第二卷第一部分，第483页。

不同于红色和蓝色，如同“教皇”和“皇帝”不同于教皇和皇帝本身一样。在类比的意义上说，一般之物是表象，个别或特殊之物是根据含义本质确定的最终分差的表象，或者说，一般之物是“颜色”，个别或特殊之物是“这个”或“那个”特定的颜色，是这个微差“红”或那个微差“蓝”。一个表象与一个确定对象以确定的方式发生关系，并不是由于它在那个外在的对象上有所活动，“表象与对象的关系根本不能归诸于某个似乎外在于表象的恒久之物，而只能归诸于表象的本己特性。……这个观点的规定则在于：各个被给予的表象只是因为它们具有这样或那样分差的表象质性才恰恰是一个以这种方式表象着这个对象的表象”。[①]

另一种情况是，关于比如“教皇”的表象中经历了对“教皇”的观念化抽象的完整意向本质（完整含义本质）是某种组合之物，这个组合之物可以划分为两个抽象因素：“一个因素是表象质性，是纯粹自为地被理解的并且始终相同的表象行为特征；另一个因素是‘内容’（质料），它不作为那个特征的差而从属于它的内部本质，而仅仅是附加进来，并且使含义得以完整。”[②]这两者的关系如同“特定的颜色”与“广延”的关系，就是说，每个颜色都是有广延的颜色。

不论是第一种情况下质性属“颜色”所发生的“红”“蓝”色的分差，还是第二种情况下完整意向本质（完整含义本质）作为组合之物所发生的“表象质性”与“内容”（质料）的划分，都表明内容或质料是与质性属有区分的。使表象成为表象、使判断成为判断、使欲求成为欲求的行为质性在其内部本质中不具有与对象的关系，这里存在着一个观念规律的关系：

> 这样一个（质性）特征没有补充的“质料”就不可能存在；只有带着这个“质料”，那种与对象的关系才能进入到完整的意向本质之中并因此而进入到具体的意向体验本身之中。[③]

就是说，一个行为质性如果没有“内容”或“质料”交织在一起，就不会存在；行为质性只有具有或带着这个内容或质料，具体的意向体验才能与对象发生关系。例如，在“这张纸是红色的”这个判断行为中，如果没有“红色的纸”这个内容或质料，“这张纸是红色的”这个判断行为就不

① 胡塞尔：《逻辑研究》第二卷第一部分，第484页。

② 胡塞尔：《逻辑研究》第二卷第一部分，第485页。

③ 胡塞尔：《逻辑研究》第二卷第一部分，第485页。

会存在，也不会与“红色的纸”这个判断对象发生关系，或者说，如果这个判断性设定不带一个内容，它就是不可想象的。

胡塞尔认为，上述关于质性和质料的这两个受到仔细考虑、但却相互争执的观点虽然各有其合理性，但又都有其理论上的不足。

就第一种观点来看，如果一般之物是表象，个别之物是最终分差的表象，或者说，“颜色”这个一般是“属”，“红色”“蓝色”是微差。这个观点会造成什么结果呢？按此观点，“意向质性”就是一个“本质属”，它将表象、判断、愿望、意愿等等“质性”作为同序列的（gleichgeordnet）“种”包含于自身之内；在“意向质性”这个“本质属”内，“表象”这个“种”还要分差为这个或那个“内容”（质性或那些质料）之表象的区别；而判断质性、愿望质性等则是最终的差，“内容的区别在它们那里只是与各个质性相组合的或‘奠基性的’表象质性的区别”。[①] 就是说，如果仅从“属”与“种差”来理解“内容”，如果我们又把“内容”理解为“质料”，那么，在“意向质性”这个“属”下，表象、判断、愿望等同序列的“种”也就是“内容”，或者说也是“质性或那些质料”；“表象”这个种还可以再分差为这个或那个种，以至于判断质性、愿望质性都成了最终的差。所以，胡塞尔认为，用“属”和“种差”来说明质性与质料的关系是徒劳无益的。

就第二种观点来看，一个特有“属”的体验的“内容”只有通过组合才能与表象的行为特征相统一，即质性与质料作为“组合之物”才能使一个行为得以成立。胡塞尔认为，这种说法至多能使表象行为得以成立，但不适合其他的行为类型。例如：

“月亮。”（表象）

“月亮是圆的。”（判断）

在这两个例子中，这是两个不同的行为质性，“月亮”的行为质性是表象，“月亮是圆的”的行为质性是判断，在“月亮”这个表象行为中，“月亮”既是行为质性，又是行为内容，质性与内容的组合使表象成为表象，因而，“月亮”是表象质性与内容的组合；但在“月亮是圆的”例句中，行为质性是判断，行为内容是“月亮”，行为质性与内容并不是直接组合为判断行为的整体。就是说，在表象行为中，行为质性与质料（内容）是直接的联结，而在其他行为如判断行为中，行为质性与质料（内容）之间是间接的联结。所以，布伦塔诺等主张“每一个意向体验或者是一个表象，或者以一个表象为基础”的观点，就是说单纯表象行为本身是质性和质料的直

---

① 胡塞尔：《逻辑研究》第二卷第一部分，第486页。

接联结，而诸如判断、愿望等本身不是表象的行为只有通过单纯表象的中介才能获得其质料，胡塞尔则认为："这样一些论断看起来并非自明无疑，而且从一开始看起来也就不太可能。"①

从感知和判断考察奠基性表象。在进一步讨论意向体验与表象的关系之前，胡塞尔又一次强调了心理学的"内感知"与现象学的"内在本质直观"的区别："通常在诉诸于'内感知的明见性'时，人们不说内在本质直观，而说内感知，这是错误的。……对现象学事态的确定永远不可能将其认识基础建立在心理学经验中，尤其不可能建立在自然词义上的内感知中，而只能建立在观念化的现象学本质直观之中。"②强调这个区别不是多余的而是必要的，因为从休谟到布伦塔诺关于意向体验与表象的关系理论还滞留在心理学的经验之中，而没有进入现象学的方法论视野内。

胡塞尔认为，布伦塔诺等人所主张的"每一个意向体验或者是一个表象，或者以一个表象为基础"的观点，即使成为一个规律，也依然是一个心理学的经验规律，因为对那些不是单纯表象的行为分析表明，单纯表象并非能够始终成功地进入那些所谓建构着这些行为的部分行为之中。以直观行为为例，直观行为是由感知和想象构成的，比较而言，对象在感知中显现为生动的、当下性地存在，而在想象中则是"浮现"出来，它"被当下化"且不是生动的当下存在。当然，感知和想象的这种区别与质料和质性的区别无关，但可以用直观行为的感知和想象来分析质料与质性的关系。感知和想象作为直观行为与非直观行为（图像、符号和象征）共同构成表象行为，因此，表象可以具体分为感知表象、想象表象、图像表象、符号表象和象征表象，胡塞尔用蜡像馆的玩偶为例对质性和质料的关系做了深入的研究。

胡塞尔描述道：我在蜡像馆里遇见了一个可爱地招着手的女士，我在迷惑中具有了一个感知：看到了一位女士。一旦我认识到这是一个错觉，即这是一个玩偶，而不是一位女士，情况就会发生变化：这不是一位女士，而是一个表象着一位女士（比如 Daphne，黛芙妮）的玩偶。由此我们就有了两个感知：一个是关于这位女士的感知，另一个是关于她的玩偶蜡像的感知。女士是与玩偶相一致地显现出来的，它们以争执的方式相互渗透，所谓争执，是因为被感知的玩偶毕竟不同于应当借助于感知而得到表象的女士；所谓相互渗透，因为被感知的只是玩偶，即使我过去见过 Daphne 女

① 胡塞尔：《逻辑研究》第二卷第一部分，第 488 页。

② 胡塞尔：《逻辑研究》第二卷第一部分，第 488—489 页。

士，我感知过她，我具有关于她的感知表象，但现在被感知的只是玩偶，女士感知（Daphne）只有在与一个新的即玩偶感知的联系中才能出现于此；但如果我们的目光时而朝向这个显现的客体（玩偶），时而朝向另一个显现的客体（女士），就会发现，这是两个在存在中相互取消的客体，即当我意识到一开始看见的那个可爱地招着手的女士不是Daphne而是她的蜡像玩偶时，假象被揭穿了，关于玩偶的表象不过是一个在争执中“被取消的”感知意识。

这个例子很好地说明了感知与表象的关系，它从两方面显现出来的是同一个女士，即感知表象（Daphne）和想象表象（玩偶），“一方面，她作为现实（在《逻辑研究》A版中为‘被意指的自身’）站立在我们眼前，而另一方面则相反，她作为臆想生动地显现着，但却是一个虚无（ein Nichtiges）。两方面的区别都在于质性”。[①] 真正说来，对蜡像玩偶的感知只是一个图像意识，但一开始我们“几乎”觉得她本身（Daphne）、一个真实的和现实的个人在此存在，这种质料及其构成物方面的相同性几乎使我们从图像意识坠入感知意识中，我们几乎把蜡像玩偶（图像意识）当作Daphne本人，但实际上，这个玩偶图像感知与真正的女士感知只有部分是相合的，有一些部分是相斥的，因此，在关于玩偶的图像感知和女士感知之间存在着生动的矛盾或差异，“尤其是在其信仰质性方面的矛盾。……一个感知永远不可能同时是对被感知之物的臆想，一个臆想永远不可能同时是对一个被臆想之物的感知”。[②] 所以说，感知和感知表象还是有区别的。

胡塞尔从判断及其事态方面进一步研究了行为质料与奠基性表象的关系。判断是一个谓语陈述，即“S是P”，如“这张纸是红色的”。在现象学中，表象是称谓行为，是对一个事实（Sache）的指称；判断是论题行为，是对一个事态的陈述，或者说，表象（称谓行为）构造的是事物对象，判断（论题行为）构造的是事态对象。在感知中，一个被感知之物显现给我们，我们可以对这个被感知之物以想象、回忆等行为再现它，形成感知表象、想象表象、回忆表象、图像表象等；但这个被感知之物（体现）以及想象、回忆、想象之物（再现）还不是对象，我们只有根据这个感知而做出判断，即判断它是存在的，我们才能将它称为一个当下存在的对象，即感知之物及其表象（事实）在判断中才能对我们“显现为”意向对象。就

---

① 胡塞尔:《逻辑研究》第二卷第一部分，第492—493页。

② 胡塞尔:《逻辑研究》第二卷第一部分，第493页。在《逻辑研究》A版中原文为“唯有在这个被意指的感知（招手女士）与那个与它部分相合，但在其他因素上相斥的玩偶感知（蜡做的事物等等）方面的争执”。参见考证版注［73］。

像感知区分被感知的对象与作为行为的感知一样，我们将判断意指的客观之物称为“被判断的事实状态”，并且在反思认识中将它区别于作为行为的判断本身。

胡塞尔认为，一个表象和关于这个表象的事态进行的判断，即表象和判断具有共同的质料，这是毫无疑问的，如“月亮”和“月亮是圆的”，表象和判断的质料都是“月亮”。现在问题是，“那些在判断行为中构成质料的东西，亦即那些将判断确定为对这个实事状态之判断的东西是否处在一个奠基性的表象行为之中”。[①] 就是说，被判断的事实状态是否就是表象，或者说，判断是一种行为质性还是双重行为质性？胡塞尔指出，我们根本找不到这里所要求的那种双重行为质性，如果我们有一个在先的老的意向行为、如关于“月亮”的表象行为，然后有一个新的、如“月亮是圆的”的判断行为，这个判断行为是否既是一个表象、又是一个判断的双重行为呢？

毫无疑问，在新行为从老行为之中产生的这一过程中，一个同一之物，以及包含于其中的、被我们称作质料的东西都得到了保留。但这个同一之物并不非得是一个完整的表象行为，而唯一的变化也并不非得是一个通过它而被奠基的新质性的附加。因此，对这个过程可以做如下的解释：在原初的单纯表象行为那里，表象的种类特征为判断特征所接替，而同一之物连同它所包含的质料则可以在一个抽象的因素中存在，这个因素并不自为地构成一个完整的行为。[②]

对此，我们可以做如下阐释：在“月亮是圆的”这个新的判断行为从“月亮”这个老的表象行为中产生出来时，“月亮”这个作为质料的同一之物在判断中得到了保留；但“月亮”这个同一之物在判断中并不一定是一个完整的表象行为，即使发生变化也并不一定是通过表象而被奠基的新质性的附加；因此，判断从表象之中产生的过程中，表象的种类特征被判断的种类特征所接替了，在比如“月亮”这个表象中所包含的质料只能作为一个抽象因素、一个并不完整的行为存在于判断行为中。就是说，“月亮是圆的”这个陈述的行为质性只是判断行为，其中包含的“月亮”不是作为一个表象行为存在于判断中，而是作为一个抽象因素或不完整的行为存在于判断中，因为，判断并不是一种双重行为质性。

胡塞尔还以“我们赞同另一个人所陈述的一个判断”为例细致分析了以“赞同”为特征的一致判断及其质料问题。试举例分析：

---

① 胡塞尔：《逻辑研究》第二卷第一部分，第494页。

② 胡塞尔：《逻辑研究》第二卷第一部分，第496页。

某人的陈述判断：鲁迅是绍兴人。

我赞同这个判断：鲁迅是绍兴人。

实际上，我赞同某人的“鲁迅是绍兴人”的判断，并不会直接引起我和他的一致判断。首先，我只是简单地接受了一个传达，某人告诉我“鲁迅是绍兴人”，我接受了他传达给我的这个陈述，被陈述之物（鲁迅）是作为“单纯被搁置的”而被我意识到的；其次，我努力去理解这个陈述判断，我开始思索它和考虑它，对某人的这个陈述所意指的东西进行深思；再次，经过深思我做出了承认或赞同并试图做出决断——鲁迅是绍兴人。此时，我的判断与某人的判断达成了一致判断。胡塞尔指出，一个判断被给予，一方面与说话者的判断“相一致”，另一方面与深思的问题“相一致”；陈述判断和赞同判断虽然都是根据相同的质料进行判断的，但是，某人的陈述判断可能是在表象（他真的见过鲁迅并确切知道鲁迅是绍兴人）的基础上进行，而我的赞同判断是在深思中认为被思索的东西是真实的（我并未见过鲁迅，只是根据我知道的资料经过思索承认“鲁迅是绍兴人”这个说法是真实的）基础上进行的。所以说，承认或赞同判断既与某人的陈述判断相一致，也与我的通过深思后认同的东西的真实性相一致。

在陈述判断与前后相续的赞同判断之间，还存在着“一致性决断”这个中介意向联结着这两个判断，“这两个行为不仅仅只是一个单纯的前后相续，而且是密切统一地相互相关的；这个回答适用于这个问题，这个决断说：正是如此，就像我在思索性考察中所看到的那样”。[①] 当某人告诉我“鲁迅是绍兴人”（陈述判断）时，其实我以前并不知道鲁迅，也不知道鲁迅是不是绍兴人，现在我接受了这个陈述，并开始认真地思索这个判断，我会提问“鲁迅是谁？”“他真的是绍兴人吗？”等，在提问中我开始利用我先前掌握的所有资料进行思索，并希望得到答案；在不断深思的过程中，提问的“意向”越来越得到充实，最后我做出决断并得出“鲁迅是绍兴人”（一致判断）。实际上，这个“提问意向”是一个双重意向：“充实意向”和“失实意向”，整个思索体验将通过这两个可能决断中的任何一个决断而得到充实：“它是这样的”或“它不是这样的”。例如，在思索体验中，我可能会有“鲁迅是绍兴人”和“鲁迅不是绍兴人”两个体验意向；如果“鲁迅是绍兴人”这个体验意向不断得到肯定性充实，我就会做出一致性判断；如果“鲁迅是绍兴人”这个体验意向不断得到否定性充实——即“失实”（Enttäuschung），我就会做出“鲁迅不是绍兴人”的不一致性判断，“这一

① 胡塞尔：《逻辑研究》第二卷第一部分，第 497 页。

点也自身引申地转用与多重的对立（Disjunktion），即转用于那些不单以是或否为准的对立。这样，否定性的充实便在于：'既非A，亦非B，亦非C'等等。……我们就必须将赞同看作是一种过渡性体验，它与猜测、期待、希望、愿望以及这一类'瞄向的'意向完全相似"。[①] 人们也许会装出一副思索者或赞同者的样子，陈述者也期望得到思索者的赞同，但真正深思熟虑意义上的赞同具有更高的价值，只有陈述判断导致的思索体验在提问意向中才能在相应的现时判断中获得充实或失实。

虽然在陈述判断和赞同判断中我们发现了"质料"的一致性（鲁迅，绍兴人），但它们不是具有同一质料的两个判断行为的随意统一或一致，实际上，在一致性判断中，某人的陈述判断可以称作"判断性经验"，赞同判断可以称作"判断性愿望"，它们共有一个逻辑表达式："S是P"。使判断性愿望"S是P"与判断性经验"S是P"协调一致的是"充实意识"，充实意识使判断性经验成为充实性行为，使判断性愿望具有意指性、瞄向性行为的特征，或者说，充实意识使陈述判断成为经验充实行为，使赞同判断成为愿望充实行为。

判断理论或对判断的纯粹现象学描述表明，判断质性不能等同于对一个表象的事实状态（被表象的对象）的简单的赞同或否认，而是首先有一个单纯表象，经过"搁置地-具有"、提问、思索等前后相继的行为，借助于充实特征才能过渡到一个具有相同质料的判断中。所以，在陈述判断与赞同判断（都是"鲁迅是绍兴人"）中虽然质料（鲁迅，绍兴人）是相同的或具有一致性，但在陈述判断中出现的质料是经验的事实，在赞同判断中出现的质料是期望的事实；在陈述判断中被充实的经验事实，在赞同判断中被充实的是愿望事实。愿望总以"判断决断"为目标，这个判断要对所愿望的问题做出决断，只有经过愿望充实才能形成赞同判断，在此意义上，愿望的目的就是对这个思索的问题的回答。

最后，在质性与质料的关系上还需要回答如下问题：同一词语和词语的构成物，在不同的联系中保持其同一意义，必定会有一个始终相同的体验与它们相符合，那么，这个体验即只能被理解为是一个始终奠基性表象。比如，某人说出一个陈述判断"S是P"（孙武是军事家），另一个人听到一些词语，他理解"孙武"这个专名，也理解"军事家"这个普通名词，但他自己没有做判断。在说者和听者那里，"军事家"这个观念词语在相同的理解中被接受、被运用。二者的区别在于，在听者那里，"军事家"只是被

---

① 胡塞尔：《逻辑研究》第二卷第一部分，第498页。

当作观念词语单纯地被理解，而在说者那里，“军事家”不仅被当作词语单纯地被理解，他还做出判断理解（语句理解），即在“S是P”的判断式中把“军事家”理解为“孙武”的属性。显然，在词语（孙武，军事家）和语句（孙武是军事家）中虽然都包含着相同的“质料”或“内容”，但词语理解只是一种单纯词语含义的理解，而语句理解则在判断者那里包含着期望、信念、猜测和怀疑等“执态”（Stellungnahme）。所以，词语理解就是一个单纯的表象，它始终为同一个“质料”的行为系列提供相同的基础，如“军事家”这个词语作为表象，它为具有相同质料的不同行为质性“孙武是军事家”（判断）、“孙武是军事家吗”（疑问）、“孙武是伟大的军事家”（评价）等提供相同的基础。总之，词语表象（孙武，军事家）是一个独立因素，当这个独立因素出现在语句或判断中时，它又作为抽象因素属于所有行为的意向本质。

就行为质料与奠基性表象的关系而言，胡塞尔并不否认一个意向行为要与一个对象之物发生关系，这个对象之物必须表象给我们，如果没有表象一个事实状态，我们就不会将它认之为真，即不会判断它、期待它和怀疑它等等。胡塞尔试图要证明的是，一个关于事实的表象本身就是一个完整的行为，但它同时又可以作为一个成分、譬如作为一个对被判断的事实状态之表象而寓居于判断、疑问、期待等行为之中。但是，作为奠基性表象的行为质料与作为判断、期待、信念、怀疑、猜测的行为质料是相同的，但它们在行为质性上不属于同一个属。以月亮这个对象之物为例，“月亮”既是表象行为质性，又是这个表象行为的质料；而在“月亮是圆的”（判断）、“月亮是圆的吗？”（疑问）等行为质性中，“月亮”是作为抽象因素而寓居于判断或疑问等行为质性中的，在表象行为中作为质料的“月亮”与在判断、疑问行为中作为质料的“月亮”在质性上不属于同一个属，“质料与行为质性的交织是抽象因素的交织。因此，质料不可能孤立出现，但它明见无疑地只有通过随意的因素的补充才能获得具体化”。①

四、判断与奠基性表象

关于判断及其形式的学说即西方传统的形式逻辑，也叫命题逻辑或陈述逻辑，其中心问题是“谓词判断”，即“S is P”。“S is P”是西方拼音文

① 胡塞尔：《逻辑研究》第二卷第一部分，第504页。

字特有的语言句式，在语法学中，S 是主语，is 是联系动词，P 是谓语（古汉语中没有这样的句式，它可能的句式是“S，P 也”）；在逻辑学中，S 是主词，is P 是谓词。形式逻辑的谓词判断主要探讨主词与谓词的换位问题以及谓词是否表达了主词的本质等问题。判断离不开概念或范畴，传统形式逻辑不关心范畴的起源和作用问题，康德特别探究了从“知性的判断机能”中引出十二范畴以及范畴的作用问题，并称自己的逻辑学说是“先验逻辑”；胡塞尔认为康德关于谓词判断及其范畴作用的学说属于“形式本体论”，他把经验直观的内容（质料）排除于逻辑之外，没有说明谓词范畴的经验起源，因而他的逻辑还不是真正的先验逻辑。《逻辑研究》时期胡塞尔的主要兴趣是对作为实证科学之基础的逻辑学和数学进行论证，谓词范畴的经验起源问题还没有成为他的哲学主题，但胡塞尔在《逻辑研究》第五研究第四章中专门对判断与奠基性表象的关系进行了研究，既澄清了表象与判断关系的真实含义，也为后期关于超越论的逻辑的研究奠定了基础。

传统逻辑学的命题与谓词理论。判断是形式逻辑的重要内容和组成部分。亚里士多德被公认是形式逻辑的创始人，虽然他本人并没有明确提出和使用过“形式逻辑”这一术语，但他在总结前人哲学和数学（尤其是几何学）研究成就和科学研究方法的基础上，第一次详细完整地研究了概念、定义、判断、推理形式等思维的一般规则，创立了哲学和科学研究与表达工具的形式逻辑。[①] 为了便于理解胡塞尔关于判断与表象关系的理论，我们首先对亚里士多德的判断学说和四谓词理论做一概述。

在最宽泛的意义上，判断也叫命题或断定陈述句。我们认识对象世界，并把我们的认识表达或陈述出来，这个陈述出来的句子就是陈述句或命题。陈述句首先表现为词和词的连接，但是，柏拉图就已经指出，词和词的简单连接还不是判断，只有其中有所肯定或否定的命题即断定陈述句才是判断。亚里士多德进一步指出，语句表达思想，但并非每一个语句都表达命题；即使是有意义的句子，比如“凡人的”，也不足以作为任何明确的判断的表达；只有当加上另外的词时，全体合起来才能构成一个肯定命题或否定命题，也就是说只有对事物有所断定并且本身含有真假的语句才是命题；

---

① 亚里士多德论述逻辑学说的著作由《范畴篇》（讨论十范畴和同义词、多义词以及语词在表达中的组合形式）、《解释篇》（讨论全称肯定、全称否定、特称肯定、特称否定等命题形式和相互关系以及直言命题、模态命题、排中律等问题）、《前分析篇》（讨论三段式推理）、《后分析篇》（讨论应用三段论方法进行科学证明的理论）、《论题篇》（讨论四谓词理论）、《辩谬篇》（探讨产生语言歧义和谬误的原因以及解决方法）六篇论文组成，在公元 1 世纪由安德罗尼科（Andronicus）编辑在一起，后在拜占庭时期被逻辑学家称为《工具论》。

祈使句等不含有真假，所以不是命题。不含有真假的句子是修辞学和诗学研究的范围，而不是逻辑学研究的范围。

亚里士多德把命题区分为简单命题和复合命题：

> 在单一命题中，一种是简单命题，它肯定或否定某物具有某种内容，另一种由许多简单命题组成的命题，是一种复合命题。一个简单命题是一个关于主体中存在或不存在某事物的陈述，按时间的区分，有现在、过去和未来的时态。①

这段引文包含以下要点：

1. 复合命题的定义是“由许多简单命题构成的命题”，研究清楚了简单命题也就弄懂了复合命题。

2. 简单命题是最基础的，它有如下特点：它是一个陈述；它表示肯定或否定；

3. 它有时间概念，即有现在、过去和未来的时态。但在具体论述过程中，只考察现在时命题，从现在时命题中揭示出来的逻辑关系也适合过去时和将来时命题；如果用 S 表示主词，用 P 表示谓词，一个简单命题就表达为“S is P”（S 现在是 P），它揭示的逻辑关系也适合“S was P”（S 过去是 P）和“S will be P”（S 将是 P）。

亚里士多德进而从两个方面对简单判断进行了分类。首先，从语法角度根据肯定句和否定句，把命题分成肯定命题和否定命题，“一个肯定命题是肯定某物的某些内容的陈述，一个否定命题就是否定某物的某些内容的陈述”。② 按照这个定义，肯定命题就是 P 对 S 肯定的断定（S 是 P），否定命题就是 P 对 S 否定的断定（S 不是 P）。其次，根据命题中主词的表达形式，把命题分为全称命题和单称命题，“在现实事物中，有些是全称的，其他的则是单称的。‘全称’这个名辞，是具有能够被断言与许多主体性质的，‘单称’这个名辞，是不被这样用来断言于许多主体的”。③ 全称命题又分为有全称词的全称命题（“每一个人都是白的”）和没有全称词的全称命题（“人是白的”，也叫不定命题）；单称命题就是只断言某一个别主体的命题，如“柏拉图是白的”；此外，亚里士多德还在《前分析篇》中提出了

---

① 亚里士多德：《工具论》，第 37 页；《解释篇》，17a20—17a24（译文略有修改，下同）。

② 亚里士多德：《工具论》，第 37 页；《解释篇》，17a25—17a26。

③ 亚里士多德：《工具论》，第 38 页；《解释篇》，17a37—17b16。

特称命题，如“有些人是白的”，“而且在肯定和否定的前提中，有些是全称的，有些是特称的，有些是不定的”，[①] 每个肯定判断都有对应的否定判断，这样，判断就可以分类为：

全称判断	全称肯定判断	所有的S是P
	全称否定判断	所有的S不是P
特称判断	特称肯定判断	有些S是P
	特称否定判断	有些S不是P
单称判断	单称肯定判断	这个S是P
	单称否定判断	这个S不是P

亚里士多德并没有给出单称判断的确切定义，由于单称判断断定的是单个主词的全体，所以单称判断是另一种形式的全称判断，这样，判断类型实际上有四种：全称肯定判断、全称否定判断、特称肯定判断、特称否定判断，分别称作A、E、I、O。

亚里士多德在《论题篇》中讨论“谓词与主词在命题中的四种不同关系”时提出了“四谓词”理论，每一命题的因素共有四个，即“或者特性，或者定义，或者类属，或者偶性。……这些每一个都独自构成了命题或问题”。[②] 这表明，命题或判断是由定义、固有属性、属和偶性“四谓词”构成的。从结构上看，一个命题“S是P”中，主词“S”同谓词“P”以及系词“是”一起才能构成一个命题，P是表达主词S的谓词，四谓词就是谓词P的四种性质。

偶性。它不同于定义、固有属性和属，“既不是定义，又不是特性，也不是类属，然而它也属于事物；它可以属于也可以不属于某同一事物”，[③] 偶性是事物的非本质属性，因而与固有属性（某事物专门具有的属性）、定义（某事物的本质属性）相区别。用逻辑术语表达，在“S是P”命题中，如果P是S的偶性，那么P就属于或不属于S；或者，P就属于S或属于R。在“人是有坐姿的”这个命题中，谓词“有坐姿的”可以属于人，也可以属于其他动物。

属。“属是对一些不同种的事物的本质范畴的谓词。”[④] 属是由一些不同

① 亚里士多德：《工具论》，第94页；《前分析篇》，25a4—25a6。

② 亚里士多德：《工具论》，第271页；《论题篇》，101b22—24，中世纪注释家波尔费留在《亚里士多德〈范畴篇〉引论》中补充了“种”，称作“五种谓词”。

③ 亚里士多德：《工具论》，第273页；《论题篇》，102b4—6。

④ 亚里士多德：《工具论》，第272页；《论题篇》，102a32—33。

的种（小类）组合而成的大“类”，所以，“属”概念也叫“类”概念，它是述说种的，它是内涵较种贫乏而外延大于种的概念；在命题中如果有种属关系出现，那么，种一定是主词，属一定是谓词；属本身又有高于它的属；属要谓述种的本质范畴，意思是属要指明种属于哪一类事物，是对种的归类谓述。在“人是动物”和“人是生物”中，人是种概念（S），动物是属概念（P），生物是高于动物属（P）的属（T），那么，属（P）和属的属（T）都谓述种（S），这个位置关系是确定的，即不能用种谓述属。在一个属包含的多个种中，种和种之间的差别叫种差，按照亚里士多德的论述，“种差是种的谓词”，“种差总是表达一种性质”，“种差从不是偶性”，“种差不表示本质”，由此可知，种差和属一样也是谓述主词的，它表示主词的专有性质因而不同于偶性。

固有属性。“固有属性是一谓词，它不表示一事物的本质，却是此事物专门具有的，并且可以和它互相换位谓述。”[①]亚里士多德认为，属性有使一事物与其他事物区别开来的、这个事物专有的本质固有属性，有事物始终具有的、从不能没有的长久固有属性，有不能将主词与所有其他事物区别开来、而只将它与某一确切事物区别开来的相对固有属性，还有只在某些特定时间里才为事物所有、并不是它总有的暂时的固有属性。在他看来，偶性也可以成为暂时的和相对的固有属性，甚至是长久的固有属性，所以，亚里士多德所谓的固有属性主要是指本质的固有属性。本质的固有属性有两个特征：其一是它作为谓词可以与其谓述的主词互相换位谓述，即如果P是S的固有属性，那么就可以说“P是S”，比如“人是能学语法的动物”，由于只有人能学语法，所以也可以说“能学语法的动物是人”；其次，固有属性是主词专有的性质，但是不表示本质，由此把它与定义区别开来了，前例中“能学语法的动物”可以是人的固有属性或性质，但不是人的本质。

定义。“定义是表示事物本质的一个词组。”[②]从语言形式方面看，定义是一个词组；从内容方面看，定义要表达事物的本质。定义的元素一个是属，另一个是种差，并且只有属和种差谓述本质。定义是属加种差，属应使该对象与其他一般事物区别开来，种差应使该对象与同属下的其他事物区别开来，因此，定义的方法就是找出属和种差。在“商品是用来交换的劳动产品”这个定义中，“商品”是主词S，“是用来交换的劳动产品”是谓词P。其中，“劳动产品”是属，“商品”属于“劳动产品”，从而把商品与

---

① 亚里士多德：《工具论》，第272页；《论题篇》，102a18—19。

② 亚里士多德：《工具论》，第271页；《论题篇》，101b30—31。

“自然物”等非劳动产品区别开来；“用来交换”是“种差”，它把“商品”与“地租”“自产自用”等的“劳动产品”区别开来了。

从四谓词理论与判断学说结合的角度看，亚里士多德四谓词理论虽然没有考察否定命题和命题的量，但他通过研究定义方法和概念之间的关系，深刻揭示了谓词与命题之间的关系，“断定一个命题‘S是P’正确与否，要看它的谓词P表达得对不对。首先看P是哪一种谓词，然后分别根据每种谓词的定义和特定来检验P和S的关系。如果P和S的关系符合四谓词理论，那么命题‘S是P’就正确，如果P和S的关系不符合四谓词理论，那么命题‘S是P’就不正确”。[①]

胡塞尔指出：“我们可以说，亚里士多德是第一个在命题学领域——断定陈述句领域（传统意义上的‘判断’）——完成那种‘形式化’或代数化的，此代数化是随韦达（Vieta）而出现于近代代数学的，并使得其后的形式‘分析’区别于一切实质性（materialen）数学科学（几何学、力学等等）。”[②]在亚里士多德那里，哲学是形而上学，逻辑学是人们思维和论辩的工具，似乎哲学和逻辑学是两个不同的学科。但事实上，哲学和逻辑学从亚里士多德起就紧密地结合在一起，这使亚里士多德既是传统逻辑学的创始人，也是形而上学的奠基者；[③]弗雷格在莱布尼茨逻辑工作的基础上试图从统一的逻辑符号语言推出数学并建立了现代逻辑，并因此成为分析哲学的奠基人；胡塞尔在康德等人工作的基础上，建立了超越论的逻辑，并成为现象学的创始人。

在胡塞尔那里，逻辑学被设想为一门科学学，“一般科学的真正意义……作为真正的、不只是假定的科学之存在的本质可能性……逻辑学是关于一般科学之科学，而且在其理论中正是要证明此本质可能性，或者如历史上所见的，应当证明此本质可能性”。[④]逻辑学或科学学的任务是为可能科学提供一种先天的根据：即科学是如何可能的，或者说，只有彻底澄

① 参阅王路：《亚里士多德的逻辑学说》，中国社会科学出版社1991年版，第62页；《逻辑的起源》，商务印书馆2019年版，第337—349页；《逻辑的观念》，商务印书馆2000年版，第25—32页。

② 胡塞尔：《形式逻辑和先验逻辑》，P. 江森编，李幼蒸译，中国人民大学出版社2013年版，第41页；Edmund Husserl, *Formale und transzendentale Logik. Versuch einer Kritik der logischen Vernunft.* Hrsg. von Paul Janssen. Den Haag: Martinus Nijhoff, 1974。

③ 一般认为逻辑的产生与古希腊的数学和辩论盛行有直接关系，因为数学需要证明，辩论涉及逻辑。王路教授质疑这个观点，认为逻辑的产生与哲学直接相关。参阅王路：《逻辑的起源》，第5—8页。

④ 胡塞尔：《形式逻辑和先验逻辑》，导论，第6—7页。

清逻辑的先天原理和理论的逻辑学（科学学）才能为事实科学奠定基础。从《逻辑研究》（1900—1901）到《逻辑学与认识论导论》（1906—1907讲座）到《观念Ⅰ》（1913），胡塞尔一直试图在逻辑学-科学理论的、认识论的和认识现象学的研究中实现统一，其中，《逻辑研究》的主要目的就是通过纯粹逻辑学来论证科学的认识的可能性问题。

称谓行为与论题行为。在现象学的意识分析中，称谓行为（nominaler Akt）指表象或命名，是以实事（Sache）为客体的行为；论题行为（propositionaler Akt）指判断或论题，是以事态为客体的行为。它们共同构成"客体化行为"这个意向体验的总属。每一个陈述都有一个名称相对应，反之每一个可能的名称都有一个陈述相对应；每一个名称都可以转变为一个陈述，每一个陈述也可以转变为一个名称，却不改变它们的属质性。

胡塞尔在第五研究第四章指出：

> "任何一个意向体验或者本身是一个（单纯）表象，或者以一个表象为基础"这个命题是一个被误认的明见性。这里的错误建基于表象所具有的上述双重意义之中。如果理解正确，那么这个命题的第一部分所说的就是在某个行为种类意义上的表象，它的第二部分所说的则是在单纯的（在上述方式完备了的）行为质料意义上的表象。[①]

一切科学认识及其理论都是以判断形式陈述出来的，所以，对奠基性表象与判断的关系研究就具有特别的意义。在胡塞尔看来，包括布伦塔诺在内的哲学家关于表象的观点之所以是一个"被误认的明见性"，其错误就在于没有区分表象的双重意义，即"行为种类意义上的表象"与"行为质料意义上的表象"。实际上，一个关于事实的表象本身就是一个完整的行为，但它同时又可以作为一个成分、作为一个事实状态之表象而寓居于判断、疑问、期待等行为之中；质料与行为质性的交织是抽象因素的交织，质料不可能孤立地出现，它只有通过抽象因素的补充才能获得具体化。

胡塞尔指出，如果我们进行一个谓词陈述行为或判断如"S是P"，"在这里'表象'给我们的这个'是'（Sein）显然可以以完全不同的方式表象给我们，只要我们说，'S的P状态'（das P-Sein des S）。同样，'S是P'的实事状态也可以在一个我们陈述'S是P'的判断中被我们意识到，也可以在另一个判断的主语行为中被我们意识到。……这个判断是指它（实事

① 胡塞尔：《逻辑研究》第二卷第一部分，第513页。

状态）在其中建构起完整的客观相关物的那个判断；这样，它显然便与事物在类似的意义上是对象性的，这里的所谓事物是指我们在感知或想象或图像观看中通过一束目光所看到的那种事物——尽管一个实事状态不是一个事物，并且根本不是一个在原来的和较为狭窄的意义上可以被感知、被臆构、被映象的东西”。[①]这段话包含如下意思：

（1）有两种实事状态，一个是S的P状态（Sein des S），另一个是“S是P”的实事状态；

（2）“S是P”的实事状态既在一个陈述“S是P”的判断中被我们意识到，也可以在另一个判断的主语行为中被我们意识到；

（3）一个实事状态不是一个事物；

（4）事物是通过直观或想象得到的，实事状态不是被感知到的东西，而是建构起来的客观相关物；

（5）事物和实事状态都具有对象性，不过，事物是直观的对象，实事状态是判断的对象。

我们试举例分析：

（1）月亮——被感知、被臆构、被映像的事物。

（2）“月亮。”——我们关于被感知的事物形成的表象。

（3）“月亮是明亮的。”（S是P）——关于月亮是明亮的这个实事状态的简单判断。

（4）“月亮是明亮的是可喜的。”（S是P是可喜的）——复合判断。

（5）“如果月亮是明亮的是可喜的。”（如果S是P是可喜的）——假言句判断。

（6）“因为月亮是明亮的是可喜的。”（因为S是P是可喜的）——因果句判断。

上述例子中，（2）是我们关于月亮的表象；（3）是我们关于月亮所做的判断，表明“明亮的”（P）是“月亮”（S）的状态，或S的P状态；（5）（6）可归类为（4）。这样，我们主要比较分析（3）和（4）两个例子。很显然，在“月亮是明亮的是可喜的”（S是P是可喜的）中，“月亮是明亮的”在作为主句起作用时，说明判断也可以作为主语对象在判断中起作用，它不是一个判断的表象，而是与之相对应的实事状态的表象，“对一个判断所进行的判断不同于对一个实事状态的判断；因此，从主语上表象或指称一个判断是一回事，从主语上表象或指称一个实事状态是另一回事”。[②]“月亮是

① 胡塞尔：《逻辑研究》第二卷第一部分，第515—516页。

② 胡塞尔：《逻辑研究》第二卷第一部分，第516页。

明亮的是可喜的"并不是指"月亮是明亮的"这个判断是可喜的，而是指"月亮是明亮的"这个实事状态是可喜的。如同一个陈述至少要含有一个"名称"一样，一个判断也至少要以一个表象为基础，即使是在"S是P"这样的简单判断中，也至少含有两个或以上的表象。在"月亮是明亮的"这个简单判断中，"明亮的"就建基于被谓词判断地表象出来的"月亮"这个事实之上；在"月亮是明亮的是可喜的"这个复合判断中，"可喜的"就建基于谓词判断地表象出来的"月亮是明亮的"这个实事状态之上，所以，胡塞尔提出了一个重要的命题："在任何一个行为组合中，最终奠基性的行为必然是表象。"①

一般情况下，我们将对表象的表达称为"称谓"或"名称"，比如"月亮"就是对月亮这个事物的表象，它也是个称谓或名称。但是，将名称仅仅标识为表象的表达是可疑的。名称作为称谓有含义意向和含义充实两种意义，名称是有含义的符号，它意指一个"含义"或被赋予含义（含义意向）从而成为"表达"；每一个有含义的表达都与一个对象之物发生关系，直观使表达的意向得到充实（含义充实），如果含义意向得到充实，那么被意指的对象便作为被给予的对象而构造出自身。名称虽然意指和构造对象，但不能把名称理解为单纯的主语，仅靠单纯作为主语的名称还不能清楚地表现出一个完整的行为；名称应该是具有含义功能的定冠词或不定冠词以及定语从句或关系从句等作为名称起作用的语词或词组所构成的完整的陈述主语。

从定冠词句子来看，在Die Kinder laufen auf die Straβe（孩子们跑到街上）和Die Kinder laufen auf der Straβe（孩子们在街上跑）例句中，Kinder（孩子们）是复数名词，die是复数名词的定冠词，die和Kinder一起构成陈述主语；按照德语"静三动四"的语法规则，在laufen auf die Straβe（跑到街上）中，auf支配第四格名词"大街"（die Straβe）；在laufen auf der Straβe（在街上跑）中，auf支配第三格名词"大街"（der Straβe）。可见，在陈述中Straβe前的定冠词不同，die Straβe与der Straβe的含义是有差别的，laufen auf die Straβe表明孩子们"跑到街上去了"，laufen auf der Straβe表明孩子们"在街上跑"。用"S是P"的逻辑表达式来看，Die Kinder是S，laufen auf die Straβe和laufen auf der Straβe作为P，表明S的两种不同的状态。

在德语中，关系代词（der、wer、was）和关系副词（wo、wohin、wober）

---

① 胡塞尔：《逻辑研究》第二卷第一部分，第517页。

等可以位于从句句首引起关系从句，其中 der、die、das、die 是阳性、阴性、中性和复数名词的冠词，它们引起关系从句时有数和格的变化。

Er ist es, der mich ärgert（他是惹我生气的人）。

Sie ist es, die mich ärgert（她是惹我生气的人）。

Das Mädchen, das sie im Arm hielt（她抱在手里的小孩。小孩在德语中是中性名词）。

在由主句和从句构成的表达中，从语言学的角度看是复合句，从逻辑学的角度看是复合判断。

Was dort geschieht, ist groβer Bedeutung（那里发生的事具有重大意义）。

Vieles, was hier gesagt worden ist, stimmt nicht（这里谈到的许多事情是不对的）。

Wer da reder, ist mein Lehrer（谁讲演，谁就是我的老师）。

Der da reder, ist mein Lehrer（那位讲演者是我的老师）。

在上述例句中，关系从句 Was dort geschieht（那里发生的事）、Vieles, was hier gesagt worden ist（这里谈到的许多事情）、Wer da reder（谁讲演）、Der da reder（那位讲演者）等作为名称起作用，构成一个完整的陈述主语。其中，由 wer 和 der 引起的主语从句其含义是不一样的，wer 引起的主语从句是泛指，der 引起的主语从句有具体的所指。

胡塞尔指出："我们就需要区分两种名称，或者说，两种称谓行为，一种名称赋予被指称之物以存在的价值，另一种则不做此事。……在设定性的行为与不设定的行为之间的区别一直延伸到现在这个意义上的整个表象领域之上，这个领域已经远远超出了真正称谓表象的领域。……在每一个设定行为中都包含着一个可能的、具有同一质料的不设定行为，反之亦然。"[①] 这里，赋予被指称之物以存在价值的名称是设定性行为（存在–执态），不赋予被指称之物以存在价值的名称是不设定行为（存在–不执态）。在胡塞尔那里，"设定"（Setzung）与"不设定"（Nichtsetzung）是对应概念，"设定"（Setzung）与"立场"（Position）同义，可以与"命题"（Thesis）、"执态"（Stellungnahme）、"信念"（Doxa）概念等义使用，用来规定一个意识行为在进行时是否带有对意识对象的存在信仰，这种存在信仰不是指对事物之存在与否的设定，而是说设定对象的存在和设定对象的不存在，都是存在设定；"不设定"（Nichtsetzung）是指一个意识行为在进行时对意识对象之存在的不执态、不关心、保持中立，对存在问题的悬搁，包括在

① 胡塞尔：《逻辑研究》第二卷第一部分，第 520 页。

单纯想象中的不设定、对存在不感兴趣、不想或不能对存在感兴趣等。[①] 就二者的关系而言，不设定行为奠基于设定行为基础之上。就像一个表象行为离不开感知一样，一个不设定行为也不能离开设定行为；同样，一个陈述行为（判断）也离不开一个称谓行为，每一个设定的和完整的称谓行为都先天地有一个可能的独立陈述与之相符，而每一个不设定的行为都先天地有一个相关的变更了的陈述（单纯理解陈述）行为与之相符。胡塞尔由此得出一个结论“具有相同内容的设定行为和不设定行为的共同之处不在于一个完整的行为，而在于一个单纯的行为质料，这个行为质料在两种情况中是在不同的行为质性中被给予的”。[②]

例 1.“我在地面上散步。”（与感知相关的设定性行为或独立陈述）

例 2.“我想象在月球上散步。”（单纯想象的不设定行为或变更了的陈述）

在例 1 中，我现在意识到自己正在地面上行走，我知道“我在地面上散步”这个意识对象是存在的；在例 2 中，当沉浸在“我在月球上散步”这种想象中时，我仿佛相信这一切都是真的，但当我从这种想象中脱身出来，我就不再坚持原先的相信。这种“仿佛-相信”既不是对一种对存在（在月球上散步）的设定，也不是不设定，胡塞尔称为“拟-设定”，属于不设定。而我之所以能想象在月球上散步（不设定行为），是因为我真的曾经在地面上散步过（设定性行为），没有“我在地面上散步”这个设定性行为，就不会有“我想象在月球上散步”这个不设定行为，后者奠基于前者之上；在这两个陈述中，它们的共同之处在于它们具有共同的行为质料（在……散步），但这个行为质料又是在不同的行为质性中被给予的，即前者是在“感知”行为质性中给予的，后者是在“想象”行为质性中给予的。

一个设定性名称诚然不是一个独立的谓词陈述，它虽然是一个判断行为得以建基的前提，并指明会有进一步的谓语设定产生出来，但它本身不是对一个完整自足的判断的表达。“过路的外乡人”是一个设定性名称，它不是一个完整的判断表达，但它指明会有一个谓语设定产生出来，是使“外乡人路过这里”这个完整判断得以建基的前提。这里，“名称”与“判断”的区别是本质的，胡塞尔由此提出了一个“名称”与“判断”之间观念规律性的联系：在名称中作为判断的显示而被给予的东西并不是判断，而是一个不同于判断的变更（Modifikation）。现象学的“变更”概念指意识行为从一个阶段到另一个阶段的发展中出现的变化，其中后者奠基于前

① 参阅倪梁康：《胡塞尔现象学概念通释》（修订版），Setzung 与 Nichtsetzung 词条。

② 胡塞尔：《逻辑研究》第二卷第一部分，第 521 页。

者之上并与前者相对应，比如从“感知”到“想象”就是“想象性变更”，“质性变更”则意味着不设定行为奠基于设定性行为基础之上。“在名称与陈述之间存在着区别，这些区别或是与合乎含义的本质有关，或是建立在作为本质不同的行为的‘表象’和‘判断’的基础上。在意向本质中，人们是感知地把握一个存在之物，还是判断‘它存在着’，其结果并不是一样的；与此相同，人们究竟是指称这个存在之物本身，还是对它作出‘它存在着’的陈述（谓语陈述），其结果也是不一样的。……每一个设定性的名称都明见地有一个可能的判断与之相符……这里存在着规律性的，并且显然是观念规律性的联系。这种联系作为观念规律性的联系并不是指这些相互排列的行为的因果产生或经验共存；而是指在这些有关的、可以在观念上被把握的行为本质之间的某种观念规律性的有效共属性，这些行为本质在现象学的观念性王国中同样具有它们的‘存在’以及它们的‘存在秩序’。”①“过路的外乡人”是一个名称、一个表象，“外乡人路过这里”是一个陈述、一个判断；前者是指称一个存在物本身，而后者则是对“外乡人正在路过这里”这个事实“存在着”的陈述或判断。另外，一个谓语判断也可以在某种方式上主语地起作用，用胡塞尔的例子来看：“这位大臣——他刚才已经先走了——将会作出决定”。“这位大臣”是已被表象的主语行为；插入语“他刚才已经先走了”是一个限定性的谓语判断，它依附于“大臣”这个名称，它本身并不是主语行为本身，但以某种方式补加给主语并主语地起作用。我们可以把前句谓语陈述改变为定语陈述，“这位刚才已先走了的大臣将会作出决定”。这个“这位刚才已走了的大臣”作为名称（定语名称）是起源于“他刚才已经先走了”这个谓语判断，所以胡塞尔指出，名称包括定语名称都直接或间接地“起源于”判断。这里的“起源”并不是指名称和判断两种不同质性的意识行为的因果产生或经验共存，而是纯粹观念中的“存在秩序”。

这里，还需要解决“陈述能否作为完整的名称起作用”这个称谓行为与判断的关系问题。一个限定陈述句可以构成名称的部分并作为完整的名称在起作用的过程中得到运用，在“终于下雨了，这使农夫们高兴”例句中，“终于下雨了”是一个完整的陈述，它处在主语的位置上并为一个建基于其上的谓语设定提供基础行为。农夫们所高兴的是“这个事实”“下雨这个事实”“下雨了”等，不论我们使用哪一个语句，这个语句都是一个对事实称谓表达意义上的名称，作为一个名称，它进行指称并指称地进行表象，

① 胡塞尔：《逻辑研究》第二卷第一部分，第525—526页。

或者说，它指称的（表象的）是一个事实状态或经验事实，这个事实状态就是“终于下雨了”。在“雨落下”这个朴素的陈述中，有两个事实状态“雨”和“雨在落下”，它们都是被表象的名称，并成为我们判断的对象；“雨”和“雨落下”成为我们意识的对象，并不是对它们进行前后顺序的排列，而是对它们进行判断，判断就是对这两个“表象”加以联结的“意识方式”，“而在这种联结中，关于实事状态的意识为我们构造起自身。进行这个判断与以这种‘综合的’、根据‘某物’来设定某物的方式意识到一个实事状态，这两者是一而二、二而一的。一个命题被设定，随后第二个不独立的命题也被设定，以致于在这些命题的相互奠基中，实事状态的综合统一被意向地构造出来”。[①] 这段论述的表明，判断就是对表象进行联结的意识方式，它既是通过判断使某个实事状态构造起自身，也是以综合地设定某物的方式意识到这个实事状态；我们总是先设定“雨落下了”这个命题，然后又设定了第二个不独立的命题“这使农夫们很高兴”，“雨落下了”“这”个被指称的实事状态“使农夫们很高兴”，因此，“使农夫们很高兴”奠基于“雨落下了”这个实事状态基础之上，在“雨落下了”与“这使农夫们很高兴”这些命题的相互奠基中，实事状态的综合统一被意向地构造出来了。

那么，“雨”是以什么方式“被意识”到的？这需要对这个实事状态的判断意识即“被陈述状况”（Ausgesagtsein）与对这同一个事实的表象意识即“被指称状况”（Genanntsien）进行比较。农夫们对“这”（das）很高兴，“这”意指着“下雨了”这个被陈述的实事状态。但是，“这”意指的并不是“雨落下了”这个判断，判断已经先行发生了；“这”意指的是一个新的行为，它作为“指明性行为”与那个在命题中综合地构造起来的实事状态正相对立，即在于判断完全不同的意义上以此实事状态为对象。就是说，“下雨了”这个实事状态在“雨落下了”这个判断中“更原初地”被意识到，而“这”（das）所意指的、在“雨落下了”这个先行判断中建构起来的“被表象的”实事状态在确切的意义上成为使农夫们高兴的“对象”，在这里，“意识的方式”即客体成为意向客体的方式在两个方面是各不相同的：它们涉及的是“名称”（表象）和“陈述”（判断）两种本质上不同的意识行为，即“雨”可以通过“表象”的方式被意识到，也可以通过“判断”的方式被意识到。从二者的区别来看，一个陈述永远不能作为名称去作用，一个名称也永远不能作为陈述起作用；但是，陈述的质料和称谓行

① 胡塞尔：《逻辑研究》第二卷第一部分，第528页。

为的质料是部分同一的，它们都以不同的形式意指同一的实事状态。

表象是称谓和陈述的质性统一属。通过区分表象与判断，并且在表象之内区分设定的、赋予存在价值的表象与不设定、不赋予存在价值的表象，胡塞尔得出“表象和判断是不同的意识行为”的结论，其中表象属于称谓行为，判断属于陈述行为，无论是从含义赋予还是从含义充实看，它们都具有不同的意向本质。表象和判断、指称行为和陈述行为虽然是不同的意识行为，但它们并非不属于意向体验的各个不同的“基本等级”（Grundklassen）。意向本质是由“质料”和“质性”共同构成的，而意识行为的基本等级则只涉及行为质性而不涉及质料，不同的行为质性可以有相同的质料。具体地说，表象和判断、指称行为和陈述行为是不同的意识行为，但是属于相同的行为质性，它们之间存在着属的共性，即由表象和判断共同构成“客体化行为”（质性统一属），其中判断奠基于表象之上。把客体化行为区别为表象和判断，至少表明，在质性同一的情况下，同一个对象性可以以不同的方式被意识到。

客体化行为与非客体化行为共同构成全部意识行为，前者是指表象、判断等使客体或对象得以被构造出来的行为，后者则是情感、意愿、评价等关于价值论和实践论的行为，它们不具有构造客体或对象的能力。胡塞尔接受了布伦塔诺的“表象是所有意识行为的基础”的观点，但他要求区分两个不同的“表象”概念：“我们（并不另外作出最终的术语建议）在涉及较为狭窄的表象概念时说‘称谓行为’，在涉及较为宽泛的表象概念时则说‘客体化的行为’。”[①] 在对布伦塔诺的观点进行改造之后，狭义的“表象”概念更接近“直观”概念，而广义的“表象”概念即“客体化行为”不是单独由“表象”所组成，而是由“表象”和“判断”共同组成的，由表象和判断构成的客体化行为才使意识具有了意向本质的特征：指向对象并构造对象从而使意识有可能成为“关于某物的意识”。总之，称谓行为是狭义的表象，客体化行为是广义的表象，这样，胡塞尔就大大深化和拓展了表象概念的含义和范围，并最终回答了为什么说布伦塔诺的“任何一个意向体验或者本身是一个（单纯）表象，或者以一个表象为基础”这个命题是一个被误认的明见性。

胡塞尔进一步探究了客体化行为的质性差异和质料差异问题，即客体化行为在质料方面划分为表象和判断，在质性方面区别为设定行为和不设定行为，客体化行为这个属“1. 通过质性区分而得出对设定性行为——‘信

① 胡塞尔：《逻辑研究》第二卷第一部分，第539页。

念'行为、在穆勒和布伦塔诺意义上的判断行为——与不设定行为、在设定方面'变更了的'行为、相应的'单纯表象'行为的划分。……2. 通过质料区分而得出称谓行为与陈述行为的区别"。[①]前述可知，表象或称谓行为可以区分为设定行为与不设定行为，设定行为是带有存在信仰的行为，它将行为对象意指为存在的，是对存在问题执态的行为；而不设定行为则将对象的存在搁置起来，对行为对象的存在与否不感兴趣或不表态，也称为"质性变异""单纯表象"或"单纯理解"，[②]即不带存在信仰的行为，它不具有与"这里"和"现在"的联系。胡塞尔认为，这里存在一个规律："每一个设定性的称谓行为都有一个无设定的、一个具有同一质料的'单纯表象'与之相符合，反之亦然……我们也可以这样来表达这件事：某种变更使每一个设定性称谓行为都转变为一个具有同一质料的单纯表象。我们在判断那里也再次发现这同一种变更。"[③]就是说，"每一个设定行为都有一个同一质料的不设定行为与之相符合"，这个规律既适合称谓行为（表象），也适合陈述行为（判断）。设定性的称谓行为和陈述行为与不设定性的称谓行为和陈述行为都是具有同一质料但不同质性的一致性行为，比如我"看见"月球与我"想象"月球，虽然质料相同，但质性不同，前者属于感知行为，后者属于想象行为；然而，它们都可以算作同一个"直观行为"的质性属；"我在地面上散步"（设定性陈述）与"我想象在月球上散步"（不设定或变更了的陈述）也是质料相同而质性不同，但都属于客体化行为的质性属。从表象到判断，从我看见（或想象）月球到我在地面上散步（或想象在月球上散步），构成二者区别的是质料，但都属于客体化行为的质性属，并非意向体验的不同基本等级。胡塞尔指出："据此，一个全面的意向体验属的范围得以划定，这个意向体验属将所有被考察的这些行为按照其'质性'本质都包容在一起，并且规定了'表象'这个术语在这个意向体验的总体种属中所能意谓的'最为宽泛的'概念。我们自己则想把这个质性统一的、在其自然的广度中被理解的属标识为'客体化行为'的属。"[④]把表

① 胡塞尔：《逻辑研究》第二卷第一部分，第541页。

② "质性变异"（qualitative Modifikation）是指意识行为在质性方面发生的变异，即从基础性带有存在设定的行为向不带有存在设定的行为的变异；"单纯表象"（bloβe Vorstellung）是一种不带有存在信仰的直观行为，它是对感性对象的不设定统摄；"单纯理解"（bloβes Verstehen）意味着对被理解之物的"搁置"，即仅仅是理解而已，不带有对被理解之物的执态，它是对符号对象的不设定统摄。参阅倪梁康：《胡塞尔现象学概念通释》（修订版），qualitative Modifikation、bloβe Vorstellung 和 bloβes Verstehen 词条。

③ 胡塞尔：《逻辑研究》第二卷第一部分，第540页。

④ 胡塞尔：《逻辑研究》第二卷第一部分，第540—541页。

象在宽泛的意义上理解为“客体化行为”的属具有两方面的重要意义，其一是从质性上把意识行为划分为设定性行为和变更了的不设定行为；其二是从质料方面把意识行为划分为称谓行为和陈述行为。

既然设定性行为与不设定性行为涉及对“存在”是否执态的问题，我们还需要对“存在”概念做一说明。在现象学中“存在”区分为“实在的存在”和“体验的存在”，前者是自然观点中的存在信仰或存在设定的相关物，后者是指“纯粹体验”“纯粹意识”，它既包括“纯粹意识的相关物”，也包括“意识的纯粹自我”；二者之间的区别在于：实在的存在只能通过“映射”的方式被意识到，而体验的存在则只能通过反思（内感知）被内在地感知到；前者是“超越之物的存在”，是实证科学的对象，后者是“内在之物的存在”，是哲学本体论的对象；构造现象学的分析表明，作为实在的存在是在作为意识的存在之中被构造起来的。[①] 所以，这里涉及的表象或判断中的存在都是作为现象学“纯粹体验”的内在存在，是在意识中构造起来的存在对象。

在区分了客体化行为的质性差异——设定行为和不设定行为——之后，胡塞尔进一步考察了客体化行为意义上的表象及其质性变更问题。一般来说，每一个意向体验都有一个单纯表象与之相符，比如与愿望相符的是对意愿的单纯表象，与恨相符的是对恨的单纯表象，与指称和陈述相符的是相应的单纯表象，等等。任何一个可能的客体都包含着一个与之相关的表象，这个表象的质性可以是设定性的，也可以是不设定性的（单纯表象）。然而，本质而言这个“作为客体化行为的表象”并不是一个表象，而是各种不同表象的一个整个杂多性，作为客体化行为的表象“可以将它的客体表象为直观客体和思想客体、直接客体或有表语中介的客体，并且所有这一切都是以多层次的方式进行”。[②] 试以下述例子说明：

“这块黑色的大理石非常坚硬。”

从表象来看，“这块黑色的大理石”是个表象，属于称谓行为，它的质料是“黑色的大理石”。但是，“黑色的”和“大理石”各有其独立含义，因而“黑色的大理石”还不是一个最终奠基性质料，最终奠基性质料是“大理石”；从判断来看，“这块黑色的大理石非常坚硬”是个判断，属于命题或陈述行为，它是由如下判断复合而成的：“这是一块石头”，“这是一块大理石”，“这是一块黑色的大理石”，“这块黑色的大理石非常坚硬”。

① 参阅倪梁康：《胡塞尔现象学概念通释》（修订版），Sein 词条。

② 胡塞尔：《逻辑研究》第二卷第一部分，第 545 页。

就其质性来说，“这块黑色的大理石非常坚硬”是一个肯定判断或设定性的陈述行为，因为我们既确信有“一块黑色的大理石”这个“实事”存在，也把“这块黑色的大理石非常坚硬”这个“事态”看作是真实的；我们对“大理石”的表象是朴素的客体化行为，这个称谓或观念对象是判断的最终质料。正是陈述的称谓化或名词化，“唯有质料（即在那个对于此项研究来说是决定性的意义上的质料）才构成了这一个和另一个区别；因此，唯有它才规定着称谓行为的统一，并且又规定着陈述行为的统一”。①

任何一个客体都有与之相符的对这个客体的表象，但是，要注意如下差异，即对一个设定的表象不是对这个以设定的方式被表象的对象的表象，这两方面被表象的对象是不同的：

以表象为例：

例 1. 我们看见一棵松树，并形成与这棵树相符合的是对这棵树的表象——“松树”。表象的客体是“实事”（这棵树）。

例 2. 我们还可以以“松树”为客体，并形成与“松树”这个客体相符的表象，表象的客体是“表象”（“松树”），即关于表象的表象。

以判断为例：

例 3.“这是一棵松树”，这个判断表象的是一个“实事状态”，或者说这个判断是关于“这是一棵树”这个实事状态的表象。

例 4. 我们还可以以“这是一棵松树”这个判断为客体，并形成与这个客体相符的表象，即关于“判断”的表象。

从上述例子可知，例 1 是关于“实事”的表象，例 2 是关于“表象”的表象，关于实事的表象不同于关于这个表象的表象，例 3 是关于“事态”的表象，例 4 是关于“判断”的表象，关于实事状态的表象不同于关于这个判断的表象。

胡塞尔认为，表象性的客体化不同于行为的质性变更。他提出了一个“表象客体化”的操作符号：

O、V(O)、V[V(O)]……

O 标志着某个客体，V(O) 标志着对 O 的表象，这个操作是可无限重复的。但“质性变更则不是如此；还有，表象性的客体化可以运用于所有客体，而质性变更则只对行为具有意义。再有，在一个变更的系列中，‘表象’毫无例外地是称谓表象，而在另一个变更系列中，这种限制则不存在；最后，在（表象性的客体化）那里完全不涉及质性，也就是说，与变更本

① 胡塞尔：《逻辑研究》第二卷第一部分，第 540 页。

质上有关的是质料，而在这里，即在质性变更这里，被变更的则恰恰是质性”。[①] 这里的关键是，质性变更只涉及行为质性而不涉及行为质料，而表象客体化则适用于所有客体并只与行为质料有关。

从表象客体化来看：

松树——实事

“松树。”——客体化表象或表象化的客体

这里，松树（实事）被表象为“松树”这个表象化客体，主要涉及的是质料的变化，质料的功能在于区别相同的意识行为。

从质性变更来看：

“松树。”——表象

“这是一棵松树。”——判断

这里，表象和判断的质料（“松树”）是相同的，变更了的是质性，质性的功能在于区别不同的意识行为。

进一步看，每一个设定性行为（信念）都有一个不设定行为（单纯表象）作为其对立面而与之相符，这两个行为都根据同一的质料而表象出同一个对象性，区别在于它们是以不同的意指方式设定这个被表象的对象性。

以前述例子来看：

例 1.“我在地面上散步。”（设定性判断行为）

例 2.“我想象在地面上散步。”（不设定行为或单纯想象）

例 3.“我希望在地面上散步。”（愿望）

区别例 1（“信念”）与例 2（“单纯想象”）有两个重要的标志：“这里”和“现在”。设定性判断行为是以存在意指的方式把我“现在”在“这里”散步表象为判断的对象性；而单纯想象则只是单纯“想象”我在散步，但并非“现在”在“这里”散步，因而它没有以存在意指的方式设定“我在地面上散步”的对象性，我只是想象在散步，它将这个对象搁置起来了，所以它不会像“表象客体化”那样可以被重复，但是，无论是设定行为还是不设定行为，两者都是客体化行为，都属于同一个属；而例 3 则是一个愿望，它属于非客体化行为，我们也可以有关于它的表象，但它与前两者表象属于不同的属，按照胡塞尔的观点，客体化行为（表象和判断）与非客体化行为（情感、评价和意愿等）共同构成全部意识行为这个总属。

现在我们需要进一步讨论“质性变更”与“想象变更”的关系问题。通常人们将设定性行为标识为“认之为真”（fürwahrhaltend），将它的对立

① 胡塞尔：《逻辑研究》第二卷第一部分，第 546 页。

面标识为“臆构性行为”，即臆构不设定行为。胡塞尔认为，传统逻辑学只有在判断或陈述含义那里才涉及“认之为真”，亚里士多德在《解释篇》中讨论了命题或判断的真假问题，提出了一个命题和与它相应的矛盾命题一个必真另一个必假，一对反对命题不能同真，一对反对命题的矛盾命题可以同真等逻辑规则。[①]胡塞尔的现象学大大拓展了“认之为真”的领域，将所有感知、回忆、期待、表达或称谓的设定都标识为“认之为真”了。那么，“臆构性行为”也是这些“认之为真”行为的对立面吗？胡塞尔认为，“臆构”这个词首先必须受到限制，它不是指“有意识的臆构”“无对象的表象”或“错误的意见”等。假如我在阅读一本小说《唐吉诃德》，我可以不相信小说中讲述的“唐吉诃德与大风车搏斗”这样的事情，但我也不否认或怀疑这些事情，无论我们是感知地观看一幅绘画，还是阅读一本小说，我对这些事情不做现实的判断，即不带有任何的“认之为真”的设定性行为，但我可以对这些事情进行单纯的“臆构”，胡塞尔也将“臆构性行为”称作“想象性变更”（imaginative Modifikation），就是“将感知导向想象”和“将感知立义”导向“想象立义”的那种变化，就是说任何一个感知的对象都可以成为想象的对象，都可以有一个想象对象与之相适应。因此，胡塞尔要求区分两个“共形变更”，所谓“共形变更”（konforme Modifikation）是指一个意识行为在保持其质料同一的情况下发生的变更，或者说是指与行为质料无关涉的变更，它包括质性变更与想象性变更，“在这两个变更中，质料都保持不变”。[②]这个区分对于弄清感知与想象的区别具有重要的意义。

总之，表象可以视为某个以可能的方式构建着完整判断的东西，但完整准确地理解表象与判断的关系则是一个非常困难的课题，这需要进一步研究感知与表象的关系。

---

① 参阅亚里士多德：《工具论》，第37—58页；《解释篇》，17a25—24a9。

② 胡塞尔：《逻辑研究》第二卷第一部分，第550页。

第九章 现象学的含义意向与含义充实

首先是含义意向，而且它是自为地被给予的；尔后才附加了相应的直观。同时，现象学的统一得以产生，它现在自身宣示为一种充实意识。

——胡塞尔：《逻辑研究》

第六逻辑研究的标题是“现象学的认识启蒙之要素”，[①] 共包含三篇九章70节及一个附录的内容，是六个研究中篇幅最多、最成熟、成果最丰富的一项研究。

人类所有的理论思维和认识都是在陈述中进行，也就是在与表达密切交织的意识行为中进行的，这些意识行为是普遍纯粹观念的源泉。纯粹逻辑学的任务就是要从这些纯粹观念中获得“观念规律性联系”，而对这些纯粹观念的澄清则是现象学认识批判的任务。表达和行为都具有某种“意义”或“含义”，《逻辑研究》从第一至第五研究就是对表达与含义、含义的观念性、观念整体与观念部分、独立含义与不独立含义、意向体验及其含义逐渐深入的研究。但在第六逻辑研究的“引论”中，胡塞尔却认为，从第一到第五研究“我们甚至连较近的一个目标还没有能够到达，即阐明含义这个观念的起源”。[②] 胡塞尔在第六逻辑研究中对含义观念的起源问题进行了更为深入的阐明，第一篇“客观化的意向与充实”的第一章以“含义意向与含义充实”为题对此进行了专门的讨论。

---

① 第六逻辑研究的德文标题是“Elemente einer phänomenologischen Aufklärung der Erkenntnis”，其中，Aufklärung 有“解释”“说明”“澄清”“启蒙”等含义，动词 aufklären 意为“弄清”“澄清”“查明”“研究”“解释”“启蒙”等。李幼蒸将这个标题译为“认知现象学阐释之原理”（参见李幼蒸译《第五、第六逻辑研究》，中国人民大学出版社 2018 年版）。

② 胡塞尔：《逻辑研究》第二卷第二部分，第 2 页。

一、立义与含义

"含义"是胡塞尔现象学中一个很重要的概念，在《关于含义学说的讲座：1908 年夏季学期》(《胡塞尔全集》第二十六卷）中，胡塞尔甚至试图建立一门平行于"现象学的认识论"的"现象学的含义学说"。在胡塞尔的现象学中，"含义"（Bedeutung/signification）概念与"意义"（Sinn/sense）概念基本同义，"'含义'对我们来说是与'意义'同义的"。[①] 不过，"含义"概念适用于语言逻辑分析，"意义"概念适用于意识行为分析。要研究含义意向和含义充实行为，首先需要了解现象学的感知概念和立义概念。

感知（或译知觉）问题是一个自古希腊时代就已经存在并被认真讨论过的古老问题，在近现代哲学中更是成为认识论所讨论的核心问题之一。按照阿姆斯特朗在《感知与物理世界》一书导言部分的概括，西方哲学史上关于感知问题存在三种形式的理论：直接实在论、表象论和现象论。[②] 它们都是对"当我们感知时我们知觉的直接或当下的对象是什么"这个问题的不同回答。其中，直接实在论认为感知的直接对象只能是物理的存在即物理事物，它独立于对它进行的感知活动而存在；表象论和现象论认为感知的直接对象是感觉印象或感觉材料，这些对象不能独立于对它进行感知的活动而存在。但在"物理对象是什么"问题上，表象论和现象论之间存在着分歧，表象论认为物理对象不能被看作感知的直接对象，但它能独立于直接对象（感觉材料）而存在；现象论则认为物理对象仅仅是感知的直接对象的构造物，它们不能独立于感知而存在。

关于感知的直接对象是什么的问题，近代以来西方哲学家进行了充分而细致的讨论，如洛克和贝克莱的"感觉观念"、休谟的"印象"、康德的"表象"等理论；现代英国哲学家摩尔持直接实在论立场，他在《驳唯心主义》一文中把感觉分为"意识"和它的"对象"，这个对象是外在的物理对象。[③] 罗素在《我们关于外部世界的知识》一书中明确区分了感觉和可感对象，认为感觉对象不是像桌、椅这样的物质对象，而是斑块、硬度、声音等感觉材料，而物质对象仅仅是它们的"逻辑构造"。[④] 德布尔（De Boer）

① 胡塞尔:《逻辑研究》第二卷第一部分，第 53 页。

② 参阅 Armstrong, *Perception and Physical World*, "Introduction", Humanities Press, New York, 1961。

③ 载于 Moor, *Principia Ethica*, Cambridge University Press, 1903。

④ 参阅 Russell, *Our knowledge of the External World*, Open Court Publishing Company, 1914。

认为，施通普夫则区分了活动、现象和物理对象，活动是心理学研究的领域，物理的东西是物理学的研究对象，而现象或显现则是现象学研究的领域：

活动 → 现象或显现 ← 物理对象

心理学 现象学　　　物理学

心理学研究的不是声音，而是听声音（活动）；物理对象和它的“显现”不同，原子、电子等是物理的东西或物理学研究的对象，它不同于原子、电子等物理东西在意识中的显现：在意识中的显现即现象，它是一门既不同于物理学也不同于心理学的科学。

布伦塔诺也做了类似的概念区分：

活动 → 物理现象或内在对象 ← 物理的东西

倾听　　声音　　　　　　物理学对象

在上例中，“向右指的箭头代表着意向性。它只延伸到内在对象而不是‘物自体’。向左指的箭头代表着刺激，它来自未知的外部世界，引起了声音现象”。[①]

现象又可以区分为心理现象和物理现象，布伦塔诺在《从经验立场出发的心理学》中专门用一章来论述“心理现象与物理现象的区别”，“我们的整个现象世界分为两大类，即，物理现象和心理现象”，在他看来，迄今为止关于这两类现象的界分既不统一也不完全清晰，存在着把显现在想象中的物理现象误认作是心理现象的混淆情况，因此布伦塔诺把“心理现象界定为表象或奠基于表象的现象；而其它的现象均属物理现象”。[②]广延是一切物理现象独具的特征，心理现象则被认为是非广延的；心理现象具有意向的内在性，即心理现象是内感知的专有对象，物理现象则是外感知的对象。胡塞尔继承了布伦塔诺的上述观点，但又极大地丰富了感知理论，他认为感知是最具奠基性的意识行为，感知又可以区分为“内感知”和“外感知”（这是布伦塔诺对感知的基本划分，区别在于其是否具有明见性），它们分别是对心理现象和物理现象的感知，外感知是在感知过程中对外在于或超越于意识的对象的构造，内感知是对内在于意识的对象的构造。外感知还可以进一步区分为“原本意识”和“非原本意识”，例如，当我观看一座房屋时，我看到的房屋的这个面是当下被给予之物，是原本被给予我的；而我没有看见的房屋的侧面或背面就是非原本给予我的，但却是共

① 德布尔：《胡塞尔思想的发展》，第42页。

② 布伦塔诺：《从经验立场出发的心理学》，第115页。

同被给予之物（Appräsentation 共现），外感知就是由原本意识和非原本意识共同组成的。在胡塞尔的现象学中，感知还可以进一步划分为“内在感知与超越感知”“个体感知与普遍感知”“本己感知与陌生感知”等，“当胡塞尔仅仅使用无定语的‘感知’概念时，他所指的大都是‘感性感知’，而且是通常意义上的‘外感知’或‘事物感知’”。[①]

当我在进行一个外感知时，我会获得关于一个对象（X）的色彩、软硬、声响等各种杂乱的感觉材料，各种感觉材料的总和并不等于对象 X，X 总是一个比它的各种感觉材料更多的东西。比如，一张“桌子”并不是我关于桌子的感觉材料的总和，“桌子”作为一个整体性的对象存在包含着比我们对它的感觉材料之外更多的东西。我们在感知对象的同时也对对象进行“立义”（Auffassung），在《逻辑研究》中，立义就是一个“赋予含义”（bedeutungsverleiben）或“给予意义”（Sinngeben）的意识活动，所以，立义也就是一个带着含义或意义指向材料的活动，简称为“意指”，在胡塞尔的现象学中，立义、赋予含义、给予意义、意指是基本同义的概念。通过立义，一堆死的材料被激活，成为面对意识而立的一个对象、一个客体（Gegenstand），没有“立义”活动，对象或客体就不能形成，就此而言，立义是使对象或客体得以形成的先天条件。

在感知中立义有两个意识要素：“被立义内容”（aufzufassender Inhalt）和“立义质料”（Auffassungsmaterie）。被立义的内容是立义的原始材料，包括感觉材料和想象材料（立义内容 = 感觉材料 + 想象材料）；立义质料与立义意义（Auffassungssinn）基本同义，它决定着对象是被赋予这个意义，还是赋予那个意义，胡塞尔指出：“由于质料可以说是给明了意义……这样我们也就谈到了‘立义意义’；如果我们想坚持对旧术语的回忆并且同时暗示那个与形式的对立，那么我们也可以说‘立义质料’。”[②] 由此，通过立义活动，被立义的内容（感觉材料）被赋予了一个质料（含义），一个意向对象就得以产生出来，“对象是意向的对象，这意味着，一个行为在此存在，它带有确定地被描述的意向，在这个确定性中的意向恰恰构成了被我们称作对这个对象之意向的东西”。[③]

最直接奠基于感知之中的意识行为是“想象”，感知和奠基于其中的想象共同构成直观行为。在胡塞尔那里，现象学的想象概念区别于心理学

① 倪梁康：《胡塞尔现象学概念通释》（修订版），“感知”词条，第 502 页。

② 胡塞尔：《逻辑研究》第二卷第二部分，第 89 页。

③ 胡塞尔：《逻辑研究》第二卷第一部分，第 448 页。

的想象概念，心理学的想象是人对记忆所提供的材料进行加工改造形成新形象的心理过程；现象学要求中止或悬搁对心理学这门经验科学所提供的关于“想象”等意识现象的认识成就，认为想象是一个特殊意识活动，它有两个基本特征：第一个特征是“非现时性”，第二个特征是“当下化”或“再现”，所以，想象就是对感知行为中被体现的对象的再造或再现。在想象中，有两个感知中遭遇不到的意识要素：立义形式（Auffassungsform）和立义质性（Qualitaet）。立义形式是指“代现的形式”，它在意识行为中决定着对象是单纯符号性地，还是直观地，还是以混合的方式被表象出来，所以说，立义形式可以区分为“直观性立义”（感知性立义和想象性立义）、“符号性立义”和“混合性立义”。当然，意义理论（立义）与代现理论也有区别，“意义理论主要是由表达和含义之间的关系引出的，而代现理论则主要是由意识与对象之间的关系引出的”。不过，“代现”和“立义”面对的事态都是一样的，即如何在“感觉-材料-对象”之间建立起一种密切的联系。用意义理论描述这一过程就是“立义质料-立义-立义对象”，用代现理论描述这个过程就是“代现者-代现-被代现者。”（“联系”后的原文：用代现理论的概念，即“代现者-代现-被代现者”可以描述这一过程；用意义理论的概念，即“立义质料-立义-立义对象”也可以描述这一过程。）[①] 立义质性是指某一类意识行为所具有的本质属性或内在规定性，是一种使某种行为能够成为行为的东西（使表象成为表象、使判断成为判断的东西），由于质性不同，意识行为可以区分为表象行为、意愿行为、判断行为等等。“据此，我们在每一个立义上都可以现象学地区分：立义质料或立义意义，立义形式与被立义的内容，被立义的内容还应当区别于立义的对象。”[②] 即感知行为中包含立义内容和立义质料，表象行为中包含立义形式和立义质性。胡塞尔进一步指出：“质料和质性之间的区别并不标识着行为抽象因素的根本不同种属的区别。自在和自为地看，质料本身无非就是‘质性’而已。”[③] 质料和质性的统一就是“含义”。

我们知道，胡塞尔在第一逻辑研究中区分了“指示性的符号”和“有含义的符号”。信号意义上的符号只是指示性符号，它并不表达什么，“在信号（Anzeichen）（或记号［Kennzeichen］、标号［Merkzeichen］等等）意义上的符号不表达任何东西，如果它表达了什么，那么它便在完成指示

① 王现伟：《重读先哲：胡塞尔》，长春出版社2013年版，第66页。

② 胡塞尔：《逻辑研究》第二卷第二部分，第89页。

③ 胡塞尔：《逻辑研究》第二卷第一部分，第480页。

作用的同时还完成了意指的作用。……意指并不是一种在指示意义上的符号存在"。[①]有含义符号的特征在于它们是一个"表达"并"意指"一个含义，只有当符号具有含义、行使意指功能时，它才进行表达，或者说，只有当符号具有含义时，它才可以被称作表达。就此而言，"指示性的符号"只具有"指示"和"意指"两种功能；"有含义的符号"不仅具有意指功能，而且只有通过表达而具有含义，是有语音或书写显现于其中的感性行为。胡塞尔进一步把表达（有含义的符号）区分为"意义给予的行为"和"意义充实的行为"："只要表达还是激活意义的语音，这些行为对于表达来说就是本质性的，我们将这些行为称之为赋予含义的行为，或者也称之为含义意向。"而那些与表达"有着逻辑基础关系的行为，这些行为或多或少合适地充实着（证实着、强化着、说明着）表达的含义意向……我们将这些在认识统一或充实统一中与赋予含义的行为相互融合的行为称之为含义充实的行为。我们可以将它简称为含义充实"。[②]需要注意的是"与表达有着逻辑关系的行为充实着表达的含义意向"这句话，在第一研究中与表达有逻辑关系的行为主要是指"直观行为"，或者说是"直观行为"充实着表达的含义意向；经过第二到第五逻辑研究的论述之后，胡塞尔在第六逻辑研究第一篇第一章又以"含义意向和含义充实"为标题，进一步对这个问题进行深入研究。

二、感知判断与含义

胡塞尔在《逻辑研究》中的意向分析具有一个静态意向分析和动态意向分析的基本划分。"静态的分析是一种共时性的分析，动态分析则是一种历时性的分析；前者是在同一个时间点的设定下完成的，后者则是在对时间过程的设定下完成的。"[③]一般说来，前五个研究的意向分析主要是从静态方面确定意识行为的奠基关系并探讨"被意指者"（Gemeintes）与"被给予者"（Gegebenes）或"质料"与"充盈"（Fülle）之间的相合关系；第六研究则从总体上转向对"意指"与"充实"之间动态相合关系的研究，也就是"意义给予"与"直观充实"之间的关系，或"'概念'或'思想'

① 胡塞尔：《逻辑研究》第二卷第一部分，第26页。

② 胡塞尔：《逻辑研究》第二卷第一部分，第40页。

③ 倪梁康：《现象学的始基：对胡塞尔〈逻辑研究〉的理解与思考》，第194—195页。

（在这里恰恰被理解为在直观上未被充实的意指）与‘一致性直观’之间的关系问题”。[①] 真正说来，在静态分析中，“意指”本身并不是认识；认识如何可能的问题只有在动态意向分析中才能得到一定程度的回答。静态分析中最基础的意识行为是感知，如我看见一棵树，但这还不是认识，真正的认识是在符号行为中进行的认知活动。第六研究的第一篇题目是“客体化的意向与充实。认识作为充实的综合及其诸阶段”，就是从作为最基础的感知活动经过诸阶段向认识作为充实的综合的研究。

在现象学中，“意指”可以有多个词，bedeuten（动词，动名词 Bedeuten）、Meinung（Meinen）、Sinngeben、Intendieren 在现象学术语中是同义词，是意识活动或行为对其对象的意向指向，它以直观行为为基础，是对某些凸显出来的感性材料的朝向、统摄并赋予意义，它仅仅意味着对某物的朝向，而不包括对这个指向的充实，就此而言，意指就是“含义意向”，“含义意向”与“含义充实”共同构成一个完整的认识行为。那么，意指活动是在所有的行为属中还是只在某些有限的行为属中进行，对此问题西方哲学史上有两种不同的观点。胡塞尔认为，在西方哲学史上存在一个古老的争论：

> 疑问句、愿望句、命令句等等的特殊形式是否可以被看作陈述，以及它们的含义因此是否可以被看作是判断。根据亚里士多德学说，所有独立完整的语句的含义都包含在各种不同的心理体验之中，包含在判断、愿望、命令等等行为的心理体验之中。而在另一种自近代以来日趋普及的学说来看，意指仅仅是在判断行为或其表象性变异中进行。[②]

这个问题也可以换个说法：是所有的行为都是可以表达的，还是只有某些有限的行为是可以表达的。或者进一步说，是只有陈述句（判断）才是表达并且有含义，还是所有的行为都是表达并且有含义。

以亚里士多德为代表的古典理论认为，所有的行为种类都可以作为意义给予的行为起作用，或者说，我们可以将表象、判断、猜测、疑问、愿望等表达出来，并提供有关名称、陈述和疑问句的含义；而近代以来的理论则认为，并不是所有的行为种类都可以作为意义给予的行为起作用，只

---

① 胡塞尔：《逻辑研究》第二卷第二部分，第2—3页。

② 胡塞尔：《逻辑研究》第二卷第二部分，第9页。

有判断行为或其表象性变异行为才有意指功能或作为表达而有含义，因为表达只有在充分发展了的语言及其话语形式中才是可能的。语言的话语形式可以区分为陈述句、疑问句和命令句，陈述句又可以区分为直言句、假言句和选言句，无论如何，如果行为没有在形式和内容上受到统摄，它就无法找到与它相适合的形式，就还不是表达，因而也没有含义。因此，表达得以可能的关键不在于单纯的词语，而在于表达性行为，这个表达性行为对其他如表象、图像等行为作出思想性表达，其中的普遍本质便构成有关话语的含义。

或者说，古典理论认为，所有独立完整的语句的含义都包含在各种不同的心理体验中，判断、愿望、猜测、疑问、命令等行为都属于心理体验，因而都有意指和意义给予功能；近代理论则认为，只有判断和表象性变异行为才有意指和意义给予功能，愿望、猜测、疑问、命令等行为则没有此功能。

以上两种观点的分歧在于，是所有的意识行为都可被表达并具有意指功能，还是只有一部分意识行为才可被表达并具有意指功能。前者认为只要我们运用语词就在进行表达，我们就拥有含义，含义是附着在语词上的；后者则认为，我们不仅要具有语词，而且也必须具有思想的形式，含义不是附着在语词上，而是附着于思想性的表达上，“根据这个学说，每一个含义要么是称谓性的，要么是论题性的，或者我们毋宁说，每一个含义要么是一个完整的陈述句的含义，要么就是一个这样的含义可能部分。陈述句在这里就是述谓句”。[①] 上述对立的观点关涉到一个古老的争论：疑问句、愿望句、命令句等是否可以被看作是陈述，以及它们的含义是否可以被看作是判断。胡塞尔认为，事实上这两种看上去具有自明性的观点可能都是不清晰的，甚至错误的。因为所有行为都是可以被表达的，但并非所有行为都作为含义的载者起作用。

根据上述两种观点，胡塞尔首先区别了“关于一个行为的表达之说法的两种含义”：一是赋予含义的行为或“被传诉的”行为，称作被表达的行为；二是正在体验的行为，即我们指称那些我们正在体验的行为并且借助于这种指称来陈述我们对这些行为的体验，“显而易见，我们既可以对外部的事物，也可以对内心的体验进行判断”。[②] 但是，语句的含义只包含在对这些体验的判断中，而不包含在这些体验本身中，与此同理，关于外部事

① 胡塞尔:《逻辑研究》第二卷第二部分，第 10 页。

② 胡塞尔:《逻辑研究》第二卷第二部分，第 11 页。

物之陈述的含义不包含在这些事物中，而只包含在我们内心对它所做的判断中或协助构成这些判断的表象中。

在现象学哲学中，每一个表达本质上都意指一个含义，因此每一个表达都与一个对象之物发生关系，一个无含义的表达根本就不是表达，对象是在与含义的关系中构造起自身的，"表达是因为具有含义才与对象发生关系，那么，只要有一个与它相应的对象存在，表达便具有含义，只要这样一个对象不存在，表达便不具有含义"。[①] 直观与表象之间是非本质关系，但处于逻辑上的基本性关系中，即直观使表达的意向得到充实，如果含义意向得到充实，那么被意指的对象便"作为被给予的对象"而构造出自身。前述可知，赋予含义的被表达的行为不仅包括"被传诉的行为"（如我告诉某人"康德是《纯粹理论批判》的作者"），也包括"正在体验的行为"（如"我看见一棵树"）。正在体验的行为可区分为正在体验的行为和我们对这些行为体验的陈述。我们可以对外部的事物进行判断，也可以对内心的体验进行判断，并以愿望、提问、判断的方式加以陈述。事实上，关于外部事物或内心体验之陈述的含义，既不包含在外部事物中，也不包含在内心体验中，而是包含在我们对这些外物或体验所做的判断中，换言之，含义不是外物的含义，也不是体验的含义，而是判断含义。如"这棵树是绿色的"这个陈述的含义并不包含在树、绿色这些事物中，也不包含在我们对这棵树的体验中，而是包含在我们所做的"这棵树是绿色的"判断中，或者说包含在我们借以构成判断的表象中。"有含义的符号"不仅具有意指功能，而且只有通过表达才具有含义，在此意义上，含义都是陈述含义或判断含义，疑问、愿望、命令句的确不属于判断含义。胡塞尔据此区分了关于被表达行为之话语的两种含义，"它或者是指那些在其中构造出有关表达之意义、含义的行为，或者是指说者以述谓的方式作为刚刚体验过的行为而提出的那些行为"。[②] 即一种是能够构造含义或给予意义的表达行为（如表象和判断），另一种是虽然有做出某种陈述的可能性、但本身不能作为含义载者的行为（如愿望、疑问等）。这是因为，表象和判断属于客体化行为，愿望和疑问等属于非客体化行为，正如非客体化行为奠基于客体化行为基础之上，愿望、疑问需要奠基于表象、判断等客体化行为基础之。

这个愿望在一个反思性感知的行为中被立义，被纳入愿望的概念之下，借助于这个概念以及对愿望内容的规定性表象而被指称；这样，对愿望的

---

① 胡塞尔：《逻辑研究》第二卷第一部分，第 55 页。

② 胡塞尔：《逻辑研究》第二卷第二部分，第 12 页。

概念表象便直接有助于关于愿望的判断，而相应的愿望名称则从它这方面有助于愿望陈述，就像对人的表象也有助于关于人的判断一样。“由此可以看出，愿望的确不属于判断含义。”①

试以愿望为例：“我期望见到施诺德。”

“反思”（Reflexion）是胡塞尔现象学的一个重要的概念，它既是现象学反思方法，同时作为一种意识体验也是现象学意向分析的一个重要对象。作为对象的“反思”也叫“自然反思”，即将意识的目光从意向可把握的对象性回转到本己的体验之上，在这个意义上，反思就不再是原本意识，而是一种“意识变异”了，意味着“往回关涉到原先的体验”。②“在反思中被知觉把握的东西，不只是被基本地刻画为某种存在的和在知觉目光中持存的东西，而且也是某种在这种目光朝向它之前已存在的东西。”③感知是正在体验的行为，是原本意识；反思则不再是原本意识，而是变异了的意识。我以前见过（感知过）施诺德，现在我期望再见到他；在感知中施诺德通过感知而被指称，在愿望中施诺德通过“反思性感知”被立义并通过规定性表象而被指称；在我期望见到施诺德的愿望中通过反思性感知建立起来的施诺德的概念表象，可以帮助我再次见到施诺德时能够做出“这是施诺德”的判断，但是，愿望毕竟不是判断，或者说，愿望不具有判断的含义。胡塞尔指出，对于所有行为是否能够以表达的方式起到意义给予行为的作用来说，它们的可被表达性是无关紧要的，因为这种可被表达性只能被理解为对行为做出某些陈述的可能性，由此可以认为，愿望等“行为根本不作为含义载者起作用”。④

胡塞尔在把传统关于意指行为的观点区分为被表达行为之话语的双重概念（在其中构造出有关表达之意义、含义的行为与以述谓的方式作为刚刚体验过的行为）之后，提出了关于一个行为的表达之话语的第三种意义，即感知判断。这是一个非常重要而复杂的问题，需要我们认真分析。

在第一逻辑研究的静态分析中，胡塞尔明确指出：“含义是表达的含义。……所有这类观念的统一都是表达性的含义。”⑤含义的主要特征就在

① 胡塞尔：《逻辑研究》第二卷第二部分，第 11 页。

② 胡塞尔：《笛卡尔式的沉思》，E. 施特洛克编，张廷国译，中国城市出版社 2002 年版，第 47 页；Edmund Husserl, *Cartesianische Meditationen und Pariser Vorträge*. Hrsg. von Elisabeth Ströker. Den Haag: Martinus Nijhoff, 1973, S. 73。

③ 胡塞尔：《纯粹现象学通论》，第 80—81 页。

④ 胡塞尔：《逻辑研究》第二卷第二部分，第 12 页。

⑤ 胡塞尔：《逻辑研究》第二卷第一部分，第 109 页。

于它作为意指行为意指的是“种类之物”或“种类的观念和命题”，因而含义主要是“观念含义”或“逻辑含义”，相应地，只有陈述或判断行为等符号行为才构成表达并意指种类之物（种类观念和命题）。而感知是最基础的意识行为，在感知中杂多的感性材料被综合、被统摄、被立义为一个统一的东西，它具有认识的形式但本身还不是认识，真正的认识是在符号行为（即通过陈述语词或判断）中进行的。判断属于符号行为，感知属于直观行为，就此而言，“感知判断”似乎是个奇怪的词语组合。

实际上，在静态的意向分析中，我们明确“感知”和“判断”各自的涵义，是为了说明作为符号行为的判断是最终奠基在最基础的意识行为感知的基础之上的。在静态分析中，有一个东西在感知行为中以感知的方式被给予，在符号行为中以符号的方式被意指；在动态分析的认识行为中，一个对象以“相即”的方式被认识。第六研究对意向行为的动态分析的首要任务是对“符号行为”与“直观行为”这两个一般概念进行现象学的描述，在符号行为中才有含义意向，在直观行为中才有含义充实，所以，含义意向和含义充实也可以简称为“意向”和“直观”；单纯的意向（意指）还不能算是认识，单纯的直观也不能算真正意义上的认识，只有意向和直观的相即才能形成认识，即一个具体的认识是在直观行为与符号行为的交互作用中形成的，或者说，认识是在含义意向和含义充实的动态统一中形成的。

胡塞尔对“感知判断”的定义是“对一个感知的表达”。在一个感知判断中，它的含义不可能存在于这个感知中，而只能存在于本己的表达性行为中。他举例说：“我刚刚向花园看去并且用以下的语词来表达我的感知：‘一只乌鸫飞了起来’。”[①] 从静态分析的观点看，这里有两个意识行为：一个是感知，即直观行为（我看见花园里有一只乌鸫飞了起来），另一个是语言表达，即符号行为（“一只乌鸫飞了起来”）。哪一个行为在这里具有含义呢？从动态分析的角度看，这是一个复合的认识行为，严格意义上的认识行为都是一个直观行为与符号行为具有“相即性”（充实统一）的复合行为。我们总是先有感知，然后才有对感知的语言陈述或判断；感知不同（如“这个黑色的鸟飞了起来”与“这只深色的动物飞了起来”）但含义可以相同，反之亦然；而且，感知不仅可以变化，而且可以消失，表达却不会停止它所始终具有的意指功能，“听者不必向花园看便可以理解我的语词和整个语句；只要他信任我的真实性，他无须感知便可以得出同一个

① 胡塞尔:《逻辑研究》第二卷第二部分，第 14 页。

判断”。[①] 但既然在没有感知的情况下，陈述依然带有与感知基础上相同的意义，感知就不是那个在感知基础上进行着的对感知陈述的表达性意指的行为。我们用来对一个感知进行判断或表达的语音具有多样性的含义：或者带有纯粹象征性的含义，或者带有直观性的含义，或者依赖单纯想象而带有含义，或者依赖实在化的感知而带有含义。所以，意指可以时而在这些行为中发生，时而又在那些行为中发生，但我们却不必纠缠于这些具体的行为，而只需把意指的功能归诸一个始终同类的行为，即意指“只是一个每当表达进行‘表达’时便与被表达的行为相统一的行为”。[②] 当然，我们不能由此否认在“感知判断”中，“感知”与“陈述”的意义有内部的联系，而是任何时候都必须明确，陈述“表达着感知”，或者说，陈述表达着“在感知中被给予的”东西；不论陈述的意义如何变化，它总是“指向”感知的全部或部分显现内涵；感知不是含义的载者，但它为含义提供了特殊的基底。胡塞尔由此认为，在感知与语音之间插入了一个行为（感知–行为–语音），对感知的陈述不是“语音”的事情，而是“表达”行为的事情，表达（行为）被置入一个与感知的联系中并激活了语词的所有意义，并使这个感知成为“被表达的”。这个“中介性”的行为（表达）就是作为意义给予行为而起作用的行为，并与对象之物建立起意向关系。或者说，被意指的含义并不附着在语音上，而是包含在意指行为中，这个意指行为构成统一陈述的基础。

感知是规定着含义但不构造含义的行为。胡塞尔指出，即使感知不会创造出一个在感知基础上进行的陈述的完整的含义，但只要感知使那个被陈述以判断方式表达出来的事态被直观到，它就对这个判断的含义内涵做出了贡献。直观对感知陈述做出了贡献是指：直观行为本身并不是含义，或含义并不包含在感知本身中，但“如果没有直观的支持，含义就无法在它与被意指的对象性的特定联系中展开自身”。[③] 在“我看见花园里这只乌鸫飞了起来”的例子中，我不仅在感知，而且在感知的基础上还建构着一个新的、朝向感知的意指行为。没有感知，意指就是空泛的，甚至是不可能的；感知实现着“这个”意指与它的对象特定联系之展开的可能性和确定性。“我看见桌子上的这张纸是白的”“我看见花园里这只乌鸫飞了起来”……“看见纸”与“看见乌鸫”是不同的感知行为，它们意指着各自特定的对象，没有这些感知，“纸是白的”“乌鸫飞了起来”等意指与对象

① 胡塞尔：《逻辑研究》第二卷第二部分，第 15 页。

② 胡塞尔：《逻辑研究》第二卷第二部分，第 15 页。

③ 胡塞尔：《逻辑研究》第二卷第二部分，第 17—18 页。

的联系就无法确定和展开，因此，我们可以说，感知是规定着含义的行为，但本身却不是构造和赋予含义的行为。

如果我们用想象或图像取代感知情况会如何？

我看见花园里一只乌鸫飞了起来。（感知）

我想象花园里一只乌鸫飞了起来。（想象图像）

这种表达的多样性胡塞尔称为“机遇性的表达”，感知是当下性的，想象是当下化的，“我看见一只乌鸫飞了起来”是此时此刻的当下感知，“我想象一只乌鸫飞了起来”是当下化的想象，用想象取代感知，我想象中飞起来的乌鸫可能就是我刚才感知过的那只飞了起来的乌鸫，意指的对象是同一个，含义不会变化；但在图像意识中，我在一幅图画里看见花园里一只乌鸫飞了起来，可能不是现实的、我曾经在真实的花园里看见的乌鸫飞了起来，意指的是另一个对象，含义会发生变异。这说明，在不同的意识行为中，意指与对象特定联系具有确定性；或者说，意指在不同的直观基底中也可以进行。但感知是最基础的意识行为，所以，感知是规定着含义、但不构造含义的行为。

机遇性的表达与专有名称非常相似。专有名称将对象意指为这个对象“自身”，就如同感知将它置于眼前一样，因而专有名称的含义在于“直接意指这个对象”（Direkt-diesen-Gegenstand-Meinen）。比如“汉斯”这个专名直接意指那个叫汉斯的人，“伦敦”这个专名直接意指那座叫伦敦的城市，我们不必直接去看见汉斯这个人或伦敦这座城市，但我们却可以在感知中去充实“这个意指”（Dies-Meinen）；当然，专有名称“直接指称的表达的含义原初都是产生于直观之中，正是根据这个直观，称谓的意向才原初地将其朝向定位在个体对象上”。[①] 如果专有名称所指称的对象我们一无所知，比如在“西班牙首都是马德里”这个表达中，关于“马德里”这个专有名称，我可以获得这个专名是“西班牙的首都”的知识，但却没有获取关于“马德里”的专门含义，这里的马德里并不是直接的意指，对这个专名对象的意指只有在对马德里这个城市的直观中才能引发。根据以上分析，胡塞尔总结道：“这个含义的任何一个部分都不包含在感知本身之中。必须完全区分给出了这个对象的感知与借助于判断或借助于那些与判断统一交织在一起的‘思维行为’来思考和表达这个对象的陈述，即使它们在面前的这个感知判断情况中处在最为密切的相互关系之中，处在相合性的、充实统一的关系之中。”[②]

① 胡塞尔：《逻辑研究》第二卷第二部分，第20页。

② 胡塞尔：《逻辑研究》第二卷第二部分，第21页。

三、表达与直观之间静态与动态的统一

胡塞尔在第六研究“现象学的认识启蒙之要素”引论中指出:“所有的思维，尤其是理论思维和认识都是在某些‘行为’中进行的，这些行为出现在与表达的话语的联系之中。所有有效性统一的源泉就处在这些行为之中，这些有效性统一作为思维客体和认识客体、或者作为它们的解释性根据与规律、作为它们的理论与科学而与思维者相对立。”[①] 这里，认识出现在与表达的话语联系着的“行为”就是“符号行为”中，所谓表达与直观的统一，正是“符号行为”与“直观行为”的统一。

在现象学哲学看来，认识就是表达着的思想与被表达的直观之间静态的和动态的统一。胡塞尔首先以称谓表达为例考察了表达与直观行为之间的静态统一关系:“赋予含义的思想建基于直观的基础之上并因此而与直观的对象发生联系。”[②] 这里，“表达着的思想”或“赋予含义的思想”即“符号行为”，“被表达的直观”即“直观行为”，二者的“静态统一”就是在同一个时间点的设定下符号行为奠基于直观行为基础之上并与直观的对象发生关系。

首先考察静态统一。我们以胡塞尔本人的举例来分析:“我的墨水瓶。”

在我面前的书桌上放着个墨水瓶，我看见了它，我说这是“我的墨水瓶”。“墨水瓶”是我指称我看见（感知）的这个感知的对象（墨水瓶）的称谓名称。“墨水瓶”（称谓名称，以语词的形式出现）与墨水瓶（被指称之物、被感知的对象）之间具有一种描述性特征的关系，即“墨水瓶”这个语词是以可感受的方式从属于墨水瓶这个对象。名称“以可感受的方式从属于某个对象”表明以语词形式出现的名称与对象之间并不是客观联系（物理-事物的联系），比如，墨水瓶放在桌子上，墨水瓶与桌子之间是客观的物理-事物的联系，而“墨水瓶”这个称谓名称与墨水瓶这个感知对象之间就不是客观的物理-事物的联系，而是以可感受的方式发生联系。

这里，我们发现有两个显现行为:一方面是语词显现的行为，另一方面是实事显现的行为。就实事显现而言，放在我面前并与我相对的是墨水瓶，但它现在只是一个物理-事物，我感知它，感知是认识得以进行的最基础的意识行为，在感知中，与我相对的这个物理-事物给我显现出杂多的感

① 胡塞尔:《逻辑研究》第二卷第二部分，第1页。

② 胡塞尔:《逻辑研究》第二卷第二部分，第23页。

性材料，这些感性材料被综合、被统摄、被立义为一个统一的东西——墨水瓶，“我们在感觉这个类型中可以获得某个系列的体验，它们以这样或那样被规定的排列顺序而从感性上被统一化，并且，在它们之中渗透了某个赋予它们以客观意义的‘立义’行为特征。正是这个行为特征才使一个对象、即这个墨水瓶，以感知的方式显现给我们”。[①]感知把放在桌子上的一个物理-事物立义综合、统摄、立义为感知对象，即墨水瓶。但真正说来，感知只意谓着最基本的认识的形成或初级阶段，它还不是真正意义上的“认识”，至多可以称作“辨认”，就是说，感知只是把桌子上的这个物理-事物辨认为墨水瓶而不是其他什么东西。确切意义上的“认识”是指在符号行为中进行的认知活动，即在与语词相联系的符号行为中进行的。感知把面前的这个物理-事物立义为墨水瓶，然后我们通过语词把它显现为“墨水瓶”——通过感知行为或想象行为显现的语词构造起“墨水瓶”自身。

这里，发生联系的不是语词和墨水瓶，而是被描述的行为体验，在这些体验中语词和墨水瓶显现出来了。但是，“墨水瓶”这个语词与墨水瓶这个物理-事物是怎么联系在一起的呢？是通过行为体验！以体验行为为中介，指称联系不仅是一个意指行为，而且同时也是一个认识行为，只不过在静态分析的感知过程中，“认识”还不是确切意义上的认识，而是一种“分类”行为，即把这个感知对象认作是墨水瓶而非其他东西。只要这个意指的表达与分类行为（辨识）合为一体，这个辨识行为又与作为对被感知对象的认识而与感知行为合为一体，那么，这个语词表达就会像是安放在事物上一样，胡塞尔称为“像是事物的服装一样”。

在体验中发生了感知行为（感知对象）和认识行为（辨识对象），其中，认识行为建立在感知行为的基础上，“这个体验构造着一个认识，这个认识以确定的、素朴的方式一方面与表达体验、另一方面与有关感知融合在一起，即：将这个事物认识为‘我的墨水瓶’”。[②]上述对感知与认识的分析也同样适合于图像表象，即我们也可以在想象、回忆等图像化行为中意指同一个墨水瓶。

现在需要进一步分析，在认识行为中，词语显现（被激活的语词）并通过语词来指称直观被给予之物的情况下（我们用“墨水瓶”这个词语来指称桌子上的墨水瓶这个直观被给予之物），词语是被束缚在个别直观上，还是从属于可能直观的无穷杂多性——“词语的普遍性”问题。胡塞尔写道：

① 胡塞尔：《逻辑研究》第二卷第二部分，第24页。

② 胡塞尔：《逻辑研究》第二卷第二部分，第25页。

> 让我们来考察一下尽可能简单的事例，例如“红”这个名称。当它将一个显现的客体命名为红时，它便借助于在此客体上显现出来的红之因素而从属于这个客体。而每一个自身带有同类因素的客体都有理由得到同一个指称，这同一个名称从属于每一个这样的客体，而这个名称是借助于同一个意义才从属于这个客体。[①]

我们知道，名称是以语词的形式出现的，语词可以是物理的语音，也可以是书写的字，不论我们是说出“红”这个语词的声音，还是写出“红”这个字，“红”这个语词（名称）都将红的东西指称为红，或者说，显现的红就是用“红”的名称所指称的东西，而且是被指为红的东西，以这种指称意指的方式，名称显现为是从属于被指称之物的并且与它合并为一体的。不论我们是在直观中用“红”这个名称指称红的东西，还是完全不具有“相应”直观的情况下，“红”这个语词都具有同一的意义，所以，我们可以用“红”在直观中“现时的”指称红的东西，也可以“非现时”地想象和回忆红的事物，比如我可以直观地看一朵红色的牡丹花，也可以想象和回忆一朵红牡丹。当“红”的语词与红的显现之物结合为现象学的指称统一时，名称便借助于同一个意义从属于这个客体；但如果指称没有生成，“红”的语词与红的显现之物便无联系，“显现之物并不是在有意义的语词中的被意指之物，亦即不是被指称之物，而语词则不是以名称方式从属于它的东西，不是指称着这个从属者的东西”。[②]

静态分析只是表明，感知行为中有一个东西以感知的方式被给予并为我们构造实事，符号行为为我们构造出完整的语词并使实事以符号的方式被意指，它们意向地结合为行为统一，从而使“红的名称将红的客体指称为红”或“红的客体被认识（辨识、分类）为红并借助于这个认识而被指称为红”。“指称为红”与“认识为红”基本上是含义同一的表达，它们都预设了对被指称之物的基础直观。

本质而言，语词之所以能与直观的对象之物发生意义联系，要归功于认识。认识在其有意义的本质方面是归属于词语的，就是说，认识总是在由语词构成的有含义的符号系统中进行的。同一个语词具有统一的意义，在“红”这个语词中包含着这样一种可能性，即将所有在可能直观中被给予的红客体都认识为红并且指称为红，所以，“语词的普遍性也就意味着，

① 胡塞尔：《逻辑研究》第二卷第二部分，第 26 页。

② 胡塞尔：《逻辑研究》第二卷第二部分，第 27 页。

同一个语词通过它所具有的统一意义而包容着（或者，如果这有所悖谬的话，也可以说，‘伪称是’包容着）一个在观念上受到固定限制的可能直观的杂多性，以至于这些直观中的每一个都可以作为一个同等意义的称谓认识行为之基础来起作用”。[①] 我可以直观到红的花，红的纸……通过认识的认同综合作用，我们可以认为它们在含义上是同一个，即它们都是红的，如此，这两个直观的个别性从属于同一个“红”的概念。

词语之所以在对不同个别事物做现时指称时被理解（称谓含义），这种可能性就附着在认识的可能性上；如果没有认识的可能性，也就不会有语词的存在，就是说，如果语词不能指称对象并被理解，也就不会有语词存在的可能性。但是，并非所有的被意指的认识都是可能的，也并非所有的称谓含义都是可以实现的，比如，“‘想象的’名称也是名称，但它们不可能处在现时的指称中，实际上它们并不具有范围，并不具有在可能性和真理意义上的普遍性。它们的普遍性是空泛的伪称”。[②] 我可以想象一个名称“龙”，但它没有现时指称，而只是一个空泛的伪称。

语词以普遍概念的方式具有普遍含义，那么专有名称是否具有普遍含义？实际上，“语词含义的普遍性”既包括种类概念，也包括个体概念，即种类名称具有普遍含义，专有名称也具有普遍含义，二者的共同点在于：它们如果不进行指称着的认识，就根本无法对任何东西进行指称。此外，专有名称的普遍性与种类名称的普遍性也具有本质的差异性：“专有名称的普遍性在于，在一个个体的客体中包含着可能直观的一种综合，这些直观通过一种共同的意向特征而达到一致，这种共同的特征……为每一个直观提供与同一个对象的联系。而这个统一之物便是认识统一的基础，它从属于‘语词含义的普遍性’，从属于语词含义的观念可能的现实化之范围”；“种类名称的情况则完全相反。它们的普遍性包容着一个对象的范围……这些对象中的每一个对象都具有一种可能的感知综合，都具有一个可能的专有含义。普遍名称是以一种可能性的方式‘包容着’这个范围，这种可能性是指：普遍名称可以普遍地指称在这个范围中的每一个成员，即是说，它可以不以专有名称的方式通过专有认识来指称，而是以共有名称的方式通过分类来指称”。[③]

现在我们进一步考察意指与直观之间的动态统一，胡塞尔把这种动态

① 胡塞尔：《逻辑研究》第二卷第二部分，第28页。

② 胡塞尔：《逻辑研究》第二卷第二部分，第28—29页。

③ 胡塞尔：《逻辑研究》第二卷第二部分，第30页。

统一也称为“充实意识与认同意识”。“充实”是动态意向分析的核心概念，它意谓着含义意向以充实的方式与直观达成一致，即在直观中展示的内容与在行为中被意指的对象达到动态的一致。在静态统一中，意指行为与直观行为之间建立了名称与作为被指称之物的在直观中被给予之物的意义联系，它们处在时间上和实事的相合性中，但只是在相合中存在，而不是一个相合的活动；我们只是具有意指与直观的统一意识，但却没有一个意向充实的过程和阶段，只是一个静止的充实状态。在认识过程中，我们先有一个直观行为，如看见“墨水瓶”，然后有一个语言表达的符号行为，我们说“这是墨水瓶”；反过来也可以，我们先有一个符号行为，说“墨水瓶”，然后我们有一个直观行为，即看到墨水瓶。符号行为是扩大了的意指行为，直观行为是扩大了的充实行为。在静态分析中，重点在于弄清楚这些认识环节或要素的性质和作用以及符号行为建立在直观行为基础上的奠基关系；在动态分析中，这些最初相互分离的环节和要素在认知活动中将要达到一致和统一。在动态统一中，各个关系环节以及将它们联系在一起的认识行为在时间上是相互分离的，我们第一步所具有的是未充实的含义意向的“单纯思维”（单纯概念或单纯符号行为），第二步是这些含义意向得到或多或少的充实，此时，被思之物在直观中借助于统一意识才表明自已是这个思想的被思之物、被意指者，并逐步达到思维与对象的同一。在现象学哲学看来，“认识一个对象”就是“充实一个含义意向”，胡塞尔指出：“纯粹意指的行为以一种瞄向意向的方式在直观化的行为中得到充实。”[①] 真正的认识并不在于被指称之物在直观中的单纯被给予，而是指称与直观在现象学上的动态统一，这个统一主要是通过“含义意向”和“含义充实”（含义直观）这一对概念（简称为“意向”和“直观”）来完成的。“意向”和“直观”是认识必不可少的两个因素，在静态分析中，一方面，“意指本身并不是认识”，意指得以进行或者说语词意指某物，但这里并没有什么东西被认识，表达也只是象征性地起作用；另一方面，“单纯的直观也不是真正意义上的认识”，只是一种认同或辨识行为。在动态分析中，只要一个含义意向的行为有可能在直观中得到充实，我们就可以说“直观的对象通过它的概念而得到认识”。

这就涉及“对象同一性”问题。在含义充实的统一性中具有直观对象和思想对象两个成分，胡塞尔说：“我们可以明见地说，直观对象与在其中得到充实的思想对象是同一个，而在完全相应的情况下甚至可以说，对

① 胡塞尔：《逻辑研究》第二卷第二部分，第31页。

象完全是作为同一个对象而被思考（或者同样可以说，被意指）并且被直观。”[①] 就此而言，从行为方面被看作是充实的对象与直观的客体或意指的客体可以被表达为同一性体验、同一性意识或认同行为，所谓“同一性”并不是思想通过反思才被提取出来的，而是与充实行为相符合并在充实行为中显现出来的客体之物，因此，符合行为与充实行为以及二者的相即性（充实统一）可以标识为同一个行为，就是说，“意指行为”和“充实行为”不是两个相互独立的行为，而是同一个行为或同一个认知过程的两个相互包容的方面，“含义意向以充实的方式与直观达成一致，正是因为这个状况，那个在直观中显现的、为我们所原初朝向的客体才获得了被认识之物的特征”。[②]

胡塞尔在分析当时流行的一些观点时指出，处在认识作用之中的表达与处在认识作用之外的表达，含义在两方面都是同一个，我们可以单纯象征性地理解“树”这个语词，也可以根据对一棵树的直观来使用这个语词，两次都意指同一个东西；不能把意向及其充实的关系等同于期待与期待充实之间的关系，“意向不是期待，意向的本质并不在于朝向一个未来的出现”。[③] 对象可以从各个方面展示出自身，但又不能将各个方面同时展示出来，比如一座房子，我们可以直观到它展示出来的视角面和侧面，但背面和里面没有展示出来，可以一同被意指，并在我们移动到房子另一面时，房子就会显现为“完全如此所是”，但那个没有展示出来的背面却不是一个未来才会出现的期待的对象。

这里还需要阐明充实与失实和争执的关系。“失实”在日常用语中是指失望，即一个期待或愿望的未被满足，如我期待明天能下雨，结果没有下雨。胡塞尔的意向分析中也在这个意义上使用这个概念，但作为与“充实”相对的概念，“失实”主要是指感知行为中部分意向的“不充实”，一个指向对象的意向在直观的过程中未得到充实，未被证明为是正确的，即意向与直观的不一致或发生了争执。如在初步的直观中，夜色朦胧中的一个物体被意指为是树，当我走近物体进一步直观时，未能证实而是证伪了原初的意向——这个物体是一个人。失实大都使用否定性表达（这不是一棵树），但这些否定性表达所指的并不是充实的缺失，而是一个新的描述性事实（这是一个人）。失实是“一个像充实一样的特殊综合形式……如果以

---

① 胡塞尔：《逻辑研究》第二卷第二部分，第 33 页。

② 胡塞尔：《逻辑研究》第二卷第二部分，第 33 页。

③ 胡塞尔：《逻辑研究》第二卷第二部分，第 38 页。

前的综合是一种认同，那么现在的综合便是一种区分（我们可惜不具备另一个积极的名称）”，[①]就是说，“充实”是一种认同的综合，“失实”则是一种区别的综合。在这种“区分”中，失实行为的对象显现为与意向行为的对象“不是同一个”，而是“另一个”，每一个“失实”不仅只是对一个意向的否定，而且还必须同时伴随着一个新的“充实”，如对树的意指的“失实”同时伴随着对人的意指的“充实”。在此，胡塞尔得出了一个非常重要的结论：“不仅符号意向，而且直观意向都是以认同的方式而得到充实，以争执的方式得以失实。在行为的总类之中包含着‘同一个’和‘另一个’（我们也可以说，这‘是’和‘不是’）。”[②]

对象总是具有整体与部分的构成特性，意向性有一个视域（Horizontintentionalität），因而意向也不是单一的，总是整体意向与部分意向的结合，我们在看一个对象的持续过程中，例如看见一座房子并绕着它走时，我们有一系列混合的感知行为，我在看这座房子，它是我感知的整体对象，即使我看着窗户这个部分，房子依然是我感知的主要对象，迪特·洛玛举例分析道：

{这座房子：窗1、窗2、**窗3**，门1、门2、门3，墙1、墙2、墙3，房顶1……}

{这座房子：窗1、窗2、窗3，**门1**、门2、门3，墙1、墙2、墙3，房顶1……}

{这座房子：窗1、窗2、窗3，门1、**门2**、门3，墙1、墙2、墙3，房顶1……}

列出的所有部分意向都属于主要对象房子，而不同在于其视角性的充实。窗户、门、墙、房顶等意向的充实上的差异用黑体表示，迪特·洛玛指出：“对整体对象的明确的（explicit）主要意向和一组隐含的（implicit）次要意向——胡塞尔称之为部分意向（Partialintentionen）的结合之中。……但强调这一点很重要：同一化的综合之运作不依赖于对象特定部分的部分意向的感性充实。它只依赖作为意向的部分意向间的一致，而不依赖于这个意向的充实程度。”[③]

我们进一步从整体与部分的关系分析充实与争执。我们看见一座房子

---

① 胡塞尔：《逻辑研究》第二卷第二部分，第39页。

② 胡塞尔：《逻辑研究》第二卷第二部分，第40页。

③ Dieter Lohmar, “Husserl’s Concept of Categoriat Intuition”, In *One Hundred Years of Phenomenology: Husserl’s Logical Investigations Revisited*, Dan Zahavi & Frederik Stjernfelt (ed.), Dordrecht: Kluwer, 2002. pp. 125–145. 所引洛玛的例子见第127页。

（整体，用X来标识），它的屋顶是红瓦（a），白墙（b），浅蓝的窗户玻璃（c），褐色的铝合金门（d）…… X是整体，a、b、c、d……是它的组成部分，我们写作：整体的房屋具有屋顶、墙、门、窗等组成部分，即

X（a、b、c、d……）

我们首先考察个别行为及其综合情况。我们的意识行为可以关注这座房子的屋顶，也可以关注它的墙壁、玻璃、门等等，这意味着我们的意向体验中许多行为交织在一起；但我们也可以把"关注"点仅仅限于它的屋顶（a），即我们把屋顶提取出来加以特殊的关注而暂时忽略其他部分。

这座房子的瓦屋顶是绿的。（绿的词语意向与红的直观相争执）

这座房子的瓦屋顶是红的。（红的词语意向与红的直观相一致）

我们从关于这座房屋的复合行为中筛选出突出关注"屋顶"这个个别行为，关于这座房子的屋顶（a），我有一个"绿"的瓦屋顶的词语意向（η），但在直观中我们看到的是"红"的瓦屋顶（ι），即"一个绿的词语意向（η）在一个在对的红直观（ι）中失实"。如果红的词语意向与红的直观相符合，就是个别行为的充实的综合统一；如果绿的词语意向与红的直观发生争执，就是失实的综合统一，胡塞尔称为"纯粹的争执"。如果对红的争执直观或失实本身进行表达，我们会说"这个（这个红）不是绿的"，这个新的表达使我们感兴趣的行为关系得到对象化。

整体行为及其综合情况更为复杂。如果我们要进行综合的是这座房屋的整体，则有如下两种情况：或者是与一个相关的整体发生特殊的联系，或者仅仅与这个整体的部分发生特殊的联系。

如果是与一个相关的整体发生特殊的联系，"就交织的各个因素来看，一部分是相合（在η、ι……方面），一部分则是总体的争执"。[①] 我们可以这样表达：

（1）这座房子（X）它的屋顶是绿瓦（a），白墙（b），浅蓝的窗户玻璃（c），褐色的铝合金门（d）……

（2）这座房子（X）它的屋顶是红瓦（a），灰墙（b），深蓝的窗户玻璃（c），青色的铝合金门（d）……

在（1）中，总体是相合的，但部分是争执的；在（2）中，总体是争执的，但部分是相合的。上述两种整个的综合具有总体争执的特征，它们不是纯粹的争执，而是混合的争执。

如果仅仅与这个整体的部分发生特殊的联系。在此情况下，单纯的a

---

① 胡塞尔：《逻辑研究》第二卷第二部分，第43页。

作为相关行为而突出自身，即把 a（红的瓦屋顶）抽出来作为整体进行特殊的综合，胡塞尔把这个关系称为“析出”（Ausscheidung）；与此相对，还有一种关系叫“纳入”（Einordnung），即“部分被纳入到整体之中”。[①]

析出性综合行为：这个［这整个客体，这个红的瓦屋顶］是绿的。

纳入性综合行为：［这个］是红的。

总之，一个全面的意向中可能包含着局部的一致和局部的争执、总体的一致和总体的争执等。我们至此只是讨论了含义意向与含义充实之间在总体上的一致关系，在单纯的“是”中始终包含着客观的同一性一般，在“不是”中则始终包含着不同一性（争执），对同一性或不同一性意向在认同或区分中得到充实。这个关于含义意向与含义充实的研究还是初步的，没有顾及综合行为的质性以及定语和谓语之间的区别等，关于这些问题的进一步阐明将是另一个研究的课题。

四、直观与符号意向的充实综合特征

现象学哲学认为，充实是与意向相对的概念，认识一个对象就是充实（Erfüllung）一个含义意向，与充实相对的是失实。狭义而言，一个意向得到充实，就是这个含义意向在充实过程中与直观达到了一致或相合，或者说被展示的内容（质料）与展示性的内容（充盈）相符合；与之相反的情况是失实，即充盈与质料不相一致的状况，一个意向的失实是以反驳或争执的方式进行的。广义的充实既包括狭义的充实，也包括失实。广义的充实与证实有关，即“意向”意味着含义给予，“充实”是指通过直观而对此意向的证实：一个意向通过直观得到证实的，就是被证实为现实的和合理的（证实），也可以被证实为不现实、不合理的（失实）。充实和失实都是一种特殊的综合形式，区别在于，“充实”是一种认同的综合，“失实”是一种区别的综合。以下主要讨论客体化意向中广义充实概念综合区分的现象学本质特征。

客体化行为的类型。胡塞尔对意识行为的思考直接受到布伦塔诺的影响，在《从经验立场出发的心理学》中，布伦塔诺专门用一章的篇幅论述“心理现象和物理现象的区别”（第二篇第二章），列举了使心理现象区别于物理现象的六种性质，其中，在第四个性质中否定了把“广延”和“空

---

① 胡塞尔：《逻辑研究》第二卷第二部分，第 44 页。

间位置”作为区分的标准后，在第五个性质中提出了“意向性”作为心理现象与物理现象的肯定性划分标准，“每一心理现象都被一种东西所标识，中世纪经院哲学家称这种东西为关于一个对象的意向的（即心理的）内存在”。[①]心理现象只有在内意识中被知觉，而物理现象只有通过外感知才能通达，“内知觉不但是唯一具有直接明证性的感知种类；而且在‘知觉’这个词严格的意义上而言，内知觉实际上是唯一的知觉。……所谓外感知根本就不是知觉。所以，我们有理由把心理现象称作是唯一可能被知觉——就这个词的严格意义而言——的现象”。[②]布伦塔诺认为，“心理现象”这个术语不仅适用于表象，而且也适用于奠基于表象之上的所有现象，“这里的‘表象’并非意指被表象的，而是指表象行为。这种表象行为不仅构成判断行为的基础，而且构成欲求以及每种其它心理行为的基础”。[③]在他看来，人们对心理现象的认识只涉及三种意识样式，即表象、判断、情感。[④]布伦塔诺对胡塞尔的影响是毋庸置疑的，在胡塞尔的现象学中，“意识”成为中心的课题和最核心的概念，意识生活是现象学哲学的出发点，它是所有现实意义构造之基础，作为哲学家的胡塞尔其哲学工作的目标之一就是“对我们赖以意识对象的全部‘意识样式’进行透彻的分析”。[⑤]

胡塞尔较早地是在《算术哲学》（1891）和《基本逻辑的心理学研究》（1894）中对意向行为类型进行了研究。弗雷格于1884年出版了《算术的基本原理》，阐明了数的概念的理论基础；胡塞尔于1891年发表《算术哲

① 布伦塔诺：《从经验立场出发的心理学》，第105—106页。德布尔认为，布伦塔诺“要寻找的是一种赖以把心理现象与物理现象区别开来的标准，而他找到的是‘对于某对象的指向性’这个性质。意识指向的对象不必是一个物理客体，它也可能正是一种活动”（德布尔：《胡塞尔思想的发展》，第11页）。实际上，后来胡塞尔等哲学家就是把“意向中存在”改造成“意向性”概念来使用的。

② 布伦塔诺：《从经验立场出发的心理学》，第109页。本书中译者在此处注①中指出：“由此看来，布伦塔诺将同一个词‘Wahrnehmung’用在‘内’于‘外’时其含义显然存在着根本差别。为显示这一差别，当‘Wahrnehmung’意指‘内知觉’时译为‘知觉’，而当它意指‘外感知’时译为‘感知’”（同上书，第109页）。胡塞尔《逻辑研究》第二卷第二部分最后专门附录的“外感知与内感知。物理现象与心理现象”一文中指出：“外感知是对外在事物、它们的性质和状况、它们的变化和相互作用的感知。……人们所说的被内部地（innerlich）感知到的东西主要是一些‘精神体验’，如思维、感觉、意愿”等，或者说，“心理现象是内感知的现象，物理现象是外感知的现象”（胡塞尔：《逻辑研究》第二卷第二部分，第229页）。

③ 布伦塔诺：《从经验立场出发的心理学》，第95页。

④ 布伦塔诺：《从经验立场出发的心理学》，第235页。布伦塔诺划分的三种意识样式，后来在胡塞尔的现象学中，表象和判断构成客体化行为，情感等构成非客体化行为。

⑤ 德布尔：《胡塞尔思想的发展》，第123页。

学》，试图揭示数（主要是指“基数”）概念的心理学起源，并在数的既定的符号系统中考察数的逻辑建构，通过逻辑学对数学基本概念的澄清来奠定数学的基础。二者的分歧在于对“基数”的理解，弗雷格从逻辑主义的路线出发重视从“外延”“数量相等”等术语对数进行逻辑定义；胡塞尔以描述心理学为其学术起点，认为“定义”只是一种人为的意识设定，因而就必须探究这种设定的意识根源，探讨数的概念在人的意识中的起源，从数的心理起源来解释数的本质和数的概念的理智根源。二人的共同之处在于，都要求严格区分“数”与“符号”这两个概念，认为数并不是许多个“一”的集合，而是“综合的心理活动”将事物促成为集合的，符号只是某种概念的“标志”。但在“关系”概念上二人具有不可调和的分歧，布伦塔诺最早区分了两种最基本的关系：物理现象的关系（初级关系）和心理现象的关系。胡塞尔在此基础上认为，初级关系是表象的对象，关系以及由关系所结合起来的语词，都是相同的表象内容的组成部分；只有反思活动才能使心理关系得以成立，并使这个心理关系成为表象的对象，才能在更高的层面上探讨与这个关系相关联的语词。胡塞尔认为，心理关系是以“想象”“判断”“意愿”“情绪”等各种心理活动为基础的，由于对象被纳入了这些心理活动之中，对象才具有了各类关系。因而，要理解对象之间的关系，就必须要分析、反思这些活动，人们在对这些活动的反思中才能感到这些关系的存在，并且只有“心理关系”才能够解释数的本质：“集合”就是元素之间的联结，集合联结就是以“综合”的心理活动为其基础的心理关系。它不同于在感知中形成的知觉关系（初级关系），综合的心理活动所形成的集合联结是一个统一体，在这个结合联结的统一体中的每一个“部分”就是数。弗雷格认为用“集合联结”的心理活动理论并不能解释“零”和“一”的意义，两个数并不是集合，因而人们在思想这两个数的时候，并不进行集合联结的心理活动。只能通过对概念外延的逻辑定义才能对“零”和“一”做出理论的解释：与“一个对象”的概念的外延的相等，才能解释“一”，与不包含任何对象的概念的外延的相等，才能解释“零”。所以，概念是“数的容器”。

如果说布伦塔诺对胡塞尔最主要的影响是胡塞尔接受了“意向性”概念，使得胡塞尔在《算术哲学》中把“意向中的存在”（即“意向性”）看作是心理现象区别于物理现象的最本质的特征；弗雷格对胡塞尔的影响则是使胡塞尔提出了“意向对象”。弗雷格在 1891 年 5 月 4 日致胡塞尔的信解释了关于“意义”和“意谓”的区别，认为符号有时表示自身，有时则表示内容，当“=”（如“同一个”）符号把 A 和 B 两个符号联系起来时，就产生意谓问题。弗雷格在《论意义与意谓》（1892）一文中详细阐述了这个思想。符号、符号的意义和符号的意谓三者之间区别的观点，对胡塞尔把意向对象与行为对象区分开来有重要的影响。

胡塞尔于1893年完成了两篇小论文《论抽象与具体的区分》和《论直观与代现》，于1894年以《基本逻辑的心理学研究》为题发表。其中，《论抽象与具体的区分》是对“内容”的研究，胡塞尔试图将抽象内容和具体内容之间的区分追溯到独立内容和不独立内容之间的区分，“把内容整体划分为不相交的部分，所得到的或者是‘块片’，或者是‘抽象部分’，要看这些部分彼此之间的关系是独立的还是不独立的”。[①]关于独立和不独立内容的研究后来成为第四逻辑研究的主题；胡塞尔在《论直观与代现》中试图论证“直观某物意义上的表象”（直观）与“代现意义上的表象”（代现=非直观表象）的区分及其有效性。胡塞尔给出的定义是：“某类通常被称为表象心理体验，具有不将其‘对象’作为内在（即在意识中当下的）内容包含于自身的特征，毋宁说，它们‘仅仅意向’其‘对象’，即借助于某种在意识中被给予的内容以理解的方式指称‘对象’，它们意指，而且不需要关于表象和被意向的对象之间的关系的概念性知识。我们将这种意义上的表象称为‘代现’”；相反，“直观意义上的表象则朝向内在内容，这一内在内容并不充当代现者”。[②]胡塞尔由此还界定了“被充实之意向意识”“纯粹和不纯粹、完全和不完全的直观”“直接和间接的代现”等概念，并通过对直观内容的分析指明直观与代现的区分不能被理解为“内容”之间的区分，而只能理解为“意识方式”之间的区分。直观与代现后来在第二和第六逻辑研究中得到了进一步的研究。就《算术哲学》和《基本逻辑的心理学研究》关于意识行为的分析而言，“《算术哲学》中，直观内容和概念对象之间的关系仅仅是一种符号关系，这种符号关系被错误地解释为心理学意义上的联想结果，胡塞尔并没有发现符号关系的意向本质，尤其从内容到对象的理解成就关系。理解说明的是代现行为（符号行为）中内在内容与意向对象的关联，它表明的是从被动地接受内容到意向对象的主动性构成过程的开始，但理解行为目前还不等同于作为‘构成’核心的赋义行为”。[③]

① 胡塞尔：《文章与书评（1890—1910）》，第180页。

② 胡塞尔：《文章与书评（1890—1910）》，第181页。

③ 陈志远：《胡塞尔直观概念的起源：以意向性为线索的早期文本研究》，江苏人民出版社2009年，第49—50、53页。该书第二章“从本真表象到非本真表象”和第三章“代现与直观”对胡塞尔《算术哲学》关于本真表象与非本真表象的区分、《基本逻辑的心理学研究》关于直观和代现的区分进行了富有成就的研究。此外，相关研究可参考德布尔：《胡塞尔思想的发展》，“作为描述心理学的哲学”，第5—118页。

由于弗雷格的批评以及在进一步的深入研究中所遇到的理论难题，胡塞尔放弃了先前所依赖的心理学基础，并在《逻辑研究》的第一卷（1900）"纯粹逻辑学导引"中对心理主义进行了系统而深刻的批判。在《逻辑研究》第二卷（1901）"现象学与认识论研究"中，试图通过对逻辑和意识行为方面的基本概念的透彻分析完成"从认识论澄清逻辑观念、概念和规律的重大任务"。[①]

《逻辑研究》从整体上可以区分为第五研究的静态意向分析和第六研究的动态意向分析，其中，胡塞尔在第五研究中阐述了各种意识行为之间的奠基关系以及"含义"与"直观"、"充盈"与"质料"，即"被给予者"（Gegebenes）与"被意指者"（Gemeintes）之间的静态相合关系；在第六研究中，"胡塞尔总体上转向对'意指'与'充实'之间的'动态'相合关系研究，这个关系也就意味着'意义给予'与'直观充实'之间的关系"。[②]

胡塞尔在第五研究中根据意向行为的本质规定区分了不同的意识行为的类型。意向行为的本质在于它是质性和质料的统一体，"只要我们现在（正如我们将要听到的那样）必须将质性和质料看作是一个行为的完全本质性的并因此而永远不可或缺的组成部分，那么合适的做法便是将这两者的统一（它只构成完整行为的一个部分）标示为行为的'意向本质'"。[③]根据胡塞尔的论述，所谓质性，也叫意识行为的"行为特征"，它是把不同的意识行为区别开来的"内部的规定性"；所谓质料，"质料"也叫"行为的内容"，它是把相同的意识行为区别开来的东西。就是说，质性和质料的区别就是"行为的一般特征与行为的'内容'之间的区别，前者随情况的不同而将行为标识为单纯表象的或判断的、感受的、欲求的等等行为，后者将行为标识为对这个被表象之物的表象，对这个被判断之物的判断等等"。[④]举例来说，"桌子"在行为质性上是表象，"桌子是棕色的"在行为质性上是判断，这两种意识行为区别开来的是它们具有不同的行为质性；而"桌子是棕色的"和"李白是诗人"这两个意识行为在质性上是相同的，都属于判断，把它们区别开来的东西是判断质料（Urteilsmaterie）；此外，具有不同质性的意识行为也可以具有相同的质料，如"鲁迅"（表象）、"鲁迅是作家"（判断）、"鲁迅是作家吗？"（疑问）是不同质性的意识行为，但

① 胡塞尔：《逻辑研究》第二卷第一部分，第4页。

② 倪梁康：《现象学的动态意向分析及其问题》，载《江苏社会科学》，2004年第1期。

③ 胡塞尔：《逻辑研究》第二卷第一部分，第452页。

④ 胡塞尔：《逻辑研究》第二卷第一部分，第477页。

它们都包含“鲁迅”这个相同的质料。乌尔利希·梅勒（U. Melle）认为：“对于胡塞尔而言，质性和质料乃是两个彼此相互支撑的抽象性因素，它们一同构成了行为的意向性本质。……质料不仅规定好了‘行为意指着哪一个对象性’，而且还规定好了‘自在的行为本身把哪些标记、关系和范畴形式分配给对象性’。那么，质性的行为因素要去规定的则是：行为以何种方式同由质料（在其诸规定的情形中）给出的对象性联系在一起。”①

根据意向性的内涵，意识行为在总属上可以区分为客体化行为和非客体化行为。在布伦塔诺那里，意向性的内涵主要是“意识是关于某物的意识”（指向对象），在长期思考和研究的基础上，胡塞尔在《逻辑研究》时期明确把意向性内涵区分为“意向意指对象”与“意向构造对象”两个方面，据此，胡塞尔认为，客体化行为是指包括表象、判断在内的“逻辑-认识”的理智行为，它不仅意向地指向对象，而且还意向地构造对象②；非客体化行为则是指情感、评价、意愿等“价值-实践论”的行为活动，它们不具有构造客体对象的能力等，只是通过前者指向对象而不能直接构造对象。或者说，客体化行为是指意识活动对其对象或客体的原初构造的意识行为，非客体化行为则是不能自身构造其对象或客体的意识行为，它只有奠基于客体化行为基础之上并由客体化行为为其提供客体或对象，“任何一个意向体验或者是一个客体化行为，或者以这样一个行为为‘基础’”。③就此而言，胡塞尔也把客体化行为称为“第一性的意向”，非客体化行为称为“第二性的意向”。

胡塞尔进一步在客体化行为这个属内做出了如下区分：“1. 通过质性区分而得出对设定性行为……与不设定行为”的区别；“2. 通过质料而得出称谓行为与陈述行为的区别”。④就是说，客体化行为从“质性”方面可以区分为设定行为和不设定行为，从质料方面区分为称谓行为和陈述行为。“设定的”（setzend）这个形容词的名词是“设定”（Setzung），在现象学中“设定”概念与“立场”（Position）、“执态”（Stellungnahme）、“信仰”（Glaube）可以等义使用，是指一个意识行为在进行时是否带有对意识对

---

① 梅勒：《客体化行为与非客体化行为》，师廷雄译，载《中国现象学与哲学评论》第二十九辑，上海译文出版社 2021 年，第 326—327 页。

② “构造”（Konstition）是一个现象的核心概念，它是指在意识（意向活动）与对象（意向相关项）的意向性关系中，通过意识行为的多样性而“建构起”对象性的同一性。在本文中，“构造”一词的主要意谓是“使对象被给予意识”。

③ 胡塞尔：《逻辑研究》第二卷第一部分，第 552 页。

④ 胡塞尔：《逻辑研究》第二卷第一部分，第 541 页。

象的存在信仰，它不是指对对象存在的设定，存在或不存在都是存在设定，“设定并不是一个质性上与‘不存在’相对立的存在特征。……在‘存在’与‘不存在’之间的区别是意向质料的区别”。[①] 与“设定”相对应的是“不设定”（Nichtsetzung），不设定行为就是对对象是否存在这个问题不设定、不执态、保持中立的行为。例如，“鲁迅是绍兴人”和“鲁迅不是绍兴人”，这两个行为质性都是判断，并且都是设定行为，对鲁迅是或不是（存在或不存在）绍兴人都有明确的执态；而不设定行为则是指对鲁迅是或不是绍兴人不持有任何态度。胡塞尔把设定行为也称为“基质行为”（Substrat-Akt）或“未变异行为”（unmodifizierte- Akt），把不设定行为称为“质性上变异了的行为”（qualitative modifizierte-Akt）的行为。

客体化行为从质料方面得以区分的称谓行为和陈述行为（论题行为），它们基本上与“表象”和“判断”这一对概念是同义的。“称谓”与名称有关，“论题”与陈述有关，所以，这两种意识行为也称作“命名”（Nennen）与“陈述”（Aussagen）。称谓行为是对事物（Sache）的对象化，如对“桌子”“蓝天”的看（表象）；论题行为是对事态[②]的对象化，如对“桌子是四条腿的”“天是蓝的”的察觉（判断）。从语言学的角度看，用来表达称谓行为或表象的是“语词”，而用来表达论题行为或判断的是“语句”。称谓行为和论题行为，或表象与判断共同构成客体化行为，它们的意向性特征是不仅指向对象，而且具有能够构造对象的能力，其中，表象行为构造的是客体（事物）对象，判断行为构造的是事态对象。

直观意向与符号意向的充实特征。前文指出，胡塞尔在第五研究中着重阐述了“被给予者”与“被意指者”之间的静态相合关系，在第六研究中则转向对“意指”与“充实”、“意义给予”与“直观充实”之间的动态相合关系研究。为此，胡塞尔在第五研究中还提出了另一种客体化行为类型的划分——直观行为和符号行为。在胡塞尔看来，如果说客体化行为中称谓和判断行为是含义意指行为，那么，客体化行为中还包括一种隶属于它的直观充实行为。就此而言，第五研究中符号行为与直观行为的静态区分，在第六研究中就成为“意指行为”与“充实行为”的动态相合，或者说，第五研究中符号行为和直观行为的划分是第六研究中意指与充实动态

---

① 胡塞尔：《逻辑研究》第二卷第二部分，第 126 页。

② 在现象学的理论系统中，事物即被给予之物、直观之物、在自身显现中被感性直接把握的对象，也包含在哲学探究中那些自身被给予方式展示出来的实际问题；事态则是指对象的状态或对象之间的联系，即“实事的状态”。

综合分析的起点，并把关注的重点从意向本质转移到了认识本质。[①]需要指出的是，不论是第五研究的静态分析还是第六研究的动态分析，都是“描述”的分析，而暂时还没有专门“顾及那些发生的（genetisch）联系”。[②]

这里，首先需要对“含义”等相关概念做一个解释。倪梁康认为，“含义”（Bedeutung）与“意义”（Sinn）是基本同义的概念，但在使用上有所偏重，含义概念适用于语言逻辑分析，意义概念更适用于意识行为分析。[③]在胡塞尔那里，含义首先是指“意向的统一”，其次是指“意指的行为”，这种意指的行为又可以区分为符号“意指的行为”与“充实的行为”，这二者又在前一个意义中统一起来。含义的主要特征是意指行为所意指的是“种类之物”或“种类的概念和命题”，因此，“含义”是与“表达”有关的，即含义就是我们用表达所意指的东西，是我们对表达的理解。在特殊的意义上，含义包含着语言性的意指和述谓判断的意指。

“含义意向”与“含义充实”是一对对应概念，胡塞尔在第一研究“表达与含义”中指出，“符号”具有“物理因素”（书写、语音等符号，它是符号的感性材料）和“意指”（符号意指一个含义，如一个符号“M”总是意指着一个含义）两个构成要素，因而符号可以区分为“指示性符号”（指号）和“有含义的符号”（符号），区分“符号”与“表达”的关键在于是否有含义，只有有含义的符号才是表达（Ausdruck），其行为特征是“意指”一个含义，或者说一个符号只有在行使意指功能，具有含义时，它才进行表达，含义意向的功能就是通过与物理-感性显现符号的结合而进行的含义赋予（含义意指）并使之成为在意义上被激活的符号，简言之，含义意向就是与符号的物理因素结合并使之意指某个对象。一个表达都意指一个含义，因而每个表达都与一个对象之物发生关系，只有在“直观”中表达“所意指的”与“对象之物”才会得以现时化和现实化，因此，直观与表达的关系虽然是非本质的，但直观却与表达处于一种逻辑上基本性的关系之中，即直观使表达的含义意向得到充实。这种直观使含义意向得到充实的行为就是含义充实。含义意向和含义充实也可以称为“意指行为”（intendierender Akt）与“充实行为”（erfüllender Akt），简称为“意指”（Bedeuten）与“充实”（Erfüllung）。

---

① 倪梁康：《现象学的始基——胡塞尔〈逻辑研究〉释要》，第104页。

② 胡塞尔：《逻辑研究》第二卷第一部分，第435页。

③ 陈志远关于含义与意义也有类似的区分：“含义侧重于观念，意义侧重于行为”（陈志远：《胡塞尔〈逻辑研究〉的直观和意义》，载《哲学研究》，2007年第3期）。

“意指”（Bedeuten）与Intendieren、Meinen、Vermeinen是同义词，意味着对某物凸显出来的感性材料的朝向、统摄并赋予意义，在此意义上，“意指”与“含义赋予”“意义给予”等概念基本同义，[①]表明意识朝向一堆感觉材料并赋予它们以一个统一的意义，从而使一个对象能够对意识成立。当然，意指主要是指对某物的“朝向”或“指向”，它可以在直观中被充实，也可以只是空泛的，只有当意指得到了充实，被意指的对象才会作为被给予的对象而构造出自身。在狭义上，“充实”是一个与“失实”相对应的概念，充实是指一个意向在充实过程中与直观达到了相合或一致，被展示的内容（质料）与展示性的内容（充盈[②]）相符合；失实是指直观与含义意指“不一致”，前者与后者“发生争执”。充实和失实都是一种综合，如果说充实的综合是一种“认同”，那么失实的综合就是一种“区分”。狭义充实和失实共同构成广义的“充实”概念与“意指”相对应，意指是意义给予或朝向某物，充实则是指在越来越丰富的感性材料中通过直观而对此意向的证实（Bestätigung），或者说，一个意向是通过直观而得到证实的，既可以被证实为现实的、合理的（充实），也可以被证实为不现实、不合理的（失实）。[③]总之，含义意指行为就是通过称谓或判断而指向某个对象或对象性，而含义充实行为就是对某个意指的充实。

需要说明的是，意指行为和充实行为（意指与充实）它们不是两个相互独立的行为，而是同一个行为的两个相互包容的方面，它们之间的“相合性”关系的动态综合分析构成第六研究的主题。举例来看：

我看见了一座房子。（直观行为）

然后，我说：“我看见了一座房子。”（符号行为）

---

① 就此而言，“意指的”（bedeutende）与“符号性的”（signifikativ）、“符号的”（signitiv）是基本同义的，符号行为也就是含义意向行为或意指行为。胡塞尔更偏好使用符号行为（Signifikation/signitiver Akt），并认为意指行为（bedeutende Akt）不是一个好的用法；“符号的”在术语上提供了一个与“直观性”概念的合适的对立，在这个意义上，“符号的”与“象征的”（symbolisch）是基本同义的。

② “充盈”（Fülle）是一个与质性、质料相平行的概念，是指直观行为所具有的感性材料（Sinnesdaten），由于感知和想象构成直观行为属，感性材料可以进一步划分为“感觉材料”（Empfindung）和“想象材料”（Phantasma），前者是感知行为的内容，后者是想象行为的内容；与“充盈”相对立的是“空泛”（Leere），即一个不具有充盈的意识行为是一个“空泛的意向”。胡塞尔认为，“质性”和“质料”并不能构成完整的客体化行为，当质性、质料与充盈结合在一起时，一个客体化行为才能成立，“每一个具体完整的客体化行为都具有三个组成部分：质性、质料和代现性内容”（胡塞尔：《逻辑研究》第二卷第二部分，第88页）。

③ 参阅倪梁康：《胡塞尔现象学概念通释》，“含义”“含义意向”“含义充实”“意指行为”“充实行为”“意指”“充实”等词条。

我们可以从静态和动态两个方面来分析：从静态分析的角度来看，前一个行为——我看见了一座房子——是感知行为（直观行为），后一个行为——我说："我看见了一座房子"——是语言表达（符号行为），感知可以相同，可以不同，也可以消失，但语言表达却可以不同，它始终具有意指功能；从动态分析的角度来看，它是一个复合行为，即直观行为和符号行为可以标识为一个行为，一个"相即性"或"充实统一"的行为，换言之，"在静态分析中，感知行为中有一个东西以感知的方式被给予，符号行为中有一个东西以符号的方式被意指。而在认识行为中，一个对象以相即的方式被认识"，"相即"就是"思想所意指的东西完全就是充实的直观所表象出来的"。①

认识就是直观行为和符号行为之"充实统一"的行为，还须要通过意指（含义意向）和充实（直观充实）这一对概念来加以说明。胡塞尔认为，单纯的意指或单纯的直观都还不是认识，只是一种认同行为或辨认行为。真正的认识实在意指（意义给予）与直观（意义在直观中的充实）的动态统一中产生的，认识就意味着含义意向以充实的方式与直观达成了一致，或者说，在直观中展示的内容与在行为中被意指的对象达到了一致。这表明一个认识行为必然会涉及两个或以上的行为，即直观行为和符号行为，我们总是看见一本书（直观行为），然后我们说"这是一本书"（符号行为），反之亦然，可以先有符号行为，后有直观行为。但是，事实上意指行为和充实行为并不是两个相互独立的行为，而是同一个认识行为的两个方面，如果我们把"认识"浓缩为一个行为，这个认识行为中就包含着直观与符号（充实和意指）两个成分。正是在这个意义上，胡塞尔也把"充实"定义为"直观化"（Veranschaulichung），直观化意味着使一个对象被直观地构成，也就是一个空泛的意向含义在直观中得到意向充实。

这里还需要对"表象"概念做一个大致的说明。在第五研究的静态分析中，胡塞尔分析了"表象"这个传统概念所具有13个内涵，其中四个基本内涵是："1. 表象作为行为质料。""2. 表象作为'单纯表象'"，作为某种"存在信仰"形式的质性变异。"3. 表象作为称谓行为，例如作为一个陈述行为的主语表象。""4. 表象作为客体化行为。"② 由此可见，"表象"的本质定义为"行为质料"，即表象是一种能够赋予质料（给予意义）的客体化行为；表象有广义和狭义的区分，广义的表象是指整个客体化行为（称

---

① 倪梁康：《现象学的动态意向分析及其问题》，载《江苏社会科学》，2004年第1期。

② 胡塞尔：《逻辑研究》第二卷第一部分，第563—564页。

谓行为 + 论题行为），狭义的表象仅指客体化行为中的称谓行为，"为了坚持对现在这两个'表象'概念的区分，我们（并不另外做出最终的术语建议）在涉及较为狭窄的表象概念式说'称谓行为'，在涉及较为宽泛的表象概念时则说'客体化行为'"。[①] 胡塞尔在狭义的表象行为内部又区分了"直观表象"（包括感知表象、回忆表象、想象表象、图像表象等）和"符号表象"，在直观表象中，一个对象可以以感知的方式被意指，也可以以想象的方式被意指，即在表象中总会有一个对象呈现出来，这个对象或者是被表象的对象本身，或者是它的图像；符号表象则是借助于语言、文字等符号进行命名并给出"名称"的意识行为。就是否具有本己的感性材料来进行立义活动而言，直观表象因为具有本己的感性材料来进行立义活动也被称作"本真表象"，符号表象因为不具有本己的感性材料来进行立义活动因而被称作"非本真表象"。[②] 另外，直观行为与符号行为的区别还在于，前者不是表达性行为，后者则是表达性行为。表达性的符号行为必须具有一个直观的感性之物的支点，但却并不因此具有一个直观的内容；符号行为和直观行为可以以某种方式合而为一（相即性认识行为），但符号行为在种类上完全有别于直观行为。简表如下：[③]

<table>
<tr><td rowspan="4">意识行为</td><td>非客体化行为</td><td colspan="3">愿望意向</td></tr>
<tr><td rowspan="3">客体化行为</td><td>符号行为</td><td>符号行为</td><td>符号意向</td></tr>
<tr><td rowspan="2">直观行为</td><td>想象行为</td><td rowspan="2">直观意向</td></tr>
<tr><td>感知行为</td></tr>
</table>

从动态现象学的角度来看，认识的综合充实活动具有什么样的行为特征呢？广义的充实是与意向相对的概念，就全部意识行为而言，可以划分出三种意向，即直观意向和符号意向（它们属于客体化行为的意向）以及愿望意向（它属于非客体化行为的意向）等，胡塞尔指出："与所有意向相符合的是充实（或者是它们的否定性对立面：失实），它们是一种特殊的过渡体验，这些体验本身也被描述为行为，并且可以说，它们使各个意指着的行为在一个相关的行为中达到其目的。只要后一种行为充实了意向，它

① 胡塞尔：《逻辑研究》第二卷第一部分，第539页。

② "表象"概念的界定以及关于"本真表象"与"非本真表象"的区分，不仅在传统哲学和心理学种充满着争议，而且在胡塞尔哲学活动的不同时期的理解也有很大的变化。

③ 意识行为的具体样式要比此处的列表复杂得多，直观行为是由感知和想象构成的，直观行为又与非直观行为（记号、图像、象征等）共同构成表象行为，表象行为又与判断行为构成客体化行为，客体化行为与非客体化行为构成意识行为的总属。

就叫作充实行为，但只是借助于充实的综合行为，即在充实活动意义上的充实的综合行为，它才叫作充实行为。这个过渡体验并不始终具有同一个特征。”[①]我们对这段话做如下概括：

首先，广义的充实是一种可以被描述为过渡性体验的东西，它使各个意指行为能够在其中达到其目的。例如：

我希望见到彼得。　　（愿望意向）

我看见了彼得的画像。（图像符号意向）

我看见了彼得。　　　（直观意向）

“我看见了彼得。”　　（符号意向）

我希望见到彼得。这是一个愿望，这个愿望的意向需要在直观中得到充实（我真的看见彼得了），或者在图像中得到充实（我看见了彼得的画像），如果没有我看见彼得（直观）或看见彼得的画像这些过渡体验，“我想见到彼得”这个愿望意向就不会被充实，这个意指行为就不会在看见彼得本人或他的画像这些过渡体验中达到其目的，因为一个未被充实的意向就是一个空泛的意指。直观或图像使愿望得到充实，就主体而言是认识统一，就对象而言是一种认同的统一。

其次，每个过渡体验都具有认识统一的特征，但不始终具有同一个特征。就是说，每一个过渡性体验在充实过程中既可能是充实，也可能是失实。综合行为是认同（或争执）的统一，我希望今天在园林里散步时能见到彼得（愿望意向或意指），结果我在园林中散步时真的遇见了彼得（直观充实行为），直观与愿望达到了认同的综合统一；如果我遇见的是黛芙妮而不是彼得，愿望意指与直观就没有达到认同的综合统一，看见黛芙妮这个直观行为就不是充实活动意义上的充实综合行为，而是失实综合行为。

再次，认识综合统一常常是借助于交织的行为而产生于一些群组之中，这些群组允许认同的统一并为这种统一奠定基础。胡塞尔认为这里存在一个合规律性和补充的合规律性。

合规律性：“愿望的质性奠基于一个表象之中，亦即奠基于一个客体化行为之中”。

补充的合规律性：“这个愿望的充实也是被奠基的（fundiert），即奠基在一个行为之中，这个行为认同地包容着那个奠基性的（fundierend）表象：愿望意向只有通过以下方式才能得到充实满足，即：为它奠基的那个对被愿望之物的单纯表象转变为共形的（konform）认之为真（Fürwahrneh-

① 胡塞尔：《逻辑研究》第二卷第二部分，第48页。

mung)。”[①]

以愿望意向的充实为例来看，客体化行为与非客体化行为是不同质性的行为，所以，非客体化行为的愿望意向的充实或者奠基于一个符号性的表象之中，或者奠基于一个直观认识的行为之中。如果愿望意向的充实奠基于一个直观认识行为中，比如“我希望见到彼得”的愿望意向在“我真的看见了彼得”这个直观认识行为中得到了充实，这个直观行为不会穷尽愿望充实，而只是为愿望充实奠基；如果愿望意向的充实奠基于符号性的表象之中，比如“我希望见到彼得”的愿望意向在“我看见了彼得的画像”这个图像符号表象中得到了充实，那么充实或认同就会通过一个“共形”的直观行为来充实符号行为的相合特征。愿望意向在直观认识行为中得到充实与在符号行为中得到充实是有差别的，虽然画像中的彼得与感知到的彼得作为“被愿望之物”具有“共形”，但在直观中的充实是“认同”，在符号行为中的充实则是“认之为真”。在这里，不是愿望被认之为真所取代，而是愿望与直观这两者在认同的相合特征中被综合为一了，在这种综合中构造起“确确实实是如此”的状态；当然也不排除这种可能：这个“确确实实是如此”的状态是一个被误认为的表象之物或不相即的(inadäquat)表象之物。这种情况在科学研究中时常发生，在实验和观察中被充实的某个科学愿望意向开始会被误认为“确实如此”，但进一步的研究会发现并非如此，即实验和观察结果与科学愿望的意向并不相即。就是说，科学研究及其发现的本质就是交织的行为群组中的相即-认同(充实)或不相即-争执(失实)。

由此看来，不同的意向特征总是与充实相合的特征密切相关(如愿望意向的特征总是与它在直观行为中还是在符号行为中得到充实综合有关)。并且，就客体化行为而言，含义意向的充实与直观行为的充实更具有“同一个”的特征，即“任何一个通过直观意向而完成的对一个符号意向的充实都具有认同综合的特征”。[②]由此可以得出结论：所有客体化行为意向的本质特征是“它们的充实统一具有认同统一的特征，并且有可能具有较为狭窄的认识统一特征”。[③]在此，胡塞尔给出了客体化行为的三个定义：“它们的充实综合具有认同的特征，而它们的失实综合因此也就具有区分的特征；……它们在现象学上可以作为一个可能的认同综合或区分的成分来起作

① 胡塞尔:《逻辑研究》第二卷第二部分，第49页。

② 胡塞尔:《逻辑研究》第二卷第二部分，第50页。

③ 胡塞尔:《逻辑研究》第二卷第二部分，第50页。

用；……它们可以具有一个可能的认识功能，无论是作为意指的行为，还是作为充实的行为或失实的行为。"[①] 认同或区分的综合行为都从属于这类行为，每个意指行为把握到的同一性或不同一性，实际上就是每个意指在一个认识中得到"证实"或"反驳"，其中，在证实的认同中把握到的同一性或不同一性就是"被相即地感知到"。

胡塞尔认为，认同与认识既有联系又有区别。在比较宽泛的意义上，任何一个现实的认同都是一个认识；但在狭窄的意义上，认同与认识还是有区别的：认同只是标识着认识统一起源于客体化行为，即只有客体化行为才能作为意义给予的方式起作用，非客体化行为永远也不能作为意义给予的方式起作用；而认识则标识着对认识目的的逼近和达及。因此，并不是任何一个现实的认同都是一个认识，至此，胡塞尔得出这样一个结论：全部的意识行为可以划分为客体化行为和非客体化行为，含义意向的行为与含义充实的行为、相合的行为与直观的行为一样，它们都属于客体化行为种类，只有客体化行为才能以意义给予的方式起作用，其他意识行为的种类如非客体化行为永远不可能以意义给予的方式起作用。

"意义给予的"（bedeutungsverleihend）与"含义赋予的"（bedeutungs-gebend）是同义概念，是对"立义的""意指的""统摄的"等概念的概括说明，"意义给予的"行为就是意指的行为或立义，表明意识朝向感觉材料并赋予它们以一个统一的意义。只有客体化行为才能以意义给予的方式起作用，就是只有直观行为和符号行为才是意指或立义行为，才能赋予感觉材料以一个统一的意义，按胡塞尔的解释，就是"附着在语词上的符号意向借助于这样一些感知或想象而获得充实，这些感知或想象朝向作为对象的表达行为"。[②] 符号意向总是要通过语词表达出来，直观行为是由感知和想象构成的，所以，符号意向借助于直观得到充实也就意味着借助于感知和想象而得到充实；"这些感知或想象朝向作为对象的表达行为"意味着，当某个意识行为具有含义功能并因此得到表达的情况下，与某些对象的符号联系或直观联系在这些行为中构造起自身。

意向的属特征与充实综合的属特征是密切相关的，因而客体化的意向（直观意向与符号意向）特征也必须通过充实综合的特征来加以澄清，就是说，我们需要进一步通过"充实特征"来考察"符号意向"与"直观意向"的区别。这个描述性考察是从如下观点出发的：符号意向总具有一个直观

① 胡塞尔：《逻辑研究》第二卷第二部分，第51页。

② 胡塞尔：《逻辑研究》第二卷第二部分，第51页。

（表达的感性之物）的支点，却并不因此而具有一个直观的感性内容；它们在某种方式上与直观行为合而为一，但从种类上却完全有别于直观行为。[①]

胡塞尔首先通过符号与图像的比较来考察符号意向与直观意向的区别。一般来说，符号与图像的区别在于：符号在内容上与被标识之物无关，既可以标识与它同类的东西，也可以标识与它异类的东西；相反，图像则通过“相似性”而与事实相联系，如果缺乏与事实的联系就谈不上图像。然而，不仅图像与被标识之物具有相似性，符号也可以与被标识之物具有相似性。例如，我们首先把符号 A 理解成一个罗马字符，然后再把这个字符 A 摄影成一张图片（字符 A 的图像），那么，这个字符 A（符号）与 A 的图像不仅具有相似性，甚至是完全相似的。这表明，“显现之物与被意指之物之间的相似性之客观事实并不规定着任何区别。但它对图像表象并不是无关紧要的。……图像表象显然具有一种特殊性，即：每当它的充实得以可能，它的显现为‘图像’的对象便通过相似性而被认同为在充实行为中被给予的对象”。[②] 但是，“一个符号意向的特殊本质就在于，在它那里，意指行为的对象和充实行为的对象（例如在两者现实统一之中的名称与被指称之物）相互间‘没有关系’”。[③] 就是说，虽然“相似性”并不构成图像与符号意向的本质区别，但相似性对图像意向的充实具有特殊的本质性，而对符号意向的充实不一定具有特殊的本质性，从而表现出这两种意向充实在特征上的差异性：在图像意向中，对象是在图像中显现出来的并使图像意向得以充实，而在符号意向中，对象并不一定通过图像显现出来，用来指称的符号（名称）与被指称之物可能没有关系。

人们通常认为图像与符号之间的这种充实关系也适合于感知和想象之间的充实关系，“想象是通过图像相似性的特有综合而得到充实，感知是通过实事的同一性综合而得到充实，实事通过‘自身’得到证实，因为它从各个方面展示自身，但在此同时却始终是同一个实事”。[④] 胡塞尔则认为，对象自身通过感知被给予是个“伪称”，就是说，感知“伪称自己不再是单纯的意向，而毋宁说是一个能够为其他行为提供充实，但自身不再需要充实的行为”。[⑤] 实际上，感知在外感知的所有情况下都是伪称，在外感知中对象只是从“正面”显现出来而已，它并没有完整地作为它本身所是而真

① 胡塞尔：《逻辑研究》第二卷第二部分，第 52 页。

② 胡塞尔：《逻辑研究》第二卷第二部分，第 53 页。

③ 胡塞尔：《逻辑研究》第二卷第二部分，第 54 页。

④ 胡塞尔：《逻辑研究》第二卷第二部分，第 54 页。

⑤ 胡塞尔：《逻辑研究》第二卷第二部分，第 55 页。

正的被给予。比如我观看（外感知）一座房子，我看见了这座房子的正面，虽然房子的背面和内部等组成部分也一同被意指（共现），但这些背面和内部只是象征性地被暗示，而根本不属于感知着的直观内涵。实际上，对同一个对象具有无限多的、内容上不同的感知可能性，如果感知像它伪称的那样是对对象的真实的和真正的自身展示，那么，对每一个对象就只会有唯一的一个感知。

本质而言，感知是由多重意向所构成的，在一个感知中，既包括感知的意向，也包括想象的意向和符号的意向。我在感知面前的这座房子时，我可以直观到它的正面和某个侧面，它是一座二层的红砖小楼；我同时还可以想象它的背面和内部结构，我想象它有一个螺旋式的楼梯联结着一楼和二楼，一楼有餐厅和客厅，二楼有卧室，等等；我也可以用语言符号来表达这座房子的外感知特征及其结构等。在由感知、想象和符号构成的这个"感知"总体行为中，"这座房子"作为对象以直观或映射的方式被给予我们，胡塞尔把这种感知称为"相即的"（adäquat）感知，相即感知使对象与感知处于充实联系中，并在最严格和最本真的意义上给予着对象本身。但即使如此，感知以部分感知、部分想象和部分符号的方式意指对象，感知与对象的充实综合也只是局部的相合，"即意指行为的纯粹感知内涵与充实行为的纯粹感知内涵局部相合"。[①]

同时，这种充实综合也具有完全相合的特征。我的感知不是一次完成的，在一个感知中，对象的这个面显现，在另一个感知中，对象的另一个面显现，对象也可以时而近、时而远地显现，虽然每次感知中的显现各异，但却始终是同一个对象"在此"，在现象学上表现为"连续的充实流或认同流"，在感知中我当下拥有的这个对象在总的充实流中被意指的都是这个对象，其中的每个单个感知都是一个充实和不充实意向的混合体：与充实意向相一致的是单个感知中作为此对象的映射而被给予的东西，与不充实的意向相一致的是关于这个对象的尚未被给予的东西，亦即在新的感知中将会成为充实地体现的东西。举例来说，我先感知这座房子的正面，再依次感知房子的侧面、背面、地面、屋顶、内部的结构、摆设等等，在感知中形成了一个连续的认同流或充实流，我的感知就在这个认同流或充实流中意指"这座房子"这个对象，其中每个单个感知都是一个充实和不充实意向的混合体，我在感知房子正面时（充实意向，已经被给予的、体现的东西）却没有感知到它的其他方面和内部结构（不充实意向，尚未给予的东

---

① 胡塞尔：《逻辑研究》第二卷第二部分，第 56 页。

西），但我能依次感知房子的其他方面，原来尚未被给予的东西成为被给予的东西、尚未充实的意向得到了充实，这个认同流或充实流最终将这个房子各个面和内部结构的自身显现认同为同一个对象的自身显现，从而使充实综合具有了完全相合的特征。比较而言，想象也具有杂多性，它也是从不同的面来映像（abbilden）同一个对象，就此而言，杂多的感知之总和与杂多的想象之综合二者相类似；不同在于，在杂多想象中同一个对象是图像地得到展示，在杂多感知中同一个对象始终是自身得到展示。想象行为可以在想象关系得到充实，也可以通过相应的感知而得到充实，前者是从图像过渡到图像，后者是从图像过渡到实事，二者的充实综合特征是不同的。比如，我想象着彼得这个人，这个想象意向既可以通过彼得的图像得到充实综合，也可以通过我见到彼得这个人而得到充实综合。

以上分析表明，感知与想象虽然有差异，但具有相属性，即共属于直观行为（感知和想象构成直观行为），并与符号行为相对立：符号与被标识之物“相互间没有关系”，而感知和想象与实事本身则存在着内部的相属性。当然，无论是感知和想象的充实综合，还是符号的充实综合，每一个充实都是一种认同，“意向处处都与为它提供充盈的行为达到相合，就是说，在意向中被意指的对象与在充实行为被意指的对象是同一个”。[①]

无语词的认识及其充实特征。迄今为止，我们都把符号行为和符号意向看作是同义词，它们都是一个意指行为，即“表达中的意义给予要素”，或者说，我们把符号行为或符号意向看作是一种语言表达行为，在语言（符号）表达中含义被给予我们，即语言符号具有含义赋予功能。我们会由此得出结论：认识都是直观行为与符号行为相即的复合行为，即充实统一的行为。那么，无语词的认识是否可能呢？

在讨论这个问题之前，我们需要对“现时性”概念做一个考察。“现时性”概念最早出现在托马斯·阿奎那的存在学说中，起源于亚里士多德哲学关于“显在”（energeia）与“潜能”（dynamis）的划分，在阿奎那的哲学中，“现时性”基本与“现实性”（Wirklichkeit）同义。在胡塞尔现象学的意向分析中，“意向分析就是对现时性和潜能性的揭示，对象正是在这些现时性和潜能性中作为意义统一而构造起自身”。[②]

实际上，胡塞尔赋予了“现时性”概念以更多的内涵。首先，与“感知”行为相关，“现时性”一方面意味着事物直接的、自身的被给予方式，

① 胡塞尔：《逻辑研究》第二卷第二部分，第57页。

② 倪梁康：《胡塞尔现象学概念通释》（修订版），第28页。

与“印象”（Impression）同义，它是“当下的”，而非“被当下化的”；另一方面“现时性”又与“设定”概念是基本同义的，“每一个现时的认同，或者说，每一个现时的认同或区分都是一个设定的行为”。[①] 现时性在此意谓着对存在对象的执态，即相信有关对象的存在与否，在意义上，“现时性”对应的概念是“非现时性”或“不设定”。其次，“现时性”是一个与“潜能性”（Potentialität）、“非现时性”对应的概念，如果说“潜能性”意味着意识方式的可能性、潜隐性，那么“现时性”就意味着意识方式的明确性和彰显性。如我们在对一所房屋的感知中现时被给予的是这所房屋的正面，其他的方面只是被共现出来，但这个共现的部门始终是潜能的，它随时可以被“现时化”（Aktualiserung），即从潜能向现时的转化。

胡塞尔认为：“对此问题的回答应当是肯定的。这些无语词认识的情况完全具有动词认识的特征，而与此同时，语词在其意义–符号内容方面还根本未被现时化。”例如，我当下直观到（看见）一个物件，我将它认作是 Schraubenzieher（螺丝刀、改锥），但语词还没有出现，或者我根本想不起 Schraubenzieher 这个语词。那么，在没有出现 Schraubenzieher 这个语词的情况下，我们能不能有关于被认作是 Schraubenzieher 这个“物件”的认识呢？胡塞尔说：“从发生上说，通过当下的直观而在心境上（dispositionell）引起一个朝向这个意指性表达的联想；但这个表达的单纯含义组元没有被现时化，它们现在在相反的方向上回射到引发性的直观之中并且是带着已充实的意向特征流渡到直观之中。这些无语词认识的情况因而无非就是含义意向的充实，只是这里的含义意向在现象学上已经摆脱了其他从属于它们的符号内容。”[②] 由此可知，在胡塞尔看来：

（1）无语词的认识是可能的，它具有独特的行为充实特征。

（2）无语词的认识是一个意指性表达的联想，是我当下直观到某一物件（如 Schraubenzieher，螺丝刀）时，在心境上引起的一个朝向意指性表达的联想。

（3）这个表达的单纯含义组元还处于潜能状态，没有现时化为现时性的语词表达。胡塞尔在第一逻辑研究中指出，语言表达可以现象学地划分为“物理表达现象、意义给予的行为和意义充实的行为”[③] 三个要素或含义组元，而任何一个符号都必须通过感性的方式显现出来，然后才能行

① 胡塞尔：《逻辑研究》第二卷第二部分，第 120 页。

② 胡塞尔：《逻辑研究》第二卷第二部分，第 58 页。

③ 胡塞尔：《逻辑研究》第二卷第一部分，第 39 页。

使符号的功能。就是说，语词作为符号，它可能是被说出的一组语音符号，也可以是写在纸上的语词符号，声音和文字都是语言符号的“物理表达现象”。如果我看见了一个像螺丝刀的物件，但我却有可能想不起用“Schraubenzieher”的声音或文字等物理表达现象表达出来，这个物理表达的声音或文字尚处于非现时性的潜能状态，还没有现时化为语词表达；但我看见了这个螺丝刀，并在心境上引起了一个朝向意指性表达的联想。

（4）无语词的认识作为一个意指性表达的联想又带着已充实的意向特征流渡到直观之中。虽然我没有用“Schraubenzieher”的声音或文字（物理表达现象）把这个物件表达出来，但当下直观在心境中引起的意指性联想通过“意义给予的行为”和“意义充实的行为”又使我的已经充实的意向特征在相反的方向上回射或流渡到直观之中，即我虽然没有说出或写出“Schraubenzieher”的语词，但充实意向使我知道这是一个螺丝刀。

（5）无语词认识就是含义意向的充实，只是这里的含义意向在现象学上已经摆脱了其从属于它们的符号内容。“内容”是一个与功能相对应的概念，胡塞尔在第五逻辑研究中把“内容”划分为“作为体验的内容”和“作为对象的内容”，前者也叫作“主观意义上的内容”（主观内容），后者也叫作“客观意义上的内容”（客观内容）。客观内容也叫“行为内容”，与之相对应的是“行为特征”。把具有相同“行为特征”的意识行为区别开来的就是“行为内容”，例如，“我看见一棵树”和“我看见一本书”，二者都是感知行为（行为特征），把这两个感知行为区别开来的就是它们的“行为内容”不同（树和书）。在此意义上，胡塞尔也把行为内容称为意识行为的“质料”或“立义意义”。进一步分析中“行为内容”还可以划分为：A. 意指的意义或含义一般；B. 充实的意义；C. 对象。主观内容则是指“现象学的自我的实项构成物”或“感性质料”。从客观内容和主观内容统一的角度看，“内容”概念有三种意义：A. 在立义或统摄之前，感觉材料是意识所具有的必须被立义的“内容”；B. 在立义过程中，意义或质料是意识赋予感觉材料的“内容”；C. 在立义完成之后，作为意识活动之结构而对立于意识的对象就是“内容”。[①] 在现象学中，“表达”就是“有含义的符号”，这意味着符号的概念要比表达的概念涵义更宽泛，既有有含义的符号，也有没有含义的符号；另一方面，表达又比符号的范围更宽泛，表达与符号在传述或“告知”的话语中才会交织在一起，而在孤独的心灵生活即无语词的认识中，表达则可以在独立于符号的情况下发挥含义的作用，这表明，

---

① 参阅倪梁康：《胡塞尔现象学概念通释》（修订版），Inhalt 词条，第 241—242 页。

并非所有的表达都与符号有关。

另外，从“表达”与“符号”“含义”的关系来看，表达有两个要素：(1)表达的物理方面(表达显现)，它与真正意义上的“符号”有关;(2)某些表达相联结的心理体验(含义意向和含义充实)，它与“含义”有关，并使表达成为关于某物的表达。表达的这两者之间的关系就是“符号”与“含义”的关系、“标识”(符号 Zeichen)与“被标识者”(符号所标志之物 Bezeichnetes)的关系，而表达则意味着一个“在符号和符号所标志之物之间的体验统一中的描述性因素”。所以，无语词认识也经过了含义意向的充实，只是摆脱了从属于语词符号的含义内容。胡塞尔指出，思想序列中有一大部分是通过直观图像的流动或通过本己的联想交织而被引发的，而不是束缚在从属于它们的语词上。这表明，无语词认识是一种语词图像而非语词符号，它引导来的是象征性思想，但却不是与这些思想相符合的直观。虽然无语词的认识是可能的，但由于无语词认识的特征，即“含义意向”是在想象图像的基础上而非现时直观的基础上构造起自身的，它没有将被意指的对象的想象图像与语音和文字联系起来，所以，“无数不相即的表达以这种或那种方式得以成立，它们并不以素朴的方式符合于现时存在的第一性直观以及真实地建立在这些直观上的综合构形，而是远远地超出如此被给予的东西”。[①] 如果说有语词的符号认识是在现时的直观基础上构造出自己的对象，那么，无语词的认识则是在语词图像或想象图像的基础上构造出自己的对象的。由于符号意向既可以在含义功能内出现，也可以在含义功能外出现，这就使得许多符号意向与表达不具有任何联系，但却在本质上与含义意向属于同一个种类，于是这就出现许多“不相即”的表达，“虚假的、甚至悖谬的认识存在着，而且还大量地存在着。但‘实际上’它们并不是认识——即不是有逻辑价值的、完善的认识，不是确切意义上的认识”。[②]

① 胡塞尔:《逻辑研究》第二卷第二部分，第 59 页。

② 胡塞尔:《逻辑研究》第二卷第二部分，第 59 页。

第十章 认识阶段的现象学

> 意向本质并没有穷尽整个行为。[在除去意向本质之后]剩余下来的东西将会在对认识阶段现象学的仔细透彻研究中……表明自身是极为重要的。
>
> ——胡塞尔:《逻辑研究》

胡塞尔一生的现象学研究都与对“认识”的探讨有关,《逻辑研究》第二卷的副标题就是“对现象学和认识论的研究”,在现象学中,认识行为作为一种奠基性的意识行为是现象学研究的中心课题,它首先是对作为意向的奠基性行为即客体化行为的把握。从静态现象学的角度看,认识是关于思维行为与充实的直观之间关系的把握;从动态现象学的角度看,一个意向在直观中得到充实,就意味着一个对象得到认识。所以,最狭义的“认识”可以定义为“认同行为”或“充实”。

一、单纯的认同与充实的直观化

胡塞尔对“知识”的描述是一种“对知识的现象学阐明”,在《逻辑研究》第二卷序言中,胡塞尔用一节的内容来论述“认识论研究的无前提性原则”,提出任何科学的认识论研究都必须限制在内感知领域,《逻辑研究》中的现象学就是描述心理学,就是一种对体验的描述,现象学不能有超出这个体验领域的陈述;现象学的描述具有如下特征:(1)一个特定对象的显现意味着这里存在着一个特定的单纯表象的活动;(2)一个对象被断定意味着这里存在着一个断定的活动;(3)一个对象的“自身给予的”意味着这里存在着一个自我显现的活动;(4)一个意向对象是在对某一内容的把握中构成的;(5)对象不仅存在着,而且显现着,对象不是实际存在的对象,而是通过对内容的把握而构成的对象,即现象;(6)对知识的现象学描述,就是在意识领域内考察各种意识活动与对这些活动显现之对象之间的相互联系。

按照现象学的观点，所有的认识构造和认识发生都以最原初的认识，即客体化认识为基础，而客体化认识中更基础的是直观认识。直观是由感知和想象构成的行为属，其中想象奠基于感知基础之上，所以，认识最原初的起源就是感知。胡塞尔说：

> 当我们从一个感知的语言表达出发来描述含义意向与充实直观的关系时，我们说，语言行为的意向本质符合于或从属于符号行为的含义本质。这一点显然也适用于任何一个总体认同的情况，它将质性上相同的行为综合在一起，即：将设定行为与设定行为综合在一起，或将不设定行为与不设定行为综合在一起；而在质性不同的情况下，认同便仅只建立在两方面行为的质料之基础上。[①]

认识是从感知开始的，但感知需要通过语言表达出来，当我们通过语言（符号）行为考察含义意向和含义充实关系时，认同将质性上相同的行为综合统一在一起，而在质性不同的情况下，认同是建立在行为质料的基础上的。

我们再次简单回顾一下胡塞尔关于质性与质料及其关系的主要观点。一个意识行为的意向本质（das intentionale Wesen）是由“质性”和“质料”一同构成的。质性是使某种行为能够成为这种行为的内在规定性，它决定着一个行为是否带有“存在设定”，“月亮”在质性上是表象，“月亮是圆的”在质性上是判断，质性是把不同的意识行为区别开来的规定性；质料与“内容”“材料”“立义意义”等是同义词，是把质性相同的意识行为区别开来的内在规定性，比如“桌子”和“椅子”在质性上都属于表象，但把二者区别开来的是“桌子”和“椅子”的质料不同。就二者的关系而言，质性不会使行为与对象发生联系，行为只有通过质料才能具有与对象的联系，所以，质料为质性奠基，“质性只是确定，那个以特定方式已‘被表象出来的东西’（vorstellig Gemachte）是否作为被期望之物、被提问之物、被判断之物、被设定之物等等而意向地当下。据此，‘质料’必须被我们看作是那个在行为中赋予行为以与对象之物的关系的东西，而这个关系是一个具有如此确定性的关系……质料是包含在行为的现象学内容之中的行为特性，这个特性不仅确定了，行为对各个对象性进行立义，而且也确定了，

① 胡塞尔：《逻辑研究》第二卷第二部分，第 63 页。

行为将这些对象性立义为何物。……行为的质料决定了，对象被行为看作是这个而不是那个对象，它在某种程度上就是那个为质性奠基的（但无视那些质性区别的）对象性立义的意义（或简称为‘立义意义’）”。[①]只有客体化行为才有自己的质料，非客体化行为则不具有自己的质料，所以，非客体化行为都必须奠基于客体化行为基础之上；由于每一个质料都是客体化行为的质料，所以与对象的关系只能在质料中构造起来。

就我们现在关注的论题而言，首先，我看见了一座桥，我用语言表达为“这是一座桥”，这在质性上属于判断，这个语言表达的本质与符号行为的含义本质是相符的；它是一个设定性行为，即我对这座桥在此处具有存在信仰。认同就是关于这座桥的含义意向与充实直观的综合统一。其次，我看见天上有一个月亮，我把它表象为“月亮”，并且用语言陈述为“月亮是圆的”。这是两个质性不同的意识行为，“月亮”是一个表象，“月亮是圆的”是一个判断，从静态方面看，判断建立在表象的基础上（表象为判断奠基）；从动态方面看，这两个行为的认同是建立在月亮这个共同的质料基础上的。胡塞尔进一步指出，就认同情况来看，一方面，质料是综合的特殊载者，但质料自身并不被认同，因为被认同的不是质料，而是通过质料而被表象的客体；另一方面，质料在认同行为中达到相合。明了这一点具有如下意义：如果认识可以在质料相同的情况下划分出不同的完善性阶段，那么不同完善性阶段的区别便与质料无关，即质料并不规定认识相对于任何一个认同而所具有的特殊本质。

我们知道，意指与直观（含义意向与含义充实）的相互充实是一个初始的现象学事实，真正的认识是指称与直观在现象学上的动态统一，这里的指称就是含义意向，直观就是含义充实；静态地看，指称和直观都不是真正的认识，认识是它们二者动态的综合统一，即含义意向行为（意指）在含义充实行为（直观）中得到充实。胡塞尔指出：“在每一个充实中都进行着一个或多或少完善的直观化。……在认识的进步中、在阶段性的上升过程中，我们可能不得不从具有较少认识充盈的行为向具有较多认识充盈的行为迈进；而且最终要向不断需要充实的各个感知迈进；但每一个阶段，亦即每一个个别的、已经自为地被描述为充实的认同，并不会因此而必定包含着一个作为充实行为的感知。在充实中我们可以说是经历到一个‘这就是它自身’。”[②]认识是一个从较少认识充盈到较多认识充盈的上升过

① 胡塞尔：《逻辑研究》第二卷第一部分，第450—451页。

② 胡塞尔：《逻辑研究》第二卷第二部分，第64页。

程，在充实与意向之间，充实具有优先性，即充实行为赋予单纯的意向以“自身”的充盈，并将意向更直接地带到事实本身那里，或者说，充实带着意向在上升序列中逐步实现理想的认识目标——“绝对认识的目标，认识客体的相即自身展示的目标”。[①] 每一次充实都是一次认同，都是向理想的认识目标的接近。但也并非每一个认同都是向认识目标的逼近，对同一个事实可以有无限多的可能感知，因而也可能存在着不追求任何认识目标地向着无限迈进的认同，这是因为，最基础的意识行为是感知，在感知中杂多的感性材料被统摄立义为一个统一的对象，但我们一般不会把感知称为“认识”，确切意义上的认识是在符号行为中进行的，如果意识活动只是在感知行为中发生，至多只是一种“辨识”或“认同”，例如在数学上有无数多的算术表达同一个数值 2，对同一事实可以有无限多的图像，不同的人对同一座桥可以有很多不同的感知，等等。

从指称与感知（含义意向与含义充实）的关系而言，要明确“如是所指的对象”与“所指对象”（在《观念 I》中表现为“某物的属性”与“属性的承载者”）之间的区别，例如，我们可以意指德国皇帝威廉二世（Wilhelm II von Deutschland），就其身份而言，我们说“他是德国末代皇帝”，我们也可以说“他是维多利亚女王的外孙”“威廉一世的长孙”或“腓特烈三世与维多利亚公主的儿子”，这里，“所指对象”是同一个，即威廉二世，但四种意向活动意指“如是所指的对象”是不同的，分别是作为皇帝、外孙、长孙和儿子的威廉二世；或者说，威廉二世是属性的承载者，而其他则是威廉二世的属性。这个区别对我们以下的论证是有益的，我们以图像意识为例，“对同一事实可以有无限多的图像”与“每一次充实都是一次认同，都是向理想的认识目标的接近”是不同的。前一种情况是指，对同一幅画比如《梵高的自画像》，看到它的几个人可能有不同的感知，有人感知到梵高瘦削的脸颊，有人感知到他嘴上衔着的烟斗，有人感知到他头戴一顶皮帽等等；在后一种情况下，则是认识充盈的不断增长，比如，作者总是先勾画出一个粗糙的轮廓，再过渡到画出一个较为细致的大构图和神态表情，再过渡到对局部内容加以充实、加工提炼人物的内在气质，再过渡到调整、修改画面的主色调与色彩关系等等，最后过渡到一张活生生的绘画。这是一个图像序列的总体综合过程，其中每一步都在向理想的目标逼近。这个例子也同样适合于想象或符号序列的认识充盈的上述过程。就此而言，“我们所说的认识主要是指：一个在通常的信仰意义上的意指得

---

① 胡塞尔：《逻辑研究》第二卷第二部分，第 65 页。

到加强或得到证实”。①

在现象学看来，“意向和充实”的关系为“思想（或概念）与一致性直观”这对概念的构成奠定了基础，所谓“弄清楚”一个思想，就意味着为这个思想的内容提供合乎认识的充盈。一般说来，符号表象也可以为思想内容提供充实，但由于符号行为奠基于直观行为基础之上，如果我们要求达到由“实事本身”显示给我们并使真理性得以认识的那种明晰性，符号表象提供的充实还必须回溯到直观上，就是说，真正的认识明晰性是由直观提供的而不是由符号提供。所以，认识的明晰性要求向充实直观回溯，并进一步从对事实本身的直观向概念与定理之“起源”的回溯。具体来说，客体化行为划分为符号行为和直观行为，直观行为又包括感知行为和想象行为，充实与直观化的关系，就是要揭示直观在每一个充实中所起的作用；对本真和非本真的直观化与充实之间的区别的清楚划分，将会帮助我们最终澄清单纯认同与充实之间的区别。

如果我们把“直观”的效用规定为：它在本真的充实中为意指行为带来了某些新东西，即充盈。“充盈”在现象学的意向分析中是一个与质性、质料相平行的主要概念，是指直观行为所具有的感性材料（Sinnesdaten），由于感知和想象构成直观行为属，感性材料可以进一步划分为“感觉材料”（Empfindung）和“想象材料”（Phantasma），前者是感知行为的内容，后者是想象行为的内容；与“充盈”相对立的是“空泛”，即一个不具有充盈的意识行为是一个“空泛的意向”。胡塞尔的意向分析表明，由“质性”和“质料”所组成的意识行为之意向本质并不能构成具体、完整的客体化行为，只有当质性、质料与充盈结合在一起时，一个客体化行为才能成立，“每一个具体完整的客体化行为都具有三个组成部分：质性、质料和代现性内容”。② 此处的“代现性内容”（repräsentierender Inhalt）就是指“充盈”。充盈是“代现性的内容”，质料是“被代现性的内容”，前者是在直观中被给予之物，它们是诸如“红”“长、宽、高”以及“冷”“硬”等一类的感觉材料；后者则是在意向中被意指之物，如“桌子”“椅子”等。一旦“充盈”被赋予“质料”（被给予意义、被立义、被统摄），意识对象便产生出来了，因此客体化行为或对象化行为的形成必须以感性材料的被给予为必要前提；充盈的程度取决于“充盈的范围”“充盈的活力”和“实在内涵”三个方面，“充盈”越是丰富，它与被赋予它的“质料”便越可能相符，在这个意义

① 胡塞尔:《逻辑研究》第二卷第二部分，第66页。

② 胡塞尔:《逻辑研究》第二卷第二部分，第88页。

上，“充盈”决定了一个意识行为是否具有直观性。[①]

胡塞尔指出，存在一个充实链的可能性，这些充实链乃是由诸多直观意向一个环节接着一个环节地构造而成的；充实的行为不仅与最终结果相符合，而且也与每一个单独的步骤相符合，这个步骤是指从对这个对象的一个表达向另一个表达过渡，后面的表达是对前面表达的澄清并且在内容上“丰实着”（bereichern）前一个表达。胡塞尔通过向定义表象的回溯来澄清（5^3）^{4}这个概念例子来进行说明：

1.（5^3）^{4}就是“一个当$5^3 \cdot 5^3 \cdot 5^3 \cdot 5^3$的积被得出时便会形成的数”。

如果要想澄清后一个表象，就必须回溯到5^3的意义上去：

2.5^3就是$5 \cdot 5 \cdot 5$。

要想再进一步回溯，就必须通过定义链来澄清 5：

3. 5=4+1，4=3+1，3=2+1，2=1+1。

这里，1、2、3 步骤构成一个充实链，在经过每一步回溯后，直观意向一个环节接着一个环节地通过“充实链”构造出一个成分阐明的个位数的和，“这个和便叫作：（5^3）^{4}的数‘本身’”。[②]这个充实链是通过总体认同的充实关系而相互联结在一起的。

这个例子表明，像数学这一类符号表象的特殊性在于它的表象的内容（质料）先天地描画出一个确定的充实阶段行程。但这里表象的充实是间接进行的，它永远不可能同时直接地进行，如“$5^3 \cdot 5^3 \cdot 5^3 \cdot 5^3$的积得出的数”是对（$5^3$）^{4}这个概念的直接充实，而 2、3 则是间接充实。类似的图像表象也是如此，当我们通过一个图像来表象一个实事时，表象的质料规定着第一个充实，它会将第一性的图像“本身”置于我们眼前；这个图像中又包含着一个新的意向，对这个新意向的充实会将我们引向实事本身。胡塞尔概括道：“所有这些间接的、或符号或直观的表象所具有的共同特征，即：它们不是以素朴的方式来表象对象，而是通过那些相互叠加的较低和较高阶段的表象来表象对象；或者我们可以更确切地说，它们将它们的对象‘作为’其他表象的对象来表象，或者作为与其他表象的对象相联系的来表象。”[③]在这些相互关系的表象序列中，会形成被表象的表象，它们从属于它们的意向客体，而不从属于它们的组成部分，这里存在着一个定理：“每一个间接的意向都要求有一个间接的充实，不言而喻，这个充实会在完

① 参阅倪梁康：《胡塞尔现象学概念通释》（修订版），“充盈”词条，第 169—170 页。

② 胡塞尔：《逻辑研究》第二卷第二部分，第 68 页。

③ 胡塞尔：《逻辑研究》第二卷第二部分，第 69 页。

成了一组有限数量的步骤之后结束于一个直接的意向之中。”①

这里还必须对“间接表象”与“表象之表象”做出区分。从总体上看，胡塞尔把“表象”的本质定义为“质料”，即表象是一种能够赋予质料（给予意义）的行为。广义的表象是指整个客体化行为，狭义的表象仅指客体化行为中的“称谓行为”，就客体化行为区分为直观行为和符号行为而言，表象可以是一种“直观表象”（包括感知表象、回忆表象、想象表象、图像表象等），也可以是一种符号表象；在直观表象中，一个对象可以以感知的方式被意指，也可以以想象的方式被意指，即在表象中总会有一个对象呈现出来，这个对象或者是被表象的对象本身，或者是它的图像；而符号表象则奠基于直观表象之中，因为符号表象不具有本己的感性材料而必须借助于直观表象才能进行立义的活动，就此而言，直观表象也叫“本真表象”，符号表象也叫“非本真表象”。就“充实的阶段序列”而言，“间接表象”与“表象的表象”的区别在于，间接表象“它们将它们的对象‘作为’其它表象的对象来表象”，例如前述“$(5^3)^4$”这个例子中的 2、3 就是间接表象和间接充实；表象之表象“就是单以其他表象作为其对象而发生联系的表象”，胡塞尔指出，“表象之表象的意向 V_1（V_2）朝向 V_2，因此，这个意向在 V_2‘本身’出现时便被充实并且是全然地被充实；……因为 V_1 所意指的并不是这个对象，而全然是它的表象 V_2”。②前文曾指出，“一个意向对象是在对某一内容的把握中构成的”，“对象不仅存在着，而且显现着，对象不是实际存在的对象，而是通过对内容的把握而构成的对象”，在“表象之表象”这个词语构成中，V_1 是“表象，是对实际存在的事物的表象”；V_2 是“……表象”，它不是面对实存的对象，而是通过对内容（质料）的把握而形成的观念表象，它是一个思想或概念，所以，“表象之表象”也就是“对某个表象的表象”，就此而言，“表象”和“表象之表象”与前述“直观表象”和“符号表象”是平行的概念。例如，我们看见月亮，形成关于“月亮”的表象（V_1），它需要在“外感知”中得到充实；我们还可以进而形成关于“月亮”这个表象（V_1）的表象“月亮”（V_2），它是一个思想性的符号表象，对这个对象的“内感知”（相即感知）才是对它的充实直观，这个表象并不是作为充实直观，而是作为充实直观的对象在起作用，“需要注意，在我们的意义上的思想或意向与直观中的充实直观之对立绝不能被理解成单纯的外直观、对外部的、物理的对象性的感知或想象。‘内’感知

① 胡塞尔：《逻辑研究》第二卷第二部分，第 69—70 页。

② 胡塞尔：《逻辑研究》第二卷第二部分，第 70 页。

或图像性也可以作为充实直观起作用”。[①]但另一方面，间接表象与表象之表象的区分不是绝对的，它们的共同之处在于：每一个间接表象都包含着表象之表象，因为间接表象将它的对象意指为某些在它之中被表象的表象之对象。胡塞尔举例说，如果我们将1000表象为10^3，即表象为一个数，这个数被描述为表象的对象。1000是V_1，10^3是V_2，可以写作1000（10^3）[V_1（V_2）]。10^3是1000的一个“间接表象”（它可以通过“10·10·10”以及“10=9+1, 9=8+1……的步骤展开”），也同时包含着“表象之表象”（10^3是1000的表象之表象）。

我们还需要在“直观”这个概念下进一步区分“本真的直观化”与“非本真的直观化”。不论是间接表象还是表象之表象，它们作为对象都需要直观充实，或者说，直观在充实的每一步上都起着本质性作用。在现象学的意向分析中，“对象的认识”和“含义意向的充实”表达的是同一个事态，符号意向本身不构成认识，比如在对一个单纯象征性词语的理解中，一个意指得到进行（这个语词意指某物），但这里并没有什么东西得到认识，只有当一个意指通过直观而得到充实时，或者说，一个意向在足够的充盈中被直观所证实时，真正的认识才成为可能。胡塞尔指出：“本真的和非本真的直观化之间的区别也可以被标识为在本真的和非本真的充实之间的区别，只要这个意向在朝向它的对象……而确切意义上的充实现在可以被看作是对此的表达，即：至少在对象的充盈方面有某些东西被带到意向这里。……并且这里可以得出一个特有的定理：所有非本真的充实都蕴含着本真的充实，因而非本真充实所具有的充实特征要‘归功于’本真的充实。”[②]本真和非本真的直观化也就是本真和非本真的充实，它们的意向都朝向它的对象，并且在对象充盈方面有些东西被带到意向这里。所谓“本真的直观化”，就是符号意向中被意指的对象与直观显现的对象处在相合关系中，或者说，“这个直观显现的对象本身是作为在含义中被意指的对象而处于此”；所谓“非本真的直观化”，就是“充实的直观使一个具有间接被代现者特征的对象得以显现”。[③]举例来说，“南京”是一个称谓符号，它意指一个地名，它需要得到充实；如果“南京”这个符号意向在我们关于南京这个城市的表象或内感知直观中得到充实，直观的本己质料活动起来了，显现的对象与意指的对象处于相合状态，这种直观充实就是“本真的主观

① 胡塞尔：《逻辑研究》第二卷第二部分，第71页。

② 胡塞尔：《逻辑研究》第二卷第二部分，第72页。

③ 胡塞尔：《逻辑研究》第二卷第二部分，第73页。

化”；如果“南京”这个称谓符号的意向不是在通过南京这个城市的表象得到充实，而是通过想象表象或间接被代现者—— 一张南京地图——中得以显现或证实，在这里直观就不能在真实的意义上被标识为充实的直观，它的本已质料也没有活动起来，充实的基础不是在直观中，而是在一个符号性的意向中，在地图上显现的对象（南京）在这里是作为被意指和被指称的对象的间接被代现者起作用，它恰恰将这个对象描述为一个符号；显现者与被意指者之间可能存在着相似性，这种相似性是一种建立在图像表象之上的符号表象，这个意义上的直观化就是“非本真的直观化”。总之，符号意向和意指在感知表象的基础上得到充实的就是“本真的直观化”；符号意向和意指是在想象表象的基础上得到充实的就是“非本真的直观化”。与“南京”这个称谓符号所指之物“相同一”的对象不是被想象的客体或代现的那个客体（地图上的南京），而是被感知的客体或被代现的那个客体（实际存在的南京城）。就此而言，本真的直观化可以称作“直接意向的充实”，非本真的直观化可以称作“间接意向的充实”，其中，间接意向的充实要最终回溯到直接意向的充实上去，或者说，通过地图对“南京”这个符号意向的充实最终要回溯到通过对南京这个城市的直观感知中去充实。

二、表象的充盈与直观或符号内涵

在将间接意向的充实回溯到直接意向的充实上之后，我们现在特别关注和讨论直接意向的直观充实及其起作用的充实关系和充实规律，从意向本质方面来看，在确定充实关系时具有决定性的是质料而非质性。胡塞尔的讨论是从这样一个命题开始的：

> 在每一个直观意向中——在观念可能性的意义上说——都包含着一个在质料方面完全适合于直观意向的符号意向。这个认同的统一必然具有充实统一的特征，在这个充实统一中，具有充实成分之特征并且而后也具有在最本真意义上给予充盈的成分之特征的是直观的成分，而不是符号的成分。①

在一个直观意向中总是包含着一个具有相同质料的符号意向，它们具

① 胡塞尔：《逻辑研究》第二卷第二部分，第74页。

有充实统一的特征，但在最本真意义上给予充盈的是直观而非符号。这是因为，符号意向自身是“空泛的”并且是需要充盈的，符号意向自为地缺乏任何充盈，只有直观意向才将符号意向带向充盈并且通过认同而带入充盈，或者是，符号意向只是指向对象，直观意向则将对象在确切的意义上表象出来，它带来对象本身之充盈方面的东西。

我们知道，单纯的意指（含义意向）还不能算认识，一个词语可以意指某物但却没有什么东西被认识；单纯的直观（含义充实）也不是真正的认识，而只是一种认同行为或辨识行为。真正的认识行为是意指与直观的充实综合统一。在一个直观的表象中，一个对象以感知的方式或想象的方式被意指，这个被意指的对象的每一个部分、每一个规定性都必然有行为的某些因素或块片与之相符合。在某种意义上，对象确实是表象性的。但符号意向实际上根本不是表象性的，而直观表象——不论是感知表象还是想象表象——则是表象性的。区别在于：是否有对象在它之中得以活跃以及是否有“代现”与“被代现者”之间的本质和必然的联系。何为“对象”？现象学的认识“对象”就是完备的充盈，就是在充盈中构造它自身的那些规定性之总和，或者说，表象的充盈就是从属于它的那些规定性之总和，这些规定性之总和就是现象学意义上的“对象”，“充盈是各个表象所具有的与质性和质料相并列的一个特征因素；当然，它在直观表象那里是一个实证的组成部分，而在符号表象那里则是一个缺失。表象越是‘清楚’，它的‘活力’越强，它所达到的图像性阶段越高，这个表象的充盈也就越丰富”。[①]我们知道，只有当质性、质料与充盈结合在一起时，一个客体化行为才能成立，而只有“充盈”被赋予“质料”，意识对象才能产生出来；充盈是在直观表象中进行，而不是在符号表象中进行的（符号行为没有自己的质料，所以它还不能真正被称为表象性的；当然，符号行为也需要感性材料，如写在纸上的字母或说出的某些音符，但这些感觉材料只是偶然的中介）；就直观表象（感知表象和想象表象的总和）而言，能够达到充盈之理想的只有感知，而不是想象，因为想象还需要感知来奠基。胡塞尔把感知表象的内容标识为“展示性的内容”，把想象表象的内容标识为“直观代现的内容”，在较为狭窄的意义上，感知的特征是“体现”（Präsentaton），想象的特征是“代现”或“再现”（Re-präsentaton），或者说，我们可以用“体现的”“自身展示的”“感知映射”的内容来标识感知表象的内容，用“类比的”“映像的”“想象映射的”内容来标识想象表象的内

① 胡塞尔：《逻辑研究》第二卷第二部分，第75页。

容。并且，外感知的展示性内容定义了通常意义上的“感觉”概念，外想象的展示性内容则是感性的“想象材料”（Phantasma）。

带有感知立义的“展示性内容”和想象立义的“直观代现内容”统称为“行为的直观内涵”，它与“行为的符号内涵”构成对应概念：

1. 行为的“纯粹直观内涵”，它与在行为中与客体的“显现着的”规定性之总和相符合；

2. 行为的“符号内涵”，它与其他的、虽然一同被意指，但本身未被显现的规定性相符合。①

前者是指从客体那里展示出来的东西，即“被展示之物”，后者是缺乏展示的、被遮掩的东西，即“未-被展示之物”，后者说直观内涵是被展示的内容，符号内涵是未-被展示的内容，它们都在直观表象中被意指。如果我们用直观内涵与符号内涵的“分量”来定义直观地或符号地被表象的对象因素之总和，那么，每一个表象中这两种分量就互相补充为总体分量的统一，即对象规定性的总体概念。

我们把直观内涵标识为“i”，把符号内涵标识为“s”，则：i+s=1

就是说，直观内涵与符号内涵之和就构成了对象规定性的总体概念（“1”）。但 i 和 s 的分量是可以发生变化的，随着直观内涵的规定性的增与减，符号内涵的规定性就会随之发生减少或增长。我们在观念上设想两种极限情况（在现实中并不存在）：

（1）i=0 s=1；（2）i=1 s=0。

在第一种情况下，一个表象行为只有符号内涵，而没有直观内涵；在第二种情况下，一个表象行为只有直观内涵，而没有符号内涵。就是说，当 s=1 时，我们拥有一个纯粹符号行为；当 i=1 时，我们拥有一个纯粹直观行为。

“纯粹直观行为”（当 i=1）意味着，在这个行为中被意指的东西与显现的东西完全一致，它的一切都是充盈，它的对象的每个部门、每个面、每个规定性都被直观地展示，都不仅仅是间接地一同被展示，“不仅所有被展示的东西都已被意指（这是一个分析命题），而且所有被意指的东西都得到了展示”。② 比如，我直观一个墨水瓶，我认为我看到的墨水瓶就是这个

① 胡塞尔:《逻辑研究》第二卷第二部分，第 78 页。

② 胡塞尔:《逻辑研究》第二卷第二部分，第 79 页。

墨水瓶本身，或者说这个墨水瓶被我完全把握到了，没有任何遗漏，即直观内涵与客体显现着的所有规定性完全等同。胡塞尔认为，事实上这在外感知（事物感知或空间感知）中是不可能的，因为我既不能看到墨水瓶的所有的面，也不能看见它的里面；我只能每次看见这个墨水瓶的一个部分，总有一些部分被一同给予（符号内涵），从而使它被我们意指为对象整体。胡塞尔举了一个更贴切的地毯的例子：我看见了地毯的一小部分，另一部分则被家具挡住看不见，即使如此，我们也会立刻把它意指为地毯。这里，地毯被看见的部分是直观内涵的规定性，其他被遮挡住没有直观地显现出来的、但却一同被给予的部分属于符号内涵。正是在这个意义上，胡塞尔认为感知（尤其是外感知）是一个“伪称”，它总是伪称自己给予了对象自身，是一个能够为其他行为提供充实，但自身不再需要充实的行为；实际上，看不见的背面以及内部等组成部分虽然一同被意指，它们通过第一性的显现之物而象征性地被暗示，但它们本身根本不属于感知的直观（感知或想象）的内涵。胡塞尔认为，当我们对空间事物进行直观时，我们的意向中总是包含着非直观的成分；外直观事物、空间事物总是以映射或共现的方式显现出来。因此，胡塞尔把外直观或事物直观也称作“超越的直观”，即超越出直观显现的范围。与“超越的直观”相对的是“内在的直观”（immanente Anschauung），即对我们自身体验的直观。在内在的直观中，我所直观到的东西也正是我所体验到的东西，因而行为的直观内涵完全等同于在行为中与客体的显现着的所有规定性。这个意义上的直观才是真正的纯粹直观行为，也称为“相即直观”或“相即感知”。

“纯粹符号行为”（当 s=1）意味着，在这个行为中被意指的东西根本不具有显现内涵，根本没有直观被给予的内涵，它只是一个空泛的意向，比如一个符号 ю；除非我们知道 ю 在西里尔语中意味着什么，它才得到了充实而不再是个空泛的意指。我们有时也说“A=A”“10^2=100”等是纯粹的符号行为，像“10^{15}”这样的符号根本无法得到直观充实，似乎纯粹符号行为具有一定的可能性，但这种可能性也是相对的，因为符号行为是奠基于直观行为基础之上的，10^{15} 这样的符号我们可以回溯到“10·10·10·……·10”，并进一步回溯到 10=9+1，9=8+1……2=1+1，显然，“2=1+1”这个符号是可以直观充实的。以上分析表明，真正的认识都是在直观内涵与符号内涵的结合中进行的，纯粹直观内涵或纯粹符号内涵都是极端理想状态，现实中并不真正存在。

现在，我们进一步把注意力集中在整体的直观行为（感知 + 想象）上。整体的直观行为或者拥有感知的特征，或者拥有图像表象（想象）的特征。

在此，具有感知特征的直观内涵也称为“知觉内涵”或“感知内涵”，具有想象特征的直观内涵也称为“想象内涵”或“图像内涵”；上述两类直观内涵我们可以简称为“感知内涵”和“图像内涵”，感知内容包含的是体现内容，图像内容则只包含类比化内容。“体现”（Präsentation）也称为“当下拥有”，它首先是指明见性的直观或本原经验，其次是指在构造上不再是被奠基的行为、而是奠基性的原样式，再次胡塞尔也把感性感知行为中内时间意识的原印象、滞留、前摄所组成的现时体验称为“体现”；与“体现”“当下”相对应的概念是“再现”“当下化”等。作为感知特征的“体现”就是本原地给出对象的能力，即对象的当下拥有；当然，体现只是组成感知的一个部分，感知的另一部分是由“共现”（Apäsentation）组成的，共现不再是体现，不是对对象的当下拥有，而是对对象的当下化或“代现”“展现”（Repräsentation）。

我们用 wr 标识纯粹感知组元，用 br 标识纯粹图像（想象）组元，则：wr+br=1。胡塞尔指出，在这里，1 象征着纯粹直观的直观总体内涵之分量，亦即它的对象的总体内容。如果 br=0，即纯粹直观摆脱了所有图像内容，那么它就叫作“纯粹感知”或“纯粹知觉”；如果 wr=0，那么直观便是“纯粹的图像表象”或“纯粹想象”。不过，“纯粹感知”和“纯粹想象”都是理想状态，真正的直观行为总是感知和想象的结合。只有当对象的每一个部分都在内容中得到确实的体现，没有一个部分是被想象的或被象征的时候，体现才是纯粹的；纯粹想象亦然。所以，纯粹感知将展示的内容直接意指为对象、对象就是纯粹的自身展示，即在纯粹感知中展示内容与对象完全同一，是个错误的命题。实际上，在一个直观行为中，即包含感知的体现和当下的组元，也包含想象共现、代现的组元。区别在于：感知将内容立义为对象的自身显现，想象则将内容立义为相似物、代现或图像。由此，胡塞尔指出了直观内容（以及代现内容）在充盈程度方面的如下区分：

> 1. 充盈的范围或财富，它随对象内容之展示的或大或小完善性而有所变换；
>
> 2. 充盈的生动性，它是指接近的程度，即展示与对象的相应内容因素的原始相似性接近程度；
>
> 3. 充盈的实在内涵，即充盈在体现性内容上的或多或少。[①]

① 胡塞尔：《逻辑研究》第二卷第二部分，第 81—82 页。

在直观行为中上述关系的理想状态是“相即感知”，即当充盈的范围、生动性和实在性达到最大限度时，就在充盈越来越丰富的上升序列中达到了对完整客体的自身把握；当然，在直观行为的综合中并不始终发生着充盈的上升，也有可能出现局部充实和局部“脱实”（Entfüllung）或“脱空”（Entleerung），甚至也会发生已有充盈的丢弃情况。这表明，认识上升的过程不是纯粹的，而是复杂的。

三、意向质料与代现

从静态的角度来看，每一个客体化行为都包含质性和质料两个因素，质性是把不同意识行为区分开来的规定性；质料是把相同质性的意识行为区分开来的规定性，它决定着行为恰恰以这种方式所表象的恰恰就是这个对象。从动态的角度来看，每一个客体化行为都包括质性、质料和充盈三个因素，在这里，“质料”概念通过总体认同的统一而被规定为“在行为中的那些作为认同基础而起作用的东西。……无论一个表象的充盈在它的可能充实序列中如何变更，它的意向对象，即那个被意指的并且如此被意指的对象却始终是同一个；换言之，它的质料始终是同一个”。[①] 在这个关于质料的定义中，充盈暂时不被顾及，但这并不意味着质料与充盈并非没有联系。我们下面从符号行为和直观行为的比较中来进行考察。

客体化行为可以区分为直观行为和符号行为。从符号行为方面来看，在理想状态下，纯粹符号行为能够作为质性和质料的单纯复合体而构成一个具体的体验统一；但实际上这是不可能的，因为符号行为始终需要一个直观行为为它奠基。但是进一步分析会发现，“为符号行为提供基本依据的并不是作为整体的奠基性直观，而只是它的代现性内容。……我们仍然也不能说，每一个符号行为都需要有一个奠基性的直观，而是只能说，它需要一个奠基性的内容”。[②] 就是说，在没有估计到充盈的行为意向静态分析时，我们笼统地说符号行为奠基于直观行为基础之上；在顾及充盈的行为意向动态分析时，直观行为由感知和想象构成，为符号行为奠基的不是整体的奠基性直观，而只是它的代现性内容。从直观行为方面来看，直观行为是由感知和想象构成的，前述可知，由纯粹感知或纯粹想象构成的纯粹

① 胡塞尔：《逻辑研究》第二卷第二部分，第85页。

② 胡塞尔：《逻辑研究》第二卷第二部分，第86—87页。

直观行为也是不存在；直观行为也需要一个由代现性内容提供的必然补充。这样，我们就可以把“代现性内容”区分为“符号代现性的内容”和“直观代现性的内容”，简称为“符号被代现者”和“直观被代现者”；此外，还存在一种“混合的被代现者”，它同时进行符号的和直观的代现。

每一个具体完整的客体化行为都具有三个组元：质性、质料和代现性内容。这个内容或是纯粹作为符号性的被代现者起作用，或是纯粹作为直观性的被代现者起作用，或是同时作为这两者起作用，随这个内容所起的作用不同，行为或是一个纯粹符号性的行为，或是一个纯粹直观性的行为，或是一个混合性的行为。①

胡塞尔认为，同一个内容与同一个质料和形式能够以三重的方式（内容作为符号性、直观性和混合性的被代现者）起作用，这是现象学的一个重要发现。因为代现性的功能不受质性变化的影响，所以，代现性只涉及被代现者与质料的关系，就是说，被代现者代现的只是质料而非质性。胡塞尔把质料与被代现者的现象学统一称作“代现的形式”，将通过这个形式而形成的这两个因素的整体称作“绝然代现”（Repräsentation schlechtin），这个称呼特别突出了“代现性的内容”与“被代现的内容”（被代现的对象或对象的部分）之间的现象学联系，并使“客体”得以真正地构成。例如，我们观看一块地毯，它总有一部分是被展示之物（感知内容），还有一部分是共现性的、被遮掩的未-被展示之物（想象内容或图像内容）；被展示的内容（质料）就是体现性的，那些未被展示的内容（质料）叫“被代现者”，对它的代现就是“代现者”，它们通过代现形式而形成的整体就是“绝然代现”。“我们也可以将代现标识为立义形式。由于质料可以说是给明了意义，代现性的内容便根据此意义而被立义，这样我们也就谈到了‘立义意义’；……也可以说‘立义质料’。据此，我们在每一个立义上都可以现象学地区分：立义质料或立义意义，立义形式与被立义的内容，被立义的内容还应当区别于立义的对象。”② 就是说，立义可以区分为“立义质料”（立义意义）、“立义形式”、“被立义的内容”和“立义对象”，通过立义把它们统握起来。

“立义”与“赋义”“给予意义”“统觉”“统握”等是平行概念，是指意识活动所具有的赋予杂多感觉材料（立义内容）以一个意义从而将它们统摄并构造出一个意识对象的功能，即“将某物立义为某物”（Auffassung

① 胡塞尔：《逻辑研究》第二卷第二部分，第 88 页。

② 胡塞尔：《逻辑研究》第二卷第二部分，第 89 页。

von etwas als etwas）。前一个“某物”是尚未被立义的感觉材料，后一个“某物”是指被立义后的对象。“立义质料”（Auffassungsmaterie）与“立义意义”（Auffassungssinn）基本同义，它决定着对象在这个“意义”中，还是在那个“意义”中被表象，或者决定对象被赋予这个意义还是那个意义；“立义形式”（Auffassungsform）是指“代现的形式”，它有符号性的、直观性的和混合性三类立义形式或代现形式，由于直观性的立义形式又可分成感知性的和想象性的，所以，立义形式实际上有符号性、想象性、感知性和混合性的四种类型，它决定着对象是符号性地，还是直观地或混合地被表象出来；“被立义内容”（Auffassungsinhalt）也叫“立义内容”“立义内涵”，与“立义材料”（Auffassungsstoff）是同义词，狭义的立义内容指直观行为中“感性材料”或“充盈”，广义的立义内容还包括被判断、被理解的内容。立义内容决定着对象是借助符号性地，还是以直观或混合地方式被表象。

胡塞尔指出，在立义质料（即立义“为何 als was”）同一的情况下，代现或立义的方式是可以不同的，即“在质料和被代现者之间的符号代现所建立的是一个偶然的、外部的联系，而直观代现所建立的则是一个本质的、内部的联系”。[①] 就是说，符号代现可以想象在同一个符号行为上附加任何随意的内容；而直观代现中质料与被代现者之间存在一种内部的必然联系。但不论如何，同一质料意义上的内容，既可能以直观被代现者的方式，也可能以符号或混合的被代现者的方式被立义。比如，一张桌子，它们在质料意义上的内容相同，我们可以以桌子这个直观被代现者的方式立义，也可以以“桌子”这个符号代现者的方式立义，也可以以直观和符号被代现者的方式混合立义。

以上考察中我们将“代现”理解为质料与代现性内容的统一，所以，以前我们认为意识行为是质性和质料的统一，现在就应该理解为质性与被代现者（符号的、直观的和混合的）之间的联结。如果说每个客体化行为都包含一个代现，那么，“每个行为或者本身是一个客体化行为、或者以一个客体化行为为基础”就可以这样表达：所有行为的最终基础是代现意义上的“表象”。由此，可以说，“一个行为与它的对象具有各种各样的联系方式”包括：1. 行为的质性；2. 作为基础的代现，它包括：A. 立义形式，B. 立义质料，C. 被立义的内容。据此，现象学把一个客体化行为的认识本质标识为质性、质料和直观代现性内容的统一；如果没有了直观代现性内

① 胡塞尔：《逻辑研究》第二卷第二部分，第 89 页。

容，客体化行为就只是一个没有充盈的空泛意向。

认识总是在表象直观中进行的，认识表现为直观表象中充盈的一个充实系列，“我们在这些序列中不断前行，越来越好地认识对象，这种认识是借助于一个展示性的内容而进行，这个内容越来越与对象相似并且越来越生动地和完整地把握对象”。[①] 在此，胡塞尔还澄清了经院哲学中的“实质”（Essenz）概念，他认为，如果两个直观行为具有同一个质料，那么它们就具有同一个“实质”；并且，每一个有效的种类都是一个实质，在这个意义上，“实质”构成“实存”（Existenz）的对应概念，与“本质”“观念本质”是同义词，现象学作为纯粹实质的科学不对实在的实存做出任何断定。

在现象学的术语中，“种类”（Spezies）、“种类的”（speziell）是一个与“观念”（Idee）“观念的”（ideell）基本同义的概念，就是说，一个种类就是一个本质，一个实质，或一个普遍对象。“种类”可以进一步区分为作为“概念”的种类和作为“含义”的种类：“诸含义构成一组‘一般对象’或种类。尽管在我们想谈到种类时，每个种类都以一个含义为前提，它在这个含义中被表象出来，而这个含义本身又是一个种类。但一个种类在其中被思考的那个含义，以及这个含义的对象，即这个种类本身，这两者不是同一个东西。……无论含义本身是否是一般对象，它们在它们所涉及的对象方面都分为个体含义和种类含义；出于可以理解的语言原因，我们也可以将种类含义称作总体含义。”[②]

四、含义的观念区分与相容性和不相容性

所谓含义的观念区分，就是从观念上将“含义意向”区分为“可能的”与“不可能的”、“自身相容的”与“自身不相容的”、“实在的”与“想象的”，这里，“可能的”“自身相容的”“实在的”是一组平行概念，与之相对的“不可能的”“自身不相容的”“想象的”是另一组平行概念。为讨论的方便，我们简称为“可能性”与“不可能性”的含义意向。这种划分根源在于，并不是每一个符号意向都能够有直观行为以“客观完整直观化”的方式与之相适合。由此形成一个公理：“‘含义’（在种类上是指概念和定理）

① 胡塞尔：《逻辑研究》第二卷第二部分，第94页。

② 胡塞尔：《逻辑研究》第二卷第一部分，第107—108页。

分解为可能的和不可能的（实在的和想象的）。"[①] 这里需要注意的是：

1. 可能性与不可能性含义意向的划分不涉及单个行为，而只涉及整体行为，即"总体地涉及到它们的认识本质以及在其中它们的可以一般理解的质料"。

2. 可能性所指的不是实存的可能性和不可能性，即那些在某些经验的意识复合中可以事实性地找到的直观；而是观念的可能性，即纯粹建立在种类特征之中的可能性。不可能性亦然。

胡塞尔在此给出"含义的可能性"的定义是：

> 在客体化行为种类的领域中有一个合适的实质与这个可能性相符合，这个实质的质料与此可能性的质料相同一；或者换言之，这个可能性具有一个充实的意义，或者也可以说，有一个完整的直观的种类，它的质料与此可能性的质料是同一的。……更确切地看，一个含义的可能性之观念所表达的实际上是在客观完整的直观化情况中对充实关系的总体化（Generalisierung）。[②]

这段话与其说是给出了"含义可能性"的四个定义，不如说是含义可能性所具有的三个标准和一个定义。第一个标准是"客体化行为种类的领域中有一个合适的实质与这个可能性相符合，这个实质的质料与可能性的质料相同一"；第二个标准是"这个可能性具有一个充实的意义"；第三个标准是"一个完整的直观种类，它的质料与此可能性的质料是同一的"。在这些标准中包含着一个特殊的规律，即"只要一个含义的质料与一个实质的质料之间的关系存在着，这个'可能性'也会形成；反之亦然"。[③] 在符合上述标准的意义上，"含义可能性"可以定义为"在客观完整的直观化情况中对充实关系的总体化"。

现象学的"总体化"（Generalisierung/英文 generalization，日译为"一般化""类的普遍化"）是指一种本质普遍化的过程，它的形容词"总体的"（generell）是与"种类的"（speziell）相平行、与"个体的"（individuell）相对应的概念。所以，"可能性含义"就是只要实质的质料与可能性的质料相同一、只要具有一个充实的意义以及一个完整的直观种

---

① 胡塞尔：《逻辑研究》第二卷第二部分，第 101 页。

② 胡塞尔：《逻辑研究》第二卷第二部分，第 101—102 页。

③ 胡塞尔：《逻辑研究》第二卷第二部分，第 102 页。

类的质料与此可能性的质料是同一的，一种本质普遍化或总体化的过程就有可能形成。它也可以简单表达为“有‘可能的’含义”。与之相反，“不可能性含义”不能简单地定义为对可能性的否定，而是“有‘不可能的’含义”。

需要指出的是，总体化或本质普遍化的过程只能在观念关系中而非在经验关系中得到考察，就是说，总体化是含义在观念关系中的总体化，而非在经验关系中的总体化。例如：

经验关系：

1. 这张被直观到的纸是粗糙的。（个体性）

2. 纸是粗糙的。（种类普遍性）

在第1种情况下，我们直观一张纸，一个含义意向在质料的显现中得到充实，即被我们直观到的这张纸是粗糙的；但是，不论我们直观多少张个别的纸张，也不能从1过渡到2，即不能从“这张纸是粗糙的”得出所有的“纸是粗糙的”这样一个总体化的或具有本质普遍性的结论，或者说，在经验关系中不存在从“个体性”过渡到“种类普遍性”的含义可能性。

观念关系：

1. 这个三角形（如等边三角形）的三内角之和等于180°。（个体性）

2. 三角形的三内角之和等于180°。（种类普遍性）

在观念关系中，我们可以从个体性的个别直观中过渡到总体化或本质普遍性，或者说，在观念关系中存在着从“个体性”过渡到“种类普遍性”的含义可能性。

胡塞尔进一步通过“协调性”“相容性”与“不协调性”“不相容性”来讨论可能性含义与不可能性含义的关系问题。“两个内容作为某个整体的部分而在此整体中相结合，因此它们也是协调的，在一个整体的统一中是相容的。……协调性不属于分散的个别性，而属于内容的种类。”[①]

协调性首先是指作为整体的部分之内容在整体中相结合，“红”和“圆”在“红的圆”这个复合整体观念中相结合，它们在整体的统一中是相容的；“红”和“圆”这两个内容，在一次直观中被发现是协调的，通过观念化的抽象我们就能够获得一个复合的种类，如“红的圆”，这个种类观念能够作为对象被给予我们，并且在这个复合的种类观念的联结中也包含着“红”与“圆”这两个种类。

其次，所谓“协调性不属于分散的个别性，而属于内容的种类”，协

① 胡塞尔：《逻辑研究》第二卷第二部分，第104页。

调性属于种类观念，而不属于分散的个别性，“红”“圆”“方”等都属于分散的个别性，并不是任何两个内容都能结合，比如“圆”和“方”这两个个别观念内容就不能结合为“圆的方”或“方的圆”，两个个别观念内容能否结合，是由种类的整体观念的协调性决定的。因此，“红的圆”这个复合种类的观念在每一个可以想象的个别情况中先天地论证着红与圆的协调性。就是说，经验关系中红的颜色与圆的物体之所以能够结合，其协调性就在于“红的圆”这个复合种类观念的存在及其有效性，而无论它们是否在经验结合的世界中出现；或者说，两个个体性内容所以能够结合，都与与之相关的整体种类有关，“这种内容协调性的相关项就是复合含义的‘可能性’。……合适的实质，或对相应内容的完整直观化，就论证着这个内容的各个部分的协调性，反之亦然，对这个协调性来说，也有一个实质和一个相应的含义。因此，一个含义的实在性无非就意味着：这个含义是对一个直观内容之协调性的客观完整‘表达’”。[①] 从内容方面来看是“协调性”，从复合含义方面来看是“可能性”；“实质”就是相应内容的完整直观化，它论证着这个内容各部分的协调性；在此，胡塞尔给出了“实质”这个概念的定义：实质就是含义的实在性，即对一个直观内容之协调性的客观完整的表达，“每一个有效的种类都是一个实质”。[②]

胡塞尔还区分了“简单种类的协调性”与“可能的含义的协调性”。“简单种类的协调性”是“与其自身”的协调性，即一个简单种类观念表达与被表达之物（客观完整合适的直观）之间的联结具有协调性，如“三角形内角之和”这个观念是一个简单种类观念，它与“三角形内角之和是180°”这个被表达之物以及对它的完整直接的直观之间具有协调性，或者说，“三角形内角之和”与“三角形内角之和是180°”是“与其自身”具有协调性。

“可能的含义的协调性”是一个含义与一个“可能的”含义的协调性，它包括三个步骤：

1. “本原的（originär）可能性（或实在性）”，它是一个种类的观念实存，它是包含在它之内的其他种类可能性得到有效性的保证。

2. 与本原的可能性相应的“个别性直观”，由于这个个别性直观是与本原的种类观念相应的，对这个个别之物的直观才是可能的。

3. 对这个个别直观中带着客观完整性而得到的“充实含义的可能性”。

---

① 胡塞尔：《逻辑研究》第二卷第二部分，第105页。

② 胡塞尔：《逻辑研究》第二卷第二部分，第106页。

如果我们把“三角形内角之和是180°”假定为一个种类的观念实存，它就是“本原性的可能性”，这个种类观念使得包含在它之内的“直角三角形之和”“等腰三角形之和”和“等边三角形之和”等观念的可能性得到有效性保证；在“三角形内角之和是180°”这个本原性种类观念相应的有多个个别观念“直角三角形”“等腰三角形”和“等边三角形”等，只有本原性种类观念存在，对它们的直观才是可能的；对这些个别观念的三角形内角之和的直观，为“三角形内角之和等于180°”这个客观完整性的充实含义提供了可能性。

胡塞尔认为，“可能性”与“协调性”可以看作是基本同义的概念，但二者又有所侧重：“协调性与可能性这两种说法的区别仅仅在于，可能性所标识的是一个种类的素朴有效性，而协调性（在此概念扩展到极限之前）则标识着一个统一有效的种类所具有的部分种类的关系……对一个统一直观的部分直观；在一个须被直观为统一的总体内容之内的须被直观的部分内容；在一个须被统一充实的总体含义之内的须被充实的部分含义。”[①] 所谓“协调性不属于分散的个别性，而属于内容的种类”是指，协调性不是个别性之间的协调性，而是个别性与种类之间的协调性。

我们知道，“失实”主要是指感知行为中部分意向的“不充实”，一个指向对象的意向在直观的过程中未得到充实，未被证明为是正确的，即意向与直观的不一致或发生了争执。但失实所指的并不是充实的缺失，而是一个新的描述性事实；如果说“充实”是一种认同的综合，那么，“失实”则是一种区别的综合；如果认同的综合给一个意向带来的是统一，区分的综合给一个意向带来的则是争执，协调性与不协调性都是在思维中出现的，是思维中与符号的、指向某些联结的意向的联系中出现的，即在符号和直观认同联系中出现的。就是说，在这里出现的争执或不协调性都与意向有关。而我们下面将要从观念上来考察争执（Widerstreit）关系中不协调性或不相容性，这里的不协调性与意向的意指无关，或者说，这里的不协调性是一个转义概念，是前面那个原初的不协调性概念的一个特殊情况，就此而言，如果协调性为“合一性”奠基，争执则论证着“不合一性”。

“如果各个内容在一个整体的统一性中不相容，那么它们就是不协调的。从现象学上说，不可能有一个在完整的相适性中给出这样一个整体的统一直观。”[②] 就是说，如果协调性是指在一个完整的相适性中给出一个完

① 胡塞尔：《逻辑研究》第二卷第二部分，第105—106页。

② 胡塞尔：《逻辑研究》第二卷第二部分，第106页。

整的统一直观，那么，不协调性就是不可能在一个完整的相适性给出一个完整的统一直观。胡塞尔指出，在经验的个别情况下，我们试图使意指的内容与直观的内容得以统一，这种企图时而成功，时而不成功，但是，事实的不成功并不证明必然的不成功。比如，我的意向意指一个“黑色的圆盘”，但直观充实的则可能是一个“黑色的圆盘”（内容统一或相容的），也可能是一个“红色的圆盘”（内容不统一或不相容）。当我们超出这些经验关系，在种类基础上观念性地重新思考这些内容关系时，内容的不协调性或不相容性就是“争执关系”，即各个内容在一个整体内的统一性中不相容或不协调。就此而言，颜色并不完全相互争执，它们只是在一定的联系中才会发生争执。比如，“红”与“黑”属于不同种差的颜色，当一个“圆盘”在广延上完整地覆盖一个颜色时，“红”与“黑”是不相容的，这个圆盘要么是“红”色的，要么是“黑”色的；但当“红”与“黑”在这个统一的广延内以相邻的方式出现时，它们则有可能是相容的，如这个圆盘一半是“红”色的，另一半是“黑”色的；或一面是“黑”的，另一面是“红”的。“一个 q 类的内容永远不会与一个 p 类的内容绝然不相容，相反，关于它们的不相容性之说法仅只涉及到一定种类 G（α、β……；p）的内容联结，这个种类包含着 p，现在又应当与 q 相连接。……它仅仅建立在 G、p、q 的种类之中。争执意识的特别之处便从属于这些种类，即是说，对此事态的总体化是现实的，是可以在一个直观—统一的普遍性意识中实现的；它提供了一个统一的、有效的（‘可能的’）种类，这个种类在 G 的基础上通过争执而将p 和q 联合在一起。”[①] 这表明，内容的协调性和不协调性都与作为整体的 G 有关：（1）当我们观看 G 的整体内涵时，可以将整体 G 的各个部分（p、q……）看作是相容的；（2）当我们关于这个整体 G 有一个 p（“红”）的意指时，但却没有体验到直观的统一，而是体验到直观的争执 q（“黑”），这些作为部分起作用的 p、q……就是不相容的。所以，p、q……既不是绝然相容的，也不是绝然不相容的；它们的相容与不相容都要顾及与 G 这个统一种类的关系。

如果争执意识将受到怀疑的 p、q……的统一的 G 排除出去，在此情况下，争执意识（Widerstreitbewβutsein）论证着“不合一性”。

在观看它的种类内涵时，我们将各个部分称作是相容的。如果我们在对一个与此相同的整体之内的统一的象征意向中没有体验到直观的统一，而是体验到直观的争执，那么就会将这些作为部分而起作用的内容 p、

① 胡塞尔：《逻辑研究》第二卷第二部分，第 107 页。

q……称作不相容的。争执本身不应被看作是一个统一，而应被看作是差异，不应被看作“联结”，而应被看作“分离”。[①]但是，由于协调性与争执都是相对的，争执或不相容性也可以为“合一性”奠基：“作为在争执特征与通过它而‘被分离的’内容之间的统一。这个特征与这些内容是相容的，而与其他内容则或许不相容。”[②]我们试举例说明。

从经验事实来看：

我在暮色中看见远处有一棵树。

我的意向意指的是一棵树，但直观充实有可能是一棵树（a），也有可能是一个人（b），还有可能是别的东西（……）。如果意指确实在直观中被一棵树（a）所充实，则意指与直观充实是统一的；但如果在直观中被充实的是一个人（b），则直观充实与意指发生了争执（我看见的事实上不是一棵树），但是争执中又产生了一个新的统一：“我看见的实际上是一个人。”就是说，一个意向意指就与a的关系而言是“争执”，但就与b的关系而言则是一个新的综合统一。

从观念关系来看：

对一个种类观念G（p、q……）的内容联结的讨论有以下两种情况。

一种情况是，“p、q……”等内容以G的方式被联合并与种类观念G是相容的，此时，直观对G这个种类观念带来的是统一而不是争执；另一种情况是，p、q等内容与种类观念G的“合一性”受到怀疑和排除，p、q与种类观念G是争执的，可以称作“被分离的”内容，此时，一个种类观念与这些被分离的内容之间可以是相容的或统一的，即“通过争执而联合”。不–争执与统一并不绝然地互相排斥。并非所有的东西都可以在争执的形式中得以统一，而只是所有那些为一个争执奠基的东西才能做到这一点，那些被联合、被协调的东西则做不到。胡塞尔举例说：就某些现象联系来看，“红”和“绿”是不相容的，“红”和“圆”是相容的。争执的特征在“红”和“绿”中规定着不相容性，并造成它们之间的“分离”；从另一方面来看，争执创造着另一种联系、另一种统一，这种联系是指“在一个现象客体的感性标记之间的争执”，即在“红”和“绿”之间的争执现在是统一，当然是在“争执”“红”“绿”这些元素方面的统一。相反，“‘红’和‘圆’的争执”现在则是不统一了，也就是在“争执”“红”“圆”这些元素方面的不统一。[③]

---

① 胡塞尔：《逻辑研究》第二卷第二部分，第108页。

② 胡塞尔：《逻辑研究》第二卷第二部分，第108页。

③ 胡塞尔：《逻辑研究》第二卷第二部分，第110页。

至此，胡塞尔提出了关于相容性或不相容性相互关系的几个公理：

1.“统一与争执，或者说，协调性与不协调性彼此相互排斥（这又意味着：它们彼此是不协调的）。”这里，不协调性是指“客观上没有出现某个联合”。如果一个p与一个q根据统一形式G(p、q……)而发生争吵（争吵是一个在现象学上褒义的特征），那么，p与q在同一个G的意义上的联合便不会是同时“可能的”。反之亦然，如果发生这种联合，那么相应的争执便是“不可能的”。

2.“在相同的、但却又是随意的p、q……之间的一个争执存在着，以及在这些p、q……之间的一个统一不存在，这个定理所表达的是同一个东西。每一个‘不’都表达着一个争执。”

3. 如果“p与q相互争执，即是说，p、q……以争执的形式得以合一，那么p、q……是统一的”；换而言之，“如果p、q不相互争执，‘不’不统一，那么它们便是统一的（双重否定的公理）”。

4.“两者之中只有一者发生，或是联合或是争执——没有‘第三者’。这里可以区分出四种可能性”：发生了联合，发生了争执，不发生联合，不发生争执。其中，不–联合与争执是同义词，不–争执与联合相等值。[①]

上述关于不协调的说法在运用于“含义”（概念）时，仅仅涉及一个复合观念的各个部分含义的关系，这个复合观念没有在客观完整的直观化中得到充实，而是得到失实。就含义而言，在上述公理的基础上，还存在如下几个定理：

1. 同一些含义的不协调性和协调性以及在涉及同一些联系时的不协调性和协调性相互排斥；

2. 在相互对立的一对含义（即这样的一对含义：它们之中的一个意指为不协调的东西却被另一个意指为自身统一的）中，一个含义是可能的，而另一个则不可能；

3. 否定之否定——就是说，一个含义，它将某个实事M本身的不协调性重又表象为一个不协调性——与相应的肯定是等值的，这个肯定在这里被定义为含义，它借助于同一个（在取消否定之后仍然留存的）表象质料来表象同一个M的内部一致性。[②]

① 胡塞尔：《逻辑研究》第二卷第二部分，第110—111页。

② 胡塞尔：《逻辑研究》第二卷第二部分，第113页，其中1、2、3的序号系本书作者所加。

上述对含义意向与含义充实的讨论尚不充分完整，这些定理也需要在一门关于含义及其逻辑关系的理论中进行系统的论证。

五、相即性的理想与明见性真理

前面我们在讨论相容性与不相容性、可能性与不可能性时，都是就行为的质料或内容来展开的，而没有涉及行为的质性，无论我们将定理质料（Satzmaterie）作为一个设定性行为的质料来加以实现，还是以质性变化的方式将它作为一个单纯表象的质料来给予，都对这个定理的可能与否不发生影响；如果这个表达性意指的具体行为可以用对同样质料的客观完整的直观来进行充实的认同（Identifikation），则这个定理就是“可能的”，“这个充实的直观是一个感知，还是一个单纯想象等等，这也是无关紧要的”。[①]

这里我们需要对 Satz 这个概念做出解释。德文 Satz 对应的其他外文词有 proposition、sentence、positum、theorem（法）等，在现象学的意向分析和语言分析的交织中决定了“Satz”一词具有多种复合含义，其中最基本的含义是“语句”和“定理”，除此之外它还具有其他特别的意义，所以，倪梁康将 Satz 译作“定句”（定理、语句）。以 Satz 为词根可以构成许多复合词，如 Satzform（语句形式）、Satzverständnis（语句理解）、Satzcharakter（定理特征）、Satzmaterie（定理质料）、Satzganzes（定理整体）、Satzsinn（定理意义）、Satzgebilde（定理构成物）等等。在现象学的意向分析中，Satz（定句）与 Setzung（设定）是对应概念，“‘设定’是在指意向活动方面对对象之存在与否的‘设定’，而‘定句’则与意向相关项有关，它意味着被设定的存在之物，更确切地说，它也就是‘意义核心与存在特征的统一’。这种统一与他在《逻辑研究》中所说的作为‘质料与质性的统一’的‘合含义的本质’是基本一致的”。[②] 另外，在《观念 I 》和《经验与判断》中，胡塞尔将 Satz 概念扩展为“单项命题句”和“多项综合句”的划分，前者是指着客体化行为中的“设定”，后者是非客体化行为中的“设定”，如此，Satz 概念就不再只是语句和定理，而是延伸到前述谓的经验领域，成为最宽泛意义上的“命题”或“设定”。前文提及的定理质料就是从意向对象方面对质料或内容的指称。

---

① 胡塞尔：《逻辑研究》第二卷第二部分，第 115 页。

② 参阅倪梁康：《胡塞尔现象学概念通释》（修订版），Satz 词条，第 423—424 页。

在前面的分析中，我们暂时不顾及行为质性，而仅仅只从行为的定理质料方面考察充实关系的可能性与不可能性及其定理，还不能真正揭示认识的本质；要想真正把握认识的本质，还必须顾及行为的质性，要考察不同的行为质性对充实关系会有什么样的影响。

在胡塞尔看来，就对象之物在表象中的被表象方式而言，充盈的完整程度是极为重要的。在客体化行为中，不同的意识行为其充盈程度是不同的，按其充盈程度：

1. 符号行为——根本不具有充盈。它处于最低层。

2. 直观行为——具有充盈，但带有充盈程度大小的区别。直观行为由感知和想象构成的，感知行为的充盈程度大于想象行为的充盈程度。因此：

2.1 想象行为——它所给予的是对象的部分和对象的图像，但不给予对象本身。

2.2 感知行为——它所给予的是对象本身。但是，它所给予的对象也具有不同的完整层次，也具有不同的映射程度。

就直观行为而言，想象与感知的区别是行为的内部区别，是行为的立义形式或代现形式的区别，“想象所具有的意向性特征在于：它只是一种当下化，与此相反，感知的意向性特征则在于：它是一种当下拥有（Gegenwärtigung）（一种体现）。……但一般来说，这种体现并不构成一个真实的当下存在，而只是构成当下的显现（Erscheinen），在这个显现中，对象的当下以及感–知层次的完整性表现出来”。[①]

从感知→想象→直观行为（感知＋想象）→表象行为（直观行为＋非直观行为）→客体化行为（表象行为＋判断行为），这些都是不同的行为质性，其中，箭头后面的行为奠基于之前的行为基础之上，对一个对象的表象的完整与否也完全取决于这些充实的行为质性层次；就像所有的意识行为最终都回溯到感知行为之中一样，感知由于其给予的是对象本身因而具有最大程度的充盈。不过，感知作为当下拥有的体现行为，它的体现并不构成一个真实的当下存在，而只是构成当下的显现，即对象在感–知层次上完整地显现出来。

我们暂时不顾及其他行为质性，而只在感知中考察所有意向的最终充实方式。感知的充盈也是有区别的，“感知性映射”这个说法就表明了感知充盈的区别。不过，感知的充盈的区别不是在其感觉内涵或内部特征方面的区别，而是作为充盈的特征或立义行为特征的有层次扩展方面的区别。

---

① 胡塞尔：《逻辑研究》第二卷第二部分，第116页。

在此，我们把感知在立义的行为特征方面的充盈区分为“永久体现”与“映射充盈”。

“永久体现”指某些充盈的因素与对象因素是“相即的”，“某些充盈的因素是与对象因素相同一的，它不仅是对象因素的被代现者，而且就是在绝对意义上的对象因素本身”。“映射充盈”是指某些与对象因素相即的充盈因素不是以体现的方式、而是以代现的方式出现的，胡塞尔指出：“所有映射都具有代现性特征，并且它们是通过相似性来进行代现，但是，这种代现可以将映射的内容立义为客体的图像，也可以将它立义为客体的自身表露（自身映射），因而通过相似性来进行代现的方式是有区别的。就感知而言，映射充盈的发展所能够达到的理想极限是绝对自身……即是说，在每一个面、在对象的每一个被体现的因素上都达到绝对自身。”[①]体现是展示性内容，代现是未-被展示性内容；“永久体现”的充盈特征是体现，“映射充盈”的特征是代现；代现可以通过“相似性”把映射的内容立义为“客体的图像”，也可以立义为“客体的自身表露”；映射充盈所能达到的理想极限是和“体现”一样使充盈的因素与对象的因素完全“相即的”。

上述分析表明，“充实发展的终极目标在于：完整的和全部的意向都达到了充实，也就是说，不是得到了中间的和局部的充实，而是得到了永久的和最终的充实。这个终极的表象的直观内涵就是可能充盈的绝对总和；直观的被代现者就是对象本身，就是它自身所是。体现性内容与被体现的内容在这就是同一个东西”。胡塞尔指出，只要一个表象意向通过这种理想完整的感知而达到了最终的充实，那么，“事物与思想的相即”（Adaequatio rei et intellectus）也就得以产生——对象之物完全就是那个被意指的东西，它是现实“当下的”或“被给予的”，它不再包含任何一个缺乏充实的局部意向，“相即”也就实现了。

“事物与思想的相即”来自中世纪神学家和哲学家托马斯·阿奎那关于真理的著名定义：“真理就是事物与理智的符合”。托马斯·阿奎那出生于意大利贵族家庭，曾在那不勒斯大学学习亚里士多德哲学，后随精通古典学、具有“全能博士”之称的阿尔伯特学习，1252年在阿尔伯特的推荐下进入巴黎大学神学院学习，4年后毕业，获得博士学位并开始教学和研究生涯，著作颇丰，主要有《神学大全》《反异教大全》《论存在与本质》《论真理》等。在“存在与本质”的关系问题上，他认为，“存在”的意义来自动词“是”（est）。“是”本身的意义并不指一个事物的存在，而是“在活

① 胡塞尔：《逻辑研究》第二卷第二部分，第117页。

动”。就是说，“存在”的意义指活动本身，存在自身不等于一个事物的存在。“存在者”（ens，它是动词 est 的名词形式）的意义为“是一个东西”。存在与存在者的区别在于：存在是“活动”，存在者是“活动中获得现实性的东西”。

在真理问题上，阿奎那认为人这种存在者不能像神那样以其理智（intellekt）直接把握事物的本质，而只能从感性（sensibilitas）开始再进入理智，通过理智的劳作而努力摆脱质料，才可能达到对本质的把握。①什么是真理？阿奎那用属、种、差、附加的逻辑方法来进行分析。在他看来，我们的知识或有关事物的一切概念，都必须被看作是对存在者概念的附加才能得到理解。人们可以把“种的规定”附加到属上，或者把偶性附加给载体。但不能以这种方式去附加存在者。因为存在者不作为属而存在。在他看来，能附加到存在者身上的东西就是表达存在者的两种存在方式：一种是表达存在者的特殊存在方式（besondere Seinsweise），即存在者的存在性等级或存在性程度（die Grade der Seindheit）。所谓的“存在性程度”，也就是存在者存在着的独立性与现实性程度，并据此区分存在者的不同类属。另一类表达存在者的附加方式是普遍的存在方式（allgemeine Seinsweise），存在者的普遍存在方式有两种类型：一种是每一存在者本身所具有的，一种是任一存在者在与其他存在者的关系中所具有的。第一种普遍存在方式通常以肯定性陈述与否定性陈述两种形式被表达，肯定性陈述表达的是存在者在其本质中存在这种普遍存在方式，否定性陈述则是表明存在者作为不可分的“一”存在。第二种是存在者在关系中的普遍存在方式，存在者间的关系又分为两大类：一类是一存在者区别于另一存在者，另一类是一存在者与另一存在者符合一致（Obereinstimmung）。不过，这种关系存在方式只有以这样一种存在者为前提才是可能的，即这种存在者与任何存在者都能符合一致。在托马斯·阿奎那看来，这种存在者只能是灵魂或有灵魂的存在者。而灵魂有两种能力，即意志和认识能力。当存在者与意志的欲求符合一致时被称为善，而当存在者与理智即认识能力符合一致时则被称为“真的东西”（Wares）。这意味着，表达一存在者与灵魂这种存在者的关系存在方式就是善和真。或者说，真理和善就是也只是表达一存在者与灵魂的符合一致的关系。因此，“真理”只表达存在者的一种关系存在方式，即存在者与灵魂（理智）的符合一致。当我们说“存在

① Thomas Aquinas, *Von Der Wahrheit*, Lateinisch-Deutsch, ausgewählt, übersetzt und herausgegeben von Albert Zimmermann, Hamburg: Felix Meiner Verlag, 1986, S. 75–83.

者——存在着的东西——是真的东西（真理）”时，我们的意思是，存在者是以与理智符合一致的方式存在着。所以，在托马斯·阿奎那那里，“真理就是存在者与理智是相符的（Seiende zum Verstand）”或“真理就是理智与事物的符合（Angleichung）”，对事物的认识就是这种同形式性或符合的结果。

“事物与理智的符合”或“事物与思想的相即性”是自古希腊以来西方哲学中传统认识论的一个重要而核心的问题，这种“相即性”如何可能，构成胡塞尔认识论现象学所要解决的一个中心问题。德语 Adäquation，英语为 adequation，日译为“十全性”，倪梁康汉译为“相应性”“相即性”。在胡塞尔那里，“事物与思想的相即性”也就是完满的真理，它具有双重含义：“一方面，与直观的相应合（Anpassung）是完善的，因为思想所意指的东西都是充实的直观完整地作为隶属于思想之物而表象出来的东西。……它们构成了我们称之为充实的‘客观完整性’的东西。另一方面，在完整的直观本身之中还包含着一种完善。直观对在它之中的确定意向进行充实，但这种充实本身并不是再次以一个需要充实的意向的方式来进行，而是相反，直观对在它之中的确定意向的充实是最终的充实。”[①] 就是说，“事物与思想的相即性”一方面是思想与事物在直观中完全相合，即“与直观的相即”的完满性，它是一种在自然的和广泛的意义上的相即性；另一方面是直观对意向本身的最终充实，即“最终充实”的完满性，它是与“事实本身”的相即。

据此，“相即性”概念也具有双重意义：狭义的、真正意义上的“相即性”与“绝对被给予性”概念是同义的，意味着“充实的统一”或“相合的统一”，或者说，一个意向在直观中得到完全的、最终的充实，被意指之物完全就是被给予之物。这个意义上的“相即”通常与“明见”概念一同使用，它们都植根于感性直观或本质直观之中：当一个明见性是“相即的明见性”时，它原则上不能再被加强或削弱，它是绝对被给予的；“非相即的明见性”则意味着具有分量上的档次，可以被抬高或贬低。广义的“相即”则泛指思想与事物在一定程度上的一致，或者说，一个意向在一定程度上的充实。[②]

以上分析表明，最终充实绝对不能包含任何未得到充实的意向，因此

---

① 胡塞尔：《逻辑研究》第二卷第二部分，第 118 页。

② 参阅倪梁康：《胡塞尔现象学概念通释》（修订版），Adäquation 词条，第 9—10 页。胡塞尔在《笛卡尔式的沉思》中又在另一种意义上区分了“绝然性”与“相即性”。

它必须在一个纯粹感知的基础上进行，以一种非纯粹感知的连续综合的方式进行的感知是不能满足最终充实的。但是，这个观点很容易引起异议，人们会说：普遍意识为普遍概念表象提供充盈，并且是“普遍对象”本身直接被看到，这种普遍意识仅仅是建立在想象的基础上。胡塞尔认为，这个问题确实存在，因为迄今为止我们一直将“直观”看作是一种与感性直观相等同的东西，为了回答上面提出的指责，就必须将感知概念扩展到“范畴形式一般”，才能解决“普遍对象”的直观问题。在从感性感知超越到范畴形式一般之前，这里需要指出的是：“想象是总体抽象的基础，因此它并不行使现实的和真正的充实功能，即是说，它不是一种‘一致性’直观。”①

前文曾指出，具有充实特征的普遍之物主要是受到质料的规定，因而在讨论含义充实时也只有质料才受到考察。但由于行为关系的复杂性，在一些意向关系中，质性也同样起着规定的作用，比如意指瞄向一个事物，它或者达到了自己的目标，或者达不到自己的目标，这取决于它是否以某种方式与感知一致或不一致；如果与感知一致，意指的行为和充实的行为在这个质性中便是相同的。按照胡塞尔在第五逻辑研究第五章中对质性、设定与不设定行为等概念的细致分析。“质性”首先是指使某种行为能够成为这种行为的东西，即把不同意识行为区别开来的东西；其次质性决定着一个行为是否带有“存在设定”，即质性决定一个行为或者具有“设定的质性”（在某种程度上对存在的意指），或者具有“不设定的质性”（将存在置而不论），即对象并没有在存在方式中被意指，或者说对象“单纯地被表象”。而“单纯表象”是一个不设定的、虽然质料相同但缺乏与“这里”联系的感知或直观行为。

例 1. 我看见一架飞机在天上飞。（感知）

例 2. 我没看见一架飞机在天上飞。（感知）

例 3. 我想象一只猫在天上飞。（单纯想象）

例 1 和 2 都是设定性行为，区别在于，例 1 中“飞机在天上飞”这个事实是存在的，例 2 中“飞机在天上飞”这个事实不存在，不论事实存在或不存在，我都有明确的断定；例 3 是一个单纯的想象，是不设定行为，我只是单纯想象“一只猫在天上飞”，至于是否真的有一只猫在天上飞，我并不做出断定。但是，如果一个单纯表象偶然与一个合适的感知相伴时，“在相应的质料的基础上便会形成充实的相合（Deckung）；但在这个过渡

① 胡塞尔：《逻辑研究》第二卷第二部分，第 119 页。

的过程中，表象获得了设定特征，而相合统一本身肯定也以同质的方式具有这种设定特征。每一个现时的认同，或者说，每一个现时的认同或区分都是一个设定的行为，无论这个认同或区分本身是否奠基于设定之中”。[①]如果例3改为“我想象一架飞机在天上飞”，如此，“我看见一架飞机在天上飞”（感知）和“我想象一架飞机在天上飞”（想象）虽然质性不同，但质料是相同的，想象“飞机在飞”与感知到“飞机在飞”就会在相同质料基础上形成“充实的相合”，此时，相合统一使表象也获得了设定特征。就此而言，我们可以说每一个现时的认同或区分都是一个与行为质性相关的设定行为。但是，是否只有设定的行为才能作为意指行为和充实行为起作用，或者说，不设定行为能否作为意指行为和充实行为起作用？这个问题留待后论。

现在我们需要进一步思考明见性与真理的关系问题。“明见性”（Evidenz，日译为“明证性”）一词来自拉丁文“evidentia”（清晰性、可见性），在笛卡尔那里被理解为“明白清楚的感知”，在胡塞尔现象学中对明见性概念的使用不是很严格，它的含义也很复杂，基本含义指“当下拥有”“体现性”，即确定无疑地拥有真理。与我们这里的论题相关，由于相即性的理想是由明见性提供的，胡塞尔提出了“松散的明见性”和“严格的明见性”的区分：“每当一个设定性意向通过一个一致性的和完全合适的感知，或者通过相关的个别感知的合适综合而得到证明时，我们便会谈到极为松散意义上的明见性。……在这方面，人们所考察的是：感知如何接近它的对象体现的客观完整性，然后进一步达到最终的完满的理想：相即感知的理想，对象的自身显现的理想。”这个意义上的明见性是指一个意向得到的充实状况，即意向与充实的统一，在这里我们可以谈论明见性的程度和层次；“在认识批判的确切意义上的明见性仅仅与这个最终的、不可逾越的目标有关，仅仅与这个最完满的充实综合的行为有关，它为意向，例如为判断意向，提供了绝对的内容充盈，提供了对象本身的内容充盈。”[②]这个意义上的明见性表明，对象本身不仅仅是被意指，而且就像它被意指的那样，对象与意指是同一的，对象是在最严格的意义上被给予的。

无论明见性是通过感知对一个设定性意向的充实并不断接近和达到对象体现的客观完整性，还是对象在严格意义上的被给予性，都表明明见性是一个最完整的相合性综合的行为，“明见性也是一个客体化的行为，它的

① 胡塞尔：《逻辑研究》第二卷第二部分，第120页。

② 胡塞尔：《逻辑研究》第二卷第二部分，第121页。

客观相关物就叫作‘真理意义上的存在’，或者也可以叫作‘真理’”。[①] 在此，胡塞尔提出了关于“明见”与“真理”关系的四种理解：

1.“真理作为一个认同行为的相关物便是一个事态，而作为一个相合的认同的相关物便是一个同一性，即：在被意指之物和被给予之物本身之间的完整一致性。这种一致性是在明见性中被体验到的，这里的明见性就是相即认同的现时进行。”但是，不能将“明见性就是对真理的体验”随便解释成“明见性就是感知”“严格的明见性就是对真理的相即感知”，因为只有通过一个客体化的立义行为，认同的相合才能成为对象性的一致。

2. 真理是“明见性的相合统一中存在着的观念关系”，“这种相合统一是指在各个相合行为的认识本质之间起作用的统一”。

3.“在给予性行为的充盈方面以被意指对象的方式在明见性中体验到被给予的对象：这个被给予的对象就是充盈本身。”这个对象也可以被称之为“存在”“真理”“真实之物”（倪梁康分别译作：被称之为存在、真理、真实之物）。它不是“在单纯相即感知中被体验到”，而是“作为这个意向的特殊认识本质的观念充盈被体验到”。

4.“从意向立场上来看，对明见性关系的理解又产生出作为意向的正确性（特别是例如判断的正确性）、作为意向与真实对象之相即状态的真理，或者说，作为种类意向的认识本质之正确性的真理。”它主要涉及“定理”在逻辑意义上的正确性，“即任何一个具有这种质料的定理都可以在最严格的相即性中得到充实”。[②]

第 1 个“真理”概念是一种与明见性行为相符合的对象之物；第 2 个“真理”概念是一个包含在行为形式中的观念，即“相即性本身”的观念；第 3 个“真理”概念以被意指对象的方式在明见性中体验到被给予的对象或充盈本身；第 4 个“真理”概念是种类意向的认识本质之正确性（判断真理），即以逻辑判断形式表现出来的定理在最严格的相即性中得到充实。胡塞尔特别强调，不能把作为真理的客观意义上的“存在”混同于肯定性范畴陈述的系词存在：在明见性真理概念中涉及的“存在”是总体相合；与系词“存在”相符的是局部的认同，即使一个完全的认同成为谓语判断，这两个存在也是不同的；前一个存在是真实之物意义上的存在之物的综合因素，后一个存在是那个在陈述的“是”中被意指和被体验到的存在；后

① 胡塞尔：《逻辑研究》第二卷第二部分，第 121 页。

② 胡塞尔：《逻辑研究》第二卷第二部分，第 122—123 页。

一个存在是局部的、谓语陈述的一致性（主语与谓语的相合或一致性），前一个存在则是多种一致性的综合；前者是“构成的明见性”，后者是“判断的明见性”。

在上述对明见性和真理这两个概念的关系的阐述中，尚未对行为的对象方面做出区分，没有顾及“关系行为”与“非关系行为”之间的现象学区别，因而对“真理”与“存在”的概念也没有区分开来。首先，在没有对关系行为与非关系行为进行区别之前，根据2和4我们将“真理”定义为相即性观念，或者定义为客体化设定和含义的正确性；根据1和3，真理意义上的“存在”被定义为在相即性中同时被意指和被给予的对象的同一性，或被定义为在相即性中被感知之物，它与一个通过感知而可以“使之为真”（可以相即充实）的意向有着不确定的联系。其次，如果我们对关系行为（谓语陈述）和非关系行为（绝对设定）做出现象学的区别，就会对狭义的真理和存在概念做出划界：狭义的真理就是一个关系行为中对一个相即事态感知的理想相即性；狭义的存在则指绝对对象的存在，它区别于事态的存有。

在对真理和存在概念做出区分的基础上，胡塞尔进而对“真理”与“谬误”、“存在”与“不存在”概念进行了区分。真理和谬误的区别与判断作为设定性行为有关，如果我们把判断定义为设定性行为，那么，判断的领域与真理和谬误的联合领域便是相合的，真理是意向与充实在陈述行为中的完全相合或明见性（相即性）；谬误则是意向与充实在陈述行为中的冲突（悖谬性），“它是对在意向和拟-充实（Quasi-Erfüllung）之间的完全冲突的体验”。[①] 而存在和不存在（虚无）的区别则与意向质料有关，“在‘存在’与‘不存在’之间的区别是意向质料的区别。‘存在’以含义意向的方式表达谓语陈述的一致，与此相同，‘不存在’所表达的则是谓语陈述的冲突”。[②]

① 胡塞尔:《逻辑研究》第二卷第二部分，第125页。

② 胡塞尔:《逻辑研究》第二卷第二部分，第126页。

第十一章　现象学的感性直观与范畴直观

> 只有将范畴行为立义为直观，在思维与直观之间的关系——至今为止，任何一个认识批判者都没有能对这个关系作出可以使人忍受的澄清——才能得到透视，从而认识本身的本质和成效才能得到理解。
>
> ——胡塞尔：《逻辑研究》

第六逻辑研究第一篇的标题是"客体化的意向与充实。认识作为充实的综合及其诸阶段"，主要考察表达性的含义意向与被表达性的感性直观之间的关系，对客体化意向及其本质变种进行了间接的特征描述，通过对相容性和不相容性、相即性的理想、明见性与真理等问题的现象学分析，初步阐明了现象学的认识阶段及对明见性真理这个最终理想的逼近。但是，第一篇的整个"考察方式设定了在感知中所有意向的最终充实"，[①] 在第二篇"感性与知性"一开始，胡塞尔就指出："在我们至此为止的阐释中，我们已经一再感受到有一个相当大的缺漏存在。……我们有勇气来尝试着弥补这个缺漏。"这个缺漏"涉及到范畴的客观的形式，或者说，在客体化行为领域中的'综合'功能，这些客观形式就是通过这些功能而构造起自身，它们通过这些功能而成为'直观'并且据此而成为'认识'"。[②] 第六逻辑研究第六章在"感性直观与范畴直观"标题下展开的研究就是对上述缺漏的弥补，它将直观概念扩展到范畴直观，如此，不仅存在着对"实在"客体的感知，而且也存在着对"范畴"或"观念"客体的"感知"，如对集合、同一性、事态和一般对象的感知，这个客体研究的重要性在于它"揭示出了任何一门未来现象学和认识论的基石"。[③]

① 胡塞尔：《逻辑研究》第二卷第二部分，第 119 页。

② 胡塞尔：《逻辑研究》第二卷第二部分，第 129 页。

③ 胡塞尔：《逻辑研究》第二卷第二部分，第 259 页。

一、感知陈述及其表达形式

胡塞尔的现象学摒弃了“认识是对客体存在的认识”这一自然认识的态度，认为认识的可能性在于被给予的、在意识行为中的得以“显现”并内在于意识的“现象”，“显现方式既是外部的实在事物在我们意识中的显现，也是一种通过想象虚构、意识综合的显现，同时它还是一种在反思或者范畴直观中的显现”。[①] 这些显现的现象才是认识的真正合法的对象。

现象学的核心词项是“意向性”，我们实行的每一个意识行为、拥有的每一个经验都是意向性的，就是说我们所有的意识都是指向对象的，每一个意识行为都与某个对象相关联，每一个意向都有其意向对象，所以，“意向性”被定义为“所有意识都是关于某物的意识”，肖恩·加拉格尔认为，“现象学意味着（1）一切意识都是关于某物的意识。……（2）意识有一种特定的结构，这一结构可以表达为‘关于作为某物的某物之意识’。这个结构可以被分析为两个（抽象的）部分：A. 关于……的意识（胡塞尔称之为意向活动或意向活动的结构）；B.‘某物’，即总是以某种特定的方式被看作一个特定主题的意向对象”。[②] 在意识活动中，我们首先在感知活动中感知对象，对象也在感知活动中显现给我们；此外，我们还可以在感知行为的基础上去想象、回忆和预期对象，并且还会在这些意识行为的基础上建构起更加理性的和属人的符号行为（把特殊事物和事态符号化）、图像行为（把缺席事物图像化）、指示行为（把不能图像化或不能带入语词的事物象征化）等意识行为，这些意识行为不仅相互联系，而且也可以使同一个对象被感知、想象、回忆、预期和被象征、被图像化、被以语词符号的方式被意指。同一个事物可以在各种不同的方式中被给予或显现出来。以上这些意向性还都属于自然态度的意向性，它们主要是针对“实事”联结的意向性；此外，还有一种更严格、更纯粹理性的“范畴”意向性，它是一种引入逻辑操作来对事态和命题进行联结的意向性。我们把针对实事联结的陈述称为感知陈述，把针对事态和命题联结的陈述称为范畴陈述；与感知陈述相关的是感性直观，与范畴陈述相关的是范畴直观。

首先考察感知陈述是如何包含范畴形式并向范畴陈述过渡的。我们仍

① 王震：《直观与存在：论胡塞尔〈逻辑研究〉中的范畴直观》，载《理论界》，2013 年第 12 期。

② 肖恩·加拉格尔：《现象学导论》，张浩军译，中国人民大学出版社 2021 年版，第 56 页。

然以感知的直观陈述这个最简单的情况为基础来进行，“在感知陈述的情况中得到充实的不仅仅是那个与它交织在一起的称谓表象；这个陈述含义的总体都通过基础性的感知而得到充实”。[①] 胡塞尔举例说：

1. 我看见一个墨水瓶（Ich sehe ein Tintenfaß）。

2. 我看见，这儿有一个铜质墨水瓶（Ich sehe, daß hier ein Tintenfaß aus Bronze steht）。

在感知中，我不仅看，而且也说。我坐在我的书桌前，桌子上有一个东西，我看向它，我希望桌子上的东西是一个墨水瓶，这是感知意向；桌子上的这个东西在我看向它的时候，它在我的感知直观中向我显现出是一个墨水瓶，这是直观充实。在这个意向活动中，含义意向被感性直观所充实——我看见一个墨水瓶。我不仅看见了这个墨水瓶，而且我还可以说，即把我看见的事实陈述出来：我看见，这是一个墨水瓶；我看见，这个墨水瓶是铜质的，等等，这些都是感知陈述。

在现象学的含义学说中，“名称”（Name）和“陈述”（Aussage）是对应概念，它们分别构成“称谓行为”（命名）和“论题行为”（陈述）的对象；在意向分析中，这两个概念又分别与“表象内容”和“判断内容”相平行。其中，“名称”与被表达的某个事实有关，“陈述”则涉及被表达的事态，即实事的状态和实事间的联系。在“我看见一个墨水瓶”“我看见，这儿有一个铜质墨水瓶”等感知陈述中，“墨水瓶”这个名称或称谓的含义已经得到了充实，即在感知陈述中充实了“与它交织在一起的称谓表象”，并且，这个“陈述含义的总体”也要通过这个基础性的感知而得到充实。

这个“陈述含义的总体”是什么？它“通过”这个基础性的感知而得到充实，是否意味着它不仅仅由这个基础性的“感知”而充实？

这个“陈述含义的总体”就是超越出陈述的“质料”（称谓术语［Termini］）的东西——“范畴形式”，它构成了命题形式本身。在“我看见一个墨水瓶”的感性陈述中，“墨水瓶”这个名称已经在语法显现中具有它的质料和形式：

> 如果名称被分解为语词，那么这个形式便一部分在于排列的方式，一部分在于特有的形式词，一部分在于个别语词的构成方式，而这个个别语词自身又可以再区分出“质料”因素和“形式”因素。这类语法区分回溯地指明了含义的区分；语法的环节与形式至少是粗糙地表

① 胡塞尔：《逻辑研究》第二卷第二部分，第 129 页。

达着建立在含义本质之中的环节与形式；因此我们在含义中发现各种极不相同的特征的部分……它们通过“这个”、“一个”、“几个”、“许多”、“少数”、“两个”、“是”、“不”、“哪一个”等等一些形式词而被表达出来；此外也通过名词、形容词以及语词的单、复数构造形式等等而被表达出来。[1]

对意指和直观充实之间关系的解释典范是专有名称与相关感知的关系。比如我们说“南京”，它是一个专有名词，是一个直接指称的、无形式的表达。它直接意指这个城市本身，这个对象就是含义意向所意指的对象，含义意向可以在单纯的感知中找到那个它在其中完全合适地得到充实的行为。

而有形式的和分环节的（gliedern）表达或完整的判断情况就比较复杂。初看起来，似乎与专有名称的意指和直观充实没有差别，比如，我看白纸并说白纸：我看见，这张纸是白的；我陈述说：“这张纸是白的。”但实际情况要更为复杂。在关于含义意向与含义充实的分析中，我们只是讨论了比如“我看见一个墨水瓶”这个感知陈述中含义意向与感性直观的充实问题；现在我们把“这是一个墨水瓶”分解为各个语词：我、看见、一个、墨水瓶（Ich、habe …gesehen、eine、Tintenflasche），这个感知陈述具有自己的形式，首先表现为这些语词的排列方式，还表现在语词的构成方式，某些语词如“墨水瓶”（Tintenflasche）自身又可以区分为“质料”因素和“形式”因素，如“Tintenflasche”是由 die Tinte（墨水）和 die Flasche（瓶、奶瓶）组成的；此外，这个感知陈述还要通过形式词（“一个”，eine）、名词（“墨水瓶”，Tintenflasche）、动词（“看见”，sehen）以及单、复数的构造形式而被表达出来。由这些词语构成的感知判断不仅使关于“墨水瓶”的意向意指得到充实，而且它们同时构成一个命题形式本身并具有了“陈述含义的总体”，它是在含义的意指与充实的直观之间存在着的“表达”，“它是由一个新的材料所构成——一个在含义材料中的表-述（Aus-druck）”。[2]

我们以“我看见一张白纸”为例进行分析。德语中，这句话有两种表达方式：

例 1. Ich sehe ein leeres Papier（我看见一张白纸）。

例 2. Ich sehe ein weiβes Papier（我看见一张白纸）。

---

① 胡塞尔：《逻辑研究》第二卷第二部分，第 130 页。

② 胡塞尔：《逻辑研究》第二卷第二部分，第 131 页。

例1中，leer是形容词，意思是“空的”“空白的”，所以可以翻译为“我看见一张空白的纸”；例2中，weiβ作为形容词意思是“白色的”“无色的”“洁白的”，作为名词das Weiβ(es)，意思是“白色”，可以翻译为“我看见一张白色的纸”。在汉语表达中，我们也时常说：“祖国大地是一张白纸，我们可以用辛勤的劳动在这张白纸上描绘理想的蓝图”，这里的“白纸”更多的是具有象征意味，更多的是指“在空白（leer）的纸上描绘蓝图”，而不是“在白色的（weiβ）纸上描绘蓝图”。所以，在汉语语词中，“白纸”没有“leeres Papier”与“weiβes Papier”的区别；中国古代墨辩名学也讨论过“白马非马”（weiβes Pferd nicht Pferd）这个命题，这里的“白马”与例2中的“白纸”中的“白”意思基本一致，都是指“白色的”（weiβ）。根据我们此处讨论的主题，我们主要以“Ich habe ein weiβes Papier gesehen”例句进行分析。

我们可以把“我看见一张白纸”分解为“我看见一张纸”和“我看见一张白纸”两个陈述，如此，我们就可以知道，“白”（das Weiβ）这个词所指的是某种在白纸（weiβes Papier）本身上的东西，我的意指不仅在充实状态中与“一张纸”这个对象的感知相合，而且也与这个对象有关的因素（白的，weiβ）的局部感知相合。我们在表达感知时说“白纸”，这张纸被认识为白，实际上不如说“这张纸被认识为白色的”。胡塞尔指出，“‘白’这个词的意向只是局部地与显现对象的颜色因素相合，在含义中还存有一个多余，一个形式，它在显现本身之中没有找到任何东西来证实自身。白的，这就是说，白地存在着的纸。……这整个对象也被认识为纸，在这里也有一个包含着存在的补充形式，尽管它不是唯一的形式。素朴感知的充实功效显然不能达及这些形式”。[①]

这里有两个表达形式，一个是定语陈述形式“这张白纸”（Dieses weiβes Papier），另一个是谓语陈述形式“这张纸是白的”（Dieses Papier ist weiβ）。这表明，与专有含义（南京）相比，有形式的含义（这张纸是白的）与感知的相合关系要更复杂一些。如果我们把“这张纸是白的”改为“我看见，这张纸是白的”（Ich sehe, dieses Papier ist weiβ），这个说法并不一定是指“被陈述的句子的含义给予一个单纯的‘看’以表达”，而可能是指“显现的对象性在这个看之中作为自身被给予的而得到宣示，这个看的认识本质论证着某个联结的（verknüpfend）或联系的（beziehend）或具有其他形式的行为……而且表达也正是在这些行为中得到充实”。[②]这里

① 胡塞尔:《逻辑研究》第二卷第二部分，第132页。

② 胡塞尔:《逻辑研究》第二卷第二部分，第132页。

存在着两个行为：一个是奠基性的感知行为（我看见），另一个是奠基于这个感知并连同这个奠基行为聚合在一起而形成的复合行为（我看见这张纸是白的），如此，在意向意指与直观充实的可能性前提下，又产生出了含义意向与奠基于感知之中的整个行为之间的相似性。

二、范畴材料与范畴形式

所谓范畴直观，可以简单地标识为“对范畴的直观”；范畴直观又有狭义和广义的区分，狭义的范畴直观即“形式直观”，在一个陈述中可能会包含“一”“多”“是”“和”“或”“关系”等不表达内容的形式范畴，对它们的直观就是“形式直观”；此外，一个陈述还包括“纸”“树”“红”“空间”“颜色”等有内容的质料范畴，对这些质料范畴的直观与形式直观合起来统称为“普遍直观”或“本质直观”。所以，范畴直观也可以说是对范畴形式和范畴质料的直观。例如：

我看见，一张白纸。　　　　（感知陈述）

纸是白的。　　　　　　　　（范畴陈述）

感知陈述与范畴陈述的区别就是定语陈述与谓语陈述的区别，前者是称谓行为或表象行为，它给予一个实事或表达一个“名称”；后者是论题行为或判断行为，它给予一个事态或用“S是P”的判断式表达主词的属性。

在感知陈述中，意指与充实之间总有一个个体的、必须通过某个直观给予的个别性才能具有的特定联系，如“我看见，一张白纸”，不仅有一个个体的事物（一张白纸），而且还必须通过感性直观（我看见）才能使意指与充实之间建立起特定的联系。如果我们将这个个别事例的范围扩展到整个谓语思维领域，就会出现这样的一些判断，它不是通过直观给予的个别性来使意指与充实建立起特殊联系，“而是以一种总体的方式表达着观念统一之间的联系。这些判断的总体含义也可以在‘一致性’直观的基础上进行，就像它们的起源是直接或间接地处在直观之中一样”。[①] 如在“纸是白的”这个范畴陈述中，“纸”“白”是范畴质料，“是”是范畴形式，“纸是白的”作为事态就是范畴直观的对象；这里的“纸”不是作为个别事物的这一张或那一张纸，而是一个种类观念的“纸”，通过对这些质料范畴和形式范畴的直观，在“一致性”基础上通过“总体的”方式表达着一种观念统

① 胡塞尔：《逻辑研究》第二卷第二部分，第133页。

一之间的联系，但它的起源却直接或间接地处在感性直观之中，如果没有对个别事物的感性直观，就不会建立起“纸是白的”这样的总体判断。但是，一致性直观虽然起源于感性直观，但直观的个别之物在这里并不是被意指之物，它至多是作为被直观的那个普遍之物的单个情况或例子起作用，比如，我们普遍地说“颜色”，或特殊地说“白”，那么，一个单个的白事物（这张白纸、这面白墙等）的显现可能会为我们提供举证的（belegend）直观，就是说，总体判断中被直观的是普遍之物（观念），个别判断中单个事物的显现有可能为总体的一致性直观提供一个例证的直观。

需要注意的是，如果说在感知判断中，表达只是直观的对应图像，意向只指向直观被给予的显现以及它们的直观特性或关系，如“这张白纸”中意向只指向直观被给予的具体的这张白纸，这张白纸不仅是表达的对应图像，而且它就是直观的特性和关系。但在总体判断中，表达就不再是直观的对应图像，意向也不只是指向感性直观被给予的显现及其直观特性或关系，就是说，在“纸是白的”这个表达中，没有一个直观的对应图像，没有一个直观被给予之物。

这并不意味着，在总体陈述（范畴陈述）领域里，直观与表达及其含义就没有本质联系了，相反，“表达与含义构成了一个与直观相关的普遍认识的体验，它不是单纯的聚合，而是一个可感受到的统一”。在这里，以直观为定向，概念和定理才会成为明见性的，产生认识的价值。另一方面，“这里的表达之含义完全不处在直观之中，相反，直观只是赋予含义以清晰性的充盈并且在有利的情况下赋予明见性的充盈”。[①] 绝大多数总体陈述，尤其是科学陈述，都是在没有直观的情况下发挥着含义作用，只有极少部分的总体陈述可以借助于直观而达及明见性充盈。胡塞尔指出，如果完全缺失了直观，判断就不能表达任何东西，所以，总体判断也是通过直观被奠基的思维行为，它以纯粹的思想方式来意指的仍然还是那个借助于直观而认识的东西，并且都具有充实和认同的特征。

但是，这里会出现一个困难：感知判断中可以在个体直观中找到它的认同因素，感知意向意指一张白纸，而桌子上的一张白纸又恰好能在个体直观中被给予，意向与充实之间存在着“认同”关系；但在范畴判断中，普遍性的形式无法在个体直观中找到它的被给予对象，即无法形成认同。就是说，在个别判断中意向意指与直观充实之间有认同关系，那么，在总体判断中普遍形式与直观充实之间的认同如何可能？

---

① 胡塞尔：《逻辑研究》第二卷第二部分，第134页。

只要我们坚持“总体思想或普遍形式也是在直观中得到充实的”这个信念，进一步的分析会表明，在对象的感知和其他等级的显现上会建造起某些新的行为，这些行为以一种与构造起显现对象的那些直观完全不同的方式与这些显现对象发生联系。比如：

我看见了一朵红玫瑰花。（个别直观）

我想象一些玫瑰花是红的。（想象直观）

我想象一些花是红的、一些是紫的、一些是粉的……

我得出一个总体判断：所有的花都是有颜色的。

从最初的个别直观并在此基础上形成一个不同等级的显现，在感知行为的基础上我构造出一些诸如想象、回忆、预期以及符号、图像、指示等新的意识行为，这些意识行为既相互联系，也可以使同一个对象被感知、想象、回忆、预期和被象征、被图像化、以语词符号的方式被意指，并与这些显现的对象发生联系。在这些意指方式中，尤其是在总体判断的意指方式中，最初的个别直观对象（红玫瑰）并不是作为被意指的对象而矗立于此，而只是作为对总体的意指进行澄清的例子起作用，在总体判断中的符号意向不是朝向一个有直观来举证的表象之物（名称所表象的内容），而是朝向一个普遍之物（陈述所表达的判断内容），它是一个由感性个别直观来举证的东西，“而只要这个新的意向通过基础性的直观而得到相即的充实，那么它就会表明它的客观可能性，或者说，这个普遍之物的可能性或‘实在性’”。[①]

现在我们进一步考察在客体化行为的总体领域中感性材料与范畴形式的区别。这里需要论证的出发点是：一个图像般的表达之观念，完全不能用来描述在有形式的表达之情况下在表达性的含义与被表达的直观之间形成的关系。为此，我们需要首先弄清楚，什么有可能是感知的事情，什么是意指的事情；并且要明白，只有某些在单纯的判断形式中事先给定了的陈述部分才会在直观中与某物相符合，而其他的陈述部分却在直观中不可能有任何东西与之相符合。

以一个简单陈述为例，它可以扩展为“一个S是P”“这个S是P”“所有的S是P”等陈述类型，并在陈述中有可能引入绝对谓语或相对谓语、绝对定语或相对定语，以及联言、选言的、限定的等多种陈述，在这些陈述类型的差异性中都表露出明确的含义区别。

尼采既是文学家同时又是哲学家（Nietzsche ist Literat und Philosoph

① 胡塞尔：《逻辑研究》第二卷第二部分，第135页。

zugleich）。

这个陈述中总是包括两个部分的含义：一部分是与字母符号和词语相合的环节所具有的含义，如“尼采”“文学家”“哲学家”等，另一部分则是各个联结形式所具有的含义，如“是”“和”等。在感知中得到充实的含义只能处在通过“尼采”“文学家”“哲学家”等字母象征而得到指示的“判断形式”位置上，而对于“是”“和”“同时”等补充性的形式含义来说，是无法在感知中找到能够赋予它们以充实的东西的。我们可以把那些在直观（感知、想象等）中得到直接充实的因素称为“材料的因素”，它区别于虽然也要求得到充实、但在感知行为中无法直接找到与之相符合的东西的“补充性形式”。如果超出整个客体化行为的领域之外，这个基本区别就标识为“范畴”区别，并且是在表象的“形式”与“材料”之间的绝对区别。把“范畴”区分为“范畴材料”和“范畴形式”，这里，与范畴形式相对立的“材料”与“质料”有根本的区别，与“质料”相对立的是“质性”，或者说，与质性相对立的“质料”是意向质料或立义质料，“为了便于区分，我们在范畴对立中不说质料，而说材料”。①

至此我们知道，范畴形式②作为在定语和谓语功能中的存在，它不会在任何感知中得到充实；或者说，在感知中得到充实的只能是“材料”，而不是“形式”。胡塞尔在此讨论了康德的著名命题“存在不是实在的谓词”（Sein ist offenbarr kein reales prädikat）。③在此，我们先对“存在”概念做一简单分析。

例 1. Alle Philosophen sind Weise（所有的哲学家都是聪明人）。

例 2. Einige Philosophen sind Weise（有些哲学家是聪明人）。

---

① 胡塞尔：《逻辑研究》第二卷第二部分，第 137 页。

② 在胡塞尔看来，范畴形式具有两种含义：从行为的角度看，范畴形式被理解为被奠基的行为特征，这一特征将形式赋予奠基性行为，从而构成被奠基行为，这个意义上的范畴形式更接近范畴质料中的形式因素；从对象的角度看，范畴形式可以被理解为由范畴行为所构造的对象性，这个对象性中包含了形式和材料的因素。如果说“A”“B”是范畴行为中的材料因素，“和”其中的形式因素，那么这个意义上的范畴形式就是“A 和 B”这一被构造的对象性。参阅于涛：《论胡塞尔范畴代现理论的失败原因及其启示》，载《现代哲学》，2021 年第 3 期。

③ 康德在《纯粹理性批判》中的原文是：Sein ist offenbar kein reales prädikat, d. i. ein Bgriff von irgend etwas, was zu dem Begriff eines Dinges hinzukommen könne, Es ist bloβ die position eines Dinges oder gewisser Bestimmungen ansich selbst。汉语学界关于 Sein 的翻译存在着很大的差异，与本文相关的第一句 Sein ist offenbar kein reales prädikat 有如下几个翻译：“存在既然非一实在的宾词”（蓝公武），“‘是’显然不是什么实在的谓词”（邓晓芒、杨祖陶），“‘是’显然不是实在的谓词”，“‘是’（Sein, 又译‘存在’）显然不是一个实在的述项”（韦卓民），“存在显然不是一个实在的谓词”（孙周兴），“存在显然不是实在的谓词”（丁耘）。

例 3. Gott ist（上帝存在）。

在传统逻辑中有一类词叫“全称量词”，如“所有”“每一个”“任何”“一切”“都”等，它作为形容词修饰其后的名词，它表示的是普遍性、一般性、规律性的东西，排除例外的情况，比如例句 1“所有的哲学家都是聪明人”，“所有”只修饰其后的普遍名词“哲学家”，但不修饰后面的“聪明人”。在现代逻辑中全称量词的句法和语义有所差别，因与论题无关，此处暂不赘述。还有一类词叫“存在量词”，如“有的”“有些”“一些”“某个”等，它们表示个别的、部分的东西，如例句 2“有些哲学家是聪明人”，这里的表达式可以称为存在量词；此外，在西方语言中还有一个词直接表达存在，即“存在”（Sein/Being）一词本身，它不修饰普遍名词，而是断定名词。

逻辑学中“谓词”和语法学上的“谓语”在德语中是同一个词：Prädikat，但二者的区别是明显的，在语法学中，句子有“主–系–表”（Der Schnee ist weiβ，雪是白的）和“主–谓–宾”（Romeo liebt Julia，罗密欧爱朱丽叶）两种结构，系动词“是”（ist）和及物动词“爱”（liebt）在句子中都是作为谓语动词用的；但从逻辑句法来看，一个句子中消去主词后剩余的部分称为“谓词”，在数理逻辑中谓词是表示一个个体的性质和两个或两个以上个体间关系的词。就是说，在语法关系中，“罗密欧”是主语，“爱”是谓语，“朱丽叶”是宾语；但在逻辑句法关系中，“罗密欧”是主词，“爱 + 朱丽叶”是谓词。所以，例句 3“Gott ist”（上帝存在）中的 ist 只断定 Gott 的存在，而不表达 Gott 是什么（如，不能说“上帝是 X”，Gott ist X）。

康德说“存在不是实在的谓词”，意思是说“存在”不能作为谓词使用。试比较：“Gott ist”（上帝存在）和“Gott ist Sein”（上帝是个存在），“Gott ist”它断定上帝本身就是存在，而不是因为“ist”他才存在；“Gott ist Sein”句中，不能用 ist +Sein 构成谓词的方式来表达 Gott，所以，“Gott ist Sein”是个错误的判断。同理，“Sein ist Sein”也是一个错误的表达。海德格尔说，存在是不能追问的，如果追问“存在是什么？”，所有给出的回答都把“存在”（Sein）处理成了“存在者”（das Seide）。那么，胡塞尔是如何理解“存在”（Sein）问题的呢？

胡塞尔在第五逻辑研究中关于意向结构的分析表明，意识最一般的本质在于它具有“构造对象的能力”，这种构造对象的能力一方面表现在它可以将杂乱的感觉材料综合为统一的对象客体，另一方面表现在我们的意识还会将它自己构造出来的对象设定为是在它自己之外存在着。胡塞尔将这两方面的能力分别称作“质料”（赋予杂乱材料以统一的意向质料或意义）和“质性”（对被构造对象的存在设定），质料与质性一同构成意识的“意向本质”。[①]就是说，即使最简单的、最素朴的意识行为，都包含着质料和质性两个基本因素，即“每一个意识对象对我们来说都必定是一个以这种或那种状态（即具有质料的）存在或不存在（即具有质性的）东西”。[②]按照倪梁康教授的理解，质料和质性作为意识要素的最基本划分，对它们无法再进行还原，因而是各自独立的：存在设定不包含在对象构成之中，对象构成也不包含在存在设定之中。因此，康德的“存在不是实在的谓词”就意味着：不管我们关于一个对象的概念所包含的是什么，如果我们要把存在归之于这个对象，我们就必须超出这个概念以外。按胡塞尔的说法就是，对象的构成是一回事，存在的设定是另一回事。正是在这个意义上，胡塞尔说：

> 我可以看见颜色，但不能看见有颜色的-存在。我可以感受光滑，但不能感受光滑的-存在。我们可以听见声音，但不能听见声音的-存在。存在不是处在对象中的东西，不是对象的部分，不是寓居于对象之中的因素；不是质性和强度，但也不是形态，不是内部的形式一般，不是一种构造标记（Merkmal），不论这标记被理解为什么。但存在也不是一个附在一个对象上的东西，正如它不是一个实在的内部的标记一样，它也不是一个实在的外部的标记。……因为这也与实事的（sachlich）统一形式无关，正是这些形式才将对象联结为更广泛的对象，将颜色联结为颜色形态，将声音联结为和谐，将事物联结为更广泛的事物或事物秩序（花园、街道、现象的外部世界）。在这些事实的统一形式中建立起对象的外部标记，左和右、高和深、高声和低声，以及如此等等，在这里面当然无法找到像“ist”的东西。……存在绝然是不可感知的东西。[③]

概括地说，在感性感知的实在对象以及可能的感性直观之对象领域内，像“存在”（Sein）这个词所具有的含义无法找到可能的客观相关项，并因此而无法得到可能的充实。自洛克以来曾形成一种观点，认为逻辑范畴（如存在与不存在、一、多、全、数、原因、结果等）产生于内感知区域，

---

① 胡塞尔：《逻辑研究》第二卷第一部分，第452页。

② 倪梁康：《现象学的始基：对胡塞尔〈逻辑研究〉的理解与思考》，第213—214页。

③ 胡塞尔：《逻辑研究》第二卷第二部分，第138页。

即通过对某些心理行为的反思而产生的。但是，这种观点是错误的，通过“内感官”而产生的是感知、判断、肯定、否定、合取与计数、预设与推断等“感性”概念，但永远产生不出逻辑范畴。在“S ist P”这个判断中，“判断”这个思想可以在对一个现时判断的内直观中得到充实，但“ist”却无法得到充实；“ist”既不是一个判断的实在的组成部分，也不是某个对象的实在组成部分，“在整个感性直观的领域中……像‘存在’这个词所具有的这种含义无法找到可能的客观相关项，并因此而无法得到可能的充实”。[①] 在判断或谓语陈述中，“ist”是作为含义因素出现的，“‘ist’本身并不在其中出现，它只是在‘ist’这个词中被意指，也就是说，被符号地意指。但在充实中，亦即那种在某些情况下会与判断相符合的充实中，它是自身被给予的或至少误以为是被给予的，这种充实就是：对被意指的实事状态的觉知（Gewahrwerdung）”。[②] 例如：

Gold ist gelb（金是黄的）。

在这个判断或谓语陈述中，“Gold”（金）“ist”（是）“gelb”（黄的）都是作为含义因素出现的，但它们的位置和功能不同。其中，“gelb”（黄的）是“das Gold”（金）这个对象的实在的组成部分，但“ist”（是）则既不是“das Gold”（金）也不是“gelb”（黄的）实在的组成部分，它只是在“ist”这个词中被符号地意指；但在对“Gold ist gelb”这个判断相符合的充实中，对这个判断所意指的实事状态的觉知就意味对“ist”（是、存在）的充实。就是说，“ist”（是）作为范畴形式是“金是黄的”这个总体含义的一个成分，但它不仅仅是被符号性的意指，而是在与判断相符合的充实行为中“金是黄的”这个事态是作为整体自身被给予的，我们以范畴的方式直观地感知到这个事态，我们对这个被意指的事态有一种明确的觉知。在这个充实行为中，不仅“Gold”和“gelb”的含义部分被意指的东西现在自身显现出来了，而且“Gold-ist-gelb”（金-是-黄的）总体含义也显现出来了，“判断和判断直观在这里结合为这个明见判断的统一”，“一个存在只能在判断中被把握；但这决不是说，存在的概念必定就是以及有可能就是在对某些判断的‘反思中’所获取的”，[③] 此处的“反思”是指洛克在“内感知”意义上的反思，胡塞尔不同意洛克在对判断的“内感知”或“反思”中寻找“存在”概念起源的观点。胡塞尔在《逻辑研究》的最后附加

① 胡塞尔：《逻辑研究》第二卷第二部分，第139页。

② 胡塞尔：《逻辑研究》第二卷第二部分，第140页。

③ 胡塞尔：《逻辑研究》第二卷第二部分，第141页。

了一篇“外感知与内感知。物理现象与心理现象”的论述专门讨论了外感知和内感知的问题，它是由洛克引入并且在布伦塔诺那里具有重要意义的哲学概念，“外感知是对外在事物、它们的性质和状况、它们的变化和相互作用的感知。自身感知是每个人对他自己的自我及其特性、状态、活动所能够具有的感知”。“感性感知是通过感官被感知到的东西。……被内部地（innerlich）感知到的东西主要是一些‘精神体验’，如思想、感觉、意愿，当然也包括所有那些处在身体内部的、与外部感官无关的东西。”“现在我们做出一个好的定义：心理现象是内感知的现象，物理现象是外感知的现象。”[①] 在洛克看来，“是”“和”等这样一些范畴形式是通过内感知即对精神或心灵自身活动的反思中获得的，胡塞尔则认为反思不能作为“范畴”概念的起源，“存在概念以及其他范畴的起源不处在内感知的区域之中”。[②]

在第六逻辑研究中对存在设定（质性）的对应项“存在”给出了规定：“而存在概念（真实-存在）则与那个所属的对象相关项有关。……这样，在真理意义上的存在……而被定义为在相即性中同时被意指和被给予的对象的同一性”，或“被定义为可以在相即性中被感知之物”。[③] 就是说，如果我意指某个东西，而我的这个意向又在直观中得到了充分的证实，这时，我便以一种设定的方式涉及了存在。就此而言，质料与质性虽然是意识行为的两个独立因素，但质性（存在设定因素）必须奠基于质料（对象构造因素）的基础之上，因为存在的设定取决于感性感知行为中对象构造的合理与否、意指与所指的同一与否。这个意义上的“存在”就被胡塞尔还原为一种意识或信仰，“存在设定”“存在意识”和“存在信仰”在胡塞尔的现象学中就成了同义词，换言之，存在论问题被还原为认识论问题，“存在”被等同于“真理”或“在真理意义上的存在”，海德格尔称为胡塞尔的“‘存在’意味着对象-存在”。

当然，海德格尔的批评只停留在胡塞尔第五逻辑研究的存在概念上，实际上，在第六逻辑研究中，胡塞尔的意向分析已经超出感性直观领域而扩展到了范畴直观领域，并对存在概念做出了新的理解和阐释。胡塞尔认为，那个表达着谓语判断的联系性存在（ist）以及一、多、全、数、原因、结果、与、并且等等逻辑范畴，都是非独立之物，由它们联系的各个词项的具体展开就会形成“事实状态”这个判断的客观相关项，即判断意向的

---

① 胡塞尔:《逻辑研究》第二卷第二部分，第 228—232 页。

② 胡塞尔:《逻辑研究》第二卷第二部分，第 140 页。

③ 胡塞尔:《逻辑研究》第二卷第二部分，第 125 页。

意向对象，如此，判断所具有的关系实际上就是“实事状态”与给予着这个实事状态的“知觉行为”（实事状态感知）之间的关系。胡塞尔在此给出了现象学的“反思”概念：“‘反思’就意味着，我们所反思的东西、现象学的体验对我们成为对象性的（被我们内感知到），并且它从这个对象性内容中实在地给出那些须被总体化的规定。”[①]在“反思即现象学的体验”的意义上，对感知的反思中被体验的是感知直观，在对判断的反思中被体验到则是判断直观（实事状态感知）。“被体验存在”（Erlebtsein）不是“对象性存在”（Gegenständlichsein），胡塞尔由此得出结论：“实事状态”和系词意义上的“存在”这两个概念的起源并不处在对判断充实的“反思”（洛克意义上的内感知）之中，而是真实地处在“判断充实”本身之中。因此，一个概念、观念或种类统一以及范畴形式都只能在一个行为中产生出来，或者说被给予我们。

三、直观概念的扩展与范畴直观

胡塞尔的意向分析超越了感性直观领域，意向分析不再局限于素朴的意识行为，而是扩展延伸到复杂多元的意识活动上；意向分析的对象也不再局限于构造“感性对象”的意识行为，而且延伸到那些构造着“形式对象”的意识行为上。一个素朴感知（schlichte Akt）的对象是直接显现、直接被给予、“一下子”显现的，对实在的事物的意向就是在这种感性感知中充实的；而范畴对象只能在一系列复杂的奠基行为中被意向和给予，这种在范畴直观中被充实的对象就称作观念对象。例如，在感性感知中，我可以看到树和绿色，但我却不能以同样的方式看到“是绿色”，在“树是绿色的”这个陈述中，“是绿色”作为述谓之物，以及“一”“或者”“和”等范畴形式，都得不到感性的充实，但却必须有空泛地意向这些范畴形式的行为以及充实这些意向的行为，如此，“胡塞尔‘扩展’了通常只局限于感性感知的直观概念，阐明了范畴直观”。[②]

---

① 胡塞尔：《逻辑研究》第二卷第二部分，第141—142页。

② Dieter Lohmar, “Husserl’s Concept of Categoriat Intuition”, In *One Hundred Years of Phenomenology: Husserl’s Logical Investigations Revisited*, pp. 125-145；洛玛在该文中还指出：“胡塞尔的范畴直观理论被普遍认为是困难的，因此是有问题的。一些批评家也认为它是晦涩的，甚至是完全错误的。有些人主张根本没有‘范畴直观’这种东西。”当然，这不表明洛玛也接受这种观点。

我们在一个素朴的感知行为中构造的是对象“A”，而在多环节的复合行为中构造的是对象性“这是一个A”“A是蓝色的”“红的A”“所有的A是A”等等，在这个多环节的意识行为中，除了那些能够在感性感知中显现出来的东西之外，多余下来的东西就属于与形式对象有关的东西。以“纸是白的”为例，只有“纸”和“白”作为对象环节都在一定程度上直观地显现给我，而“是”这个环节只是用来肯定谓词对其主词的关系（康德），它在显现本身之中没有找到任何东西来证实自身，因而“存在”绝然是不可感知的东西，作为系词的“是”是一个在感性直观中无法直接达及的形式，但它却包含在感性直观之中；另一方面，“是”也有存有的含义，如“白的纸”无非就是指白的存在着的纸，整个对象显现为纸。如此，“存在”不论是作为系词，还是作为存有，虽然不能给“白”和“纸”这两个对象增添任何东西，但它都以一定的方式被认识，被涵盖在一个复合对象的现象之中。胡塞尔在方法领域中所引起的革命便在于，“他将这里的存在看作是一种无法通过感性直观，但却可以通过范畴直观而自身给予、自身显现的东西”。[①]意识行为由质料和质性构成的这一本质规律不仅对简单的意识行为有效，也同样对复合的意识行为有效，即复合行为也含有存在设定和对象构造两个基本因素，“质料”的概念也因此而扩展，质料不仅指感性材料的质料，而且也指范畴形式的质料。这意味着，我们不仅能在简单行为中构造对象，而且也能在复合行为中构造“形式对象”，这种构造不是间接的判断推理，而是可以在范畴直观中得到证实的活动。

我们知道，含义意向总是在感知直观中充实的；但以上的分析却表明，含义的范畴形式不是通过感知直观而得到充实的，那么，范畴形式的含义如何充实呢？

我们假定，范畴材料和与这些材料因素并存的范畴形式都可以得到充实，并且都是在某个行为中得到充实的。如果“我们不可避免地要将每一个以此证实的自身展示之方式而充实着的行为都标识为感知，将每一个充实着的行为都标识为直观，将它的意向相关项标识为对象”，[②]只要我们进行认识，我们就会不可避免地遇到“感知”“直观”“对象”这些词，因为我们只能用“对象”来标识主体表象的相关项，用“感知”来指称对象的现时“被给予存在”或作为“被给予的显现”；在一个陈述中，所有的范畴材料和范畴形式以及由它们构成的“实事状态”都可以称为“对象”，那些使

① 倪梁康：《现象学的始基：对胡塞尔〈逻辑研究〉的理解与思考》，第218页。

② 胡塞尔：《逻辑研究》第二卷第二部分，第143页。

它们作为被给予而显现出来的行为则称为“感知”。所以，如果“范畴形式的含义也要在感知中得到充实”，这实际上意味着“它们与对象本身在它的范畴构形中发生联系。对象连同这些范畴形式不仅被意指，而且它正是在这些形式中被置于我们眼前；换言之：它不仅被思想，而且也被直观，或者说，被感知”。[①] 就是说，作为范畴形式的“存在”和“不存在”、“某物”和“无物”这些对立的形式不仅被思想，而且可以被直观，或者说被感知。

由此，胡塞尔对感知概念进行扩展，即把“感知”区分为狭义的感知和广义的感知：狭义的感知仅指向一个个体的、亦即时间性的存在，这个意义上的感知也称为“感性感知”；广义上则把被意指的实事状态叫作被感知的（被明察的、在明见性中被观看的），这个意义上的感知也称为“范畴感知”。与此相应，“直观”也一般性地区分为“感性直观”和“范畴直观”。为了明了感性直观与范畴直观的区别，我们首先需要对“直观”进行简要的考察。

“直观”是西方哲学中一个非常重要的概念，它最早出现的是拉丁文词 intuitus。德国哲学家康德第一次使“直观”一词成为重要的哲学概念并给予了比较详细的论述。康德用来表达“直观”的词有两个：一个是德文词“Anschauung”，另一个是由拉丁文词 intuitus 转译过来的德文词“Intuition”，[②] 康德之所以同时用这两个词，按照一些学者的解释，康德通常并不对某个概念做精心的界定，而是按照一个同源词的拉丁词的传统意义来确定其含义；另外，康德时代德文用作哲学语言尚处于起步阶段，学者们所接受的也大多是拉丁文训练，很多德文词尚未形成特定的含义，因而其含义都直接来自拉丁文词义。康德的《遗著》中说：“空间并非一个 Begriff（conceptus），而是直观（intuitus）。”[③] 康德在 Begriff（概念）一词后面附上了拉丁文“conceptus”，在 Anschauung 一词的后面附上了拉丁文“intuitus”。按照倪梁康的理解，如果不特别标识细微的差异，Anschauung 与 Intuition 可以看作是完全同义的概念。

---

① 胡塞尔：《逻辑研究》第二卷第二部分，第 144 页。

② 倪梁康将 Intuition 翻译为“直觉”或“直观”：“胡塞尔将‘直觉’（Intuition）与‘直观’（Anschauung）完全等义使用，因此前者也可译作‘直观’。它与‘直观’一样，是由‘想象’（Imagination）与‘感知’（Perzeption）所构成的”。“在对拉丁语-德语等义词的使用上，‘Intuition’与‘Anschauung’的关系类似于‘Imagination’与‘Phantasie’的关系，但不同于‘Perzeption’与‘Wahrnehmung’的关系”。参阅倪梁康：《胡塞尔现象学概念通释》（修订版），第 261 页。

③ *Kants gesammelte Schriften*, Königlichen Preuβischen Akademie der Wissenschaften, 29vols, Berlin, 1902—1983, XXII: 20.

那么,"直观"的含义究竟是什么呢?在康德先验哲学中,存在着一个"感性–知性"与"形式–质料"的双重划分,由此形成一个隐藏在康德先验哲学中的"亚里士多德坐标系":"x 轴代表的是心灵(感性与知性),y 轴代表的是知识(形式与质料),两者的交点(即坐标原点)正是直观……通过这一坐标系,我们可以将康德先验哲学的一些基本观点以更直观的方式表达出来:感觉是感性的质料,空间和时间是感性的形式;现象是知性的质料,范畴是知性的形式。"[①] 在《纯粹理性批判》中,康德将人的认识能力区分为感性、知性和狭义的理性(三分法),他同时也使用"感性的"(sinnliche)与"理智的"(intellektuelle)的二分法,其中,"理智的"对应的是二分法中的"知性"和"狭义的理性",例如他在论述到"先验图型"这一中介表象时就说它"一方面是智性的,另一方面是感性的"。[②] 在《实用人类学》中,康德也把一切愉快的情感分为两类:"(1)感性的愉快;(2)智性的愉快。"[③] 在康德先验哲学中,感性和理智是相互对立的,这主要表达在康德的著名而充满争议的命题:"知性不能直观,感官不能思维。"[④] 根据上面的分析,这里的知性也就是理智,所谓的"知性不能直观"也就是"理智不能直观"。时间和空间作为感性的先天直观形式,所以"感性直观"没有理解上的困难,问题是"理智直观"(intellektuelle Anschauung)是否可能?按照康德的论述,感性直观对象,理智思维对象;但是,当康德使用"intellektuelle Anschauung"这个表达时,将理智与直观联系起来,是否意味着将"感性"与"理智"两个由于直观主体的不同而互相对立的领域"打通"了?

实际上,康德将感性的特征描述为"直观的"(intuitiv),将知性的特征描述成"推论的"(discursiv),因而他也时常用"直观与推论""直观与概念"的区别来代替"感性和知性"的区别,"知识的感性完备与逻辑完备的区别,基于上述直观知识与论证知识的区别或直观与概念的区别"。[⑤] 既然感性的知识是直观的知识,理智的知识是推论的知识,那康德为何还使用"理智直观"(ein anschauender Verstend/einen intuitiven Verstend)的概

---

① 王建军:《康德与直观》,北京师范大学出版社 2014 年版,第 14 页。关于康德哲学中"直观"概念的含义,可参阅王建军在该书中通过"感性的直观""自发的直观""自由的直观""理智直观"等章节所做的详细分析。

② 康德:《纯粹理性批判》,第 139 页。

③ 康德:《实用人类学》,邓晓芒译,上海人民出版社 2002 年版,第 131 页。

④ 康德:《纯粹理性批判》,第 52 页。

⑤ 康德:《逻辑学讲义》,许景行译,杨一之校,商务印书馆 1991 年版,"导言",第 27 页。

念呢？在《实践理性批判》和《判断力批判》中，康德多次使用“直观的知性”这个概念：

> 关于我们借以思维一个纯粹知性存在者的那些概念，所余留下来的就刚刚只是为了能够思维一个道德律所要求的东西，因而它虽然是一种上帝知识，但却只是在实践关系中的知识；因此，如果我们试图把它扩展为一种理论性的知识，我们就将获得一种并不思维但却直观的知性（einen Verstend, der nicht denkt, sondern anschaut），一种指向对象而其满足丝毫也不依赖于该对象之实存的意志。①

> 这里不是讨论关于世上的事物的神秘的表象方式的场合，这种表象方式除了感性直观之外，一般不容许任何有别于概念的直观，因此对于这种表象方式来说，除了直观的知性（ein anschauender Verstend）之外不存在任何其他东西。②

> 我们也可以思维一种直觉的知性（einen intuitiven Verstend）（用否定的说法，就是只作为非推论性的知性），这种知性不是（通过概念）从普遍进向特殊并这样达到个别……这是一件我们的知性只有通过自然特征与我们的概念能力的非常偶然的协和一致才能完成的工作，但一种直观的知性（ein anschauender Verstend）就不需要这样做。③

上述引文清楚地表明，这里的“知性不是（通过概念）从普遍进向特殊并这样达到个别”的那个纯粹理性认识能力中的知性或理智，而是以“善”（纯粹实践理性）和“美”（判断力）的理念为对象的知性或理智，“这种‘直观的知性’也被康德称为‘本源的知性’（der ursprüngliche Verstand），他认为这就是‘上帝的知性’，而非‘人类的知性’。……只是一种直观，即它根本不进行‘思维’。……上帝的知性并不进行任何推论的思维，而只是进行直观”。④

按照康德的理论，就纯粹理性理论能力而言，感性给予我们杂多的质

① 康德：《实践理性批判》，邓晓芒译，杨祖陶校，人民出版社2003年版，第188页。

② 康德：《〈判断力批判〉导论》，参见《康德美学文集》，曹俊峰译，北京师范大学出版社2003年版，第386页。

③ 康德：《判断力批判》，邓晓芒译，杨祖陶校，人民出版社2002年版，第259页。

④ 王建军：《康德与直观》，第221—222页。

料，并通过感性直观形式把它们整理在一定的时空秩序中而成为“现象”，知性通过先验范畴形式把现象加以联结并做出判断。感性和知性只能认识现象，但不能认识本质，获得本质认识是理性的任务，但理性没有自己的先天形式，只能借助知性的有限形式去认识世界、心灵和上帝这些无限的本体对象，结果导致了二律背反。人类的理智究竟能不能直观？究竟能不能认识本质？这是康德留给后世需要解决的一份哲学遗产，对这个问题的解决也成了此后哲学思考的一个重要题域，也是胡塞尔现象学的认识论必须解决的问题。

直观概念在胡塞尔现象学中具有中心意义。从研究方式的角度看，它是现象学研究所依据的最终基础（直观方法），它要求将所有抽象的哲学概念都回溯到它们在直观之中的原初源泉上去，坚信“直观”是人的认识的最后根据，现象学所应遵循的“一切原则的原则”或“第一方法原则”就是：“每一种原初给与性直观都是认识的合法源泉，在直观中原初地（可说是在其躯体性现实中）给与我们的东西，只应按如其被给与的那样，而且也只在它在此被给与的限度之内，被加以理解。应当看到，每一理论只能从原初所与物中引出其真理。”[①] 在此意义上，现象学首先是一门直观的、并在直观基础上进行描述分析的方法论。从研究对象的角度看，直观作为意识行为本身也是现象学研究的重要课题（直观行为），在此意义上，直观可以划分为“感性直观”和“本质直观”，本质直观可以超越出感性领域而提供本质性的认识，但一个本质直观必须奠基于感性直观之中；并且，本质直观的可能性是作为本质科学的现象学得以成立的前提。无论是感性直观还是本质直观、个体直观还是普遍直观，其共同之处在于，它们都是一种能够把握原本的意识行为，即对对象的直接把握方式。“直观”具有如下特征：一是都是一种“需要得到充实的意向”；二是原则上具有“达到真正的充实成就的能力”。

在《逻辑研究》《现象学的观念》《观念Ⅰ》等著作中，胡塞尔对“直观”概念做了新的扩展，如“个体直观与普遍直观”（individuelle und allgemeine Anschauung）、“外直观与内直观”（äuβere und innere Anschauung）以及“范畴直观”（kategoriale Anschauung）等，我们在此做一个简要的分析。

“个体直观与普遍直观”是相对的概念。包括康德在内的西方近代传统认识论认为，直观只能将个体之物作为自己的对象，而观念之物或普遍之物则要通过抽象才能被我们所获得。胡塞尔不同意对直观概念的狭隘理解，

① 胡塞尔：《纯粹现象学通论》，第 41 页。

他将直观划分为个体直观和普遍直观两种类型：在个体直观中，个体对象被构造出来，它们为我们发现普遍对象提供了基础，但这并意味着普遍对象以某种方式“隐藏在”个体对象中，以红纸为例，纸张的颜色、大小等是个体的，从它们中无法获得普遍之物，因为普遍之物并不隐藏在个体对象之中；但我们可以从对个体对象的直观出发，转变自己的目光，使它朝向观念对象，“我们观看这个红的因素，但却进行一种特别的行为，这个行为的意向朝向‘观念’，朝向这个‘一般之物’”。[①] 就是说，这个目光是指向感性感知或感性直观的被给予之物的，但它并不指向纸的红色或红的程度，而是指向“红”本身的特殊统一，在进行这种目光的转向时，“红”本身原本地、直接地被给予我们了，这种把握是建立在对某个红的事物的个别直观的基础上的。一方面，我们不是在被给予的感性材料中“发现”这个普遍或一般之物的，因而不同于“实在论”；另一方面，我们也不是在这种特殊的意识活动中“创造”这个普遍或一般之物的，而是“发现”这个容易被人们理解为虚无的非时空的观念，因而又不同于“唯名论”。

“外直观与内直观”原本不是胡塞尔现象学的专门术语，它们大多是在传统的“内在于意识”和“外在于意识”的意义上使用的。外直观指通常意义上的事物直观或感性直观，也包括外感知和外想象；内直观或内在直观不等于本质直观，本质直观以内直观为出发点，“现象学的本质直观就是作为在内直观基础上的观念直观，它使观念化的目光唯独朝向被直观的体验的本己实项的或意向的组成，并且使这些分散在单个体验中的种类体验本质以及它们所包含的（即‘先天的’‘观念的’）本质状态被相应地直观到”。[②]

要了解范畴直观，首先需要对“范畴”和“范畴形式”等概念做一说明。“范畴”最早是德文“Kategorie”的日译，在《逻辑研究》中通常指与“感性材料”相对应的“范畴形式”，胡塞尔给出的规定是：范畴是“自身包含所有那些产生于立义形式而非产生于立义材料之中的对象性形式”。[③] 如一、多、与、或、关系、概念等等，它们也称为“范畴概念”或“形式逻辑范畴”，它们可以通过一种特别的直观即“狭义的范畴直观”把握到，它属于“广义的范畴直观”（本质直观）的一种类型。胡塞尔也在比较宽泛的意义上使用“范畴”概念，这个意义上的“范畴”包括“质料范畴”（即形式本体范畴），如“树”“颜色”“空间”等，这个意义上的“范畴”概念与“本质”“观念”的概念基本同义，“范畴的”也就意味着“本质的”或

① 胡塞尔：《逻辑研究》第二卷第一部分，第238页。

② 胡塞尔：《逻辑研究》第二卷第一部分，第489页。

③ 胡塞尔：《逻辑研究》第二卷第二部分，第182页。

"观念的"。"范畴形式"可以简称为"范畴"或"形式"，它具有双重含义：一方面是指那些被奠基的行为特征，即范畴直观行为的特征，另一方面则指通过这些行为特征而被构造出来的已变异的对象性。这个划分没有改变"范畴形式"的传统含义，胡塞尔现象学的特别之处在于把"范畴形式"理解为"范畴直观"这一新型的对象把握方式。

"范畴直观"可以区分为两种类型：狭义的范畴直观是对"范畴形式"的直观，它可以是与经验相混合的直观，也可以是纯粹范畴的（分析的）直观；广义的范畴直观则指"抽象直观"或"普遍直观"，它既包括对"形式范畴"的直观，也包括对"质料范畴"的直观，这个意义上的范畴直观在《观念Ⅰ》中等同于"本质直观"。在胡塞尔看来，在一个充实的直观（感性直观）中成为自身被给予性的不仅有"感性对象"，而且还有对感性材料进行构形的范畴形式（狭义的范畴直观），它所"感知"的不是感性对象，而是那些根据范畴含义因素而在综合性的行为进行中构造出自身的"事态"；范畴形式在其中得到充实直观的那些行为奠基于素朴感性直观之中。因此，奠基于感性直观基础上的范畴直观的对象是一个多层次的"新型客体性"。[①] 显然，胡塞尔的范畴直观理论既是对康德思想的继承，又是对康德思想的超越和发展。

前述可知，胡塞尔把存在区分为"作为真理意义上的存在"和"作为系词的存在"，作为范畴直观对象的存在不再是真理意义上的存在，而是系词意义上的存在，即作为关系行为的相关项的存在。关系行为（两束以上的多束行为）是奠基于素朴行为之中的，例如，对"纸是白的""月亮是圆的""金是黄的""桌子是棕色的"等这些实事状态的范畴感知是奠基于对"纸""月亮""金""桌子"等实事的感性感知的基础之上的，这也就决定了范畴直观必定奠基于素朴的感性直观之中。

四、感性感知和范畴感知的区别

在对感性感知和范畴感知以及直观概念的扩展做了上述概念的区分和特征描述后，由于范畴感知建立在感性感知的基础上，所以需要对感性感知和范畴感知的区别进一步进行细致的现象学分析，"对这些区分的确定和澄清是极为重要的，因为在认识的范畴形式和感性的被奠基质料之间的基

① 参阅倪梁康：《胡塞尔现象学概念通释》（修订版），"范畴直观"等词条，第 44—45 页。

本划分以及类似的在范畴和所有其他概念之间的划分都完全地依赖于它”。[①]

胡塞尔认为，每一个感知都意味着对其对象进行自身的或直接的把握；由于感知可以区分为感性感知（狭义的感知）和范畴感知（广义的感知），因而，“直接”把握的对象既可以是一个感性的对象，也可以是一个范畴的对象，或者说，既可以是一个实在的对象，也可以是一个观念的对象；但二者具有不同的意义和特征，“我们也可以将感性的或实在的对象描述为可能直观的最底层对象，将范畴的或观念的对象描述为较高层次上的对象”。[②]

感性感知和范畴感知的区别，首先表现在感性感知的对象是在“感知的行为”中直接被把握的，在感性的感知中，一个对象被直接地把握到，或者说以素朴的方式构造起自身，在此意义上可以说这个对象是直接被给予的对象，是带着确定的对象内容而被感知的对象；而范畴感知的对象是在“联结的行为”或“分环节的行为”中构造起自身的。其次就二者的奠基关系来看，范畴感知是奠基于感性感知的基础之上的，就是说，感性感知不必须在更高层次的行为中构造起自身，而范畴感知则需要以在感性感知中被构造出来的对象来构造自己的对象。例如：

例 1. 我看见 2 和 4 两个数。（感性感知）

例 2.“2 乘 4 等于 8”或“2×4=8”。（范畴感知）

胡塞尔认为，感性感知作为奠基性的行为有一个特别主要的功能，就是它“使一个新的、本质上预设着原初意识的客体性意识时间地生成（zeitigen）。……即那些我们所说的构造着新的客体性的行为。……但另一方面，这个新的对象性又建立在老的对象性之中；前一个对象性与后一个在基本行为中显现的对象性具有对象性的联系。它们的显现方式本质上受到这种联系的规定。……这些客体性只有在这类被奠基的行为之中才能‘自身’显现出来”。[③] 例 1 中，2 和 4 这两个数字被我们直接感知到，它们作为感知的对象被我们直接把握到或以素朴的方式被构造为感知对象；例 2 中“2 乘 4 等于 8”是个范畴感知，通过“乘”“等于”等这些联结行为或分环节行为构造起自身的“2 乘 4 等于 8”这个范畴对象；“乘”“等于”是我们在感性感知中无法感知的，它们作为“范畴形式”把“2”和“4”这些感性感知对象联结在一起构造起一个范畴的事态对象，并且，它以先前感知并构造起的“2”和“4”这两个感知对象为基础。没有“2”和“4”这两

① 胡塞尔：《逻辑研究》第二卷第二部分，第 145—146 页。

② 胡塞尔：《逻辑研究》第二卷第二部分，第 146 页。

③ 胡塞尔：《逻辑研究》第二卷第二部分，第 147 页。

个感性感知的对象，就无法构造起“2乘4等于8”这个范畴对象，所以，朴素的感知或感性感知都是作为最基本行为在起作用，建立在其上的高层次的行为都包含这个基本行为的对象。

素朴的感性感知与被奠基性的范畴感知的区分也可以用于“直观”的区别上，即直观也可以区分感性直观与范畴直观。由于“直观行为”由“感知”和“想象”构成，范畴直观作为一种复合性行为，它一部分奠基于感知之上，一部分奠基于想象之上，并由此构成一个叠加的奠基序列，符号意向也根据这些较低和较高层次的奠基而得以构成，复合行为与直观行为的混合而成的客体化行为也通过奠基而得以构成。所以，在胡塞尔看来，康德所谓的“理智不能直观”是不正确的观点，直观和认识的范畴之物便处在这种被奠基的行为之中，陈述性思维便在它们之中得到充实，与这些行为完整相适的可能性规定着作为陈述之正确性的陈述真理。依据对象被给予的方式，我们可以把行为区分为三种类型：

（1）感性的感知行为，外部事物在感性感知中被显现给我们。

（2）范畴的感知行为，具体的事实状态、集合状态、分离状态通过这个行为而作为复合的“思维客体”或“更高序列的对象”而被给予我们，这些对象中包含着为它们奠基的对象。

（3）总体化类型的行为或不确定的个别立义类型的行为，它们的对象也是高层次的对象，但这些对象在自身中并不包括为它们奠基的对象。

感性感知在现象学中被描述为“素朴”的感知，是因为在感性感知中，事物作为当下的而显现出来的方式是“素朴的”，它不需要借助于奠基性的或被奠基性的行为。我的目光朝向一张桌子，或朝向一棵树，这个桌子或这棵树就作为当下之物显现给我，这种素朴的感知不需要其他的奠基行为。但是，这个被感知之物或显现之物在内容上却具有杂多的构造特性，其中一个部分“自身落实在感知中”，而其他部分则只是被意指而已，比如，我看见一张桌子，在这个感知行为中，桌子的正面在我注视的目光中就属于“自身落实在感知中”的部分，而桌子的背面或里面则属于“只是被意指”的部分。我们在注意事物的个别性时，并不会体验到所有那些分节的（artikuliert）感知行为，就是说，我们并不能同时体验到对这张桌子的正面和背面的感知行为，在我们观看（感知）这个桌子的正面时，它的背面、里面等“不自身落实在感知中的”规定性之表象是“在心境上被引发的”，与它们相关的意向也一同流入感知之中并且规定着感知的整个特征。

虽然我们可以观察桌子的不同视角面，每一个视角面都可以使桌子的一个个别规定性显现给我，但是，桌子作为一个整体事物在显现中并不是作为无数个别规定性的单纯总和而矗立于此，否则，这个总和就会把整体的事物分裂成个别性的碎片。胡塞尔要求在统一的事物上关注这些个别性，即以一个同质的统一的感知行为使对象成为当下被给予性，需要指出的是，感知的统一不是通过综合行为而形成的，因为只有通过被奠基行为而形成的分节的、需要现时联结的行为才是综合的行为，"感知统一是作为素朴的统一、作为在不添加新行为意向的情况下各局部意向的直接融合而成立的"。[①] 我们总是在一个连续的感知进程中全面地观察或感知桌子这个事物，这个进程中的每一个感知都是对这个事物的感知，无论我是从上面或下面、从外面或里面来观看这张桌子，我所看到的始终是"这个"桌子，它始终是同一个事实；连续的感知进程只是表明自身是一个由各个局部行为向一个行为的融合，而不是一个特有地奠基于部分行为之中的行为，"这个进程中的各个个别感知是连续统一的。这种连续不仅是指时间性相邻的客观事实；而是指个别行为的进程具有一个现象学统一的特征，这些个别行为便融合在这个统一之中。……融合为一个感知。在个别感知的连续进程中，我们连续地感知到这同一个对象"。[②] 这个连续的感知是由个别感知构成的，但不能说这个整体感知奠基于这些个别感知之中。胡塞尔特别强调感性感知作为一个连续进程的感知的非被奠基性，因为它是最底层或最基础的行为。在感性感知中感知可以得到扩展，可以区分出各个部分，但它不会有一个新的客体性意识的构成，没有任何新的东西被意指；在个别的部分感知中被意指的始终是同一个对象，因此，这些部分感知是作为完整感知而起作用的。

胡塞尔在此区分了"认同的统一"与"认同'行为'的统一"。认同的统一是个别部分的感知向一个连续感知的统一，相互连接的行为之意向持续地得到相合，统一便因此而成立，但个别感知在连续感知中的统一是认同的统一，这个认同的统一不是一个行为；只有行为才意指某物，认同"行为"的统一就意指同一性并表象这个同一性。就是说，前者只是一个单纯的认同，在连续感知进程中虽然不同行为意指的对象始终是同一个，但这些行为是通过相合而合一的，在这个感知进程中被感知到的客观的东西仅仅只是感性对象，但永远不会是它与其自身的同一性，在"认同的统一"中，没有"同一性"被意指；后者则意指同一性、表象同一性，"只有当我们使感知进程成为一个新行为的基础时，只有当我们将个别感知分节并将

① 胡塞尔：《逻辑研究》第二卷第二部分，第149页。

② 胡塞尔：《逻辑研究》第二卷第二部分，第150页。

它们的对象置于联系之中，在个别感知之间起作用的连续性统一（即通过意向相合而进行的融合）才会被用来作为一个同一性意识的支点；同一性现在本身成为对象性的；联结行为特征的相合因素现在被用来作为一个新感知的代现性内容，这个感知奠基于被分节的个别感知之中，并且使我们达到这样一个意向意识：这个现在和刚才被感知的东西是同一个东西。……认同的行为事实上是一个新的客体性意识，它使一个新的'对象'显现给我们，一个只有在一个这种被奠基的行为中才能'自身被把握'或'被给予'的对象"。①那么，这里的"同一性"究竟是什么？

索科拉夫斯基曾以观看一辆轿车为例进行的分析可以帮助我们很好地理解这段论述：

（1）我们以被动的方式观看这部车（A），目光从车子的一个部分移动到另一部分，我们感知到车子的各个侧面、颜色、外壳和硬度，这是一个连续的知觉过程，在呈现的多样性中形成一种"认同的统一"。

（2）现在假定轿车表面的有些擦痕引起了我们的注意，我们的注意力集中并凸显轿车的这个部分（α），这种凸显在性质上不同于此前持续进行的知觉，我们现在已经把注意力集中在连续知觉的一个显象上，把它带到中心位置并使之在全部显现中卓然凸显出来。

（3）我们中断持续的知觉之流，回到这个轿车，我们把这个轿车当作整体，受到凸显的擦伤部分被当作这个整体中的一个部分。这个整体被记示为包含这个部分的整体，整体与部分之间的一种关系得到联结和记示。此时，我们就从感性活动转到理智活动，从单纯的经验活动转到一种理解性的判断活动，就是说，我们开始从经验进入判断，开始进入范畴意向和范畴思维。②

经验感知实事，范畴思维事态。在第（3）阶段上，当我们重新回到整体时，我们便中断了感知的连续性，我们在一个新的、更高的层次上重新开始，并产生了一个新的意识，这个新的意识把一种新的对象即"事态"作为自己的对象相关项产生出来了——"这辆轿车是有损伤的"。"这辆轿车是有损伤的"是个"一"，是一个认同行为的统一而形成的"同一性"。

胡塞尔指出，我们能够以不同的方式来立义一个感性对象。既可以在素朴感知中立义为感性的对象，也可以通过新的立义方式在"分环节"的行为中使之获得"整体"或"部分"的特征，并使这些部分通过联结在行

① 胡塞尔：《逻辑研究》第二卷第二部分，第151页。

② 参阅索科拉夫斯基：《现象学导论》，第88页。

为的统一中作为新客体而构造起自身。胡塞尔以“A是（有）α”并且“α是在A中”的逻辑关系式再次提出了“整体与部分”的关系。[①]

一个感知行为将A一举地并且以素朴的方式把握为一个整体。第二个感知行为朝向α，朝向这个在构造上从属于A的部分或不独立因素。但这两个行为并不仅仅是同时地或先后地以“无联系的”体验的方式进行，它们毋宁说是共同联结成为一个唯一的行为，在这个行为的综合中，A才作为自身具有α的而被给予。同样，在联系性“感知”的相反方向上，α则可以作为从属于A的而成为自身被给予性。[②]

一般来说，对对象的直观总体意指隐含地包含着对α的意向，感知以为把握住了对象本身，因此它的“把握”必须是在整个对象之中并连同整个对象及其所有的组成部分。但实际上，对α的局部意向并没有从A的总体显现中提取出来，α本身并不被构造为对象，它是以被代现的方式帮助构造另一个对象，即：“A现在显现为自身具有α，或者在相反的方向上也可以说，α显现为在A中存在着。”[③]

迪特·洛玛区分了从素朴直观到范畴直观行为的三个步骤或阶段，以“门是蓝色的”命题为例：

第一步，我们在一个未构成的一瞥中意向对象。这是一个素朴感知行为，它朝向作为整体的对象，胡塞尔称为素朴的“总体感知”（Gesamtwahrnehmung，整体感知），此时，对象的部分被隐含地感知到。

第二步，对部分的兴趣以明确的方式被意向。胡塞尔把这种客体化行为称为“分节行为”，前一步骤中曾隐含地被意向的对象的部分成为明确行为的意向，分节行为是朝向这扇“蓝色的门”的素朴行为之内的一个专门意向，或者说，对象的“部分”在一个分节的、专门的意向中被明确的意向，在持续感知中，我的注意力一个接一个地呈现出对象的因素。

这二者都是素朴行为，但在特定的部分意向（Sonderwahrnehmungen，特别感知）中我们通过对门的颜色（部分）的意向而意向门（整体），从

---

① “感性直观与范畴直观这种区分是建立在对象与对象性这一对区分的基础上才得以可能的……对象性与对象是整体与部分的关系，它涉及的部分意向与整体意向之间的关系，对象性是通过对部分意向的综合统一而形成的。……范畴直观其实就是整体-对象性的显现方式或者说被给予方式……理智意味着某种高阶的反思能力，但它并不与直观相割裂，理智也可以直接拥有或把握对象”（参阅孙铁根：《胡塞尔〈逻辑研究〉第六研究中的直观充实理论与真理观》，载《黑龙江社会科学》，2020年第6期）。

② 胡塞尔：《逻辑研究》第二卷第二部分，第154页。

③ 胡塞尔：《逻辑研究》第二卷第二部分，第155页。

第一步对对象的未构成整体意向到第二步明确的部分意向的转变中有一个“同一性综合”，通过同一性综合，我们既知道我们在意向相同的对象，也知道这个对象（门）不仅具有颜色一般，而且这个门是蓝色的。这两个阶段都是奠基性意向，并且都可以直观地被充实。这两个行为之间的本质联结就是对范畴直观来说关键性的“综合”（Synthesis），在这个综合的基础上范畴直观行为才得以实施。

第三步，在新的范畴直观中综合地意向专门的分节感知的对象（gliedernde Sonderwahrnehmungen）。这是一个被奠基性行为，它使在范畴关系中以综合方式得到联结的元素具有了一个新特征：它们在句法上由范畴行为构成。

> 在所有综合的范畴直观中我们会发现这三个步骤：（1）对整体的最初的、素朴的感知；（2）专门的、明确的分节感知；（3）真正的范畴上的综合直观。[①]

在素朴的或感性的感知中，整体对象是“明显地”被给予，它的每个部分是“隐含地”被给予，二者的对象总和便构成最宽泛意义上的感性对象领域。

由于立义立场不同，范畴感知对象的整体与部分不能等同于素朴感知中的整体与部分。范畴感知中的整体（A）是前文（3）中形成的“这辆轿车是有损伤的”，它的部分（α）则是构成这个整体的部分。试以“这辆轿车是有损伤的”为例进行分析。

“Dieses Auto ist beschädigt”（这辆轿车是有损伤的）。（事态或范畴整体A）

“Dieses”“Auto”“ist”“beschädigt”（这个、轿车、是、损伤的）。（构成整体A的组成部分α）

首先是对这辆轿车的每个部分的感性感知，然后是对有擦痕部分的注意或凸显，再然后是从感知活动转到理智活动、从单纯的经验活动转到一种理解性的判断活动，并形成“Dieses Auto ist beschädigt”（这辆轿车是由损伤的）判断的客体对象，“这种客体性只能在已经提到的那种被奠基行为中直接地构造起自身，也就是说，只能在如此构建的行为中‘自身

① Dieter Lohmar, “Husserl’s Concept of Categoriat Intuition”, In *One Hundred Years of Phenomenology: Husserl’s Logical Investigations Revisited*, pp. 125–145.

被给予’，被‘感知’”。[①]由此可见，感性感知是奠基性行为，范畴感知是被奠基性行为；虽然范畴感知以感性感知为基础，但范畴行为作为一种理智活动，它是自身建构的行为，并直接构造起自身的客体性，即它把“Dieses”“Auto”“ist”“beschädigt”这些部分建构成一个“Dieses Auto ist beschädigt”的观念整体对象；这个阐述适用于一个整体与其各个部分之间关系的所有个别情况，所有这些关系都具有范畴的本性或观念的本性；它们不可能在素朴整体中被给予，但在素朴感知的整体与部分中存在着范畴行为的可能性。

我看见一辆轿车，我还看见它的某个部分有擦痕，但在感性感知中，它们是分别给予我的，它们之间的联系还不是“联系性感知”（Beziehungswahrnehmung），当某个环节受到偏好而得到考察时，它才会显露出它的现象学的、随着起作用的统一种类之特殊性而被规定状态，或者说，这些环节的被规定是受“联系性立义”或“关系形式”影响的，这些关系形式不是真实地、而只是作为观念的可能性而包含在对此纽带的部分环节的感知中。胡塞尔要求不能“混淆感性的或实在的联结形式与范畴的和观念的联结形式”。[②]感性的联结形式是实在对象的因素，它现存于实在对象之中；范畴联结的形式是从属于“行为-综合”方式的形式，亦即在综合的、建立在感性之上的行为中客观构造起来的形式。但是，在感性的外部互相关系的构成中，感性形式可以提供构造一个与之相符的范畴形式的基础。

胡塞尔认为，在感性感知中，我们表象被给予的对象，比如我们表象这辆轿车，表象车的擦痕等等，按照现象学的观点，表象行为是客体化行为；在范畴感知中，我们形成了“这辆轿车是有擦痕的”这样一个由某些联系点构造起来的范畴行为，它也是一种客体化行为。表面看来这两种客体化行为似乎是“同一类”的，但实际上它们并不是同一类，因为立义意义已经发生了变化。前者是纯粹自为的客体化行为（感性感知行为），它立义的是轿车、擦痕等感性材料；后者是具有构造某些联系点之联系功能的客体化行为（范畴感知行为），它立义的把“这个”“是”“擦痕”这些部分综合统摄为“这辆轿车是有擦痕的”这个意向质料，它是“综合思维的功能（智慧功能）对这些表象进行改造，对它们进行新的构形，尽管是以范畴的方式，作为范畴的功能”，感性对象以新的方式被纳入范畴关系中，“由于被纳入到范畴关系之中，因而它在其中获得一个确定的位置和角色，

① 胡塞尔：《逻辑研究》第二卷第二部分，第155页。

② 胡塞尔：《逻辑研究》第二卷第二部分，第156页。

一个联系环节的角色、尤其是一个主语环节或宾语环节的角色；而这就是以现象学的方式宣示出来的区别”。[①] 就是说，在感性感知中直观到的轿车、擦痕等通过新的立义或构形被纳入范畴关系中，成为“Dieses Auto ist beschädigt”这样一个观念整体对象，其中，各个联系环节都有自己的位置和角色，如“Dieses Auto”是主语环节，“ist beschädigt”是宾语环节。如果说在感性感知的素朴直观中获得的对象可以称为直接表象本身，则范畴感知所得到的对象就是凸显性表达；凸显性表达的含义的变化就是直接表象本身的变异，即在主语和宾语功能中表达出来的实事状态是在最底层的原初直观行为中被构造出来的，但这个实事状态在那个它作为联系环节而起作用的最高阶段之行为中是带着一个新的形式而被构造的。

前面我们都是以总体和局部的同一性联系来考察综合的或范畴的对象形式，现在我们进一步讨论一下“集合与分离”这两种综合形式。它本身不是实事状态，但它们在其中得以构造的那些行为就是为“和”“或”等连词的含义提供充实直观的行为。一般来说，与“和”“或”“两者”“两者之一”等语词直观地相符的东西是无法用感官来把握的，也不可能在图像中画出来，我们可以画 A，也可以画 B，但在同一图像空间里画这“两者”，不能画 A“和”B，“在这里只有一个随时敞开着的可能性：我们根据这两个个别直观行为而进行新的联言判断（合取）行为，并通过这种方式来意指 A‘和’B 客体的总和”。[②] 我们可以构造 A“和”B 的图像表象，但这个总和却是以范畴感知的方式在共形变异行为中“自身”被给予的，这个共形变异行为是奠基于对 A 和 B 的感性感知之中的行为。

胡塞尔用“联结”来标识素朴感知中感知行为之间的联系，一个实事状态在表象中通过“联结”结合被构造，在统一的意向联系中对象通过行为联结被给予或被构造。而一些逻辑学家们则错误地用“感性–统一”的集合、序列、群集等素朴感知等同于范畴思维中的联言感知，用一个单纯的称谓行为和论题行为的“聚合意识”（Zusammenbewuβtsein）来解释名称或陈述的联言结合，从而放弃了客观逻辑形式的“和”。

以上分析表明，简单综合行为（范畴行为）是被奠基性行为，它奠基于素朴感知（感性感知）基础之中，所以，范畴行为的综合意向也就一同指向奠基性感知的对象，因为它将同一个对象归总理解（总和）或是它成为联系的统一。范畴行为的对象总是奠基于感性感知的基础之中，从而使

---

① 胡塞尔：《逻辑研究》第二卷第二部分，第 158 页。

② 胡塞尔：《逻辑研究》第二卷第二部分，第 160 页。

奠基性行为的对象（感性对象）一同进入被奠基性行为的意向之中，这是所有范畴综合行为的普遍特征。

这里也存在另一种情况：即奠基性行为的感性对象并不一同进入被奠基性范畴行为的意向之中。这里涉及“在普遍直观中构造普遍对象”的问题。胡塞尔把素朴的感性直观也叫作“第一性直观”，有一种范畴行为，它的对象不是通过感性对象进入范畴行为，而是经过“观念抽象”在新的范畴行为中显现出一种新的客体性（Objektivität）。[①] 这个新客体性是客体的“观念”，或者说，它是一个新的普遍之物或普遍对象。普遍对象是自身被给予我们的，我们并不像在对普遍名称的单纯理解中以单纯符号性的方式来思考它，而是直接把握它、观视（erschauen）它，或者说，范畴地直观它。需要注意的是，感性直观是由感知和想象构成的，通过观念抽象获得的普遍对象的普遍性意识的抽象行为既可以建立在感知的基础上，也可以建立在共形的想象之基础上，它完全不会因感知或想象而有所变化。我们既可以感知“红”，也可以想象“红”，它一旦在普遍意识中被构造，“红”的观念这个普遍之物或普遍对象就被自身把握到了，即被范畴直观到。普遍性意识在个别的感知和想象之抽象的基础上构造起普遍对象，这个普遍对象不仅被表象和被设定，而且它是自身给予的；此外，还存在另外一种情况，例如我们不是通过真实的蒸汽机，而是通过一个蒸汽机的模型来直观“蒸汽机”的观念，这里，我们不是通过符号行为，而是通过类比而进行的普遍代现（即普遍想象）来进行抽象的，即通过模型来对普遍之物进行感知。胡塞尔把“现实”感知基础上对普遍之物的感知叫相即感知，把在模型中以类似的方式通过普遍代现或普遍想象对普遍之物的感知叫不相即感知。

建立在范畴直观基础上的普遍对象以及它的相即抽象方式的被给予性是否可能呢？这个问题需要通过对“范畴代现”的研究来回答。

---

① “客体”（Objekt，日译为“客观”）在德国古典哲学中是一个与“对象”（Gegenstand）同义的概念，指主客体关系中的客体，即被用来描述自然观点中主体的对立面；胡塞尔坚信传统的主客体关系问题已经通过现象学的构造分析和还原方法而得到了解决，它已经回溯到意识与在它之中被构造起来的意识对象的关系问题，在这个意义上，“客体”是指被意识构造出来的，它往往被意识误以为是外在的自在“对象”。“客体化”（Objektivierung/Objektivation，日译“客观化”）与“对象化”（Vergegenständlichung）基本同义，是指意识活动对其客体或对象的原初构造；“客体性”（Objektivität）则是通过客体化构造出来的新客体。

第十二章 范畴代现的现象学研究

在范畴直观这里，立义意义也贯穿于整个行为以及它的整个代现，同时并不根据在反思中可区分的被代现者而明确地得到划分。

——胡塞尔：《逻辑研究》

胡塞尔的现象学认识论有一个明确的目的，就是解决思维与直观的关系问题，这是一个困扰了康德等伟大哲学家的认识论问题。胡塞尔区分了感性感知与范畴感知、感性直观与范畴直观，其中，感性感知及感性直观是奠基性行为，范畴感知及范畴直观是被奠基性行为。在范畴感知和范畴直观中，一种与感性直观的奠基性行为相符合的新对象被给予或显现出来，"我们将这种新的行为称作直观，因为它们具有直观的所有本质特性，被放弃的只是与对象的'素朴'联系；……它们同样也表明自身具有本质相同的充实成效"。[①] 康德的失误在于仅仅把直观理解为感性直观，而思维是不能直观的。胡塞尔认为，真正的认识作为充实统一不是在素朴感性行为的基础上进行的，而是在范畴行为的基础上进行的，感性直观是范畴行为的基础，但直观并不单纯地是感性直观，必须把直观扩展到范畴直观；只有将范畴立义为直观，思维与存在的关系问题才能得到透视，认识本身的本质和成效才能得到理解，换言之，只有范畴直观才能真正达到认识真理的目的。为了实现范畴直观，胡塞尔在《逻辑研究》中发展出了范畴代现理论（die Theorie der kategorialen Repräsentation），范畴直观与范畴代现是把握范畴的两种方式，"在现象学事态上，直观与代现并无根本差异，与符号行为和空泛意向的被给予不同，它们都是对意向的一种充实状态的说明。……范畴直观追问的是范畴如何对象化地直接被给予，而代现则要求指明当范畴直接被把握时，支撑这种被给予的实项被体验内容是什么，以及这种支

① 胡塞尔：《逻辑研究》第二卷第二部分，第 168 页。

撑状态或两者之间的相合何以可能，因而范畴直观关涉的是范畴的被给予问题，而代现则侧重于具身性问题”。[①] 在第六逻辑研究第二篇第六章中，范畴直观是作为客体化行为的一个种类而得到描述的，第七章“关于范畴代现的研究”就是研究范畴直观这种直观行为中的代现情况，通过范畴直观及其代现理论，范畴对象如何得到构造以及如何获得关于范畴对象的认识的问题才能得到真正的解决。

一、范畴意向性

直观行为区分为感性直观和范畴直观，都具有客体化行为的一般结构。胡塞尔认为每一个客体化行为都具有三个要素：“1. 它的质性，2. 它的（意向）质料，即它的立义意义，3. 它的被代现者。” [②] 质性、质料和被代现者是意识行为构造对象的三个基本要素，质性指对象是在现实地还是想象地存在方式，也指意识行为的性质，如直观、想象、回忆行为等；质料也称为立义意义，它规定了被意指的对象和意指对象的方式。质性和质料共同构成意向行为的本质性要素。被代现者（Repräsentant）也称为立义内容或充盈，是指我们接受到的感觉材料，它是意向行为中的非本质要素，意向行为的对象就是通过代现性内容的基础上通过立义行为的作用而显现出来。其中，对范畴代现的阐明对理解范畴的直观行为具有特别重要的意义，在第六逻辑研究第七章中，胡塞尔对心理纽带（psychische Band）、相合（Dechung）、现时进行（aktuelle Vollzug）等概念的阐述构成了范畴代现理论。

在不同的意识行为中其代现性内容是不同的，直观行为与符号行为是不同的客体化意识行为，其代现性内容的形式和地位也不相同。

在直观行为中，例如对一个棕色的桌子的感知直观中，我含义地意向一张桌子，这个桌子的颜色、形状等感觉材料被我直观地体验到，这些直观感觉材料充实了我对桌子的意向，这些感觉材料也称作代现性内容，即：

对一张桌子的观视。（质性：感知）

桌子是木头做成的。（质料：木头）

木头做的桌子是棕色和长方形的。（感觉材料或代现性内容：颜色、长方形……）

---

① 马迎辉：《范畴、现象学还原与被给予性》，载《南京社会科学》，2014 年第 9 期。

② 胡塞尔：《逻辑研究》第二卷第二部分，第 169 页。

在感性直观中，含义意向通过感觉材料获得了充实，因而感觉材料或代现性内容是感性直观的最终奠基性基础，所以，直观代现才能够真正为意识行为提供充实，即对一个木质门的含义意向通过门的颜色和形状（感觉材料或代现性内容）而得到充实和充盈。

代现性内容与质料有关而与质性无关。就代现性内容与质料的关系而言，质料是行为的本质要素，代现性内容则是非本质的补充性要素。对于相同的代现性内容我们可以用不同质料的立义，如对“长方形”这个代现性内容，既可以立义为“门是长方形的”，也可以立义为“桌子是长方形的”；对于不同的代现性内容也可以用相同的质料来立义，如“红色”和“棕色”这两个不同的代现内容，我们可以用相同的质料来立义，既可以立义为“门是棕色”，也可以立义为“门是白色”。直观代现与质料具有相同种类内涵的代现性内容，因而是本质代现。

在符号行为中，例如“桌子是棕色的”这个符号陈述中，它不是自为存在，即不能自为地构成一个具体的意向体验，而是要奠基在文字或声音等感性材料的基础上，即通过文字书写出来或通过声音表达出来，但这里的通过文字、声音等感性材料来奠基不是对符号行为的充实，而是通过文字、声音等感性材料帮助建立起符号行为；为符号行为奠基的不是整个直观行为，而是那些实项地体验到的感觉材料，如粉笔的痕迹等，符号行为在奠基性的感觉内容基础上建立起来，但它是个空的意向，它只含义地意向它的对象但却没有在直观中获得充实。在符号行为中，代现性内容与符号行为的质料没有本质性关联，任意内容都可以使符号行为建立起来，所以，符号代现是非本真代现。

范畴代现考察的是范畴直观行为中的代现，而不是范畴符号行为，就是说，只能在范畴直观基础上讨论范畴代现问题。胡塞尔在第六逻辑研究第二篇第六章中把直观从感性直观扩展到范畴直观领域，并考察了范畴陈述中“感性材料”与“范畴形式”之间的区别。在第七章中（范畴代现理论），胡塞尔认为，范畴直观也具有质性、质料、代现性内容三个要素。请看下例：

对“门是绿色的”这个事态的观看。（范畴直观的质性）

被看到的“门”“是/存在”“绿色”。（范畴直观的质料）

对“门”和“绿色”两个感知行为的“综合”和“联结”。（范畴代现性内容）

在范畴直观中，代现性的内容就是两个感知行为之间的相合或者综合，它是两个奠基行为之间的心理联结，这个综合和心理联结胡塞尔称为“心理纽带”，它是范畴行为的实际施行（aktueller Vollzug），也可以说，这个心理纽带就是范畴直观的展现者或代现性内容。“联结”是“综合行为对奠基性的表象加以连接过程中产生的新心理特征……是综合行为的心理形式，心理联结既是连接的心理结果，也是它的现时体验以及反思性体验。胡塞尔要求将对行为的连接与对对象的‘连接’区分开来，借助于心理联结，范畴行为构成对象性的关系，即客体化行为的对象性范畴形式。心理联结和对象关系的区别，正如感性直观中红的感觉体验和红的对象感知之间的差别一样，它们分处于灵魂赋予的立义意义构成作用的两边”。[①] 心理联结连接的是奠基性行为的本质要素，而非感性直观内容，例如在“A 和 B”这个事态中 A 和 B 是变项，无论它们具体指代者为何物，“和”总是同一个“和”，胡塞尔把感性直观中的体验内容称为“第一性内容”，把由心理联结而综合起来的“和-存在”“是-存在”称为“反思内容”，它不会随着内容的偶然变化而变化。这个“反思内容”就是纯粹范畴代现者。

就质性而言，范畴行为并不是自为的存在，而是一种被奠基性行为，就是说，被奠基的范畴行为不是独立的，它需要一个奠基性的感性行为才能成立。在范畴行为中，范畴意向总是指向并构造范畴对象；范畴对象就是被句法渗透、整体与部分得到明确标识的对象，它既存在于事物的存在论方面（事态、事物、属性），也存在于判断学方面（判断、命题、含义、主词和谓词）。之前我们只是感知、想象、回忆或预期事物，现在我们进入范畴活动，在范畴意向中产生一个范畴对象，现象学把范畴对象的确立称作“构造”。

构造不是一种创造，也不是把各种主观形式强加给实在，在现象学中，“构造”一个范畴对象意味着“使它显露”“联结它”“展示它”，实现它的真理。在感性感知中，事物的诸多外形和特征一个接一个地相继显现给我们；在范畴意识中，它脱离了感知的直接性，原先被直接感知的事物外形或特征作为“事态”被联系起来了，并作为通过言语而被显现、保存和表达的同一性事态，如原先被感性直观到的桌子、划痕，在范畴行为中通过言语显现和表达为“这张桌子是有划痕的”这样一个具有同一性的事态。在感性直观中，事物是在一个过程中相继显现给我们的，而在范畴行为中，范畴对象的同一性是被一次性呈现给我们的，我们不是先有一个整体（这张桌子），然后拥有它的一个部分或谓词（划痕），再得出两者之间的关系（是）；在范畴行为中，整体-和-部分（Ganz-und-teil）是一次性地、同时

① 陈志远：《胡塞尔范畴代现的理论失败之谜》，载《哲学动态》，2020 年第 2 期。

地被给予的，就是说，“这张桌子是有划痕的”是作为一个被联结的整体而一次性地通过言语显现给我们的，这个通过言语联结并显现给我们的具有同一性的事态就是范畴行为“构造”出来的范畴对象。

需要注意的是，范畴对象作为较高级的对象性是从感性直观这些较低级的对象性那里发展出来的，即范畴意向和范畴对象奠基于感性意向和感性对象之中，或者说，人类的理智活动是建立在感性活动的基础之上的；范畴意向活动本身就是一种新的认同和新的同一性综合，并且渗透着感性阶段的达到的认同和同一性综合。感性对象“桌子”“划痕”都是独立部分，范畴对象则是非独立部分；在范畴意向性中我们述谓对象并将其用语言表达为“S是P”，这是范畴活动的典型形式。从前述谓的经验向述谓的范畴活动过渡，就是认识从感性活动向理智活动的过渡和发展，从经验到述谓的过渡也就意味着范畴活动奠基于感性活动基础之上。

对范畴意向性的分析表明，事物得以联结的形式是多样的。我们可以说“这张桌子是有划痕的”“它很旧了”“这张桌子是方桌”等来联结它的内在特征；也可以说“这张桌子在墙边”“它比凳子高”等来联结它的外在关系；也可以说“有两张桌子”“一张桌子是有划痕的”来联结它的集合关系；我们还可引入主句与从句、连词、介词、关系代词、关系从句、副词、形容词等语法要素来联结它的各个部分。这些范畴联结的形式是多样的，它们都依赖并奠基于感知、想象、回忆、图像、象征等感性行为的基础之中，但它却把我们的意识活动从感性活动提升到理性化的较高层次，或者说，在范畴活动发生时，就是把我们感性直观到的事物提升到逻辑、论证和理性思维的领域，是语言和句法开始起作用的地方，通过范畴联结，被感性直观到的事物可以成为表达交流和进行逻辑推理思维的范畴对象，从而使我们从主要作为生理和心理的感知活动进入以语言和逻辑为主的理智活动过程，范畴直观形成了，整体与部分得到联结，句法也被安置到我经验的东西里面了。[①]

范畴意向把我们从对事物的感知、想象、回忆提升到用语言和逻辑进行推论的真理形式的水平上，逻辑也进入范畴活动中了。在范畴活动中，原本“是一个事态”转变为“是一个判断”，对象的显现方式发生了变化，对象从事实显现转变为以判断和命题的方式显现出来，意义和含义得以生成。逻辑不属于感性感知及其变异的想象、回忆、期望等较低级的认识活动，而是在范畴层面上活动的，感知中的树、绿色被显现为“树是绿的”

① 参阅索科拉夫斯基：《现象学导论》，第七章“范畴意向和范畴对象”的相关论述。

的事态，主体的任何属性都可以以“S是P”这种纯粹形式表达出来。胡塞尔把研究对象或事态所具有的形式结构的科学称为“形式存在论”，把研究命题和意义的形式结构的科学称为“形式判断学”，它们都是在范畴行为中进行的范畴意向性活动。

所有的范畴对象都要通过语言表达出来。人和动物都可以发出声音，但人的声音之所以能成为语言，就在于它包含了音素、语法虚词、介词、连词、词形变化等句法结构，并成为人能够控制和使用的极度复杂和精致的符号系统，从而使认识和追求真理得以可能。现象学把语言表达区分为“范畴性的部分”和“伴随范畴性的部分”，前者是与感性感知的质料相一致的部分，也叫非句法元素部分，后者则纯粹是语言的句法元素部分。例如“随风飘荡的柳树和柏杨树都是绿色的”，在这个陈述中，“柳树”“柏杨树”“绿色的”这些词项是语言的非句法部分，这些词项具有命名的作用，它命名的是能够被给予的感知事物和特征；“是”“和”“随风飘荡的”这些词项是句法部分，其中，系词“是”也有指称对象，在“随风飘荡的柳树和柏杨树都是绿色的”这个陈述中，它不仅显现“柳树”“柏杨树”“绿色的”这些事实，它还显现“随风飘荡柳树和柏杨树都是绿色的”这个事态，即“是”指称着“XX是有……特征的”这个对象，“是”使“树是绿色的”这个事态被我们所意向；“和”是个语法虚词，它把“柳树”和“柏杨树”联结为“是一起的”，就是说在范畴意向中，“柳树和柏杨树”这两个词项是作为一体来显现的，而不是单独地显现出来的；“随风飘荡的”是定语，用来修饰柳树和柏杨树的状态。由此可知，一个语言陈述或逻辑判断是由句法部分和非句法部分联结在一起构成的，它们共同构造起范畴对象。当我们把感知对象提升到范畴对象的水平时，事物之间的关系得到了更深刻的联结，事实作为感知或体验之流由言说者通过思想行为被联结和构造为范畴对象，世界的本质得以认识，世界成为有意义的世界。

二、范畴形式的被代现者

在现象学哲学中，“对象”与“意识”，“意识对象”与“意识行为”的对立不是固定不变的，只要意识通过反思把目光转回到自身并将自身对象化，“意识”也可以使自身成为“对象”，观念对象或范畴对象就是我们在范畴意向的反思目光中通过语言和句法作用构造的事态，这个事态不是事物存在，而是观念或范畴性的意识存在。《逻辑研究》中的“范畴”主要是在狭义上使用的，都是指与“感性材料”相对应的“范畴形式”，一、多、与、和、是、关系、概念等范畴形式（也称作范畴概念、形式逻辑范畴）是产生于立义形式而非立义素材的对象性形式，这些范畴形式或范畴概念可以通过特别的直观即“范畴直观”而被原本地把握到。[①] 客体化行为可以区分为直观行为和符号行为，而直观行为是奠基性的行为，符号行为是被奠基性的行为。范畴行为总是以符号行为的方式进行的，符号行为的特征在于缺乏本真的被代现者，但它具有非本真的被代现者。在符号行为中，被代现者不是将意指的对象当下化，而是将奠基性行为的对象当下化，“奠基性行为随时都在向我们提供着这些非本真的被代现者；奠基性行为的本真被代现者可以在被奠基行为中被立义为非本真的被代现者”。[②] 就感性素朴直观（奠基性行为）与符号范畴行为（被奠基性行为）的代现关系而言，为符号性范畴行为奠基的并不是作为整体的感性素朴的直观，而只是它的代现性内容，每一个符号行为不是需要有一个奠基性的直观，而只能说它需要一个奠基性的内容。由于代现性只涉及被代现者与质料的关系，质料与被代现者的现象学统一即“代现的形式”，它由“代现性的内容”与“被代现的内容”之间的现象学联系得以构成。

范畴代现理论的重点在于确定什么是范畴被代现者。一般而言，“代现”与“立义”“构造”概念基本同义，“被代现者”与“充盈”“代现性内容”等概念基本同义。就感性直观而言，我们观看某物，它总有一部分是被展示之物（感知内容），还有一部分是共现性的、被遮掩的未-被展示之物（想象内容或图像内容）；被展示的内容（质料）就是体现性的，那些未被展示的内容（质料）叫“被代现者”，对它的代现就是“代现者”；在范畴行为中，“被代现者”与“代现性内容”“充盈”是同义概念，是客体化行为表象的组成部分，被代现者通过意向活动、通过代现而被赋予意义、得到统摄，从而使一个对象在此基础上产生出来。

既然范畴行为被立义为直观，那么它与客体化行为一样，也有质性、质料和被代现者三个组元。不过，范畴直观的质性、质料和被代现者三者的区分不能还原为在感性直观那里的区分。首先，范畴直观行为的质性可

① 胡塞尔也在比较宽泛的意义上使用“范畴”概念，这个意义上的“范畴”概念除了范畴形式外，还包括范畴质料等“形式本体范畴”，如“数”“山”“颜色”“空间”等，这个意义上的“范畴”概念与“本质”“观念”等概念基本同义。这里，狭义的范畴与语言的“句法元素部分”和“伴随范畴性的部分”相一致，广义的范畴则与“范畴性的部分”“非句法元素部分”即感性感知的质料相一致。

② 胡塞尔:《逻辑研究》第二卷第二部分，第 173 页。

以是一个不同于感性直观行为的质性；其次，就质料而言，每一个奠基性行为都有一个质料，被奠基性行为还带来一个新的本己的质料，胡塞尔认为存在这样一个定理："这个新的质料，或者，只要它包括基础行为的质料，我们就也可以说，这个在它之中的新增生之物，是'奠基于'基础行为的质料之中的。"[①]就是说，范畴行为的质料有两个因素，一个是它本己的新增生的质料，一个是基础行为的质料；感性直观行为是基础行为，在感性感知中，一个被感知之物显现给我们，例如我看见一棵绿色的树，它们的质料是"树"和"绿色"；在范畴直观中，我们构造了"这棵树是绿色的"这个事态对象，它不仅与感性直观具有共同的质料（树、绿色），而且它还增生了"这""是""和""或"等新的质料；从句法的角度看，前者就是非句法元素部分，后者则是句法元素部分，即范畴形式。再次，这个新增生的质料或范畴形式是否有新的被代现者？

感性直观在立义意义变化时，感性代现性内容可以保持不变；而在代现内容变化时立义可以保持不变，例如对一张桌子的感性直观中，代现内容可以有大小、远近、颜色等充盈的变化。但在范畴直观中，范畴形式可以始终是同一个，在不同的判断中，如"树是绿的""桌子和椅子都是棕色的"范畴直观中，范畴形式"是""和"等缺乏感性直观所具有的因充盈而导致的变化。

我们知道，感性直观行为可以区分为"感知"和"想象"，客体化行为可以区分为"直观行为"和"符号行为"，如果范畴行为中的范畴形式缺乏感性行为中代现内容所具有的变化，这就关涉到"范畴感知"与"范畴想象"、"范畴直观"与"范畴符号"行为的区分是否成立，并最终关涉到"直观与思维"这一认识论问题的合法性。胡塞尔认为，代现内容在感知行为和在范畴行为中的作用是不一样的，不能从范畴形式缺少变化得出范畴代现内容不存在的结论，范畴直观的代现内容具有单一性和不变性特征，"它的单一性既与范畴行为的多样性相对照，也与范畴形式的同一性相吻合"。[②]胡塞尔认为，"撇开质性不论，范畴行为的所有区别都可以还原到那些为它们奠基的行为之相应区别上……这显然是不可设想的，甚至是不可理解的"。[③]例如，假定"门是绿色的"这个范畴行为是奠基于对门、绿色等感知行为中，并且可以区分出"门""是""绿色"等词项，但不能把范

① 胡塞尔：《逻辑研究》第二卷第二部分，第169页。

② 陈志远：《胡塞尔范畴代现的理论失败之谜》，载《哲学动态》，2020年第2期。

③ 胡塞尔：《逻辑研究》第二卷第二部分，第170页。

畴行为的所有区别都还原成为它们奠基的基础行为的相应区别上，能够还原为素朴感知行为中的词项只有“门”“绿色”等非句法元素部分，“是”等句法元素部分则不可能还原到素朴感知行为中的区别上。

因此，对“门是绿的”这个范畴的直观就区分为如下三个步骤：(1) 对整体的最初的、素朴的感知；(2) 专门的、明确的分节感知；(3) 真正的范畴上的综合直观。第一个行为是对整体A(门)的素朴感知，第二个行为是对整体A中的部分α(绿色，不独立因素)的感知，这两个行为都属于感性直观行为；第三个行为是范畴行为，即在前两个行为之间建立起本质联结，这个本质联结就是“综合”，只有在这个综合的基础上，范畴直观行为才得以实施。“但这两个行为并不仅仅是同时地或先后地以‘无联系的’体验的方式进行，它们毋宁说是共同联结成为一个唯一的行为，在这个行为的综合中，A才作为自身具有α的而被给予。同样，在联系性‘感知’的相反方向上，α则可以作为从属于A的而成为自身被给予性。”[①] 当我们把目光朝向这两个行为之间的统一性时，我们就会“看到”门“是”绿色的，或者说，绿色“从属于”门。这里的“看到”就是范畴直观行为，而被“看到”的对象是“门是绿的”这个事态，或者说，被“看到”的是这样的范畴形式：“是/存在”。

我们将几个感知客体集合在一起思考，如此便可以想象地意指一个其他的总和，但这样一来，那些感知客体就是图像，而这个集合行为也就不是直接奠基于感知之中，而是更多地奠基于感知基础上的想象之中；同样，被集合的不是想象表象的对象，而是这个表象本身，就是说，这个集合行为不是直接奠基于想象显现之中，而是奠基于那些与它们相关的内感知之中。我们只能感知这棵树和那棵树，但我们也可以把这棵树和那棵树联系在一起在想象中形成一个想象图像，在此，被集合的不是“这棵树”和“那棵树”这个想象表象的对象，而是“这棵树”和“那棵树”这个想象图像的表象本身；因而，这个集合行为也就不是奠基于“这棵树”和“那棵树”这个想象现象之中，而是奠基于与它们相关的图像表象的内感知之中。由“和”联结而成的集合意识就是多样的，随着奠基性表象的方式不同，显现给我们的“集合”也不同，可以是一个普遍对象的集合（如颜色种类：“红和蓝和黄”），也可以是一个个体对象的集合（“柏拉图和亚里士多德”），它们都是确定对象的集合；还可以是不确定对象的集合（“一个人和另一个人”，“一个颜色和一个声音”）等等，有些是通过奠基性表象

① 胡塞尔：《逻辑研究》第二卷第二部分，第154页。

而显现给我们的。

德文 Kollektion 本是一个数学和逻辑概念，是“集”“集合”“合取”“联言”的意思，对“集合”的范畴直观的分析是一个专门的问题。它的范畴形式是“a 和 b”，对这个范畴形式的充实依赖于指向集合的成分“a”和“b”的奠基行为的进行，我们可以分别直观到“a”“b”，但如果对二者在一起的“和”的综合直观没有得到执行，这个充实就是不充分的；必须有一个综合的范畴意向“和”，才能综合地联结所集合的对象，“只有在综合地联合‘a’和‘b’时，我们才能在直观上拥有集合。……范畴意向‘和’本身可以被看作一个非感性内容（像相合综合一样），一个可以作为集合的意向的充实的内容起作用的非感性内容”。[①] 集合本身并不促成知识，尽管它可以成为知识中的一个重要元素，集合不是“事态”的陈述，集合的元素可以来自不同的存在领域，比如“红和三角形”等。

如上所述，在感性领域的朴素直观那里，立义意义（质料）和被代现者是密切相结合的，它们之间的区别也是可以轻易指明的。但在范畴行为那里情况会如何呢？是不是只有奠基性行为有被代现者，而作为被奠基性的范畴行为就根本没有被代现者？或者说，代现只存在于奠基性的直观行为中，而作为观念化的范畴行为就缺乏代现？胡塞尔指出，这里存在着一个重要的真理：“在奠基性行为和立义形式的所有变换过程中，对于每一种被奠基的行为来说，代现性内容都是同一个。”[②] 就是说，对感知、想象、回忆、图像或象征等奠基性行为来说，不论立义形式有何变化，代现性内容都是同一个，这表明感性直观可以支配丰富的感官质性和可感觉形式的杂多性；在集合性直观中每次只能局限在“和-形式”这个方式中，在同一性直观中每次只能局限在“是-形式”这个方式中；不过，在集合性直观和同一性直观中，“和-形式”与“是-形式”代现的是感性直观中可感觉之物的相似者，但质性和立义意义则被抽象掉了。

在感知、想象、回忆、图像、期待等奠基性行为中存在着本真的被代现者，这些本真的代现者在符号性范畴这个被奠基性行为中被立义为非本真的被代现者。如：

---

① Dieter Lohmar, “Husserl’s Concept of Categoriat Intuition”, In *One Hundred Years of Phenomenology: Husserl’s Logical Investigations Revisited*, pp. 125–145. 洛玛在该文中还指出：“只有在综合地联合‘a’和‘b’时，我们才能在直观上拥有集合”会导致一个奇怪的结论：“范畴行为促成了它自身的直观性”，但它使我们具有了完全自由地将不同存在领域的对象联合为集体可能性，如“7 和公正和拿破仑”。

② 胡塞尔：《逻辑研究》第二卷第二部分，第 173 页。

例 1. 棕色桌子。（奠基性感性领域）

例 2.“桌子是棕色的”。（被奠基性的范畴领域）

在例 1 这个感性直观领域中，质料与被代现者之间的区别是容易指明的，它具有本真的被代现者，根据立义形式，它可以通过感知性或想象性方式来代现，属于本真性的被代现者，即立义意义（质料）和被代现者密切结合而不完全独立；在例 2 中，由于范畴行为是通过语言或文字等符号行为表达出来的，因而它是通过符号性方式被代现出来的，属于非本质的被代现者，即立义意义（质料）与被代现者并非密切结合和完全独立的。其中，“棕色”“桌子”等范畴性的部分或非句法元素部分奠基于素朴感性直观给予的棕色、桌子等基础之上；“是”等伴随范畴性的部分或句法元素部分则并不奠基于素朴感性直观的基础上。就是说，在感性素朴直观只是给予了棕色、桌子等被代现性内容，而没有给予“是”等被代现性内容。

胡塞尔指出，在判断等综合行为中涌现出来的共同之物，“恰恰这个共同之物可能就是我们所寻找的被代现者”。[①] 这个共同之物在奠基性行为中被给予、被充盈，在判断中通过综合而在范畴直观中作为对象“显现”出来，或者说，通过范畴直观它被直观到，“一个被代现者在此，立义形式将它立义为对象的相似者或对象本身。这是一个建基于充实状况的普遍本质之中的境况，因而它也应当可以在现在这个领域中得到证明”。在这个范畴领域内，同样存在着“符号的行为”与“直观的行为”的对立，一方面是符号地意指一个范畴对象性的客体化行为，另一方面是在同一个立义意义中将同一个对象性直接地当下化的相似行为。由于这两方面的意向质料是同一个，我们对范畴直观这方面的新东西理解为：“范畴直观就是代现，它将对象之物在内容上置于我们眼前，它将被体验的内容立义为被意指对象的被代现者。但这个代现不能仅仅在奠基性行为中进行，不仅它们的客体被当下化了，而且整个事态、整个总和等等也被当下化了。”[②] 在胡塞尔现象学中，“代现”与“立义”概念基本同义，代现形式就是立义形式，除去质性以外，意识行为的全部内涵都属于“代现”，它包括“立义形式”“立义质料”“被立义的内容”（感性材料），通过代现不仅构成所有行为的表象基础，而且，客体也通过代现才得以构成；当下化（Vergenwärtigung）就是“再现”（Re-präsentation），胡塞尔在“Re-präsentation”（再现）概念上特别突出前缀“Re-”，就是强调它特指在当下化行为中进行的“代现”，意味

① 胡塞尔:《逻辑研究》第二卷第二部分，第 172 页。

② 胡塞尔:《逻辑研究》第二卷第二部分，第 174 页。

着对感性素朴行为中被“原造”的对象的“再造”。如此，代现作为通过当下化行为中的再现，既区别于感知行为中的“体现”（Präsentation），也区别于混合性质的“共现”（Appräsentation）。如此，代现不仅在客体化行为中进行，而且在范畴行为这个被奠基性行为中整个事态、整个总和作为对象也通过当下化而被再现或被代现了。

在范畴行为中通过当下化而被代现的“事态”（如“桌子是棕色的”）它没有“显现”，它只是被意指。在感性直观中，桌子和颜色这些“实事”不仅可以显现，而且也可以被意指；但在范畴行为中，“桌子是棕色的”这个“事态”则没有显现，而只能被范畴意指，这个事态被意指为“同一性”。“同一性”既可以以感知的方式被意指，也可以以图像性的方式被意指（既在奠基性行为中被意指），此时的同一性只是被感知或被想象的同一性；但它只有在相即性的情况下即在范畴行为中才是完整的严格的意义上被给予的和被体验的同一性。或者说，在范畴行为中，一个符号性的总体行为总是有自己的组成部分，其中有独立的和不独立的组成部分，每一个组成部分都行使着一个代现功能，而把这些组成部分综合在一起的是一个联结行为的心理纽带，这个被体验到的心理纽带可以还原为一个始终共同的东西，即从属于范畴形式之因素的被代现者。

至此，我们终于明确了，在范畴直观中的被代现者就是具有联结行为的心理纽带被还原而得到的完整严格意义上的范畴形式之因素，即同一性的事态。

三、被代现者的联结与范畴官能

胡塞尔指出：“奠基性直观的被代现者并不通过综合形式的被代现者而得到直接的联结。”一般认为，我们感知到树和绿色这些感性内容，通过陈述形式把树和绿色这些感性内容联结为“树是绿色的”并借助于被代现者而显现给我们，或者，将树、绿色等奠基性客体通过“联结的形式”这个总和的纽带而显现给我们。但实际上，“综合的因素并不在从属于基础行为的被代现者之间制作出任何直接的结合，相反，例如现象学的认同形式本质上建基于奠基性行为本身之中，亦即建基于那些超越出它们的代现性内容并包含着这些内容的东西之中”。[①] 如果在树和绿色这些代现性感性内容

① 胡塞尔：《逻辑研究》第二卷第二部分，第176—177页。

中体验到它们的同一性因素或心理特征，这些同一性因素或心理特征是把这代现性感性内容联系起来的直接纽带，那么通过这个因素而制作出来的统一只能是一个感性的统一，并且所有感性实在的统一都是奠基于感性之物的内容属之中的统一。

与此相反，范畴行为的形式与作为其基础的感性内容在事实上是无联系的，因为这些属的内容是无限可变更的，"范畴之物恰恰不属于代现性的感性内容，而是必然地从属于'对象'并且同时仍然不是根据其感性（实在）内涵而从属于这些对象。但在这里包含着这样的意思：范畴形式构造于其中的心理特征在现象学上从属于那些在其中构造出对象的'行为'"。[①]这意味着，使范畴形式得以可能的心理特征与构造出对象的行为有关，而与代现性的感性内容无关。例如，树和绿色这些感性内容作为被代现者，它也属于"树是绿色的"这个范畴行为，但却不构成范畴行为的本质特征，因为如果没有使它们成为被代现者的立义，树和绿色的感性内容仍然可以存在；或者说，当它们仅仅作为感性内容存在时，并没有什么随它们一同显现出来，也没有什么可以被联结，没有什么可以以范畴的方式被理解为主语或谓语等。一方面，没有一、多、与、和、是、关系、概念等综合的被奠基行为的范畴形式的联结作用，就不可能把树和绿色等感性材料联结在一起形成"树是绿色的"范畴行为；另一方面，这些范畴形式所联结的并不是奠基性行为中的这些非本质要素，而是它们两方面的本质之物，就是说，它联结的不是感性的树和绿色等实在之物（非本质要素），而是经过立义的"树""绿色"等意向质料（本质之物），虽然被奠基行为的质料（"树""绿色"）是奠基于奠基性行为的质料（树、绿色）之中的。尤其是事态的"同一性"更不是直接奠基于感性内容的统一形式，它"是一个'意识的统一'，它建基于关于同一个对象的这一个或另一个（'重复的'或内容上不同的）意识之中"。[②]

至此我们可以说，无论是素朴直观还是范畴直观，都根据其种类而可以经历相同的范畴构形。但这仅仅是说，范畴构形只限于奠基于客体化行为的普遍之物，或者说范畴构形只是客体化行为之种属的功能；只有对这个属的体验才能承受范畴综合，而这个综合直接联结着意向本质。但是不能由此得出结论，认为奠基性的代现性内容与被奠基性行为的对象被立义为联系的，认为联系的心理纽带直接联结着这些被体验到的感性内容，因

① 胡塞尔:《逻辑研究》第二卷第二部分，第 177 页。

② 胡塞尔:《逻辑研究》第二卷第二部分，第 178 页。

而奠基性直观的被代现者是通过综合形式的被代现者而得到直接的联结。事实并非如此，胡塞尔指出："并非感性内容，而是对这些内容的相即直观在这里为联系行为的统一奠基。……我们在这里也必须观向（hinblicken）对象、观向那些代现着同时又被代现的感性内容，而后才能进行联系的行为，才能将这个作为整体的内容置于与那个作为部分的内容的关系中。"[①]对象只能通过感知而被给予我们，关系则只能在被给予对象的基础上被给予我们；从对象感知上升到关系的联结，我们便进入了被奠基行为的范畴行为之中，一切智慧都是在这种范畴行为中构成的。胡塞尔认为，范畴行为的本质在于它是分阶段进行的：在客体化行为基础上构造起对象（如"树是绿色的"）；这些对象作为更高序列或智性意义上的对象只能在范畴行为这些被奠基的行为中显现；这个更高序列的范畴行为，并不是通过综合形式使奠基性直观的被代现者得到直接统一，而是"将奠基性行为加以联合的心理内容被立义为这些被奠基对象的客观统一，被立义为它们的同一性关系、它们的部分与整体的关系，如此等等"。[②]

现在，需要对外感性与内感性之间的区别、素朴行为与范畴行为之间的区别进行澄清。

"感性"概念在胡塞尔现象学中有狭义和广义两个涵义：狭义的"感性"概念意味着外感知中通过感官而提供的东西，这个意义上的"感性"是个专有的现象学"属本质"或"属概念"，在《逻辑研究》中"感性"等同于现象学意义上的"实项"或"实在"概念；广义的"感性"概念除了具有狭义的感性概念的含义外，还包括感性的情感和本欲。但由于"感性"（Sinnen）与"意义"（Sinn）虽然是根本对立的概念，但却源自同一个词根，从而在术语上带有含糊性，如"Sinngehalt"既可以指"感性内涵"，也可以指"意义内涵"，因此，胡塞尔后来尽量放弃"感性"概念，而用"材料""原素""素材"等概念取代之。

此处所谓的感性相当于感知，外感性与内感性相当于外感知和内感知。"内感知"与"外感知"是传统哲学对感知的基本划分，二者的区别首先在于明见性，内感知具有明见性，外感知则不具有明见性，胡塞尔也将这个意义上的外感知定义为对物理现象的感知，将内感知定义为对心理现象的感知。当然，胡塞尔认为"外感知"和"内感知"的划分不具有认识论的意义，"相应的（明见的）感知"（adäquate［evidente］Wahrnehmung）和

① 胡塞尔：《逻辑研究》第二卷第二部分，第178—179页。

② 胡塞尔：《逻辑研究》第二卷第二部分，第179页。

“非相应的（非明见的）感知”（inadequate [nicht-evidente] Wahrnehmung）的划分才具有认识论基础性划分的本质意义。内感知和外感知只是对心理现象和物理现象的规定。而相应（明见性）的感知是指“被感知的内容”与“感知对象”的相应，即在感知中被感觉到的内容也就是在其中被意指的对象，感知与被感知之物构成一个无中介的统一；非相应（不明见性）的感知情况则相反，被感觉到的内容与被意指的对象相分离，或者说二者之间只具有相似性，“内容所体现的是一种不包含在它本身之中，但却在它之中‘被展示’的并因此（如果我们只限制在直观之物的范围内）而在某种意义上与它相似的东西，就像感觉颜色与物体颜色在某种意义上是相似的一样”。[①]

此外，胡塞尔还在《逻辑研究》中初次提出并在《观念 I》中详细讨论了“内在感知”（immanente Wahrnehmung）与“超越性感知”（transzendente Wahrnehmung）、“个体感知”与“普遍感知”、“设定性感知”与“不设定性的（单纯的）感知”之间的区别。“超越性感知”是指意向地朝向意识之外客体的感知，被感知的对象不被感知为包含在自身之中的对象，就是说，感知所感知的对象是超越出意识之外的对象；而“内在感知”则指只具有内在意识朝向的感知，这种感知的对象是在意识本身之中直接自身被给予的，在这个对象上没有任何部分或因素是超越出意识之外的，在此意义上，内在感知也等同于相应的感知，并且，真正的“内在感知”只有作为“现象学反思”才是可能的。可以说，在日常感知中，世界是感知的对象；而在内在感知中，日常感知的行为及作为其对象的世界都是内在感知的对象，世界可以说是“在”内在感知“之中”。“普遍感知”是对普遍之物的感知或本质直观；“个体感知”则是对个体的感性之物的感知。“设定性感知”涉及感知行为的质性，即感知是一种带有对感知对象之存在与否设定的感知，一般说来，感知在原则上是“设定性感知”；但感知是否具有这一个质性，或者说是否存在着一种不具有存在设定的感知（不设定感知）？按照现象学的意识行为的本质规律：所有的意识行为都可以划分为具有存在设定和不具有存在设定的意识行为，两种行为具有对应关系，只要有一个设定行为，就必然有一个不设定的行为与之相对应。在《经验与判断》中，胡塞尔通过把感知划分为“感知”和“感知趋向”（Wahrnehmungstendenz）才回答了这个问题：感知是设定性行为，感知趋向可以是不设定的，或者说，不设定的感知意味着拥有“感知趋向”的特

① 胡塞尔:《逻辑研究》第二卷第二部分，第 243 页。

征。实际上，在胡塞尔的分析中，“感知趋向”也有狭义和广义之分：狭义的感知趋向是真正意义上的“感知”之前的“朝向感知的趋向”，它还没有朝向对象，不带有对对象的兴趣，不带有对对象存在的信仰，因而是不设定的，真正的感知则是由它“激活”的；广义的感知趋向则指整个感知过程，从“感知前的趋向”到“单纯的瞄向”再到“意向的初步充实”以及“进一步充实”的感知的连续、统一的增长过程。[①]另外，胡塞尔也在“原本意识”“知觉性的臆想”“无存在设定感知”的意义上使用“感知表象”的概念（后来用“感知想象”概念取代）。

就内感知与外感知的区别而言，不论是感性的还是范畴的、素朴的还是被奠基的，只要是作为心理体验的表象，就都属于“内感官”领域。在这个内感知领域内，被奠基的行为与为它奠基的那个行为在最严格意义上一同被给予，它们同属于这个内感知的“实项”组成。[②]胡塞尔指出，对一个无论带有何种属性行为的感知，都是一个感性的感知，一个素朴的感知；一个感知行为与一个被感知行为的联系不是一个奠基联系，一个行为的被奠基并不是指它建立在其他行为之上，而是指被奠基性行为根据其本性“建立在奠基性行为属的行为上，因而被奠基行为的对象相关项具有一个普遍之物、一个形式，而以此形式，一个对象就只能直观地显现在这个种属的一个被奠基行为中”。[③]例如：

例 1. 树、绿色。　　　　（外感知）

例 2.“树”“绿色”。　　　（作为心理体验的表象）

例 3.“树是绿色的”。　　（被奠基行为）

例 1 是一个素朴的感性的感知，处于外感知领域，它感知的是个别的外感性客体，这种感知就是对客体的素朴观向，这个感知的质料（树、绿

① 参阅倪梁康：《胡塞尔现象学概念通释》（修订版），等相关词条，第 493—499 页。

② 胡塞尔在《逻辑研究》中将“内容”划分为“主观意义上的内容”（现象学、描述-心理学、经验-实在意义上的内容）与“客观意义上的内容”（逻辑的、意向的、观念意义上的内容），相当于第五逻辑研究中的“作为体验的内容”与“作为对象的内容”。客观意义上的内容（客观内容）是指行为的内容，在相同的意识行为中，使一个感知（对一个人的感知）与另一个感知（对一棵树的感知）区别开来的就是“行为内容”，即意识行为的质料或立义意义；它可以进一步区分为作为意义的内容、作为充实意义的内容、作为对象的内容。主观意义上的内容（主观内容）是指现象学自我的实项构成物，即感性材料，它是意识行为中最内在的构成物“内容”。“实项内容”与“意向内容”（reeller und intentionaler Inhalt）是现象学的一个重要区分，实项内容属于意识的材料方面，受意向活动的统摄或赋形，因此，实项内容是由“材料的组成部分”与“意向活动的组成部分”一同构成的总和；意向内容从属于意识相关项方面，它包括意识行为的意向对象、意向质料和意向本质三个概念含义。

③ 胡塞尔：《逻辑研究》第二卷第二部分，第 180 页。

色）与被奠基行为之质料（“树是绿色的”）不处于任何必然联系中，或者说，这个感知行为的现象学内容都具有一个被代现者的单纯特征，根据感知的立义形式，这个被代现者受到对象的解释，即被解释为这个行为本身。

例2是一个心理体验的表象，它与例3属于内感知领域。在例1的外感知行为中，我们感知到的个别事物，我们对此进行抽象，形成“树”或“绿色”的表象（例2），从一个个个别的树到“树”的表象，就是从个别之物到种属之物，是通过抽象完成的。表象就是一个建立在内感性基础之上的抽象，即它是建立在对一个被奠基行为的观向之中的抽象，可以称为“感性的抽象”；然后，我们在“树”和“绿色”这个被奠基行为基础上再进行抽象，这个抽象可以称为“范畴抽象”。“如果我们观向一个认同的直观行为——即一个对同一性的直观——并且在这里抽象出认同的因素，那么我们在这里便进行了感性的抽象。但如果我们在置身于认同行为之中的过程中观向客观的同一性，并且使它成为一个抽象的基础，那么我们便在进行一个范畴的抽象。‘同一性’这个客观因素不是行为，不是行为形式，它是一个对象性的范畴的形式。另一方面，与此完全相反，那个将被奠基行为现象学地结合在一起的认同因素则是一个感性的和范畴的行为形式。”[①] 所以，范畴行为（例3）不是建立在奠基性行为的个别感知基础上（例1），而是建立在奠基性行为属行为的基础上（例2），并由此形成一个普遍之物、一个形式作为被奠基性行为的对象相关项，或者说，一个范畴对象就通过范畴直观显现在范畴行为这个被奠基性行为之中。就此而言，没有奠基性的个体直观，直观的普遍性意识就不能存在，没有那些被认同客体相关的奠基性行为，一个同一性也就不能存在。

作为范畴抽象的“同一性”是一个对象性的范畴形式，将被奠基行为结合在一起的“认同因素”则是一个感性的和范畴的行为形式，它们是本质上区别的两个概念，“同一性”是根据对某些直观行为的“反思”而构成的，“认同因素”则是根据对这些直观行为本身所构成的。胡塞尔举例分析道：我感知一所房屋，在对这个感知的反思中，我构成了“感知”这个概念；但如果我简单地观向房屋，就是说，如果我不是利用对此感知的感知，而是利用这个感知本身来作为抽象的奠基性行为，那么这里产生的便是“房屋”这个概念。如此，便可以得出这样的结论：

那些在内感知中感性地被给予的（因而在其中起着感性被代现者

① 胡塞尔：《逻辑研究》第二卷第二部分，第181页。

作用的）因素可以在一个带有范畴感知或想象特征的被奠基的行为中构造一个范畴形式，亦即在这里承载一个完全不同的范畴代现。[①]

在内感知中被感性地给予的因素构造出一个范畴形式，这个范畴形式作为形式具有不独立性，因此，构成范畴形式的那些感性因素展示着一个不独立的心理内容，这些内容奠基于行为特征中；由于所有的行为特征最终都奠基于外感知的内容之中，因此，在感性领域中存在着一个本质现象学的区分，即"第一性内容"（primärer Inhalt）和"反思性内容"（reflxiver Inhalt）：

1."第一性内容"将自身规定为这样一种内容，即所有反思内容都直接或间接地奠基于其中的那种内容。它们或许可以是"外"感性的内容，但外感性在这里似乎并不是通过外与内的区别（这是一个形而上学的区别）之联系，而是通过它们的被代现者的本性而得到定义，这些被代现者是最终奠基性的、在现象学上被体验到的内容。

2."反思内容"将自身规定为这样一种内容，它们或者本身是行为特征，或者奠基于行为特征之中。

第一性内容是指感性体验或感觉材料，它是"实项的代现性内容"；反思性内容是指"范畴形式"，也叫"范畴的代现性内容"。这两种内容的关系是，所有的"反思性内容"都直接或间接地奠基于"第一性内容"之中，与此相应，范畴直观也奠基于感性直观之中。并且，只有反思性内容才能够作为纯粹范畴的被代现者起作用。

胡塞尔在此对"范畴"概念做出了如下规定："它自身包含着所有那些产生于立义形式而非产生于立义材料之中的对象性形式。……然而对象概念是在与感知概念的相互关系中构造起自身，因而它不仅预设了抽象行为，而且也预设了联系行为。就此而言，这个概念也是一个在至此意义上的范畴概念。"[②]就是说，"对象"概念是一个通过抽象和联系行为而产生于立义形式的"范畴"概念。在"树是绿色的"范畴陈述中，作为对象的不是树、

① 胡塞尔：《逻辑研究》第二卷第二部分，第181—182页。

② 胡塞尔：《逻辑研究》第二卷第二部分，第182—183页。胡塞尔的代现抽象理论中的"抽象"（Abstraktion）概念突破了经验主义把抽象理解为"对一个感性客体的某个不独立因素的突出"，把"抽象"规定为"标志着这个客体的观念、它的普遍之物成为现时的被给予性的过程"，是一种"在直观基础上直接把握种类统一的特殊意识"（*Logische Untersuchungen* II/1, A156，中译文见胡塞尔：《逻辑研究》第二卷第一部分，第165页）。在此意义上，"抽象"也等同于"观念化的抽象"，即对本质之物（常项）的关注。

绿色这些外感性内容，而是通过抽象和联系而建立起来的立义形式，或者说，作为对象的是“树是绿色的”这个作为整体的范畴概念。

至此，有必要对现象学的“内在”与“超越”这对认识论的核心概念做一区分。“内在”（Immanenz）可以简单地理解为“内在于意识”，超出意识之外则是“超越”（Transzendenz）。先验现象学要求排除所有的超越，使认识活动始终停留在“内在”之中，“内在”是所有认识论认识的必然特征。但是，“意识如何能够超出自身而达到外在的客体”这个困扰传统认识的问题，由此也得到了解决。胡塞尔首先把“内在”区分为“实项的内在”（reelle Immanenz）和“绝对的内在”（absolut Immanenz），前者是指在认识体验中的“感性内容”或“感性材料”连同它们的立义；后者则意味着通过现象学反思而获得的“绝对意义上的自身被给予性”。对实项内在的超越并不意味着对意识的超越，在意识中被构造起来的“事物”并不实项地包含在意识体验之中，它必须借助于“超越的统摄”才能成为意识的“对象”，这个意义上的超越也称为“实项的超越”，它是在绝对内在之中进行的超越。胡塞尔也把“感性的内在”称为“时间性内在”“实在的内在”，把“本质的内在”称为“超时间的内在”“非实在的内在”，在范畴行为中对一个本质的直观认识完全是内在的、没有超越出范畴直观和本质直观的被给予之物之外。

第十三章　现象学范畴构形的先天规律

> 一个感性的材料只能在一定的形式中得到理解，并且只能根据一定的形式而得到联结，这些形式的可能变化服从于纯粹的规律。
>
> ——胡塞尔：《逻辑研究》

胡塞尔在第五逻辑研究中区分了客体化行为和非客体化行为，客体化行为是能够直接构成对象的行为，非客体化行为则需要通过客体化行为而指向对象。[①]广义的客体化行为又可以区分为感知行为、想象行为、表象行为和符号行为，狭义的客体化行为区分为表象行为（称谓行为）和判断行为（论题行为）。在第六逻辑研究第一编"客体化的意向与充实。认识作为充实的综合及其诸阶段"中，胡塞尔通过对含义意向与含义充实的考察使表达的思想与被表达的直观从静态分析过渡到动态的统一，静态分析中的"意指"还不是真正的认识，因为"所有的思维、尤其是理论思维和认识都是在某些'行为'中进行的，这些行为出现在与表达的话语的联系之中"。[②]话语表达行为区分为"能够进行（geben）表达的行为"和"能够经历（erfahren）表达的行为"，"能够进行表达的行为"指含义意指行为（Bedeutung），即通过称谓或判断而指向某个对象或对象性；"能够经历表达的行为"指对某种意指的充实（Erfüllung）。只有含义意向在直观中得到充实我们才能获得真正的认识。在第六逻辑研究第二编"感性与知性"中，胡塞尔将直观从感性直观扩展到范畴直观的领域，感性直观与范畴直观的区分建立在"对象"与"对象性"之区分的基础上

---

① 意向性的内涵可以区分为"意向构成对象"和"意向指向对象"两个方面，客体化行为不仅可以指向对象，而且还可以构造对象，而非客体化行为则仅仅指向对象（参阅倪梁康：《现象学的始基——胡塞尔〈逻辑研究〉释要》，第85页）。

② 胡塞尔：《逻辑研究》第二卷第二部分，第1页。

的，[①] 这是胡塞尔超出传统认识论的局限而取得现象学突破之根本所在：感性直观只是被动地接受对象的能力，范畴行为作为高阶的理智的反思能力也可以直接拥有和把握对象；范畴直观就是作为整体的对象性的显现方式或被给予方式，范畴行为理论就是部分与整体如何被联结起来的理论。为了实现范畴直观，胡塞尔发展出了范畴代现（Kategorialen Repräsentation）理论，以便解决范畴对象如何构造的问题，即普遍之物、关系、判断这些范畴之物是可以被直观到的。第六逻辑研究第八章“本真思维与非本真思维的先天规律”中，胡塞尔发展出现时进行（aktueller Vollzug）理论（范畴形式的直观化），用它来讨论范畴意向的充实问题，“现时进行问题是从讨论范畴形式构成的可能性条件入手的。这一可能性条件就是范畴形式中材料因素与形式因素组合的可能性条件，体现为支配范畴构形的规律。这些规律分为本真的思维规律和非本真的思维规律，分别规定着本真的思维行为和非本真的思维行为”。[②]

一、质料与形式的相对区别

认识作为意指的充实综合而成为可能的，这种充实是通过直观行为实现的。例如：

我看见一只乌鸫。　　（感知陈述）

“乌鸫是黑的。”　　（述谓陈述）

“我看见一只乌鸫”是一个最简单的感知陈述，但是，我不仅看见一只乌鸫，而且还看见这只乌鸫是黑的，这只乌鸫在树上……这样，“我看见一只乌鸫”就不简单地是对乌鸫的称谓表象，而是对“乌鸫是黑的”“乌鸫在树上”这样的事态进行表象，并且这些事态是被直观到的，对它们的意向也在直观中得到了充实，或者说，“乌鸫是黑的”这个陈述也在直观中得到了充实。胡塞尔指出，在陈述中名称如果被分解为语词，那么名称就在语法显现中具有它的“质料”和“形式”。在“我看见一只乌鸫是黑的”这个总体的述谓陈述中，包含着语词的排列方式（我、看见、一只、乌鸫、是、

① “在这里所讨论的区分相关联的还有一个更为重要的区分，即在对象性（Gegenstandlichkeit）与对象（Gegenstand）之间的区分，前者受到一个完整行为的朝向，后者则受到各种不同的、构成这个行为的部分行为的朝向。”参阅倪梁康：《胡塞尔现象学概念通释》（修订版），第182页。

② 于涛：《论胡塞尔范畴代现理论的失败原因及其启示》，载《现代哲学》，2021年第3期。

黑的）、形式词（这个、一个、是）、词语的构成方式（名词、形容词等词语的单复数、格等），这些排列方式、形式词和语词构成方式被称为"范畴形式"，此外，还有一般物（普遍名称），范畴形式和一般物共同构成"范畴因素"，它们都是无法在直观中被给予的，即无法通过感性直观得到充实；我们可以感知到一个一个的乌鸫，但不能感知到普遍的"乌鸫"，我们能感知到实在事物，但在素朴感知中看不到一、多、是、和、或、普遍名词等范畴因素，它们必须通过范畴直观才能获得充实。

按照第六逻辑研究第六章"感性直观与范畴直观"的理论，感性直观是奠基性行为，而范畴直观是被奠基性行为，被奠基性行为要建立在奠基性行为的基础上。在第45节中，胡塞尔指出，在感知与意指（即感性直观与有形式的表达性含义）之间存在一个剩余现象，即在判断形式中事先被给定的陈述部分才会在直观中与某物相符合，而其他的陈述部分却在直观中不可能有任何东西与之相符合。例如：

桌子、椅子、棕色。（感知直观）

"桌子和椅子是棕色的。"（陈述判断）

陈述部分1：桌子、椅子、棕色。（材料因素）

陈述部分2：和、是、一个、许多、那个等。（形式因素）

在"桌子和椅子是棕色的"这个判断中，陈述部分1（材料因素）是事先被给定的陈述部分，它在直观中能够与被感知之物相符合，而陈述部分2（形式因素）却在直观中不可能有任何东西与之相符合，它是在感性直观中不可能被充实的"剩余部分"，也称为"范畴形式"。为此，胡塞尔对感知和直观概念做了扩展，"每一个以此证实的自身展示之方式而充实着的行为都标识为感知，将每一个充实着的行为都标识为直观，将它的意向相关项标识为对象"。[①] 如此，感知和直观不再唯一地被局限在感性上，只要形式因素等超感性因素能够得到充实，它们同样也可以成为感知和直观的对象，不过，这里的感知已经是范畴感知和范畴直观。

感性直观和范畴直观之间是单方面的奠基关系，感性直观是奠基行为，它不再奠基于其他行为中；范畴直观是被奠基行为，奠基行为的对象被综合地置入被奠基性的范畴行为之内的范畴关系中，在范畴行为中新的对象被意向，这些对象只能是在被奠基行为中被意向或被给予的范畴对象。范畴对象与奠基性行为的对象有关，胡塞尔认为"它们具有一种对象性关联"，在范畴直观中，我们范畴地意向在素朴行为（奠基行为）中不能被

① 胡塞尔：《逻辑研究》第二卷第二部分，第143页。

意向的对象，如在感性素朴行为中我们能够直观到红色、一棵树、一本书、桌子等，但却不能直观到“是红的”“是一棵树”“是一本书”“桌子是绿色的”等，它们是范畴直观的对象，“这些素朴感知的对象仅仅在将它们置于一种综合关系的范畴直观的被奠基行为中才成为认识的对象。在最简单的情况下，不进行奠基性的感性感知，范畴直观就不能被充实。然而，范畴直观不仅是它所有奠基感知的总和；它也朝向有感知对象的总和关系组成的对象”。[①]

范畴直观是一种综合行为，即诸表象的范畴联结并产生认同上的同一性；综合行为是一种构成事态的客体化行为，其要素是感性直观提供的杂多基础表象。感性直观和范畴直观作为客体化行为都具有质性、质料、展现性的内容的结构，与低阶的感性直观一样，高阶的范畴直观综合行为既具有质性和质料相统一的立义形式，也具有代现者的直观内容。范畴直观中的质料是由形式因素与材料因素共同构成的，如“这张桌子和这把椅子都是棕色的”这个命题中，对“桌子”“椅子”“棕色的”的感性直观是奠基性行为，对“这张桌子和这把椅子都是棕色的”的范畴直观是被奠基性行为。在“这张桌子和这把椅子都是棕色的”这个命题陈述中，包括“桌子”“和”“椅子”“是”“棕色”等范畴成分，其中，“桌子”“椅子”“棕色”等感性成分（范畴质料的材料因素）可以通过感性直观而得到充实，但“和”“是”等范畴成分（范畴质料中的形式因素）无法被我们感官所把握。

胡塞尔认为，通过心理纽带或相合、现时进行等可以联结奠基性行为形成被奠基性行为，即范畴行为。就是说，心理纽带（和、是）联结了诸如“桌子”“椅子”“棕色”等这些感性直观的奠基性材料，构造出“这张桌子和这把椅子都是棕色的”这样的被奠基性范畴行为；或者说，范畴行为对范畴被代现者进行立义，构造出“这张桌子和这把椅子都是棕色的”这样的事态作为范畴对象，并且一个范畴陈述可以被感性直观和范畴直观所充实。

范畴直观奠基于“整体感知”和“特别感知”两个感知行为基础之上，如对桌子的总体感知和对颜色的特别感知，把这两个感知行为“综合”起

---

① 迪特·洛玛认为，“借助于‘对象关系’（gegenständliche Beziehung）中的差异，胡塞尔区分了范畴直观综合的和抽象的形式。综合的范畴直观共同——朝向它们奠基行为的对象，如在‘A 比 B 大’中。抽象意向不以同样方式朝向奠基行为的对象。在抽象意向中，奠基行为的对象只能是一个中介，通过它意向朝向某个普遍的东西，埃多斯（etwas Allgemeines）。奠基行为的对象只是这个埃多斯的范例”（Dieter Lohmar, “Husserl’s Concept of Categoriat Intuition”, In *One Hundred Years of Phenomenology: Husserl’s Logical Investigations Revisited*, pp. 125–145）。

来是通过"是"的本质联结来进行，在这种本质联结的综合行为中，范畴直观行为才能得以实施，"当我们把目光朝向这两个行为之间的统一性时，我们就会'看到'：椅子'是'棕色的，或者说，棕色'从属于'椅子。在这里，这种'看到'就是胡塞尔所说的范畴直观行为，而被'看到'的对象是这个事态，'椅子是棕色的'，或者说，被'看到'的是这样的范畴形式：'是/存在'"。[①] 对"桌子是棕色的"这个事态的观看是范畴直观的质性，被看到的"桌子""是/存在""绿色"等是范畴直观的质料，对"桌子"和"棕色"两个感知行为的综合和联结（心理纽带）是范畴代现性内容。胡塞尔认为，范畴直观的充实功能就在于通过对范畴质料进行立义从而构造出范畴形式，或者说，范畴直观构造对象的过程就是赋予感性材料（质料）以意义（形式），从而构造出范畴直观的对象。

胡塞尔认为，"构造具有范畴形式和综合地被联结的对象的被奠基行为具有各种不同的形式，只要范畴统一能够一再地（并且是根据某些先天类型的范畴和［倪梁康的译文是：合规律性，下方是合规律性］规律性）成为新的联结的、联系的或认同的行为之对象，那么这些不同的形式就可以得到多重的合并，从而形成新的形式。例如人们可以将普遍对象加以集合的联结，而后将如此构成的集合再与其他的同样类型或不同类型的集合加以集合的联结，如此类推，直至无限。……同样，人们也可以将事态结合为新的事态……不言而喻，这种合并是在越来越高阶段的奠基性行为中进行的。在这里起作用的合规律性是纯粹逻辑语法合规律性的直观对应项"。[②] 就是说，范畴直观作为被奠基性行为具有各种不同的形式，只要范畴统一能够形成新的对象，范畴形式就可以合并成为新的形式，既可以将普遍对象加以联结，也可以将事态结合为新事态，这种合并总是在越来越高的奠基性行为中进行的，并且受纯粹逻辑-语法规律性所支配。以普遍对象的联结为例：

桌子是棕色的。

纸是白色的。

上述例句中"桌子"和"纸"都是普遍对象，可以联结为：

桌子和纸都是有颜色的。

这里，"桌子和纸都是有颜色的"因普遍对象的联结和范畴统一而形成的新的范畴对象，范畴形式也因这种合并而成为新形式；并且，"桌子和纸都

① 刘万瑚：《质料与形式：胡塞尔范畴直观理论的困境》，载《世界哲学》，2020 年第 3 期。

② 胡塞尔：《逻辑研究》第二卷第二部分，第 185 页。

是有颜色的”这种合并或联结是在“桌子是棕色的”和“纸是白色的”奠基性行为基础上进行，因而是在一个越来越高的行为中进行的联结或合并；所谓受纯粹逻辑-语法规律性所支配是指，要避免联结或合并后的含义复合的无意义或表达的无意义，就是说，在“桌子是棕色的”和“纸是白色的”等奠基性行为基础上联结而成的“桌子和纸都是有颜色的”是有意义的表达，而联结成“桌子和纸都是甜的”则是无意义的表达。胡塞尔由此认为存在一门与纯粹含义形式学说相符合的纯粹直观形式学说，在这门学说中，简单直观和复合直观通过直观的总体化并且向越来越新和越来越复杂的直观的合并之规律性就可以得到规定，这些规律具有与符号意向的相即充实或已经是直观意向的相即充实之规律的特殊联系。

以上分析表明，范畴直观本身又可能再成为新的范畴直观的基础，这个新的范畴直观可以在相应的表达与含义中得到表达，如此，便涉及在材料和形式之间的相对的、单纯功能的区别，“在绝对的意义上，奠基性的感性为那些建立于其上的范畴形式的行为提供了材料。在相对的意义上，奠基性行为为一般的客体构成了材料，这里的相对是指相对于那些在被奠基行为中为这些客体所新增生的范畴形式”。[①]狭义的范畴概念是指与“感性材料”相对的“范畴形式”，即那些产生于立义形式而非产生于立义素材之中的对象性形式；广义的范畴概念还包括“桌子”“树”“颜色”等“质料范畴”，广义的“范畴”概念与“观念”“本质”等概念基本同义；本来，立义意义与立义质料是同义的而与立义形式相对应，但在与展现内容（感性材料）对立的意义上，可以把这个立义意义标记为“形式”。[②]

在“桌子是棕色的”和“纸是白色的”的陈述中，“桌子”“纸”“棕色”“白色”是范畴质料，其中，“桌子”“纸”“棕色”“白色”等是范畴质料中的“材料”因素或“质料范畴”，“和”“是”等是范畴质料中的“形式”因素，这里，作为材料因素的质料（“桌子”“纸”“棕色”“白色”）与作为形式因素的形式（“和”“是”）的区别是绝对的。但是，“如果我们将两个已经是范畴的客体、例如两个事态，置于一个联系之中，那么这两个事态

① 胡塞尔：《逻辑研究》第二卷第二部分，第 186 页。

② “不过，这里需要强调的一点是，这里所说的‘形式’是指范畴形式或者立义意义（Auffassungsinn）。关于直观的三个要素的论述中，胡塞尔把这个立义意义标记为‘质料’。但是，在这里，在与展现内容（感性材料）对立的意义上，我们把这个立义意义标记为‘形式’。直观构造对象的过程，就是它赋予感性材料（质料）以意义（形式），从而构造出直观的对象。而索科洛夫斯基就是主要依据这个质料-形式模式（matter-form schema）来分析胡塞尔的构造概念”（参见刘万瑚：《质料与形式：胡塞尔范畴直观理论的困境》，载《世界哲学》，2020 年第 3 期，第 126 页注③）。

便是材料”。[①]“桌子是棕色的”和“纸是白色的”这两个事态已经是范畴的客体，把它们联系在一起形成一个“桌子和纸都是有颜色的”新的联系形式（被奠基行为），原来的两个已成为范畴客体的事态成了奠基性行为和材料，这表明形式与材料区别的相对性。这一区别也符合传统哲学在陈述方面的质料和形式的区别。

质料和形式的相对区别和功能区别表明，“充实于是便是在一个行为链中进行的，亦即奠基的层次序列向下延伸的链”。[②]胡塞尔在第六逻辑研究第六章第46—48节区分素朴直观行为（奠基性行为）和范畴行为（被奠基的、可以直接或间接地回溯到感性基础之上的行为）的基础上，在第八章第60节又在范畴行为领域内区分了“纯粹范畴的行为”和“纯粹知性的行为和混合的、掺杂着感性的知性行为”。如此，含义充实就表现为如下行为链：

纯粹感性行为←与感性混杂的知性行为←纯粹范畴行为

箭头方向表示从纯粹范畴行为向纯粹感性行为的回溯。其中，感性抽象为我们提供了“感性概念”和“纯粹感性和范畴形式混杂的概念”，纯粹范畴抽象则提供了“纯粹范畴概念”。“颜色”“房屋”“判断”“愿望”等是纯粹感性概念，“颜色性”（颜色-存在）、“德行”、“平行公理”等属于范畴混杂概念，“一”“多”“联系”“概念”则属于纯粹范畴概念。感性概念可以在感性直观的被给予性中找到其直接的基础，范畴概念则是在范畴直观的被给予性中并与带有范畴构形之行为的范畴形式的纯粹联系中找到其直接的基础，“所有范畴之物最终都建立在感性直观的基础上，甚至于，如果没有奠基性的感性，那么一个范畴直观、亦即一个知性明察、一个最高意义上的思维就是一个悖谬。……如果我们观察观念化抽象的特性：观念化的抽象必然要建立在个体直观的基础上，但它却并不因此而就意指这个直观的个体之物”。[③]胡塞尔指出，每当我们绝然地谈及范畴概念时，我们所指的始终是纯粹范畴的概念，并且所有的逻辑形式和公式都是纯粹范畴的，如“所有S都是P”“没有一个S是P”等等，在逻辑形式或公式中，S、P等字母是对“某些”不确定的概念之单纯、间接的指示，与它们相符合的是一个复合的、由单纯范畴因素所构成的思想；这里，纯粹逻辑学以及纯粹算术、纯粹数学等所谓的“纯粹”就是指，“它在其整个理论组成中不包含任何感性的概念”。

---

① 胡塞尔：《逻辑研究》第二卷第二部分，第186页。

② 胡塞尔：《逻辑研究》第二卷第二部分，第187页。

③ 胡塞尔：《逻辑研究》第二卷第二部分，第187页。

二、范畴形式的意义

胡塞尔在对行为和对象区分的意义上进一步区分了范畴形式的双重意义："行为意义上的范畴形式"和"对象意义上的范畴形式"：

> 一方面，我们将它理解为被奠基的行为特征，它赋予素朴的直观行为或自身已经被奠基的直观行为以形式，并将它们改变为新的客体化行为。这些新的客体化行为构造着一个与奠基性行为相比以特殊的方式发生了变异的对象性；原初的对象现在自身展示为某种以新的方式对它们进行理解和联结的形式，而这便是在第二种意义上、在对象意义上的范畴形式。……那些在被奠基的行为特征中得到其可能充实的符号形式也被标识为范畴形式，或者更小心地说，在非本真意义上的范畴形式。[①]

从行为意义上的范畴形式方面来看，对桌子和棕色的直观是奠基性行为，通过感性抽象形成"桌子"和"棕色"等感性概念，在此基础上我们形成"桌子是棕色的"这样一个被奠基性行为，相对于对桌子、棕色的素朴直观行为而言，这个被奠基性行为同时也是个范畴形式，它将"桌子""颜色"这个奠基性行为改变成了"桌子是棕色的"这样新的、被奠基的客体化行为；我们也可以把"桌子是棕色的"看作自身已经被奠基的直观行为，把"这个S是p"[②]看作是新的范畴形式，从而把"桌子是棕色的"这个范畴直观行为改变为"这个S是p"这样一个新的客体化行为。其中，"桌子"是感性概念，"有颜色"（颜色–存在）是范畴混杂概念，"所有""都是"则是纯粹范畴抽象形成的纯粹范畴概念。即：

例1."桌子""棕色"。

例2."这个桌子是棕色的"。

例3."这个S是p"。

例1是在素朴直观行为基础上经过感性抽象而形成的纯粹感性概念，

---

① 胡塞尔：《逻辑研究》第二卷第二部分，第189页。

② 胡塞尔在第四逻辑研究第10节举例说："'这棵树是绿的'这个表达是一个统一的有含义的表达。如果我们在形式化的过程中从被给予的含义（独立的逻辑命题）过渡到相应的纯粹含义内涵，过渡到'命题形式'，那么我们就获得'这个S是p'这样一个形式观念"（胡塞尔：《逻辑研究》第二卷第一部分，第344页）。

例2是赋予例1以范畴形式而形成的新的客体化行为，其中，例1是奠基性行为，例2是被奠基性范畴直观行为；如果我们把例2这个自身已经被奠基的行为看作是奠基性行为，那么例3就是赋予例2以范畴形式并形成了更新的客体化行为。其中，例2成了奠基性行为，例3成了新的被奠基性行为，它们之间的奠基顺序是：例3奠基于例2的基础之上，例2奠基于例1的基础之上；就例1与例2的关系而言，例1是质料，例2是形式；就例2与例3的关系而言，例2是质料，例3是形式。这也就是前文所说的质料与形式区分的相对性。胡塞尔在第三逻辑研究中用奠基概念精确规定整体与部分的关系对我们的理解有所助益，我们将“整体”理解为由一个统一的奠基所涵盖的、并且不依靠其他内容的内容之总和，这样一个总和的内容被称作“部分”。“奠基统一”的说法表明，每一个内容与每一个内容都通过奠基而相互联系，无论是直接的还是间接的联系，“奠基的统一例如可以这样形成：α与β为一个新的内容奠基，β然后又与γ，γ再与δ为一个新的内容奠基，如此等等，简言之，以连锁的方式奠基。……同一个整体可以在某些部分上是穿透，在另一些部分上是联合：例如，感性显现的事物，被感性质所覆盖的直观被给予空间构形（完全如其显现的一般）就其相互奠基的因素如色彩、广延而言是穿透，这个显现的事物就其块片而言则是联合”。[①]

从对象意义上的范畴形式来看，我们知道，现象学视域中的“对象”是以称谓的方式出现的实事，如“桌子”“棕色”；“对象性”是以论题的方式出现的事态，如“这个桌子是棕色的”。例2作为范畴形式把奠基性行为中的“桌子”“棕色”等感性直观的对象构造成发生了变异的对象性——“这个桌子是棕色的”；例1中的对象在例2中自身展示为以新的方式对它们进行理解和联结的形式。就是说，例2既是把例1构造为新的客体化行为的范畴形式（行为意义上的范畴形式），又是通过例1这些对象构造出来的新的范畴对象（对象意义上的范畴形式）。作为行为意义和对象意义上的范畴形式的结合，原初的对象（“桌子”“棕色”）现在自身展示为以新的方式（“这个桌子是棕色的”）对它们进行理解和联结的形式。这表明，范畴直观的直观性是一个由奠基和被奠基的层级组成的复杂的金字塔式的结构，如果缺少一个成分，就不能完整地构造下一层级。

还有一种更为宽泛意义上的范畴形式是指被奠基的行为特征中符号形式，如“A和B”“A与B”中的“和”“与”等，胡塞尔称为“非本真意义

① 胡塞尔：《逻辑研究》第二卷第一部分，第300—301页。

上的范畴形式”。

通过以上分析，胡塞尔在第八章第 61 节“范畴的构形不是对对象的实在重构”题目下澄清了一个重要的定理：“即范畴功能并不因为给感性对象‘构形’而触及这个对象的实在本质。对象通过智慧，特别是通过认识（它自身便是一个范畴功能）而智慧地被理解，但并不被篡改。”[①] 对此我们可以通过“范畴的统一”与“实在的统一”的区别来理解。

胡塞尔举例说，一个事物的各个部分的统一或一条林荫大道的各个树木的统一（外部的感性统一）、一个心理体验的实项组成部分的统一或在个体意识中所有共存的体验的统一（内部的感性统一）等都是“实在的统一”，所有这些统一（外部或内部的感性统一）从总体上看都以它们的部分一样是在第一性的和素朴的意义上的对象，它们在可能的素朴直观中是可以被直观到的；它们不是通过“集合”“分离”“联结”等单纯在范畴上被结合而构造起自身的；它们“自身”是一致的并且也具有一个统一的形式，但这个形式在总体上是以一种“实在规定”“实在统一”的方式以及在“同样意义”上而被感知到的。例如，由一棵一棵的树构成的一片“森林”是一个“实在的统一”，但不论是作为总体的森林还是作为部分的一棵树，它们是实在意义上的对象，虽然有自己的统一形式，但不是通过范畴形式的联结而构造起来的对象，并且总是在同样的意义上被感知到。

“范畴的统一”或“范畴形式”则不同，它们所创造的新对象不是在第一性的和原来的意义上的对象，范畴形式并不是粘合、联合、拼合各个部分而产生一个实在的、感性可感知的整体；范畴形式并不是在陶土匠构形的意义上进行构形，“范畴形式并不触及第一性的东西；而且它们也不能损害这些第一性的对象，不会改变它们的本己存在。……而范畴行为（如集合行为或联系行为）的结果明见无疑地在于对第一性被直观之物的客观理解，这种客观理解仅仅只能在这样一种被奠基行为中被给予”。[②] 而一切对有形式之物（范畴之物、观念之物）在素朴直观中被给予的想法都是悖谬的。就是说，素朴直观只能给予实在统一的对象，而范畴形式则在感性直观的基础上构造出了新的对象。例如，树、桌子、纸作为实在的统一都是第一性或感性感知意义上的对象，“树是绿的”“桌子是棕色的”“纸是白的”作为“范畴的统一”或“范畴形式”则是对感性可感知对象的构形和客观理解，但不是像陶土匠制作陶塑品意义上的重构；范畴的统一或对象意义

① 胡塞尔：《逻辑研究》第二卷第二部分，第 189 页。

② 胡塞尔：《逻辑研究》第二卷第二部分，第 190 页。

上的范畴形式（形式之物或观念之物）是范畴行为的结果，而不是感性直观中被给予之物，任何把观念之物或形式之物看作是在素朴感性直观中被给予的想法都是一个悖谬。

三、范畴形式中被给予材料的自由与局限

胡塞尔指出，“总和概念是一个纯粹范畴的概念，而整体的形式、奠基统一的形式正是在与它的对立中作为一个质料的形式显现给我们。……统一这个观念或整体这个观念是建立在奠基之上，而奠基又建立在纯粹规律之上；其次，规律一般的形式是一个范畴形式（规律不是含有实事之物，即不是可感知之物），并且就此而言，奠基整体的概念也是一个范畴概念。但包含在任何一个这样的整体中的规律之内容是受那些奠基性内容类和进一步被奠基的内容类的质料特殊性所规定的；正是这个内容上确定的规律赋予整体以其统一”。[①] 所有的统一都指明着规律性，实在的统一指明着实在的规律性，范畴的统一指明着范畴的规律性；但实在统一的规律性与范畴统一的规律性却有着本质的差异，即实在内容的结合是不自由的，而在范畴联结和联系中存在着充分的自由。

实在的统一性包含着时间-空间的规定性，我观视一片树林，它是由一棵一棵的树构成的，这片树林此时-此地就在我面前，它们实在地结合为一，在我的感性直观中也可以被实在地结合为一，在我的观视中它显现在我的意识中，形成对实在内容的意识，或者说，对实在内容的素朴直观，实际上就是这些内容的实在联结或形式的意识。

范畴形式方面的情况则完全不同，并不是所有的实在内容与联结这些内容的范畴形式是一同被给予的，在联结和联系中存在着充分的自由。“树林”只能是由受时空规定的一棵棵树在感性直观中结合为实在的统一；但在范畴形式中，存在着在同一个感性材料基础上集合构形的许多可能性，如“树林就像一幅画”“树林里鸟语花香”等，我们可以在第一层次上把感性统一的群组分化为各个部分群组，如在“树林”这个群组下可以分化为“松树散发着淡淡的清香”“柳树在微风中摇曳”等，我们还可以将这些部分群组在第二、第三层次上的集合相互叠加地建造起来，如“松树和柳树是绿的”“S 和 P 是 M”等，我们也可以对这些环节加以比较，使每一个环节

---

① 胡塞尔:《逻辑研究》第二卷第一部分，第 307 页。

成为主体环节，或者通过对关系的反转使之成为客体环节，然后将这种关系本身置于相互关系中，将它们以集合的方式相互联结或相互分类，等等。

但是，“无论这种范畴结合和构形的自由有多大，它都有其规律性的局限。统一和规律相互间也是不可分的”。[①] 范畴形式是在被奠基的行为特征中构造起自身的，它本身也受到奠基性的素朴直观的制约，“我们不能在随意的范畴形式中直观这个感性材料；尤其不能感知它，并且最主要是不能相即地感知它”。[②] 由此可见，范畴形式与奠基性素朴直观的联结不是任意的，它必须回溯到感性内容本身的质料性，或者说，在素朴直观的基础上，范畴行为的现时进行在观念的意义上是可能的，但只要有某些不可能性，这种可能性就受到规律性的局限。“它们规定着，在预设了特定的、但随意的材料之同一性的情况下，已有范畴形式的哪些变更是可能的；它们限定着范畴形式在始终同一的材料之基础上进行重整（Umordnung）和重构（Umgestaltung）的、观念上封闭的杂多性。在这里，唯有当材料必须在意向上得到自身同一的坚持时，它才会被关注。”[③] 胡塞尔认为，范畴规律就是在感知中自身被给予的普遍对象或范畴形式，范畴直观对象的可能性以及绝然的范畴对象之可能性条件与范畴直观一般可能性的观念条件相对应，一个这样或那样被构形的范畴对象性的可能性与一个范畴直观可以将一个这样的对象性完整适当地被给予是相关的。因此意味着，有关范畴综合以及其他范畴行为可以根据有关的奠基性直观（或想象）而现实地进行。

一般来说，我们总是通过判断的充盈来获得认识的，而判断作为谓语的符号行为是通过范畴行为获得其充盈的，这些范畴行为我们也称为“思维行为”，而思维行为又可以区分为本真的或非本真的。这里，本真的思维行为与非本真的思维行为的区别相当于直观行为与符号行为的区别；而通常我们也将思维和判断认同为一，如此，判断也可以区分为本真判断和非本真判断。

胡塞尔认为，“本真思维”的纯粹规律实际上就是在感知或想象中在先给予的材料可以获得某种范畴构形，或者说哪些范畴行为可以在材料的感性直观基础上现实地进行，而不可能是无限制地随意地进行的。这不是一个分析规律的问题，而是一个综合规律的问题；所谓“现实的”可进行性不具有经验现实的可能性，而只具有观念可能性的特征，并且正是材料的

① 胡塞尔：《逻辑研究》第二卷第二部分，第 192 页。

② 胡塞尔：《逻辑研究》第二卷第二部分，第 192 页。

③ 胡塞尔：《逻辑研究》第二卷第二部分，第 193 页。

特殊性才限定了范畴构形的可能性，“G 确实是 g 的一个整体，γ 确实是 G 的一个特殊性”，但是，“范畴形式不同于实在形式，它们并不局限在 G、g、γ 等等这些内容属上……相反，明见无疑的是，所有属的内容都可以通过所有范畴而得到构形”。[①] 纯粹规律不能规定一个被给予的材料可以接受哪种形式，它只是说明，任何一个随意的材料如果接受了某个形式，那么对于同一个材料来说，有一批范围确定的形式可供选择，或者说有一个观念上封闭的重构范围，这个重构是已经成立的形式向越来越新的各个形式的重构。就此而言，本真思维的规律“它们被理解为范畴直观在其纯粹范畴形式方面的规律。范畴直观恰恰是在理论思维中作为现实的或可能的含义充实或含义失实而起作用，并且根据它们作用的不同而赋予陈述以真和假的逻辑价值”。[②]

以上只是从直观行为方面对本真思维规律进行了规定，在此还必须结合含义意向来进一步澄清。真正说来，逻辑表达的理想语言能够为所有可能的材料和范畴形式创造出单义的表达，而语言符号系统正是一个与感性直观和范畴直观相平行的含义系统，并且在语词中也单义地包含着符号意向。另外，含义的区域要比直观的区域宽泛得多，因为有许多缺乏“实在性”和“可能性”的复合含义，它们虽然可以合并为统一的含义，但却不会有任何可能的统一的充实相关项能够与这些统一的含义相符合。胡塞尔在第四逻辑研究第 1 节区分了简单含义与复合含义，这个划分与对简单表达和复合表达的划分相符合，如在“一个铁一样的男人”“这张桌子是棕色的”等表达中，既有“铁”“男人”“桌子”“绿色”等作为表达的部分所具有的部分含义，也具有这些表达各自具有的复合含义，简单名称表达了简单含义，“男人”“桌子”可以指每一个个体存在的男人或桌子，总会有任何可能的统一的充实相关项能够与它们的含义相符合，即“男人”或“桌子”的含义总会有一个可能的直观来充实；但没有一个直观充实的相关项与“一个铁一样的男人”这个复合含义相符合，但复合名称表达的复合含义也是有效的。

在含义领域中，所有含义都服从一些先天规律，这些规律将含义的联结调整为新的含义，即部分含义必然会被纳入到某些联结的种类和形式，因为没有联结形式就根本不可能将含义聚合成新的含义，而这些联结形式本身又具有含义（不独立含义）。在所有的联结形式中都有先天本质规律性

① 胡塞尔:《逻辑研究》第二卷第二部分，第 194 页。

② 胡塞尔:《逻辑研究》第二卷第二部分，第 194 页。

在起作用，或者说，所有质料联结都服从于纯粹规律，即含义与含义的联结不是自由的，“各个含义只能以某种事先确定的方式相互搭配并且重新构造出有意义的统一含义”。[①] 例如，“这张桌子是棕色的”是一个有含义的表达，我们可以对这个表达进行形式化，即从被给予的含义（“桌子是绿色的”）过渡到相应的纯粹含义内涵（命题形式），我们就获得了“这个 S 是 p”这样一个形式观念。尽管我们可以多种方式完成这种形式化，但却并非是完全自由的，并非任何一个随意的含义都可以取代 S，也并非任何一个随意的含义都可以取代 p。在“这个 S 是 p”这个形式框架内，可以用随意的名词的质料来替代 S，用随意的形容词质料来替代 p，但必须受纯粹逻辑-语法规律性的支配，比如就不能说“这个房子是快乐的”，因为这是个无意义的表达。

这表明有含义的表达虽然受到范畴规律的局限，但含义的领域要比直观的领域宽泛得多。胡塞尔指出，“范畴直观的类型，与含义类型之间也不存在完全的相似性。较低和较高阶段上的每一个范畴类型都有一个含义类型与之相符；但是，在我们可以自由地将这些类型符号地联结为复合类型的情况下，并非每一个如此形成的类型都有一个范畴对象性类型与之相符”。[②] 一般来说，只有最初的或原始的含义类型词起源于相关的直观类型中，如在“康德是个哲学家”这个陈述中，含义类型和直观类型（含义与直观）才是相符的，但在较高级的分析矛盾的类型，如“所有 A 是 B 并且某个 A 不是 B”中，就不会有一个范畴对象性与这个陈述的含义相符合。

1. 简单的含义形式（范畴直观与范畴含义是符合的）：

康德是哲学家。

一个 A 和 B

（“一个 A 和 B”这个“和-形式”作为一个简单形式具有一个“实在”的意义。）

2. 复合的含义形式（没有与范畴含义相符合的范畴直观）：

一个同时是 A 又是非 A 的东西。

在通常情况下，范畴是指范畴直观，但是，“如果我们将‘范畴’这个术语转用于含义区域，那么每一个本真的范畴形式，无论是在对象意义上的范畴形式，还是从属的范畴直观形式（即在其中感知地或想象地构造出范畴对象之物的那个直观），都会有一个特有的符号形式，或者也可以说，

① 胡塞尔：《逻辑研究》第二卷第一部分，第 343 页。

② 胡塞尔：《逻辑研究》第二卷第二部分，第 195—196 页。

有一个特有的种类含义形式与之相符”。[①] 在符号行为的形式中进行着对一个集合或分离、同一性或非同一性等等的符号意指，人们常说的本真表象与非本真表象的对立，其实就是“直观”与“符号”的对立。

四、本真思维和非本真思维的规律

本真思维与非本真思维规律的理论主要讨论了范畴形式构形的可能性条件。这一可能性条件体现于非本真思维规律所包含的两个规律，即纯粹逻辑-语法规律和形式规律。相对于本真思维规律，非本真思维规律所规定的是空乏范畴意向的构形，它不涉及充实问题，充实问题只与本真思维规律有关。

如果我们把所有的范畴行为都称为“思维行为”，而思维行为就是使判断（作为谓语的符号行为）获得其充盈并且最终获得其全部认识价值的范畴行为，那么，就必须在本真和非本真的思维行为之间做出区分；同样，如果思维与判断可以认同为一，那么判断也必须区分为本真判断与非本真判断。胡塞尔给出的本真的和非本真的思维规定是：

> 非本真的思维行为就将会是陈述的含义意向，并且在自然扩展的意义上是所有那些能够有可能作为这种谓语意向的部分而起作为的符号行为。
>
> 本真的思维行为就将会是相符合的充实，并且因此而是事态直观和所有能够作为事态直观的可能部分而起作用的直观。……尤其是没有一个范畴形式不能成为一个事态形式之组成部分。[②]

简言之，非本真的思维行为是陈述的含义意向行为，在扩展的意义上是指作为谓语意向的部分而起作用的符号行为；本真的思维行为是相符合的充实直观行为，是事态直观及其可能的部分起作用的直观行为。非本真的符号行为是空乏的；本真的直观行为是充实的。所谓“没有一个范畴形式不能成为一个事态形式之组成部分”，这里的“范畴形式”是指前文“非本真意义上的范畴形式”，即“是”“和”“许多”“一些”等，如“康

① 胡塞尔:《逻辑研究》第二卷第二部分，第196页。

② 胡塞尔:《逻辑研究》第二卷第二部分，第196—197页。

德是哲学家”是个事态，其中“是”作为非本真的范畴形式是“康德是哲学家”这个事态的组成部分；并且，在符号判断学说中包含着含义形式学说，在纯粹的事态形式学说中包含着客观范畴形式的普遍学说；判断也通过陈述意向和陈述充实即作为质性和意向质料之统一的意向本质而得到规定。

存在着两种非本真思维的规律：“纯粹逻辑-语法规律”和“分析规律”。前者避免了含义复合的无意义；后者避免了形式上的悖谬。这对规律与第三逻辑研究中的“质料规律”和“形式规律”相对应。质料规律建立在内容本身的特殊性之上，它规定了例如“树是绿色的”是成立的，而“味道不是绿色的”不成立，要判断以上陈述成立与否必须回溯到内容本身的质料性，“树”这个内容可以具有“绿的”这一属性，“味道”则不具有。“味道是绿色的”不能表达一个可理解的意义。在判定一个陈述是否有意义时，我们不能忽略内容本身的特殊性；形式规律恰恰可以忽略内容的特殊性，它涉及形式逻辑的规则，如矛盾律、交换律，其目的是避免形式上的悖谬，在形式规律之下，我们可以判断“a ≠ 非 a”是成立的，而“a = 非 a”是不成立的。

把“直观充实行为”标识为本真思维行为，把“含义意向行为”标识为非本真思维行为，胡塞尔进一步指出，“关于符号判断（陈述含义）的普遍学说包容着含义形式一般（纯粹逻辑-语法形式）的普遍学说。同样，关于事态直观之纯粹形式（或者说，关于纯粹的事态形式）的普遍学说包含着关于直观一般的范畴形式（或者说，关于客观范畴形式）的普遍学说”。[①]这里，存在两个相互平行的规律，一个是“范畴直观规律”，即范畴直观相关的本真范畴形式之联结和变化的纯粹规律；另一个是“符号行为规律”（含义有效性规律），即含义合适直观化的观念可能性的纯粹规律。“范畴直观规律”和“符号行为规律”一起构成“纯粹的思维规律”。

符号行为规律或含义有效性规律是指“纯粹在范畴上确定了的含义联结和含义变化的可能性，这种联结和变化在每一个随意的现有情况中都可以进行……即是说，在含义不可能充实的情况下也可以进行，假定这种可能性从一开始便会造成某种损害”。[②]我们试举例分析：

如果，“g 是 G 的一个部分”这个陈述是有效的，

那么，“G 是 g 的整体”这种形式的陈述也就有效。

---

① 胡塞尔：《逻辑研究》第二卷第二部分，第 197 页。

② 胡塞尔：《逻辑研究》第二卷第二部分，第 198 页。

如果“有一个α是β”为真，那么“某个α是β”或“并非所有α都不是β”等也就为真。

在此类命题中，材料是可以无限变更的，所以可以用不确定的代数符号来代替材料含义。但是，这样一来上述命题就成为了分析命题，它们虽然是有效的陈述命题，但只解决了命题的有效性问题，却没有解决可能与不可能性问题，即材料究竟是在感知中还是在想象中被构造出来的。可能性与不可能性所涉及的是在一个随意的材料基底上制作出那种合适地将含义形式直观化的行为，这里的问题在于那些完全合适的符号行为一般所具有的纯粹可能性条件，而这些条件本身又回溯地指明了范畴直观一般的纯粹可能性条件。

本真思维规律和非本真思维规律都具有观念性和形式性的特征。比较而言，如果说在本真思维或直观行为领域中范畴形式与被给予性材料的结合具有观念上封闭的局限，那么，在非本真思维或单纯符号行为的领域中则可以自由地摆脱范畴规律的限制，在这个领域中所有一切都可以达到统一。

在至此为止的考察中，我们只是考虑了思维的两种极端情况，胡塞尔说：

> 一方面是完全直观的、因而是确实进行了的范畴行为构成物，另一方面是纯粹符号的、因而是实际上根本未进行的并且只是在可能充实的过程中可以实现的行为构成物。但通常的情况是混合；思维在一些时段上是直观的，在一些时段上是符号的；在前一种情况中，一个范畴综合、一个谓语陈述、一个总体化等等现实地得以进行，在后一种情况中，一个朝向这样一种范畴综合的单纯符号意向附着在直观的或仅仅动词表象的环节上。[①]

实际上，由直观的范畴行为与符号的判断行为可以结合成复合行为，它作为整体具有非本真范畴直观的特征，它的整个对象相关项都不是现实地，而只是“非本真地”被表象出来；它们的“可能性”，或者说，它们的相关项的客观可能性没有得到保证。这样，胡塞尔就将非本真思维从单纯含义、单纯符号判断的领域扩展到了掺杂着符号的表象和判断的混合领域，使含义有效性规律既对符号行为有效，也对混合行为有效。

纯粹逻辑-语法规律不仅是人类理智的规律，而且也是每一个理智一般

---

① 胡塞尔：《逻辑研究》第二卷第二部分，第199页。

的规律：

> 一个感性的材料只能在一定的形式中得到理解，并且只能根据一定的形式而得到联结，这些形式的可能变化服从于纯粹的规律，在这些规律中，材料是可以自由变化的因素；因此，如果表达性的含义没有丧失它们的本真表达能力，那么它们只能接受某些形式，或者说，只能根据规定的类型来改变它们的形式：所有这一切都不是因为意识进程的经验偶然性……毋宁说，这一切都在于有关行为种类的特殊本性，在于它们的意向本质与认识本质。①

胡塞尔认为，“感性材料只能在一定形式中得到理解和联结，并且形式的变化服从于纯粹规律”，这个纯粹思维的逻辑规律并不恰巧属于我们（个体的或普遍人类的）的感性本性或知性本性，而是属于感性和知性的一般观念，并且，其他生物如果也具备有别于我们人类的观看“世界”的能力，只要它们是心理生物，只要它们具有意向体验以及体验所涉及的在感知与想象、素朴直观与范畴直观、意指与直观、合适与不合适的认识的区别，它们就具有感性和知性并且也“服从于”这些区别所属的规律；同样，本真思维的规律也属于人类意识的“心理”组织，也建基于行为的纯粹种类之物之中。

纯粹思维的规律是“纯粹的”和“先天的”。胡塞尔在此区分了“经验逻辑思维规律”与“纯粹逻辑思维规律”。前者是与心理组织和“实际事情”（matter of fact）相联系的后天的逻辑思维规律，后者是调节心理发生进程、建基于种类本性之中的相容性与不相容性的真正纯粹和先天的逻辑思维规律。纯粹思维规律的纯粹性和先天性并不是因为它与我们的心理组织或意识一般相联系。不论个体心理组织还是普遍心理组织都具有“经验的”或“实际事情”的含义。纯粹思维规律的先天性就在于它是纯粹于实际的事情的，“真正的逻辑先天所涉及的是所有那些从属于理智一般的观念本质、从属于它的行为种类和行为形式之实质的东西，即是说，从属于一种不可能被扬弃的东西，只要知性或定义着知性的行为是其所是：具有这样或那样的种类，同一地保持着它们的概念本质”。②在纯粹逻辑思维规律那里，种类上不相容的东西，在经验的个别情况中就不可能一

① 胡塞尔：《逻辑研究》第二卷第二部分，第199—200页。

② 胡塞尔：《逻辑研究》第二卷第二部分，第201页。

致也不可能相容；而在经验逻辑思维规律那里，以不相即的和符号的方式进行着许多从纯粹逻辑看来根本不可能一致的意指和综合。这里，经验逻辑思维规律也就是非本真思维的“纯粹-语法规律”，它既是人类理智的规律，也在不相即方面具有心理学含义。因此，纯粹逻辑的思维规律是经验逻辑的思维规律的观念条件，“正因为如此，本真思维与本真表达的先天规律便成为单纯意指的和非本真的思维或表达之规律。……而‘非本真思维’的规律在心理学上又不被评价为是这种思维生成与变化的经验规律，而是被评价为纯粹观念的被奠基的可能性与不可能性”。[①]或者说，本真思维规律与非本真思维规律的关系体现在非本真规律忠实地追随本真范畴规律。

在第八章第65节“逻辑之物实在含义的悖谬问题”中，胡塞尔探讨了世界与逻辑规律的关系问题。首先，“世界的进程可能会违背逻辑规律”是个悖谬问题。他认为经验的感性的实际事情会为逻辑规律提供论证，并对它们的有效性做出规定，即逻辑规律建立在经验事实的基础之上并通过感性的帮助来论证纯粹逻辑规律，“那些不意指任何事实的规律是不可能通过任何事实而被证实和反驳的”。[②]胡塞尔坚信，事实之物是从属于感性的，在事实基础上只能进行或然性论证，实证科学或经验归纳科学等各门理论科学都坚信世界就像它们所揭示的那样的存在。但是，实证科学的科学研究都是在事实基础上的或然性论证，它们本身必须服从于观念规律或逻辑规律的论证，因为无论实证科学无论将我们带得有多远，它永远不可能相即地对世界表象进行构形。实际上，世界作为感性的统一是现实的、可能的素朴感知统一，它的真实存在并未在任何一个完成了的感知过程中无保留地或“相即地”被给予我们，它随时都是一个完全不相即的，部分通过感性和范畴直观，部分通过符号行为而被意指的“理论研究的统一”，“我们的知识越是进步，世界的观念对自身的规定也就越好并且越丰富，从这个观念中分离出去的不相容性也就越多”。[③]

其次，“‘自在世界’（Welt an sich）的实在联系不会与思维形式或逻辑规律发生争执”，这也是悖谬的。因为这意味着那个可以在自在世界相即地自身展示出来的感性，它虽然能接受范畴形式，但却必须将这些形式加以统一化。但是，胡塞尔认为，一方面，这些形式的普遍本质又在总体上

① 胡塞尔：《逻辑研究》第二卷第二部分，第201—202页。

② 胡塞尔：《逻辑研究》第二卷第二部分，第202—203页。

③ 胡塞尔：《逻辑研究》第二卷第二部分，第203页。

排除了这种统一化的可能；另一方面，范畴的规律是作为纯粹规律而有效，这些纯粹规律可以抽象于所有感性材料，因而不可能为感性的无限变更所触及，这些范畴规律是在完整的相即性中给予我们的。

总之，人们既不可能在符号思维中设想一个反逻辑的世界进程之可能性，从属于种类可能性的观念规律也永远不可能通过各个存在者本身的偶然内容而被取消。我们不需要解释（Erklärung）世界，而只需要现象学地澄清（Aufklärung），即对意指、思维、认识以及由此而产生的观念与规律的澄清。[①]

关于“思维”与“直观”的关系，最后还需要清晰地区分一下对立概念的关系。

1. 直观行为与符号行为的对立。直观无论是作为感知或想象、感性的还是范畴的、相即的还是不相即的，都处于与作为符号意指的单纯思维的对立之中。

2. 感性直观与范畴直观的对立。感性直观是素朴的意义上的直观，范畴直观是扩展了的意义上的直观；感性直观是奠基性行为，范畴直观是被奠基性行为，它是使感性直观智性化地“思维”。

3. 相即的直观与不相即的直观的对立。因为将直观表象与符号表象聚合在一起，所以也称作相即表象与不相即表象的对立，在不相即表象中，我们只是想象——这显现为如此；在相即表象中，我们在其完整的自身性中直观到它。

4. 个体直观（感性直观）与普遍直观的对立。在这个对立中一个新的直观概念即“总体化直观”得到规定，而后又与隐含着这种总体化的范畴行为相对置，而且也与这些行为的符号对应项相对置。

根据以上概念区分，现在可以说，“‘直观’仅仅给出个别性，‘思维’则朝向普遍之物，它是通过‘概念’而进行的”。[②]这就是人们通常说的“直观与思维”的对立。康德认识论的总体特征在于缺乏对这些对立的确定划分，他从一开始就驶入了形而上学认识论的航道之中。在没有对前逻辑客体化和逻辑思维与其中的意识行为总体领域进行本质分析和批判地澄清之前，也没有将逻辑概念与规律回溯到它们的现象学起源之前，更没有弄清纯粹观念化、概念本质和本质规律的普遍性之前，他就想批判地“拯救”数学、自然科学与形而上学。总之，康德“缺乏现象学的真正先天概

① 胡塞尔:《逻辑研究》第二卷第二部分，第 203 页。

② 胡塞尔:《逻辑研究》第二卷第二部分，第 205 页。

念”，[1]因此他永远不能达到一门严格科学理性批判的唯一可能目的——即纯粹本质规律的目的，这些规律制约着意向体验及其所有客体化意义给予和“真实存在”之充实构造的样式。

胡塞尔正是在康德的基础上，通过对这些本质规律的明察认识，对“认识之可能性”的意义和理解问题做出了绝对充分的回答。

① 胡塞尔：《逻辑研究》第二卷第二部分，第206页。

主要参考文献

一、胡塞尔原著

Edmund Husserl, *Cartesianische Meditationen und Pariser Vorträge.* Hrsg. von Elisabeth Sträker. Den Haag: Martinus Nijhoff, 1973.

［胡塞尔：《笛卡尔式的沉思》，张廷国译，中国城市出版社，2002 年。］

——，*Die Idee der Phänomenologie. Fünf Vorlesungen.* Hrsg. von Walter Biemel. Den Haag: Martinus Nijhoff, 1973.

［胡塞尔：《现象学的观念》，倪梁康译，人民出版社，2007 年；商务印书馆，2018 年。］

——，*Ideen zu einer reinen Phänomenologie und phänomenologischen Philosophie. Erstes Buch: Allgemeine Einführung in die reine Phänomenologie*. Hrsg. von Karl Schuhmann. Den Haag: Martinus Nijhoff, 1976.

——，*Ideen zu einer reinen Phänomenologie und phänomenologischen Philosophie. Zweites Buch: Phänomenologische Untersuchungen zur Konstitution.* Hrsg. von Marly Biemel. Den Haag: Martinus Nijhoff, 1952.

——，*Ideen zu einer reinen Phänomenologie und phänomenologischen Philosophie. Drittes Buch: Die Phänomenologie und die Fundamente der Wissenschaften.* Hrsg. von Marly Biemel. Den Haag: Martinus Nijhoff, 1952.

［胡塞尔：《纯粹现象学和现象学哲学的观念》（1—3 卷），李幼蒸译，中国人民大学出版社，2013 年；《纯粹现象学通论（第一卷）》，商务印书馆，1992 年。］

——，*Die Krisis der Europäischen Wissenschaften und die Transzendentale Phänomenologie.* Hrsg. von Walter Biemel. Den Haag: Martinus Nijhoff, 1954.

［胡塞尔：《欧洲科学的危机与超越论的现象学》，王炳文译，商务印书馆，2001 年。］

——，*Phänomenologische Psychologie. Vorlesungen Sommersemester 1925.* Hrsg. von Walter Biemel. Den Haag: Martinus Nijhoff, 1968.

［胡塞尔：《现象学心理学》，李幼蒸译，中国人民大学出版社，2015 年。］

——，*Zur Phänomenologie des inneren Zeitbusstseins (1893-1917).* Hrsg. von Rudolf Boehm. Den Haag: Martinus Nijhoff, 1969.

［胡塞尔：《内时间意识现象学》，倪梁康译，商务印书馆，2017 年。］

——，*Analysen zur passiven Synthesis. Aus Vorlesungs- und Forschungsmanuskripten (1918—1926)*. Hrsg. von M. Fleischer. Den Haag: Martinus Nijhoff, 1966.

［胡塞尔：《被动综合分析》，李云飞译，商务印书馆，2018 年。］

——, *Zur Phänomenologie der Intersubjektivität. Texte aus dem Nachlass. Erster Teil: 1905—1920*. Hrsg. von Iso Kern. Den Haag: Martinus Nijhoff, 1973.

［胡塞尔：《共主观性的现象学（第一卷）》，王炳文译，商务印书馆，2018 年。］

——，*Formale und transzendentale Logik. Versuch einer Kritik der logischen Vernunft*. Hrsg. von Paul Janssen. Den Haag: Martinus Nijhoff, 1974.

［胡塞尔：《形式逻辑和先验逻辑：逻辑理性批评研究》，李幼蒸译，中国人民大学出版社，2013 年。］

——，*Logische Untersuchungen. Band I: Prolegomena zur reinen Logik*. Hrsg. von Elmar Holenstein. Den Haag: Martinus Nijhoff, 1975.

［胡塞尔：《逻辑研究（第一卷）：纯粹逻辑学导引》，倪梁康译，上海译文出版社，1994 年；商务印书馆，2018 年。］

——，*Logische Untersuchungen. Band II: Untersuchungen zur Phänomenologie und Theorie der Erkenntnis. I. Teil*. Hrsg. von Ursula Panzer. Dordrecht: Kluwer Academic Publishers, 1984.

［胡塞尔：《逻辑研究（第二卷）：现象学与认识论研究（第一部分）》，倪梁康译，上海译文出版社，1998 年；商务印书馆，2018 年。］

——, *Logische Untersuchungen. Band II: Untersuchungen zur Phänomenologie und Theorie der Erkenntnis. II. Teil*. Hrsg. von Ursula Panzer. Dordrecht: Kluwer Academic Publishers, 1984.

［胡塞尔：《逻辑研究（第二卷）：现象学与认识论研究（第二部分）》，倪梁康译，上海译文出版社，1999 年；商务印书馆，2018 年。］

——，*Aufsätze und Rezensionen (1890—1910)*. Hrsg. von Bernhard Rang. Den Haag: Martinus Nijhoff, 1979.

［胡塞尔：《文章与书评（1890—1910）》，高松译，商务印书馆，2018 年。］

——，*Aufsätze und Vorträge (1911—1921)*. Hrsg. von H. R. Sepp und Thomas Nenon. Dordrecht: Kluwer Academic Publishers, 1987.

［胡塞尔：《文章与讲演（1911—1921 年）》，倪梁康译，人民出版社，2009 年；商务印书馆，2020 年。］

——，*Erfahrung und Urteil: Untersuchungen zur Genealogie der Logik*. Hrsg. von Ludwig Landgrebe. Hamburg: F. Meiner, Verlag, 1972.

［胡塞尔：《经验与判断：逻辑谱系学研究》，邓晓芒、张廷国译，生活·读书·新知三联书店，1999 年。］

——，*Die Bernauer Manuskripte über das Zeitbewusstsein (1917/18)*. Hrsg. von Rudolf Bernet und Dieter Lohmar. Dordrecht: Kluwer Academic Publishers, 2001.

［胡塞尔：《关于时间意识的贝尔瑙手稿（1917—1918）》，肖德生译，商务印书馆，

2016年。]
胡塞尔:《现象学与哲学的危机》，吕祥译，国际文化出版公司，1988年。
——，《胡塞尔选集》(上、下)，倪梁康选编，上海三联书店，1997年。
——，《生活世界现象学》，倪梁康、张廷国译，上海译文出版社，2002年。
——，《现象学的方法》，黑尔德编，倪梁康译，上海译文出版社，2005年。

二、其他外文文献

Drummond, John, *Historical Dictionary of Husserl's Philosophy*. Lanham, Md.: Scarecrow Press, 2007.

Farber, Marvin, *The Foundations of Phenomenolgy*. Cambridge(Mass.): Harvard University Press, 1943.

Farber, Marvin, *The Aims of Phenomenology: The Motives, Methods, and Impact of Husserl's Thought*. New York: Harper, 1966.

Fink, E, *Studien zur Phänoenologie: 1930—1939*, Den Haag: Martinus Nijhoff, 1966.

Fink, E, *Nähe und Distanz: Phänomenologische Vorträge und Aufsätze*, Freiburg/München: Alber 1976.

Føllesdal, D, *Husserl und Frege*, Oslo: I Kommisjon Hos H. Aschehoug, 1958.

Groarke, Leo, *Greek Scepticism: Anti-Realist Trends in Ancient Thought*, Montreal and Kingston: McGill-Queen's University Press, 1990.

Ingarden, Roman, *On the Motives which Led Husserl to Transcendental Idealism*. tran. by A. Hannibalson. The Hague: Nijhoff, 1976.

Kern, Iso, *Husserl und Kant*. Den Haag: Martinus Nijhoff, 1964.

Levinas, Emmanuel, *The Theory of Intuition in Husserl's Phenomenology*. trans. by Andre Orianne. Evanston: Northwestern University Press, 1973.

Lohmar, Dieter, *Erfahrung und kategoriales Denken. Hume, Kant und Husserl über vorprädikative Erfahrung und. prädikative Erkenntnis*, Dordrecht/Boston/London: Kluwer Academic Publishers, 1998.

McDowell, J., *Mind and World*. Cambridge(Mass.) : Harvard University Press, 1994.

McKenna, W. & Harlan, R. M. &Winters, L. E. (eds.), *A Priori and World: European Contribution to Husserlian Phenomenology*. The Hague: Nijhoff, 1981.

Mensch, James R., *Intersubjectivity and Transcendental Idealism*. Albany: State University of New York Press, 1995.

Mohanty, J. N., *Husserl and Frege*. Bloomington: Indiana University Press, 1982.

Moran, Dermot, *Introduction to Phenomenology*. London and New York: Routledge, 2000.

Moran, Dermot, *Husserl's Crisis of the European Sciences and Transcendental Phenomenology*. New York: Cambridge University Press, 2012.

Sandmeyer, B., *Husserl's Constitutive Phenomenology*. New York: Routledge, 2009.
Sokolowski, R., *The Formation of Husserl's Concept of Constitution*. The Hague: Martinus Nijhoff, 1970.
Spileers, Steven, *Edmund Husserl Bibliography*. Netherlands: Springer, 1999.
Tito, Johana Maria, *Logic in The Husserlian Context.* Evanston: Northwestern University Press , 1990.

三、其他中文文献

奥古斯丁:《忏悔录》，周士良译，商务印书馆，1963 年。
巴什拉:《胡塞尔的逻辑学:〈形式逻辑与先验逻辑〉研究》，张浩军译，华东师范大学出版社，2021 年。
布伦塔诺:《从经验立场出发的心理学》，郝亿春译，商务印书馆，2017 年。
达米特:《形而上学的逻辑基础》，任晓明，李国山译，中国人民大学出版社，2004 年。
达米特:《分析哲学的起源》，王路译，上海译文出版社，2016 年。
德布尔:《胡塞尔思想的发展》，李河译，生活·读书·新知三联书店，1995 年。
德里达:《胡塞尔哲学中的发生问题》，于奇智译，商务印书馆，2009 年。
笛卡尔:《第一哲学沉思集》，庞景仁译，商务印书馆，1996 年。
弗雷格:《弗雷格哲学论著选辑》，王路译，商务印书馆，2006 年。
伽达默尔:《哲学解释学》，夏镇平，宋建平译，上海译文出版社，2004 年。
高秉江:《胡塞尔与西方主体主义哲学》，武汉大学出版社，2000 年。
高秉江:《西方知识论的超越之路》，人民出版社，2012 年。
高新民、刘占峰:《心灵的解构：心灵哲学本体论变革研究》，中国社会科学出版社，2005 年。
哈特曼:《道德意识现象学》，倪梁康译，商务印书馆，2012 年。
海德格尔:《面向思的事情》，陈小文、孙周兴译，商务印书馆，1999 年。
海德格尔:《形式显现的现象学》，孙周兴编译，同济大学出版社，2004 年。
海德格尔:《形而上学的基本概念》，赵卫国译，商务印书馆，2017 年。
海德格尔:《康德〈纯粹理性批判〉的现象学阐释》，溥林译，商务印书馆，2021 年。
海德格尔:《论人的自由之本质》，赵卫国译，商务印书馆，2021 年。
黑格尔:《小逻辑》，贺麟译，商务印书馆，1986 年。
吉尔比:《经院辩证法》，王路译，上海三联书店，2000 年。
靳希平、吴增定:《十九世纪德国非主流哲学：现象学史前史札记》，北京大学出版社，2004 年。
加拉格尔:《现象学导论》，张浩军译，中国人民大学出版社，2021 年。
卡尔那普:《世界的逻辑构造》，陈启伟译，上海译文出版社，1999 年。
卡尔纳普:《语言的逻辑句法》，夏年喜、梅剑华译，商务印书馆，2022 年。

凯莫林:《“我”之观念：笛卡尔哲学研究》，蒋运鹏译，华东师范大学出版社，2015年。
康德:《未来形而上学导论》，庞景仁译，商务印书馆，1978年。
康德:《道德形而上学原理》，苗力田译，上海人民出版社，1986年。
康德:《纯粹理性批判》，邓晓芒译，人民出版社，2004年。
克里普克:《命名与必然性》，梅文译，上海译文出版社，2001年。
克里普克:《指称与存在：约翰·洛克讲座》，周允程译，商务印书馆，2022年。
蒯因:《从逻辑的观点看》，江天骥、宋文淦、张家龙、陈启伟译，上海译文出版社，1987年。
卢卡西维茨:《亚里士多德的三段论》，李真，李先焜译，商务印书馆，1991年。
李云飞:《胡塞尔发生现象学引论》，北京师范大学出版社，2019年。
洛克:《人类理解论》（上、下册），关文运译，商务印书馆，2011年。
罗志达:《胡塞尔同感现象学研究》，广东人民出版社，2022年。
麦基编:《思想家》，周穗明，翁寒松等译，生活·读书·新知三联书店，1987年。
梅洛-庞蒂:《可见的与不可见的》，罗国祥译，商务印书馆，2021年。
梅洛-庞蒂:《符号》，张尧均、杨大春译，商务印书馆，2023年。
梅洛-庞蒂:《知觉现象学》，杨大春、张尧均、关群德译，商务印书馆，2023年。
莫兰、科恩:《胡塞尔词典》，李幼蒸译，中国人民大学出版社，2015年。
莫兰:《现象学：一部历史的和批评的导论》，李幼蒸译，中国人民大学出版社，2017年。
倪梁康:《现象学及其效应：胡塞尔与当代德国哲学》，生活·读书·新知三联书店，1994年。
倪梁康:《现象学的始基：对胡塞尔〈逻辑研究〉的理解与思考》，广东人民出版社，2004年。
倪梁康:《意识的向度：以胡塞尔为轴心的现象学问题研究》，北京大学出版社，2007年。
倪梁康:《胡塞尔现象学概念通释》（修订版），生活·读书·新知三联书店，2007年。
倪梁康:《现象学的始基：胡塞尔〈逻辑研究〉释要（内外编）》，中国人民大学出版社，2009年。
倪梁康:《胡塞尔与舍勒：人格现象学的两种可能性》，商务印书馆，2018年。
倪梁康:《自识与反思：近现代西方哲学的基本问题》，商务印书馆，2018年。
倪梁康:《意识现象学教程：关于意识结构与意识发生的精神科学研究》，商务印书馆，2023年。
倪梁康主编:《面向实事本事：现象学经典文选》，东方出版社，2000年。
庞学铨:《存在范畴探源》，上海三联书店，1994年。
钱立卿:《解读〈观念〉：论先验现象学的第一次体系化构想》，复旦大学出版社，2020年。
舍勒:《人在宇宙中的地位》，李伯杰译，贵州人民出版社，1989年。
舍勒:《爱的秩序》，林克等译，生活·读书·新知三联书店，1995年。
舍勒:《价值的颠覆》，罗悌伦等译，生活·读书·新知三联书店，1997年。
石里克:《普通认识论》，李步楼译，商务印书馆，2005年。
史密斯:《胡塞尔与〈笛卡尔式的沉思〉》，赵玉兰译，广西师范大学出版社，2007年。

施皮格伯格:《现象学运动》，王炳文、张金言译，商务印书馆，2011 年。
索科拉夫斯基:《现象学导论》，张建华、高秉江译，武汉大学出版社，2009 年。
孙周兴:《语言存在论：海德格尔后期思想研究》，商务印书馆，2011 年。
王建军:《康德与直观》，北京师范大学出版社，2014 年。
王俊:《作为道路的现象学：从罗姆巴赫到跨文化现象学》，中国社会科学出版社，2021 年。
王路:《逻辑的观念》，商务印书馆，2001 年。
王路:《亚里士多德的逻辑学说》，中国社会科学出版社，2005 年。
王路:《逻辑与哲学》，人民出版社，2007 年。
王路:《逻辑方圆》，北京大学出版社，2009 年。
王路:《语言与世界》，北京大学出版社，2016 年。
王路:《逻辑的起源》，商务印书馆，2019 年。
谢劲松:《胡塞尔传》，长江文艺出版社，2002 年。
亚里士多德:《形而上学》，吴寿彭译，商务印书馆，1959 年。
亚里士多德:《工具论：亚里士多德逻辑论文集》，李匡武译，广东人民出版社，1984 年。
亚里士多德:《工具论》，张留华、冯艳等译，上海人民出版社，2015 年。
杨玉成:《奥斯丁：语言现象学与哲学》，商务印书馆，2013 年。
杨祖陶，邓晓芒:《康德〈纯粹理性批判〉指要》，湖南教育出版社，1996 年。
英伍德:《海德格尔》，刘华文译，译林出版社，2009 年。
扎哈维:《胡塞尔现象学》，李忠伟译，上海译文出版社，2007 年。
张浩军:《从形式逻辑到先验逻辑：胡塞尔逻辑学思想研究》，首都师范大学出版社，2010 年。
张任之:《心性与体知：从现象学到儒学》，商务印书馆，2019 年。
张廷国:《重建经验世界：胡塞尔晚期思想研究》，华中科技大学出版社，2003 年。
张志扬，陈家琪:《形而上学的巴别塔》，同济大学出版社，2004 年。
邹化政:《〈人类理解论〉研究》，人民出版社，1987 年。